Curso de DIREITO PENAL

VICTOR EDUARDO RIOS GONÇALVES

Curso de DIREITO PENAL

1

PARTE GERAL
(Arts. 1º a 120)

9ª edição
2025

- O autor deste livro e a editora empenharam seus melhores esforços para assegurar que as informações e os procedimentos apresentados no texto estejam em acordo com os padrões aceitos à época da publicação, *e todos os dados foram atualizados pelo autor até a data do fechamento do livro.* Entretanto, tendo em conta a evolução das ciências, as atualizações legislativas, as mudanças regulamentares governamentais e o constante fluxo de novas informações sobre os temas que constam do livro, recomendamos enfaticamente que os leitores consultem sempre outras fontes fidedignas, de modo a se certificarem de que as informações contidas no texto estão corretas e de que não houve alterações nas recomendações ou na legislação regulamentadora.

- Data do fechamento do livro: 20/12/2024

- O autor e a editora se empenharam para citar adequadamente e dar o devido crédito a todos os detentores de direitos autorais de qualquer material utilizado neste livro, dispondo-se a possíveis acertos posteriores caso, inadvertida e involuntariamente, a identificação de algum deles tenha sido omitida.

- Direitos exclusivos para a língua portuguesa
  Copyright ©2025 by
  Saraiva Jur, um selo da SRV Editora Ltda.
  Uma editora integrante do GEN | Grupo Editorial Nacional
  Travessa do Ouvidor, 11
  Rio de Janeiro – RJ – 20040-040

- **Atendimento ao cliente: https://www.editoradodireito.com.br/contato**

- Reservados todos os direitos. É proibida a duplicação ou reprodução deste volume, no todo ou em parte, em quaisquer formas ou por quaisquer meios (eletrônico, mecânico, gravação, fotocópia, distribuição pela Internet ou outros), sem permissão, por escrito, da **SRV Editora Ltda.**

- Capa: Lais Soriano
  Diagramação: Eramos Serviços Editoriais

- **DADOS INTERNACIONAIS DE CATALOGAÇÃO NA PUBLICAÇÃO (CIP)
  VAGNER RODOLFO DA SILVA – CRB-8/9410**

G635c   Gonçalves, Victor Eduardo Rios
          Curso de Direito Penal - V. 1 / Victor Eduardo Rios Gonçalves. - 9. ed. -
          São Paulo : Saraiva Jur, 2025.

          408 p.
          ISBN 978-85-5362-676-2 (Impresso)

          1. Direito. 2. Direito Penal. I. Título.

                            CDD 345
2024-4527   CDU 343

Índices para catálogo sistemático:
1. Direito Penal   345
2. Direito Penal   343

AGRADECIMENTOS

Inicialmente, gostaria de registrar minha homenagem e meu agradecimento à Saraiva Jur e aos competentes e atenciosos profissionais que nela atuam, cujo apoio, sem qualquer dúvida, foi decisivo para viabilizar a produção deste *Curso de direito penal*.

Não posso deixar de agradecer também o incentivo e a confiança em mim depositados nas últimas duas décadas pelos meus alunos e pelos demais professores.

Por fim, agradeço aos meus familiares e à Flavia (amor da minha vida) pela compreensão, pelo carinho e apoio.

NOTA DO AUTOR À 9ª EDIÇÃO

O estudo do direito penal contemporâneo vem ganhando novos contornos em razão da importância cada vez maior das decisões dos tribunais superiores à luz dos princípios constitucionais, sem contar o incremento dos debates relacionados a temas criminais, não apenas no mundo acadêmico, como também na imprensa e nas redes sociais, onde, não raro, juristas e leigos entram em debate direto sobre os rumos a serem tomados por nossos julgadores e legisladores. Por isso, na presente obra, além da opinião dos mais importantes doutrinadores nacionais e estrangeiros, foram colacionados os julgados de maior relevância do Supremo Tribunal Federal e do Superior Tribunal de Justiça, além das respectivas súmulas, sempre acompanhados dos necessários comentários e esclarecimentos.

Por se tratar de obra direcionada a graduandos, concursandos e profissionais da área penal, a linguagem adotada é objetiva, porém com o adequado aprofundamento dos temas.

Trata-se, portanto, de obra redigida em linguagem objetiva, simples e direta, com análise aprofundada dos temas propostos, e acompanhada de grande número de exemplos didáticos, sem olvidar da melhor e mais atualizada doutrina e jurisprudência.

Os exemplos lançados e os casos analisados, ademais, refletem as infrações penais praticadas na atualidade e não apenas aqueles meios de execução tradicionais, o que propicia ao leitor uma visão moderna da criminalidade e das diversas formas pelas quais deve ser combatida.

O presente *Curso de Direito Penal*, em seu *1º volume* (Parte Geral), sem olvidar os aspectos históricos, os sistemas e as teorias penais mais relevantes, procura propiciar ao leitor um estudo aprofundado do direito penal moderno no que diz respeito à teoria do crime, à aplicação das penas e das medidas de segurança, às causas extintivas da punibilidade e ao concurso de agentes, dentre outros temas de relevo. Não se pode deixar de mencionar, por oportuno, que especial atenção foi dispensada aos princípios do direito penal e aos dispositivos penais contidos na Carta Magna, que constituem a base desta disciplina jurídica e que, conforme já mencionado, têm servido de fonte para que as Cortes Superiores modifiquem ou solidifiquem sua interpretação em relação a inúmeros temas penais.

Nesta 9ª edição, foram inseridas e comentadas relevantes decisões das cortes superiores. Além disso, foram analisadas e comentadas duas leis extremamente importantes para a Parte Geral do Código Penal, ambas aprovadas em 2024. A primeira delas – Lei n. 14.843/2024 – alterou profundamente o regime das saídas temporárias e voltou a exigir o exame criminológico como condição para a progressão de regime. A segunda – Lei n. 14.994/2024 – alterou os efeitos da sentença em casos de condenações por crimes que envolvam violência doméstica ou familiar contra a mulher.

Assim, resta oferecer aos seletos leitores esta singela obra com a esperança de que possa auxiliá-los em seus estudos e concursos, bem como na atuação profissional.

SUMÁRIO

AGRADECIMENTOS.. V
NOTA DO AUTOR À 9ª EDIÇÃO VII

1

INTRODUÇÃO

1.1. Conceito de direito penal... 1
    1.1.1. Dogmática penal 3
1.2. Direito penal objetivo e direito penal subjetivo 3
1.3. Direito penal substantivo e direito penal adjetivo 3
1.4. Direito penal comum e direito penal especial 4
1.5. Caracteres do direito penal.. 4
1.6. Finalidade do direito penal 5
1.7. Direito penal do autor e direito penal do fato... 5
1.8. Relação do direito penal com outros ramos do direito 6
1.9. Política criminal 7
1.10. Criminologia 8

2

EVOLUÇÃO HISTÓRICA DO DIREITO PENAL

2.1. As escolas penais.. 12
    2.1.1. Escola clássica.. 13
    2.1.2. Escola positiva 13
    2.1.3. Escolas mistas ou ecléticas 14
        2.1.3.1. Terceira escola 14
        2.1.3.2. Escola moderna alemã 14
        2.1.3.3. Escola da defesa social e da nova defesa social.................... 15

2.1.4. Escola técnico-jurídica 15
2.2. Abolicionismo penal e movimento Lei e Ordem 16
2.3. Garantismo penal 16
2.4. Funcionalismo penal 17
2.5. Direito penal do inimigo 18
2.6. História do direito penal no Brasil 19

3

O REGRAMENTO PENAL NA CONSTITUIÇÃO FEDERAL

3.1. Princípios do direito penal 22
3.2. Princípios constitucionais 23
    3.2.1. Princípio da dignidade da pessoa humana 23
    3.2.2. Princípio da legalidade 24
3.3. Demais princípios do direito penal 25
    3.3.1. Princípio da taxatividade 25
    3.3.2. Princípio da insignificância ou da bagatela 26
    3.3.3. Princípio da responsabilidade do fato 27
    3.3.4. Princípio da exclusiva proteção ao bem jurídico 27
    3.3.5. Princípio da alteridade ou transcendentalidade 27
    3.3.6. Princípio da ofensividade ou lesividade 28
    3.3.7. Princípio da intervenção mínima 28
    3.3.8. Fragmentariedade do direito penal 29
    3.3.9. Princípio da adequação social 30
    3.3.10. Princípio da responsabilidade penal subjetiva 31
3.4. Síntese 31
3.5. Comandos constitucionais de criminalização e de tratamento penal mais rigoroso em relação a certos delitos 32
    3.5.1. Comandos implícitos 34
3.6. Limites constitucionais ao direito estatal de punir e ao seu alcance 35
3.7. As velocidades constitucionais do direito penal 38

4

FONTES DO DIREITO PENAL 40

5
INTERPRETAÇÃO DA LEI PENAL

5.1. Interpretação quanto à origem	42
5.2. Interpretação quanto ao modo	42
5.3. Interpretação quanto ao resultado	43
5.4. Interpretação analógica e analogia	44
5.5. Princípio *in dubio pro reo*	44

6
CLASSIFICAÇÃO DAS INFRAÇÕES PENAIS

6.1. Classificação legal	45
6.2. Classificação doutrinária	46
6.2.1. Sujeito ativo	46
6.2.2. Sujeito passivo	47
6.2.3. Objetividade jurídica (objeto jurídico)	47
6.2.4. Objeto material	48
6.2.5. Das classificações	48
6.2.5.1. Quanto à objetividade jurídica	48
6.2.5.2. Quanto ao sujeito ativo	48
6.2.5.3. Quanto ao número de envolvidos como elementar do crime	48
6.2.5.4. Quanto à possibilidade de coautoria	49
6.2.5.5. Quanto ao elemento subjetivo ou normativo	49
6.2.5.6. Quanto ao resultado como condicionante da consumação do delito	49
6.2.5.7. Quanto à duração do momento consumativo	50
6.2.5.8. Quanto à conduta	50
6.2.5.9. Quanto à possibilidade de fracionamento da conduta	51
6.2.5.10. Quanto à autonomia	51
6.2.5.11. Quanto à necessidade de efetiva lesão ao bem tutelado	51
6.2.5.12. Quanto à gravidade de um mesmo delito	52
6.2.5.13. Quanto à exigência no tipo penal de formas de execução específicas	53
6.2.5.14. Quanto à iniciativa da ação penal	53
6.2.5.15. Outras classificações e denominações	53

7

CONFLITO APARENTE DE NORMAS

7.1. Princípio da especialidade	55
7.2. Princípio da subsidiariedade	56
7.3. Princípio da consunção	57
7.3.1. Crime progressivo	57
7.3.2. Progressão criminosa	57
7.3.3. Crime complexo	58
7.4. Princípio da alternatividade	58

8

O CÓDIGO PENAL

8.1. A estrutura da Parte Geral	59
8.2. Aplicação da lei penal no tempo	60
8.2.1. Conflito intertemporal de leis	61
8.2.2. Aplicação da lei benéfica nos casos concretos	62
8.2.3. Retroatividade da lei benéfica e norma penal em branco	63
8.2.4. Combinação de leis	63
8.2.5. Lei intermediária mais benéfica	65
8.3. Lei excepcional ou temporária	66
8.4. Tempo do crime	66
8.5. Lugar do crime	66
8.5.1. Foro competente	67
8.6. Territorialidade	68
8.6.1. Não incidência da lei brasileira em relação a fatos ilícitos praticados em território nacional	69
8.6.2. Tribunal Penal Internacional	70
8.7. Extraterritorialidade	71
8.8. Eficácia de sentença estrangeira	73
8.9. Extradição	74
8.9.1. Expulsão	76
8.9.2. Deportação	76
8.10. Contagem de prazo	76
8.11. Frações não computáveis da pena	77
8.12. Legislação especial	77

9 DO CRIME

9.1. Conceito material, formal e legal de crime	79
9.1.1. Conceito analítico de crime	81
9.2. Da conduta	81
9.2.1. Formas de conduta	82
9.2.2. A conduta e a teoria do crime	83
9.2.2.1. A conduta na teoria causalista (clássica ou naturalista)	83
9.2.2.2. O sistema neoclássico	84
9.2.2.3. A conduta na teoria finalista	84
9.2.2.4. Teoria social da ação	85
9.3. Resultado	86
9.3.1. Classificação dos crimes de acordo com o resultado	86
9.4. Nexo causal	87
9.4.1. Teoria da equivalência dos antecedentes	87
9.4.2. Superveniência causal	87
9.4.3. Relevância causal da omissão	89
9.4.4. A teoria da imputação objetiva e o nexo de causalidade	90
9.5. Tipo penal	91
9.5.1. Classificação dos tipos penais	94
9.5.2. Tipicidade	94
9.5.2.1. Tipicidade conglobante	96
9.6. Crime doloso	96
9.6.1. Espécies de dolo	97
9.6.2. Condições objetivas de punibilidade	98
9.7. Crime culposo	98
9.7.1. Estrutura dos crimes culposos	101
9.7.2. Espécies de culpa	101
9.7.3. Graus de culpa	102
9.7.4. Vedação da compensação de culpas	102
9.7.5. Concorrência de culpas	102
9.7.6. Excepcionalidade do crime culposo	102
9.7.7. Teoria do incremento do risco	103
9.7.8. Coautoria e participação em crime culposo	103
9.8. Crimes preterdolosos	103
9.9. Erro de tipo	104
9.9.1. Erro de tipo e delito putativo por erro de tipo	104

9.9.2. Modalidades de erro de tipo 104
    9.9.2.1. Erro essencial 105
        9.9.2.1.1. Erro provocado por terceiro 105
    9.9.2.2. Erro acidental 106
        9.9.2.2.1. Erro acidental sobre o objeto material 106
        9.9.2.2.2. Erro na execução e resultado diverso do pretendido 106
        9.9.2.2.3. Erro sobre o nexo causal 107
9.10. Crime consumado 108
    9.10.1. *Iter criminis* 108
9.11. Tentativa 111
    9.11.1. Classificação dos crimes tentados 111
        9.11.1.1. Quanto ao *iter criminis* percorrido 112
        9.11.1.2. Quanto ao resultado produzido na vítima 112
        9.11.1.3. Quanto à possibilidade de alcançar a consumação 112
    9.11.2. Infrações penais que não admitem a tentativa 112
9.12. Desistência voluntária 114
9.13. Arrependimento eficaz 115
9.14. Arrependimento posterior 116
    9.14.1. Requisitos 116
    9.14.2. Confronto 118
9.15. Crime impossível 119
    9.15.1. Ineficácia absoluta do meio 119
    9.15.2. Impropriedade absoluta do objeto 120
    9.15.3. Crime impossível por obra de agente provocador 120
    9.15.4. Teoria objetiva temperada 120

10

ILICITUDE

10.1. Diferença entre ilícito e injusto 121
10.2. Causas excludentes da ilicitude 122
10.3. Estado de necessidade 122
    10.3.1. Requisitos para que a situação de risco configure a excludente 122
    10.3.2. Requisitos para o reconhecimento do estado de necessidade no caso concreto 124
    10.3.3. Espécies de estado de necessidade 125
10.4. Legítima defesa 125
    10.4.1. Requisitos da legítima defesa 125

10.4.2. Excesso 127
10.4.3. Outras denominações relacionadas ao excesso 127
10.4.4. Diferenças entre o estado de necessidade e a legítima defesa .. 127
10.5. Exercício regular de direito... 128
   10.5.1. Ofendículos... 128
   10.5.2. Defesa mecânica predisposta 129
   10.5.3. Exercício regular de direito e teoria da imputação objetiva....... 129
10.6. Estrito cumprimento do dever legal 129
10.7. Consentimento do ofendido 129
10.8. Descriminantes putativas (art. 20, § 1º) 130

11

CULPABILIDADE

11.1. Teorias acerca da culpabilidade 132
11.2. Da imputabilidade penal 133
11.3. Inimputabilidade 133
   11.3.1. Hipóteses legais de inimputabilidade... 133
   11.3.2. Critérios para a definição da inimputabilidade 133
   11.3.3. Doença mental ou desenvolvimento mental incompleto ou retardado...... 133
   11.3.4. Semi-imputabilidade 134
   11.3.5. Menoridade... 135
   11.3.6. Emoção e paixão 136
   11.3.7. Embriaguez... 136
   11.3.8. Dependência de substância entorpecente 137
11.4. Potencial consciência da ilicitude... 137
11.5. Exigibilidade de conduta diversa 138
11.6. Coação irresistível 138
11.7. Obediência hierárquica 139

12

CONCURSO DE PESSOAS

12.1. Teorias quanto ao conceito de autor 141
   12.1.1. Teoria adotada pelo Código Penal brasileiro.............................. 141
   12.1.2. Modalidades de concurso de agentes... 142
12.2. Coautoria 142

12.3. Participação 143
    12.3.1. Espécies de participação 143
    12.3.2. Natureza jurídica da participação 144
    12.3.3. Não identificação do autor e possibilidade de punição do partícipe 145
    12.3.4. Participação posterior ao crime 145
    12.3.5. Participação inócua 145
    12.3.6. Participação por omissão 145
    12.3.7. Conivência 146
    12.3.8. Concurso de agentes em crimes omissivos próprios e impróprios 146
    12.3.9. Coautoria e participação em crime culposo 147
    12.3.10. Participação dolosa em crime culposo e vice-versa 147
    12.3.11. Participação da participação ou em cadeia 147
    12.3.12. Participação sucessiva 147
    12.3.13. Coautoria sucessiva 148
    12.3.14. Participação em fatos não delituosos tipificados como crime 148
12.4. Autoria mediata 148
    12.4.1. Autoria mediata e coação física 149
    12.4.2. Autoria mediata e crimes culposos 149
    12.4.3. Autoria mediata e autoria intelectual 149
12.5. Teorias quanto ao concurso de pessoas 149
    12.5.1. Teoria adotada pelo Código Penal 149
    12.5.2. Participação de menor importância 150
    12.5.3. Requisitos para a existência de concurso de agentes 151
        12.5.3.1. Pluralidade de condutas 151
        12.5.3.2. Relevância causal das condutas 151
        12.5.3.3. Liame subjetivo 151
        12.5.3.4. Identidade de crimes para todos os envolvidos 152
12.6. Autoria colateral 152
12.7. Autoria incerta 152
12.8. Comunicabilidade e incomunicabilidade de elementares e circunstâncias 153
12.9. Participação impunível 154

13

DAS PENAS

13.1. Finalidades da pena 157
13.2. Fundamentos da pena 157
13.3. Princípios da aplicação das penas 158

13.3.1. Princípios da legalidade e da anterioridade 158
13.3.2. Princípio da humanização da pena 158
13.3.3. Princípio da pessoalidade ou intranscendência 159
13.3.4. Princípio da proporcionalidade 159
13.3.5. Princípio da individualização da pena 161
13.3.6. Princípio da inderrogabilidade 161
13.4. Penas principais 161

14

PENAS PRIVATIVAS DE LIBERDADE

14.1. Reclusão e detenção 162
14.2. Prisão simples 163
14.3. Sistemas de cumprimento da pena privativa de liberdade 163
14.4. Regime inicial de cumprimento de pena 163
   14.4.1. Crimes apenados com reclusão 164
   14.4.2. Crimes apenados com detenção 166
   14.4.3. Crimes hediondos e equiparados 166
   14.4.4. Alteração do regime inicial pelo juízo das execuções 167
14.5. Cumprimento das penas privativas de liberdade 167
   14.5.1. Cumprimento da pena em regime fechado 169
      14.5.1.1. Permissões de saída 169
      14.5.1.2. Regime disciplinar diferenciado 169
   14.5.2. Cumprimento da pena em regime semiaberto 171
      14.5.2.1. Saída temporária 171
   14.5.3. Cumprimento da pena em regime aberto 174
14.6. Progressão de regime 176
   14.6.1. Progressão do regime fechado para o semiaberto 176
   14.6.2. Prévia manifestação das partes e motivação da decisão 182
   14.6.3. Progressão nos crimes contra a Administração Pública 182
   14.6.4. Falta grave por parte de preso que está em regime fechado 182
   14.6.5. Progressão "por saltos" 183
   14.6.6. Ausência de vagas no regime semiaberto 183
   14.6.7. Progressão do regime semiaberto para o aberto 184
14.7. Progressão de pena para crimes hediondos e equiparados 185
14.8. Progressão de regime e execução provisória 187
14.9. Regressão de regime 189
   14.9.1. Procedimento disciplinar 191

14.9.2. Prescrição da falta grave 191
14.10. Direitos do preso 192
    14.10.1. Direitos das mulheres presas 193
    14.10.2. Preso idoso 193
14.11. Superveniência de doença mental 194
14.12. Detração da pena 194
    14.12.1. Detração, regime inicial e progressão de pena 194
    14.12.2. Detração penal e penas restritivas de direitos 195
    14.12.3. Detração penal e multa 196
    14.12.4. Detração e prisão provisória em processo distinto 196
14.13. Remição 196
    14.13.1. Procedimento 198
    14.13.2. Remição e falta grave 198

15

PENAS RESTRITIVAS DE DIREITOS

15.1. Características 199
15.2. Requisitos para a concessão da pena restritiva de direitos 200
    15.2.1. Questões em torno do cabimento de penas restritivas de direitos a determinadas infrações penais 202
15.3. Regras para a substituição 204
15.4. Duração das penas restritivas 205
15.5. Reconversão em pena privativa de liberdade 205
    15.5.1. Cumprimento da pena privativa de liberdade em caso de reconversão 207
15.6. Penas restritivas de direitos em espécie 207
15.7. Prestação pecuniária 207
15.8. Perda de bens ou valores 208
15.9. Prestação de serviços à comunidade 209
15.10. Interdição temporária de direitos 210
15.11. Limitação de fim de semana 211

16

PENA DE MULTA

16.1. Natureza 212
16.2. Espécies de multa 212

16.2.1. Vigência ou revogação tácita do art. 60, § 2º, do Código Penal.................. 213
16.2.2. Violência doméstica ou familiar contra a mulher e proibição de conversão em pena exclusiva de multa 213
16.3. Cálculo do valor da multa.. 214
16.4. Cumulação de multas 214
16.5. Atualização do valor da multa.. 215
16.6. Pagamento da multa 215
16.7. Execução da pena de multa 216
  16.7.1. Suspensão da execução da multa pela superveniência de doença mental.. 217
  16.7.2. Morte do condenado à pena de multa e execução contra os herdeiros...... 217
16.8. Suspensão condicional da pena e multa 217
16.9. *Habeas corpus* e pena de multa 217

17

DA APLICAÇÃO DA PENA

17.1. Introdução 218
17.2. Sistemas de individualização da pena.. 218
17.3. Procedimento na fixação da pena... 219
17.4. Dosimetria da pena 219
17.5. Vedação do *bis in idem*... 220
17.6. Primeira fase da dosimetria 221
  17.6.1. Análise das circunstâncias judiciais... 221
  17.6.2. Montante da agravação ou redução da pena...................................... 225
17.7. Segunda fase da dosimetria.. 225
  17.7.1. *Quantum* do aumento 225
  17.7.2. Limites na aplicação da pena... 225
17.8. Agravantes genéricas.. 226
  17.8.1. Reincidência (art. 61, I) 226
    17.8.1.1. Reincidência específica 228
    17.8.1.2. Constitucionalidade do instituto da reincidência.................... 229
    17.8.1.3. Outros efeitos da reincidência 229
  17.8.2. Motivo fútil (art. 61, II, *a*, 1ª figura).. 230
  17.8.3. Motivo torpe (art. 61, II, *a*, 2ª figura) 230
  17.8.4. Se o crime é cometido para facilitar ou assegurar a execução de outro crime (art. 61, II, *b*, 1ª figura) 230
  17.8.5. Ter o agente cometido o delito para assegurar a ocultação, a impunidade ou a vantagem de outro crime (art. 61, II, *b*, 2ª figura) 231

17.8.6. Se o crime é cometido à traição, de emboscada, ou mediante dissimulação, ou outro recurso que dificulte ou torne impossível a defesa do ofendido (art. 61, II, c) 231

17.8.7. Com emprego de veneno, fogo, explosivo, tortura ou outro meio insidioso ou cruel, ou de que podia resultar perigo comum (art. 61, II, d) 232

17.8.8. Se o crime é praticado contra ascendente, descendente, irmão ou cônjuge (art. 61, II, e) 232

17.8.9. Se o delito é cometido com abuso de autoridade ou prevalecendo-se o agente de relações domésticas, de coabitação ou de hospitalidade, ou com violência contra a mulher na forma da lei específica (art. 61, II, f) 233

17.8.10. Se o crime é praticado com abuso de poder ou violação de dever inerente a cargo, ofício, ministério ou profissão (art. 61, II, g) 234

17.8.11. Se o crime é praticado contra criança, maior de 60 anos, enfermo ou mulher grávida (art. 61, II, h) 235

17.8.12. Se o ofendido está sob imediata proteção da autoridade (art. 61, II, i) 235

17.8.13. Se o delito é cometido em ocasião de incêndio, naufrágio, inundação ou qualquer calamidade pública ou de desgraça particular do ofendido (art. 61, II, j) 235

17.8.14. Se o agente comete o crime em estado de embriaguez preordenada (art. 61, II, l) 236

17.9. Inaplicabilidade das agravantes genéricas aos crimes culposos 236

17.10. Agravantes genéricas no caso de concurso de agentes 236

17.10.1. Agente que promove ou organiza a cooperação no crime ou dirige a atividade dos demais agentes (art. 62, I) 237

17.10.2. Agente que coage ou induz outrem à execução material do crime (art. 62, II) 237

17.10.3. Agente que instiga ou determina a cometer o crime alguém sujeito à sua autoridade ou não punível em virtude de condição ou qualidade pessoal (art. 62, III) 237

17.10.4. Agente que executa o crime, ou dele participa, mediante paga ou promessa de recompensa (art. 62, IV) 237

17.11. Atenuantes genéricas 237

17.11.1. Se o agente é menor de 21 anos, na data do fato, ou maior de 70 anos, na data da sentença (art. 65, I) 238

17.11.2. Desconhecimento da lei (art. 65, II) 239

17.11.3. Ter o agente cometido o crime por motivo de relevante valor social ou moral (art. 65, III, a) 239

17.11.4. Ter o agente procurado, por sua espontânea vontade e com eficiência, logo após o crime, evitar-lhe ou minorar-lhe as consequências, ou ter, antes do julgamento, reparado o dano (art. 65, III, b) 239

17.11.5. Cometido o crime sob coação a que podia resistir, ou em cumprimento de ordem de autoridade superior, ou sob a influência de violenta emoção, provocada por ato injusto da vítima (art. 65, III, *c*) 240
17.11.6. Ter o agente confessado, espontaneamente, perante a autoridade, a autoria do crime (art. 65, III, *d*) 241
17.11.7. Ter o agente cometido o crime sob a influência de multidão em tumulto, se não a provocou (art. 65, III, *e*) 242
17.11.8. Atenuante inominada (art. 66) 243
17.12. Concurso de circunstâncias agravantes e atenuantes genéricas................. 243
17.13. Terceira fase da fixação da pena 245
17.13.1. Concurso de causas de aumento ou de diminuição de pena................... 245
17.13.2. Pluralidade de qualificadoras 246

18
CONCURSO DE CRIMES

18.1. Introdução 248
18.1.1. Espécies 248
18.2. Concurso material 249
18.2.1. Espécies 249
18.2.2. Soma das penas 249
18.2.3. Concurso material e penas restritivas de direitos 250
18.2.4. A soma das penas prevista em dispositivos da Parte Especial do Código Penal 251
18.3. Concurso formal 251
18.3.1. Critério para a exasperação da pena 251
18.3.2. Concurso formal perfeito e imperfeito... 252
18.3.3. *Aberratio ictus* com duplo resultado 252
18.3.4. *Aberratio criminis* com duplo resultado 253
18.3.5. Concurso material benéfico no concurso formal heterogêneo................ 253
18.4. Crime continuado... 253
18.4.1. Natureza jurídica... 254
18.4.2. Aplicação da pena 254
18.4.3. Requisitos 255
18.4.4. Unidade de desígnios como requisito do crime continuado 257
18.4.5. Distinção entre crime habitual e continuado 258
18.4.6. Crime continuado qualificado ou específico 258
18.4.7. Superveniência de lei nova mais gravosa... 259

18.5. Unificação das penas 259
18.6. Concurso de crimes e suspensão condicional do processo 259
18.7. Distinção entre pluralidade de ações e pluralidade de atos e sua importância na configuração de crime único, concurso formal ou crime continuado 260
   18.7.1. Infrações penais com tipo misto alternativo 260
18.8. Coexistência de duas formas de concurso de crimes 261
18.9. Concurso de crimes e pena de multa 262
18.10. Limite das penas privativas de liberdade nos crimes 262
   18.10.1. Superveniência de nova condenação após o início do cumprimento da pena e o limite de 40 anos do art. 75 263
   18.10.2. Limite das penas privativas de liberdade nas contravenções penais 263
18.11. Concurso entre crimes e contravenções 263

19

DA SUSPENSÃO CONDICIONAL DA PENA

19.1. Conceito 264
   19.1.1. Espécies de *sursis* 265
19.2. *Sursis* simples 265
   19.2.1. Requisitos objetivos 265
   19.2.2. Requisitos subjetivos 266
   19.2.3. Direito subjetivo do condenado 266
   19.2.4. Cabimento do *sursis* para crimes hediondos, tortura e terrorismo 266
   19.2.5. *Sursis* e tráfico de drogas 267
   19.2.6. Condições a que fica subordinado o beneficiário do *sursis* 268
19.3. *Sursis* especial 269
19.4. *Sursis* etário e *sursis* humanitário 270
19.5. Execução do *sursis* 270
   19.5.1. Período de prova 270
   19.5.2. Revogação do *sursis* 271
   19.5.3. Revogação obrigatória 271
   19.5.4. Revogação facultativa 272
   19.5.5. Relevância da distinção entre cassação e revogação do *sursis* 272
   19.5.6. Prorrogação do período de prova 272
   19.5.7. *Sursis* simultâneos 273
   19.5.8. *Sursis* e detração penal 273

20

DO LIVRAMENTO CONDICIONAL

20.1. Conceito 274
20.2. Requisitos 274
    20.2.1. Requisitos objetivos 274
        20.2.1.1. Soma das penas 277
        20.2.1.2. Livramento condicional e remição da pena 277
    20.2.2. Requisitos subjetivos 278
20.3. Procedimento 279
    20.3.1. Especificação das condições 280
    20.3.2. Condições obrigatórias 280
    20.3.3. Condições facultativas 281
    20.3.4. Modificação das condições 281
    20.3.5. Condições indiretas 281
20.4. Revogação do livramento 281
    20.4.1. Causas obrigatórias de revogação 281
    20.4.2. Causas de revogação facultativa 282
    20.4.3. Não implantação do livramento 283
    20.4.4. Suspensão do livramento condicional 283
20.5. Prorrogação do período de prova 283
20.6. Extinção da pena 284
20.7. Livramento condicional e execução provisória da pena 284
20.8. Distinções entre livramento condicional e *sursis* 285
20.9. Livramento condicional a condenado estrangeiro 285
20.10. Contravenções penais 286

21

DOS EFEITOS DA CONDENAÇÃO

21.1. Introdução 287
21.2. Efeito principal 287
21.3. Efeitos secundários 287
    21.3.1. Efeitos secundários de natureza penal 287
    21.3.2. Efeitos secundários de natureza extrapenal 288
        21.3.2.1. Efeitos extrapenais genéricos 288

21.3.2.2. Efeitos extrapenais específicos.. 292
21.3.2.3. Efeitos extrapenais de natureza híbrida 299
21.3.3. Efeitos secundários da condenação por crime falimentar........................ 299

22

REABILITAÇÃO CRIMINAL

22.1. Conceito.. 300
22.2. Sigilo dos registros... 300
22.3. Recuperação dos direitos atingidos como efeito extrapenal específico da condenação.. 301
22.4. Pressupostos para a obtenção da reabilitação 302
22.5. Competência, procedimento e recursos.. 303
22.6. Revogação da reabilitação... 304
22.7. Morte do reabilitando... 304

23

DAS MEDIDAS DE SEGURANÇA

23.1. Conceito e características 305
23.2. Pressupostos e aplicação da medida de segurança 306
23.3. Espécies de medida de segurança 306
23.4. Duração da medida de segurança 307
23.5. Execução das medidas de segurança 308
23.6. Internação provisória ou preventiva e detração da medida de segurança 309
23.7. Superveniência de doença mental... 309

24

DA AÇÃO PENAL

24.1. Introdução 311
    24.1.1. Ação penal popular 312
    24.1.2. Condições gerais da ação.. 312
    24.1.3. Condições especiais da ação penal... 313
24.2. Ação penal pública 313

24.2.1. Princípios específicos da ação pública 313
24.2.2. Espécies de ação pública 314
   24.2.2.1. Ação pública incondicionada 314
   24.2.2.2. Ação pública condicionada à representação 314
      24.2.2.2.1. Aspectos formais da representação 315
      24.2.2.2.2. Titularidade do direito de representação 316
      24.2.2.2.3. Prazo para a representação 316
      24.2.2.2.4. Retratação 316
   24.2.2.3. Ação pública condicionada à requisição do Ministro da Justiça 316
24.3. Ação penal privada 317
  24.3.1. Princípios específicos da ação privada 317
  24.3.2. Espécies de ação privada 318
   24.3.2.1. Ação privada exclusiva 318
      24.3.2.1.1. Aspectos formais da queixa 318
      24.3.2.1.2. Titularidade do direito de queixa 319
   24.3.2.2. Ação privada personalíssima 319
   24.3.2.3. Ação privada subsidiária da pública 320
      24.3.2.3.1. Atuação do Ministério Público na ação privada subsidiária 320
24.4. Dispositivos especiais de determinação da modalidade de ação penal 321
  24.4.1. Ação penal nos crimes complexos 321
  24.4.2. Crimes contra a dignidade sexual 322
  24.4.3. Crimes contra o patrimônio público 322
  24.4.4. Ação penal nos crimes de dano 322
  24.4.5. Crimes de lesão corporal dolosa de natureza leve e lesão corporal culposa 323
  24.4.6. Lesão corporal na direção de veículo automotor 324
  24.4.7. Ação penal nos crimes contra honra (calúnia, difamação e injúria) 325
24.5. Legitimidade concorrente 326

25

DA EXTINÇÃO DA PUNIBILIDADE

25.1. Introdução 327
25.2. Efeitos da extinção da punibilidade 328
25.3. Reconhecimento judicial da causa extintiva 328
25.4. Classificação 329
25.5. Causas extintivas da punibilidade em espécie 330
  25.5.1. Morte do agente (art. 107, I, do CP) 330
   25.5.1.1. Extinção da pessoa jurídica responsável pela prática de crime ambiental ... 331

25.5.2. Anistia, graça e indulto (art. 107, II, do CP) 332
  25.5.2.1. Anistia 332
    25.5.2.1.1. Espécies de anistia 333
  25.5.2.2. Graça e indulto 334
    25.5.2.2.1. Procedimento para a graça 335
    25.5.2.2.2. Procedimento para o indulto 335
  25.5.2.3. Crimes insuscetíveis de anistia, graça e indulto 335
25.5.3. *Abolitio criminis* (art. 107, III, do CP) 336
  25.5.3.1. *Abolitio criminis* e norma penal em branco 337
25.5.4. Prescrição (art. 107, IV, 1ª parte, do CP) 338
  25.5.4.1. A prescritibilidade como regra constitucional 338
  25.5.4.2. Espécies de prescrição 339
    25.5.4.2.1. Prescrição da pretensão punitiva 339
      25.5.4.2.1.1. Prescrição da pretensão punitiva pela pena em abstrato 339
        25.5.4.2.1.1.1. Circunstâncias que influenciam e que não influenciam no montante do prazo prescricional pela pena em abstrato 340
        25.5.4.2.1.1.2. Contagem do prazo prescricional 341
        25.5.4.2.1.1.3. Termos iniciais do prazo da prescrição da pretensão punitiva 342
        25.5.4.2.1.1.4. Causas interruptivas da prescrição da pretensão punitiva ... 343
        25.5.4.2.1.1.5. Alcance dos efeitos interruptivos nos casos de continência (art. 117, § 1º, 1ª parte, do CP) 346
        25.5.4.2.1.1.6. Alcance dos efeitos interruptivos nos casos de conexão entre crimes apurados nos mesmos autos (art. 117, § 1º, 2ª parte, do CP) 347
        25.5.4.2.1.1.7. Causas suspensivas da prescrição da pretensão punitiva 347
      25.5.4.2.1.2. Prescrição da pretensão punitiva pela pena em concreto (retroativa e intercorrente) 351
        25.5.4.2.1.2.1. Vedação da prescrição retroativa anterior ao oferecimento da denúncia ou queixa 352
        25.5.4.2.1.2.2. Subsistência e alcance da prescrição retroativa após as modificações da Lei n. 12.234/2010 353
        25.5.4.2.1.2.3. Prescrição antecipada, virtual ou pela pena em perspectiva ... 353
    25.5.4.2.2. Prescrição da pretensão executória 354
      25.5.4.2.2.1. Termos iniciais do prazo da prescrição da pretensão executória .. 354
      25.5.4.2.2.2. Detração, prisão provisória e prescrição 357
      25.5.4.2.2.3. Causas interruptivas da prescrição da pretensão executória 358
      25.5.4.2.2.4. Impossibilidade de extensão dos efeitos das causas interruptivas aos comparsas 359
      25.5.4.2.2.5. Concurso de crimes 359

25.5.4.2.2.6. Causa suspensiva da prescrição da pretensão executória 359
25.5.4.2.3. Prescrição em leis especiais 360
25.5.4.2.4. Prescrição da pena de multa 360
25.5.4.2.5. Prescrição da pena restritiva de direitos 363
25.5.4.2.6. Prescrição das medidas de segurança 363
25.5.5. Decadência (art. 107, IV, 2ª figura, do CP) 364
25.5.5.1. Decadência e ação privada subsidiária da pública 366
25.5.6. Perempção (art. 107, IV, 3ª figura, do CP) 366
25.5.7. Renúncia (art. 107, V, 1ª figura, do CP) 368
25.5.8. Perdão do ofendido (art. 107, V, 2ª figura, do CP) 368
25.5.9. Retratação do agente (art. 107, VI, do CP) 370
25.5.10. Casamento da vítima com o agente nos crimes sexuais (art. 107, VII, do CP) 370
25.5.11. Casamento da vítima com terceiro nos crimes sexuais (art. 107, VIII, do CP) 370
25.5.12. Perdão judicial (art. 107, IX, do CP) 370
25.5.12.1. Natureza jurídica da sentença concessiva do perdão judicial 371
25.6. Autonomia das causas extintivas da punibilidade 372
25.7. Causas extintivas da punibilidade e escusas absolutórias 373

REFERÊNCIAS 375

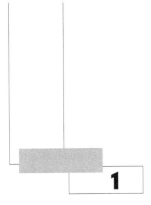

INTRODUÇÃO

1.1. Conceito de direito penal

O direito penal é o ramo do direito público que define as infrações penais e estabelece as penas e medidas de segurança aplicáveis aos transgressores. É constituído por um conjunto de princípios e regras que se destinam a proteger os bens jurídicos considerados relevantes a fim de manter a paz social mediante a imposição de sanções previamente estabelecidas para aqueles que realizarem qualquer das condutas indevidas.

Em uma visão mais ampla, a Ciência Penal engloba também o estudo do comportamento humano e de suas interações com a coletividade para desvendar os motivos que levam à delinquência, a análise dos valores e aos bens jurídicos tidos como primordiais pelo corpo social e que, por isso, merecem proteção por parte do Estado por intermédio do direito penal, as formas de cumprimento de pena que se mostram mais eficientes para a reeducação dos condenados visando evitar a reincidência etc. Cabe também à Ciência Penal a elaboração de eventuais críticas ao sistema vigente e à forma de atuação do poder punitivo estatal visando evitar excessos, desvios ou até mesmo a proteção deficiente em face da omissão.

No âmbito do direito positivo, as regras penais encontram-se no texto da Constituição Federal (princípios penais, comandos de criminalização, normas regulamentadoras dos órgãos responsáveis pelas investigações, pela defesa dos réus, pela persecução penal e pelo julgamento no âmbito criminal, normas limitadoras do direito de punir do Estado, dentre outras), bem como em leis de natureza penal, da qual a mais importante é o Código Penal. Cuida-se do direito material, que é complementado por algumas normas internacionais e por normas infralegais, como resoluções, portarias ou decretos que regulamentem algum tema de natureza penal.

Discute-se qual a denominação mais adequada: direito penal ou direito criminal. Na primeira, a nomenclatura é relacionada à consequência do ilícito penal, vale dizer, à pena, sendo criticada por não abranger a outra espécie de sanção penal, a medida de segurança. Na segunda, a nomenclatura é relacionada à causa, ou seja, ao próprio crime, sendo igualmente criticada por não abranger a outra espécie de infração penal, isto é, as contravenções penais. A distinção, na prática, não tem grande relevância, sendo certo que, na imensa maioria das vezes, são tratadas como sinônimas. O Decreto-lei n. 2.848/40 instituiu o atual Código Penal brasileiro, de modo que, desde então, convencionou-se denominar a disciplina de direito penal. Igualmente, a Carta Magna, em seu art. 22, I, adotou a expressão direito penal. Esta, portanto, a denominação que tem sido utilizada.

O Poder Legislativo é o responsável pela aprovação das leis penais – que necessitam ser sancionadas pelo Presidente da República para que entrem em vigor –, e que podem ser, em alguns casos, complementadas por atos do Poder Executivo (portarias, resoluções).

Os operadores do direito penal são os doutrinadores (penalistas) e os profissionais que atuam na área criminal, quer na condição de responsáveis pelas investigações (policiais) ou pela persecução penal e respectivo julgamento (promotores de justiça, juízes de direito, desembargadores), quer na condição de defensores (advogados, defensores públicos etc.).

O poder regulador do Estado em matéria penal não é ilimitado. O jurista Luiz Flávio Gomes[1] bem sintetiza o tema:

> O verdadeiro direito penal está regido por princípios e regras limitadores do direito de punir do Estado, que vêm sendo desenvolvidos desde o Iluminismo. Ele tem como missão a tutela exclusiva de bens jurídicos (princípio da exclusiva proteção de bens jurídicos), que deve acontecer de forma fragmentária e subsidiária (princípio da intervenção mínima). Exige a exteriorização de um fato (direito penal do fato), que esteja previsto em lei (princípio da legalidade) e que seja concretamente ofensivo ao bem jurídico protegido (princípio da ofensividade). Por esse fato o agente responde pessoalmente (princípio da responsabilidade pessoal), quando atua com dolo ou culpa (princípio da responsabilidade subjetiva) e, mesmo assim, quando podia agir de modo diverso, conforme o Direito (princípio da culpabilidade). De outro lado, esse agente nunca pode sofrer tratamento discriminatório (princípio da igualdade). O castigo cabível não pode ofender a dignidade humana, ou seja, não pode ser degradante (princípio da proibição de pena indigna), não pode ser cruel, desumano ou torturante (princípio da humanização) e deve ser proporcional (princípio da proporcionalidade, que se exprime por meio dos subprincípios da individualização da pena, personalidade da pena, necessidade da pena, suficiência da pena alternativa e proporcionalidade em sentido estrito).

Em suma, o Estado, ente soberano que é, tem o poder de ditar as regras de convivência dentro dos limites estabelecidos pela Constituição Federal e pelos demais princípios penais e, para isso, pode aprovar normas que tenham por finalidade manter a paz social e garantir a proteção aos bens jurídicos considerados relevantes, como a vida, o patrimônio, a honra, a dignidade sexual, a fé pública, o meio ambiente, a saúde pública, o patrimônio público, os direitos do consumidor etc. Essas normas penais estabelecem previamente punições aos infratores, de modo que, no exato instante em que ela é desrespeitada pela prática concreta do delito, surge para o Estado o direito de punir (*jus puniendi*). Este, entretanto, não pode impor imediata e arbitrariamente a pena, sem conferir ao acusado as devidas oportunidades de defesa. Ao contrário, é necessário que os órgãos estatais incumbidos da persecução penal obtenham provas da prática do crime e de sua autoria e que as apresentem ao Poder Judiciário, que, só ao final da

---

[1] Luiz Flávio Gomes. Direito penal, ciência do direito penal e poder punitivo estatal. *Jus Navigandi*, Teresina, ano 11, n. 927, 16 jan. 2006.

ação penal, poderá declarar o réu culpado e condená-lo a determinada espécie de pena. Durante o transcorrer desta ação, deverão ser asseguradas todas as oportunidades de defesa e respeitadas as regras processuais pertinentes (princípios do contraditório, da ampla defesa, do devido processo legal, da vedação das provas ilícitas).

O conjunto de princípios e normas que regem a persecução penal para a solução das lides penais constitui ramo do direito público chamado direito processual penal.

1.1.1. Dogmática penal

Dogmas são premissas incontestáveis e indiscutíveis que constituem o fundamento de um determinado sistema. O direito de o Estado impor regras de comportamento mediante a aprovação de leis incriminadoras e o surgimento do *jus puniendi* estatal como consequência da realização de uma conduta proibida por pessoa determinada constituem dogmas do direito penal.

Por sua vez, *dogmática penal*, de acordo com Claus Roxin[2], é a designação que se dá à "disciplina que se ocupa da interpretação, sistematização e desenvolvimento dos dispositivos legais e das opiniões científicas no âmbito do direito penal".

1.2. Direito penal objetivo e direito penal subjetivo

Direito penal *objetivo* é o direito penal escrito, esculpido nas leis, Códigos e na própria Constituição. É o conjunto de normas e princípios que regem o direito penal (direito positivo).

Direito penal *subjetivo* é o poder de punir (*jus puniendi*) do qual o Estado é o único titular e que surge com a efetiva prática da infração penal, mas que só pode ser exercido dentro dos limites legais e de acordo com a forma legal.

1.3. Direito penal substantivo e direito penal adjetivo

Direito penal *substantivo* (ou *material*) é o direito penal propriamente dito. Costuma ser definido como o conjunto de princípios e de normas que definem as condutas ilícitas e estabelecem as respectivas penas. Tal conceito, contudo, abrange apenas as normas penais incriminadoras, previstas na Parte Especial do Código Penal e em leis penais especiais. De ver-se, todavia, que integram também o direito objetivo e, por consequência, o direito material, as regras insertas na Parte Geral do Código Penal que não possuem caráter incriminador e que regulamentam institutos diversos como a aplicação da lei no tempo e no espaço, a teoria do crime, as espécies de pena, as causas extintivas da punibilidade, as modalidades de medidas de segurança etc. São exatamente estes temas previstos na Parte Geral do Código Penal que serão objeto de estudo na presente obra.

Direito penal *adjetivo* (ou *formal*) é, na realidade, o direito processual penal, vale dizer, o conjunto de princípios e normas que disciplinam a persecução penal para a solução das lides penais.

---

[2] Claus Roxin. *Funcionalismo e imputação objetiva no direito penal*. Rio de Janeiro-São Paulo: Renovar, 2002, p. 186-187.

1.4. Direito penal comum e direito penal especial

Somos adeptos da corrente que estabelece esta diferenciação levando em conta as regras constitucionais que definem qual a Justiça competente para o julgamento.

O direito penal comum é aquele afeto à Justiça *Comum* (Justiça Estadual e Justiça Federal). Já o direito especial é aquele aplicado na Justiça *Especial* (Militar ou Eleitoral). O art. 124 da Constituição Federal estabelece que cabe à Justiça *Militar* processar e julgar os crimes militares, que são aqueles descritos no Código Penal Militar (Decreto-lei n. 1.001/69). A Justiça *Eleitoral,* por sua vez, tem competência para processar e julgar os crimes eleitorais[3] nos termos do art. 121 da Constituição Federal, combinado com o seu art. 109, IV, que prevê a exclusão da competência da Justiça Federal quando se tratar de delito eleitoral. Assim, por exclusão, são considerados crimes comuns aqueles que não são classificados como crimes militares nem como crimes eleitorais.

Em suma, o direito penal especial é aquele relacionado aos crimes militares e eleitorais, enquanto o direito penal comum abrange todas as demais infrações penais, quer estejam previstas na legislação comum (Código Penal), quer em leis especiais como a Lei Antidrogas (Lei n. 11.343/2006), a Lei das Contravenções Penais (Decreto-lei n. 3.688/41), a Lei Antitortura (Lei n. 9.455/97), o Código de Trânsito (Lei n. 9.503/97), o Estatuto do Desarmamento (Lei n. 10.826/2003), a Lei de Proteção ao Meio Ambiente (Lei n. 9.605/98), dentre inúmeras outras.

1.5. Caracteres do direito penal

Praticamente todas as obras jurídicas ressaltam as características do direito penal com base na explanação de Magalhães Noronha. Segundo a visão do renomado autor o direito penal é uma

> ciência cultural normativa, valorativa e finalista. Na divisão das ciências em naturais e culturais, pertence ele a esta classificação, ou seja, à das ciências do dever ser e não à do ser, isto é, à das ciências naturais. É ciência normativa, pois tem por objeto o estudo da norma, contrapondo-se a outras que são causais-explicativas. Tem a norma por objeto a conduta ou o que se deve ou não fazer, bem como a consequência advinda da inobservância do que se impõe.

O mestre prossegue em sua explanação esclarecendo que o direito penal é valorativo porque o "direito não empresta às normas o mesmo valor, porém este varia, de conformidade com o fato que lhe dá conteúdo. Nesse sentido, o direito valoriza suas normas, que se dispõem em escala hierárquica. Incumbe ao direito penal, em regra tutelar os valores mais elevados e preciosos". Quanto a este último aspecto, costuma-se dizer que o direito penal tem caráter fragmentário porque só deve regulamentar temas que envolvam lesão ou perigo de lesão aos bens jurídicos mais relevantes para a coletividade (princípio da intervenção mínima). Por fim, ainda de acordo com Magalhães Noronha, o direito penal é *finalista* porque tem como objetivo proteger bens e interesses jurídicos.

---

[3] Os crimes eleitorais estão previstos no Código Eleitoral (Lei n. 4.737/65) e em leis especiais como a Lei Complementar n. 64/90 e a Lei n. 9.504/97.

1.6. Finalidade do direito penal

A finalidade do direito penal é precipuamente *preventiva*. O legislador, quando estabelece previamente uma pena para aqueles que realizam conduta lesiva a algum bem ou interesse jurídico, visa inibir aqueles comportamentos indesejados, atuando a lei penal, portanto, como fator de prevenção à prática de ilícitos penais e, portanto, de defesa dos bens jurídicos mais relevantes. É a chamada *prevenção geral*.

A própria aplicação da pena após a condenação, além do caráter retributivo, tem também um aspecto preventivo, no sentido de serem evitadas novas práticas ilícitas por parte daquele que se encontra na prisão. É o que se denomina *prevenção especial*. Além disso, considerando que as penas visam igualmente reeducar o infrator, sua aplicação tem também o escopo de evitar a reincidência.

Ressalte-se, ainda, o caráter preventivo em relação ao corpo social, pois, se o Estado toma para si o direito de punir e desempenha tal atividade de modo satisfatório, evitam-se sentimentos de revolta e indignação na população em face da prática de ilícitos penais graves, que poderiam estimular a vingança privada.

1.7. Direito penal do autor e direito penal do fato

Constitui objeto de discussão definir se a espécie e duração da pena deve guardar relação com o que o autor da infração demonstra ser em termos de periculosidade para o corpo social (direito penal do autor) ou com a estrita gravidade do ato ilícito praticado (direito penal do fato), ou ambos.

Em algumas legislações, é adotado o direito penal do autor e, em outras, o direito penal do fato.

E no Brasil?

É fácil notar que, na caracterização do delito, foi adotado em nosso país o direito penal do fato. Por isso, o Estado somente pode impor pena após ser produzida prova indiscutível perante o Poder Judiciário de que o réu é efetivamente o autor da conduta ilícita que lhe foi imputada. Se não for feita prova de que o acusado realizou aquela específica conduta narrada na peça acusatória (denúncia ou queixa-crime), não poderá ele ser condenado apenas em razão de seu passado criminoso. Da mesma maneira, em relação às medidas de segurança, de modo que, se a perícia médica constatar que o réu é portador de doença mental e que, por alguma característica deste distúrbio, representa perigo para a coletividade, mas a prova produzida durante o tramitar daquela ação penal específica demonstrar que ele é inocente (matou alguém em legítima defesa, por exemplo), não poderá ser aplicada a medida de segurança com o simples argumento de que ele é perigoso.

Idêntico raciocínio aplica-se em relação ao instituto do crime impossível que será mais bem estudado oportunamente. De acordo com tal instituto, regulamentado no art. 17 do Código Penal, não se pune a tentativa quando a consumação mostra-se impossível por absoluta impropriedade do objeto ou por absoluta ineficácia do meio. Assim, se o sujeito pega uma arma de brinquedo, supondo ser verdadeira, e após se aproximar da pessoa que pretende matar, aperta o gatilho, não responde por tentativa de homicídio. Em tal caso, está presente a periculosidade, mas a legislação brasileira, por intermédio do referido art. 17, optou por deixar o sujeito impune, restando claro não ter adotado o direito penal do autor no que tange à configuração da infração penal.

Deve-se salientar, no entanto, que, em relação à fixação do montante da pena, escolha do regime inicial, apreciação acerca do cabimento da substituição da pena privativa de liberdade por sanção alternativa, avaliação a respeito da possibilidade de ser aplicada a suspensão condicional da pena (*sursis*), a legislação brasileira adotou, ao menos em parte, o direito penal do *autor*. Com efeito, em relação a todos estes aspectos referentes à fixação da pena, deve o juiz levar em conta as circunstâncias do art. 59 do Código Penal: personalidade do agente, culpabilidade, conduta social, antecedentes, motivos, circunstâncias e consequências do crime, bem como o comportamento da vítima. Também em relação à dosimetria da pena, é indispensável verificar se o acusado é primário ou reincidente. Em suma, uma vez concretizado o decreto condenatório, que tem por parâmetro o direito penal do fato, deve ser fixada a pena. No cumprimento dessa tarefa, o juiz deve levar em conta a maior ou menor gravidade concreta do delito – motivos, circunstâncias e consequências do crime (direito penal do fato) –, bem como a maior ou menor periculosidade social do agente – primariedade ou reincidência, bons ou maus antecedentes, personalidade calma ou agressiva, conduta social exemplar ou desregrada (direito penal do autor).

1.8. Relação do direito penal com outros ramos do direito

São inúmeras as relações do direito penal com outros ramos do direito, já que muitos conceitos relevantes no âmbito criminal são fornecidos por outras áreas jurídicas. Em alguns casos, ademais, outros ramos do direito criam e regulamentam certas obrigações e o direito penal considera crime a sua inobservância. Em tais casos, a compreensão deste (do ilícito) tem como premissa o estudo daquela (da obrigação). Assim, pode-se dizer que o direito penal se relaciona com o direito *tributário* porque este, por exemplo, define tributo (impostos, taxas e contribuições de melhoria) e contribuição social, sendo que a sonegação dolosa destes constitui crime contra a ordem tributária (arts. 1º e 2º da Lei n. 8.137/90). A análise em torno da tipificação desses delitos fiscais pressupõe, portanto, a compreensão de conceitos do ramo tributário, como fato gerador, lançamento etc.

O direito civil, por sua vez, fornece inúmeros conceitos relevantes para legislação penal, como, por exemplo, o de coisa móvel (art. 83 do Código Civil), utilizado nos crimes de furto, roubo e apropriação indébita; o de testamento particular (art. 1.186 do Código Civil) utilizado no crime de falsificação de documento público; os que distinguem a posse e a detenção (arts. 1.196 e 1.198) úteis no delito de apropriação indébita etc.

O direito penal, ademais, incrimina uma série de comportamentos relacionados à não observância de normas da legislação civil. O desrespeito aos dispositivos que regulamentam o casamento e instituem os impedimentos matrimoniais, por exemplo, pode levar à tipificação dos crimes de bigamia (art. 235), de induzimento a erro essencial e ocultação de impedimento (art. 236), ou de conhecimento prévio de impedimento (art. 237).

Existem, ainda, inúmeras outras regras relevantes para o direito penal, como, por exemplo, a do art. 1.275, III, do Código Civil, que regulamenta a perda da propriedade pelo abandono e que pode ter relevância na análise dos crimes de furto, roubo e apropriação indébita – que pressupõem que a coisa tenha dono –, ou ainda a de seu art. 1.694 que regulamenta o dever de prestar alimentos, diretamente relacionado ao crime de abandono material (art. 244).

O direito de empresas e o direito penal relacionam-se em diversos temas, como, por exemplo: a) nos crimes falimentares da Lei n. 11.101/2005, que pressupõem a compreensão das regras atinentes à falência, à recuperação judicial etc.; b) na regulamentação de títulos de crédito como o cheque e a duplicata, necessários à compreensão dos delitos de fraude no pagamento por meio de cheque (art. 171, § 2º, VI, do Código Penal) e de duplicata simulada (art. 172 do Código Penal); c) na regulamentação das sociedades por ações (Lei n. 6.404/76), imprescindível para a análise do delito de fraude e abuso na fundação ou administração de sociedade por ações (art. 177 do Código Penal); d) nos crimes contra as marcas de indústria e comércio ou de concorrência desleal, descritos na Lei n. 9.279/96, que pressupõem a análise de regras advindas do direito empresarial.

Por fim, insta ressalvar a relevância do direito administrativo precipuamente no que tange aos capítulos que tratam dos crimes praticados por funcionário público e por particulares contra a Administração em Geral (arts. 312 a 337 do Código Penal).

1.9. Política criminal

De acordo com Eugênio Zaffaroni e José Henrique Pierangeli[4],

> a Política Criminal é a ciência ou a arte de selecionar os bens (ou direitos) que devem ser tutelados jurídica e penalmente e escolher os caminhos para efetivar tal tutela, o que iniludivelmente implica a crítica dos valores e caminhos já eleitos.

Deste conceito podem ser extraídas duas facetas da política criminal. A primeira refere-se às *críticas* necessárias ao ordenamento penal em vigor, na busca de seu aprimoramento. Tais críticas, em geral, são veiculadas em pesquisas, trabalhos e manifestações de filósofos, sociólogos, políticos, jornalistas e, evidentemente, operadores do direito, que procuram as falhas do ordenamento jurídico criminal a fim de orientar o legislador – no sentido de que sejam, por exemplo, excluídas ou incluídas condutas no Código Penal, agravadas ou reduzidas penas, modificados sistemas de cumprimento das sanções impostas etc. A outra faceta da política criminal reside na *concretização* das mudanças propostas, realizadas pela aprovação de leis pelo Poder Legislativo.

Note-se que há grande interação entre tais aspectos. As críticas ao sistema penal têm por destinatário imediato o Poder Legislativo, mas, inevitavelmente, alcançam também a população. A prática de um crime extremamente violento, por exemplo, é noticiada com destaque pela mídia e chega ao conhecimento imediato de milhões de pessoas. Tais órgãos de imprensa, muitas vezes, convidam especialistas para serem entrevistados, fazendo com que os cidadãos também se sintam estimulados a discutir o tema. Não raro o que se percebe como consequência é o surgimento de uma expectativa de agravamento das penas. Muitos políticos, cientes disso, lançam suas candidaturas

---

[4] Eugenio Raúl Zaffaroni; José Henrique Pierangeli. *Manual de direito penal brasileiro*: Parte Geral. 2. ed. São Paulo: Revista dos Tribunais, 1999, p. 132.

ao legislativo defendendo o endurecimento penal, a redução da maioridade etc. Caso eleitos, por óbvio, apresentarão projetos de lei mais rigorosos, nem sempre, contudo, os mais apropriados. De outro lado, existem grupos que defendem a liberação das drogas, a descriminalização do aborto, dos jogos de azar e do jogo do bicho etc. Sustentam, por exemplo, que a descriminalização das drogas acabaria com os traficantes e os delitos violentos por eles cometidos e que a liberação do jogo traria grande incentivo turístico e consequências positivas para a economia. Alegam, outrossim, que a legalização do aborto evitaria a morte de considerável número de gestantes. Todos esses argumentos precisam ser sopesados pelo legislador, integrando a chamada política criminal.

Não se pode deixar de mencionar, outrossim, que o Poder Judiciário, em algumas situações, tem se utilizado de argumentos de política criminal para reconhecer a atipicidade de condutas que, *a priori*, configurariam ilícito penal. A Súmula 554 do Supremo Tribunal Federal, por exemplo, declara que não há justa causa para a ação penal no crime de emissão de cheque sem fundos (art. 171, § 2º, VI, do Código Penal), quando ocorre o pagamento do valor do cheque antes de seu início. Em tal caso, o pagamento teria o mesmo efeito de uma causa extintiva da punibilidade, que, todavia, não é prevista em lei. O que motivou a edição da súmula foi a conclusão de que o beneficiário do cheque fica satisfeito com o recebimento do valor devido e o emitente, ao saber que poderá ficar isento de pena, sente-se estimulado a honrar, de imediato, o que deve. Por fim, o próprio Poder Judiciário é beneficiado, pois são evitadas milhares de ações penais.

O reconhecimento da atipicidade de crimes como o furto em decorrência do princípio da insignificância tem também por base razões de política criminal, ou seja, não ser justificável a movimentação da máquina judiciária, com todos os custos a ela inerentes, quando a lesão ao bem jurídico for irrisória, ínfima.

A propósito da utilização de argumentos de política criminal pelo Poder Judiciário, veja-se, ainda:

> A mera inobservância da exigência de recadastramento periódico não pode conduzir à estigmatizadora e automática incriminação penal. Cabe ao Estado apreender a arma e aplicar a punição administrativa pertinente, não estando em consonância com o direito penal moderno deflagrar uma ação penal para a imposição de pena tão somente porque o indivíduo – devidamente autorizado a possuir a arma pelo Poder Público, diga-se de passagem – deixou de ir de tempos em tempos efetuar o recadastramento do artefato. Portanto, até mesmo por questões de *política criminal*, não há como submeter o paciente às agruras de uma condenação penal por uma conduta que não apresentou nenhuma lesividade relevante aos bens jurídicos tutelados pela Lei n. 10.826/2003, não incrementou o risco e pode ser resolvida na via administrativa (STJ, HC 294.078/SP, Rel. Min. Marco Aurélio Bellizze, 5ª Turma, julgado em 26-8-2014, *DJe* 4-9-2014).

1.10. Criminologia

De acordo com Edwin H. Sutherland[5] "criminologia é um conjunto de conhecimentos que estudam o fenômeno e as causas da criminalidade, a personalidade do delinquen-

---

[5] Edwin H. Sutherland apud Newton Fernandes; Valter Fernandes. *Criminologia integrada*. 2. ed. São Paulo: Revista dos Tribunais, 2002, p. 26.

te, sua conduta delituosa e a maneira de ressocializá-lo". Trata-se de ciência empírica que estuda o crime, o criminoso, a vítima e as formas possíveis de controle social dos delitos. O caráter empírico reside no fato de a Criminologia extrair suas conclusões de observações de casos concretos e pesquisas de campo com criminosos. Cuida-se, ainda, de ciência interdisciplinar que demanda a aplicação de conhecimentos de diversas áreas como a biologia, a sociologia, a psicologia, a psiquiatria, dentre outras.

Até chegar à atual concepção, a Criminologia passou por diversas fases com os estudos das escolas clássica (Cesare Beccaria, Francesco Carrara e Enrico Pessina, século XVIII), positiva (Cesare Lombroso, Raffaele Garofalo e Enrico Ferri, século XIX) e sociológica (Emile Durkheim, final do século XIX).

Os estudos acadêmicos de Criminologia tiveram início com a publicação da obra *L'Uomo Delinquente* de Cesare Lombroso em 1876, embora a denominação só tenha surgido posteriormente nas obras de Garofalo.

Os objetos da Criminologia são: a) a busca das causas e fatores determinantes da criminalidade e suas circunstâncias; b) a análise da personalidade e da conduta dos criminosos; c) o estudo do comportamento e do perfil das vítimas; e d) a proposição de meios de prevenção e formas de ressocialização do infrator.

A Criminologia, portanto, deve municiar a sociedade e os poderes constituídos de informações sobre os delitos, os delinquentes e as vítimas. Desse modo, auxilia na definição de políticas criminais e sociais visando à prevenção de condutas ilícitas e à escolha de formas adequadas de intervenção relativas às suas manifestações e aos seus efeitos.

2

EVOLUÇÃO HISTÓRICA DO DIREITO PENAL

Na *antiguidade*, período que se estende da invenção da escrita (4.000 a.C.) até o declínio do Império Romano (aproximadamente 500 d.C.) a imposição de pena aos infratores era feita de forma completamente diferente do modo como a vemos nos dias atuais.

Nos primórdios, as penas, em regra, eram brutais e desproporcionais ao delito cometido. Tinham um nítido caráter de vingança (e não educativo-preventivo). Por essa característica, tal época ficou conhecida como período da vingança penal, que, por sua vez, divide-se em três fases: a) vingança *divina*; b) vingança *privada*; e c) vingança *pública*.

Na fase da vingança divina, o desrespeito às normas comportamentais (tabus) devia ser punido porque se acreditava que a omissão poderia gerar a ira divina, que, em tal caso, recairia sobre todo o grupo. Como os fenômenos naturais não eram compreendidos à época, pensava-se que a impunidade poderia gerar tempestades, estiagens prolongadas, surgimento de pragas etc. Assim o castigo era aplicado por todo o grupo como forma de evitar a fúria dos deuses.

Na fase da vingança privada, a imposição da pena era feita pela própria vítima ou por alguém de sua família. Era a chamada justiça pelas próprias mãos. Como não havia limites, a não ser a força dos integrantes de certo clã, tribo ou povo, esta forma de punição costumava ser desproporcional ao ato praticado, o que, não raro, culminava em luta generalizada entre os grupos, com grandes perdas para todos os lados. Em razão disso, ainda nesse período, surgiu a conhecida Lei de Talião ("olho por olho, dente por dente"), que visava conferir proporcionalidade entre a infração e a pena, de sorte que a vingança privada ficava limitada à gravidade do mal infligido pelo infrator. Com o passar do tempo, passou-se, inclusive, a admitir que o ofendido ou seus familiares entrassem em composição com o infrator, no sentido de receberem compensações financeiras em troca da não aplicação do castigo.

Por fim, em um terceiro momento, o Estado trouxe para si o poder de manter a ordem e de aplicar as penas (vingança pública). A pena, portanto, passou a ter conotação pública e a sua aplicação começou a ser feita por representantes do Estado e não mais pelo ofendido, que, assim, não mais necessitava usar suas próprias forças para punir o infrator. Com isso, corrigiu-se também a injustiça de deixar sem punição aqueles que cometiam transgressões contra pessoas mais fracas – que não tinham condições de, pessoalmente, impor a pena. Apesar de se tratar de um grande avanço em relação aos tempos anteriores, as penas impostas pelo Estado continuavam marcadas pela crueldade e pela aplicação da pena de morte em larga escala.

Na *Roma antiga*, o direito penal foi inicialmente marcado por grande interferência da religião, mas, aos poucos, foi desta se afastando. É dessa época a famosa Lei das Doze Tábuas, primeira lei escrita de que se tem notícia.

Ainda durante o Império Romano deu-se a divisão dos ramos do direito em público e privado. O direito romano, aliás, trouxe grandes avanços na área do direito civil, que, todavia, não se mostraram tão marcantes na esfera penal. De qualquer modo, podemos apontar como inovações relevantes: a) a distinção entre crimes *públicos* (traição, conspiração, assassinato), cujo julgamento era atribuição do Estado e a pena a de morte, e *privados* (dano, furto etc.), cujo julgamento era confiado aos particulares, mediante a supervisão estatal; b) os estudos e os escritos dos jurisconsultos (considerados os primeiros da Ciência Penal); c) o surgimento de um conjunto de leis que catalogavam as condutas criminosas (as que previam os delitos cometidos entre os cidadãos, como o homicídio e o furto, constavam das *leges Corneliae*, e os crimes contra o Estado estavam inseridos nas *leges Juliae*); e d) o regramento de institutos como o dolo, a culpa, o erro, o nexo causal, a inimputabilidade etc.

A *Idade Média*, por sua vez, foi um período marcado por guerras, pela intolerância e pela tortura, o que, evidentemente, repercutiu no campo penal.

A época medieval (séculos V a XV) foi muito influenciada pelo Cristianismo e pelo crescente poder da Igreja, que, com o passar do tempo, acabou impondo suas regras também a pessoas não sujeitas à disciplina religiosa.

Na alta Idade Média, foram implantados os Tribunais Eclesiásticos, que durante a época da Inquisição empregaram largamente a tortura como modo de obrigar os acusados a confessarem seus crimes. A justiça penal era implacável com as classes desfavorecidas e protegia os nobres e o clero. As penas eram cruéis e desproporcionais, sendo aplicadas arbitrariamente pelo julgador para servir de exemplo e intimidar a população (castração, extração dos olhos, morte na fogueira etc.).

Já na baixa Idade Média, a situação começou a se alterar quando Irnério fundou a Escola dos Glosadores, sendo que, posteriormente, com o surgimento dos Pós-Glosadores, os avanços no âmbito penal se intensificaram, principalmente em razão dos trabalhos de Alberto Gandino e Tiberius Decianus. São eles os autores das primeiras obras de direito penal: o primeiro com o seu *Tratactus de Maleficiis* e o segundo com a obra *Tratactus Criminalis*. Nesta última, o direito penal é, pela primeira vez, dividido em Parte Geral e Parte Especial. Em tal obra, Decianus também trata da teoria do crime e advoga pela primeira vez a necessidade da adoção do princípio da legalidade (um fato só pode ser considerado criminoso se assim estiver previamente descrito em lei).

Os historiadores costumam ressalvar, por sua vez, que o direito canônico teve méritos que merecem menção, principalmente na baixa Idade Média com a adoção do ideal de que as penas devem ser aplicadas como forma de penitência, para que o condenado se arrependa de seus atos, de modo que a pena de morte deve ser afastada e substituída pela pena de prisão. Teve origem no direito canônico, portanto, a concepção de que a pena deve ser utilizada para a regeneração do criminoso.

A chamada *Idade Moderna* teve seu marco inicial com a tomada de Constantinopla pelos turcos em 1453. Nos três séculos seguintes, vigorou na maioria dos países europeus o sistema *absolutista* em que todo o poder emanava do rei ou da rainha. Em tal período, o direito penal continuou marcado pela adoção de penas cruéis e pelo grande arbítrio dos juízes que podiam aplicar as penas como bem entendessem, já que o próprio monarca lhes delegava tal poder. Costuma-se apontar como maior inovação de tal período a unificação das leis dentro desses países absolutistas, a exemplo do que se deu em Portugal com as chamadas Ordenações do Reino, que foram aplicadas no Brasil durante o período colonial.

Na segunda metade do século XVIII, surgiu na Europa um movimento que ficou conhecido como *Iluminismo* (Época das Luzes), cujos ideais geraram consequências culturais, sociais e políticas de enorme relevância. O Iluminismo foi um movimento que defendeu a diminuição das desigualdades da sociedade e o reconhecimento de direitos dos indivíduos, tais como a liberdade e a livre posse de bens. Os iluministas de maior destaque foram Rousseau, Montesquieu e Voltaire.

Como integrante desse movimento reformador, o filósofo italiano Cesare Bonessana, o Marquês de Beccaria, publicou, em 1764, sua obra "Dos Delitos e das Penas" (com nítida inspiração no "Contrato Social" de Rousseau) dando origem ao chamado período *humanitário*, que modificou em definitivo o enfoque da disciplina penal. As grandes preocupações desse pensador giravam em torno da natureza cruel das penas até então adotadas, dos fundamentos do direito de punir e da legitimidade na aplicação dessas penas.

Na visão de Beccaria o direito penal deve pautar-se pelos seguintes princípios:

a) abolição de penas cruéis e de morte;

b) adoção do princípio da legalidade, de modo que não possam os juízes aplicar as penas de modo arbitrário;

c) ampla divulgação do teor das leis penais para que o povo possa compreendê-las e obedecê-las;

d) embasamento das condenações em provas concretas, tendo também o acusado o direito de produzi-las;

e) abolição de penas de confisco que atinjam os herdeiros e penas que recaiam sobre a família do autor da infração;

f) proibição de interrogatórios mediante tortura ou procedimentos secretos;

g) utilização da pena como método preventivo e para a recuperação do criminoso e não apenas como forma de vingança; e

h) adoção de penas proporcionais ao delito cometido.

Conforme se percebe, muitos desses princípios constituem-se atualmente em garantias e direitos reconhecidos a todos os cidadãos dos países democráticos e constam, inclusive, da Declaração Universal dos Direitos Humanos, proclamada pela Assembleia Geral da ONU em 1948.

2.1. As escolas penais

Após o movimento Iluminista, houve um aprofundamento do pensamento penal, com o surgimento das chamadas "escolas penais".

2.1.1. Escola clássica

Os grandes expoentes dessa escola foram Cesare Beccaria, Francesco Carrara e Enrico Pessina.

Segundo Carrara, o crime é uma "infração da lei do Estado, promulgada para proteger a segurança dos cidadãos, resultante de um ato externo do homem, positivo ou negativo, moralmente imputável e politicamente danoso"[6]. Para ele, o delito é um ente jurídico originado pela conjugação de duas forças: a) a física: movimento corpóreo e dano dele decorrente; e b) a moral: vontade livre e consciente de infringir a norma. O livre-arbítrio do agente como pressuposto da responsabilidade e da aplicação da pena é a base desse pensamento.

Para a Escola clássica, conforme mencionado, o crime é um *ente jurídico* e a pena tem como finalidade principal a retribuição em relação ao mal causado, contudo, seguindo os ideais humanitários de Beccaria e do Iluminismo, as penas não poderiam ser cruéis.

2.1.2. Escola positiva

O surgimento desta escola, no século XIX, teve como cenário o avanço das ciências naturais, com o advento da teoria evolucionista de Charles Darwin, e o considerável aumento da criminalidade, visto por muitos como consequência do abrandamento das punições ocorrido no período humanitário.

Os grandes expoentes da escola positiva (período criminológico) foram Cesare Lombroso (fase antropológica), Enrico Ferri (fase sociológica) e Rafael Garofalo (fase jurídica).

Na fase antropológica, o enfoque passou a ser o criminoso sob o ponto de vista biológico. O médico Cesare Lombroso afirmava que algumas pessoas nascem com predisposição para cometer crimes, sendo esta uma patologia. Segundo ele, esta inclinação criminosa pode ser verificada pela aparência física dessas pessoas. Foi, então, criada a concepção do criminoso nato. Em sua obra *L'Uomo Delinquente*, Lombroso descreve esses aspectos físicos que denotam ser alguém inclinado a práticas ilícitas. Para ele, as influências sociais sobre o criminoso não são dotadas de grande relevância.

Já para Enrico Ferri, tido como criador da sociologia criminal, o crime é um fenômeno natural e social, sujeito às influências do meio. A imposição da pena é obrigação do Estado como forma de defesa social, visando à recuperação do criminoso ou à sua neutralização. A finalidade da pena, portanto, é basicamente preventiva. A redução da criminalidade, entretanto, só será possível se forem realizadas reformas sociais e econômicas, razão pela qual o autor propõe, como instrumento de luta contra o delito, uma sociologia criminal integrada. Embora Ferri reconhecesse a influência do meio sobre os criminosos, era também adepto do determinismo, ou seja, da tese de que algumas pessoas nascem predestinadas a ser criminosas. Ferri chegou a dividir os criminosos em cinco categorias: loucos, natos, ocasionais, habituais e passionais. Sob esse aspecto, a escola positiva diverge frontalmente da escola clássica que fundamenta a pena no livre-arbítrio (o homem deve ser punido por suas escolhas erradas). A escola positiva

---

[6] Francesco Carrara. *Programa do curso de direito criminal*, São Paulo: Saraiva, 1956. v. I, p. 48.

fundamenta a pena na periculosidade do agente (o que, atualmente, se denomina direito penal do autor).

Rafael Garofalo, por sua vez, defende que a opção pelo crime decorre de desvios psicológicos do agente, que o fazem afrontar os sentimentos básicos e universais de piedade e probidade. Garofalo foi o primeiro autor a utilizar a denominação criminologia, pois este era o nome de seu livro publicado em 1885. Para ele, o criminoso é portador de um déficit moral. Sua opinião, portanto, diverge da de Lombroso. Para este, a causa da criminalidade é orgânica, ao passo que para aquele é moral ou psíquica. Por ser magistrado, Garofalo deu contornos jurídicos às suas teorias, razão pela qual alguns classificam seus estudos de fase jurídica da escola positiva.

2.1.3. Escolas mistas ou ecléticas

Visando conciliar os princípios mais relevantes da Escola Clássica com o positivismo jurídico surgem as escolas ecléticas (mistas) como a *terceira escola, a escola moderna alemã* e a *escola da defesa social*. Conforme mencionado, estas escolas não possuem uma teoria original, embasando suas conclusões na premissa de que o crime resulta da combinação da predisposição individual com as influências do meio social. Aprofundam, contudo, temas relevantes como o livre-arbítrio, a finalidade do castigo e da Administração Penal, as garantias do indivíduo e as da defesa da ordem social, os limites da prevenção do crime etc.

2.1.3.1. Terceira escola

Para a *terza scuola*, o crime é produto de uma pluralidade de fatores individuais e exógenos. O crime é, ao mesmo tempo, um ente jurídico e um fenômeno natural. Esta escola adota o princípio da responsabilidade moral e divide os criminosos em imputáveis e inimputáveis, devendo ser aplicada pena aos primeiros e medida de segurança para os últimos. Acolhe, portanto, uma atitude eclética em torno da questão do livre-arbítrio, conservando a ideia da responsabilidade moral como fundamento da pena, e de periculosidade como fundamento da medida de segurança. A finalidade da pena é preventiva e retributiva. Os principais nomes desta escola foram B. Alimena, E. Carnevale e J. Ipallomeni.

2.1.3.2. Escola moderna alemã

No final do século XIX, surgiu outra escola eclética na Alemanha que teve como principal representante Franz von Liszt. Para ele, a pena tem função primordialmente preventiva (geral e, principalmente, especial – evitar novos delitos durante o tempo em que o criminoso encontra-se cumprindo a pena). Defende, tal como os positivistas, a necessidade de investigações de ordem antropológica e sociológica do crime, mas repele a criminalidade congênita. Para Liszt e seus discípulos, a finalidade da pena é a de proteger a sociedade, entretanto, não deixa de ter caráter aflitivo (retributivo). Adotam, também, princípios da escola clássica, em virtude da concepção da responsabilidade moral do criminoso. Para esta escola, contudo, a concepção de livre-arbítrio dos clássicos é relativizada, pois, para eles, o crime, além de um ente jurídico, é também um fenômeno humano e social. As penas e as medidas de segurança devem basear-se respectivamente na culpabilidade e na periculosidade.

2.1.3.3. Escola da defesa social e da nova defesa social

No ano de 1910, Adolphe Prins com a obra *A defesa social e as transformações do direito penal*, inspirada parcialmente no positivismo de Enrico Ferri, passou a sustentar que o objetivo da pena não deve ser a retribuição ao mal provocado pelo delito, mas sim a defesa da sociedade, o que, de acordo com seu pensamento, só é possível com a substituição da ideia de responsabilidade moral pelo critério da periculosidade do delinquente. Anulando-se o delinquente, protege-se a sociedade. As penas e as medidas de segurança devem ser aplicadas por tempo indeterminado, enquanto não verificada a cessação da periculosidade do indivíduo, pois, assim, a coletividade restaria protegida (prevenção especial). Os interesses sociais devem sobrepor-se às garantias individuais do infrator. Não aceitam, entretanto, a pena de morte como forma de neutralização do delinquente.

Esta escola da defesa social foi muito criticada após a Segunda Guerra Mundial, porque teria servido de fundamento para excessos de ditadores europeus no período entre guerras. A partir daí, passa-se a dar grande enfoque à defesa dos direitos humanos e surge a escola da *Nova defesa social*, que encara o crime como fenômeno social e enxerga o direito penal apenas como parte dos instrumentos de defesa da coletividade, ao lado de outras ciências. Filipo Gramatica teve relevo nesse contexto ao criar em 1945, em Gênova, o Centro de Estudos de Defesa Social.

O francês Marc Ancel, com sua obra *A nova defesa social*, bem representa este pensamento. Para ele, a defesa da sociedade em relação ao crime deve-se dar mediante uma ação coordenada do direito penal com a criminologia e a ciência penitenciária, tendo por base os conhecimentos científicos e a aplicação humanitária da pena. Esta não deve ser vista como castigo, e sim como forma de defesa social pela busca da gradativa reinserção social do criminoso. A pena deve ser dotada de caráter educativo e focada no princípio da dignidade humana.

A Escola da Nova Defesa Social constitui movimento de política criminal que visa direcionar o enfoque das autoridades no sentido de ser a criminalidade vista como fenômeno social. A prática do crime é expressão da personalidade do agente, que deve ser conhecida durante a execução da sanção para que, de modo mais adequado, se possa reeducá-lo ou tratá-lo, justamente a fim de prevenir a prática de ilícitos futuros e, assim, proteger a sociedade.

A Lei de Execuções Penais brasileira (Lei n. 7.210/84) sofreu grande influência desta Escola, conforme se pode perceber em diversos de seus dispositivos, como no que determina a realização de exame criminológico no início do cumprimento da pena em regime fechado para a obtenção dos elementos necessários a uma adequada classificação com vistas à individualização da pena, no que prevê a progressividade da pena de acordo com os méritos do condenado, no que estimula o trabalho e o estudo recompensando-os com desconto no tempo restante de pena etc.

2.1.4. Escola técnico-jurídica

Arturo Rocco com a sua famosa palestra *Il problema ed il metodo della scienza del diritto penal*, proferida na Universidade de Sassari em 1910, deu início ao Tecnicismo Jurídico Penal. Para Rocco e seus seguidores, a ciência criminal deve preocupar-se exclusivamente com o direito penal vigente (direito positivo), afastando-se o criminalista de análises de natureza filosófica, antropológica e filosófica, que devem ficar a cargo de outras ciências.

Os grandes méritos desta escola, amplamente adotada na maioria dos países ocidentais, foram: a) a delimitação dos contornos e da abrangência do direito penal; e b) a criação de uma eficiente metodologia de estudo da disciplina penal (chamado de método técnico-jurídico) composto de três partes: exegese, dogmática e crítica.

Esta escola não trouxe inovações relevantes no que diz respeito ao conceito de crime e às finalidades da pena e, como adotavam em grande parte os pensamentos de Carrara (grande nome da escola clássica), é considerada por muitos uma escola neoclássica.

A herança deixada pela escola técnico-jurídica consiste basicamente em um novo enfoque metodológico do direito penal.

2.2. Abolicionismo penal e movimento Lei e Ordem

O abolicionismo penal é um movimento que tem como premissa a conclusão de que o sistema penal encontra-se falido e de que a pena não ressocializa o infrator, e sim o estigmatiza perante a coletividade. Os seguidores deste movimento argumentam, ainda, que a pena privativa de liberdade, além dos altos custos inerentes à sua implantação e manutenção, atua como verdadeira "escola do crime", agravando a questão da criminalidade.

A corrente radical desse movimento advoga a total extinção da jurisdição penal. Cuida-se, porém, de corrente bastante incipiente. Dentro de uma linha mais moderada, o abolicionismo defende a descriminalização de condutas ilícitas de menor gravidade, em relação às quais deveriam ser adotados métodos conciliatórios, indenizatórios e pedagógicos, e a adoção de penas alternativas em relação aos delitos mais graves, em substituição às penas privativas de liberdade.

As críticas feitas a esse movimento são muitas, já que a prática quase nunca reflete as expectativas dos teóricos sendo muito provável que a adoção do abolicionismo provocasse um severo incremento da criminalidade como consequência de sanções brandas demais em alguns casos e até mesmo da total ausência de punição em outros, o que poderia, inclusive, gerar revoltas e até mesmo o retorno da vingança privada.

Em direção totalmente oposta existe o chamado movimento *Lei e Ordem* que defende a criminalização do maior número possível de condutas e a adoção de penas mais severas em geral. Essa política foi aplicada com sucesso na cidade de Nova Iorque, nos Estados Unidos, onde ficou conhecida como política de "tolerância zero" e, por tal razão, passou a ter razoável número de adeptos. Sustentam que a intervenção punitiva estatal deve ter início com a prática das mais leves infrações, pois a sensação de impunidade que advém da falta de atuação do Estado em relação a estes delitos acaba, posteriormente, estimulando a prática de delitos mais graves pelos mesmos criminosos.

2.3. Garantismo penal

O garantismo penal tem como grande ícone o jurista italiano Luigi Ferrajoli que, em sua obra *Direito e razão – teoria do garantismo penal*, reuniu os princípios que considera basilares no âmbito do direito penal dos Estados Democráticos de Direito. São princípios que, segundo o autor, visam coibir abusos no direito de punir e que, na medida do possível, devem ter tratamento constitucional para que não sejam desrespeitados pelo legislador ordinário.

O garantismo funda-se em *dez* princípios:

a) princípio da *retributividade*: não há pena sem crime;

b) princípio da *legalidade*: não há crime sem lei anterior que o defina;

c) princípio da *necessidade*: uma conduta só deve ser incriminada quando tal providência mostrar-se absolutamente necessária, ou seja, quando não houver possibilidade de solução do conflito por outros meios ou por outros ramos do Direito;

d) princípio da *lesividade*: não há crime sem efetiva lesão ou perigo de lesão a um bem jurídico;

e) princípio da *materialização do fato*: o Estado só pode incriminar penalmente condutas humanas voluntárias (fatos) que se exteriorizem por meio de ações ou omissões;

f) princípio da *culpabilidade*: não pode haver condenação sem provas; na dúvida, o réu deve ser absolvido;

g) princípio da *jurisdicionalidade*: a pena só pode ser aplicada pelo juiz competente de acordo com as regras firmadas na Carta Magna e desde que observado o devido processo legal;

h) princípio *acusatório*: a acusação deve ser feita por órgão distinto daquele que julgará a ação penal;

i) princípio do *encargo da prova*: o ônus de provar o fato ilícito imputado é da acusação;

j) princípio do *contraditório*: aos acusados deve ser garantido o direito de produzir provas e de confrontar aquelas contra eles produzidas.

A Constituição brasileira de 1988 adotou expressamente vários desses princípios de caráter penal e processual penal. Por isso, pode-se dizer que a nossa Carta Magna tem uma concepção garantista, compatível, aliás, com o perfil de Estado Democrático de Direito consagrado em seu art. 1º, *caput*. No próximo capítulo desta obra, analisaremos, dentre os princípios adotados pelo garantismo penal, aqueles que foram inseridos na Constituição Federal, bem como aqueles que, embora não mencionados na Carta Magna, têm sido reconhecidos por nossa doutrina e aplicados por nossos tribunais. Estudaremos, outrossim, outros princípios constitucionais referentes ao direito penal (individualização da pena, vedação das provas ilícitas etc.).

2.4. Funcionalismo penal

O funcionalismo teve início na Alemanha em meados da década de 1970. Esse movimento tem por objetivo vincular a dogmática penal aos fins do direito penal, ou seja, procura explicá-lo a partir de suas funções (daí o nome funcionalismo).

Além da teoria da imputação objetiva (relacionada ao nexo de causalidade – que será analisada no momento oportuno), o funcionalismo inovou ao defender que a ciência penal não deve encarar o crime apenas sob a ótica das leis postas (direito positivo), mas também pelo prisma da política criminal, que, até então, sempre fora visto como assunto afeto ao Poder Legislativo.

De acordo com Claus Roxin (funcionalismo *moderado* ou *teleológico*), se a aplicação dos dispositivos legais ao caso concreto se mostrar insatisfatória, poderá ser corrigida de acordo com os princípios garantistas e as finalidades político-criminais do sistema penal. Para ele, se a finalidade do direito penal é a proteção de bens jurídicos, não há crime quando a conduta não atinge ou não gera efetivo risco de lesão ao bem tutelado. Ademais, condutas inofensivas não podem ser punidas porque a função do direito penal é proteger valores sociais relevantes.

Roxin também modificou a visão em torno da culpabilidade – deixando de lado a concepção voltada à *reprovabilidade* pelo ato ilícito (aceita até então) – para encará-la sob o prisma da *responsabilidade* pela conduta realizada, conferindo ao julgador a possibilidade de deixar de aplicar a pena sempre que vislumbrar ser ela desnecessária para os fins a que a norma se destina (prevenção geral e especial).

Enquanto o funcionalismo de Roxin se dedica à análise dos fins do *direito penal*, Günther Jakobs, com seu funcionalismo *sistêmico* (ou *radical*), ocupa-se prioritariamente dos fins da *pena*. Para Jakobs, a finalidade é a prevenção geral positiva, ou seja, reforçar a fidelidade dos cidadãos à ordem social a que pertencem.

Segundo este autor, o bem jurídico afetado pela conduta ilícita é a própria norma. Por isso, tal comportamento demanda punição justamente para confirmá-la. Segundo ele, delito é toda violação da norma penal que colide com as expectativas sociais de convivência, é a frustração das expectativas normativas, sendo a aplicação da pena a confirmação da vigência da norma violada.

O bem jurídico protegido (no sentido tradicional) fica em segundo plano, de forma que quem infringe a norma deve ser punido independentemente de tê-lo lesado, pois, conforme já mencionado, para Jakobs, o bem jurídico imediatamente tutelado é a própria norma. Deve haver punição, pois, caso contrário, restaria afetada a confiança da coletividade no sistema penal.

2.5. Direito penal do inimigo

Esse conceito e a respectiva teoria foram desenvolvidos por Günther Jakobs e ganharam corpo após os atentados às torres gêmeas em Nova Iorque, em 11 de setembro de 2001, seguidos de atentados a bomba em meios de transporte em Londres e Madri, imputados a uma rede terrorista.

De acordo com essa teoria, deve haver diferenciação entre a legislação penal aplicável ao cidadão comum que comete um delito e aquela que deve ser aplicada a quem se enquadrar na definição de inimigo. Ao primeiro, deve ser aplicada uma legislação garantista, com a plena observância das garantias fundamentais. Ao inimigo, deve ser reservada uma legislação de exceção, com redução ou supressão de algumas garantias constitucionais, porque, em casos extremos, a situação é equivalente à de um estado de guerra. A chamada Lei Patriótica, aprovada nos Estados Unidos após os atentados de 11 de setembro de 2001, constitui exemplo de legislação penal aplicável ao inimigo, pois àqueles identificados como terroristas foi permitida a prisão por tempo indeterminado e a realização de interrogatórios mediante certas formas de tortura.

Segundo Jakobs[7], os inimigos são os criminosos econômicos, os terroristas, os delinquentes organizados, os traficantes profissionais, os delinquentes sexuais habituais, que, de forma duradoura, se afastam do direito, não fornecendo garantias cognitivas mínimas de segurança de seu comportamento pessoal e demonstrando esse déficit de comportamento. São pessoas que, portanto, desestabilizam a própria estrutura do Estado e que não aceitam as regras impostas pelo direito, não havendo como ressocializá-las, ao menos com as regras do direito penal dos cidadãos. Assim, a finalidade do direito penal do inimigo é eliminação de perigos já que, conforme mencionado, o conceito de inimigo é baseado na periculosidade do agente. Por isso, seus seguidores defendem que se deve dar primazia à aplicação de medidas de segurança e não de penas.

Jakobs, em conclusão, advoga a necessidade da criação de uma legislação mais rígida para o inimigo fundada em três pilares:

a) antecipação da punição e ampla utilização de ações preventivas (prisões e outras medidas cautelares, interceptações telefônicas e telemáticas, incomunicabilidade dos investigados etc.);

b) aplicação de medidas desproporcionais, muito superiores à gravidade do fato – com o intuito de evitar a recidiva durante o período de afastamento do convívio social; e

c) relativização e até supressão de algumas garantias fundamentais.

Deve-se ressalvar que o direito penal do inimigo tem sido objeto de duras críticas, sendo visto por muitos como incompatível com o Estado Democrático de Direito, que tem como premissa a estrita observância das garantias individuais, e com o princípio da dignidade humana.

2.6. História do direito penal no Brasil

Durante o período colonial, eram aplicadas no Brasil as normas penais em vigor em Portugal, ou seja, as Ordenações do Reino, que, conforme já mencionado, tinham características semelhantes às regras penais dos demais Estados absolutistas (penas cruéis e poder excessivo e arbitrário dos juízes). Nos primeiros anos da colonização do Brasil, os juízes eram os próprios titulares das capitanias hereditárias. Entre 1500 e 1521, vigoraram as Ordenações *Afonsinas*. De 1521 a 1603, estavam em vigor as Ordenações *Manuelinas*. Por fim, entre 1603 e 1830, foram aplicadas no país as Ordenações *Filipinas*.

Após a declaração de independência do Brasil, em 1822, foi outorgada, em 1824, a primeira Constituição do Brasil, que previa a elaboração de um Código Criminal. Por consequência, em 1830, foi promulgado o *Código Criminal do Império*, que constituiu um grande avanço e uma enorme mudança no paradigma da justiça criminal. Este Código, de índole liberal, refletia em grande parte os pensamentos humanitários de Beccaria.

Com a proclamação da República, novo Código Penal foi aprovado em 1890. Neste Código Penal, foi abolida a pena de morte e instalou-se o sistema penitenciário de caráter correicional. Tendo em vista os inúmeros defeitos deste Código, aprovado às pressas, inúmeras modificações foram feitas para corrigi-lo, sendo que, no ano de 1932,

---

[7] Günther Jakobs; Manuel Cancio Meliá. *Derecho penal del enemigo*. Madrid: Civitas, 2003.

passou a vigorar a Consolidação das Leis Penais, que reunia o Código de 1890 e suas modificações posteriores.

As mencionadas falhas do Código de 1890 estimularam a elaboração e a aprovação de novo Código Penal, o que ocorreu em 7 de dezembro de 1940. Este novo Código teve origem em projeto de Alcântara Machado e entrou em vigor em 1º de janeiro de 1942. Tratava-se de Código de conteúdo eclético, em que se aceitavam os melhores postulados das Escolas Clássica e Positiva. A pena, por exemplo, tinha finalidade preventiva e retributiva.

Com o passar dos anos, alguns dispositivos da Parte Geral deste Código ficaram defasados em relação à doutrina penal contemporânea. Podem ser citados como exemplo o sistema do duplo binário (aplicação concomitante de pena e de medida de segurança para semi-imputáveis), a possibilidade de aplicação de medida de segurança em casos de crime impossível, a admissão da responsabilidade objetiva em certas situações. Por isso, em 1984, foi aprovada a nova Parte Geral do Código Penal (inspirada na teoria finalista alemã), que se encontra em vigor até a presente data – com modificações realizadas por leis pontuais. Além do caráter preventivo e retributivo da pena, passou-se também a dar importância à necessidade de ressocialização do condenado, o que também se vê com grande clareza na Lei de Execuções Penais (Lei n. 7.210/84), aprovada em conjunto com a nova Parte Geral, que teve forte influência do pensamento da escola da Nova Defesa Social. A pena passou a ter ainda finalidade reparatória (indenizatória) em prol da vítima e de seus familiares.

Durante o transcorrer da presente obra estudaremos detalhadamente os institutos da Parte Geral do Código Penal, porém, antes disso, será necessária a análise das regras e princípios constitucionais de cunho penal.

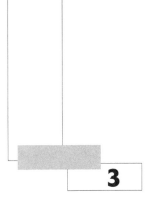

3

O REGRAMENTO PENAL NA CONSTITUIÇÃO FEDERAL

Em uma visão global, pode-se dizer que existem Estados autoritários e democráticos. Dentro de cada um desses sistemas, há, evidentemente, gradações. Existem, por exemplo, países onde é plenamente assegurado o direito ao voto, mas as liberdades e garantias individuais não são respeitadas em sua integralidade, havendo, inclusive, confinamento por tempo indefinido e tortura de presos com a anuência do Estado.

O Brasil passou por um longo período de regime militar autoritário (1964 a 1984) e, com a volta do regime democrático, foi instalada a Assembleia Nacional Constituinte. Em 5 de outubro de 1988, foi promulgada a atual Constituição Federal, que, em seu art. 1º, *caput*, define o perfil político do país como *Estado Democrático de Direito*. Tal Carta ficou conhecida como Constituição Cidadã por consagrar e assegurar relevantes direitos e garantias sociais e individuais, e, ainda, por ser fundada no princípio da dignidade humana, além de conter inúmeros outros avanços.

É evidente, por sua vez, que o direito penal deve refletir a cultura e os costumes de um povo, bem como o sistema político adotado no país. Ocorre que a legislação penal existente no Brasil não era plenamente compatível com o novo perfil que o constituinte pretendia estabelecer com a volta do regime democrático. Não havia, por exemplo, previsão legal de crimes de tortura e racismo. A legislação nacional, do mesmo modo, não estava em harmonia com modelos penais consensuais, de exitosa aplicação em inúmeros países, já que vigorava no Brasil o princípio da obrigatoriedade absoluta em relação aos delitos de ação pública.

O legislador constituinte assim entendeu ser necessário inserir na Carta Maior grande número de dispositivos referentes à disciplina penal, estabelecendo princípios e diretrizes dos quais o legislador ordinário não poderá se afastar. Esses princípios serão analisados logo em seguida, sendo evidente que somente puderam ser implementados por ser o país um Estado Democrático de Direito, já que muitos deles são incompatíveis com os sistemas autoritários e as ditaduras, como o princípio da dignidade humana, da proporcionalidade, da humanização das penas etc.

Na Carta Magna, foram também inseridas regras que determinam ao legislador ordinário a criminalização de certas condutas (tortura, racismo etc.), bem como a adoção de tratamento mais rigoroso em relação a certas infrações penais (crimes hediondos, abuso sexual de menores), e, ainda, possibilitando a aplicação do sistema penal consensual para as infrações de menor potencial ofensivo. Por fim, é evidente que constam da Carta Magna dispositivos que limitam o poder do legislador ordinário em relação a certas questões criminais.

Por tudo o que foi exposto, resta claro que é impossível atualmente estudar a legislação penal brasileira sem analisar previamente o conjunto de dispositivos da Constituição Federal relacionados ao tema, posicionados, evidentemente, em patamar superior ao das leis ordinárias (Código Penal e Leis Penais Especiais) que, portanto, não podem contrariá-los.

3.1. Princípios do direito penal

Os princípios, desde os primórdios do direito penal, constituem importantes instrumentos para que os julgadores balizem suas decisões e também para que o legislador atue dentro de determinados parâmetros na elaboração das leis. Servem, também, como diretrizes genéricas para a definição de limites e do alcance das leis.

Na elaboração da Carta Magna de 1988, nossos constituintes elegeram alguns princípios penais e os inseriram no texto constitucional. Passaram, então, a ser princípios constitucionais do direito penal e, por isso, impedem que qualquer lei que os afronte tenha eficácia. Alguns deles têm alcance bastante claro e definido como os princípios da legalidade, da anterioridade (art. 5º, XXXIX), da retroatividade da lei penal benéfica (art. 5º, XL) e da intranscendência (art. 5º, XLV). Outros princípios constitucionais, todavia, possuem maior carga de abstração e dependem da interpretação doutrinária e jurisprudencial para a definição de seu alcance, como o princípio da dignidade humana (art. 1º, III) e o da individualização da pena (art. 5º, XLVI). Qualquer lei penal que esteja em desacordo com tais princípios será, conforme já mencionado, considerada inconstitucional e sua aplicação estará inviabilizada.

Existem, por fim, diversos outros princípios que, embora não constem expressamente do texto constitucional, constituem relevante fonte de embasamento para a interpretação e a correta aplicação das leis.

No próximo tópico, passaremos a analisar os princípios do direito penal, alguns de cunho constitucional e outros não. Saliente-se que os princípios da individualização da pena, da proporcionalidade, da intranscendência, da humanização da pena e da inderrogabilidade são referentes à *aplicação da pena* e, por isso, serão analisados no capítulo próprio desta obra destinado ao estudo das penas.

Ressalte-se, outrossim, a existência de inúmeros princípios e diretrizes no bojo da Constituição Federal referentes ao processo penal. Podemos mencionar como exemplos os princípios do contraditório e da ampla defesa, do devido processo penal, da competência mínima do Tribunal do Júri para os crimes dolosos contra a vida, da vedação das provas ilícitas, da duração razoável do processo penal, da presunção de inocência, do duplo grau de jurisdição etc. Também de cunho processual penal são as regras constitucionais atinentes à prisão em flagrante e à fiança, ao foro por prerrogativa de função, as regras que limitam a prisão e a acusação formal a certas autoridades etc.

3.2. Princípios constitucionais

3.2.1. Princípio da dignidade da pessoa humana

Muito embora não constitua princípio exclusivo da área penal, tem sido aplicado com frequência em casos dessa natureza servindo de fundamento para a solução de questões de grande relevância.

A Carta Magna, em seu art. 1º, III, elenca a dignidade da pessoa humana como *fundamento estruturante da República*, ao lado da soberania (inciso I), da cidadania (inciso II), dos valores sociais do trabalho e da livre iniciativa (inciso IV) e do pluralismo político (inciso V).

De acordo com este princípio, a atuação estatal de prevenção e repressão à criminalidade, bem como a função legislativa, encontra limites na dignidade humana, no tratamento digno que merece o cidadão, ainda que tenha infringido a lei.

É evidente que o princípio em análise possui elevado nível de abstração, contudo, não tem sido tarefa árdua para o Poder Judiciário definir situações que ofendem a dignidade humana e que, portanto, devem ser corrigidas.

Transcreveremos em seguida alguns casos em que o Supremo Tribunal Federal proferiu decisão utilizando como fundamento o princípio da dignidade humana. Tais julgados são esclarecedores quanto ao alcance de referido princípio:

> Art. 149 do Código Penal. Redução a condição análoga à de escravo. Trabalho escravo. Dignidade da pessoa humana. Direitos fundamentais. Crime contra a coletividade dos trabalhadores. Art. 109, VI, da Constituição Federal. Competência. Justiça Federal. Recurso Extraordinário provido. A Constituição de 1988 traz um robusto conjunto normativo que visa à proteção e efetivação dos direitos fundamentais do ser humano. A existência de trabalhadores a laborar sob escolta, alguns acorrentados, em situação de total violação da liberdade e da autodeterminação de cada um, configura crime contra a organização do trabalho. Quaisquer condutas que possam ser tidas como violadoras não somente do sistema de órgãos e instituições com atribuições para proteger os direitos e deveres dos trabalhadores, mas também dos próprios trabalhadores, atingindo-os em esferas que lhes são mais caras, em que a Constituição lhes confere proteção máxima, são enquadráveis na categoria dos crimes contra a organização do trabalho, se praticadas no contexto das relações de trabalho. Nesses casos, a prática do crime prevista no art. 149 do Código Penal (Redução à condição análoga a de escravo) se caracteriza como crime contra a organização do trabalho, de modo a atrair a competência da Justiça federal (art. 109, VI da Constituição) para processá-lo e julgá-lo. Recurso extraordinário conhecido e provido (STF, RE 398.041, Rel. Min. Joaquim Barbosa, Tribunal Pleno, julgado em 30-11-2006, *DJe*-241, divulg. 18-12-2008, public. 19-12-2008, Ement. v.-02346-09, p. 02007, *RTJ* vol-00209-02, p. 869).

> A preservação da integridade física e moral dos presos cautelares e dos condenados em geral traduz indeclinável dever que a Lei Fundamental da República impõe ao Poder Público em cláusula que constitui projeção concretizadora do princípio da essencial dignidade da pessoa humana, que representa um dos fundamentos estruturantes do Estado Democrático de Direito (CF, art. 1º, III, c/c o art. 5º, XLIX). – O réu preso – precisamente porque submetido à custódia do Estado – tem direito a que se lhe dispense efetivo e inadiável tratamento médico-hospitalar (LEP, arts. 10, 11, inciso II, 14, 40, 41, inciso VII, e 43). – O reconhecimento desse direito apoia-se no postulado da dignidade da pessoa humana, que representa – considerada a centralidade desse princípio essencial (CF, art. 1º, III) – significativo vetor interpretativo, verdadeiro valor-fonte que conforma e inspira todo o ordenamento constitucional vigente em

nosso País e que traduz, de modo expressivo, um dos fundamentos em que se assenta, entre nós, a ordem republicana e democrática consagrada pelo sistema de direito constitucional positivo. – A execução da pena em regime de prisão domiciliar, sempre sob a imediata e direta fiscalização do magistrado competente, constitui medida excepcional, que só se justifica – especialmente quando se tratar de pessoa condenada em caráter definitivo – em situações extraordinárias, apuráveis em cada caso ocorrente, como sucede na hipótese de o sentenciado ostentar, comprovadamente, mediante laudo oficial elaborado por peritos médicos designados pela autoridade judiciária competente, precário estado de saúde, provocado por grave patologia, e o Poder Público não dispuser de meios que viabilizem pronto, adequado e efetivo tratamento médico-hospitalar no próprio estabelecimento prisional ao qual se ache recolhida a pessoa sob custódia estatal. Precedentes (STF, RHC 94.358, Rel. Min. Celso de Mello, 2ª Turma, julgado em 29-4-2008, acórdão eletrônico DJe-054 divulg. 18-3-2014, public. 19-3-2014).

Deve, ainda, ser lembrado o famoso julgado do Superior Tribunal de Justiça, no qual foi aplicado o princípio da dignidade humana como fundamento para determinar a conversão da prisão preventiva em domiciliar em relação a réus que, à falta de celas em prisões, estavam encarcerados em contêineres:

> Prisão (preventiva). Cumprimento (em contêiner). Ilegalidade (manifesta). Princípios e normas (constitucionais e infraconstitucionais). 1. Se se usa contêiner como cela, trata-se de uso inadequado, inadequado e ilegítimo, inadequado e ilegal. Caso de manifesta ilegalidade. 2. Não se admitem, entre outras penas, penas cruéis – a prisão cautelar mais não é do que a execução antecipada de pena (Cód. Penal, art. 42). 3. Entre as normas e os princípios do ordenamento jurídico brasileiro, estão: dignidade da pessoa humana, prisão somente com previsão legal, respeito à integridade física e moral dos presos, presunção de inocência, relaxamento de prisão ilegal, execução visando à harmônica integração social do condenado e do internado. 4. Caso, pois, de prisão inadequada e desonrante; desumana também. 5. Não se combate a violência do crime com a violência da prisão. 6. *Habeas corpus* deferido, substituindo-se a prisão em contêiner por prisão domiciliar, com extensão a tantos quantos – homens e mulheres – estejam presos nas mesmas condições (STJ, HC 142.513/ES, Rel. Min. Nilson Naves, 6ª Turma, julgado em 23-3-2010, *DJe* 10-5-2010).

3.2.2. Princípio da legalidade

Esse princípio, consagrado no art. 5º, XXXIX, da Constituição Federal, encontra-se descrito também no art. 1º do Código Penal. Segundo ele, "não há crime sem lei anterior que o defina. Não há pena sem prévia cominação legal" (*nullum crimen nulla poena sine praevia lege*). Referido dispositivo, por estar previsto na Carta Magna dentre os direitos fundamentais dos cidadãos, constitui cláusula pétrea, de modo que não pode ser abolido nem mesmo por meio de emenda constitucional (art. 60, § 4º, da CF).

O princípio da legalidade costuma ser desdobrado nos princípios da *reserva legal* e da *anterioridade*.

Pelo princípio da *reserva legal*, apenas a lei em sentido formal pode descrever e estabelecer pena para condutas criminosas. A tipificação de infrações penais pressupõe, portanto, aprovação de projeto de lei pelo Congresso Nacional, de acordo com as formalidades constitucionais, seguida de sanção presidencial. Um ilícito penal jamais pode ser criado por meio de decreto, resolução, medida provisória etc.

Esse princípio aplica-se também às contravenções penais, bem como às regras atinentes à execução penal.

A aplicação e o regramento das medidas de segurança também exigem a observância do princípio da reserva legal – o vocábulo "pena" constante no art. 5º, XXXIX, da Constituição Federal e no art. 1º do Código Penal está empregado de modo genérico, com significado de sanção penal.

Conforme será estudado no item referente à interpretação das normas, é incabível em matéria penal a chamada analogia *in malam partem*, justamente em respeito ao princípio da legalidade. Por isso, em casos de lacuna da lei, é vedado o uso da analogia para incriminar condutas não abrangidas pelo texto legal, bem como para reconhecer qualificadoras ou quaisquer outras agravantes.

É também vedado o uso da analogia em prol do acusado (*in bonam partem*), exceto se ficar caracterizada omissão involuntária do legislador. Com efeito, não se poderá lançar mão de analogia se o legislador intencionalmente deixou de prever determinado benefício, justamente para excluir a possibilidade de sua aplicação ao réu.

A existência das chamadas normas penais em branco não fere o princípio da reserva legal.

Normas penais em branco são aquelas que exigem complementação por outras normas, de igual nível (leis) ou de nível diverso (decretos, regulamentos etc.). Na primeira hipótese (complemento de igual nível), existe a chamada norma penal em branco em sentido amplo (lato) ou homogênea. Exemplo: o art. 237 do Código Penal pune quem contrai casamento, conhecendo a existência de impedimento que lhe cause a nulidade absoluta. Esses impedimentos estão previstos no art. 1.521, I a VII, do Código Civil. Na segunda hipótese (complemento de nível diverso), existe a norma penal em branco em sentido estrito ou heterogênea. O crime de tráfico de drogas (art. 33, *caput*, da Lei n. 11.343/2006), por exemplo, não elenca as substâncias que se enquadram no conceito de droga, esclarecimento este que é feito atualmente pela Portaria n. 344/98 da Agência Nacional de Vigilância Sanitária (Anvisa). Nesse caso, não há violação ao princípio da reserva legal, pois o tipo penal está descrito em lei, apenas o complemento não. Saliente-se, outrossim, que o próprio art. 1º, parágrafo único, da Lei n. 11.343/2006 permite que o complemento em questão seja feito por lei ou por meio de listas de órgãos do Poder Executivo da União (tal como a Anvisa).

De acordo com o princípio da *anterioridade* da lei penal, uma pessoa só pode ser punida se, à época do fato por ela praticado, já estiver em vigor a lei que descreve o delito e estabelece a respectiva pena. Assim, consagra-se a irretroatividade da norma penal incriminadora. A lei penal só pode retroagir se for favorável ao réu, nos termos do art. 5º, XL, da Constituição Federal.

3.3. Demais princípios do direito penal

Analisaremos agora alguns princípios que são derivados daqueles de natureza constitucional e outros relevantes para a interpretação das normas penais.

3.3.1. Princípio da taxatividade

O princípio da taxatividade tem por finalidade conferir eficácia ao princípio da legalidade, vedando a aprovação de leis que contenham tipos penais vagos, com conteúdo impreciso, indeterminado. É necessário, portanto, que a lei penal tipifique a conduta ilícita de forma taxativa, vale dizer, descrevendo de maneira clara e exata em que consiste o crime. Quando não for observado tal critério, o dispositivo deverá ser declarado inconstitucional. Parte da doutrina, por exemplo, entendia que o conceito de terrorismo do art. 20 da Lei n. 7.170/83[8] feria tal princípio, porque a lei se referia genericamente à prática de atos de terrorismo.

Veja-se, no entanto, que o princípio da taxatividade não proíbe os chamados tipos penais abertos que fazem uso de conceitos claros (determinados), porém, de caráter amplo, e que, por isso, exigem do juiz uma valoração no caso concreto para concluir a respeito da existência ou não da conduta típica, tal como ocorre nos crimes culposos – em que o agente provoca o resultado por imprudência, negligência ou imperícia.

3.3.2. Princípio da insignificância ou da bagatela

De acordo com o princípio da insignificância, o direito penal não deve se ocupar de comportamentos que provoquem lesões ínfimas aos bens jurídicos. Assim, os comportamentos que produzam danos ou perigos irrisórios devem ser considerados atípicos pelo julgador.

O reconhecimento da insignificância da conduta, portanto, leva à conclusão de que o fato é atípico. Cuida-se, em verdade, de corolário do princípio da proporcionalidade.

Este princípio não é previsto de forma expressa na legislação nacional, porém, tendo em vista que começou a ser muito aplicado pelos juízes criminais, o Supremo Tribunal Federal houve por bem regulamentá-lo, tendo-o feito em diversos julgamentos nos quais passou a exigir a coexistência de quatro vetores para o reconhecimento da atipicidade de uma conduta como consequência do princípio da insignificância:

a) ausência de periculosidade social da ação;

b) reduzido grau de reprovabilidade do comportamento;

c) mínima ofensividade da conduta; e

d) inexpressividade da lesão jurídica provocada.

Com base nesses vetores, a Corte Suprema não reconhece a possibilidade de aplicação do princípio em estudo em crimes como o roubo – subtração de bens alheios mediante emprego de violência ou grave ameaça – ainda que o montante subtraído não seja considerável. Se o agente aponta uma faca para a vítima e rouba R$ 10,00, pode-se dizer que a lesão jurídica ao patrimônio não é expressiva, contudo, estão ausentes os demais vetores. Do mesmo modo, as Cortes Superiores têm rejeitado o reconhecimento do princípio da insignificância, pela ausência desses vetores, em crimes de furto quando presente alguma qualificadora, quando cometido no interior de residência mediante violação de domicílio, quando se trata de delitos cometidos em continuidade etc. Assim, não se deve atentar exclusivamente ao valor do bem subtraído, mas também a outros fatores do caso concreto que possam denotar gravidade diferenciada do comportamento a justificar a aplicação da reprimenda. O STJ tem aplicado o princípio da insignificância quando o valor do bem furtado não excede 10% do salário mínimo, exceto quando a

---

[8] Os crimes de terrorismo estão atualmente previstos na Lei n. 13.260/2016.

gravidade do caso concreto denotar que a aplicação de pena se mostra necessária, tal como ocorre nos exemplos acima mencionados.

No que diz respeito aos crimes contra a ordem tributária, o alcance do princípio da insignificância é considerável, em razão do disposto no art. 20 da Lei n. 10.522/2002 e no art. 1º, II, da Portaria n. 75/2012 e art. 2º da Portaria n. 130/2012, ambas do Ministério da Fazenda que estabelecem que a Procuradoria da Fazenda Nacional não promoverá execuções quando os valores devidos não excederem R$ 20.000,00. De acordo com a jurisprudência do Supremo Tribunal Federal e do Superior Tribunal de Justiça, a lei penal não pode considerar criminoso ato que sequer dá origem à execução no âmbito tributário federal.

A aplicação do princípio da insignificância constitui consequência prática de outros princípios, como o da intervenção mínima e o da proporcionalidade.

O Superior Tribunal de Justiça entende inaplicável o princípio da insignificância em relação a certas categorias de crimes, em razão do bem jurídico tutelado, como, por exemplo, para os crimes contra a Administração Pública (Súmula 599), crimes contra a fé pública, estelionato previdenciário, crimes e contravenções contra mulheres no âmbito doméstico etc.

3.3.3. Princípio da responsabilidade do fato

Os tipos penais devem definir *comportamentos humanos* (fatos), sendo vedada a incriminação exclusivamente em razão de condições pessoais (ser desta ou daquela religião, desta ou daquela facção política etc.) ou da simples cogitação de prática criminosa.

3.3.4. Princípio da exclusiva proteção ao bem jurídico

O princípio da exclusiva proteção ao bem jurídico proíbe a criminalização de pensamentos, ideias, teses, apenas porque contrárias às dos governantes ou das maiorias. O Estado só pode punir condutas e atos que possam ferir algum bem jurídico, não podendo o direito penal tutelar valores meramente ideológicos, éticos ou religiosos, dissociados de um comportamento humano efetivamente lesivo. É evidente, entretanto, que dentro do Estado Democrático de Direito, no qual é consagrado o princípio da dignidade humana, não pode ser aceita a veiculação de ideologia que incentive, por exemplo, a discriminação racial, sendo viável, em tal caso, a incriminação da conduta.

3.3.5. Princípio da alteridade ou transcendentalidade

Segundo o princípio da alteridade, somente podem ser tipificadas condutas que produzam ou possam produzir lesões a bens jurídicos *alheios*. Comportamentos que prejudiquem exclusivamente bens jurídicos *próprios* devem ser considerados irrelevantes penais.

O legislador brasileiro, atento a tal princípio, não pune a autoflagelação, a autolesão, a tentativa de suicídio, o uso de droga etc.

O art. 28 da Lei n. 11.343/2006 pune o *porte* de droga para consumo pessoal, ou seja, o perigo que representa para a sociedade e para a saúde pública o fato de alguém trazer consigo, transportar ou ter em depósito a droga. O uso, em si, não é descrito na lei como infração penal.

3.3.6. Princípio da ofensividade ou lesividade

De acordo com o princípio da lesividade, só há crime se a conduta provocar lesão ao bem jurídico ou, ao menos, colocar referido bem em situação de perigo real, efetivo concreto.

Por este princípio seriam, portanto, inconstitucionais os crimes de perigo abstrato (ou presumido) nos quais a lei descreve uma conduta e dispensa a prova de que o bem jurídico tenha efetivamente sofrido situação de risco.

Deve-se salientar que existem inúmeros delitos de perigo abstrato previstos na legislação brasileira, sendo que o Supremo Tribunal Federal e o Superior Tribunal de Justiça, analisando a alegação de que ferem o princípio da lesividade, refutaram referida tese com o argumento de que a Carta Magna não os proíbe. Assim, foi reconhecida a possibilidade de condenação por crimes de perigo abstrato como posse e porte ilegal de arma de fogo ou munição, porte de droga, embriaguez ao volante, dentre outros. Nesse sentido, veja-se decisão do Supremo Tribunal Federal que considera plenamente constitucional a existência de crime de perigo abstrato:

> Crimes de perigo abstrato. Porte de arma. Princípio da proporcionalidade. A Lei 10.826/2003 (Estatuto do Desarmamento) tipifica o porte de arma como crime de perigo abstrato. De acordo com a lei, constituem crimes as meras condutas de possuir, deter, portar, adquirir, fornecer, receber, ter em depósito, transportar, ceder, emprestar, remeter, empregar, manter sob sua guarda ou ocultar arma de fogo. Nessa espécie de delito, o legislador penal não toma como pressuposto da criminalização a lesão ou o perigo de lesão concreta a determinado bem jurídico. Baseado em dados empíricos, o legislador seleciona grupos ou classes de ações que geralmente levam consigo o indesejado perigo ao bem jurídico. A criação de crimes de perigo abstrato não representa, por si só, comportamento inconstitucional por parte do legislador penal. A tipificação de condutas que geram perigo em abstrato, muitas vezes, acaba sendo a melhor alternativa ou a medida mais eficaz para a proteção de bens jurídico-penais supraindividuais ou de caráter coletivo, como, por exemplo, o meio ambiente, a saúde etc. Portanto, pode o legislador, dentro de suas amplas margens de avaliação e de decisão, definir quais as medidas mais adequadas e necessárias para a efetiva proteção de determinado bem jurídico, o que lhe permite escolher espécies de tipificação próprias de um direito penal preventivo. Apenas a atividade legislativa que, nessa hipótese, transborde os limites da proporcionalidade, poderá ser tachada de inconstitucional. 3. Legitimidade da criminalização do porte de arma. Há, no contexto empírico legitimador da veiculação da norma, aparente lesividade da conduta, porquanto se tutela a segurança pública (art. 6º e 144, CF) e indiretamente a vida, a liberdade, a integridade física e psíquica do indivíduo etc. Há inequívoco interesse público e social na proscrição da conduta. É que a arma de fogo, diferentemente de outros objetos e artefatos (faca, vidro etc.) tem, inerente à sua natureza, a característica da lesividade. A danosidade é intrínseca ao objeto. A questão, portanto, de possíveis injustiças pontuais, de absoluta ausência de significado lesivo deve ser aferida concretamente e não em linha diretiva de ilegitimidade normativa. 4. Ordem denegada (STF, HC 102.087, Rel. Min. Celso de Mello, Rel. p/ Acórdão Min. Gilmar Mendes, 2ª Turma, julgado em 28-2-2012, *DJe*-159, p. 68).

3.3.7. Princípio da intervenção mínima

Segundo o princípio da intervenção mínima, uma conduta só deve ser tipificada como crime quando tal providência for efetivamente indispensável para a proteção de determinado bem jurídico. O direito penal deve ser a *ultima ratio* só devendo ser utilizado pelo legislador quando os outros ramos do direito não apresentarem soluções satisfatórias. A *subsidiariedade* do direito penal é, portanto, uma das facetas do princípio da intervenção mínima. Assim, se a aplicação de multas administrativas tem se mostrado eficiente para coibir, por exemplo, o excesso de velocidade, não deve existir uma lei que preveja pena criminal para quem dirige em velocidade acima da permitida. Se a legislação civil prevê pagamento de juros de mora por parte do devedor inadimplente e tal medida tem se mostrado satisfatória na resolução de conflitos de tal natureza, não deve a legislação criminal punir a mera inadimplência.

O destinatário principal deste princípio é o legislador, contudo, os julgadores podem igualmente deixar de reconhecer a tipicidade de condutas expressamente previstas em lei criminal quando constatarem que a aplicação de sanções de outra natureza já se mostra suficiente. Do mesmo modo, pode o juiz deixar de aplicar a lei criminal se verificar que a legislação extrapenal não pune o fato por não o considerar suficientemente danoso. É o que ocorre, por exemplo, em relação aos crimes contra a ordem tributária em que as Cortes Superiores firmaram entendimento de que o fato é atípico quando o valor devido não superar R$ 20.000,00, na medida em que a própria legislação tributária dispensa a execução pela Procuradoria da Fazenda Nacional quando não excedido tal limite (art. 20 da Lei n. 10.522/2012 e art. 1º, II, da Portaria n. 75/2012 e art. 2º da Portaria n. 130/2012, ambas do Ministério da Fazenda).

Saliente-se, outrossim, que o reconhecimento da atipicidade de determinadas condutas como consequência do princípio da insignificância (já estudado anteriormente) é uma decorrência do princípio da intervenção mínima.

3.3.8. Fragmentariedade do direito penal

A fragmentariedade é uma característica do direito penal que também encontra sua origem no princípio da intervenção mínima. Significa que apenas os comportamentos de maior gravidade devem ser considerados ilícitos penais. As condutas ilícitas de menor gravidade são tratadas na legislação extrapenal na condição de ilícitos civis, administrativos, políticos etc., também com sanções de natureza diversa.

A expressão "caráter fragmentário do direito penal" é empregada porque, diante do vasto número de condutas ilícitas previstas na legislação, apenas alguns fragmentos (os mais graves) são considerados ilícitos penais.

A propósito da fragmentariedade do direito penal, bem como do princípio da insignificância como decorrência do princípio da intervenção mínima, assim esclareceu o Superior Tribunal de Justiça:

> A missão do Direito Penal moderno consiste em tutelar os bens jurídicos mais relevantes. Em decorrência disso, a intervenção penal deve ter o caráter fragmentário, protegendo apenas os bens jurídicos mais importantes e em casos de lesões de maior gravidade. 2. O princípio da insignificância, como derivação necessária do princípio da intervenção mínima do Direito Penal, busca afastar de sua seara as condutas que, embora típicas, não produzam efetiva lesão ao bem jurídico protegido pela norma penal incriminadora. 3. Trata-se, na hipótese, de crime em que o bem jurídico tutelado é a Administração Pública, tornando irrelevante considerar a apreensão de 70 bilhetes de metrô, com vista a desqualificar a conduta, pois o valor do resultado não se mostra desprezível, porquanto a norma busca resguardar não somente o aspecto patrimonial, mas moral da Administração. 4. Ordem denegada (HC 50.863/PE, Rel. Min. Hélio Quaglia Barbosa, 6ª Turma, julgado em 4-4-2006, *DJ* 26-6-2006, p. 216).

3.3.9. Princípio da adequação social

O princípio da adequação social deve nortear o legislador, no sentido de, no exercício de suas atribuições, somente incriminar condutas que sejam socialmente inadequadas.

André Estefam[9] lembra que

> é importante não confundir adequação social com mera leniência ou indulgência. Aquilo que pode ser tolerado por um setor da sociedade jamais será, só por isso, socialmente adequado. É o que ocorre com a contravenção penal do jogo do bicho. Trata-se de um fato aceito por muitos. Ocorre que tal contravenção fomenta a criminalidade organizada, incentiva a corrupção de órgãos policiais e, na quase totalidade dos casos, vem associada com outros crimes, notadamente o porte ilegal de armas de fogo e o tráfico de drogas. Vê-se, daí, que a indulgência com a qual muitos brasileiros encaram o jogo do bicho jamais pode acarretar na licitude do comportamento, posto que é gritante sua inadequação social. Não é por outra razão, aliás, que passados mais de sessenta anos da vigência do Decreto-lei n. 6.259 (1944), o ato ainda é previsto como infração penal.

O princípio da adequação social não se confunde com a teoria social da ação, que será estudada adiante. Esta sustenta que a *conduta* não pode ser considerada típica no caso concreto quando for socialmente aceita. O princípio da adequação social é endereçado ao legislador para que não considere criminosas condutas socialmente tidas como normais. Em caso de eventual aprovação de lei em desacordo com tal princípio, deverá ela ser declarada inconstitucional pelo Poder Judiciário.

Ressalte-se que tem sido frequente a interposição de recursos com pedidos de absolvição fundados em alegação de inconstitucionalidade da norma penal por afronta ao princípio da adequação social. O Supremo Tribunal Federal, todavia, sempre que apreciou o tema, reconheceu que cabe ao legislador decidir se uma conduta é ou não socialmente adequada e, em tais casos, decidiu pela constitucionalidade da norma penal.

Podem ser citados como exemplos os julgamentos referentes ao crime de violação de direito autoral pela venda de CDs e DVDs falsificados (art. 184, § 2º):

> 1. O princípio da adequação social reclama aplicação criteriosa, a fim de se evitar que sua adoção indiscriminada acabe por incentivar a prática de delitos patrimoniais, fragilizando a tutela penal de bens jurídicos relevantes para vida em sociedade. 2. A violação ao direito autoral e seu impacto econômico medem-se pelo valor que os detentores das obras deixam de receber ao sofrer com a "pirataria", e não pelo montante que os falsificadores obtêm com a sua atuação imoral e ilegal. 3. Deveras, a prática não pode ser considerada socialmente tolerável haja vista os expressivos prejuízos experimentados pela indústria fonográfica nacional, pelos comerciantes regularmente estabelecidos e pelo Fisco, fato ilícito que encerra a burla ao pagamento de impostos. 4. *In casu*, a conduta da paciente amolda-se ao tipo de injusto previsto no art. 184, § 2º, do Código Penal, porquanto comercializava mercadoria pirateada (CD's e DVD's de diversos artistas, cujas obras haviam sido reproduzidas em desconformidade com a legislação) (STF, HC 120.994, Rel. Min. Luiz Fux, 1ª Turma, julgado em 29-4-2014, processo eletrônico *DJe*-093 divulg. 15-5-2014, public. 16-5-2014).

---

[9] André Estefam. *Direito penal*: Parte Geral. São Paulo: Saraiva, 2010, p. 122.

No mesmo sentido, a Súmula 502 do Superior Tribunal de Justiça: "Presentes a materialidade e a autoria, afigura-se típica, em relação ao crime previsto no art. 184, § 2º, do CP, a conduta de expor à venda CDs e DVDs piratas".

3.3.10. Princípio da responsabilidade penal subjetiva

De acordo com o princípio da responsabilidade penal subjetiva, ninguém pode ser punido criminalmente sem que tenha agido com dolo ou culpa. É vedada, portanto, a responsabilidade penal objetiva. De acordo com tal princípio, a gestante que não sabe que está grávida de gêmeos e ingere intencionalmente medicamento abortivo responde por crime único de aborto, pois não tem dolo de cometer dois crimes. Se ela, entretanto, sabe que são gêmeos antes de realizar a conduta ilícita, responde por duas infrações penais em concurso.

O art. 19 do Código Penal, realçando os ditames do princípio em estudo, dispõe que "pelo resultado que agrava especialmente a pena, só responde o agente que o houver causado ao menos culposamente". Assim, se o resultado agravador na situação concreta decorrer de caso fortuito ou força maior, ou, ainda, de responsabilidade exclusiva de terceiro, não poderá ser aplicada a majorante. Se a vítima de um sequestro está no cativeiro e morre em razão de conduta culposa de terceiro não envolvido na infração penal anterior, os sequestradores respondem pelo delito em sua forma simples, ao passo que o terceiro que provocou culposamente a morte responde por homicídio culposo. Não pode ser aplicada a qualificadora prevista para o crime de extorsão mediante sequestro, porque, conforme mencionado, não houve conduta culposa por parte dos sequestradores.

O art. 137, parágrafo único, do Código Penal, assim descreve o delito de rixa qualificada: "Se ocorre morte ou lesão corporal de natureza grave, aplica-se, *pelo fato da participação na rixa*, a pena de detenção, de seis meses a dois anos". A doutrina costuma salientar que esta figura qualificada é um dos últimos resquícios de responsabilidade objetiva em nossa legislação penal porque os envolvidos no crime incorrem na figura qualificada ainda que não demonstrado que tenham sido os responsáveis pelo resultado agravador (lesão grave ou morte). Admite-se, entretanto, a subsistência deste dispositivo, uma vez que sua redação, bem como a explicação contida na Exposição de Motivos do Código Penal, deixa claro que todos os envolvidos sofrem maior punição "pelo fato da participação na rixa" e não por terem sido os responsáveis diretos pelo resultado agravador.

3.4. Síntese

De tudo o que foi dito, resta claro que o poder regulador do Estado em matéria penal não é ilimitado em razão da necessidade de serem respeitados os princípios constitucionais e os demais princípios consagrados pela Ciência Penal. O renomado jurista Luiz Flávio Gomes[10] bem sintetiza tais princípios:

---

[10] Luiz Flávio Gomes. Direito penal, ciência do direito penal e poder punitivo estatal. *Jus Navigandi*, Teresina, ano 11, n. 927, 16 jan. 2006.

O verdadeiro Direito penal está regido por princípios e regras limitadores do direito de punir do Estado, que vêm sendo desenvolvidos desde o Iluminismo. Ele tem como missão a tutela exclusiva de bens jurídicos (princípio da exclusiva proteção de bens jurídicos), que deve acontecer de forma fragmentária e subsidiária (princípio da intervenção mínima). Exige a exteriorização de um fato (Direito penal do fato), que esteja previsto em lei (princípio da legalidade) e que seja concretamente ofensivo ao bem jurídico protegido (princípio da ofensividade). Por esse fato o agente responde pessoalmente (princípio da responsabilidade pessoal), quando atua com dolo ou culpa (princípio da responsabilidade subjetiva) e, mesmo assim, quando podia agir de modo diverso, conforme o Direito (princípio da culpabilidade). De outro lado, esse agente nunca pode sofrer tratamento discriminatório (princípio da igualdade). O castigo cabível não pode ofender a dignidade humana, ou seja, não pode ser degradante (princípio da proibição de pena indigna), não pode ser cruel, desumano ou torturante (princípio da humanização) e deve ser proporcional (princípio da proporcionalidade, que se exprime por meio dos subprincípios da individualização da pena, personalidade da pena, necessidade da pena, suficiência da pena alternativa e proporcionalidade em sentido estrito).

3.5. Comandos constitucionais de criminalização e de tratamento penal mais rigoroso em relação a certos delitos

A Carta Magna contém diversos dispositivos que tornam obrigatória a criminalização de algumas condutas, cabendo ao legislador ordinário tipificá-las e estabelecer a respectiva pena. São os chamados comandos – mandados, mandamentos ou cláusulas – de criminalização (ou de penalização). O art. 5º, XLIII, por exemplo, diz que a tortura, o tráfico de drogas, o terrorismo e os crimes hediondos são inafiançáveis e insuscetíveis de graça ou anistia.

Quando a atual Constituição Federal entrou em vigor, em outubro de 1988, já existia tipo penal descrevendo o crime de tráfico de drogas, porém o mesmo não ocorria em relação à tortura, o que só se concretizou no ano de 1997, com a aprovação da Lei n. 9.455. Saliente-se que do texto constitucional é possível extrair a conclusão de que o legislador ordinário não poderá deixar de considerar tais condutas como criminosas. Poderá até modificar as penas previstas, mas o fato não poderá ser objeto de *abolitio criminis*, não poderá ser considerado delito afiançável e tampouco caberá a concessão de graça ou fiança. Caso alguma lei ordinária seja aprovada em sentido oposto ao que determina a Carta Magna, evidentemente deverá ser considerada inconstitucional. Em tal hipótese, deverá ser reconhecida afronta ao princípio que veda a proteção deficiente.

De forma específica, os comandos de criminalização contidos na Constituição Federal são os seguintes:

a) "A prática do racismo constitui crime inafiançável e imprescritível, sujeito à pena de reclusão, nos termos da lei." (Art. 5º, XLII, da CF)

O legislador ordinário, atendendo ao mandamento constitucional, aprovou a Lei n. 7.716/89, definindo os crimes decorrentes de preconceito de raça e cor (racismo) que, conforme determina a Carta Maior, são todos apenados com reclusão.

b) "A lei considerará crimes inafiançáveis e insuscetíveis de graça ou anistia, a prática da tortura, o tráfico ilícito de entorpecentes e drogas afins, o terrorismo e os definidos como crimes hediondos, por eles respondendo os mandantes, os executores e os que, podendo evitá-los, se omitirem." (Art. 5º, XLIII, da CF)

Extrai-se do presente dispositivo a obrigação de o legislador ordinário tipificar os crimes de tráfico de drogas, tortura e terrorismo, além de aprovar lei que define como hediondos os delitos tidos como mais gravosos, segundo critérios do próprio legislador.

O delito de tráfico de drogas, por ocasião da entrada em vigor da Constituição Federal, já era tipificado no art. 12 da Lei n. 6.368/76. Atualmente, encontra-se descrito no art. 33 da Lei n. 11.343/2006.

O inciso III do art. 5º da Constituição Federal dispõe, por sua vez, que "ninguém será submetido a tortura nem a tratamento desumano ou degradante". O delito de tortura foi tipificado inicialmente no art. 233 da Lei n. 8.069/90 (Estatuto da Criança e do Adolescente) mas somente poderia ter como sujeito passivo pessoas menores de idade. Não havia sido, portanto, atendido por completo o mandamento constitucional de criminalização da tortura, o que só ocorreu em abril de 1997 com a aprovação da Lei n. 9.455, que tipificou a prática da tortura contra toda e qualquer pessoa. Esta nova lei determinou a revogação do art. 233 acima mencionado, sendo que o fato de o delito ser cometido contra criança ou adolescente passou a ser causa de aumento de pena.

O delito de terrorismo encontra-se atualmente previsto na Lei n. 13.260/2016.

Por fim, a Lei n. 8.072/90, visando atender ao mandamento constitucional, elencou os crimes hediondos, em relação aos quais foram estabelecidas também regras mais severas.

c) "Constitui crime inafiançável e imprescritível a ação de grupos armados, civis ou militares, contra a ordem constitucional e o Estado Democrático." (Art. 5º, XLIV, da CF). A Lei n. 14.197/2021 inseriu no Título XII do Código Penal os crimes contra o Estado Democrático de Direito.

d) "As condutas e atividades consideradas lesivas ao meio ambiente sujeitarão os infratores, pessoas físicas ou jurídicas, a sanções penais e administrativas, independentemente da obrigação de reparar os danos causados." (Art. 225, § 3º, da CF)

Os crimes ambientais (contra a fauna, contra a flora, de poluição, contra o ordenamento urbano e o patrimônio cultural e contra a administração ambiental) encontram-se descritos na Lei n. 9.605/98 (Lei de Proteção ao Meio Ambiente). Esta mesma lei regulamentou a responsabilidade penal da pessoa jurídica em face da prática de atos lesivos ao meio ambiente.

Saliente-se que o art. 173, § 5º, da Carta Magna prevê também a possibilidade da responsabilização penal autônoma da pessoa jurídica que pratique atos contra a ordem econômica e financeira e a economia popular. Em relação a estes temas, entretanto, ainda não houve aprovação de lei ordinária específica que permita a efetiva punição das pessoas jurídicas no âmbito criminal.

e) "A lei punirá severamente o abuso, a violência e a exploração sexual da criança e do adolescente." (Art. 227, § 4º, da CF)

Os crimes sexuais contra menores foram consideravelmente ampliados e agravados pelas Leis n. 11.829/2008 e 12.015/2009. A primeira introduziu diversos dispositivos no Estatuto da Criança e do Adolescente (Lei n. 8.069/90) relacionados à pornografia infantojuvenil. A segunda modificou o Título VI do Código Penal (denominado Crimes Contra a Dignidade Sexual), nele inserindo capítulo com tratamento mais rigoroso em relação ao abuso sexual de menores de 14 anos (estupro de vulnerável – art. 217-A), bem como em relação à prostituição de pessoas menores de 18 anos (art. 218-B).

Esses delitos do Código Penal constam também do rol de crimes hediondos da Lei n. 8.072/90.

A Lei n. 14.344/2022, por sua vez, modificou o art. 111, V, do CP, para estabelecer que o prazo prescricional nos crimes que envolvam violência contra criança ou adolescente somente tem início quando a vítima completar 18 anos, salvo se antes disso a ação penal já tiver sido proposta.

f) É direito "dos trabalhadores urbanos e rurais, [...] a proteção do salário na forma da lei, constituindo crime sua retenção dolosa". (Art. 7º, X, da CF)

Este dispositivo da Carta Magna ainda não foi regulamentado por lei específica. Assim, a retenção intencional do salário poderá configurar, dependendo do caso, crime de apropriação indébita (art. 168 do Código Penal) ou de exercício arbitrário das próprias razões (art. 345). Por se tratar, todavia, de tema que pode apresentar muitas nuances, urge a aprovação de lei para a sua regulamentação.

g) "É inviolável a liberdade de consciência e de crença, sendo assegurado o livre exercício dos cultos religiosos e garantida, na forma da lei, a proteção aos locais de culto e suas liturgias." (Art. 5º, VI, da CF)

Por tal razão, está previsto no art. 208 do Código Penal crime de ultraje a culto e impedimento ou perturbação de ato a ele relativo.

h) "O Estado assegurará a assistência à família na pessoa de cada um dos que a integram, criando mecanismos para coibir a violência no âmbito de suas relações." (Art. 226, § 8º, da CF)

Como consequência desta regra, a Lei n. 10.886/2004 acrescentou o § 9º do art. 129 do Código Penal, aumentando a pena do delito de lesão corporal em casos de violência doméstica. Ainda mais importante foi a posterior aprovação da Lei n. 11.340/2006, conhecida como Lei Maria da Penha, que criou diversos mecanismos para coibir a violência doméstica ou familiar contra a *mulher*, possibilitando, ainda, diversas medidas protetivas para as vítimas.

3.5.1. Comandos implícitos

Além dos mandamentos expressos de criminalização acima mencionados, existem também aqueles *implícitos*, indiretos.

O art. 5º, *caput*, da Constituição Federal garante a inviolabilidade do direito à vida, à liberdade, à igualdade, à segurança e à propriedade. Deste dispositivo, que enumera alguns bens jurídicos como fundamentais, extrai-se a necessidade de proteção por meio do direito penal que, por tal motivo, considera crime o homicídio, o aborto, o furto, o roubo, o sequestro etc.

O art. 5º, II, da Carta Magna diz que "ninguém será obrigado a fazer ou deixar de fazer alguma coisa senão em virtude de lei", e, por tal razão, o art. 146 do Código Penal incrimina quem emprega violência ou grave ameaça para forçar outrem a fazer ou deixar de fazer algo.

De acordo com o art. 5º, XXXII, "o Estado promoverá, na forma da lei, a defesa do consumidor". Por isso, em 11 de setembro de 1990, foi aprovado o Código de Defesa do Consumidor (Lei n. 8.078/90), que, dentre outras medidas protetivas, criminalizou as condutas consideradas mais lesivas aos consumidores (arts. 63 a 74). Posteriormente, por intermédio da Lei n. 8.137/90, foram tipificados os crimes contra as relações de consumo (arts. 4º a 7º).

O art. 5º, X, por sua vez, prevê que "são invioláveis a intimidade, a vida privada, a honra e a imagem das pessoas, assegurado o direito a indenização pelo dano material ou moral decorrente da violação".

Este dispositivo dá embasamento constitucional aos crimes de calúnia (art. 138 do Código Penal), difamação (art. 139) e injúria (art. 140), que são os crimes contra a honra, bem como aos delitos de divulgação de segredo (art. 153 do Código Penal) e invasão de dispositivo informático (art. 154-A).

O art. 5º, XI, estabelece que "a casa é asilo inviolável do morador, ninguém nela podendo penetrar sem consentimento do morador, salvo em caso de flagrante delito ou desastre, ou para prestar socorro, ou, durante o dia, por determinação judicial", dispositivo que confere base constitucional ao crime de violação de domicílio (art. 150 do Código Penal).

Já o art. 5º, XII, dispõe que "é inviolável o sigilo da correspondência e das comunicações telegráficas, de dados das comunicações telefônicas, salvo, no último caso, por ordem judicial, nas hipóteses e na forma que a lei estabelecer para fins de investigação criminal ou instrução processual penal". Este dispositivo serve de embasamento para algumas infrações penais, como a de violação de correspondência (art. 40 da Lei n. 6.538/78) e a de violação de comunicação telegráfica, radioelétrica ou telefônica (art. 151, § 1º, II, do Código Penal).

Saliente-se que o dispositivo constitucional em estudo permite a interceptação telefônica, desde que autorizada judicialmente e desde que respeitadas as hipóteses e a forma legal, para fins de investigação ou instrução criminal. Em consequência, foi aprovada a Lei n. 9.296/96 que prevê as hipóteses de cabimento da interceptação telefônica e o procedimento a ser seguido. Esta lei abrange também a interceptação telemática e informática. A fim de assegurar o sigilo garantido constitucionalmente, foi transformada em ilícito penal a realização de interceptação telefônica, telemática ou informática sem autorização judicial ou com objetivos não autorizados na lei.

3.6. Limites constitucionais ao direito estatal de punir e ao seu alcance

Entendeu o legislador constituinte ser pertinente elencar alguns limites que não podem ser extrapolados pelo legislador ordinário.

No art. 228 da Constituição Federal, por exemplo, foi inserida regra que declara que são penalmente inimputáveis os menores de 18 anos, que, assim, sujeitam-se às normas da legislação especial (medidas socioeducativas descritas na Lei n. 8.069/90). Saliente-se que já existia dispositivo com idêntico teor no art. 27 do Código Penal, contudo, a inserção no texto da Carta Maior teve por finalidade inviabilizar a modificação da maioridade penal por meio de legislação ordinária.

Em razão do grande número de atos violentos cometidos por adolescentes, existem projetos de emenda constitucional visando à redução da maioridade penal. Discute-se, entretanto, se a aprovação dessas emendas teria validade, na medida em que alguns juristas advogam a tese de que se trata de cláusula pétrea, que nem mesmo por emenda constitucional pode ser modificada. De acordo com o art. 60, § 4º, IV, da Carta Magna, não pode ser objeto de deliberação a proposta de emenda tendente a abolir direitos e garantias individuais. Sustentam que ser considerado inimputável antes de completar 18 anos é uma garantia individual e, por tal razão, nunca poderá ser modificada. Em sentido contrário, argumenta-se que, no que pertine ao ramo do direito penal e do direito processual penal, os direitos e garantias individuais estão todos elencados no art. 5º da Constituição, de modo que o constituinte, por não ter tratado da inimputabilidade dos menores de 18 anos em tal dispositivo (e sim no art. 228), permitiu a modificação de referida regra por meio de emenda. De qualquer forma, a simples existência de tal discussão tem funcionado como fator inibitório em relação à aprovação de emenda para a redução da maioridade penal pelo receio de que o Supremo Tribunal Federal venha, posteriormente, considerá-la inconstitucional.

No art. 5º, XLVI, da Constituição Federal consta que "a lei regulará a individualização da pena". É provável que o constituinte tenha introduzido tal dispositivo somente para deixar patente a necessidade de o legislador ordinário estabelecer parâmetros para a aplicação diferenciada da pena como consequência de circunstâncias mais ou menos gravosas do caso concreto, tal como se vê no art. 59 do Código Penal que diz que, na fixação da pena-base, o juiz deverá levar em conta a culpabilidade, os antecedentes, a personalidade, a conduta social do agente, bem como os motivos, as circunstâncias e consequências do crime, além do comportamento da vítima. Acontece que o princípio da individualização da pena tem sido usado constantemente pelo Supremo Tribunal Federal como fundamento para limitar o poder do legislador ordinário de tornar mais severas as punições de algumas infrações penais. Com efeito, na redação originária da Lei n. 8.072/90 (Lei dos Crimes Hediondos), constava a obrigatoriedade de os condenados por crimes hediondos e equiparados cumprirem pena em regime *integral* fechado, mas o Plenário da Corte Suprema declarou a inconstitucionalidade de tal dispositivo, por afronta ao princípio em estudo, no julgamento do HC 82.959/SP, em fevereiro de 2006. Posteriormente, foi aprovada a Lei n. 11.464/2007, que trouxe nova regra, determinando que para crimes hediondos e equiparados o regime *inicial* deve ser obrigatoriamente o fechado. Ocorre que o Plenário do Supremo Tribunal Federal, em junho de 2012, declarou também a inconstitucionalidade deste dispositivo, igualmente por afronta ao princípio da individualização da pena, no julgamento do HC 111.840/ES. Em novembro de 2017, confirmando tal entendimento, o Supremo Tribunal Federal aprovou a tese 972, em sede de repercussão geral: "É inconstitucional a fixação *ex lege*, com base no art. 2º, § 1º, da Lei n. 8.072/90, do regime inicial fechado, devendo o julgador, quando da condenação, ater-se aos parâmetros previstos no art. 33 do Código Penal".

O art. 53 da Constituição Federal confere a Deputados e Senadores *inviolabilidade* por suas palavras, votos e opiniões, de modo que, por fatos relacionados ao exercício de suas atividades – na Casa Legislativa, em palestras ou em entrevistas –, não podem ser acusados de calúnia, difamação ou injúria. A imunidade, contudo, quando a ofensa for proferida fora da Casa Parlamentar não é absoluta, só subsistindo se houver relação com as funções legislativas por ele exercidas. Quando um Deputado acusa falsamente o vizinho de desvio de dinheiro em uma reunião de condomínio ou quando xinga gratuitamente alguém no clube que frequenta, responde pelo crime contra a honra porque tais condutas não guardam qualquer relação com suas funções. A propósito:

A imunidade parlamentar material, que confere inviolabilidade, na esfera civil e penal, a opiniões, palavras e votos manifestados pelo congressista (CF, art. 53, *caput*), incide de forma absoluta quanto às declarações proferidas no recinto do Parlamento. 2. Os atos praticados em local distinto escapam à proteção absoluta da imunidade, que abarca apenas manifestações que guardem pertinência, por um nexo de causalidade, com o desempenho das funções do mandato parlamentar. 3. Sob esse enfoque, irretorquível o entendimento esposado no AI 401.600, Relator Min. Celso de Mello, Segunda Turma, *DJe* de 21.02.11: "- A garantia constitucional da imunidade parlamentar em sentido material (CF, art. 53, '*caput*') exclui a possibilidade jurídica de responsabilização civil do membro do Poder Legislativo por danos eventualmente resultantes de suas manifestações, orais ou escritas, desde que motivadas pelo desempenho do mandato (prática 'in officio') ou externadas em razão deste (prática 'propter officium'), qualquer que seja o âmbito espacial ('locus') em que se haja exercido a liberdade de opinião, ainda que fora do recinto da própria Casa legislativa, independentemente dos meios de divulgação utilizados, nestes incluídas as entrevistas jornalísticas. Doutrina. Precedentes (STF, RE 606.451 AgR-segundo, Rel. Min. Luiz Fux, 1ª Turma, julgado em 23-3-2011, *DJe*-072 divulg. 14-4-2011 public. 15-4-2011).

O art. 27, § 1º, da Constituição Federal estende estas imunidades aos Deputados Estaduais.

Os vereadores, dentro dos limites do município em que exercem a vereança, possuem também tal *imunidade material*, nos termos do art. 29, VIII, da Constituição.

O art. 133 da Constituição Federal, por seu turno, dispõe que "o advogado é indispensável à administração da justiça, sendo inviolável por seus atos e manifestações no exercício da profissão, nos limites da lei".

O dispositivo legal que regulamentava o assunto era o art. 142, I, do Código Penal, que também confere imunidade às partes, na discussão da causa e em juízo. Nosso legislador, porém, atento ao fato de que as funções dos advogados são muito mais amplas, aprovou novo texto legal, mais moderno e adequado ao âmbito de atuação dos advogados, deixando de restringir a excludente a fatos ocorridos em juízo. Nos termos do art. 7º, § 2º, da Lei n. 8.906/94 (Estatuto da OAB), "o advogado tem imunidade profissional, não constituindo injúria, difamação ou desacato puníveis qualquer manifestação de sua parte, no exercício de sua atividade, em juízo ou fora dele, sem prejuízo das sanções disciplinares perante a OAB". O Supremo Tribunal Federal, ao julgar a ADIN 1.127/DF, suspendeu a eficácia do dispositivo em relação ao crime de *desacato*, mas manteve sua aplicação em relação aos crimes contra a honra. Atualmente, portanto, a imunidade alcança eventuais ofensas (injúrias ou difamações) feitas no bojo de ação judicial, em acompanhamento de clientes em delegacias de polícia, em Comissões Parlamentares de Inquérito, em Tabelionatos, no Ministério Público para que o cliente seja ouvido no bojo de inquérito civil etc. É evidente, contudo, que referida imunidade não é absoluta, não alcançando ofensas que não tenham qualquer relação com a atividade profissional.

Até mesmo a ofensa contra o juiz da causa está abrangida pelo dispositivo, desde que tenha relevância na defesa do cliente. Nesse sentido:

> Crime contra a honra; Imunidade profissional do advogado: compreensão da ofensa a Juiz, desde que tenha alguma pertinência à causa. 1. O art. 7º, § 2º, da Lei n. 8.906/94 (Estatuto da Advocacia) superou a jurisprudência formada sob o art. 142 do CP, que excluía do âmbito da imunidade profissional do advogado a injúria ou a difamação do juiz da causa. 2. Sob a lei nova, a imunidade do advogado se estende à eventual ofensa irrogada ao juiz, desde que

pertinente à causa que defende. 3. O STF só deferiu a suspensão cautelar, no referido art. 7º, § 2º, do EAOAB, da extensão da imunidade à hipótese de desacato: nem um só voto entendeu plausível a arguição de inconstitucionalidade quanto à injúria ou difamação (STF, Pleno, Rel. do Acórdão Min. Sepúlveda Pertence, julgado em 6-9-2001, *DJ* 1º-8-2003, p. 105, *Ement.* v. 02117-26, p. 5530).

Veja-se que a Lei n. 14.365/2022 revogou expressamente este art. 7º, § 2º, do Estatuto da OAB. A Comissão Nacional de Estudos da entidade, todavia, questionou essa revogação alegando ter havido erro na técnica legislativa porque o tema sequer teria sido votado no Congresso Nacional. A entidade enviou ofício ao Presidente da Câmara dos Deputados para que o texto da lei fosse reexaminado, o que não ocorreu de imediato. Em razão disso, o Conselho Federal da OAB questionou junto ao Supremo Tribunal Federal a constitucionalidade da mencionada lei, por meio da propositura de ação direta de inconstitucionalidade (ADI 7.231). Caso, entretanto, seja confirmada a revogação do dispositivo, voltará a valer para os advogados a excludente do art. 142, I, do CP, que, todavia, tem menor alcance – embora também confira imunidade em relação aos crimes de difamação e injúria.

3.7. As velocidades constitucionais do direito penal

Antes do advento da Constituição Federal de 1988, era apenas o montante da pena prevista em abstrato que diferenciava a gravidade das infrações penais. As regras a serem seguidas no âmbito das execuções criminais eram as mesmas para todas elas porque não havia autorização na Carta Magna para a diferenciação. Assim, o tempo mínimo para a progressão de regime ou para a obtenção de livramento condicional era sempre o mesmo, independentemente do crime cometido. Os únicos benefícios possíveis à época eram a suspensão condicional da pena para condenações até 2 anos, a substituição da pena privativa de liberdade por restritivas de direitos, em condenações não superiores a 1 ano, ou por multa em condenações não superiores a 6 meses.

Tal quadro, todavia, sofreu grande mudança em razão de dispositivos introduzidos na Carta Maior de 1988 que determinaram tratamento mais rigoroso para alguns delitos e mais brando para outros. Por isso, passou-se a dizer que a Constituição Federal estabeleceu três velocidades para o direito penal. A primeira para as infrações de menor potencial ofensivo. A segunda para os crimes comuns. A terceira para os delitos hediondos e equiparados.

Senão vejamos.

O art. 5º, XLIII, da Constituição, conforme já estudado, determina que alguns crimes merecem tratamento mais rigoroso, não fazendo jus os infratores à anistia, graça e fiança. Tal regra refere-se aos delitos de tortura, terrorismo, tráfico de drogas e crimes hediondos assim definidos em lei. O art. 1º da Lei n. 8.072/90, conhecida como Lei dos Crimes Hediondos, arrola os crimes dessa natureza: homicídio qualificado ou praticado em atividade típica de grupo de extermínio e feminicídio, lesão corporal dolosa de natureza gravíssima e lesão corporal seguida de morte, quando praticadas contra autoridade ou agente descrito nos arts. 142 e 144 da Constituição Federal, integrantes do sistema prisional e da Força Nacional de Segurança Pública, no exercício da função ou em decorrência dela, ou contra seu cônjuge, companheiro ou parente consanguíneo até terceiro grau, em razão dessa condição, roubo circunstanciado pela restrição da liberdade da vítima, roubo circunstanciado pelo emprego de arma de fogo ou pelo emprego de arma de fogo de uso proibido ou restrito, roubo qualificado pelo resultado lesão corporal grave ou morte, extorsão qualificada pela restrição da liberdade da vítima, ocorrência de lesão corporal ou morte, extorsão mediante sequestro (art. 159), estupro, estupro de vulnerável, epidemia com resultado morte, falsificação de produtos terapêuticos ou medicinais, favorecimento da prostituição ou de outra forma de exploração sexual de criança ou adolescente ou de vulnerável, furto qualificado pelo emprego de explosivo ou de artefato análogo que cause perigo comum, induzimento, instigação ou auxílio a suicídio ou a automutilação realizados por meio da rede de computadores, de rede social ou transmitidos em tempo real, sequestro e cárcere privado cometido contra menor de 18 anos, tráfico de pessoas cometido contra criança ou adolescente; genocídio, posse ou porte ilegal de arma de fogo de uso proibido, comércio ilegal de armas de fogo, tráfico internacional de arma de fogo, acessório ou munição, crime de organização criminosa, quando direcionado à prática de crime hediondo ou equiparado, crimes previstos no Código Penal Militar que tenham as mesmas elementares dos crimes hediondos ou equiparados da legislação comum, crimes previstos no § 1º do art. 240 e no art. 241-B da Lei n. 8.069, de 13 de julho de 1990 (Estatuto da Criança e do Adolescente). Em relação a tais delitos, além das vedações constitucionais já mencionadas (anistia, graça e fiança), a Lei n. 8.072/90 contém outras regras mais severas em comparação com as aplicáveis aos delitos comuns (maior prazo para a progressão de regime e livramento condicional e vedação ao indulto). Esses dispositivos foram considerados válidos pelo Supremo Tribunal Federal, que, todavia, considerou inconstitucionais alguns outros dispositivos da Lei dos Crimes Hediondos (o que determinava o cumprimento de pena em regime integral fechado, e, posteriormente, o que determinava o início obrigatório em regime fechado). De qualquer forma, em relação aos crimes hediondos e equiparados, existe tratamento mais rigoroso amparado no texto constitucional.

Por sua vez, o art. 98, I, da Constituição trouxe grande inovação no cenário da persecução penal, passando a admitir a chamada justiça consensual para as infrações de menor potencial ofensivo. Referido dispositivo permite a transação penal para tal espécie de infração, bem como a adoção de rito sumaríssimo e oral, além do julgamento dos recursos por turmas de juízes de primeiro grau. A Lei n. 9.099, de 26 de setembro de 1995, definiu as infrações de menor potencial ofensivo e regulamentou os demais institutos mencionados no texto constitucional. Após algumas alterações legislativas, a atual redação do art. 61 da Lei n. 9.099/95 considera de menor potencial ofensivo os crimes cuja pena máxima em abstrato não exceda 2 anos e todas as contravenção penais. Caso o autor de uma dessas infrações penais preencha os requisitos subjetivos elencados na mesma lei (primariedade, bons antecedentes etc.) poderá ser feita a proposta de transação penal que, sendo por ele aceita e homologada pelo juiz, implicará a extinção do feito após o cumprimento da pena imposta, com a manutenção da primariedade.

Por fim, caso o delito não seja classificado como hediondo ou equiparado, nem infração de menor potencial ofensivo, será considerado crime comum, incidindo em relação a eles as regras comuns da legislação penal. Essas regras serão analisadas de forma detalhada no transcorrer da presente obra.

4

FONTES DO DIREITO PENAL

Fontes são as origens das normas.

As fontes do direito penal podem ser: a) *materiais*; e b) *formais*.

As fontes *materiais* são também chamadas fontes de produção, porque se referem justamente aos órgãos encarregados da produção das normas. Nos termos do art. 22, I, da Constituição Federal, a fonte material da norma penal é o Estado, já que compete à União legislar sobre direito penal. As leis penais, portanto, devem ser aprovadas pelo Congresso Nacional e sancionadas pela Presidência da República para que passem a vigorar.

Saliente-se que o parágrafo único do art. 22 da Carta Magna prevê que lei complementar pode autorizar os Estados a legislar sobre questões específicas em matéria penal.

Fontes *formais*, também denominadas fontes de revelação, cognição ou conhecimento, são os meios pelos quais o direito penal se exterioriza.

Subdividem-se em fontes formais *imediatas* e *mediatas*.

As fontes *formais imediatas* são as normas penais.

As normas penais possuem uma técnica diferenciada, uma vez que o legislador não declara que uma ou outra ação ou omissão constitui crime. Na verdade, a norma penal descreve uma conduta (conduta típica) e estabelece uma pena para aqueles que a realizam.

Existem, entretanto, normas penais com descrição e finalidade diversas. Por isso, pode-se dizer que os dispositivos penais se classificam da seguinte forma:

a) *Normas penais incriminadoras*, que são aquelas que definem as infrações e fixam as respectivas penas.

Exemplo: art. 155 do Código Penal. "subtrair, para si ou para outrem, coisa alheia móvel" – É o chamado preceito *primário* da norma penal incriminadora. "Pena – *reclusão, de 1 (um) a 4 (quatro) anos*" – É o chamado preceito *secundário*.

As normas penais incriminadoras estão previstas na Parte Especial do Código Penal e também em leis especiais.

b) *Normas penais permissivas,* que são as que preveem a licitude ou a impunidade de determinados comportamentos, apesar de se enquadrarem na descrição típica. Podem estar previstas na Parte Geral do Código Penal (legítima defesa, estado de necessidade etc.) ou em sua Parte Especial (arts. 128, 142 etc.).

c) *Normas penais complementares ou explicativas*, por fim, são as que esclarecem o significado de outras normas ou limitam o âmbito de sua aplicação. Podem estar na Parte Geral (arts. 4º, 5º, 7º, 10 a 12 etc.) ou na Parte Especial. O conceito de funcionário público para fins penais, contido no art. 327 do Código Penal, é uma norma penal complementar: "considera-se funcionário público, para fins penais, quem embora transitoriamente ou sem remuneração exerce cargo, emprego ou função pública".

A doutrina costuma, ainda, salientar que as leis penais possuem as seguintes características:

a) *Exclusividade*: somente elas podem definir crimes e cominar penas (princípio da legalidade).

b) *Imperatividade*: a lei penal é imposta a todos, independentemente de sua vontade. Assim, praticada uma infração penal, o Estado deve buscar a aplicação da pena.

c) *Generalidade*: a lei vale para todos (*erga omnes*).

d) *Impessoalidade*: a lei penal é abstrata, sendo elaborada para punir acontecimentos futuros e não para punir pessoas determinadas.

As fontes *formais mediatas* são os costumes e os princípios gerais do direito.

São chamadas de *costumes* as normas de comportamento a que as pessoas obedecem de maneira uniforme e constante pela convicção de sua obrigatoriedade.

O costume não revoga a lei, mas serve para integrá-la, uma vez que, em várias partes do Código Penal, o legislador se utiliza de expressões que ensejam a invocação do costume para chegar ao significado exato do texto. Exemplos: *reputação* (art. 139); *dignidade e decoro* (art. 140); *ato obsceno* (art. 233) etc.

O costume também não cria delitos, em razão do princípio constitucional da reserva legal, pois, segundo este, "não há crime sem lei anterior que o defina, nem pena sem prévia cominação legal" (art. 5º, XXXIX).

Por sua vez, *princípios gerais do direito* de acordo com Carlos Roberto Gonçalves[11],

> são regras que se encontram na consciência dos povos e são universalmente aceitas, mesmo que não escritas. Tais regras, de caráter genérico, orientam a compreensão do sistema jurídico, em sua aplicação e integração, estejam ou não incluídas no direito positivo.

---

[11] Carlos Roberto Gonçalves. *Direito civil:* parte geral. 2. ed. São Paulo: Saraiva, 1998, v. 1, Coleção Sinopses Jurídicas, p. 23.

5

INTERPRETAÇÃO DA LEI PENAL

É a atividade que tem por objetivo buscar o exato significado e alcance da norma penal.

A doutrina costuma dividir as formas de interpretação do seguinte modo: a) quanto à *origem*; b) quanto ao *modo*; c) quanto ao *resultado*.

5.1. Interpretação quanto à origem

Diz respeito ao *responsável* pela interpretação. Pode ser: a) *autêntica*; b) *doutrinária*; e c) *jurisprudencial*.

Interpretação *autêntica* é aquela feita pela própria lei que, em algum de seus dispositivos, esclarece o significado de outros. Exemplos: os §§ 4º e 5º do art. 150 do Código Penal que definem a extensão do conceito de "casa" para os crimes de violação de domicílio; o § 4º do art. 180 do mesmo Código, que esclarece que o crime de receptação é punível ainda que desconhecido ou isento de pena o autor do crime de que proveio a coisa.

Muitas vezes é na Exposição de Motivos da lei que se encontram as explicações do legislador quanto à finalidade para a qual certo dispositivo foi proposto e aprovado.

Interpretação *doutrinária* é aquela feita pelos estudiosos, professores e autores de obras de direito, por meio de seus livros, artigos jurídicos, palestras, conferências etc.

Por fim, *jurisprudencial* é a interpretação dada à lei penal pelos tribunais e juízes em seus julgamentos. Sobressaem-se, neste aspecto, os julgados dos tribunais superiores (Supremo Tribunal Federal e Superior Tribunal de Justiça), responsáveis pela interpretação final dos dispositivos constitucionais e da legislação em geral. Com o avanço da tecnologia e a facilidade de acesso à internet ganharam ainda maior importância em face da rapidez com que se pode conhecer o inteiro teor de seus julgados.

5.2. Interpretação quanto ao modo

Diz respeito ao *aspecto* considerado pelo intérprete na busca do real significado da norma. Pode ser: a) *gramatical*; b) *teleológica*; c) *histórica*; e d) *sistemática*.

A interpretação *gramatical* leva em conta o sentido literal das palavras contidas no texto legal.

No crime de homicídio privilegiado, por exemplo, diz o art. 121, § 1º, do Código Penal que o juiz *pode* diminuir a pena de 1/6 a 1/3, se o crime for praticado por motivo de relevante valor social ou moral, ou sob o domínio de violenta emoção logo em seguida a injusta provocação da vítima. A palavra "pode" contida no texto legal faculta ao juiz escolher o índice de redução (entre 1/6 e 1/3), mas não lhe confere a possibilidade de reconhecer ou afastar o privilégio, pois isso constitui prerrogativa exclusiva dos jurados nos crimes dolosos contra a vida (art. 5º, XXXVIII, c, da Constituição Federal).

A interpretação *teleológica*, por seu turno, busca descobrir o significado da norma mediante análise dos fins a que se destina o dispositivo.

A denominada interpretação *hist*órica avalia os debates que envolveram a aprovação da lei e os motivos que levaram à apresentação do projeto que nela culminou. A Exposição de Motivos dos Códigos e das leis é muitas vezes esclarecedora quanto a este aspecto.

Por fim, a interpretação *sistemática* busca o significado da norma por sua integração com os demais dispositivos de uma mesma lei ou com o sistema jurídico como um todo.

5.3. Interpretação quanto ao resultado

Essa classificação diz respeito ao *alcance* dado pelo intérprete ao dispositivo fruto da controvérsia. Pode ser: a) *declarativa*; b) *restritiva*; e c) *extensiva*.

É chamada de *declarativa* quando o intérprete conclui que a letra da lei corresponde exatamente àquilo que o legislador pretendia regulamentar.

É denominada *restritiva* quando a conclusão a que se chega é de que o texto legal abrangeu mais do que o legislador queria, de modo que o intérprete reduz o seu alcance no caso concreto.

Por fim, fala-se em interpretação *extensiva* quando o intérprete conclui que o legislador adotou redação cujo alcance fica aquém de sua real intenção e, por isso, a interpretação será no sentido de que a regra seja também aplicada a outras situações. Exemplo: o art. 180, § 1º, do CP (receptação qualificada) pune o comerciante ou industrial que, no exercício de suas atividades, adquire ou recebe coisa que *deve saber* ser produto de crime. A expressão "deve saber" é indicativa de dolo eventual e o texto legal não menciona a situação do agente que efetivamente sabe (dolo direto) da procedência criminosa do bem. O Supremo Tribunal Federal, todavia, mediante interpretação extensiva, firmou entendimento de que o agente que sabe da procedência ilícita também incorre na figura qualificada:

> Trata-se de aparente contradição que é resolvida pelos critérios e métodos de interpretação jurídica. 3. Não há dúvida acerca do objetivo da criação da figura típica da receptação qualificada que, inclusive, é crime próprio relacionado à pessoa do comerciante ou do industrial. A ideia é exatamente a de apenar mais severamente aquele que, em razão do exercício de sua atividade comercial ou industrial, pratica alguma das condutas descritas no referido § 1º, valendo-se de sua maior facilidade para tanto devido à infraestrutura que lhe favorece. 4. A lei expressamente pretendeu também punir o agente que, ao praticar qualquer uma das ações típicas contempladas no § 1º, do art. 180, agiu com dolo eventual, mas tal medida não exclui, por óbvio, as hipóteses em que o agente agiu com dolo direto (e não apenas eventual). Trata-se de crime de receptação qualificada pela condição do agente que, por sua atividade profissional, deve ser mais severamente punido com base na maior reprovabilidade de sua conduta. 5. Não há proibição de, com base nos critérios e métodos interpretativos, ser alcançada a conclusão acerca da presença do elemento subjetivo representado pelo dolo direto

no tipo do § 1º, do art. 180, do Código Penal, não havendo violação ao princípio da reserva absoluta de lei com a conclusão acima referida. 6. Inocorrência de violação aos princípios constitucionais da proporcionalidade e da individualização da pena (STF, RE 443.388, Rel. Min. Ellen Gracie 2ª Turma, julgado em 18-8-2009, *DJe*-17,1 divulg. 10-9-2009, public. 11-9-2009, *Ement.* v.-02373-02, p. 375).

No julgado acima, pode-se dizer que houve interpretação jurisprudencial quanto à origem, teleológica quanto ao modo (o STF buscou a intenção do legislador) e extensiva quanto ao resultado.

5.4. Interpretação analógica e analogia

A *interpretação analógica* é possível quando, dentro do próprio texto legal, após uma sequência casuística, o legislador se vale de uma fórmula genérica, que deve ser interpretada de acordo com os casos anteriores: Exemplos: 1) o crime de estelionato (art. 171 do Código Penal), de acordo com a descrição legal, pode ser cometido mediante artifício, ardil ou *qualquer outra fraude*; 2) o art. 28, II, do Código Penal estabelece que não exclui o crime a embriaguez por álcool ou por *substância de efeitos análogos*.

A *analogia* somente é aplicável em casos de *lacuna* da lei, ou seja, quando não há qualquer norma que regule o tema. Fazer uso dela significa aplicar uma norma penal a um fato não abrangido por ela nem por qualquer outra lei, em razão de tratar-se de fato semelhante àquele que a norma regulamenta. A analogia, portanto, é forma de *integração* da lei penal e não forma de interpretação.

Em matéria penal, ela só pode ser aplicada em favor do réu (analogia *in bonam partem*), e ainda assim se ficar constatado que houve mera omissão involuntária (esquecimento) do legislador. Dessa forma, é óbvio que não pode ser utilizada quando o legislador intencionalmente deixou de tratar do tema, justamente para excluir algum benefício ao acusado.

É vedado o uso da analogia para incriminar condutas não abrangidas pelo texto legal, para reconhecer qualificadoras ou quaisquer outras agravantes. A vedação da analogia *in malam partem* visa evitar que seja desrespeitado o princípio da legalidade.

5.5. Princípio in dubio pro reo

De acordo com tal princípio, se persistir dúvida, após a utilização de todas as formas interpretativas, a questão deverá ser resolvida da maneira mais favorável ao réu.

Esse princípio tem também aplicação no que se refere à análise das provas nos casos concretos, de modo que, sempre que o juiz tiver dúvida, deve optar pela solução mais favorável ao acusado. Assim, se com uma pessoa for encontrada, por exemplo, quantidade não muito elevada de drogas e houver sérias dúvidas em torno de se tratar de crime de tráfico ou de porte para consumo próprio, deve o magistrado condená-lo por este último delito, que é mais brandamente apenado. Do que foi exposto, extrai-se também o *princípio da culpabilidade*, vale dizer, a condenação no âmbito criminal pressupõe a existência de prova contundente, efetiva, contra o acusado.

6

CLASSIFICAÇÃO DAS INFRAÇÕES PENAIS

6.1. Classificação legal

As infrações penais, no Brasil, dividem-se em:
a) *crimes* ou *delitos*; e
b) *contravenções*.

A estrutura jurídica de ambas, todavia, é a mesma, ou seja, as infrações, incluindo os crimes e as contravenções, caracterizam-se por serem fatos típicos e antijurídicos.

Em razão disso é que Nélson Hungria definiu a contravenção como "crime anão", já que ela nada mais é do que um "crime" causador de menores danos e com sanções de menor gravidade. Por isso se diz que a tipificação de um fato como crime ou contravenção depende exclusivamente da vontade do legislador, ou seja, se considerado mais grave, deve ser tipificado como crime; se menos grave, como contravenção.

Então, como diferenciá-los?

A diferença mais importante é dada pelo art. 1º da Lei de Introdução ao Código Penal e refere-se à pena:

> considera-se crime a infração penal a que a lei comina pena de reclusão ou de detenção, quer isoladamente, quer alternativa ou cumulativamente com a pena de multa; contravenção, a infração penal a que a lei comina, isoladamente, pena de prisão simples ou de multa, ou ambas, alternativa ou cumulativamente.

Temos, portanto, para os *crimes* as seguintes possibilidades com relação à pena:
a) reclusão;
b) reclusão e multa;
c) reclusão ou multa;
d) detenção;
e) detenção e multa; e
f) detenção ou multa.

A pena de multa nunca é cominada isoladamente ao crime[12].

---

[12] A Lei n. 14.811/2024 inseriu no art. 146-A do CP o crime de intimidação sistemática (*bullying*), que, por equívoco do legislador, é punido apenas com pena de multa.

Já com relação às *contravenções* temos as seguintes hipóteses:

a) prisão simples;

b) prisão simples e multa;

c) prisão simples ou multa; e

d) multa.

O traço distintivo mais importante entre crime e contravenção é, portanto, a cominação da pena. Existem, contudo, outras diferenças no texto da lei:

a) Os crimes podem ser de ação pública (condicionada ou incondicionada) ou privada; as contravenções sempre se apuram mediante ação pública incondicionada.

b) A peça inicial nos crimes é a denúncia ou a queixa, dependendo da espécie de ação penal prevista na lei; nas contravenções, a peça inicial é sempre a denúncia. Antes do advento da Constituição Federal de 1988, entretanto, o processo para apurar contravenção penal iniciava-se por meio de auto de prisão em flagrante ou de portaria expedida pela autoridade policial ou judiciária (art. 26 do CPP). Esse dispositivo não foi recepcionado pela Carta Magna, que atribuiu ao Ministério Público a titularidade exclusiva nos delitos de ação pública, sendo certo que o Ministério Público dá início às ações penais sempre pelo oferecimento de denúncia.

c) Nos crimes, a tentativa é punível. Nas contravenções, não.

d) Em certos casos, os crimes cometidos no exterior podem ser punidos no Brasil, desde que presentes os requisitos legais. Já as contravenções cometidas no exterior nunca podem ser punidas no Brasil.

e) O elemento subjetivo do crime é o dolo ou a culpa. Para a contravenção, entretanto, basta a voluntariedade (art. 3º da Lei das Contravenções Penais).

f) Nos crimes, a duração máxima da pena é de 40 anos (art. 75), enquanto nas contravenções é de 5 (art. 10 da Lei das Contravenções Penais).

g) Nos crimes, a duração do *sursis*, em regra, é de 2 a 4 anos (art. 77). Nas contravenções, é de 1 a 3 anos (art. 11 da Lei das Contravenções Penais).

6.2. Classificação doutrinária

A doutrina classifica os crimes em diversas categorias fazendo-o de acordo com determinados critérios, que serão adiante estudados. Antes, todavia, mostra-se necessário verificar alguns conceitos que são imprescindíveis à compreensão da classificação doutrinária (sujeito ativo, sujeito passivo, objetividade jurídica e objeto material).

6.2.1. Sujeito ativo

Sujeito ativo ou agente é a pessoa que comete o crime.

Em regra, só o ser humano, maior de 18 anos, pode ser sujeito ativo de uma infração penal. Excepcionalmente, as pessoas jurídicas poderão ser penalmente punidas, uma vez que a Constituição Federal estabelece que as condutas e atividades consideradas lesivas ao meio ambiente sujeitarão os infratores, pessoas físicas ou jurídicas, a sanções penais e administrativas, independentemente da obrigação de reparar o dano (art. 225, § 3º). Esse dispositivo foi regulamentado pela Lei n. 9.605/98, que concretizou a possibilidade de responsabilização penal da pessoa jurídica que cometa crime contra o meio ambiente. As penas, evidentemente, são aquelas compatíveis com a sua condição: multa, proibição de contratar com o Poder Público etc. A punição da pessoa jurídica se dá, sem prejuízo da responsabilização penal das pessoas físicas identificadas como causadoras do dano ambiental. Assim, se ficar provado que determinada empresa jogou detritos em um rio, poderá ser punida criminalmente, bem como os dirigentes/funcionários responsáveis por tal conduta no caso concreto. A estes poderá ser aplicada pena privativa de liberdade, restritiva de direitos etc.

A Constituição Federal, em seu art. 173, § 5º, também permite a punição criminal de pessoa jurídica em razão de ato por ela praticado contra a ordem econômica e financeira ou contra a economia popular. Esse dispositivo, entretanto, ainda está aguardando aprovação de lei específica para sua regulamentação.

6.2.2. Sujeito passivo

É a pessoa ou entidade que sofre os efeitos do delito (vítima do crime). É o titular do bem jurídico violado. No homicídio, é a pessoa que foi morta. No furto, é o dono do bem subtraído. No estupro, é a pessoa que foi violada.

Em regra, uma pessoa não pode ser, ao mesmo tempo, sujeito ativo (autor) e passivo (vítima) de um delito. No crime de fraude para recebimento de seguro (art. 171, § 2º, V), por exemplo, o agente lesiona o próprio corpo para receber o valor daquele, mas não é punido pela autolesão, e sim pelo golpe dado na seguradora, de modo que esta é a vítima do delito. Excepcionalmente, porém, no crime de rixa (art. 137), em que os envolvidos se agridem mutuamente, todos são considerados, concomitantemente, autores e vítimas do delito.

Os menores de idade podem ser sujeito passivo de infrações penais como, por exemplo, de homicídio, de lesões corporais e de estupro. O feto (produto da concepção), por sua vez, pode ser sujeito passivo das diversas modalidades de aborto criminoso (arts. 124 a 126 do CP).

Os mortos, por não serem titulares de direitos, não podem ser sujeito passivo. No delito de destruição, subtração ou ocultação de cadáver (art. 211 do CP), sujeito passivo é a coletividade. Na calúnia contra os mortos, expressamente prevista no art. 138, § 2º, do CP, as vítimas são os familiares do morto, interessados na preservação de sua boa imagem perante a sociedade.

Os animais também não são titulares de direito e também não podem ser sujeito passivo, mas apenas objeto material de infrações penais. No furto de um animal de estimação ou de um rebanho, a vítima é o dono dos animais. Nos crimes ambientais contra a fauna (maus-tratos, por exemplo), sujeito passivo é a coletividade.

6.2.3. Objetividade jurídica (objeto jurídico)

Objeto jurídico é o bem ou interesse que a lei visa proteger quando incrimina determinada conduta. Quando o legislador estabelece uma sanção penal, o seu objetivo é proteger algum bem jurídico, preestabelecendo pena para quem realize aquele ato ilícito. A lei emite uma mensagem aos cidadãos dizendo que não devem lesar determinado bem jurídico, pois, se o fizerem, receberão uma pena como consequência.

Assim, no crime de furto, o objeto jurídico é o patrimônio; no homicídio, é a vida humana extrauterina; no aborto, é a vida humana intrauterina; no estupro, é a dignidade sexual; na falsificação de documento, é a fé pública (crença na veracidade dos documentos); na corrupção passiva, é a moralidade administrativa etc.

6.2.4. Objeto material

É a coisa sobre a qual recai a conduta delituosa. No crime de furto, o objeto material é o bem que foi subtraído da vítima no caso concreto. No homicídio, é a pessoa que foi morta.

A inexistência do suposto objeto material gera a atipicidade da conduta em face do instituto denominado crime impossível. Assim, se uma mulher pensa que está grávida e ingere um medicamento abortivo, o fato será considerado atípico quando se descobrir que ela, na realidade, não estava em estado gestacional.

6.2.5. Das classificações

6.2.5.1. Quanto à objetividade jurídica

Essa classificação diz respeito ao *bem jurídico tutelado*. De acordo com tal critério, os crimes podem ser *simples* ou *complexos*.

Os crimes *simples* tutelam um único bem jurídico. O homicídio, por exemplo, visa exclusivamente à proteção da vida humana extrauterina; o furto, por sua vez, tutela exclusivamente o patrimônio.

Os crimes *complexos* são aqueles que afetam dois ou mais bens jurídicos. São exemplos a extorsão mediante sequestro (art. 159), que tutela a liberdade individual e o patrimônio; o latrocínio (art. 157, § 3º), que atinge a vida e o patrimônio etc.

6.2.5.2. Quanto ao sujeito ativo

Segundo este critério, os delitos podem ser *comuns* ou *próprios*.

São chamados de crimes *comuns* aqueles que podem ser cometidos por qualquer pessoa, por não exigir o tipo penal qualquer qualidade especial no sujeito ativo. São exemplos o homicídio (art. 121), o furto (art. 155), o estupro (art. 213), dentre inúmeros outros.

Crimes próprios, por sua vez, são os que só podem ser cometidos por determinada categoria de pessoas, por exigir o tipo penal certa qualidade ou característica do sujeito ativo. O infanticídio (art. 123), por exemplo, só pode ser praticado pela mãe, sob a influência do estado puerperal; a corrupção passiva (art. 317) só pode ser cometida por funcionário público; o autoaborto (art. 124) só pode ser praticado por gestante.

6.2.5.3. Quanto ao número de envolvidos como elementar do crime

Por esse prisma, os delitos podem ser *unissubjetivos* ou *plurissubjetivos*.

Os *unissubjetivos* (ou monossubjetivos) podem ser praticados por uma só pessoa, mas também podem ser cometidos por duas ou mais em concurso. Por isso, são ainda chamados de delitos de concurso *eventual*. O homicídio, o furto e o estupro, por exemplo, podem ser cometidos por uma só pessoa ou por duas ou mais em concurso.

Os *plurissubjetivos*, por outro turno, têm como premissa o envolvimento de um número mínimo de pessoas especificado no tipo penal. São também chamados de crimes de concurso *necessário*. O delito de associação para o tráfico (art. 35 da Lei n. 11.343/2006) exige o envolvimento mínimo de duas pessoas. A rixa (art. 137 do CP), por sua vez, pressupõe um número mínimo de três pessoas.

6.2.5.4. Quanto à possibilidade de coautoria

A maioria dos delitos admite a coautoria (realização de atos executórios por duas ou mais pessoas) e, por tal razão, não existe uma denominação específica para tal hipótese. Ao contrário, para os delitos que, excepcionalmente, não admitem a coautoria, existe a denominação *crime de mão própria*. Pode ser citado como exemplo o delito de falso testemunho.

Os crimes de mão própria admitem a participação como forma de concurso de agentes, mas nunca a coautoria por peculiaridades do próprio tipo penal que se mostram incompatíveis com a prática concomitante do ato executório por duas ou mais pessoas.

6.2.5.5. Quanto ao elemento subjetivo ou normativo

Em relação a esse critério, os delitos podem ser *dolosos*, *culposos* ou *preterdolosos*.

Crimes *dolosos* são aqueles em que o agente quer o resultado (dolo direto) ou assume o risco de produzi-lo.

Crimes *culposos* são aqueles em que o resultado decorre de imprudência, negligência ou imperícia.

Por fim, *preterdolosos* são os crimes em que há uma conduta inicial dolosa, agravada por um resultado culposo. Pode ser citado como exemplo o crime de lesão corporal seguida de morte (art. 129, § 3º, do CP). Esta espécie de delito é também denominada preterintencional.

6.2.5.6. Quanto ao resultado como condicionante da consumação do delito

Os crimes podem ser *materiais*, *formais* ou de *mera conduta*.

Crimes *materiais* são aqueles em que a lei descreve uma ação e um resultado, e exige a ocorrência deste para que o crime esteja consumado. No estelionato (art. 171), por exemplo, a lei descreve a ação (empregar fraude para induzir ou manter alguém em erro) e o resultado (obter vantagem ilícita em prejuízo alheio), e, pela forma como está redigido o dispositivo, resta evidente que a consumação só ocorre no momento da obtenção da vantagem visada (resultado).

Crimes *formais* são aqueles em que a lei descreve uma ação e um resultado, mas a redação do dispositivo evidencia que o crime se consuma no momento da ação, sendo o resultado mero exaurimento. No art. 159 do Código Penal, por exemplo, encontra-se previsto o crime de extorsão mediante sequestro que descreve uma ação inicial (o sequestro) e um resultado almejado (a obtenção de um resgate). Tal delito é considerado formal porque a redação do dispositivo deixa claro que a consumação ocorre no momento da captura da vítima. A efetiva obtenção do resgate é irrelevante para o fim da consumação, sendo, portanto, mero exaurimento.

A expressão "crime exaurido" é utilizada para se referir aos crimes formais quando, no caso concreto, o agente obtém o resultado almejado (que era dispensável para fim de consumação).

Alguns autores mencionam que os crimes formais têm o tipo *incongruente* porque sua consumação exige menos do que o tipo penal menciona. Trata-se, entretanto, de uma mera denominação.

Por fim, crimes *de mera conduta* são aqueles em relação aos quais a lei descreve apenas uma conduta e, portanto, consumam-se no exato momento em que esta é praticada. Pode ser citado, como exemplo, o crime de violação de domicílio (art. 150), no qual a lei incrimina a simples conduta de ingressar ou permanecer em domicílio alheio sem a autorização do morador.

6.2.5.7. Quanto à duração do momento consumativo

Por esse critério, os delitos subdividem-se em *instantâneos, permanentes* e *instantâneos de efeitos permanentes*.

Crime *instantâneo* é aquele cuja consumação ocorre em um só instante, sem continuidade temporal. Exemplo: no crime de estupro (art. 213), o crime se consuma no instante em que é praticada a conjunção carnal ou outro ato libidinoso.

Crime *permanente* é aquele cujo momento consumativo se prolonga no tempo por vontade do agente. Exemplo: no crime de sequestro (art. 148), a consumação ocorre no momento em que a vítima é privada de sua liberdade, mas a infração continua consumando-se enquanto a vítima permanecer em poder do sequestrador.

Crime *instantâneo de efeitos permanentes* é aquele cuja consumação se dá em determinado instante, mas seus efeitos são irreversíveis. Exemplo: homicídio (art. 121).

6.2.5.8. Quanto à conduta

Os crimes podem ser *comissivos* ou *omissivos*.

Crime *comissivo* é aquele praticado por meio de uma ação, uma conduta positiva. Podem ser citados como exemplos os crimes de furto (art. 155), roubo (art. 157), estupro (art. 213) etc.

Crime *omissivo* é aquele que decorre de uma conduta negativa, de uma omissão, de um não fazer. Os crimes omissivos subdividem-se, por sua vez, em:

a) *Omissivos próprios* (ou puros), que se perfazem pela simples abstenção, independentemente de um resultado posterior. Exemplo: omissão de socorro (art. 135), que se aperfeiçoa pela simples ausência de socorro.

b) *Omissivos impróprios* (ou *comissivos por omissão*), nos quais o agente, por uma omissão inicial, dá causa a um resultado que ele tinha o dever jurídico de evitar. O art. 13, § 2º, do Código Penal elenca as hipóteses em que existe o dever jurídico de agir para evitar o resultado: i) quando o agente tem, por lei, obrigação de proteção, cuidado ou vigilância (Exemplo: mãe que, querendo a morte do próprio filho de pouca idade, deixa de alimentá-lo); ii) quando o agente, de qualquer modo, se obrigou a impedir o resultado; iii) quando o agente, com sua conduta anterior, criou o risco de ocorrência do resultado.

Alguns delitos, como o homicídio, podem ser cometidos por meio de uma ação (efetuar disparos de arma de fogo em alguém, por exemplo) ou por omissão (como no exemplo acima da mãe que deixa de alimentar seu filho pequeno).

6.2.5.9. Quanto à possibilidade de fracionamento da conduta

Os delitos podem ser *unissubsistentes* ou *plurissubsistentes*.

Crimes *unissubsistentes* são aqueles cuja conduta é composta de um só ato e, por isso, não admitem o fracionamento. Por consequência, são incompatíveis com o instituto da tentativa. Pode ser citado como exemplo o crime de injúria quando praticado verbalmente (art. 140).

Os crimes *plurissubsistentes* são aqueles cuja conduta típica pode ser fracionada em vários atos. Por consequência, admitem a tentativa. Os crimes de homicídio e furto enquadram-se nesta categoria.

6.2.5.10. Quanto à autonomia

Por esse prisma, os crimes podem ser *principais* ou *acessórios*.

Principais são aqueles cuja existência independe da ocorrência de um delito anterior. A maioria dos delitos enquadra-se nessa classificação, como o homicídio (art. 121), o furto (art. 155), o roubo (art. 157), o estupro (art. 213) etc.

Acessórios são delitos cuja configuração depende da existência de um crime anterior, tal como os crimes de receptação (art. 180), uso de documento falso (art. 304), favorecimento real (art. 349).

6.2.5.11. Quanto à necessidade de efetiva lesão ao bem tutelado

Em relação a este critério, temos os crimes de *dano* e os de *perigo*.

Os crimes de *dano* são aqueles que geram efetiva lesão ao bem jurídico tutelado. No delito de homicídio, o bem jurídico (vida humana extrauterina) é efetivamente atingido.

De outro lado, os crimes de *perigo* aperfeiçoam-se com a mera exposição a risco do objeto material. São exemplos os crimes de omissão de socorro (art. 135) e perigo de inundação (art. 255).

Os crimes de perigo, por sua vez, subdividem-se em:

a) Crimes de *perigo abstrato* (ou presumido), em que a lei descreve uma conduta e presume que o agente, ao realizá-la, expõe o bem jurídico a risco. Trata-se de presunção absoluta (não admite prova em contrário), de forma que basta à acusação provar que o agente praticou a conduta descrita no tipo para que se presuma ter havido a situação de perigo. O crime de rixa (art. 137) pode ser mencionado como exemplo.

Alguns doutrinadores alegam haver inconstitucionalidade nessa modalidade de infração penal por afronta ao princípio da *ofensividade* (ou *lesividade*), segundo o qual a existência de um delito pressupõe efetiva lesão ao bem jurídico ou, ao menos, um risco efetivo de lesão, o que não ocorre nos crimes de perigo abstrato. Acontece que os Tribunais Superiores não têm reconhecido essa inconstitucionalidade, conforme se nota no seguinte julgado:

... a criação de crimes de perigo abstrato não representa, por si só, comportamento inconstitucional por parte do legislador penal. A tipificação de condutas que geram perigo em abstrato, muitas vezes, acaba sendo a melhor alternativa ou a medida mais eficaz para a proteção de bens jurídico-penais supraindividuais ou de caráter coletivo, como o meio ambiente, a saúde etc. Portanto, pode o legislador, dentro de suas amplas margens de avaliação e de decisão, definir quais as medidas mais adequadas e necessárias para a efetiva proteção de determinado bem jurídico, o que lhe permite escolher espécies de tipificação próprias de um direito penal preventivo. Apenas a atividade legislativa que, nessa hipótese, transborde os limites da proporcionalidade, poderá ser tachada de inconstitucional. 3. Legitimidade da criminalização do porte de arma. Há, no contexto empírico legitimador da veiculação da norma, aparente lesividade da conduta, porquanto se tutela a segurança pública (art. 6º e 144, CF) e indiretamente a vida, a liberdade, a integridade física e psíquica do indivíduo etc. Há inequívoco interesse público e social na proscrição da conduta. É que a arma de fogo, diferentemente de outros objetos e artefatos (faca, vidro etc.) tem, inerente à sua natureza, a característica da lesividade. A danosidade é intrínseca ao objeto. A questão, portanto, de possíveis injustiças pontuais, de absoluta ausência de significado lesivo deve ser aferida concretamente e não em linha diretiva de ilegitimidade normativa. 4. Ordem denegada (STF, HC 102.087, Rel. Min. Celso de Mello, Rel. p/ Acórdão Min. Gilmar Mendes, 2ª Turma, julgado em 28-2-2012, *DJe*-159, p. 68).

b) Crimes de *perigo concreto*, em que o tipo penal exige que pessoa certa e determinada seja exposta a uma situação de risco, cabendo à acusação produzir prova nesse sentido, sob pena de ser absolvido o réu. Pode ser mencionado como exemplo o crime de periclitação da vida e da saúde (art. 132), no qual o tipo penal exige que a vida ou a saúde de pessoa determinada seja exposta a perigo direto e iminente.

c) Crimes de *perigo individual*, por sua vez, são os que expõem a risco o interesse de uma só pessoa ou de grupo limitado de pessoas. Exemplos: arts. 130 a 137 do Código Penal.

d) Crimes de *perigo comum* (ou coletivo), por fim, são os que expõem a risco número indeterminado de pessoas. Exemplos: os crimes descritos nos arts. 250 a 259 do Código Penal.

6.2.5.12. Quanto à gravidade de um mesmo delito

Os delitos são divididos, de acordo com este critério, em crimes *simples, privilegiados* e *qualificados*.

Crime *simples* é aquele em cuja redação o legislador enumera as elementares da infração penal em sua figura fundamental. Exemplo: *matar alguém* é a descrição do crime de homicídio simples (art. 121, *caput*).

Haverá crime *privilegiado* quando o legislador, após a descrição do delito, estabelecer, na própria Parte Especial do Código (ou logo após a descrição típica em leis especiais) circunstâncias que têm o condão de reduzir a pena. O homicídio, por exemplo, quando praticado por motivo de relevante valor social ou moral, tem a pena reduzida de 1/6 a 1/3 (art. 121, § 1º).

Por fim, o crime é *qualificado* quando a lei acrescenta circunstâncias que alteram a própria pena em abstrato para patamar mais elevado. Veja-se, por exemplo, que a pena do homicídio simples é de reclusão, de 6 a 20 anos, mas se presente quaisquer das qualificadoras do art. 121, § 2º, do Código Penal (motivo fútil ou torpe, meio cruel, recurso que dificulta a defesa da vítima etc.), a pena passará a ser de reclusão, de 12 a 30 anos.

6.2.5.13. Quanto à exigência no tipo penal de formas de execução específicas

Por esta forma de classificação, os delitos subdividem-se em crimes de ação *livre* ou de ação *vinculada*.

Crime de *ação (ou de forma) livre* é aquele que pode ser praticado por qualquer meio de execução, uma vez que a lei não exige comportamento específico. O homicídio, por exemplo, pode ser cometido por disparo de arma de fogo, golpe de faca, emprego de fogo, veneno, explosão, asfixia etc.

Por sua vez, os crimes de *ação vinculada* são aqueles em que o tipo penal descreve o meio de execução de forma pormenorizada, de modo que apenas aquelas formas de execução são aptas a configurar o delito. O crime de maus-tratos (art. 136), por exemplo, só se tipifica se o agente expõe a perigo a vida ou a saúde da vítima mediante: privação de alimentos ou cuidados indispensáveis, sujeição a trabalho excessivo ou inadequado, abuso dos meios de correção ou disciplina.

6.2.5.14. Quanto à iniciativa da ação penal

Crimes de ação *pública* são aqueles em que a iniciativa cabe a um órgão público (Ministério Público), enquanto crimes de ação *privada* são aqueles em que a iniciativa é do ofendido ou, quando incapaz, de seus representantes legais.

É o próprio texto legal que especifica se um delito é de ação pública ou privada.

Cada uma dessas modalidades possui subdivisões que serão oportunamente estudadas no capítulo que trata da ação penal.

6.2.5.15. Outras classificações e denominações

a) *Delito putativo:* ocorre quando o agente imagina que a conduta por ele praticada constitui crime, mas, em verdade, é um fato atípico. Esse tema será estudado adiante.

b) *Crime falho:* ocorre quando o agente percorre todo o *iter criminis*, mas não consegue consumar o crime. É também chamado de tentativa perfeita.

c) *Quase crime:* dá-se nas hipóteses de crime impossível (art. 17) e participação impunível (art. 31).

d) *Crimes vagos:* são os que têm como sujeito passivo entidades sem personalidade jurídica, como a família, a coletividade etc. O delito de associação criminosa (art. 288) é um exemplo.

e) *Crimes de ação múltipla (ou de conteúdo variado):* são aqueles em relação aos quais a lei descreve várias condutas separadas pela conjunção alternativa *ou*. São tipos penais que possuem vários verbos.

Nessa modalidade de delito, basta a realização de uma conduta para que haja o crime, todavia, a prática de mais delas, em relação à *mesma vítima*, constitui crime único. Exemplo: o crime de participação em suicídio ou automutilação (art. 122) ocorre quando alguém induz, instiga *ou* auxilia outrem a cometer suicídio ou automutilação. Assim, se o sujeito realiza as três condutas em relação à mesma vítima, responde por um único delito.

A doutrina diz, também, que esses crimes possuem *tipo alternativo misto*.

f) *Crime habitual:* é aquele cuja tipificação pressupõe uma reiteração de atos. Exemplo: curandeirismo (art. 284). A prática de um ato isolado é atípica.

g) *Crimes conexos:* a conexão pressupõe a existência de pelo menos duas infrações penais, entre as quais exista um vínculo qualquer. Por consequência, haverá a exasperação da pena e a necessidade de apuração dos delitos em um só processo. As hipóteses de conexão estão descritas no art. 76 do Código de Processo Penal.

h) *Crimes a distância e plurilocais: crime a distância* é aquele no qual a execução ocorre em um país e o resultado em outro. *Crime plurilocal* é aquele em que a execução ocorre em uma localidade e o resultado em outra, dentro do mesmo país.

i) *Crime a prazo:* ocorre quando a caracterização do crime ou de uma qualificadora depende do decurso de determinado tempo. O crime de apropriação de coisa achada (art. 169, parágrafo único, II), por exemplo, somente se aperfeiçoa se o agente não devolve o bem à vítima depois de 15 dias de tê-lo encontrado; o crime de extorsão mediante sequestro é qualificado se a privação da liberdade dura mais de 24 horas (art. 159, § 1º).

j) *Crimes funcionais:* são aqueles que só podem ter como sujeito ativo um funcionário público. São exemplos os crimes de peculato (art. 312), concussão (art. 316), corrupção passiva (art. 317), prevaricação (art. 319) etc.

k) *Crimes multitudinários:* são aqueles cometidos por multidão em tumulto, como no caso de saques a supermercados ou depredações em manifestações.

l) *Crimes de ímpeto:* são aqueles em que a vontade de cometer o delito surge de forma repentina, sem qualquer premeditação.

m) *Crimes transeuntes e não transeuntes: transeuntes* são os crimes que não deixam vestígios. *Não transeuntes* são as infrações penais que deixam vestígios. Em relação a estas, o art. 158 do Código de Processo Penal diz que a materialidade deve ser demonstrada por perícia (exame de corpo de delito), salvo se os vestígios tiverem desaparecido, hipótese em que a prova testemunhal poderá supri-la (art. 167 do CPP). São exemplos de crimes não transeuntes o homicídio (art. 121), a lesão corporal (art. 129), a falsificação de documento (art. 297) etc.

n) *Crimes de atentado ou de empreendimento:* essa denominação é reservada aos delitos em que o tipo penal prevê para a forma tentada a mesma pena do delito consumado. Veja-se o art. 352 do Código Penal que prevê pena de detenção, de três meses a um ano, além da pena correspondente à violência, ao preso ou indivíduo submetido a medida de segurança detentiva que emprega violência contra pessoa para evadir-se ou *tentar evadir-se.*

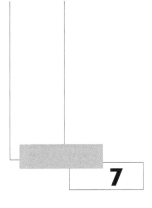

CONFLITO APARENTE DE NORMAS

Configura-se conflito aparente de normas quando existe uma pluralidade de normas aparentemente regulando um mesmo fato criminoso, sendo que, na realidade, apenas uma delas é aplicável.

Para que exista tal espécie de conflito são necessários os seguintes *elementos*:

a) pluralidade de normas;
b) unicidade ou unidade de fatos;
c) aparente aplicação de todas as normas ao fato; e
d) efetiva aplicação de apenas uma norma.

Para saber qual das normas deve ser efetivamente aplicada ao fato concreto entre as aparentemente cabíveis, torna-se necessário recorrer aos princípios que solucionam a questão. São eles: a) princípio da *especialidade*; b) princípio da *subsidiariedade*; c) princípio da *consunção*; e d) princípio da *alternatividade*.

7.1. Princípio da especialidade

De acordo com o princípio da especialidade, se, no caso concreto, houver duas normas aparentemente aplicáveis e uma delas puder ser considerada especial em relação à outra, deve o julgador aplicar essa norma especial, de acordo com o brocardo *lex specialis derrogat generali* – a lei especial tem primazia em relação à geral.

Considera-se norma especial aquela que possui todos os elementos da lei geral e mais alguns, denominados "especializantes".

Importante ressaltar que não se trata aqui de analisar apenas se a norma é mais ou menos grave, visto que nem sempre a norma especial será mais grave que a geral. O infanticídio, por exemplo, embora seja menos grave, é especial em relação ao homicídio. Ao contrário, no caso de conflito entre o tráfico internacional de drogas e o crime de contrabando, o tráfico é especial em relação ao contrabando e também mais grave.

Assim, para avaliar a especialidade de uma norma em relação a outra, basta compará-las abstratamente, sem que seja necessário avaliar o caso concreto. É suficiente, portanto, uma leitura dos tipos penais, para saber qual deles é especial por possuir os chamados elementos especializantes.

7.2. Princípio da subsidiariedade

De acordo com esse princípio, havendo duas normas aplicáveis ao caso concreto, se uma delas puder ser considerada subsidiária em relação à outra, aplica-se a norma principal, denominada "primária", em detrimento da norma subsidiária. Aplica-se o brocardo *lex primaria derrogat subsidiariae.*

A subsidiariedade de uma norma não pode ser avaliada abstratamente. O intérprete deve analisar o caso concreto e verificar se, em relação a ele, a norma é ou não subsidiária. Aqui existe uma relação de conteúdo e continente, pois a norma subsidiária é menos ampla que a norma primária. Dessa forma, primeiro se deve tentar encaixar o fato na norma primária e, não sendo possível, encaixá-lo na norma subsidiária.

Difere da lei especial, em que se fala de características *diferentes e especializantes e não em amplitude.*

Assim, norma subsidiária é a que descreve um grau menor de violação de um bem jurídico, ficando absorvida pela lei primária, que descreve um grau mais avançado dessa violação. Exemplo: o crime de dano qualificado pelo emprego de fogo em relação ao crime de incêndio, que é mais grave.

De acordo com Nélson Hungria[13],

> a diferença que existe entre especialidade e subsidiariedade é que, nesta, ao contrário do que ocorre naquela, os fatos previstos em uma e outra norma não estão em relação de espécie e gênero, e se a pena do tipo principal (sempre mais grave que a do tipo subsidiário) é excluída por qualquer causa, a pena do tipo subsidiário pode apresentar-se como "soldado de reserva" e aplicar-se pelo *residuum*.

A subsidiariedade pode ser *expressa* ou *tácita*.

A subsidiariedade é *expressa* quando o próprio tipo penal declara sua absorção se o fato constituir elemento de crime mais grave. Existem vários exemplos no Código Penal. O art. 163, parágrafo único, II, do CP pune o delito de dano qualificado pelo emprego de substância explosiva ou inflamável, "desde que o fato não constitua crime mais grave" (homicídio qualificado pelo emprego de fogo – art. 121, § 2º, III); incêndio – art. 250. No delito de falsa identidade (art. 307), declara a lei sua absorção "se o fato não constitui elemento de crime mais grave" (uso de documento falso – art. 304; estelionato – art. 171).

Por sua vez, a subsidiariedade é *tácita*, ou *implícita*, quando um tipo penal é previsto como elementar ou circunstância de outro (e não há norma que declare expressamente o caráter subsidiário). Podem ser lembrados os crimes de constrangimento ilegal (art. 146) em relação ao estupro (art. 213); o delito de omissão de socorro (art. 135) em relação ao homicídio culposo cuja pena é agravada se o agente deixa de socorrer imediatamente a vítima (art. 121, § 4º).

---

[13] Nélson Hungria. *Comentários ao Código Penal*. 4. ed. Rio de Janeiro: Forense, 1958, v. 1, t. 1, p. 139.

7.3. Princípio da consunção

A relação de consunção ocorre quando um fato definido como crime atua como fase de preparação ou de execução, ou, ainda, como *postfactum* de outro crime mais grave, ficando, portanto, absorvido por este. Difere da subsidiariedade, pois nesta enfocam-se as normas (uma é mais ou menos ampla que a outra), enquanto na consunção enfocam-se os fatos, ou seja, o agente efetivamente infringe duas normas penais, mas uma deve ficar absorvida pela outra.

As hipóteses em que se aplica o princípio da consunção estão explicadas a seguir.

7.3.1. Crime progressivo

Ocorre quando o agente, desejando desde o início a produção de um resultado mais grave, mediante diversos atos, realiza sucessivas e crescentes violações ao bem jurídico. Nessa hipótese, o agente responderá apenas pelo resultado final e mais grave obtido, ficando absorvidos os atos anteriores. Veja-se, por exemplo, que, para matar alguém, é necessário que antes o agente lesione essa mesma pessoa. Nesse caso, embora tenha havido também o crime de lesão corporal, o agente só responde pelo resultado final (homicídio), que era o resultado por ele pretendido desde o início. Há, pois, aplicação do princípio da consunção.

São requisitos do crime progressivo: a) *unidade de elemento subjetivo*: o agente quer cometer um único crime, que é o mais grave; b) *pluralidade de atos* (vários atos são praticados para consecução do resultado final – atos e não fatos); c) *crescentes violações ao bem jurídico*.

7.3.2. Progressão criminosa

A chamada progressão criminosa *em sentido estrito* verifica-se quando o agente deseja inicialmente um resultado e, após atingi-lo, pratica novo fato (novo crime – e não ato) ainda no mesmo contexto, produzindo um resultado mais grave. Aqui o agente responderá apenas pelo crime final em razão da aplicação do princípio da consunção. Há pluralidade de fatos e pluralidade de elementos subjetivos. Exemplo: o agente inicialmente quer apenas lesionar a vítima e, durante a execução do crime de lesões corporais, altera o seu dolo e resolve matá-la, respondendo, assim, apenas pelo homicídio doloso.

São requisitos da progressão criminosa em sentido estrito: a) *pluralidade de elementos subjetivos* (no início o agente quer um resultado, mas, após consegui-lo, passa a desejar um resultado mais grave); b) *pluralidade de fatos*; e c) *crescentes violações ao bem jurídico*.

É também faceta da progressão criminosa, porém em sentido amplo (lato), a absorção nos casos em que um delito é considerado antefato ou pós-fato impunível em relação a outro.

Fala-se em *antefactum impunível* quando um fato menos grave é praticado pelo agente antes de um mais grave, como meio necessário à realização deste. A prática delituosa que serviu como meio necessário para a realização do crime fica por este absorvida por se tratar de *crime-meio*. O crime anterior integra a fase de preparação ou de execução do crime posterior e, por isso, não é punível. Exemplo: subtrair uma folha de cheque em branco para preenchê-lo e, com ele, cometer um estelionato. O estelionato absorve o crime anterior.

Por seu turno, no *postfactum impunível* um fato menos grave é praticado contra o mesmo bem jurídico, da mesma vítima, após a consumação do primeiro crime, e, embora constitua aquele um novo delito, é considerado impunível, exatamente por ser menos grave que o anterior. Nesse caso, aplica-se o princípio da consunção e o agente responde apenas pelo crime anterior mais grave. Exemplo: o sujeito subtrai uma bicicleta e depois a destrói. Nesse caso, a prática posterior de crime de dano fica absorvida pelo crime anterior de furto, que tem pena maior.

7.3.3. Crime complexo

É o que resulta da união de dois ou mais crimes autônomos, que passam a funcionar como elementares ou circunstâncias do crime complexo. Pelo princípio da consunção, o agente não responde pelos crimes autônomos, mas tão somente pelo crime complexo. Exemplos: o crime de latrocínio, que surge da fusão dos crimes de roubo e homicídio; o crime de extorsão mediante sequestro, que aparece com a fusão dos crimes de sequestro e extorsão; o crime de lesão corporal seguida de morte, consequência da junção dos crimes de lesões corporais e homicídio culposo.

7.4. Princípio da alternatividade

É aplicado aos chamados tipos mistos alternativos em que a norma incriminadora descreve várias formas de execução de um mesmo delito, no qual a prática de mais de uma dessas condutas, em relação à mesma vítima, caracteriza crime único. Verifica-se essa espécie de tipo penal quando os diversos meios de execução aparecem na lei separados pela conjunção alternativa *ou*. Exemplo: o crime de participação em suicídio ou automutilação (art. 122) pune quem induz, instiga *ou* auxilia alguém a cometer suicídio ou a se autolesionar. Dessa forma, se o agente, no caso concreto, induz e também auxilia a vítima a se matar, comete um só crime.

Deve-se observar que existem críticas quanto à inclusão desse princípio dentre os que solucionam os conflitos aparentes de normas, na medida em que, nesses casos, não há propriamente um conflito de normas, mas sim um conflito dentro da mesma norma.

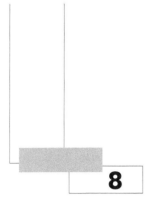

8

O CÓDIGO PENAL

O Código Penal (Decreto-lei n. 2.248, de 7 de dezembro de 1940) entrou em vigor em 1º de janeiro de 1942. Referido Código possui duas partes: a Parte Geral, que é dividida em oito títulos (arts. 1º a 120), e a Parte Especial, que é dividida em doze títulos (arts. 121 a 359). Na primeira, o legislador regulamenta institutos genéricos aplicáveis a todas as infrações penais. Na segunda, descreve as condutas ilícitas e estabelece as respectivas penas.

A Parte Geral do Código Penal foi totalmente renovada pela Lei n. 7.209/84, modificação que se mostrou necessária diante das transformações sociais e da modernização das teorias penais que trouxeram outras perspectivas em relação ao direito penal, precipuamente no que tange à teoria do crime e à aplicação da pena como forma de ressocialização do infrator e de prevenção à prática de novos ilícitos. Após esta reforma, diversas outras leis alteraram aspectos pontuais da Parte Geral, ou seja, alguns dispositivos específicos. Podemos citar como exemplos, a Lei n. 9.268/96 que alterou o art. 51 do Código e passou a proibir a conversão da pena de multa em detenção e a Lei n. 9.714/98 que ampliou o rol das penas restritivas de direitos e modificou a forma de sua aplicação (arts. 43 a 48).

8.1. A estrutura da Parte Geral

A Parte Geral do Código Penal é dividida em oito títulos.

O Título I trata da aplicação da lei penal. Em tal título estão regulamentados os seguintes temas: a) anterioridade da lei (art. 1º); b) lei penal no tempo (art. 2º); c) lei excepcional ou temporária (art. 3º); d) tempo do crime (art. 4º); e) territorialidade; (art. 5º); f) lugar do crime (art. 6º); g) extraterritorialidade (art. 7º); h) pena cumprida no exterior (art. 8º); i) eficácia de sentença estrangeira (art. 9º); j) contagem de prazo (art. 10); k) frações não computáveis à pena (art. 11); e l) aplicação da Parte Geral à legislação especial (art. 12).

O Título II cuida da teoria do crime. Neste título, encontram-se as regras atinentes ao nexo de causalidade (art. 13), à consumação e à tentativa (art. 14), à desistência voluntária e ao arrependimento eficaz (art. 15), ao arrependimento posterior (art. 16), ao crime impossível (art. 17), à definição de dolo e culpa (art. 18), à agravação pelo resultado (art. 19), ao erro de tipo (art. 20), ao erro de proibição (art. 21), às excludentes de culpabilidade decorrentes da coação moral irresistível e da obediência hierárquica, e finalmente, às excludentes de ilicitude (arts. 23 a 25).

No Título III, está regulamentada a inimputabilidade decorrente da menoridade e da embriaguez (arts. 26 a 28).

No Título IV, constam as regras referentes ao concurso de pessoas (arts. 29 a 31).

O Título V, de maior extensão, contém as definições das diversas espécies de penas (privativas de liberdade, restritivas de direitos e multa – arts. 32 a 52), sua forma de cominação (arts. 53 a 58) e de aplicação (arts. 59 a 76). Em tal título, também estão regulamentados os institutos da suspensão condicional da pena (arts. 77 a 82) e do livramento condicional (arts. 83 a 89), bem como os efeitos da condenação (arts. 91 e 92), e a reabilitação criminal (arts. 93 a 95).

No Título VI, estão previstas e regulamentadas as medidas de segurança aplicáveis aos inimputáveis e semi-imputáveis perigosos (arts. 96 a 99).

No Título VII, o tema é a ação penal e suas diversas classificações (arts. 100 a 106).

Por fim, o Título VIII é reservado às causas extintivas da punibilidade (arts. 107 a 120).

8.2. Aplicação da lei penal no tempo

Após a aprovação de um projeto de lei pela Câmara dos Deputados e pelo Senado Federal, deve este ser sancionado pelo Presidente da República. Após a sanção, seguem-se a promulgação e a publicação.

A lei penal, como regra, só pode ser aplicada a fatos ocorridos após a sua entrada em vigor. Assim, o direito de o Estado aplicar a sanção penal só existe após o início de vigência de uma determinada lei penal.

De acordo com o art. 1º da Lei de Introdução às Normas do Direito Brasileiro, "salvo disposição em contrário, a lei começa a vigorar em todo o País 45 dias depois de publicada". Este período entre a publicação da lei e sua efetiva entrada em vigor denomina-se *vacatio legis*. Os ditames desta nova lei não podem ser aplicados a fatos praticados durante sua *vacatio*. Caso a lei nada disponha em contrário, a *vacatio* será de 45 dias. É comum, todavia, que as leis novas estabeleçam prazos diversos (naquelas de maior complexidade, por exemplo, costuma ser estabelecido prazo de 180 ou de 360 dias). No entanto, em alguns casos, a lei dispõe que entrará em vigor imediatamente, ou seja, na data de sua publicação, o que, entretanto, não se mostra adequado porque dificulta a que todos tenham conhecimento de seu conteúdo. De qualquer forma, estando a lei em vigor, presume-se que todos conhecem seus ditames e, assim, a alegação de desconhecimento de que determinada conduta constitui crime é inescusável, conforme prevê expressamente o art. 21 do Código Penal.

De acordo com o § 1º do art. 8º da Lei Complementar n. 95/98, "a contagem do prazo para entrada em vigor das leis que estabeleçam período de vacância far-se-á com a inclusão da data da publicação e do último dia do prazo, entrando em vigor no dia subsequente à sua consumação integral".

A nova lei valerá até que outra a revogue (art. 2º da Lei de Introdução às Normas do Direito Brasileiro). Essa revogação pode ser expressa, quando a lei posterior expressamente declara a revogação da anterior, ou tácita, quando a lei posterior é incompatível com a anterior (trata do mesmo assunto de modo diverso), ou, ainda, quando regula integralmente a matéria tratada nesta.

8.2.1. Conflito intertemporal de leis

Ocorre o chamado conflito de leis no tempo quando duas leis que tratam do mesmo tema, porém de modo distinto, sucedem-se.

Em tal situação, será necessário verificar qual lei deverá ser aplicada. Em regra, deverá ser aplicada a lei que estava em vigor na data do fato, contudo, conforme veremos, existem algumas exceções. De acordo com tal regra, se o sujeito comete um delito de receptação quando a pena prevista em abstrato é de reclusão, de 1 a 4 anos, e multa, é esta a pena que deverá ser considerada pelo juiz, ainda que, na data da sentença, já exista lei nova que prevê pena de reclusão, de 2 a 6 anos, e multa. Em tal caso, fala-se que houve ultra-atividade da lei anterior, ou seja, que foram aplicados os seus ditames mesmo após sua revogação por nova lei mais severa. Pelo mesmo raciocínio, se no momento da ação o fato não constituía crime, não poderá o autor da conduta ser punido por lei posterior que passe a incriminá-la. Em suma, sempre que uma lei nova for mais gravosa, não poderá ser aplicada a fatos praticados antes de sua entrada em vigor (lei que tipifica condutas, que cria qualificadoras, causas de aumento de pena ou agravantes genéricas, que exclui atenuantes, que aumenta o prazo prescricional etc.).

Caso, todavia, trate-se de crime permanente cometido na vigência da lei menos grave (*lex mitior*), mas cuja execução se prolongue até a entrada em vigor da lei mais grave (*lex gravior*), poderá ser aplicada esta última. Segundo a Súmula 711 do Supremo Tribunal Federal, "a lei penal mais grave aplica-se ao crime continuado ou ao crime permanente, se a sua vigência é anterior à cessação da continuidade ou da permanência". O Estatuto da Pessoa Idosa (Lei n. 10.741/2003), por exemplo, passou a prever pena mais grave para o crime de extorsão mediante sequestro, se a vítima for maior de 60 anos (art. 159, § 1º, do CP). Por isso, se uma vítima de 72 anos havia sido sequestrada antes da entrada em vigor desta lei, mas permanecia em poder dos sequestradores quando ela entrou em vigor, poderá ser aplicada a lei mais grave. De acordo com o texto da súmula, tal regra vale também para o crime continuado caso uma ou mais das condutas ilícitas componentes da continuidade seja realizada já sob a égide da nova lei.

No âmbito penal, entretanto, existe regra de extrema relevância que é a possibilidade de aplicação da lei nova a fatos anteriores, desde que seja *mais benéfica* ao infrator (retroatividade da lei penal benéfica). Tal hipótese consta expressamente do art. 5º, XL, da Constituição Federal, segundo o qual "a lei penal não retroagirá, salvo para beneficiar o réu".

O art. 2º, *caput*, do Código Penal, por sua vez, determina que "ninguém pode ser punido por fato que lei posterior deixa de considerar crime, cessando em virtude dela a execução e os efeitos penais da sentença condenatória". Assim, se uma pessoa comete um delito na vigência de determinada lei e, posteriormente, surge outra lei que deixa de considerar o fato como crime, deve-se considerar como se essa nova lei já estivesse em vigor na data do delito (retroatividade) e, dessa forma, não poderá o agente ser punido. É o que se chama de *abolitio criminis*, que constitui causa extintiva da punibilidade em relação ao delito cometido na vigência da lei antiga (art. 107, III, do CP). O dispositivo é ainda mais abrangente quando determina que, mesmo já tendo havido condenação transitada em julgado em razão do crime, cessará a execução, ficando também afastados os efeitos penais da condenação. Por isso, se no futuro o sujeito vier a cometer novo crime, não será considerado reincidente.

Já o parágrafo único do art. 2º do Código Penal dispõe que a lei posterior, *que de qualquer modo favoreça o réu*, aplica-se a fatos anteriores, ainda que decididos por sentença condenatória transitada em julgado. Nessa hipótese, a lei posterior continua a considerar o fato como criminoso, mas traz alguma benesse ao acusado: pena menor, maior facilidade para obtenção de livramento condicional, exclusão de alguma qualificadora ou causa de aumento de pena, aumento do prazo prescricional, redutor de pena etc. É o que se chama de *novatio legis in mellius*.

Dessa forma, podemos chegar às seguintes conclusões:

a) a norma penal, em regra, não pode atingir fatos passados. Não pode, portanto, retroagir;

b) a norma penal benéfica, entretanto, retroage para atingir fatos pretéritos; e

c) a lei penal revogada pode ser aplicada após sua revogação, quando o ilícito praticado durante sua vigência for sucedido por lei mais severa.

Saliente-se, outrossim, que a lei nova mais benéfica somente pode ser aplicada após sua efetiva entrada em vigor e nunca durante a respectiva *vacatio legis*, pois pode acontecer de ser revogada antes mesmo do término deste prazo. Em tal hipótese, a lei nova nunca terá entrado em vigor e, portanto, não poderá ser aplicada, ainda que mais benéfica. Foi o que ocorreu, por exemplo, com o Código Penal de 1969 que foi revogado durante sua *vacatio*. Alberto Silva Franco[14] não comunga deste entendimento sustentando que "o efeito retroativo da norma benévola, determinado em nível constitucional, parte, portanto, da publicação da lei sucessiva ao fato criminoso, lei esta que está desde então, porque existente no mundo jurídico, dotada de imediata eficácia e que não pode ser obstaculizada por nenhum outro motivo". O problema, conforme mencionado, é que se o juiz, por exemplo, reconhecer a *abolitio criminis* durante o período *de vacatio legis* e a nova lei for revogada antes de entrar em vigor, não mais poderá ser revista a decisão que extinguiu a punibilidade. Por isso, preferimos a orientação que defende a aplicabilidade da nova lei benéfica somente com a sua efetiva entrada em vigor.

8.2.2. Aplicação da lei benéfica nos casos concretos

A *abolitio criminis* (lei nova que deixa de considerar o fato como criminoso) constitui causa extintiva da punibilidade. É com a entrada em vigor da nova lei que ocorre a causa extintiva, todavia é necessário que haja declaração judicial nesse sentido se já houver ação penal ou inquérito em andamento.

O reconhecimento da *abolitio criminis* ou a aplicação de benesses decorrentes da *novatio legis in mellius* cabe ao juiz natural ou, se o processo estiver em grau de recurso, ao tribunal competente.

---

[14] Alberto Silva Franco. *Código Penal e sua interpretação jurisprudencial*. São Paulo: Revista dos Tribunais, 1995, p. 48.

Se já existe sentença condenatória transitada em julgado, cabe ao juízo das execuções a verificação e a aplicação da nova lei benéfica, nos termos do art. 66, I, da Lei de Execuções Penais. Neste sentido, existe a Súmula 611 do Supremo Tribunal Federal: "transitada em julgado a sentença condenatória, compete ao juízo das execuções a aplicação da lei mais benigna".

Saliente-se que há casos excepcionais em que o julgador pode ficar em dúvida a respeito de qual lei é mais benéfica (a nova ou a antiga). De acordo com Celso Delmanto, Roberto Delmanto e outros[15] "em tais hipóteses, pode-se e deve-se aceitar que o próprio acusado, por intermédio de seu defensor, aponte qual das duas leis aplicáveis lhe parece ser a mais favorável". Este também o pensamento de Nélson Hungria[16].

8.2.3. Retroatividade da lei benéfica e norma penal em branco

A modificação benéfica do complemento da norma penal em branco gera as seguintes consequências:

a) *Quando o complemento da norma penal em branco não tiver caráter temporário ou excepcional, sua alteração benéfica retroagirá*, uma vez que o complemento integra a norma, dela constituindo parte fundamental e indispensável. Exemplos: no crime consistente em contrair matrimônio conhecendo a existência de impedimento que lhe cause nulidade absoluta (art. 237), o complemento está no art. 1.521, I a VII, do Código Civil. Assim, se houver alteração no Código Civil, de forma a se excluir uma das hipóteses de impedimento, aquele que se casou na vigência da lei anterior infringindo esse impedimento será beneficiado; no tráfico de drogas, caso ocorra exclusão de determinada substância do rol dos entorpecentes constantes da Portaria n. 344/98 da Anvisa (órgão federal responsável pela definição das substâncias entorpecentes), haverá retroatividade da norma, deixando de haver crime. A alteração alcança, ademais, a própria figura abstrata do tipo penal, uma vez que a palavra "droga" integra o tipo penal do tráfico.

b) *Quando o complemento tiver natureza temporária ou excepcional, a alteração benéfica não retroagirá*. Exemplo: no crime do art. 2º da Lei n. 1.521/51 (Lei de Economia Popular), que consiste na venda de produto acima do preço constante nas tabelas oficiais, a alteração posterior dos valores destas não exclui o crime, se à época do fato o agente desrespeitou a tabela então existente.

8.2.4. Combinação de leis

Pode ocorrer de a lei nova ser mais favorável ao réu em um aspecto e prejudicial a ele em outro. De longa data discute-se se, nesses casos, o juiz pode combinar as leis, isto é, selecionar em cada uma delas o aspecto mais favorável ao acusado.

---

[15] Celso Delmanto, Roberto Delmanto e outros. *Código Penal comentado*. 8. ed. São Paulo: Saraiva, 2010, p. 284.
[16] Nélson Hungria. *Comentários ao Código Penal*. 4. ed. Rio de Janeiro: Forense, 1958, v. 1, t. 1, p. 126.

Uma primeira corrente defende que não se admite referida combinação, pois, nesse caso, o juiz estaria criando uma terceira lei, estaria legislando. Ele deve, portanto, escolher aquela que entenda mais favorável. Segundo Guilherme de Sousa Nucci[17]:

> se houvesse permissão para a combinação de leis, colocar-se-ia em risco a própria legalidade, pois o magistrado estaria criando norma inexistente, por mais que se queira dizer tratar-se de mera integração de leis. Ora, a referida integração não passa do processo criador de uma outra lei, diferente das que lhe serviram de fonte. E quando se diz que o art. 2º, parágrafo único do CP, autoriza a aplicação da lei posterior benéfica que "de qualquer modo favorecer o agente" não está legitimando o magistrado a recortar pedaços da norma e aplicá-la em formação de uma outra totalmente inédita.

Este também o entendimento de Nélson Hungria, Aníbal Bruno e Heleno Cláudio Fragoso.

Nélson Hungria[18] leciona:

> cumpre advertir que não podem ser entrosados os dispositivos mais favoráveis da *lex* nova com os da lei antiga, de outro modo, estaria o juiz, arvorado em legislador, formando uma terceira, dissonante, no seu hibridismo, de qualquer das leis em jogo. Trata-se de um princípio pacífico em doutrina: não pode haver aplicação combinada das duas leis.

Aníbal Bruno[19], tratando do mesmo tema, diz que

> não é lícito tomarem-se na decisão elementos de leis diversas. Não se pode fazer uma combinação de leis de modo a tomar de cada uma delas o que pareça mais benigno. A lei considerada mais benévola será aplicada em sua totalidade.

No mesmo sentido, Heleno Cláudio Fragoso[20]: "em nenhum caso será possível tomar de uma e outra lei as disposições que mais beneficiem o réu aplicando ambas parcialmente".

É célebre, no entanto, a defesa que faz José Frederico Marques[21], em seu *Tratado de direito penal*, da possibilidade de combinação de leis em prol do acusado:

> Dizer que o juiz está fazendo lei nova, ultrapassando assim suas funções constitucionais, é argumento sem consistência, pois o julgador, em obediência a princípios de equidade consagrados pela própria Constituição, está apenas movimentando-se dentro dos quadros legais para uma tarefa de integração perfeitamente legítima [...]. Se lhe está afeto escolher o todo, para que o réu tenha o tratamento penal mais favorável e benigno, nada há que lhe obste selecionar parte de um todo e parte de outro, para cumprir uma regra constitucional que deve sobrepairar a pruridos de lógica formal.

---

[17] Guilherme de Sousa Nucci. *Manual de direito penal*: Parte Geral. Parte Especial. 6. ed. São Paulo: Revista dos Tribunais, 2009, p. 105.
[18] Nélson Hungria. *Comentários ao Código Penal*. 4. ed. Rio de Janeiro: Forense, 1958, v. 1, t. 1, p. 112.
[19] Aníbal Bruno. *Direito penal*: Parte Geral. 3. ed. Rio de Janeiro: Forense, t. I, p. 255-256.
[20] Heleno Cláudio Fragoso. *Lições de direito penal*: Parte Geral, 17. ed. Rio de Janeiro: Forense, 2006, p. 126.
[21] José Frederico Marques. *Tratado de direito penal*. 2. ed. São Paulo: Saraiva, 1964, p. 210.

Este também o entendimento de Damásio de Jesus[22] e de Cezar Roberto Bitencourt[23].

A entrada em vigor da Lei n. 11.343/2006 (Lei Antidrogas) fez surgir uma situação concreta em que a combinação de leis seria favorável aos acusados pelo crime de tráfico de drogas. Por se tratar de hipótese extremamente comum, centenas de recursos chegaram aos tribunais superiores, que se viram obrigados a decidir a questão em definitivo.

A Lei n. 6.368/76 definia o crime de tráfico de entorpecentes em seu art. 12 e estabelecia pena de 3 a 15 anos de reclusão, e multa. O atual art. 33, *caput*, da Lei n. 11.343/2006 revogou aquele dispositivo e passou a prever, para o mesmo delito, pena de reclusão, de 5 a 15 anos, e 500 dias-multa. Pela comparação das penas não há dúvida de que a nova pena é mais severa. De ver-se, entretanto, que no § 4º do mesmo art. 33 foi inserida uma regra que não existia na legislação antiga, determinando redução da pena de 1/6 a 2/3, se o traficante for primário, de bons antecedentes, não se dedicar às atividades criminosas e não integrar organização criminosa. Em tal hipótese, denominada *tráfico privilegiado*, a pena mínima passou a ser de 1 ano e 8 meses (5 anos menos 2/3), mais benéfica, portanto, que a da lei anterior.

Em princípio, portanto, deveriam ser adotadas as seguintes soluções para crimes de tráfico cometidos antes da entrada em vigor da nova lei: a) se o traficante não fizesse jus ao privilégio, deveria ser aplicada a pena da lei antiga (pena mínima de 3 anos); b) se o acusado preenchesse os requisitos legais do art. 33, § 4º, deveria ser aplicada a pena da nova lei com o respectivo redutor (1 ano e 8 meses). O problema é que muitos juízes passaram a fazer uma combinação de leis, gerando uma corrida aos tribunais. A combinação de leis consistia em aplicar a pena prevista na lei antiga (pena mínima de 3 anos), com o redutor da lei nova, o que acabava gerando, na maioria das vezes, pena de 1 ano.

O Superior Tribunal de Justiça, após apreciar enorme número de casos, aprovou a Súmula 501, segundo a qual "é cabível a aplicação retroativa da Lei n. 11.343/2006, desde que o resultado da incidência das suas disposições, na íntegra, seja mais favorável ao réu do que o advindo da aplicação da Lei n. 6.368/76, sendo vedada a combinação de leis".

O Plenário do Supremo Tribunal Federal, por sua vez, no julgamento do RE n. 600.817/MS, Relator o Ministro Ricardo Lewandowski, concluiu pela "impossibilidade da aplicação retroativa do § 4º do art. 33 da Lei n. 11.343/06 sobre a pena cominada com base na Lei n. 6.368/76, ou seja, pela não possibilidade de combinação de leis". Nesse sentido, veja-se também: ARE 703.988 AgR-ED, Rel. Min. Dias Toffoli, 1ª Turma, julgado em 9-4-2014, processo eletrônico *DJe*-107 divulg. 3-6-2014 public. 4-6-2014.

Os tribunais superiores, portanto, não aceitam a combinação de leis.

8.2.5. Lei intermediária mais benéfica

A aplicação de norma intermediária mais benéfica é permitida. Assim, se alguém comete o crime sob a égide de uma lei que é modificada sucessivamente por outras duas, sendo que a intermediária é a mais benéfica das três, o magistrado, ao proferir a sentença, poderá aplicá-la, ainda que, por ocasião da decisão, esteja em vigor a última.

---

[22] Damásio de Jesus. *Direito penal*: parte geral. 27. ed. São Paulo: Saraiva, 2003, v. 1, p. 94.
[23] Cezar Roberto Bitencourt. *Tratado de direito penal*: Parte Geral. 17. ed. São Paulo: Saraiva, 2012, p. 211.

8.3. Lei excepcional ou temporária

Leis excepcionais são aquelas feitas para vigorar em épocas especiais, como tempos de guerra, de grave crise econômica etc. São aprovadas para vigorar enquanto perdurar o período excepcional.

Leis temporárias são aquelas feitas para vigorar por tempo determinado, estabelecido previamente na própria lei. Em tais casos, a lei traz em seu texto a data de cessação de sua vigência.

Nessas hipóteses, determina o art. 3º do Código Penal que, embora cessadas as circunstâncias que a determinaram (lei excepcional) ou decorrido o período de sua duração (lei temporária), aplicam-se seus dispositivos aos fatos praticados durante sua vigência. São, portanto, leis ultra-ativas, pois regulam atos praticados durante sua vigência, mesmo após sua revogação.

8.4. Tempo do crime

Quanto ao tempo do crime, o Código Penal adotou a teoria da *atividade*, segundo a qual "considera-se praticado o crime no momento da ação ou omissão, ainda que outro seja o momento do resultado" (art. 4º).

Não se confunde tempo do crime com momento consumativo, que, nos termos do art. 14, I, desse Código, verifica-se quando se reúnem todos os elementos da definição legal do delito. A importância do conceito de tempo do crime tem a ver, por exemplo, com a definição da norma penal a ser aplicada, com o reconhecimento ou não da menoridade do réu etc. Assim, suponha-se que uma pessoa com idade de 17 anos, 11 meses e 29 dias efetue disparo contra alguém, que venha a morrer apenas uma semana depois. Ora, neste caso o homicídio só se consumou com a morte (quando o agente já tinha 18 anos), mas ele não poderá ser punido criminalmente, pois, nos termos do art. 4º, considera-se praticado o delito no momento da ação, vale dizer, quando ele ainda era menor de idade. Na hipótese, todavia, de crime permanente, em que a ação e a consumação se prolongam no tempo, poderá o sujeito ser punido caso tenha, por exemplo, sequestrado a vítima quando ainda era inimputável, mas a tenha mantido em seu poder por tempo suficiente para que completasse a maioridade.

O crime de homicídio doloso, por sua vez, é qualificado se a vítima for menor de 14 anos e tem a pena majorada em 1/3 se for maior de 60. Suponha-se, destarte, que o agente efetue um disparo contra uma pessoa de 13 anos, 11 meses e 29 dias, mas esta venha a falecer depois de já haver completado os 14 anos mencionados pela lei. Seria aplicável a qualificadora, considerando-se que o homicídio só se consumou quando a vítima já tinha 14 anos? A resposta é afirmativa, em razão do que dispõe o art. 4º do Código Penal. Ao contrário, se o agente golpeia a vítima quando faltam dois dias para que esta complete 60 anos de idade, não pode ser aplicada a majorante, ainda que a vítima venha a falecer depois de completada tal idade.

8.5. Lugar do crime

Nos termos do art. 6º do Código Penal "considera-se praticado o crime no lugar em que ocorreu a ação ou omissão, no todo ou em parte, bem como onde se produziu ou deveria produzir-se o resultado". Foi, portanto, adotada a teoria da *ubiquidade*, segundo a qual o lugar do crime é tanto o da conduta quanto o do resultado.

Referida regra só tem importância nos denominados crimes à distância, nos quais a execução se inicia em um país e o resultado ocorre ou deva ocorrer em outro. Em tais casos, de acordo com o estabelecido no art. 6º, o crime será considerado praticado no Brasil se a ação ou o resultado ocorrer (ou deva ocorrer) no país, sendo, assim, aplicada a lei nacional.

8.5.1. Foro competente

A regra do art. 6º do Código Penal não tem incidência quando se trata de estabelecer o foro competente para a apuração da infração penal, na medida em que o art. 70 do Código de Processo Penal consagra que, para tal finalidade, o critério a ser utilizado é o do *local da consumação* do delito. Assim, se a execução de um crime se inicia em Campinas, mas a consumação acontece em Jundiaí, a ação penal deve ser proposta nesta última.

Caso a infração penal ocorra em local totalmente desconhecido, deverá ser utilizado o critério subsidiário do *domicílio* ou *residência* do réu (art. 72, *caput*, do CPP). Se réu, todavia, tiver mais de uma residência, a competência será firmada em uma delas por *prevenção* (art. 72, § 1º). Por fim, se for desconhecido o local da consumação e o réu não tiver residência certa (ou se for ignorado o local de sua residência), será competente o juiz que primeiro tomar conhecimento oficial do fato (art. 72, § 2º).

Caso se trate de ação penal *privada exclusiva*, o art. 73 do Código de Processo Penal prevê que o querelante pode optar por promover a ação penal no local da consumação do delito ou no foro do domicílio ou residência do querelado.

Existem, ainda, outras regras importantes. Se o crime for praticado em local *incerto* na divisa de duas ou mais comarcas, o art. 70, § 3º, determina que a competência seja fixada entre uma delas por *prevenção*. Nessa hipótese, não se sabe o local exato da consumação, mas se tem certeza de que o ilícito ocorreu entre uma e outra cidade. É o que acontece, por exemplo, quando um furto é cometido em um ônibus que faz viagem entre duas cidades, sendo a ocorrência do delito descoberta apenas na chegada. Como não se sabe ao certo quando o delito se consumou, deve ser usado o critério da prevenção. Além disso, se o delito foi praticado em local certo, havendo, porém, incerteza quanto a pertencer a uma ou outra comarca, aplica-se igualmente a regra do art. 70, § 3º, que determina a utilização do critério da prevenção.

Há que se lembrar, por sua vez, que muitas vezes não é possível a aplicação do critério da consumação do delito, por não ter havido consumação ou por ter o crime ocorrido total ou parcialmente fora do território brasileiro. Serão, então, aplicadas as seguintes regras:

a) No crime *tentado*, será competente o local em que foi praticado o último ato de execução (art. 70, *caput*, 2ª parte, do CPP).

b) Se a execução do delito iniciou-se no território brasileiro, e a consumação ocorreu no exterior, será competente o lugar onde, no Brasil, foi praticado o último ato de execução (art. 70, § 1º, do CPP). São os chamados crimes a distância mencionados anteriormente.

c) Se o último ato de execução foi praticado no exterior, será competente o juiz do lugar em que o crime, embora parcialmente, tenha produzido ou devia produzir resultado no território nacional (art. 70, § 2º, do CPP).

d) Se o crime foi cometido integralmente no exterior, em regra, não será julgado no Brasil, entretanto, o art. 7º do Código Penal estabelece algumas hipóteses de extraterritorialidade da lei penal brasileira, ou seja, algumas hipóteses em que o agente é julgado no Brasil, apesar de o crime ter-se verificado fora do país. Para tais casos, o art. 88 do Código de Processo Penal determina que o réu seja julgado na capital do Estado onde por último tenha residido no território nacional, e, caso nunca tenha tido residência no país, que seja julgado na Capital da República.

e) Os crimes cometidos em qualquer embarcação nas águas territoriais da República, ou nos rios e lagos fronteiriços, bem como a bordo de embarcações nacionais, em alto-mar, serão processados e julgados pela Justiça da comarca onde se situa o primeiro porto brasileiro em que tocar a embarcação, após o crime, ou, quando se afastar do país, pela do último em que houver tocado (art. 89 do CPP).

f) Os crimes praticados a bordo de aeronave nacional, dentro do espaço aéreo correspondente ao território brasileiro, ou ao alto-mar, ou a bordo de aeronave estrangeira, dentro do espaço aéreo correspondente ao território nacional, serão processados e julgados pela justiça da comarca em cujo território se verificar o pouso após o crime, ou pela comarca de onde houver partido a aeronave (art. 90 do CPP).

Saliente-se, por fim, que o art. 70, §4º, do CPP, inserido pela Lei n. 14.155/2021, dispõe que nos crimes previstos no art. 171 do Decreto-lei n. 2.848, de 7 de dezembro de 1940 (Código Penal), quando praticados mediante depósito, mediante emissão de cheques sem suficiente provisão de fundos em poder do sacado ou com o pagamento frustrado ou mediante transferência de valores, a competência será definida pelo local do domicílio da vítima, e, em caso de pluralidade de vítimas, a competência firmar-se-á pela prevenção. O dispositivo criou novo critério de fixação de competência para certas hipóteses do crime de estelionato comum e para o crime de fraude no pagamento por meio de cheque – competência pelo domicílio da vítima.

8.6. Territorialidade

O art. 5º, *caput*, do Código Penal dispõe que "aplica-se a lei brasileira, sem prejuízo de convenções, tratados e regras de direito internacional, ao crime cometido no território nacional". Referido dispositivo consagra o princípio da *territorialidade temperada*, segundo o qual a lei nacional se aplica aos fatos ilícitos cometidos no respectivo território, mas, excepcionalmente, permite a aplicação da lei estrangeira, quando assim estabelecer qualquer tratado, convenção ou regra de direito internacional. Em tal hipótese, o julgamento será feito no exterior.

O princípio da territorialidade absoluta, não adotado em nosso país, admite exclusivamente a aplicação da lei nacional a fatos criminosos cometidos no respectivo território, sem exceções.

Por território nacional entende-se toda a área compreendida entre as fronteiras nacionais, onde o Estado exerce sua soberania, aí incluídos o solo, os rios, os lagos, as baías, o mar territorial (faixa que compreende o espaço de 12 milhas contadas da faixa litorânea média – art. 1º da Lei n. 8.617/93) e o espaço aéreo sobre o território e o mar territorial (art. 11 da Lei n. 7.565/86).

Os §§ 1º e 2º do art. 5º do Código Penal esclarecem ainda que:

Art. 5º [...]

§ 1º Para os efeitos penais, consideram-se como extensão do território nacional as embarcações e aeronaves brasileiras, de natureza pública ou a serviço do governo brasileiro onde quer que se encontrem, bem como as aeronaves e as embarcações brasileiras, mercantes ou de propriedade privada, que se achem, respectivamente, no espaço aéreo correspondente ou em alto-mar.

§ 2º É também aplicável a lei brasileira aos crimes praticados a bordo de aeronaves ou embarcações estrangeiras de propriedade privada, achando-se aquelas em pouso no território nacional ou em voo no espaço aéreo correspondente, e estas em porto ou mar territorial do Brasil.

8.6.1. Não incidência da lei brasileira em relação a fatos ilícitos praticados em território nacional

Nos termos do art. 5º, *caput*, do Código Penal, os tratados, convenções e regras de direito internacional, firmados pelo Brasil (mediante aprovação por decreto legislativo e promulgação por decreto presidencial), afastam a jurisdição brasileira, ainda que o fato tenha ocorrido em território nacional, de modo que o infrator será julgado em seu país de origem. É o que acontece quando o delito é praticado por agentes diplomáticos e, em certos casos, por agentes consulares.

Insta, quanto a este aspecto, ressaltar duas Convenções Internacionais que cuidam do tema:

a) *Convenção de Viena sobre Relações Diplomáticas* (aprovada pelo Decreto Legislativo n. 103/64 e promulgada pelo Decreto n. 56.435/65).

De acordo com o seu art. 31, § 1º, os agentes diplomáticos gozam de imunidade de jurisdição penal no Estado acreditado (onde exercem suas atividades), não estando, porém, isentos da jurisdição do Estado acreditante (país que representam).

A função primordial das missões diplomáticas é representar o Estado acreditante perante o Estado acreditado (art. 3º, *a*, da Convenção).

Nos termos do art. 1º, *e*, da Convenção, agentes diplomáticos são os Chefes da Missão (embaixadores) e os membros que tenham a qualidade de Diplomata. Esta imunidade de jurisdição é plena, não pressupondo que estejam no exercício de suas funções, e estende-se aos familiares que com ele vivam no Estado acreditado (art. 37, § 1º).

O pessoal técnico e o administrativo, bem como os responsáveis pelo trabalho doméstico, também gozam desta imunidade, desde que o fato ocorra no desempenho das funções, e desde que não sejam brasileiros nem tenham residência permanente no Brasil (art. 37).

O art. 32 da Convenção estabelece que o Estado acreditante, a seu critério, pode renunciar à imunidade de jurisdição dos seus agentes diplomáticos e das pessoas que gozam de imunidade nos termos do art. 37.

b) *Convenção de Viena sobre Relações Consulares* (aprovada pelo Decreto Legislativo n. 106/67 e promulgada pelo Decreto n. 61.078/67).

De acordo com o art. 43, tópico 1, desta Convenção, os funcionários e empregados consulares possuem imunidade de jurisdição, desde que referente a atos criminosos cometidos no exercício das funções consulares.

Os cônsules não representam o Estado acreditante, mas sim os interesses (comerciais, econômicos, culturais, científicos) deste Estado e de seus cidadãos perante o Estado receptor.

Saliente-se que essas imunidades se referem ao autor da infração, que goza de imunidade diplomática (de ser julgado em seu país), qualquer que tenha sido o local da infração penal no território brasileiro e não apenas no interior de embaixadas estrangeiras. Além disso, se um brasileiro cometer crime no interior de embaixada estrangeira será julgado no Brasil.

8.6.2. Tribunal Penal Internacional

O art. 5º, § 4º, da Constituição Federal, inserido pela Emenda Constitucional n. 45/2004, prevê que "o Brasil se submete à jurisdição de Tribunal Penal Internacional a cuja criação tenha manifestado adesão".

O Tribunal Penal Internacional foi criado em julho de 1998 pela Conferência de Roma. O Brasil formalizou sua adesão por intermédio do Decreto Legislativo n. 112/2002, promulgado pelo Decreto n. 4.388/2002. De acordo com o seu art. 5º, tópico 1, o Tribunal Penal, com sede em Haia, é órgão permanente com competência para o processo e o julgamento dos crimes mais graves, que afetem a comunidade internacional no seu conjunto. Nos termos do Estatuto, o Tribunal terá competência para processar e julgar:

a) crimes de genocídio;

b) crimes contra a humanidade;

c) crimes de guerra;

d) crimes de agressão.

As três primeiras categorias estão expressamente definidas nos arts. 6º, 7º e 8º do Decreto. A Conferência de Kampala (Uganda), para a revisão do Estatuto de Roma, definiu crimes de agressão. A 16ª Assembleia dos Estados Partes, ocorrida em dezembro de 2017, definiu que o Tribunal terá competência para julgamento de crimes de agressão a partir de 17 de julho de 2018.

Deve-se salientar que, em princípio, a competência para a apuração desses delitos é da justiça brasileira. O próprio art. 1º do Decreto n. 4.388/2002 prevê que a competência do Tribunal Internacional é complementar às jurisdições penais nacionais, vale dizer, só terá lugar quando a justiça nacional mostrar-se inerte ou insuficiente. Apenas nesses casos poderá haver denúncia no Tribunal Internacional fazendo com que o delito cometido em território brasileiro seja entregue à jurisdição estrangeira.

O art. 17 do decreto esclarece melhor o tema, dispondo que o Tribunal Penal Internacional não tem jurisdição quando:

a) o caso for objeto de inquérito ou de procedimento criminal por parte de um Estado que tenha jurisdição sobre este, salvo se não tiver vontade de levar a cabo o inquérito ou o procedimento ou, não tenha capacidade para o fazer;

b) o caso tiver sido objeto de inquérito por um Estado com jurisdição sobre ele e tal Estado tenha decidido não dar seguimento ao procedimento criminal contra a pessoa em causa, a menos que esta decisão resulte do fato de esse Estado não ter vontade de proceder criminalmente ou da sua incapacidade real para o fazer;

c) a pessoa em causa já tiver sido julgada pela conduta a que se refere a denúncia, e não puder ser julgada pelo Tribunal em virtude do disposto no parágrafo 3º do artigo 20[24];

d) o caso não for suficientemente grave para justificar a ulterior intervenção do Tribunal.

As regras acima transcritas têm o objetivo de impedir a impunidade quanto aos crimes de que trata o decreto (que deverão ser apurados na justiça nacional ou no Tribunal Internacional), mas visa também impedir o *bis in idem* – dois julgamentos em relação ao mesmo crime – exceto em situações especiais elencadas no item 2 do art. 17 do decreto:

a) o processo ter sido instaurado ou estar pendente ou a decisão ter sido proferida no Estado com o propósito de subtrair a pessoa em causa à sua responsabilidade criminal por crimes da competência do Tribunal;

b) ter havido demora injustificada no processamento, a qual, dadas as circunstâncias, se mostra incompatível com a intenção de fazer responder a pessoa em causa perante a justiça;

c) o processo não ter sido ou não estar sendo conduzido de maneira independente ou imparcial, e ter estado ou estar sendo conduzido de uma maneira que, dadas as circunstâncias, seja incompatível com a intenção de levar a pessoa em causa perante a justiça.

8.7. Extraterritorialidade

Extraterritorialidade é a possibilidade de aplicação da lei penal brasileira a fatos criminosos perpetrados no exterior, o que só pode ocorrer em hipóteses excepcionais expressamente elencadas na legislação, pois, em regra, quando o fato ilícito acontece no exterior, a lei penal a ser aplicada é a do próprio país onde o delito se concretizou.

Vários são os princípios que nortearam o legislador ao escolher e regulamentar as hipóteses de extraterritorialidade da lei brasileira:

a) Princípio da *nacionalidade ativa*. Aplica-se a lei nacional do autor do crime, qualquer que tenha sido o local da infração.

b) Princípio da *nacionalidade passiva*. A lei nacional do autor do crime aplica-se quando este for praticado contra bem jurídico de seu próprio Estado ou contra pessoa de sua nacionalidade.

c) Princípio da *defesa real*. Prevalece a lei referente à nacionalidade do bem jurídico lesado, qualquer que tenha sido o local da infração ou a nacionalidade do autor do delito. É também chamado de princípio da *proteção*.

---

[24] Diz o referido art. 20, § 3º: "O Tribunal não poderá julgar uma pessoa que já tenha sido julgada por outro tribunal, por atos também punidos pelos artigos 6º, 7º ou 8º, a menos que o processo nesse outro tribunal:
a) Tenha tido por objetivo subtrair o acusado à sua responsabilidade criminal por crimes da competência do Tribunal; ou
b) Não tenha sido conduzido de forma independente ou imparcial, em conformidade com as garantias de um processo equitativo reconhecidas pelo direito internacional, ou tenha sido conduzido de uma maneira que, no caso concreto, se revele incompatível com a intenção de submeter a pessoa à ação da justiça".

d) Princípio da *justiça universal*. O Estado tem o direito de punir qualquer crime, seja qual for a nacionalidade do sujeito ativo e passivo, e o local da infração, desde que o agente esteja dentro de seu território (que tenha voltado a seu país, por exemplo).

e) Princípio da *representação*. A lei nacional é aplicável aos crimes cometidos no estrangeiro em aeronaves e embarcações privadas, desde que não julgados no local do crime.

Já vimos que o princípio da *territorialidade temperada* é a regra em nosso direito, cujas exceções se iniciam no próprio art. 5º (decorrentes de tratados e convenções, nas quais a lei estrangeira pode ser aplicada a fato cometido no Brasil). O art. 7º do Código Penal, ao contrário, traça regras referentes à aplicação da lei nacional a fatos ocorridos no exterior:

O art. 7º, I, do Código Penal estabelece que ficam sujeitos à lei brasileira, embora cometidos no estrangeiro, os crimes:

a) contra a vida ou a liberdade do Presidente da República;

b) contra o patrimônio ou a fé pública da União, do Distrito Federal, de Estado, de Território, de Município, de empresa pública, sociedade de economia mista, autarquia ou fundação instituída pelo Poder Público;

c) contra a Administração Pública, por quem está a seu serviço; e

d) de genocídio, quando o agente for brasileiro ou domiciliado no Brasil.

Percebe-se, pois, que nas hipóteses do inciso I, *a, b* e *c*, foi adotado o princípio da defesa real, ao passo que na alínea *d* foi adotado o princípio da justiça universal.

Saliente-se que o art. 7º, § 1º, dispõe que "nos casos do inciso I, o agente é punido segundo a lei brasileira, ainda que absolvido ou condenado no estrangeiro". Caso tenha sido condenado no exterior pelo mesmo fato, deverá ser observada a regra do art. 8º do Código Penal que diz que "a pena cumprida no estrangeiro atenua a pena imposta no Brasil pelo mesmo crime, quando diversas, ou nela é computada, quando idênticas". Penas idênticas são aquelas que têm a mesma natureza. Exemplo: penas privativas de liberdade.

O art. 7º, II, do Código Penal prevê, ainda, que ficam sujeitos à lei brasileira, embora cometidos no estrangeiro, os crimes

a) que, por tratado ou convenção, o Brasil se obrigou a reprimir;

b) praticados por brasileiro;

c) praticados em aeronaves ou embarcações brasileiras, mercantes ou de propriedade privada, quando em território estrangeiro e aí não sejam julgados.

Na hipótese da alínea *a*, foi adotado o princípio da justiça universal; na alínea *b*, o princípio da nacionalidade ativa; e, na alínea *c*, o da representação.

Deve-se lembrar de que o § 2º do art. 7º condiciona a aplicação da lei brasileira a essas hipóteses do inciso II ao concurso das seguintes condições:

a) entrar o agente no território nacional;

b) ser o fato punível também no país em que foi praticado;

c) estar o crime incluído entre aqueles pelos quais a lei brasileira autoriza a extradição;

d) não ter sido o agente absolvido no estrangeiro ou não ter aí cumprido a pena;

e) não ter sido o agente perdoado no estrangeiro ou, por outro motivo, não estar extinta a punibilidade, segundo a lei mais favorável.

Por fim, o § 3º do art. 7º dispõe que a lei brasileira aplica-se também ao crime cometido por estrangeiro contra brasileiro fora do Brasil, se, reunidas as condições previstas no parágrafo anterior:

a) não foi pedida ou foi negada a extradição;

b) houve requisição do Ministro da Justiça.

Saliente-se que na hipótese do art. 7º, § 3º, do Código Penal foi adotado o princípio da defesa real ou proteção.

Dos dispositivos analisados, pode-se perceber que a extraterritorialidade pode ser *incondicionada* (quando a lei brasileira é aplicada a fatos ocorridos no exterior, sem que sejam exigidas condições) ou *condicionada* (quando a aplicação da lei pátria a fatos ocorridos fora de nosso território depende da existência de certos requisitos). A extraterritorialidade é condicionada nas hipóteses do art. 7º, II e § 3º.

A Lei n. 9.455/97, que define os crimes de tortura, prevê em seu art. 2º que seus dispositivos se aplicam "ainda quando o crime não tenha sido cometido no território nacional, sendo a vítima brasileira ou encontrando-se o agente em local sob jurisdição brasileira". Em tal caso, o legislador adotou o princípio da nacionalidade passiva.

8.8. Eficácia de sentença estrangeira

De acordo com o art. 9º do Código Penal,

A sentença estrangeira, quando a aplicação da lei brasileira produz na espécie as mesmas consequências, pode ser homologada no Brasil para:

I – obrigar o condenado à reparação do dano, a restituições e a outros efeitos civis;

II – sujeitá-lo a medida de segurança.

Essa homologação compete ao Superior Tribunal de Justiça, nos termos do art. 105, I, *i*, da Constituição Federal, com a redação dada pela Emenda Constitucional n. 45/2004.

Além disso, o parágrafo único do citado art. 9º determina que a homologação depende de pedido da parte interessada, na hipótese de reparação do dano, e, para outros efeitos, da existência de tratado de extradição com o país de cuja autoridade judiciária emanou a sentença, ou, na falta de tratado, de requisição do Ministro da Justiça.

Note-se que o dispositivo em análise elenca as hipóteses em que a sentença estrangeira necessita de homologação para produzir efeitos no país. Assim, para outros fins, não é necessária a homologação. Veja-se, por exemplo, o art. 63 do Código Penal que declara ser reincidente quem comete novo crime após ter sido condenado em definitivo no Brasil ou no exterior por outro crime. Para que o réu seja considerado reincidente não é necessário que a condenação lançada no exterior seja homologada no Brasil, bastando que seja juntado documento idôneo referente a tal condenação traduzido oficialmente para a língua portuguesa.

Quanto à execução de penas aplicadas em sentença condenatória proferida no exterior, caso o réu seja estrangeiro, deve o Estado onde a decisão foi proferida solicitar a extradição. Se o réu for brasileiro e houver tratado internacional nesse sentido entre os países, a pena poderá ser cumprida no Brasil, sem a necessidade de homologação, mas com a observância das regras contidas no tratado.

8.9. Extradição

Trata-se a extradição de medida de cooperação internacional entre o Estado brasileiro e outro Estado pela qual se concede ou solicita a entrega de pessoa sobre quem recaia condenação criminal definitiva ou para fins de instrução de processo penal em curso.

A extradição pode ser analisada a partir de dois pontos de vista distintos: a extradição ativa, quando o Governo brasileiro requer a extradição de um foragido da justiça brasileira a outro país, e a extradição passiva, quando um determinado país solicita a extradição de um indivíduo foragido que se encontra em território brasileiro.

De acordo com o inciso LI do art. 5º da Constituição Federal, "nenhum brasileiro será extraditado, salvo o naturalizado em caso de crime comum, praticado antes da naturalização, ou de comprovado envolvimento em tráfico ilícito de entorpecentes e drogas afins, na forma da lei". Desse texto conclui-se que o brasileiro nato nunca poderá ser extraditado e que o naturalizado só poderá sê-lo em duas hipóteses: a) prática de crime comum antes da naturalização; b) prática de tráfico de drogas antes ou após a naturalização.

O art. 5º, LII, da Carta Magna, por sua vez, dispõe que o estrangeiro não será extraditado em decorrência da prática de crime político ou de opinião. Cabe ao Supremo Tribunal Federal, em tais casos, decidir se o fato caracteriza uma dessas modalidades de ilícito.

De acordo com o art. 83 da Lei de Migração (Lei n. 13.445/2017), são condições para concessão da extradição:

I – ter sido o crime cometido no território do Estado requerente ou serem aplicáveis ao extraditando as leis penais desse Estado; e

II – estar o extraditando respondendo a processo investigatório ou a processo penal ou ter sido condenado pelas autoridades judiciárias do Estado requerente a pena privativa de liberdade.

De acordo com o art. 89 da Lei de Migração, o pedido de extradição originado de Estado estrangeiro será recebido pelo órgão competente do Poder Executivo e, após exame da presença dos pressupostos formais de admissibilidade exigidos pela própria Lei ou em tratado, será encaminhado à autoridade judiciária competente. Não preenchidos os pressupostos, o pedido será arquivado mediante decisão fundamentada, sem prejuízo da possibilidade de renovação, devidamente instruído, uma vez superado o óbice apontado (parágrafo único). Nenhuma extradição será concedida sem prévio pronunciamento do Supremo Tribunal Federal sobre sua legalidade e procedência, não cabendo recurso da decisão (art. 90). Ao receber o pedido, o relator designará dia e hora para o interrogatório do extraditando e, conforme o caso, nomear-lhe-á curador ou advogado, se não o tiver (art. 91). A defesa, a ser apresentada no prazo de 10 dias contado da data do interrogatório, versará sobre a identidade da pessoa reclamada, defeito de forma de documento apresentado ou ilegalidade da extradição (art. 91, § 1º). Não estando o processo devidamente instruído, o Tribunal, a requerimento do órgão do Ministério Público Federal correspondente, poderá converter o julgamento em diligência para suprir a falta (art. 91, § 2º). Para suprir a falta referida no § 2º, o Ministério Público Federal terá prazo improrrogável de 60 dias, após o qual o pedido será julgado independentemente da diligência (art. 91, § 3º). O prazo referido no § 3º será contado da data de notificação à missão diplomática do Estado requerente. Julgada procedente a extradição e autorizada a entrega pelo órgão competente do Poder Executivo, será o ato comunicado por via diplomática ao Estado requerente, que, no prazo de 60 dias da comunicação, deverá retirar o extraditando do território nacional (art. 92). Se o Estado requerente não retirar o extraditando do território nacional no prazo previsto no art. 92, será ele posto em liberdade, sem prejuízo de outras medidas aplicáveis (art. 93).

Caso o Supremo Tribunal tenha deferido a extradição, o Poder Executivo não tem discricionariedade para denegá-la quanto ao mérito do pedido já apreciado pelo Judiciário. O indeferimento somente poderá decorrer de regras específicas constantes do tratado de extradição com o Estado solicitante. A propósito:

> Extradição. Passiva. Executória. Deferimento do pedido. Execução. Entrega do extraditando ao Estado requerente. Submissão absoluta ou discricionariedade do Presidente da República quanto à eficácia do acórdão do Supremo Tribunal Federal. Não reconhecimento. Obrigação apenas de agir nos termos do Tratado celebrado com o Estado requerente. Resultado proclamado à vista de quatro votos que declaravam obrigatória a entrega do extraditando e de um voto que se limitava a exigir observância do Tratado. Quatro votos vencidos que davam pelo caráter discricionário do ato do Presidente da República. Decretada a extradição pelo Supremo Tribunal Federal, deve o Presidente da República observar os termos do Tratado celebrado com o Estado requerente, quanto à entrega do extraditando (STF, Ext 1.085, Rel. Min. Cezar Peluso, Tribunal Pleno, julgado em 16-12-2009, *DJe*-067 divulg. 15-4-2010, public. 16-4-2010, *Ement.* v.-02397-01, p. 1, *RTJ* v. 00215, p. 00177).

De acordo com o art. 82 da Lei de Migração, não se concederá a extradição quando:

I – o indivíduo cuja extradição é solicitada ao Brasil for brasileiro nato;

II – o fato que motivar o pedido não for considerado crime no Brasil ou no Estado requerente;

III – o Brasil for competente, segundo suas leis, para julgar o crime imputado ao extraditando;

IV – a lei brasileira impuser ao crime pena de prisão inferior a 2 (dois) anos;

V – o extraditando estiver respondendo a processo ou já houver sido condenado ou absolvido no Brasil pelo mesmo fato em que se fundar o pedido;

VI – a punibilidade estiver extinta pela prescrição, segundo a lei brasileira ou a do Estado requerente;

VII – o fato constituir crime político ou de opinião;

VIII – o extraditando tiver de responder, no Estado requerente, perante tribunal ou juízo de exceção; ou

IX – o extraditando for beneficiário de refúgio, nos termos da Lei n. 9.474, de 22 de julho de 1997, ou de asilo territorial.

Além disso, o art. 96 da mesma Lei veda a efetiva entrega do extraditando se o Estado solicitante não assumir o compromisso diplomático de:

I – não submeter o extraditando a prisão ou processo por fato anterior ao pedido de extradição;

II – computar o tempo da prisão que, no Brasil, foi imposta por força da extradição;

III – comutar a pena corporal, perpétua ou de morte em pena privativa de liberdade, respeitado o limite máximo de cumprimento de 30 (trinta) anos;

IV – não entregar o extraditando, sem consentimento do Brasil, a outro Estado que o reclame;

V – não considerar qualquer motivo político para agravar a pena; e

VI – não submeter o extraditando a tortura ou a outros tratamentos ou penas cruéis, desumanos ou degradantes.

8.9.1. Expulsão

De acordo com o art. 54 da Lei de Migração, a expulsão consiste em medida administrativa de retirada compulsória de migrante ou visitante do território nacional, conjugada com o impedimento de reingresso por prazo determinado.

Poderá dar causa à expulsão a condenação com sentença transitada em julgado relativa à prática de: I – crime de genocídio, crime contra a humanidade, crime de guerra ou crime de agressão, nos termos definidos pelo Estatuto de Roma do Tribunal Penal Internacional, de 1998, promulgado pelo Decreto n. 4.388, de 25 de setembro de 2002; ou II – crime comum doloso passível de pena privativa de liberdade, consideradas a gravidade e as possibilidades de ressocialização em território nacional (art. 54, § 1º).

Caberá à autoridade competente resolver sobre a expulsão, a duração do impedimento de reingresso e a suspensão ou a revogação dos efeitos da expulsão, observado o disposto na Lei. O processamento da expulsão em caso de crime comum não prejudicará a progressão de regime, o cumprimento da pena, a suspensão condicional do processo, a comutação da pena ou a concessão de pena alternativa, de indulto coletivo ou individual, de anistia ou de quaisquer benefícios concedidos em igualdade de condições ao nacional brasileiro. O prazo de vigência da medida de impedimento vinculada aos efeitos da expulsão será proporcional ao prazo total da pena aplicada e nunca será superior ao dobro de seu tempo (art. 54, §§ 2º, 3º e 4º).

Saliente-se que a extradição passiva refere-se a ato criminoso cometido no exterior ao passo que a expulsão refere-se a fato criminoso cometido no Brasil.

8.9.2. Deportação

A deportação é medida decorrente de procedimento administrativo que consiste na retirada compulsória de pessoa que se encontre em situação migratória irregular em território nacional (art. 50, *caput*, da Lei de Migração). A deportação será precedida de notificação pessoal ao deportando, da qual constem, expressamente, as irregularidades verificadas e prazo para a regularização não inferior a 60 (sessenta) dias, podendo ser prorrogado, por igual período, por despacho fundamentado e mediante compromisso de a pessoa manter atualizadas suas informações domiciliares (§ 1º). A notificação prevista no § 1º não impede a livre circulação em território nacional, devendo o deportando informar seu domicílio e suas atividades (§ 2º). Vencido o prazo do § 1º sem que se regularize a situação migratória, a deportação poderá ser executada (§ 3º).

8.10. Contagem de prazo

A forma de contagem de prazos penais está regulada pelo art. 10 do Código Penal, que determina que o dia do começo inclui-se no cômputo. Assim, se uma pena começa a ser cumprida às 23h30min, os 30 minutos restantes serão contados como sendo o 1º dia.

O prazo penal distingue-se do prazo processual, pois, neste, exclui-se o 1º dia da contagem, conforme estabelece o art. 798, § 1º, do Código de Processo Penal. Assim, se o réu é intimado da sentença no dia 10 de abril, o prazo para recorrer começa a fluir apenas no dia 11 (se for dia útil).

Os prazos penais são improrrogáveis. Por isso, se o prazo termina em um sábado, domingo ou feriado, estará ele encerrado. Ao contrário, os prazos processuais prorrogam-se até o 1º dia útil subsequente.

Os meses e os anos contam-se pelo calendário comum, pouco importando que o mês tenha 30 ou 31 dias, ou que o ano seja ou não bissexto.

O primeiro dia do prazo é chamado de termo *a quo* e o último de termo *ad quem*.

8.11. Frações não computáveis da pena

Se o montante final da pena, resultante das operações cabíveis nas diversas fases de sua dosimetria, não for um número inteiro, deverá o juiz desprezar as frações de dia nas penas privativas de liberdade e restritivas de direitos, e, na pena de multa, as frações da moeda (Real), após a atualização feita pelo contador judicial (art. 11).

Assim, se uma pessoa for condenada a 20 dias de detenção, e o juiz reduzir a pena em 2/3 (em razão da tentativa, por exemplo), o resultado final será uma dízima periódica (6,66). Dessa forma, nos termos do dispositivo acima mencionado, o juiz aplicará pena de 6 dias de detenção.

Suponha-se, ainda, que o juiz fixe pena de 10 dias-multa, e que tenha de reduzi-la de 2/3, em face da tentativa. Segundo o critério em análise, a pena final deverá ser de três dias-multa. Após o trânsito em julgado da sentença condenatória, os autos irão para o contador para a devida atualização do valor, já que tal montante deve ser atualizado desde a data do fato. Caso o montante final não seja número inteiro, deverão ser desprezados os centavos. Exemplo: R$ 185,94 (o condenado pagará apenas R$ 185,00).

8.12. Legislação especial

O art. 12 do Código Penal estabelece que as regras da sua Parte Geral "aplicam-se aos fatos incriminados por lei especial, se esta não dispuser de modo diverso". Esse dispositivo consagra a aplicação subsidiária das normas gerais do Código Penal à legislação especial, desde que esta não trate o tema de forma diferente. Assim, as regras atinentes, por exemplo, às excludentes de ilicitude e de culpabilidade, ao concurso de agentes, à dosimetria da pena, às causas extintivas da punibilidade, aplicam-se aos ilícitos penais previstos em leis extravagantes (Estatuto do Desarmamento, Código de Trânsito, Lei das Contravenções Penais, Lei Antidrogas, Lei Antitortura, Crimes contra a Ordem Tributária, dentre inúmeras outras).

Podemos mencionar como exemplos de regras especiais importantes que afastam a incidência das regras gerais do Código Penal:

a) o art. 4º da Lei das Contravenções Penais que declara não ser punível a tentativa de contravenção, afastando, assim, a incidência das regras do art. 14 do Código Penal que regulamentam o instituto da tentativa;

b) o art. 42 da Lei n. 11.343/2006 (Lei Antidrogas) que prevê que na fixação da pena-base nos crimes nela previstos o juiz deve dar preponderância à quantidade e natureza da droga, personalidade e conduta social do agente, em detrimento das regras genéricas descritas no art. 59 do Código Penal para a fixação da pena-base;

c) o art. 182 da Lei n. 11.101/2005 (Lei Falimentar) que prevê que a prescrição nos crimes desta natureza começa a correr do dia da decretação da falência, da concessão da recuperação judicial ou da homologação do plano de recuperação extrajudicial em detrimento do disposto no art. 111, I, do Código Penal que prevê como termo *a quo* do prazo prescricional a data da consumação do delito;

d) o art. 30 da Lei n. 11.343/2006 (Lei Antidrogas) que prevê prazo prescricional de 2 anos para o delito de porte de droga para consumo pessoal.

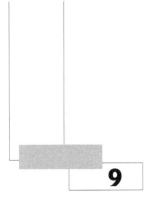

DO CRIME

Existem diversos enfoques para a conceituação de crime, todos eles de grande utilidade. Analisaremos, em seguida, cada um desses conceitos.

9.1. Conceito material, formal e legal de crime

Pelo critério *material*, crime é a ação ou omissão humana, intencional ou decorrente de conduta descuidada, que ofende ou expõe a risco bens jurídicos relevantes para a coletividade e que, por tal razão, deve ser proibido pela prévia cominação de uma pena. Cuida-se de conceito que tem por finalidade nortear o legislador, no sentido de verificar quais fatores são necessários para que um comportamento humano seja considerado criminoso.

Pelo critério *formal*, crime é todo ato punido com sanções de natureza penal (penas ou medidas de segurança). Note-se que, além dos ilícitos penais, existem os ilícitos civis, em que a consequência é a obrigação de reparar os danos; os ilícitos administrativos, que têm por consequência a obrigação de pagar uma multa administrativa, a perda de pontos na carteira de habilitação; os ilícitos políticos etc.

No Brasil, o conceito *legal* de crime é encontrado no art. 1º da Lei de Introdução ao Código Penal, "considera-se crime a infração penal a que a lei comina pena de reclusão ou de detenção, quer isoladamente, quer alternativa ou cumulativamente com a pena de multa". Assim, basta verificar a pena prevista em abstrato para se concluir se uma certa conduta constitui ou não crime. O mesmo art. 1º define as contravenções penais como "infração penal a que a lei comina, isoladamente, pena de prisão simples ou de multa, ou ambas, alternativa ou cumulativamente".

Temos, portanto, para os crimes, as seguintes possibilidades com relação à pena: a) reclusão; b) reclusão e multa; c) reclusão ou multa; d) detenção; e) detenção e multa; f) detenção ou multa. A pena de multa nunca é cominada isoladamente ao crime[25].

Já com relação às contravenções, temos as seguintes hipóteses: a) prisão simples; b) prisão simples e multa; c) prisão simples ou multa; e d) multa.

---

[25] A Lei n. 14.811/2024 inseriu no art. 146-A do CP o crime de intimidação sistemática (*bullying*), que, por equívoco do legislador, é punido apenas com pena de multa.

A Lei n. 11.343/2006 causou grande celeuma ao prever em seu Capítulo III, denominado "Dos Crimes e das Penas", as condutas de adquirir, guardar, ter em depósito, transportar ou trazer consigo droga para *consumo próprio*, sem autorização ou em desacordo com determinação legal ou regulamentar, sem a respectiva previsão de pena de reclusão ou detenção. Surgiu polêmica em torno de a conduta ser ou não considerada crime por não haver previsão de uma dessas espécies de pena privativa de liberdade como consequência do ilícito. A fim de pacificar a questão o Supremo Tribunal Federal assim decidiu:

> I – Posse de droga para consumo pessoal: (art. 28 da L. 11.343/06 – nova Lei de drogas): natureza jurídica de crime. 1. O art. 1º da LICP – que se limita a estabelecer um critério que permite distinguir quando se está diante de um crime ou de uma contravenção – não obsta a que lei ordinária superveniente adote outros critérios gerais de distinção, ou estabeleça para determinado crime – como o fez o art. 28 da L. 11.343/06 – pena diversa da privação ou restrição da liberdade, a qual constitui somente uma das opções constitucionais passíveis de adoção pela lei incriminadora (CF/88, art. 5º, XLVI e XLVII). 2. Não se pode, na interpretação da L. 11.343/06, partir de um pressuposto desapreço do legislador pelo "rigor técnico", que o teria levado inadvertidamente a incluir as infrações relativas ao usuário de drogas em um capítulo denominado "Dos Crimes e das Penas", só a ele referentes. (L. 11.343/06, Título III, Capítulo III, arts. 27/30). [...] Soma-se a tudo a previsão, como regra geral, ao processo de infrações atribuídas ao usuário de drogas, do rito estabelecido para os crimes de menor potencial ofensivo, possibilitando até mesmo a proposta de aplicação imediata da pena de que trata o art. 76 da L. 9.099/95 (art. 48, §§ 1º e 5º), bem como a disciplina da prescrição segundo as regras do art. 107 e seguintes do C. Penal (L. 11.343, art. 30). 6. Ocorrência, pois, de "despenalização", entendida como exclusão, para o tipo, das penas privativas de liberdade. 7. Questão de ordem resolvida no sentido de que a L. 11.343/06 não implicou *abolitio criminis* (C. Penal, art. 107) (RE 430.105 QO, Rel. Min. Sepúlveda Pertence, 1ª Turma, julgado em 13-2-2007, *DJe*-004 26-4-2007, p. 27-4-2007).

Em suma, entendeu a Corte Suprema que a definição legal de crime do art. 1º da Lei de Introdução ao Código Penal, relacionada à espécie de pena prevista em abstrato, não é absoluta, podendo o legislador estabelecer outras espécies de sanções penais, desde que o texto legal deixe evidenciado, tal como ocorre em relação ao art. 28 da Lei Antidrogas, que se trata de crime.

Observação: Não obstante a *cannabis sativa* (maconha) conste do rol de substâncias entorpecentes na Portaria n. 344 da Anvisa, o Plenário do Supremo Tribunal Federal, no julgamento do Recurso Extraordinário 635.659 (Tema 506 em sede de repercussão geral), em 26 de junho de 2024, decidiu que é atípico o porte de tal droga, para consumo pessoal, na medida em que, em tal caso, a punição da conduta como crime fere o direito à privacidade e liberdade individual, consagrados no art. 5º, X, da Constituição Federal. Em relação às outras drogas ilícitas, a Corte Suprema entende que o porte para consumo pessoal constitui crime.

A definição legal, de qualquer modo, é de grande utilidade. Veja-se, por exemplo, a Lei n. 1.079/50, que define os *crimes de responsabilidade* do Presidente da República, Ministros de Estado ou Supremo Tribunal Federal e do Procurador-Geral da República, estabelecendo para tais condutas exclusivamente penas de perda de cargo (sanção administrativa) e inabilitação para o exercício de função pública por cinco anos (sanção política). Os chamados "crimes de responsabilidade" desta lei, portanto, constituem infrações político-administrativas e não ilícitos penais e, portanto, não podem ser objeto de acusação pelo Ministério Público e julgamento pelo Poder Judiciário para imposição de pena de reclusão ou detenção, já que estas não são previstas em referida lei. O julgamento é feito pelo Senado Federal. É evidente, entretanto, que se a conduta for concomitantemente prevista como crime comum em alguma outra lei, haverá julgamento quanto a este na Justiça Criminal.

O Decreto-lei n. 201/67, por sua vez, em seu art. 1º, prevê os *crimes de responsabilidade de prefeitos* e, em relação a estes, estabelece pena de reclusão, de 2 a 12 anos, sem prejuízo da perda do cargo e inabilitação para o exercício público pelo prazo de cinco anos. Estes crimes de responsabilidade de prefeitos, portanto, enquadram-se no conceito legal de crime (ilícito penal).

9.1.1. Conceito analítico de crime

O critério analítico é o que procura estabelecer o conceito de crime com base em seus elementos estruturais. Em relação a estes aspectos, existem duas teorias: bipartida e tripartida.

A teoria *bipartida* define crime como *fato típico* e *antijurídico*. Para esta corrente, a *culpabilidade* não é elemento do crime, e sim pressuposto para a aplicação da pena.

A teoria *tripartida* sustenta que crime é o *fato típico*, *antijurídico* e *culpável*.

A Lei n. 7.209/84, que reformou a Parte Geral do Código Penal, em seu Título II, denominado "Do Crime", regulamenta institutos relacionados ao fato típico, à antijuridicidade e também à culpabilidade. Os institutos da coação moral irresistível e da obediência hierárquica, que são excludentes de culpabilidade, encontram-se em tal título (art. 22), o que denotaria a adoção da teoria tripartida. Acontece que a inimputabilidade, outra excludente de culpabilidade, foi regulamentada em título diverso (Título III), o que indicaria que o legislador teria optado pela teoria bipartida. A análise da posição geográfica dos institutos relacionados à culpabilidade, portanto, não permite uma conclusão segura acerca da teoria adotada pelo legislador.

Assim, parece-nos mais relevante na busca do conceito analítico de crime adotado pela lei penal brasileira a verificação das consequências jurídicas estabelecidas no Código em face da presença de alguma excludente de antijuricidade ou de culpabilidade. Com efeito, ao tratar das excludentes de antijuridicidade (legítima defesa, estado de necessidade, estrito cumprimento do dever legal e exercício regular de direito), o art. 23 diz que, em tais casos, *não há crime*. Por sua vez, ao regulamentar as excludentes de culpabilidade (coação moral irresistível, obediência hierárquica, inimputabilidade por menoridade ou embriaguez), os arts. 22, 26, *caput*, e 28, § 1º, estabelecem que o agente é *isento de pena*. Tal opção do legislador, portanto, é indicativa de que a culpabilidade não é elemento estrutural do crime, mas sim pressuposto da aplicação da pena, razão pela qual nos filiamos à teoria bipartida.

Essas teorias serão analisadas de modo mais aprofundado adiante.

9.2. Da conduta

Adotamos o entendimento de que conduta é a ação ou omissão humana, voluntária e consciente, dirigida a um fim.

Conduta é a materialização da vontade humana, que pode ser executada por um único ou por vários atos. O ato, portanto, é apenas uma parte da conduta. É possível matar a vítima (conduta) por meio de um único ato (um disparo mortal) ou de vários atos (vários disparos ou golpes). Se a conduta se reveste de um único ato, é chamada de unissubsistente, e, se composta de mais de um ato, de plurissubsistente.

Por definição, somente os seres humanos podem realizar conduta, pois apenas estes têm vontade e consciência. Os animais irracionais não realizam conduta, entretanto, quem atiça um cão bravio contra a vítima responde pelo crime por ser considerado o autor da conduta, sendo o animal mero instrumento do ataque.

Nas hipóteses de caso fortuito e força maior, consideram-se ausentes o dolo e a culpa, não havendo, portanto, conduta. Afasta-se, assim, a própria existência do crime.

Por ser objeto de vontade livre e consciente de um ser humano, a conduta deve abranger:

a) o objetivo pretendido pelo agente;

b) os meios usados na execução; e

c) as consequências do delito.

Não existe conduta – não havendo crime por consequência – quando ausente a *voluntariedade*.

A voluntariedade por parte do causador do resultado lesivo não se mostra presente nas seguintes hipóteses:

a) Na *coação física irresistível*, em que o sujeito realiza um movimento em decorrência de força corporal exercida sobre ele. É o que acontece, por exemplo, quando alguém força a mão de outrem para que ele assine um documento, efetue um disparo de arma de fogo etc. Nesses casos, só responde pelo crime o coator.

Em se tratando de *coação moral irresistível* existe conduta, mas o agente não pode ser punido em face da excludente de culpabilidade prevista no art. 22 do Código Penal.

b) No ato *reflexo*, decorrente de reação automática de um nervo sensitivo ou de um músculo. Se alguém está, por exemplo, segurando uma arma de fogo e acidentalmente recebe uma forte descarga elétrica pode ocorrer um ato reflexo e o gatilho ser acionado de forma involuntária.

c) Quando o sujeito está dormindo (sonambulismo) ou em estado de hipnose.

9.2.1. Formas de conduta

A conduta pode exteriorizar-se por meio de *ações* ou *omissões*.

Ação é um comportamento positivo. Consiste em fazer, realizar algo. A lei determina um não fazer e o agente comete o delito justamente por fazer o que a lei proíbe.

Omissão é um comportamento negativo, uma abstenção, um não fazer.

A omissão pode dar origem a duas espécies de crimes:

a) Os omissivos *próprios* ou *puros*, nos quais o próprio tipo penal descreve uma conduta omissiva. Exemplo: crime de omissão de socorro (art. 135). Nesses delitos, a simples omissão constitui crime, independentemente de qualquer resultado posterior.

b) Os omissivos *impróprios* ou *comissivos por omissão*, nos quais o agente, por uma omissão inicial, dá causa a um resultado que ele tinha o dever jurídico de evitar. O não agir só constitui crime porque contribuiu para um resultado que o agir poderia ter evitado. Esses crimes não estão previstos na Parte Especial como tipos penais autônomos e sua configuração decorre da norma do art. 13, § 2º, do Código Penal, que trata da relevância causal da omissão (v. comentários no tema "nexo de causalidade"). Exemplo: a mãe que deixa intencionalmente de alimentar o filho, provocando sua morte.

9.2.2. A conduta e a teoria do crime

A estrutura do crime, bem como de seus requisitos, sofre profunda diferenciação de acordo com a teoria que se adote em relação à conduta, que é o primeiro elemento componente do fato típico. Assim, uma vez adotada, por exemplo, a teoria clássica ou a teoria finalista da ação, haverá grandes divergências acerca do significado dos temas que envolvem conduta, dolo, culpa e culpabilidade.

9.2.2.1. A conduta na teoria causalista (clássica ou naturalista)

Essa teoria origina-se no *Tratado* de Franz von Liszt. Segundo ela, a ação é considerada um puro fator de causalidade, uma simples motriz produtora do resultado, mediante o emprego de forças físicas. A conduta é, portanto, tratada como simples exteriorização de movimento ou abstenção de comportamento, desprovida de qualquer finalidade. Segundo Fernando Capez[26], para os seguidores dessa teoria, é totalmente desnecessário, para efeito de caracterização de um fato como típico, saber se o resultado foi produzido pela vontade do agente ou se decorreu de atuação culposa, interessando apenas indagar quem foi o causador material. O único nexo que importa estabelecer é o natural (causa e efeito), desprezando os elementos volitivo (dolo) e normativo (culpa). Desse modo, se, por exemplo, um sujeito estivesse conduzindo seu veículo com absoluta prudência em via pública e, sem que pudesse esperar ou prever, um suicida se precipitasse sob as rodas de seu carro, vindo, em consequência, a falecer, para a teoria naturalista (ou clássica), o motorista, que não quis matar a vítima, nem teve culpa nessa morte, cometeu um homicídio. A análise do dolo ou culpa é deixada para um momento posterior, na aferição da culpabilidade. Em suma, conduta é toda ação que provoca um resultado, independentemente de se questionar a finalidade do agente. Por isso, considerando que a conduta integra o fato típico, é possível que se conclua que este (o fato típico) existe, ainda que o sujeito não tenha agido com dolo ou culpa, bastando que a conduta se enquadre na descrição do delito em abstrato na lei.

O dolo ou a culpa, conforme já mencionado, somente serão verificados posteriormente, quando da análise da culpabilidade. Assim, na ausência destes, o fato não será culpável e o agente não terá cometido crime (apesar de o fato ser considerado típico).

Dessa forma, pode-se concluir que, para a teoria clássica, o crime é um fato típico, antijurídico e culpável (três requisitos). O dolo e a culpa integram a culpabilidade. O dolo, por sua vez, é normativo, pois tem como requisito a consciência da ilicitude.

Para essa teoria, o crime tem a seguinte estrutura:

---

[26] Fernando Capez. *Curso de direito penal*: Parte Geral. 15. ed. São Paulo: Saraiva, v. 1, p. 140.

1) *Fato típico*, que tem os seguintes elementos:
a) conduta (na qual não interessa a finalidade do agente);
b) resultado;
c) nexo causal; e
d) tipicidade.

2) *Antijuridicidade*. Cometido um fato típico, presume-se ser ele antijurídico, salvo se ocorrer uma das causas excludentes de ilicitude previstas na lei.

3) *Culpabilidade*, composta dos seguintes elementos:
a) imputabilidade; e
b) dolo e culpa.

O dolo, para esta teoria, é normativo, possuindo os seguintes requisitos:
b1) consciência da conduta e do resultado;
b2) consciência do nexo de causalidade;
b3) consciência da antijuridicidade; e
b4) vontade de realizar a conduta e produzir o resultado.

A teoria clássica era adotada pela antiga Parte Geral do Código Penal.

9.2.2.2. O sistema neoclássico

A inovação desse sistema em relação ao anterior reside na concepção de culpabilidade à qual foi introduzida a necessidade de reprovabilidade do ato. Para Reinhard Frank, a aplicação da pena só se justifica se o agente podia agir de forma diversa e, ainda assim, resolveu realizar a conduta ilícita. Em outras palavras, a conduta não pode ser considerada reprovável se, naquelas circunstâncias, não se podia exigir do sujeito comportamento diverso, tendo ele agido como qualquer outra pessoa, na mesma situação, agiria.

Nesse novo momento da teoria clássica (sistema neoclássico), o crime tem a seguinte estrutura:

1) *Fato típico*, que tem os seguintes elementos:
a) conduta (na qual não interessa a finalidade do agente);
b) resultado;
c) nexo causal; e
d) tipicidade.

2) *Antijuridicidade*. Cometido um fato típico presume-se ser ele antijurídico, salvo se ocorrer uma das causas excludentes de ilicitude previstas na lei.

3) *Culpabilidade*, composta dos seguintes elementos:
a) imputabilidade;
b) dolo e culpa; e
c) exigibilidade de conduta diversa.

9.2.2.3. A conduta na teoria finalista

Para a teoria finalista, preconizada por Hans Welzel, não se pode dissociar a conduta da intenção do agente, já que ela é precedida de um raciocínio que o leva a realizá-la ou não. Em suma, conduta é o comportamento humano, voluntário e consciente (doloso ou culposo) dirigido a uma finalidade. Assim, o dolo e a culpa integram a conduta (que é o primeiro requisito do fato típico) e, dessa forma, quando ausentes, o fato é atípico.

Percebe-se, portanto, que para a teoria finalista o dolo e a culpa se deslocaram da culpabilidade (teoria clássica) para a conduta e, portanto, para o fato típico.

O dolo, entretanto, passou a ser interpretado de outra forma, excluindo-se dele a consciência da ilicitude. O dolo deixou de ser normativo e passou a ser natural, ou seja, não mais contém a mencionada consciência da ilicitude. O dolo, por conclusão, para a teoria finalista, tem apenas os seguintes elementos: consciência da conduta, consciência do resultado, consciência do nexo causal e vontade de realizar a conduta e de produzir o resultado.

A culpabilidade deixa de abranger o dolo e a culpa e, por consequência, de ser requisito do crime, passando a ser pressuposto da aplicação da pena. No lugar do dolo e da culpa, passa a existir na culpabilidade apenas a *potencial* consciência da ilicitude.

O crime, para a teoria finalista, é um fato típico e antijurídico e, em suma, tem a seguinte estrutura:

1) *Fato típico*, que possui os seguintes elementos:

a) Conduta dolosa ou culposa. O dolo é natural, pois deixa de integrar a culpabilidade, passando a integrar o fato típico, tendo apenas os seguintes elementos:

a1) consciência da conduta e do resultado;

a2) consciência do nexo causal; e

a3) vontade de realizar a conduta e provocar o resultado.

O dolo deixou de comportar a real consciência da ilicitude (mas a potencial consciência da ilicitude passou a fazer parte da culpabilidade).

b) Resultado.

c) Nexo causal.

d) Tipicidade.

2) *Antijuridicidade*. Não houve modificações em relação à teoria clássica.

A *culpabilidade*, que não é requisito do crime, mas sim pressuposto de aplicação da pena, é composta dos seguintes elementos:

a) imputabilidade;

b) exigibilidade de conduta diversa; e

c) potencial consciência da ilicitude.

9.2.2.4. Teoria social da ação

Trata-se de teoria pós-finalista, que incorpora conceitos de ambas as teorias anteriores. Para seus defensores, dos quais Hans Jescheck é o principal expoente, conduta é o comportamento humano socialmente relevante, dominado e dominável pela vontade. Conduta ilícita socialmente relevante é aquela danosa à coletividade, porque atinge negativamente o meio em que as pessoas vivem. Por esse motivo, se, embora objetiva e subjetivamente típico, um comportamento não afronta o sentimento de justiça, o senso de normalidade ou de adequação social do povo, não se pode considerá-lo relevante para o direito penal. Em suma, o aspecto social integra o fato típico e deve ser objeto de análise por parte do julgador no momento de apreciar cada caso concreto.

Esta forma de pensar o crime, quando analisada meramente na teoria, parece bastante justa e ponderada. Na prática, contudo, sua aplicação não se mostra tão simples porque o conceito de "comportamento socialmente adequado" é extremamente relativo quando se discutem, por exemplo, temas como jogo de azar, casa de prostituição, uso de substâncias entorpecentes etc. Por isso, não se pode aceitar que o Poder Judiciário defina, por meio de suas Cortes Superiores, quais fatos são típicos ou atípicos levando em consideração o conceito popular a respeito da conduta *sub judice*, mesmo porque os costumes não revogam as leis. É tarefa do Poder Legislativo estabelecer quais condutas devem ser consideradas criminosas, pautando-se, entretanto, no momento da aprovação das leis, pelo princípio da adequação social. O que se está dizendo é que cabe aos integrantes do parlamento, como representantes do povo, decidir quando uma conduta deve ser considerada criminosa e, uma vez definida como crime, não cabe ao Judiciário apreciar se a conduta é ou não socialmente aceita, salvo em hipóteses realmente excepcionais (e não como regra como defende a teoria social da ação).

9.3. Resultado

De acordo com a chamada teoria *naturalística*, resultado é a modificação que o crime provoca no mundo exterior, ou seja, aquilo que é produzido por uma conduta dolosa ou culposa *do homem*. Pode consistir em uma morte, como no crime de homicídio (art. 121), na redução patrimonial, como em furto (art. 155) etc. Estão, assim, excluídas do conceito de resultado as modificações decorrentes dos fenômenos da natureza, das hipóteses de caso fortuito ou força maior, ou do comportamento de animais irracionais etc. Estes constituem eventos.

Para essa teoria, é possível que haja crime sem resultado, como nos delitos de mera conduta. Não se deve, todavia, confundir crime sem resultado com crime de perigo, uma vez que este possui resultado que é a situação de risco produzida pelo agente no caso concreto. O perigo, portanto, seja concreto ou abstrato, constitui resultado em matéria penal.

De acordo com entendimento praticamente pacífico em nossa doutrina, é essa a teoria adotada pelo legislador brasileiro no que pertine ao resultado.

No entanto, a teoria *jurídica* ou *normativa* sustenta que resultado é o efeito que o crime produz na órbita jurídica, ou seja, a lesão ou o perigo de lesão a um interesse protegido pela lei. Por essa teoria, não há crime sem resultado, pois, sem lesão (ou perigo de lesão) ao interesse tutelado, o fato seria um irrelevante penal.

9.3.1. Classificação dos crimes de acordo com o resultado

Já foi estudado anteriormente que os crimes podem ser *materiais* (quando o tipo penal descreve uma ação e um resultado, e exige este para o crime estar consumado), *formais* (quando o tipo penal descreve uma ação e um resultado, mas dispensa o resultado para fim de consumação) ou de *mera conduta* (quando o tipo penal descreve apenas uma ação).

Em outra classificação, os crimes podem ser de *dano* (quando pressupõem efetiva lesão ao bem jurídico tutelado) ou de *perigo* (quando a infração se verifica pela mera exposição a risco do bem jurídico).

Para maiores esclarecimentos a respeito dessas classificações, *vide* tema "classificação dos crimes".

9.4. Nexo causal

Nexo causal é a relação natural de causa e efeito existente entre a conduta do agente e o resultado dela decorrente.

Nos crimes materiais, a tipificação do delito pressupõe que se demonstre que a conduta do agente provocou o resultado, ou seja, que reste devidamente demonstrado o nexo causal.

Nos crimes formais e nos crimes de mera conduta não se exige o nexo causal, uma vez que esses crimes dispensam a ocorrência de qualquer resultado naturalístico e, assim, não há que se pensar em nexo de causalidade entre conduta e resultado.

O fato típico dos crimes materiais possui, portanto, quatro requisitos: conduta, resultado, nexo causal e tipicidade. Já nos crimes formais e nos de mera conduta, são apenas dois requisitos: conduta e tipicidade.

9.4.1. Teoria da equivalência dos antecedentes

O art. 13, *caput*, do Código Penal adotou, no que se refere ao nexo de causalidade, a *teoria da equivalência dos antecedentes*, também conhecida como teoria da *conditio sine qua non*. De acordo com o texto legal, "considera-se causa a ação ou omissão sem a qual o resultado não teria ocorrido". Em suma, causa é toda circunstância antecedente, sem a qual o resultado não teria ocorrido.

Tal regra leva à conclusão de que toda e qualquer contribuição para o resultado é considerada sua causa, de modo que todas as causas são igualmente contributivas para a produção do resultado. Assim, se o fabricante da arma não a tivesse colocado no mercado, não haveria o crime; se o carro não tivesse sido produzido e vendido, não teria acontecido o homicídio culposo; se os pais do agente não o tivessem gerado, não teria acontecido o crime etc. Para saber, portanto, se alguma conduta pode ser considerada causa do resultado, basta excluí-la mentalmente. Se o delito, ainda assim, teria ocorrido, não é causa. Se não teria ocorrido, então é causa.

É evidente, entretanto, que somente serão punidos pelo crime aqueles que tenham agido com dolo ou culpa em relação à provocação específica de certo resultado e que efetivamente tenham contribuído para tanto. Por isso, é óbvio que nos exemplos acima mencionados o fabricante da arma e do veículo, bem como os pais, não respondem pelo crime, pois não agiram com dolo ou culpa na produção do resultado.

9.4.2. Superveniência causal

O art. 13, § 1º, do Código Penal dispõe que a superveniência de *causa relativamente independente* exclui a imputação quando, *por si só, produz o resultado*. Nessa hipótese, pode-se dizer que existe uma concausa, ou seja, a conduta do agente e a superveniente.

Concausa é toda causa que concorre paralelamente com outra, contribuindo para a produção do resultado. Não há, entretanto, diferença prática entre causas, concausas ou condições, pois tudo o que contribui para um resultado é causa deste.

As concausas podem ser: a) *dependentes*; e b) *independentes*.

Dependentes são os que se encontram dentro da linha de desdobramento normal da conduta perpetrada. Essas concausas jamais rompem o nexo causal. Exemplo: uma facada provoca uma perfuração em órgão vital da vítima, causando uma hemorragia aguda, que provoca a morte.

Independentes são aquelas que, por si sós, produzem o resultado, ou seja, que não se incluem no desdobramento normal da conduta.

As causas independentes, por sua vez, podem ser:

a) *Absolutamente independentes*, que não têm origem e qualquer relação com a conduta perpetrada. A causa provocativa do resultado não se originou na conduta do agente.

Podem ser:

a1) *Preexistentes*, quando anteriores à conduta. Exemplo: Leonardo quer matar Fabrício e o esfaqueia, provocando-lhe lesões. Acontece que, anteriormente, Sebastião já tinha envenenado Fabrício, que morre em razão do envenenamento. Leonardo responde apenas por tentativa de homicídio (considerando que a vítima ainda estava viva no momento em que foi esfaqueada) e Sebastião por homicídio consumado. O envenenamento feito por Sebastião é uma causa preexistente absolutamente independente em face de Leonardo.

a2) *Concomitantes*, quando se verificam ao mesmo tempo à conduta. Exemplo: uma pessoa está envenenando a vítima quando outra entra no local e mata a mesma vítima com uma facada.

a3) *Supervenientes*, quando posteriores à conduta. Exemplo: após o envenenamento, cai um lustre na cabeça da vítima, que morre por traumatismo craniano.

Em todas as hipóteses em que há causa absolutamente independente, rompe-se o nexo causal, já que o resultado decorre dessa causa independente e não da conduta do agente. Nas duas últimas hipóteses, o agente (autor do envenenamento) também responde apenas por tentativa de homicídio, pois o fator que provocou efetivamente a morte foi a causa absolutamente independente e não a sua conduta.

b) *Relativamente independentes*, que se originam na conduta do agente, mas que, por si sós, produzem o resultado.

Também se subdividem em:

b1) *Preexistentes*, quando anteriores à conduta do sujeito. É a hipótese clássica de alguém que, querendo matar a vítima, lhe desfere um golpe de faca, golpe este que, por si só, seria insuficiente para provocar a morte de uma pessoa comum por não ter atingido órgão vital como pretendia o homicida. Acontece que, por ser hemofílica (causa preexistente), a vítima acaba falecendo pela grande perda de sangue. Nessa hipótese, o agente responde pelo crime em sua forma consumada, pois não se rompe o nexo causal.

b2) *Concomitantes*, quando se verificam ao mesmo tempo que a conduta do agente. Não rompe o nexo causal, e o sujeito responde pelo crime. É o que ocorre no conhecido exemplo em que, no exato instante em que o agente efetua um disparo contra a vítima, vem esta a sofrer um infarto (decorrência do susto e, por isso, ligada à conduta do sujeito), sendo a morte consequência da soma desses dois fatores.

b3) *Supervenientes*, quando posteriores à conduta. Nesse caso, conforme dispõe o art. 13, § 1º, rompe-se o nexo causal, e o réu não responde pelo resultado, mas somente pelos atos até então praticados. Nessa hipótese, após a conduta do agente, ocorre uma causa relativamente independente que, por si só, produz o resultado. A vítima, por exemplo, é alvejada com um disparo de arma de fogo no abdômen (conduta do agente) e é colocada em uma ambulância. Durante o trajeto, a ambulância se envolve em uma colisão, e a pessoa morre em razão dos novos ferimentos. Assim, como a causa da morte foram as lesões decorrentes do acidente automobilístico, a pessoa que efetuou o disparo não responde por homicídio consumado, mas apenas por tentativa. Diz-se que a causa é relativamente independente porque, não fosse o disparo, a vítima não estaria na ambulância e não se teria ferido mortalmente no acidente automobilístico.

9.4.3. Relevância causal da omissão

Estabelece o art. 13, *caput*, do Código Penal que se considera causa do delito a ação ou omissão sem a qual o resultado não teria ocorrido. De ver-se, entretanto, que a omissão em si não é capaz de gerar diretamente o resultado, razão pela qual o legislador, adotando a teoria *normativa* (ou *jurídica*), regulamentou o nexo de causalidade nos crimes omissivos impróprios estabelecendo que só responde pelo resultado quem tem o dever jurídico de evitá-lo e, podendo agir, se omite.

A simples omissão *a priori* é atípica, mas se advém o resultado previsto em lei (morte, lesão), e fica demonstrado que o agente devia e podia tê-lo evitado, responde pelo delito. Um bombeiro, por exemplo, não pode ficar inerte assistindo a um cidadão morrer em um incêndio. Caso não tente efetuar o salvamento por perceber, por exemplo, que a vítima é um antigo desafeto e esta venha a morrer, responderá por homicídio doloso, exceto evidentemente se o socorro não fosse possível diante da grandiosidade do incêndio que colocaria sua própria vida em risco excessivo.

De acordo com o art. 13, § 2º, do Código Penal, o dever jurídico de agir incumbe a quem:

a) *Tenha por lei obrigação de cuidado, proteção ou vigilância*: pode ser citado como hipótese de maior importância o dever de proteção e assistência para com os filhos, previsto nos arts. 213, IV, 384, 1.566 e 1.634 do Código Civil. Assim, o pai que intencionalmente deixa de alimentar o filho recém-nascido, causando a sua morte, responde por homicídio doloso. O simples fato de não alimentar a criança uma única vez é atípico, mas, na medida em que o pai tem o dever legal de alimentá-la e deixa dolosamente de fazê-lo, provocando com isso a sua morte, responde pelo crime de homicídio doloso.

Existe também dever legal de agir por parte de policiais, bombeiros etc.

b) *De outra forma, assumiu a responsabilidade de impedir o resultado*: pode resultar de relação contratual, da profissão exercida, ou quando, por qualquer outra forma, assumiu o sujeito a posição de garantidora de que o resultado não ocorreria. Nesses casos, o dever jurídico não decorre de lei, mas de uma situação fática. Exemplo: salva-vidas de um clube que vê uma pessoa se afogando e, podendo salvá-la, resolve apenas assistir ao afogamento. Responde pelo crime de homicídio. A doutrina costuma também mencionar como exemplos o da babá em relação às crianças que cuida, o guia que acompanha pessoas ao interior de uma floresta etc.

c) *Com o seu comportamento anterior, criou o risco da ocorrência do resultado:* quem, por brincadeira, joga uma pessoa na piscina e, posteriormente, percebe que esta não sabe nadar tem o dever de salvá-la. Se não o fizer, responde pelo crime.

Pode também ser mencionado como exemplo o caso de quem deixa, inadvertidamente, uma arma em local não apropriado, ao alcance de uma criança, e, ao perceber que esta se apossou do revólver nada faz para evitar que ela efetue disparos (contra si mesma ou terceiro). Também responde por homicídio doloso se ficar provado que teve ciência de que a criança pegou a arma e, podendo agir para tirá-la de suas mãos, resolveu se omitir. Sem este último requisito, responderia por homicídio culposo.

9.4.4. A teoria da imputação objetiva e o nexo de causalidade

Essa teoria tem como maiores expoentes Claus Roxin e Günther Jakobs. Sua principal preocupação é a de restringir o alcance da tradicional teoria da equivalência dos antecedentes causais, adotada no art. 13, *caput*, do Código Penal, que considera como causa toda ação ou omissão sem a qual o resultado não teria ocorrido. Por esta teoria, há nexo causal, por exemplo, na conduta de presentear outrem com uma passagem aérea, vindo tal pessoa a morrer em decorrência de acidente de avião. Para tal teoria (tradicional), exclui-se o crime, por parte de quem forneceu a passagem, em razão da ausência de dolo, sendo, assim, impossível imputar o resultado ao agente pelo *aspecto subjetivo*. Mas, e se o sujeito estivesse ciente de que haveria uma terrível tempestade no trajeto do avião e, querendo a morte da outra pessoa, a tivesse presenteado com a passagem aérea? Nesse caso, estariam presentes o nexo causal e o dolo e, de acordo com os defensores da teoria da imputação objetiva, haveria aqui uma falha na teoria tradicional, segundo a qual esse ato caracteriza crime de homicídio, apesar de não ser possível imputar objetivamente ao sujeito a provocação do resultado morte, por não ter ele o controle quanto ao desenrolar dos acontecimentos. Para a teoria da imputação objetiva, só pode haver crime quando o agente, com sua conduta, cria um *risco proibido* que dá causa ao resultado, o que não ocorre por parte de quem presenteia outrem com uma passagem aérea, já que, nesse caso, o risco por ele criado é permitido.

A ideia central dessa teoria é estabelecer as hipóteses em que alguém pode ser considerado o responsável por determinado resultado não apenas com base na relação de causa e efeito, mas sim no aspecto valorativo (normativo), ou seja, se é justo considerar alguém o responsável pelo resultado. Por isso, a imputação objetiva é considerada elemento normativo implícito do fato típico, cuja finalidade é limitar o alcance da teoria da equivalência dos antecedentes, que, por ser muito abrangente, acaba sendo injusta em alguns casos. Assim, a teoria da imputação objetiva não diverge frontalmente da teoria finalista. Ao contrário, apenas acrescenta um aspecto aos demais já estudados, sustentando que o fato típico possui os seguintes elementos: a) conduta (dolosa ou culposa); b) resultado (nos crimes materiais); c) nexo causal; d) tipicidade; e e) imputação objetiva.

Resumidamente, para que se possa imputar objetivamente um crime a alguém, é necessário que ele tenha criado um risco proibido e que este tenha sido o causador de um resultado que se amolde em um tipo penal. Exemplo: alguém escava um buraco profundo em uma trilha de floresta, coloca estacas no interior e o cobre com folhas. Em seguida, convida outra pessoa para uma caçada, fazendo-a passar por tal caminho para que caia no buraco e morra com uma estaca atravessada no peito. O agente responderá pelo homicídio porque criou uma situação de risco proibido.

Para facilitar a compreensão dessa teoria, no que diz respeito ao nexo de causalidade, Günther Jakobs elenca, exemplificativamente, alguns critérios para definir hipóteses em que o risco criado pelo sujeito é permitido, e, portanto, não pode ele ser responsabilizado: a) quando o comportamento perigoso é permitido por lei, como conduzir veículos, aviões ou embarcações, praticar atividades desportivas perigosas, realizar o desforço imediato ou legítima defesa da posse (admitidos pelo art. 1.120, § 1º, do Código Civil); b) quando o comportamento é socialmente aceito, como comprar passagem aérea para um amigo, convidá-lo para um passeio em uma floresta; c) quando se tratar de fato relacionado a determinada arte, profissão ou ofício, realizado com a estrita observância das técnicas conhecidas.

Além dessas regras, o mesmo autor aponta outros critérios (ou princípios) que devem ser observados e que excluem a responsabilização penal, por não ser possível imputar objetivamente o resultado ao agente:

a) Quando alguém age na confiança de que outros se comportarão corretamente e acaba dando causa ao resultado (critério da *confiança*). Exemplo: em um hospital, existe um funcionário responsável pela esterilização de instrumentos cirúrgicos que, em determinado dia, deixa de efetuá-la. O médico, então, usa o bisturi não esterilizado e o paciente morre em razão de infecção causada pelo uso do referido instrumento cirúrgico. O médico não responde por homicídio culposo.

b) Quando a conduta era inicialmente lícita, de modo que o sujeito não pode ser punido por crime posterior cometido por terceiro, que não ingressou em sua esfera de conhecimento (critério da *proibição do regresso*). Exemplo: venda de uma arma por lojista, posteriormente usada em um homicídio.

c) Quando o sujeito induz outrem a praticar ações perigosas, porém lícitas, não responde por resultados lesivos delas decorrentes, se a vítima aceitou, de forma consciente, esses riscos (critério das *ações de próprio risco*). Exemplo: convencer alguém a pular de paraquedas.

Saliente-se que boa parte das soluções alvitradas pela teoria da imputação objetiva mostra-se desnecessária, conforme já mencionado, quer em razão da inexistência de dolo ou culpa em alguns casos, quer pela quebra de causalidade decorrente de causa superveniente relativamente independente que, por si só, produza o resultado (art. 13, § 1º). De qualquer forma, a incorporação dos elementos de tal teoria mostra-se extremamente relevante em relação a hipóteses excepcionais não resolvidas pela chamada teoria tradicional. Além disso, parece-nos não ser necessária qualquer modificação legislativa para que a teoria da imputação objetiva possa ser aplicada no Brasil, na medida em que o próprio art. 13, *caput*, do Código Penal, antes mesmo de consagrar a teoria da equivalência dos antecedentes causais em sua parte final, menciona, em sua primeira parte, que "o resultado, de que depende a existência do crime, somente é imputável a quem lhe deu causa".

9.5. Tipo penal

O tipo penal é a norma que descreve condutas criminosas em abstrato. É um modelo de comportamento ilícito descrito genericamente no Código Penal ou em leis penais especiais. Quando alguém concretiza uma dessas condutas ocorre a chamada tipicidade e, desde que não esteja presente alguma excludente de ilicitude, surge a punibilidade, a possibilidade de o Estado mover ação penal contra o autor da infração e a ele impor uma sanção.

Os tipos penais, portanto, estatuem proibições de condutas, estabelecendo penas àqueles que venham a desrespeitá-las. Assim, quando o legislador estabelece pena de reclusão, de 6 a 20 anos, para quem mata alguém, está, em verdade, proibindo a conduta de matar.

Pelo princípio da legalidade, entretanto, deve a lei definir a conduta criminosa e não apenas proibi-la. Referido princípio está esculpido no art. 5º, XXXIX, da Constituição Federal e no art. 1º do Código Penal.

Dentro dessa sistemática, os tipos penais são modelos criados pela lei, por meio dos quais as condutas consideradas indesejáveis, de acordo com o entendimento do legislador, são descritas taxativamente como ilícitos penais, com a finalidade de dar aos indivíduos a garantia maior do princípio da reserva legal.

O tipo penal, na descrição das condutas incriminadas, serve-se de elementares e, eventualmente, de circunstâncias.

Elementares são componentes fundamentais da figura típica sem os quais o crime não existe.

As elementares estão sempre no *caput* do tipo incriminador, que, por essa razão, é chamado de tipo *fundamental*. Os elementos (ou elementares) do tipo incriminador podem ser objetivos, subjetivos ou normativos.

Os elementos *objetivos* ou *descritivos* são aqueles cujo significado se extrai da mera observação. São elementos que existem concretamente no mundo e cujo significado não demanda nenhum juízo de valor. São elementos objetivos, exemplificativamente: o núcleo do tipo (matar no homicídio, subtrair no furto), o objeto material (alguém no homicídio, coisa móvel no furto), os meios de execução (emprego de violência ou grave ameaça no roubo e no estupro), o tempo do crime (que o fato ocorra durante o parto ou logo após no infanticídio).

Os elementos *normativos*, por sua vez, são aqueles cujo significado não se extrai da mera observação, dependendo de interpretação, isto é, de um juízo de valor, de uma análise no caso concreto. No crime de furto, por exemplo, é necessário que a subtração recaia sobre coisa alheia móvel. Ora, para se saber se uma motocicleta constitui coisa móvel, não é necessário um caso concreto (toda motocicleta é coisa móvel). Por isso, tal requisito (coisa móvel) é elemento objetivo do tipo do furto. No entanto, para se saber se o agente se apossou de coisa alheia ou de coisa própria, mostra-se necessária a análise de um caso concreto. Assim, conclui-se que a exigência de que a subtração recaia sobre coisa alheia constitui elemento normativo do crime de furto.

Quando o significado de algum elemento do tipo penal depende de um juízo de valor moral, religioso, social, consuetudinário etc., é chamado de elemento normativo *moral* ou *extrajurídico*. Quando o juízo de valor depende de uma interpretação jurídica, é chamado de elemento normativo *jurídico*. No crime de injúria (art. 140), as elementares "dignidade ou decoro" são elementos normativos morais (extrajurídicos). Por sua vez, o conceito de coisa alheia no crime de furto é um elemento normativo jurídico.

Por fim, os elementos *subjetivos* do tipo são os que se referem à exigência de uma finalidade específica por parte do agente ao realizar a conduta típica. É, em suma, o fim almejado pelo criminoso exigido expressamente no próprio tipo. Para a configuração do delito, não basta a ação ou omissão descrita, sendo ainda necessária uma finalidade específica.

No crime de falsidade ideológica (art. 299), por exemplo, o tipo penal exige que o agente falsifique o conteúdo de um documento a fim de prejudicar direito, criar obrigação ou alterar verdade sobre fato juridicamente relevante. Por isso, se alguém falsifica um documento, mas o faz por outra razão qualquer – para pregar uma peça em um amigo, por exemplo –, não há enquadramento no tipo penal e o fato é considerado atípico, em face da ausência do elemento subjetivo do tipo.

O crime de extorsão mediante sequestro (art. 159), por sua vez, pressupõe que o agente sequestre alguém com o fim de obter alguma vantagem como condição ou preço do resgate (elemento subjetivo do tipo). Por isso, se os agentes capturam o filho para exigir dinheiro do pai em troca da libertação, configura-se o delito em questão; caso, todavia, fique demonstrado que a finalidade dos agentes ao capturar a vítima não era obter uma vantagem econômica e sim a de fazer sofrer o pai em razão de alguma desavença anterior, haverá desclassificação para o delito de sequestro ou cárcere privado (art. 148), cuja pena é consideravelmente mais branda.

São chamados de *circunstâncias* os dados acessórios que têm por finalidade aumentar ou reduzir a pena, mas cuja ausência não elimina a existência da infração penal em sua modalidade básica (simples). Algumas circunstâncias estão previstas na Parte Geral do Código Penal, como as agravantes e atenuantes genéricas (arts. 61, 62, 65 e 66 do CP), o arrependimento posterior (art. 16), dentre outras. Muitas circunstâncias, entretanto, estão descritas na própria Parte Especial do Código Penal, após o tipo incriminador. Sua função igualmente não é constituir o crime, mas tão somente influir no montante da pena. Existem centenas de circunstâncias dessa espécie na legislação penal. Podem ser mencionados como exemplos: a) as hipóteses de privilégio no crime de homicídio que geram uma redução de pena de 1/6 a 1/3, quando o crime for cometido por motivo de relevante valor social ou moral ou sob o domínio de violenta emoção logo em seguida à injusta provocação da vítima (art. 121, § 1º); b) as qualificadoras do homicídio (art. 121, § 2º), que elevam a pena em abstrato para reclusão, de 12 a 20 anos, enquanto a pena para a modalidade simples é de 6 a 20 anos; c) a pena do roubo é aumentada de 2/3, se o crime for cometido com emprego de arma de fogo de uso permitido (art. 157, § 2º-A, I) ou aplicada em dobro se houver emprego de arma de fogo de uso proibido ou restrito (art. 157, § 2º-B); d) a pena do crime de tráfico de drogas ser reduzida de 1/6 a 2/3, se o agente for primário, de bons antecedentes, não integrar organização criminosa e não se dedicar às atividades criminosas (art. 33, § 4º, da Lei n. 11.343/2006).

A modalidade simples de uma infração penal é aquela prevista no *caput* da norma incriminadora. É denominada também de tipo *fundamental* ou *básico* e é relacionada às elementares do delito, sem as quais este não se tipifica. Por sua vez, as modalidades qualificadas, privilegiadas, exasperadas por causas de aumento ou abrandadas por causas de diminuição de pena, são chamadas de tipos *derivados*.

9.5.1. Classificação dos tipos penais

Os tipos penais podem ser:

a) *Anormais:* é aquele que contém elementos normativos ou subjetivos, além dos elementos objetivos. O crime de falsa identidade do art. 307 do Código Penal é anormal porque possui elemento subjetivo (finalidade de obter vantagem). O delito de divulgação de segredo (art. 153) também é anormal porque contém elemento normativo (que a divulgação ocorra sem justa causa). O crime de furto, por sua vez, possui elemento normativo (que a coisa seja alheia) e subjetivo (intenção de assenhoreamento definitivo do bem alheio, contido, na expressão "para si ou para outrem"). Constitui igualmente tipo anormal.

b) *Normais*: é aquele que só contém elementos objetivos. Todos os tipos penais possuem elementos objetivos. Alguns também possuem elementos normativos e subjetivos. Quando a infração penal em abstrato contém exclusivamente elementos objetivos, tal como ocorre no delito de homicídio (matar alguém), a doutrina diz que o tipo penal é normal.

c) *Fechados*: é o que apresenta uma descrição completa da conduta ilícita, com uso de expressões de alcance restrito. É a regra no direito penal.

d) *Abertos*: é o que faz uso de conceitos amplos, exigindo uma valoração do juiz no caso concreto para concluir acerca da existência da infração penal. É o que ocorre, por exemplo, nos crimes culposos. Com efeito, prevê o art. 121, § 3º, do Código Penal pena de detenção, de 1 a 3 anos, "se o homicídio é culposo". Assim, nos casos concretos, deve o juiz, para decidir se houve ou não crime, comparar a conduta do réu que provocou a morte de outrem com a conduta que teria, nas mesmas condições, o chamado homem prudente e de discernimento. Se o juiz concluir que o homem prudente não realizaria a conduta da forma como perpetrada pelo acusado, deverá ele ser responsabilizado pelo crime culposo.

Não se confundem os tipos penais abertos, perfeitamente admissíveis, com os tipos penais *vagos* que têm o conteúdo absolutamente impreciso e genérico, e que, por tal razão, afrontam o princípio da taxatividade (e, por consequência, o princípio da legalidade), por não restar claro aos cidadãos quais condutas estão nele inseridas. Estes últimos, portanto, se aprovados pelo legislador, devem ser declarados inconstitucionais.

e) *Simples*: é o que contém um único núcleo, uma única conduta típica. No homicídio, por exemplo, a única conduta típica é "matar"; no furto, o único núcleo é subtrair.

f) *Mistos*: possui dois ou mais núcleos. Subdivide-se em tipo misto *alternativo* e tipo misto *cumulativo*. No primeiro, as condutas típicas estão separadas pela partícula "ou", de modo que a realização de uma só conduta já é suficiente para configurar a infração penal, mas a prática de duas ou mais em relação ao mesmo objeto material constitui crime único. São exemplos os crimes de receptação (art. 180) e participação em suicídio ou automutilação (art. 122). No segundo, a realização de cada conduta típica constitui crime autônomo. Pode ser citado como exemplo o delito de abandono material (art. 244).

9.5.2. Tipicidade

É o enquadramento exato da conduta realizada pelo agente na norma penal descrita em abstrato. Para que se caracterize uma infração penal, é necessário que o comportamento do sujeito ativo no caso concreto se amolde a todos os elementos componentes da descrição típica (definição legal do delito). Quando ocorre esse enquadramento, existe a tipicidade.

Estando presente a tipicidade, presume-se que o fato é ilícito. A tipicidade, portanto, representa um indício de antijuridicidade. Cuida-se, porém, de presunção relativa, que admite prova em sentido contrário, de modo que, se demonstrada a existência de alguma excludente de ilicitude no caso concreto (legítima defesa, estado de necessidade etc.), o fato não será considerado criminoso.

A possibilidade de enquadrar determinada conduta no tipo legal é também denominada *adequação típica*. Esta pode se dar de forma direta (ou imediata) ou indireta (ou mediata).

Ocorre a adequação típica *direta* (ou *imediata*) quando há correspondência total da conduta realizada ao tipo em abstrato. A conduta do agente se encaixa perfeitamente no tipo penal descrito em abstrato sem a necessidade da utilização de qualquer outra norma. Mostra-se presente nos casos de autoria (realização *pessoal* da conduta descrita no tipo) e de efetiva consumação do ilícito penal.

Por sua vez, a adequação típica *indireta* (ou *mediata*) mostra-se presente quando a materialização da tipicidade exige a utilização de uma norma de extensão, sem a qual seria impossível enquadrar a conduta no tipo. É o que ocorre nas hipóteses de participação (art. 29) e tentativa (art. 14, II).

Com efeito, o art. 121 do Código Penal, ao definir o crime de homicídio, descreve a conduta de matar alguém e estabelece a correspondente pena de reclusão de 6 a 20 anos. Assim, para quem efetua disparos de arma de fogo e provoca a morte de outrem, a adequação típica é de subordinação direta ou imediata, pois ele a matou, ou seja, realizou a conduta típica "matar". Suponha-se, por sua vez, que alguém tenha apenas emprestado a arma para que o sujeito matasse a vítima. Ora, quem emprestou a arma não matou ninguém e, em princípio, não poderia ser punido porque sua conduta não se amolda ao tipo penal do art. 121 do Código Penal. A tipicidade de sua conduta, entretanto, mostra-se possível em razão da existência da *norma de extensão* prevista no art. 29 do Código Penal que tem por finalidade permitir a punição dos partícipes da infração penal. De acordo com tal dispositivo, "quem, de qualquer modo, concorre para o crime incide nas penas a este cominadas, na medida de sua culpabilidade". Assim, em relação aos partícipes, ocorre adequação típica de subordinação mediata ou indireta, porque a possibilidade de punição destes não surge do enquadramento direto no art. 121 do Código Penal, e sim da combinação deste dispositivo com o art. 29 do mesmo Código.

Da mesma forma, o art. 121 só permite a punição daqueles que consumam o homicídio. Referido dispositivo só prevê pena para quem mata e não para quem tenta matar. Ocorre que o art. 14, II, do Código Penal estabelece a existência de delito tentado quando o agente inicia a execução do crime e não consegue consumá-lo por circunstâncias alheias à sua vontade e, concomitantemente o art. 14, parágrafo único, dispõe que, "pune-se a tentativa com a pena correspondente ao crime consumado, diminuída de um a dois terços". Assim, nos casos de tentativa de homicídio, a adequação típica é de subordinação indireta ou mediata porque pressupõe a combinação do art. 121 do Código Penal com o art. 14, II, e parágrafo único, do mesmo Código.

9.5.2.1. Tipicidade conglobante

Para Eugênio Raúl Zaffaroni e José Henrique Pierangelli, grandes defensores desta teoria, a tipicidade penal pressupõe a soma da tipicidade legal com a tipicidade conglobante.

A tipicidade legal é a adequação da conduta concreta à norma penal abstrata, nos termos já estudados.

A tipicidade conglobante é a inadequação da conduta a normas extrapenais. Significa que, se algum outro ramo do direito (civil, administrativo, tributário) permitir determinado comportamento, este não poderá ser considerado típico no âmbito penal.

De acordo com a teoria tradicional (adotada pelo Código Penal), se um policial dirige a viatura em alta velocidade em perseguição a um bandido em fuga, sua conduta é considerada típica (contravenção de direção perigosa), mas não é antijurídica diante da presença da excludente do estrito cumprimento do dever legal. Se um lutador de artes marciais, agindo dentro das regras esportivas, fere o outro competidor, a conduta é típica (lesões corporais), mas não é antijurídica em razão da excludente do exercício regular de direito. Para aqueles que defendem a necessidade da tipicidade conglobante, a conduta do policial e do lutador é atípica, pois, se a legislação extrapenal as permite, o fato não pode ser considerado típico no âmbito penal.

A aplicação desta teoria torna inócuas, portanto, as excludentes de ilicitude do exercício regular de direito e do estrito cumprimento do dever legal que, todavia, encontram-se expressamente elencadas no art. 23, III, do Código Penal.

É necessário ainda mencionar que, pela teoria da imputação objetiva, são também atípicas as hipóteses de exercício regular de direito com o argumento de que, em tais casos, o agente expõe os bens jurídicos alheios a riscos *permitidos*. Por tal teoria, portanto, o exercício regular de direito deixa de ser causa excludente da ilicitude.

Saliente-se, por fim, que, qualquer que seja a teoria adotada, o policial e o lutador não podem ser punidos. Para a teoria tradicional, o fato é típico, mas não é antijurídico. Para as demais teorias, o fato é atípico, porém, por fundamentos diversos.

9.6. Crime doloso

Insta analisar, antes de qualquer outro aspecto, as teorias existentes em relação aos tipos penais dolosos.

De acordo com a teoria da *vontade*, dolo é a vontade de realizar a conduta e produzir o resultado. Pela teoria da *representação*, dolo é a vontade de realizar a conduta, prevendo a possibilidade de produção do resultado. Por fim, de acordo com a teoria do *assentimento*, dolo é a vontade de realizar a conduta, assumindo o risco da produção do resultado.

O art. 18, I, do Código Penal diz que há crime doloso quando o agente quer o resultado (dolo direto) ou quando assume o risco de produzi-lo (dolo eventual). Percebe-se, portanto, que, na hipótese do dolo direto, o legislador adotou a teoria da vontade e, no caso do dolo eventual, adotou a teoria do assentimento. A teoria da representação não poderia ser adotada porque, segundo ela, existe dolo sempre que o agente prevê a possibilidade do resultado, de modo que não haveria diferença entre dolo eventual e culpa consciente.

A intensidade do dolo deve ser levada em conta pelo juiz na fixação da pena-base, nos termos do art. 59 do Código Penal.

9.6.1. Espécies de dolo

Relevante a classificação doutrinária em torno das modalidades de dolo:

a) *Dolo natural*: é a espécie de dolo adotada pela teoria finalista da ação (atualmente consagrada no Código Penal). Segundo essa teoria, o dolo pressupõe: 1) consciência da conduta, do resultado e do nexo causal entre ambos; e 2) vontade de realizar a conduta e provocar o resultado (intenção de concretizar os elementos que compõem a descrição típica do delito).

Para essa teoria, o dolo constitui parte integrante da conduta (ação/omissão) e, portanto, do fato típico.

b) *Dolo normativo*: é o dolo segundo a teoria clássica ou causal. Para os seguidores dessa teoria, o dolo pressupõe 1) consciência da conduta, do resultado e do nexo causal entre ambos; 2) vontade de realizar a conduta e provocar o resultado; e 3) consciência da ilicitude.

A diferença, portanto, é que, para esta teoria, o dolo contém a consciência da ilicitude, sendo elemento integrante da *culpabilidade*.

c) *Dolo direto* ou *determinado*: quando o agente visa certo e determinado resultado.

d) *Dolo indireto* ou *indeterminado*: quando o sujeito não se dirige a certo e determinado resultado. Possui duas formas: o dolo *alternativo*, quando a intenção do agente se dirige a um ou outro resultado, por exemplo, quando efetua golpes na vítima com intenção de feri-la ou matá-la; e o dolo *eventual*, quando o agente assume o risco de produzir o resultado.

e) *Dolo* de *dano*: intenção de causar efetiva lesão ao bem jurídico tutelado, tal como ocorre nos crimes de homicídio, aborto, furto, estelionato etc.

f) *Dolo* de *perigo*: a intenção do agente é de expor a risco o bem jurídico tutelado, tal como ocorre nos crimes de periclitação da vida e da saúde (art. 132), rixa (art. 137) etc.

g) *Dolo genérico*: vontade de realizar a conduta descrita na lei. O dolo genérico existe em todos os crimes dolosos.

h) *Dolo específico*: vontade de realizar a conduta, visando um fim especial. Mostra-se presente apenas quando o tipo exige determinada finalidade. Exemplo: extorsão mediante sequestro (art. 159), cujo tipo penal é sequestrar pessoa com o fim de obter vantagem como condição ou preço do resgate.

Atualmente, entende-se que a expressão dolo específico está ultrapassada. Argumenta-se que quem quer cometer extorsão mediante sequestro age com dolo em relação a todos os elementos componentes do tipo. Basta, portanto, dizer que o sujeito agiu com dolo de cometer tal infração, que, automaticamente, chega-se à conclusão de que o sujeito queria obter alguma vantagem como decorrência do sequestro. A finalidade de obter a vantagem é apenas um dos elementos componentes do tipo penal (o elemento subjetivo do tipo).

i) *Dolo geral*: ocorre quando o agente, supondo já ter alcançado o resultado por ele visado, pratica nova ação que efetivamente o provoca. Exemplo: alguém efetua disparos contra a vítima e, supondo que ela já esteja morta, atira-a ao mar, provocando sua morte. Nesse caso, ao tentar ocultar o cadáver, o agente acabou matando a vítima e, em razão do dolo geral, responde por homicídio doloso consumado (e não por tentativa de homicídio em concurso com homicídio culposo).

9.6.2. Condições objetivas de punibilidade

São circunstâncias que não constam da descrição típica do delito e que, por essa razão, estão *fora do dolo do agente* no momento em que realiza a conduta. A própria lei, entretanto, subordina a punição do acusado à sua existência.

A hipótese mais conhecida é aquela prevista no art. 180 da Lei n. 11.101/2005 (Lei de Falências): "a sentença que decreta a falência concede a recuperação judicial ou concede a recuperação extrajudicial [...] é condição objetiva de punibilidade das infrações descritas nesta Lei". Assim, veja-se, por exemplo, o art. 178 da mesma lei que incrimina quem *"deixa de elaborar, escriturar ou autenticar, antes ou depois da sentença que decretar a falência, conceder a recuperação judicial ou homologar o plano de recuperação extrajudicial, os documentos de escrituração contábil obrigatórios"*. O empresário que antes de uma das mencionadas decisões judiciais não realize a devida escrituração só poderá ser punido pela omissão se, posteriormente, for efetivamente decretada, por sentença, a falência ou a recuperação judicial, ou, ainda, se for homologado, também por sentença, o plano de recuperação extrajudicial. Tais sentenças, portanto, constituem condições objetivas de punibilidade, como, aliás, expressamente declara o mencionado art. 183.

9.7. Crime culposo

De acordo com o art. 18, II, do Código Penal, cuida-se de modalidade de infração penal na qual o agente não quer nem assume o risco de produzir o resultado, mas a ele dá causa, por imprudência, negligência ou imperícia. O conceito de crime culposo, todavia, abrange vários outros elementos, sendo, assim, mais amplo e complexo do que faz parecer a sua definição legal. Com efeito, há consenso na doutrina de que crime culposo é aquele resultante da inobservância de um cuidado necessário, manifestada na conduta produtora de um resultado objetivamente previsível, por imprudência, negligência ou imperícia.

Pode se dizer, portanto, que o crime culposo possui os seguintes elementos: a) *conduta*; b) *resultado*; c) *nexo causal*; d) *tipicidade*; e) *previsibilidade objetiva*; e f) *quebra do dever objetivo de cuidado por imprudência, negligência ou imperícia*.

Deve-se salientar, novamente, que, nos crimes culposos, o agente não quer e não assume o risco de provocar o resultado, pois, se o fizesse, estaria incurso em crime doloso, que é mais grave. Nas infrações penais culposas, o sujeito realiza uma conduta de forma voluntária, que acaba provocando involuntariamente o resultado, ficando demonstrado que este decorreu da forma imprópria como ele atuou no caso concreto. Conduta culposa, portanto, é aquela na qual o agente não observa um dever de cuidado, imposto a todos no convívio social, e, por esse motivo, causa um resultado típico (morte, lesões corporais etc.).

Para saber se houve ou não a inobservância desse cuidado objetivo, deve-se confrontar a conduta do agente com a conduta que teria, nas mesmas condições, um homem prudente e de discernimento. Se o agente não agiu como agiria o homem prudente, cometeu o crime culposo, ou seja, se não cumpriu com o dever de cuidado, sua conduta será típica. Se, no entanto, ficar constatado que o agente, apesar de ter, por exemplo, atropelado a vítima, estava conduzindo corretamente o veículo, o fato será atípico. Assim, pode-se dizer que os crimes culposos têm o tipo aberto, uma vez que, diversamente dos crimes dolosos, a conduta não é especificada na lei. Nos crimes culposos, a lei descreve apenas o resultado, e o juiz é quem deve, no caso concreto, avaliar se houve culpa em sentido lato, ou, em outras palavras, determinar a tipicidade pela comparação entre a conduta do acusado e o comportamento provável que, na mesma situação, teria uma pessoa prudente e de discernimento, como já mencionado. Do desvalor da comparação tipifica-se o crime culposo. Em razão da necessidade dessa comparação, diz-se que a culpa é o elemento *normativo* da conduta. Existe crime culposo, por exemplo, na conduta de dirigir na contramão, em excesso de velocidade, em ultrapassar um sinal desfavorável etc.

A inobservância do cuidado objetivo necessário pode manifestar-se de várias formas:

a) *Imprudência*: é uma conduta positiva, uma ação. Ocorre, por exemplo, quando o agente toma uma atitude com falta de cuidado, com afoiteza, de forma perigosa. Exemplos: dirigir em excesso de velocidade e atropelar um pedestre, brincar com revólver municiado e provocar um disparo acidental que atinge terceiro etc.

b) *Negligência*: é uma conduta negativa, uma omissão (quando o caso impunha uma ação preventiva). Na negligência, há inércia psíquica, indiferença do agente, que, podendo tomar as cautelas exigíveis, não o faz por descaso. Em suma, a negligência é a ausência de precaução que dá causa ao resultado. Podem ser mencionados como exemplos: não providenciar a manutenção dos freios do veículo e, por isso, provocar um acidente com vítima, não providenciar equipamentos de segurança para seus empregados propiciando lesões em acidente de trabalho etc.

Comparando essas duas formas, verifica-se que a imprudência é uma ação que provoca o resultado, e a negligência é uma omissão que a ele dá causa.

Saliente-se, ainda, que é comum uma pessoa agir ao mesmo tempo de forma imprudente e negligente, provocando, assim, o resultado. É o que ocorre, por exemplo, quando o dono do automóvel não dá manutenção no freio e dirige o veículo em velocidade acima da permitida para o local, provocando um acidente. Em havendo uma única morte, teremos crime único, não obstante tenha havido duas condutas culposas por parte da mesma pessoa. Nessa hipótese, o juiz deve considerar tal circunstância na fixação da pena-base (art. 59 do CP). Os delitos culposos, portanto, podem ser enquadrados no conceito de tipo misto alternativo já que as modalidades culposas estão separadas pela conjunção alternativa "ou" (imprudência, negligência *ou* imperícia).

c) *Imperícia*: é a demonstração de incapacidade ou de falta de conhecimentos técnicos no desempenho de arte, profissão ou ofício que, no caso concreto, provoca o resultado lesivo. A imperícia pressupõe sempre a qualificação ou habilitação legal para a arte ou o ofício. Não havendo tal habilitação para o desempenho da atividade, a culpa é imputada ao agente por imprudência ou negligência.

Quando um médico, durante uma cirurgia, por falta de habilidade no manuseio do bisturi, secciona uma artéria e causa uma hemorragia seguida de morte, temos caso de imperícia. Se um motorista habilitado, dirigindo normalmente um veículo, não consegue fazer uma curva por falta de habilidade na condução do automóvel, mostra-se também presente a imperícia (para dirigir veículo é necessária habilitação).

Não se confunde a imperícia com o erro profissional, mesmo porque profissões como a medicina não são ciências exatas. Assim, é possível que haja erro de diagnóstico plenamente justificado pelas circunstâncias, como ocorre, por exemplo, quando ressurge doença que há muitos anos não se verificava em certa região e que apresenta sintomas iniciais muito parecidos aos de outras doenças. Nesse caso, o fato é atípico, salvo se o equívoco for grosseiro.

A mera inobservância do dever de cuidado não basta para caracterizar o crime culposo. É necessária a ocorrência do *resultado* descrito na lei (e não desejado pelo agente). Assim, se alguém desrespeita um semáforo desfavorável, mas não atinge qualquer pessoa, não há crime. Além disso, se atinge e danifica um muro ou um poste, sem, todavia, lesionar ou matar outrem, o fato também é atípico porque não existe previsão legal de crime de dano culposo.

Por conclusão, só haverá ilícito culposo se, da ação ou omissão contrária ao dever de cuidado, resultar lesão a um bem jurídico (resultado) e desde que haja enquadramento em algum tipo penal que expressamente preveja pena para a provocação daquele resultado culposo (tipicidade).

Observe-se que é possível, excepcionalmente, que a inobservância do cuidado, por si só, configure crime autônomo (normalmente crime de perigo) quando houver previsão legal nesse sentido. Exemplos: contravenção penal de direção perigosa, crime de embriaguez ao volante etc. Essas infrações penais, todavia, não constituem modalidade de crime culposo.

Veja-se ainda que não haverá crime culposo se, mesmo havendo falta de cuidado por parte do agente e ocorrendo o resultado lesivo, ficar comprovado que tal resultado teria ocorrido de qualquer maneira. Exige-se, portanto, nexo causal entre a conduta e o resultado. Se uma pessoa comete suicídio atirando-se sob um carro que está na contramão de direção, o fato não é considerado homicídio culposo, porque o suicídio é considerado um caso fortuito. Assim, embora o condutor estivesse agindo com imprudência, não há crime.

A previsibilidade é também elencada como requisito dos crimes culposos. Previsibilidade é a possibilidade de conhecimento do perigo que sua conduta gera para os bens jurídicos tutelados e também a possibilidade de prever o resultado, conforme as condições pessoais do agente. Assim, para que se possa punir o responsável pela provocação de uma morte decorrente, por exemplo, de negligência, é necessário que se demonstre a existência da previsibilidade objetiva e subjetiva.

A previsibilidade *objetiva* é a perspicácia comum, normal dos homens, de prever o resultado. Assim, estão fora do tipo penal dos delitos culposos os resultados não abrangidos pela previsibilidade objetiva, ou seja, os que não são alcançados pela previsão de um homem normal, comum. Tal resultado, portanto, só poderia ser evitado por um homem extremamente cuidadoso.

Por sua vez, a previsibilidade *subjetiva* é a capacidade de o agente, no caso concreto, prever o resultado, em razão de condições a ele inerentes, que variam de acordo com vários fatores, como educação, inteligência, capacidade, sagacidade etc.

Verificado que o fato é típico, diante da previsibilidade objetiva (do homem razoável), só haverá reprovabilidade ou censurabilidade da conduta (culpabilidade) se o sujeito puder prevê-la (previsibilidade subjetiva). Em outras palavras, a previsibilidade objetiva é elemento do crime culposo, integrando, portanto, o fato típico. A previsibilidade subjetiva, por sua vez, integra a culpabilidade.

Assim, se o resultado é objetiva e *subjetivamente* previsível, pode o agente: a) *tê-lo previsto*. Em tal caso, temos a culpa consciente; b) *não o ter previsto*. Em tal caso temos a culpa inconsciente.

Se o resultado não era objetivamente previsível, o fato é atípico. Se o fato era objetivamente, mas não subjetivamente previsível, o fato é típico, mas o agente não é culpável (ausência de potencial consciência da ilicitude), não sendo possível ser aplicada a sanção penal.

9.7.1. Estrutura dos crimes culposos

Diante de tudo o que foi explanado no tópico anterior, é possível concluir que para a configuração de um crime culposo mostram-se necessários os seguintes elementos:

a) *conduta* (ação ou omissão voluntária), realizada com quebra de um dever objetivo de cuidado, consistente em imprudência, negligência ou imperícia;

b) *resultado involuntário*;

c) *nexo causal entre a conduta e o resultado*;

d) *tipicidade*; e

e) *previsibilidade objetiva*.

Além disso, para que o agente seja culpável, deve estar também presente a previsibilidade subjetiva.

9.7.2. Espécies de culpa

De acordo com o art. 18, II, do Código Penal, existem três modalidades de culpa: imprudência, negligência e imperícia. Além disso, existem, ainda, as seguintes classificações:

a) Culpa *consciente*, em que o agente prevê o resultado, mas espera que ele não ocorra. Há a previsão do resultado, mas ele supõe que poderá evitá-lo com sua habilidade. O agente imagina sinceramente que poderá evitar o resultado. Difere do dolo eventual, porque neste o agente prevê o resultado, mas não se importa que ele ocorra. Para o agente que atua com dolo eventual, é indiferente que o resultado ocorra ou não.

b) Culpa *inconsciente*, em que o agente não prevê o resultado, que, entretanto, era objetiva e subjetivamente previsível.

c) Culpa *própria*, em que o sujeito não quer e não assume o risco de produzir o resultado.

d) Culpa *imprópria*, também chamada de culpa por *extensão*, por *assimilação* ou por *equiparação*, em que o agente supõe estar agindo acobertado por uma excludente de ilicitude (descriminante putativa) e, em razão disso, provoca intencionalmente um resultado ilícito. Apesar de a ação ser dolosa, a própria lei determina que o agente responda por crime culposo na medida em que sua avaliação acerca da situação fática foi equivocada (*v*. comentários aos arts. 20, § 1º, 2ª parte, e 23, parágrafo único, do CP).

e) **Culpa *indireta* ou *mediata*.** Ocorre com a produção indireta de um resultado de modo culposo.

Imagine-se que uma pessoa resolva dar um grande susto em um amigo muito medroso para filmá-lo em tal momento e depois colocar as imagens nas redes sociais. O sujeito, então, veste uma máscara assustadora e fica escondido atrás de uma árvore. Quando o amigo passa, o sujeito pula em sua frente com um facão na mão e grita que vai matá-lo. O amigo, amedrontado, sai correndo pelo meio da avenida ali existente e é atropelado. O motorista do veículo não pode ser responsabilizado porque a vítima atravessou a avenida repentinamente e em local não apropriado. O homicídio culposo poderá ser imputado ao autor do susto (culpa indireta), pois era previsível que a vítima corresse e fosse atropelada, já que o fato ocorreu ao lado de uma via movimentada.

Da mesma forma, quando alguém, após uma discussão, atiça um cão bravio contra outra pessoa, fazendo com que esta, que estava na calçada, saia correndo por uma avenida e seja atropelada e morra, responde por homicídio culposo porque era previsível que a vítima corresse para fugir do cão e fosse atropelada.

9.7.3. Graus de culpa

De acordo com a maior ou menor possibilidade de previsão, a culpa pode ser grave, leve ou levíssima. A lei não faz expressa distinção a respeito do tema, que só tem relevância na aplicação da pena, pois, de acordo com o art. 59 do Código Penal, o juiz deve fixar a pena-base levando em consideração as circunstâncias do crime.

9.7.4. Vedação da compensação de culpas

Não existe compensação de culpas. Assim, se duas pessoas agem com imprudência, uma dando causa a lesões na outra, ambas cometem crime, ou seja, uma conduta culposa não anula a outra. Cada uma responde por um crime, tendo o outro como vítima.

Além disso, se o agente e a vítima agem de forma imprudente, a culpa da vítima não se compensa com a culpa do agente, que responde pelo crime. Exemplo: Antonio dirige em velocidade excessiva e a vítima atravessa a rua em local não apropriado, sofrendo atropelamento. Fica afastada a incidência do crime culposo apenas quando a culpa é exclusiva da vítima.

9.7.5. Concorrência de culpas

Existe a chamada concorrência de culpas quando duas ou mais pessoas agem de forma culposa dando causa ao resultado em terceiro, hipótese em que todas respondem pelo crime culposo. Se Mário dirige na contramão e Luiz em excesso de velocidade dando causa a uma colisão, da qual decorre a morte de Jairo, ambos respondem pelo crime.

9.7.6. Excepcionalidade do crime culposo

A existência de crime culposo depende de expressa previsão legal. Com efeito, dispõe o art. 18, parágrafo único, do Código Penal que, "salvo os casos expressos em lei, ninguém pode ser punido por fato previsto como crime, senão quando o pratica dolosamente".

9.7.7. Teoria do incremento do risco

Por esta teoria, ligada à da imputação objetiva, busca-se a tipificação do crime culposo pela comparação do risco permitido decorrente de condutas lícitas com o incremento do risco resultante de atividades perigosas. Caso constatado o incremento do risco no caso concreto estará configurado o delito culposo, desde que verificado o resultado lesivo previsto na lei (morte, lesões corporais etc.).

9.7.8. Coautoria e participação em crime culposo

Quanto à possibilidade de existência de coautoria e participação em crime culposo, v. comentários no tema "Concurso de pessoas".

9.8. Crimes preterdolosos

Nessa modalidade de infração penal, o resultado provocado supera a intenção do agente. Existe dolo inicial de cometer uma infração mais branda, porém a conduta do acusado provoca culposamente resultado mais gravoso. É o que ocorre, por exemplo, no crime de lesão corporal seguida de morte (art. 129, § 3º) em que o agente quer lesionar a vítima e durante a execução provoca culposamente sua morte.

O crime preterdoloso é apenas uma das espécies dos chamados crimes *qualificados pelo resultado*. Estes últimos ocorrem quando o legislador, após descrever uma figura típica fundamental, acrescenta-lhe um resultado, que tem por finalidade aumentar a pena.

Os crimes qualificados pelo resultado podem ser observados nas seguintes formas:

a) *Conduta dolosa e resultado agravador doloso*. Exemplo: durante um roubo, o assaltante mata intencionalmente a vítima. Há crime de roubo qualificado pela morte, também chamado de latrocínio (art. 157, § 3º).

b) *Conduta culposa e resultado agravador doloso*. Exemplo: crime de lesões corporais culposas, cuja pena é aumentada de 1/3, se o agente, dolosamente, deixa de prestar imediato socorro à vítima (art. 129, § 7º).

c) *Conduta dolosa e resultado agravador culposo*: crime de lesão corporal seguida de morte (art. 129, § 3º), por exemplo, no qual o legislador descreve que a pena será maior quando o agente, ao agredir a vítima, provoca sua morte, e as circunstâncias indicam que ele não quis e não assumiu o risco de produzi-la. É o que acontece, por exemplo, quando alguém desfere uma facada na perna da vítima e esta acaba falecendo por hemorragia.

Apenas esta modalidade de delito qualificado pelo resultado pode ser classificada como crime preterdoloso: dolo no antecedente (conduta) e culpa no consequente (resultado).

d) *Conduta culposa e resultado agravador culposo*: crime de incêndio culposo, qualificado pela morte culposa (art. 250, § 2º, c./c. o art. 258, 2ª parte).

Observe-se que o art. 19 do Código Penal estabelece que, pelo resultado que agrava especialmente a pena, só responde o agente que o tenha causado ao menos culposamente. O dispositivo tem a finalidade de esclarecer que não são cabíveis majorantes ou qualificadoras quando o resultado decorre de caso fortuito ou de força maior, ainda que haja nexo de causalidade. Exemplo: a vítima sequestrada morre porque um raio atinge a casa em que ela era mantida em cativeiro. Nesse caso, não se aplica a qualificadora da morte para os sequestradores (art. 159, § 3º), uma vez que houve caso fortuito.

Os crimes preterdolosos não admitem a tentativa, pois, neles, o agente não quer o resultado final agravador, sendo certo que, nos crimes tentados, o agente quer o resultado (mas não o alcança por circunstâncias alheias à sua vontade).

9.9. Erro de tipo

Erro de tipo é o equívoco do agente que faz com que suponha, no caso concreto, não estar presente alguma elementar componente da figura típica ou alguma circunstância. Conforme já estudado, para que haja dolo, é necessário que o agente queira realizar todos os elementos constitutivos do tipo. Assim, como consequência do erro de tipo, chega-se à conclusão de que inexiste o dolo no caso concreto. Excluído este estará também excluída a conduta e, consequentemente, o fato típico. Por exemplo, se uma pessoa contrai matrimônio com pessoa já casada, sem conhecer a existência do casamento anterior, ela não responde por crime de bigamia (art. 235), por não ter agido com dolo; se alguém encontra um objeto no meio de um matagal e supõe tratar-se de coisa abandonada, levando-o embora, não comete crime de furto se posteriormente fica constatado que o objeto tinha dono (erro quanto à elementar coisa alheia no crime de furto).

9.9.1. Erro de tipo e delito putativo por erro de tipo

No *erro de tipo*, o agente não quer praticar o crime, mas por erro sua conduta se enquadra no tipo penal. O agente não sabe que sua conduta se amolda na figura criminosa e, portanto, não responde por este.

No delito *putativo* (imaginário) *por erro de tipo*, ocorre a situação inversa, ou seja, o sujeito quer praticar o crime, mas por uma errônea percepção da realidade, executa uma conduta atípica. Exemplo: uma pessoa quer furtar um objeto que supõe ser alheio, mas se apodera de um objeto que lhe pertence. Nessa hipótese, não se aperfeiçoa a figura típica do furto, que exige a subtração de coisa alheia móvel e, por isso, também não há crime, em razão da ausência de uma das elementares do delito.

Podem ocorrer as seguintes hipóteses:

a) *Delito putativo por erro de tipo*: ocorre quando o agente, por equívoco, imagina estar realizando todas as elementares de um crime, quando, na verdade, não está. O erro aqui se refere ao fato.

b) *Delito putativo por erro de proibição:* ocorre quando o agente supõe estar praticando um crime, mas, na realidade, não há norma incriminadora definindo o fato como ilícito penal. O erro aqui se refere à existência da norma penal incriminadora.

c) *Delito putativo por obra de agente provocador*: de acordo com a Súmula 145 do Supremo Tribunal Federal, não há crime quando a preparação do flagrante pela polícia torna impossível sua consumação (v. comentários no "tema crime impossível").

9.9.2. Modalidades de erro de tipo

O erro de tipo pode ser *essencial* ou *acidental*.

9.9.2.1. Erro essencial

Essencial é o erro de tipo que incide sobre elementares ou circunstâncias do crime, de forma que o agente não tem consciência de que está cometendo um delito ou incidindo em alguma figura qualificada ou agravada.

O erro de tipo essencial pode ser: a) *vencível ou inescusável*; ou b) *invencível ou escusável*.

O erro é *inescusável* quando o agente poderia tê-lo evitado se agisse com o cuidado necessário no caso concreto. Nessa modalidade, o erro de tipo exclui o dolo, mas o agente responde por crime culposo, se compatível com a espécie de delito praticado. É o que dispõe a parte final do art. 20, *caput*, do Código Penal.

O erro é considerado *escusável* quando se verifica que o agente não poderia tê-lo evitado, uma vez que empregou as diligências normais na hipótese concreta. Nesse caso, excluem-se o dolo e a culpa. Se o erro recaiu sobre uma elementar, exclui-se o crime. Se o agente, por sua vez, queria cometer o crime e o erro recaiu apenas sobre uma qualificadora ou outra circunstância que exaspera a pena, desconsideram-se estas.

9.9.2.1.1. Erro provocado por terceiro

O erro sobre os elementos do tipo penal ou das excludentes de ilicitude pode ser espontâneo ou pode ter sido provocado por terceiro. Em tal caso, dispõe o art. 20, § 2º, do Código Penal que o terceiro responde pelo crime. Caso este induza o outro em erro *dolosamente*, a fim de que este execute uma infração penal sem ter ciência de que o está fazendo, responde pelo delito na forma dolosa. Suponha-se, por exemplo, uma peça teatral em que, todos os dias, um dos atores empunha um revólver e efetua disparos com balas de festim para encenar a morte de outro personagem. Alguém, então, minutos antes do início da peça teatral, sorrateiramente troca as balas de festim por projéteis verdadeiros, de modo que, durante a encenação, um dos atores acaba matando o outro. Em tal caso, quem trocou a munição responde por homicídio doloso. Houve, na hipótese, erro de tipo provocado por terceiro, que, evidentemente, impede o reconhecimento do dolo de matar por parte do ator que apertou o gatilho.

Se o terceiro provocou o erro de forma *culposa*, incorre no delito nesta modalidade. Suponha-se, por exemplo, que fique comprovado que o projétil verdadeiro foi colocado por descuido na arma que seria usada pelo ator, por falta de atenção de um funcionário do teatro. Em tal hipótese, este responderá por homicídio culposo.

Imagine-se, por sua vez, que o sujeito, dolosamente, faça alguém acreditar que se encontra na iminência de ser morto por outrem e o convença a agir em suposta legítima defesa matando o falso agressor. Em tal caso, o terceiro que provocou o erro responde por homicídio doloso. Em relação ao executor, será reconhecida a descriminante putativa por erro de tipo provocado por terceiro.

É necessário ressaltar, por fim, que o terceiro provocado ficará isento de pena somente se ficar demonstrado que o erro a que foi induzido era *inevitável*. Se a prova do caso concreto indicar que o erro era *evitável* (se tomadas as cautelas exigidas para a situação), responderá por crime *culposo*, caso prevista tal modalidade criminosa em relação ao resultado provocado.

9.9.2.2. Erro acidental

O erro acidental é aquele que recai sobre elementos secundários e irrelevantes da figura típica e não impede a responsabilização do agente, que sabe estar cometendo uma infração penal. Por isso, ele responde pelo crime.

O erro de tipo acidental possui as seguintes espécies: a) *erro sobre o objeto material*; b) *erro na execução*; e c) *erro de nexo causal*.

9.9.2.2.1. Erro acidental sobre o objeto material

O erro quanto ao objeto material pode referir-se à *coisa* ou à *pessoa* sobre a qual recai a conduta ilícita.

Quando o agente imagina estar atingindo uma coisa, mas atinge outra ocorre o erro sobre o *objeto (error in objecto)*. Exemplo: uma pessoa, querendo furtar uma caixa de uísque, entra em uma loja de bebidas e, por estar escuro o local, acaba pegando uma caixa de cachaça. O erro é irrelevante, e o agente, conforme já mencionado, responde pelo crime.

É claro que o erro pode recair sobre a natureza do objeto e, eventualmente, interferir na tipificação, sendo, em tal caso, erro de tipo essencial. Se uma pessoa por engano recebe um quilo de cocaína quando, em verdade, estava comprando um quilo de talco, não comete crime de tráfico de drogas (erro de tipo). Se, ao contrário (o que é mais provável), adquire um quilo de cocaína e recebe um quilo de talco, temos o crime putativo por erro de tipo.

Ocorre erro sobre a *pessoa* quando o agente quer cometer o delito contra alguém, mas, por equívoco, atinge pessoa diversa. É o que ocorre, por exemplo, quando uma pessoa é contratada para matar João, mas o confunde com Antonio, que muito se assemelha fisicamente com a vítima pretendida e, em razão desse erro, mata pessoa diversa da que pretendia. O sujeito obviamente responde por homicídio doloso. Em tal caso, incide a regra do art. 20, § 3º, do Código Penal, que determina que, para fim de aplicação da pena, devem ser consideradas as qualidades da pessoa que o agente pretendia atingir e não as da efetivamente atingida (teoria da equivalência). Vejamos os seguintes exemplos: a) o agente quer matar o próprio pai, mas, por erro sobre a pessoa, mata uma visita que estava na casa do pai. Em tal caso, incide a agravante genérica do art. 61, II, *e* (crime contra ascendente); b) a mãe, sob influência do estado puerperal, resolve matar o próprio filho, logo após o parto. Dirige-se para o berçário e lá provoca a morte de outro recém-nascido, supondo ser o dela. Nos termos do art. 20, § 3º, deve a mãe ser responsabilizada por infanticídio (morte do próprio filho) e não por homicídio.

9.9.2.2.2. Erro na execução e resultado diverso do pretendido

O erro na execução ou *aberratio ictus* ocorre quando o agente, querendo atingir determinada pessoa, efetua o golpe, mas, por má pontaria ou por outro motivo qualquer (desvio do projétil, desvio da vítima), acaba atingindo pessoa diversa da que pretendia. Nesse caso, o art. 73 do Código Penal estabelece que o sujeito responderá pelo crime, levando-se em conta, porém, as condições da vítima que o agente pretendia atingir (teoria da equivalência).

Além disso, pode acontecer de o agente efetivamente atingir quem pretendia e, por erro na execução, atingir também outra pessoa. Nesse caso, haverá crime doloso em relação a quem o sujeito queria acertar e crime culposo em relação à outra vítima, em concurso formal (é o que determina o art. 73, 2ª parte, denominada *aberratio ictus* com duplo resultado). Assim, suponha-se que A efetue vários disparos contra B, mas, por erro, acerte e mate também C. Nesse caso, responderá por homicídio doloso em relação a B e por homicídio culposo em relação a C (aplicando-se a regra do concurso formal no tocante à aplicação da pena). Saliente-se, todavia, que, dependendo da forma como o delito tenha sido executado, poderá ficar constatado dolo eventual em relação à morte de C.

Não se confunde o erro na execução (art. 73) com o erro quanto à pessoa (art. 20, § 3º). Neste, o agente supõe que uma pessoa é outra e efetua o disparo atingindo a pessoa que foi mirada. Exemplo: uma pessoa é contratada para matar Francisco, mas não o conhece pessoalmente (apenas por fotografia). Assim, no momento do crime, o matador vislumbra Paulo e imagina que este é Francisco, efetuando disparo que atinge efetivamente Paulo. No erro de execução, o agente não se confunde em relação à vítima. Ele efetua o disparo contra a pessoa certa, mas o projétil atinge outra. Exemplo: o matador contratado para matar Francisco identifica-o e efetua um disparo contra este. Acontece que, por erro de pontaria, o projétil atinge Paulo, que se encontrava atrás dele.

Por sua vez, mostra-se presente a chamada *aberratio criminis,* que o Código Penal denomina "resultado diverso do pretendido" quando o agente quer atingir um bem jurídico, mas, por erro, atinge bem de natureza diversa. Exemplo: uma pessoa, querendo cometer crime de dano, atira uma pedra em direção ao bem, mas, por erro de pontaria, atinge uma pessoa que sofre lesões corporais. Nesse caso, o agente só responde pelo resultado provocado na modalidade culposa, e, ainda assim, se previsto para a hipótese (art. 74), ou seja, no exemplo acima ele responde por crime de lesões culposas, que absorve a tentativa de dano. Veja-se, entretanto, que, se não existir previsão legal de crime culposo para o resultado provocado, não se aplica a regra da *aberratio criminis*, respondendo o sujeito pela tentativa de dano (pois, caso contrário, o fato ficaria sem punição).

Ressalte-se, por sua vez, que, se o agente atinge o bem jurídico que pretendia e, por erro, atinge também outro bem jurídico, responde pelos dois crimes, em concurso formal. Assim, no exemplo estudado, se o sujeito, querendo cometer crime de dano, atira uma pedra que atinge o bem (o vidro de um carro, por exemplo) e atinge também uma pessoa que se encontra em seu interior (que ele não queria atingir), responde pelo crime de dano consumado em concurso formal com o delito de lesões corporais culposas. É o que prevê a segunda parte do art. 74 do Código Penal. Saliente-se, contudo, que, dependendo da forma como o delito tenha sido executado, pode ficar constatado dolo eventual em relação ao delito de lesões corporais.

9.9.2.2.3. Erro sobre o nexo causal

Divergem os doutrinadores acerca do alcance do conceito de erro sobre o nexo causal ou *aberratio causae*.

Para Fernando Capez[27], a *aberratio causae* se mostra presente quer o erro decorra de ato único do sujeito quer de atos sucessivos. Na primeira hipótese, o sujeito pretende matar a vítima de determinada forma, mas por erro, provoca a morte de modo diverso. Exemplo: o sujeito, visando matar a vítima mediante afogamento, joga-a amarrada em uma grande pedra do alto de uma ponte, mas a morte ocorre antes do afogamento porque a pedra bate na cabeça da vítima e ela morre em decorrência de traumatismo craniano. O agente responde pelo homicídio. Na segunda hipótese (erro decorrente de atos sucessivos), o agente, imaginando já ter consumado o delito, prática nova conduta que vem a ser a causa efetiva da consumação. Tal hipótese é também conhecida como dolo geral. Exemplo: o sujeito comprime o pescoço da vítima por algum tempo e, supondo já tê-la matado por esganadura, faz uma cova no quintal de sua casa e a enterra, vindo esta a morrer nesse instante. O agente responde por homicídio doloso consumado e não por uma tentativa de homicídio em concurso material com homicídio culposo.

Para André Estefam[28], só existe o erro sobre o nexo causal na hipótese de ato único. Com efeito, menciona referido autor que

> não se pode confundir o dolo geral com o erro sobre o nexo causal [...]. No erro sobre o nexo causal realiza-se uma só conduta pretendendo o resultado, o qual é alcançado em virtude de processo causal diverso daquele imaginado. No dolo geral, todavia, o sujeito realiza duas condutas.

9.10. Crime consumado

Nos termos do art. 14, I, do Código Penal, diz-se consumado o crime quando nele se reúnem todos os elementos exigidos para tanto pelo tipo incriminador. No homicídio, o tipo penal é matar alguém, e, assim, o crime se consuma no momento em que a vítima morre; no estupro, o delito se consuma no instante em que o agente pratica o ato sexual com a vítima, após ter contra ela empregado violência ou grave ameaça.

São pelo menos dois os aspectos de grande relevância que decorrem da conclusão de que determinado delito se consumou no caso concreto. Em primeiro lugar, define que será aplicada a pena integral ao infrator, ou seja, sem o redutor que a lei prevê para os crimes tentados. Em segundo lugar, indica o foro competente para a apuração do delito, já que este é determinado pelo local da consumação do ilícito penal, nos termos do art. 70, *caput*, do Código de Processo Penal.

9.10.1. Iter criminis

São as fases que o agente percorre até chegar à consumação do delito. São, ao todo, quatro fases: a) *cogitação*; b) *preparação*; c) *execução*; e d) *consumação*.

---

[27] Fernando Capez. *Curso de direito penal*: Parte Geral. 15. ed. São Paulo: Saraiva, v. 1, p. 260-261.
[28] André Estefam. *Direito penal*: Parte Geral. São Paulo: Saraiva, 2010, p. 232.

Na primeira fase, ou seja, na *cogitação,* o agente está apenas pensando em cometer o crime, sopesando se deve mesmo cometer a infração penal. O simples pensamento, todavia, é impunível. Durante a cogitação, ainda não existe conduta ilícita.

A segunda fase (*preparação*) compreende a prática de todos os atos necessários ao início da execução. Exemplos: alugar uma casa, onde será mantido em cativeiro o empresário a ser sequestrado; conseguir um carro emprestado para ser usado em um roubo a banco; adquirir veneno que será usado em um homicídio etc. São atos que antecedem o efetivo início de execução do delito e, portanto, não são puníveis.

Há casos excepcionais, entretanto, em que o ato preparatório por si só já constitui crime, como no delito de associação criminosa (art. 288, com a redação dada pela Lei n. 12.850/2013), em que seus integrantes são punidos pela simples associação, ainda que não tenham começado a cometer os crimes para os quais se reuniram.

É na terceira fase (*execução*) que começa a efetiva agressão ao bem jurídico tutelado. É o momento em que o agente começa a realizar a conduta descrita no tipo. Exemplos: os roubadores entram em um banco e, apontando as armas para os funcionários, anunciam o assalto; o agente, armado com uma faca, aborda a vítima e a leva para um matagal, com o intuito de estuprá-la etc.

Há grande importância em identificar o momento em que é iniciada a execução, pois é a partir daí que o fato passa a ser punível.

Como saber, então, quando cessou a preparação e iniciou-se a execução?

A preparação termina e a execução começa com a prática do primeiro ato idôneo e inequívoco que pode levar à consumação. Ato idôneo é aquele apto a produzir o resultado consumativo. Ato inequívoco é aquele indubitavelmente ligado à consumação. Exemplo: efetuar disparo de arma de fogo contra a vítima é ato idôneo e inequívoco, pois pode levar a vítima à morte. O simples fato de apontar a arma para a vítima, entretanto, é mero ato preparatório, pois se o gatilho não for acionado, o crime nunca poderá se consumar.

Note-se que alguns tipos penais possuem um único verbo, como o homicídio e, neste, é evidente que o início de execução ocorre com a prática do ato idôneo e inequívoco que visa à produção do evento morte: agressão, envenenamento, asfixia etc. Há, contudo, alguns tipos penais que possuem mais de uma conduta típica, como o estupro em que o agente inicialmente emprega violência ou grave ameaça para dominar a vítima e, em seguida, com ela realiza ato sexual não consentido. Em tal delito, o início de execução não se dá no momento em que o agente principia o ato sexual, mas sim no instante em que emprega a violência ou grave ameaça.

Uma vez iniciada a execução de um delito, mostram-se possíveis os seguintes desdobramentos:

a) O agente não consegue consumar a infração penal por circunstâncias alheias à sua vontade. Nesta hipótese, o crime considera-se tentado. Exemplo: o agente ameaça a vítima com uma faca dizendo para acompanhá-lo até uma casa em construção onde ele irá estuprá-la, mas a vítima se aproveita de uma breve distração do agente e consegue fugir antes da prática de qualquer ato libidinoso.

b) O agente desiste voluntariamente de prosseguir nos atos de execução, hipótese em que só responderá pelos atos já praticados. Temos aqui a chamada desistência voluntária, que será mais bem estudada no momento oportuno. É o que ocorre quando o agente, após dominar com uma faca a vítima que pretende estuprar, resolve voluntariamente soltá-la, antes da prática de qualquer ato sexual. Em tal caso, ele responderá apenas pelo crime de ameaça.

c) O agente consegue consumar o delito. No exemplo acima, a consumação ocorreria no exato instante em que o agente realizasse qualquer ato sexual com a vítima.

Conforme já mencionado, a consumação (quarta fase do *iter criminis*) ocorre quando todos os elementos exigidos pelo tipo penal são concretizados (objetivos, subjetivos e normativos).

Nos crimes *formais* e nos de *mera conduta,* a consumação se dá no momento em que praticada a ação descrita no tipo penal. A diferença é que nos crimes formais a lei descreve um resultado visado pelo agente, mas dispensa, para fim de consumação, a efetivação de tal resultado, ao passo que nos delitos de mera conduta o tipo penal não menciona qualquer resultado, descrevendo apenas uma ação. Saliente-se que nos crimes formais é a própria redação do dispositivo que indica que o resultado é dispensável para fim de consumação. No delito de extorsão mediante sequestro (art. 159), por exemplo, a lei prevê pena de 8 a 15 anos de reclusão para quem sequestra pessoa com o fim de obter vantagem como preço do resgate. O texto legal evidencia que o efetivo recebimento do resgate não é condição para a consumação, sendo, portanto, mero exaurimento do delito. O exaurimento, portanto, ocorre quando, após a ação (e, portanto, após a consumação), sobrevém o resultado descrito na norma.

Nos crimes *materiais,* o tipo penal descreve uma ação e um resultado e o texto legal exige o resultado para que o delito se mostre consumado. No delito de roubo (art. 157), o tipo penal exige a efetiva subtração do bem (resultado), não bastando o mero emprego da violência ou grave ameaça (ação).

Nos *crimes qualificados pelo resultado*, a consumação ocorre no instante em que se verifica o resultado qualificador. O crime de estupro qualificado pela morte, por exemplo, consuma-se com o óbito da vítima.

Nos crimes *omissivos próprios*, verifica-se a consumação com a simples omissão, já que essa forma de delito dispensa a ocorrência de qualquer resultado. Já nos crimes *omissivos impróprios*, a simples omissão não é suficiente, pois sua existência pressupõe um resultado posterior e, assim, só quando este ocorre é que o crime estará consumado. Exemplo: mãe que deixa de alimentar o filho para que ele morra. Nesse caso, a consumação só ocorre com a morte.

Nos crimes *culposos,* a consumação pressupõe também o resultado.

Nos delitos *habituais* em que a reiteração de atos é requisito da infração penal, a consumação se dá com a referida reiteração.

Nos crimes *permanentes*, a consumação se prolonga no tempo, desde o instante em que se reúnem os elementos integrantes do tipo até que cesse o comportamento do agente. Exemplo: no crime de extorsão mediante sequestro, a consumação ocorre no momento em que a vítima é capturada, mas a consumação se prolonga no tempo, enquanto a vítima não for libertada. Desse modo, a prisão em flagrante será possível durante todo o tempo em que a vítima estiver no cativeiro (art. 303 do CPP).

Se a vítima for sequestrada em uma cidade e mantida em cativeiro em outra, a ação penal poderá ser proposta em qualquer delas porque assim determina o art. 71 do Código de Processo Penal em relação aos crimes permanentes que percorram o território de duas ou mais comarcas durante sua execução. O mesmo dispositivo estabelece que, para a fixação de uma delas, deverá ser observado o critério da *prevenção*.

9.11. Tentativa

Nos termos do art. 14, II, do Código Penal, considera-se tentado o crime quando o agente inicia a sua execução, mas não consegue consumá-lo por circunstâncias alheias à sua vontade. A tentativa, portanto, possui dois requisitos: a) que a execução do crime tenha iniciado; e b) que a consumação não tenha ocorrido por circunstâncias alheias à vontade do agente.

O art. 14, parágrafo único, por sua vez, estabelece que se pune a tentativa, salvo disposição em sentido contrário, com a mesma pena do crime consumado, reduzida de 1/3 a 2/3. O instituto da tentativa, portanto, tem natureza jurídica de *causa de diminuição de pena*, a ser aferida na 3ª fase da dosimetria, conforme determina o art. 68 do Código Penal. O critério que o juiz deve utilizar em relação ao *quantum* de diminuição da pena é a maior ou menor proximidade da consumação. Quanto mais próxima a consumação do crime, menor será a redução da pena. Assim, se em uma tentativa de homicídio, o projétil disparado pelo agente sequer atinge o corpo da vítima, a redução será maior do que na hipótese em que ela é atingida no peito e só não morre em razão do imediato socorro.

Quanto ao tema *tipicidade*, tal dispositivo (art. 14, parágrafo único) tem natureza jurídica de *norma de extensão*, pois sua finalidade é possibilitar a punição do autor da tentativa, já que na Parte Especial do Código Penal só é prevista pena para os crimes consumados. Nos delitos tentados, portanto, a adequação típica é *mediata*, pois surge da combinação de um dispositivo da Parte Especial com este da Parte Geral. Assim, a pessoa que comete uma tentativa de homicídio simples infringe o art. 121, *caput*, combinado com o art. 14, II e parágrafo único, do Código Penal.

Há crimes para os quais o legislador, excepcionalmente, equipara a pena da forma tentada à do delito consumado. É o que ocorre, por exemplo, no art. 352 do Código Penal, para o qual é prevista pena de detenção de 3 meses a 1 ano ao preso que se evade ou *tenta* evadir-se usando de violência contra pessoa.

Percebe-se, assim, que em relação ao instituto da tentativa foi adotada a teoria *objetiva*, que prevê punição menor para a forma tentada em relação à consumada, com o argumento de que a lesão ao bem jurídico tutelado é menor. Pela teoria *subjetiva*, que foi adotada apenas excepcionalmente (como na hipótese mencionada no parágrafo anterior), a pena do crime tentado e a do consumado é a mesma.

Em relação aos crimes tentados, a competência é firmada pelo local onde praticado o último ato de execução (art. 70, *caput*, 2ª parte, do CPP).

9.11.1. Classificação dos crimes tentados

O instituto da tentativa comporta diversas classificações, dependendo do critério adotado.

9.11.1.1. Quanto ao iter criminis *percorrido*

Segundo esse critério, a tentativa pode ser *perfeita* ou *imperfeita*.

Fala-se em tentativa *imperfeita* (ou *inacabada*) quando o agente não pratica todos os atos executórios que pretendia. Há interrupção do próprio processo de execução. É o que acontece, por exemplo, se uma pessoa, querendo matar a vítima, atira contra esta, mas é impedido, por terceiros, de efetuar novos disparos.

No entanto, existe a tentativa *perfeita* (ou *acabada* ou *crime falho*), na hipótese em que o agente pratica todos os atos executórios e, mesmo assim, não consegue consumar o crime. Existe esta modalidade de tentativa quando o sujeito descarrega sua arma contra a vítima, mas, ainda assim, esta sobrevive.

9.11.1.2. Quanto ao resultado produzido na vítima

Por esse critério, a tentativa pode ser *branca* ou *cruenta*.

Na hipótese em que os golpes desferidos pelo agente não atingem o corpo da vítima que, portanto, não sofre qualquer dano em sua integridade corporal, temos a tentativa *branca*. É o que ocorre, por exemplo, quando os disparos de arma de fogo não atingem a vítima.

No entanto, quando a vítima é atingida e sofre lesões corporais, temos a tentativa *cruenta*. Diferencia-se do delito de lesões corporais em razão da presença do dolo de matar.

9.11.1.3. Quanto à possibilidade de alcançar a consumação

Segundo tal critério, a tentativa pode ser *idônea* ou *inidônea*.

A tentativa é classificada como *idônea* quando o sujeito pode alcançar a consumação, mas não a atinge por circunstâncias alheias à sua vontade. É a tentativa propriamente dita (o *conatus*) definida no art. 14, II, do Código Penal.

Já a denominação tentativa *inidônea* não se mostra muito adequada porque, na realidade, o agente não será punido. Com efeito, tal hipótese diz respeito ao crime impossível previsto no art. 17 do Código Penal, segundo o qual não se pune a tentativa quando o agente inicia a execução do delito, mas a sua consumação se mostra impossível por absoluta ineficácia do meio empregado ou por absoluta impropriedade do objeto material. Nesses casos, a lei considera o fato atípico.

O instituto do crime impossível será estudado em breve.

9.11.2. Infrações penais que não admitem a tentativa

Há uma série de ilícitos penais que são incompatíveis com o instituto da tentativa. São eles:

a) *Crimes culposos*. No crime tentado, o agente *quer* o resultado, mas não consegue atingi-lo. Nos crimes culposos, o agente não quer o resultado. Por esse motivo, os institutos são incompatíveis.

Observação: É possível a tentativa nos casos de culpa *imprópria*. Esta ocorre quando o agente, de forma culposa, equivocadamente supõe estar agindo acobertado por uma excludente de ilicitude e, por esse motivo, ataca alguém. O art. 20, § 1º, estabelece que, nesse caso, apesar de o agente ter praticado a conduta de forma intencional, responderá por crime culposo e, assim, a tentativa é possível. Vejamos o seguinte exemplo: uma pessoa imagina que assaltantes estão entrando em sua casa e efetua disparos contra eles, que, entretanto, não morrem. Em seguida, descobre-se que as pessoas que estavam entrando na casa eram seus filhos. O agente responde por tentativa de homicídio culposo, apesar de ter agido com a intenção de matar os pretensos assaltantes. Há, entretanto, quem entenda que, sendo a vítima atingida, o agente responderá por lesões corporais culposas, não se podendo falar em tentativa.

b) *Crimes preterdolosos*. Nesta espécie de infração penal, o agente também não quer dar causa ao resultado agravador, que é a ele imputado a título de culpa. Por esse motivo, é também incompatível com o *conatus*.

c) *Crimes omissivos próprios*. Nesta modalidade de infração penal, a consumação ocorre com a simples omissão. O exemplo sempre citado é o delito de omissão de socorro (art. 135). Assim, se o sujeito se omite, o crime está consumado; se age, o fato é atípico.

d) *Crimes unissubsistentes*. São aqueles que se concretizam com um único ato, de modo que a execução não admite fracionamento. A injúria verbal é um exemplo. Em tal delito, ou o agente profere a ofensa e o crime está consumado, ou não o faz e o fato é atípico.

e) *Contravenções penais*. O art. 4º da Lei das Contravenções Penais estabelece que não se pune a tentativa de contravenção.

A maioria das contravenções é infração de mera conduta e unissubsistente, o que, por si só, inviabilizaria o instituto da tentativa. Há, porém, algumas contravenções em relação às quais seria possível a sua existência, como no jogo do bicho no caso de ser o agente flagrado antes de entregar o dinheiro ao tentar efetuar uma aposta. O legislador, entretanto, preferiu afastar expressamente essa possibilidade, declarando não ser punível a tentativa de contravenção.

Na verdade, o legislador adotou esse critério por política criminal, em virtude da pequena potencialidade lesiva de uma eventual tentativa de contravenção.

f) *Crimes de atentado*. Nestes, por opção do legislador, o tipo penal pune igualmente a forma consumada e a tentada, não se podendo, portanto, cogitar de tentativa da tentativa. São também chamados de crimes de *empreendimento*. O art. 352 do Código Penal, por exemplo, prevê exatamente a mesma pena ao preso que foge ou tenta fugir mediante emprego de violência contra pessoa.

g) *Crimes habituais*. A tentativa é inviável porque, se houver a reiteração de condutas exigida pelo tipo penal, o crime estará consumado; se não houver, o fato será atípico. Conforme já estudado, a prática de ato isolado é considerado irrelevante jurídico no que diz respeito aos crimes habituais.

h) *Crimes para os quais o tipo penal só prevê pena quando ocorre o resultado*. O único exemplo remanescente no CP é aquele descrito no art. 164, que pune o ato de introduzir ou deixar animais em propriedade alheia, sem consentimento de quem de direito, *desde que o fato resulte prejuízo*.

A Lei n. 13.968/2019 alterou o crime previsto no art. 122 do CP, que atualmente pune a participação em suicídio ou em automutilação. Antes de tal lei, só havia previsão de pena se a vítima morresse ou sofresse lesão grave. Com a nova lei não há tal necessidade. O crime do art. 122, portanto, admite tentativa.

Observação: É controvertida a possibilidade de tentativa em crime cometido com dolo eventual. De um lado, há os que argumentam que os institutos são incompatíveis, pois, na tentativa, o sujeito quer a produção do resultado, enquanto no dolo eventual ele não deseja produzi-lo (apenas assume o risco de causá-lo). Por sua vez, há os que sustentam a compatibilidade da tentativa com o dolo eventual, pois, embora neste o agente não queira produzir o resultado, assume o risco de fazê-lo e, se esse resultado não se verifica, configura-se a tentativa. Nesse sentido: "Este Superior Tribunal reconhece a compatibilidade entre o dolo eventual e a tentativa, consequentemente cabível a decisão de pronúncia do agente em razão da suposta prática de tentativa de homicídio na direção de veículo automotor..." (STJ, REsp 1.486.745/SP, Rel. Min. Sebastião Reis Júnior, 6ª Turma, julgado em 5-4-2018). No mesmo sentido: (STF, HC 165.200, Rel. Min. Roberto Barroso, 1ª Turma, julgado em 29-4-2019); (STJ, AgRg no HC 656.689/SP, Rel. Min. Reynaldo Soares da Fonseca, 5ª Turma, julgado em 27-4-2021) e "Não há incompatibilidade entre o dolo eventual e a figura da tentativa, visto que independente de o agente querer o resultado morte (dolo direto) ou assumir o risco de produzi-lo (dolo eventual), o crime poderá ou não se consumar por circunstâncias alheias à sua vontade. Logo, ainda que as vítimas não tenham sofrido qualquer lesão, não se exige resultado naturalístico para configurar a tentativa de homicídio" (AgRg no HC 730.158/CE, rel. Min. Laurita Vaz, 6ª Turma, julgado em 12-9-2023).

9.12. Desistência voluntária

Nos termos do art. 15, 1ª parte, do Código Penal, aquele que voluntariamente desiste de prosseguir na execução só responde pelos atos já praticados.

Na desistência voluntária, o agente inicia a execução do crime e, podendo prosseguir até a consumação, resolve, por ato voluntário, interromper o *iter criminis*. Em suma, ela só é possível quando o agente realizou apenas parcialmente os atos de execução e, na sequência, podendo praticar novos atos, se omite.

São exemplos:

a) quebrar o vidro de um automóvel a fim de furtar o toca-CDs, mas, antes de se apossar do bem, desistir de cometer o crime e sair sem nada levar; e

b) após dominar com uma faca a vítima que pretende estuprar, o agente desiste de cometer o crime e sai do local sem praticar qualquer ato libidinoso com ela.

Nesses casos, não se pode falar em tentativa de furto ou de estupro, porque, para que haja tentativa, é necessário que o agente não consiga atingir a consumação por circunstâncias alheias à sua vontade, e, nos exemplos, o agente não consumou os delitos por vontade própria. Em razão disso, é que a lei determina que a punição deve ser apenas em relação aos atos já praticados. No primeiro exemplo, o agente responde por crime de dano (e não por tentativa de furto qualificado). No segundo, responde por crime de ameaça (e não por tentativa de estupro).

Há também desistência voluntária quando o agente resolve não *repetir* o ato de execução já realizado (mas que não havia levado o crime à consumação). É o que ocorre, por exemplo, quando o agente efetua disparo para matar a vítima e, ao perceber que não a atingiu de forma fatal, deixar de efetuar novos disparos, embora possa fazê-lo. Em consequência da desistência voluntária, responde apenas por lesão corporal (leve, grave ou gravíssima, dependendo do resultado) e não por tentativa de homicídio.

Só se pode cogitar da aplicação desse instituto se o delito ainda não se consumou. Imagine-se um caso de corrupção passiva, em que um funcionário público tenha tomado a iniciativa de solicitar dinheiro para não lavrar uma multa qualquer contra o infrator, porém, em seguida, tenha desistido de receber o dinheiro. Em tal caso, não existe desistência voluntária, porque a corrupção passiva se consumou no momento da solicitação

É necessário salientar, por fim, que a desistência deve ter sido voluntária, ainda que não espontânea, ou seja, o não prosseguimento nos atos executórios há de ser consequência da própria vontade do agente, mesmo que a ideia de desistir tenha partido de terceiro. Assim, para o reconhecimento da desistência voluntária, pouco importa que tenha havido mera decepção com a vantagem que seria auferida com o furto, simples receio de ser preso etc. É evidente, entretanto, que não se aplica o instituto em análise quando o agente, por exemplo, foge em razão da chegada da polícia ou da vítima no local onde ele estava cometendo um furto.

9.13. *Arrependimento eficaz*

Nos termos do art. 15, 2ª parte, do Código Penal, aquele que, tendo encerrado a execução, impede a produção do resultado só responde pelos atos já praticados. Este é o *arrependimento eficaz*, no qual o agente, já tendo realizado todos os atos de execução, mas antes da consumação do delito, *pratica uma nova ação*, que evita a produção do resultado. Assim, enquanto na desistência voluntária o agente se *omite* e não prossegue no *iter criminis*, no arrependimento eficaz, o agente, após ter encerrado o *iter*, resolve realizar uma nova ação para evitar a consumação do delito. Nesse caso, em razão do texto legal, o sujeito não responde pela tentativa, mas apenas pelos atos já realizados. Exemplo: o agente quebra o vidro de um carro para furtar o toca-CDs, porém, após retirá-lo do painel, imediatamente resolve colocá-lo de volta no local. Responde apenas pelo crime de dano (do vidro). Se o crime, entretanto, já estivesse consumado e, algum tempo depois, o sujeito resolvesse devolver o bem à vítima, poderia haver, dependendo das circunstâncias, o arrependimento posterior previsto no art. 16 do Código Penal, cuja consequência é a simples redução da pena de 1/3 a 2/3.

Em relação ao crime de homicídio, a doutrina costuma mencionar como exemplo de arrependimento eficaz a hipótese em que o agente descarrega sua arma contra a vítima, fazendo com que fique caída ao solo, prestes a morrer, mas, arrependendo-se do que fez, toma a iniciativa de colocá-la em seu carro e levá-la de imediato ao hospital, onde vem a ser salva. Em tal caso, o agente só responde por crime de lesões corporais.

É evidente, conforme deixa claro o próprio nome do instituto, que não basta a intenção de salvar a vítima. No exemplo acima, se ela falecesse em razão dos disparos sofridos, o agente responderia por crime de homicídio consumado, mesmo tendo efetuado o socorro.

No arrependimento eficaz, também é necessária a voluntariedade, ainda que não haja espontaneidade.

A desistência voluntária e o arrependimento eficaz têm natureza jurídica de *excludentes de tipicidade* em relação ao crime que o agente inicialmente pretendia cometer, já que, não havendo consumação, não há a concretização do tipo penal originário, sendo também vedada a aplicação da norma de extensão referente à tentativa, conforme expressa determinação do art. 15 do Código Penal.

O reconhecimento da desistência voluntária e do arrependimento eficaz, em relação ao executor, estende-se aos partícipes no caso de concurso de agentes. Assim, se Lucas instiga Breno a cometer um homicídio e este inicia a execução, mas desiste de nela prosseguir, nenhum deles será punido por tentativa de homicídio.

Os crimes formais e os de mera conduta consumam-se no momento da ação (independentemente do resultado) e, por esse motivo, são incompatíveis com o arrependimento eficaz.

As expressões *tentativa abandonada ou qualificada* são utilizadas pela doutrina como sinônimas da desistência voluntária e do arrependimento eficaz.

9.14. Arrependimento posterior

Trata-se de causa obrigatória de diminuição de pena, prevista no art. 16 do Código Penal, aplicável aos crimes cometidos sem violência ou grave ameaça à pessoa, quando o agente, por ato voluntário, repara o dano ou restitui a coisa antes do recebimento da denúncia ou queixa.

Diferencia-se dos institutos do arrependimento eficaz e da desistência voluntária porque pressupõe que o agente consiga consumar o delito e, depois disso, se arrependa, e efetue a reparação.

É preciso ressalvar, contudo, que certos crimes contra o patrimônio podem gerar prejuízo à vítima ainda que permaneçam na esfera da tentativa. É o caso, por exemplo, do furto tentado qualificado pela destruição de obstáculo (porta de uma casa, vidro de um carro) ou do estelionato, no qual o agente não obtém a vantagem visada, mas causa prejuízo à vítima. Em tais hipóteses de crimes tentados, a reparação do prejuízo é útil à vítima e, por isso, gera, em caráter excepcional, a redução da pena.

9.14.1. Requisitos

a) *Que o crime tenha sido cometido sem violência ou grave ameaça contra pessoa.*

A criação do instituto do arrependimento posterior pela reforma penal de 1984 teve como principal finalidade beneficiar autores de crimes contra o patrimônio como furto, apropriação indébita e estelionato, que tenham efetuado o ressarcimento à vítima. O escopo do legislador é estimular tal reparação por parte do autor do ilícito penal. O instituto, todavia, não alcança os delitos que envolvam violência contra a pessoa ou grave ameaça como o roubo e a extorsão. Caso se trate de violência contra coisa, como nos crimes de furto qualificado pelo rompimento de obstáculo ou de dano, é possível a aplicação desta causa de diminuição de pena.

O benefício também é aplicável para infrações que não estejam previstas no título dos crimes contra o patrimônio, desde que tenham gerado algum prejuízo, como nos delitos de incêndio (art. 25) e peculato doloso (art. 312).

A doutrina vem entendendo também que o arrependimento posterior é cabível no crime de *homicídio culposo*, uma vez que a proibição da sua aplicação aos crimes cometidos com violência refere-se apenas aos crimes dolosos, pois apenas nestes o agente quer empregá-la. Assim, apesar de existir violência no crime de homicídio culposo, o fato de não ter sido ela intencional permite a aplicação do instituto. Nesse caso, deve haver acordo sobre o valor a ser indenizado entre o autor da infração e os familiares da vítima. Nesse sentido:

> o arrependimento posterior (art. 16 do CP) alcança também os crimes não patrimoniais, em que a devolução da coisa ou o ressarcimento do dano seja possível, ainda que culposos e contra a pessoa. Neste último caso, a violência que atinge o sujeito passivo não é querida pelo agente, o que impede afirmar tenha sido o delito *cometido*, isto é, praticado, realizado, perpetrado, com *violência*, pois esta aparece no resultado e não na conduta. [...] Parece evidente que, ao afastar a redução da pena nos crimes cometidos com violência ou grave ameaça, o art. 16 teve em mente os delitos dolosos, em que o dolo deve abranger todos os elementos objetivos do tipo e, portanto, a violência ou grave ameaça são queridos pelo agente como meio de execução do delito e recomendam tratamento penal mais severo (TAcrim-SP, Ap. 412.597-6 Rel. Juiz Dante Busana, *Jutacrim* 89/440).

Há, contudo, julgado em sentido contrário no Superior Tribunal de Justiça: "Esta Corte possui firme entendimento de que, para que seja possível aplicar a causa de diminuição de pena prevista no art. 16 do Código Penal, faz-se necessário que o crime praticado seja patrimonial ou possua efeitos patrimoniais. Precedentes. 2. Inviável o reconhecimento do arrependimento posterior na hipótese de homicídio culposo na direção de veículo automotor, uma vez que o delito do art. 302 do Código de Trânsito Brasileiro não pode ser encarado como crime patrimonial ou de efeito patrimonial. Na espécie, a tutela penal abrange o bem jurídico mais importante do ordenamento jurídico, a vida, que, uma vez ceifada, jamais poderá ser restituída, reparada" (AgRg no HC 510.052/RJ, Rel. Min. Nefi Cordeiro, 6ª Turma, publicado em 4-2-2020).

Saliente-se que, em se tratando de *lesão corporal culposa*, mostra-se aplicável a Lei n. 9.099/95, que prevê maior benefício a quem repara o prejuízo, uma vez que seu art. 74, parágrafo único, estabelece que a composição civil feita na audiência preliminar e homologada pelo juiz gera a renúncia ao direito de representação e, por conseguinte, a *extinção da punibilidade*.

b) *Que a reparação do dano (ressarcimento) ou a restituição do objeto material do crime sejam integrais.*

É necessário que o ressarcimento exclua por completo o prejuízo econômico sofrido pela vítima, de modo que a reparação parcial não dá direito ao redutor.

Não basta que o agente alegue que quis ressarcir. É preciso que efetivamente o tenha feito. Se a vítima se recusa a receber, o agente deve consignar os valores em juízo. A propósito:

> Constatada a não ocorrência do pagamento voluntário até o recebimento da denúncia, não é cabível a incidência da causa de diminuição prevista no art. 16 do Código Penal. Precedentes. 3. A alegação no sentido de que o réu tentou efetuar o ressarcimento dos prejuízos sofridos pela vítima, dinheiro que, contudo, não foi aceito pelo respectivo diretor da empresa, não constitui fundamento suficiente para fazer incidir a causa de diminuição prevista no art. 16 do CP, pois, se era do interesse do réu o ressarcimento, deveria ter efetuado a consignação do valor em juízo (STJ, AgRg no REsp 1.292.559/SP, Rel. Min. Marco Aurélio Bellizze, 5ª Turma, julgado em 25-6-2013, *DJe* 1º-7-2013).

c) *Que o ato de ressarcimento ou restituição tenham sido voluntários.*

Basta que o ato seja voluntário, ainda que não tenha sido espontâneo. Assim, a pena será reduzida mesmo que o agente tenha reparado o dano ou restituído a coisa com receio de condenação, em virtude de conselho de amigos etc. Será, entretanto, incabível quando decorrer de apreensão policial. Também não se aplica o instituto quando o ressarcimento for feito por terceiro, salvo, evidentemente, se este age em nome do autor do crime, na qualidade de procurador, advogado etc.

A reparação integral do dano feita por um dos acusados a todos aproveita por se tratar de circunstância de caráter objetivo (art. 30 do CP). A propósito:

> Pela aplicação do art. 30 do Código Penal, uma vez reparado o dano integralmente por um dos autores do delito, a causa de diminuição prevista no art. 16 do mesmo Estatuto estende-se aos demais coautores, por constituir circunstância de natureza objetiva, cabendo ao julgador avaliar a fração de redução que deve ser aplicada, dentro dos parâmetros mínimo e máximo previstos no dispositivo, conforme a atuação de cada agente em relação à reparação efetivada (STJ, REsp 1.187.976/SP, Rel. Min. Sebastião Reis Júnior, 6ª Turma, julgado em 7-11-2013, *DJe* 26-11-2013).

Se a reparação se deu em razão de propositura de ação cível visando à reparação do dano causado pelo ilícito penal, não se aplica a causa de diminuição em estudo por não ter sido a reparação voluntária. A propósito:

> O entendimento desta Corte é no sentido de que a minorante do ressarcimento posterior do dano, prevista no art. 16 do Código Penal, deve observar a voluntariedade do Acusado e o integral ressarcimento do prejuízo. No caso dos autos, as vítimas ajuizaram ação de reparação de danos na esfera cível, o que afasta a voluntariedade do agente. Precedentes (STJ, HC 156.424/SP, Rel. Min. Laurita Vaz, 5ª Turma, julgado em 20-9-2011, *DJe* 3-10-2011).

d) *Que o ressarcimento seja feito antes do recebimento da denúncia ou queixa.*

Assim, ainda que ocorra após o oferecimento da peça inicial, mas antes do seu respectivo recebimento pelo juiz, a pena será diminuída. Se a reparação, todavia, ocorrer após o recebimento da denúncia e antes da sentença, será aplicada apenas a atenuante genérica descrita no art. 65, III, *b*, do Código Penal.

Não é requisito do instituto em estudo que a autoria seja desconhecida no momento do ressarcimento. Se já tiver sido desvendada a autoria do crime e o agente tomar a iniciativa de voluntariamente ressarcir a vítima, fará jus ao benefício, desde que o fato ocorra antes do recebimento da denúncia ou queixa. Nesse sentido:

> É viável ao agente se beneficiar da causa de diminuição de pena prevista no art. 16 do Código Penal, mesmo após descoberta a autoria (STJ, AgRg no AREsp 311.254/AC, Rel. Min. Marco Aurélio Bellizze, 5ª Turma, julgado em 28-5-2013, *DJe* 10-6-2013).

Por se tratar o instituto do arrependimento posterior de causa de diminuição de pena cuja redução varia de 1/3 a 2/3, discute-se qual critério deve o juiz utilizar para decidir o *quantum* da redução. A resposta é a de que o critério a ser utilizado é o da celeridade da reparação. Quanto mais rápida a reparação do dano, maior será a diminuição da pena.

9.14.2. Confronto

Para o crime de emissão de cheque sem fundos (art. 171, § 2º, VI), existe a Súmula 554 do Supremo Tribunal Federal consagrando que o pagamento do valor do cheque, antes do recebimento da denúncia, retira a justa causa para o início da ação. Ocorre, portanto, extinção da punibilidade do agente. Essa súmula foi editada antes da reforma penal de 1984, sendo certo que, com a criação do instituto do arrependimento posterior por tal reforma, não mais poderia ela ser aplicada. Na prática, entretanto, por razões de política criminal, continua sendo utilizada ampla e pacificamente.

No crime de peculato culposo, a reparação do dano antes do trânsito em julgado da sentença condenatória extingue a punibilidade do agente (art. 312, § 3º).

9.15. Crime impossível

Nos termos do art. 17 do Código Penal, há crime impossível quando o agente realiza a conduta visando cometer determinada infração penal, mas a consumação do ilícito mostra-se impossível em razão da *ineficácia absoluta do meio empregado ou da impropriedade absoluta do objeto material*. Nesses casos, o mesmo art. 17 estabelece que o agente não responde pela tentativa do delito que pretendia cometer. O fato, portanto, é considerado atípico. O instituto em estudo, portanto, tem natureza jurídica de *excludente da tipicidade*.

O crime impossível é também denominado quase crime, tentativa inidônea e tentativa inadequada.

9.15.1. Ineficácia absoluta do meio

É a escolha de um meio de execução que jamais levará o crime à consumação. São exemplos: usar arma de brinquedo visando matar alguém; empregar fraude completamente inidônea para praticar estelionato etc. Nesses casos, o agente não responde por tentativa de homicídio ou de estelionato. O fato, conforme já mencionado, é atípico.

Note-se que se o sujeito *sabe* que a arma que está em seu poder é de brinquedo, o fato é atípico por falta de dolo. A importância do instituto do crime impossível mostra-se presente exatamente na hipótese em que o agente desconhece que a arma é de brinquedo, pois, em tal situação, ele aperta o gatilho com a intenção de matar a vítima, mas o fato é considerado atípico em razão da absoluta ineficácia do meio.

Saliente-se que é meramente *relativa* a ineficácia do meio e que, portanto, o agente responde pela tentativa, quando a arma de fogo é apta a realizar disparos, mas falha no momento em que acionada. No entanto, quando se trata de arma quebrada que não efetua disparos ou que está descarregada, considera-se presente o crime impossível.

Se o meio empregado é capaz de gerar a consumação do delito, mas, no caso concreto, o resultado se mostra inalcançável diante de medidas de defesa adotadas pela vítima, não existe crime impossível, porque, conforme mencionado, o meio é eficaz. É o que ocorre, por exemplo, quando o homicida efetua disparos de arma de fogo contra a vítima (meio eficaz) que não morre porque estava usando um colete a prova de balas sob a blusa. O mesmo acontece quando um furtador esconde sob suas vestes produtos que pegou da prateleira de um supermercado e sai sem pagar, mas é abordado por seguranças que o viram pegando os objetos. Nesses exemplos, o agente responde, respectivamente, por tentativa de homicídio e de furto. A propósito:

A jurisprudência desta Corte consolidou-se no sentido de que a simples presença de sistema permanente de vigilância no estabelecimento comercial, ou de ter sido o réu acompanhado por vigia enquanto tentava subtrair o bem, não torna o agente completamente incapaz de consumar o roubo, logo, não há que se afastar a punição, a ponto de reconhecer configurado o crime impossível, pela absoluta ineficácia dos meios empregados. 3 - Diante da possibilidade, ainda que mínima, de consumação do delito, não há que se falar na hipótese de crime impossível. 4 - Ordem denegada (STJ, HC 89.530/SP, Rel. Min. Jane Silva [Desembargadora convocada TJMG], 6ª Turma, julgado em 18-12-2007, *DJ* 11-2-2008, p. 1).

9.15.2. Impropriedade absoluta do objeto

A palavra objeto empregada no texto legal refere-se *ao objeto material* do delito. Assim, há crime impossível quando o objeto sobre o qual o agente faz recair sua conduta não é protegido pela norma penal incriminadora ou quando referido objeto sequer existe. Por isso, mostra-se presente esta modalidade de crime impossível quando alguém desfere golpes visando matar pessoa já morta, ou quando uma mulher ingere medicamento abortivo supondo, por engano, estar grávida etc. Nesses casos, há delito putativo (imaginário) por erro de tipo, ou seja, o agente, por equívoco, supõe estar cometendo um crime, quando, em verdade, não está.

9.15.3. Crime impossível por obra de agente provocador

O Supremo Tribunal Federal, por meio da Súmula 145, reconheceu outra modalidade de crime impossível, para os casos de flagrante *provocado* ou *preparado*. Tal situação ocorre quando alguém é induzido por outrem a cometer um crime, mas este, concomitantemente, toma providências para que aquele seja preso em flagrante, inviabilizando-se, com isso, a consumação do delito. De acordo com tal súmula, "não há crime quando a preparação do flagrante pela polícia torna impossível a sua consumação".

Só há crime impossível se o sujeito tiver sido convencido pelo agente provocador a realizar a conduta. É o que ocorre quando um policial infiltrado convence alguns bandidos a roubar um banco e comunica o fato a seus companheiros de farda para que prendam em flagrante os roubadores no momento em que ingressarem no estabelecimento e anunciarem o assalto.

Quando policiais simplesmente ficam sabendo que em certo local ocorrerá um crime e mantêm-se escondidos esperando sua realização para prender os bandidos em flagrante, não há crime impossível. Neste caso, temos o chamado flagrante *esperado* que é válido.

9.15.4. Teoria objetiva temperada

O Código Penal brasileiro adotou a teoria *objetiva temperada* pela qual só há crime impossível se a ineficácia do meio ou a impropriedade do objeto forem *absolutas*. Por isso, se forem relativas, haverá crime tentado.

Existem outras teorias em relação ao crime impossível que, apesar de parecerem mais justas, *não* foram adotadas por nossa lei. São as teorias *sintomática*, pela qual o agente deve ser responsabilizado por ter demonstrado periculosidade e receber medida de segurança, e *subjetiva*, na qual o agente deve ser punido por crime tentado por ter demonstrado intenção de produzir o resultado.

10

ILICITUDE

Ilicitude é a relação de antagonismo, contrariedade que se estabelece entre o fato típico e o ordenamento legal.

Quando ocorre um fato humano que se enquadra em um tipo incriminador, tem-se presente a tipicidade. Todo fato típico, em princípio, contraria o ordenamento jurídico sendo, portanto, também um fato ilícito. Todo fato típico indiciariamente é ilícito. A isso se dá o nome de *caráter indiciário da ilicitude*. Assim, cometido um fato típico, presume-se que ele é ilícito. Trata-se, porém, de presunção relativa, que cessa se, no caso concreto, for feita prova da presença de alguma das causas excludentes de antijuridicidade expressamente previstas em lei.

Há quatro causas de exclusão da ilicitude previstas na Parte Geral do Código Penal (art. 23):

a) legítima defesa;

b) estado de necessidade;

c) estrito cumprimento do dever legal; e

d) exercício regular de direito.

Existem também excludentes de ilicitude específicas, previstas na Parte Especial do Código Penal, e que somente são aplicáveis a determinados delitos:

a) no aborto para salvar a vida da gestante ou quando a gravidez resulta de estupro (art. 128, I e II);

b) nos crimes de injúria e difamação, quando a ofensa é irrogada em juízo na discussão da causa, na opinião desfavorável da crítica artística, literária ou científica e no conceito emitido por funcionário público em informação prestada no desempenho de suas funções;

c) na violação do domicílio, quando um crime está ali sendo cometido (art. 150, § 3º, II).

Os dispositivos legais que descrevem as causas excludentes da ilicitude são denominados *tipos permissivos*.

10.1. Diferença entre ilícito e injusto

Fato ilícito é aquele contrário à lei. Constitui ilícito penal o fato típico não acobertado por excludente de ilicitude. Injusto é o fato típico que colide com o sentimento social de justiça. Aqui não é a lei que diz o que é ou não injusto, mas considera-se como tal aquilo que é socialmente inadequado. As apostas em jogo do bicho, por exemplo, são ilícitas, mas muitas pessoas não a consideram injustas.

Parte da doutrina entende que o fato, para ser típico, deve ser injusto (teoria social da ação). Esse entendimento, entretanto, não é adotado por nossa legislação penal.

10.2. Causas excludentes da ilicitude

Conforme mencionado há pouco, são quatro as excludentes de ilicitude regulamentadas na Parte Geral do Código Penal: estado de necessidade, legítima defesa, estrito cumprimento do dever legal e exercício regular de direito. Passaremos a analisar cada uma delas na sequência.

10.3. Estado de necessidade

O art. 24 do Código Penal considera em estado de necessidade quem pratica o fato criminoso para salvar de perigo atual (que não provocou por sua vontade, nem podia de outro modo evitar) direito próprio ou alheio, cujo sacrifício, nas circunstâncias, não era razoável exigir-se.

Existe estado de necessidade, portanto, quando alguém, para salvar um bem jurídico próprio ou de terceiro (exposto a uma situação de perigo), atinge outro bem jurídico.

10.3.1. Requisitos para que a situação de risco configure a excludente

a) *O perigo deve ser atual.*

É o perigo presente, a ameaça concreta ao bem jurídico.

Discute-se se é possível o reconhecimento da excludente quando o perigo for apenas *iminente*. Para alguns, a resposta é negativa porque o art. 24 só menciona expressamente o perigo atual, não abrangendo o perigo iminente. Na legítima defesa, ao contrário, a lei é expressa ao permiti-la contra agressão atual ou iminente. Assim, se a lei nada mencionou a respeito da iminência de perigo, significa que o legislador não a quis abranger no estado de necessidade. É a opinião, entre outros, de Fernando Capez[29] e Frederico Marques[30]. No entanto, existem os que sustentam que a lei deve ser interpretada com bom senso, não sendo aceitável que o agente permaneça de braços cruzados esperando que o perigo iminente transforme-se em atual para, então, agir. Assim, estaria abrangida também a situação do risco iminente. Preferimos este último entendimento que é defendido, dentre outros, por Francisco de Assis Toledo[31], Damásio de Jesus[32] e Cezar Roberto Bitencourt[33].

b) *O perigo deve ameaçar direito próprio ou alheio.*

---

[29] Fernando Capez. *Curso de direito penal*: Parte Geral. 15. ed. São Paulo: Saraiva, v. 1, p. 301.
[30] José Frederico Marques. *Tratado de direito penal*. 2. ed. São Paulo: Saraiva, 1965, v. 2, p. 125.
[31] Francisco de Assis Toledo. *Princípios básicos de direito penal*. 5. ed. São Paulo: Saraiva, 1994, p. 185.
[32] Damásio de Jesus. *Código Penal anotado*. 15. ed. São Paulo: Saraiva, 2004, p. 108.
[33] Cezar Roberto Bitencourt. *Tratado de direito penal*: Parte Geral. 17. ed. São Paulo: Saraiva, 2012, p. 411.

A palavra "direito" está empregada em sentido amplo, de forma a abranger qualquer bem protegido pelo ordenamento jurídico. É imprescindível, portanto, que o bem esteja tutelado pelo ordenamento. Se não estiver, não se admite o estado de necessidade.

Quando a ameaça for a direito próprio, haverá o *estado de necessidade próprio*. É o que ocorre quando o agente, por exemplo, subtrai pequena quantia de alimento para não morrer de fome (furto famélico) ou quando há um naufrágio e existem menos coletes salva-vidas do que o necessário e uma pessoa mata outra para ficar com um colete e se salvar.

Quando a ameaça for a direito de terceiro, haverá *estado de necessidade de terceiro*. Exemplos: subtrair pequena quantidade de alimento para alimentar e salvar a vida do filho pequeno; para evitar o atropelamento de uma criança que atravessou a rua correndo, o motorista desvia o veículo em direção ao muro de uma casa. Nesse caso, o agente não responde pelo crime de dano por ter agido em estado de necessidade de terceiro.

Saliente-se que, no caso de defesa do direito de terceiro, é desnecessária a prévia autorização deste, já que a lei não exige esse requisito. Não precisa também haver ratificação posterior pelo terceiro.

c) *Que a situação de perigo não tenha sido causada voluntariamente pelo agente.*

Para ser cabível a excludente do estado de necessidade, também é necessário que a situação de perigo não tenha sido causada voluntariamente (entenda-se dolosamente) pela própria pessoa. Seguindo essa orientação, Damásio de Jesus[34], Cezar Roberto Bitencourt[35] e Fernando Capez[36] sustentam que se o agente deu causa culposamente ao perigo, pode invocar o estado de necessidade em seu favor, pois a lei só proíbe tal invocação quando a situação de perigo tiver sido causada intencionalmente por ele. Para essa corrente, se o piloto de uma lancha faz uma manobra imprudente e a embarcação afunda, pode alegar estado de necessidade se tiver matado algum passageiro para se apoderar do único pedaço de madeira que boiava no oceano para se salvar.

Há, entretanto, entendimento em sentido contrário, excluindo o estado de necessidade em relação àquele que, culposamente, produziu a situação de risco. É o que pensam Francisco de Assis Toledo[37] e Frederico Marques[38].

d) *Inexistência do dever legal de enfrentar o perigo.*

Aqueles que têm por lei a obrigação de enfrentar o perigo não podem optar pela saída mais cômoda, deixando de enfrentar o risco, a pretexto de proteger bem jurídico próprio. Um bombeiro não pode, por exemplo, alegar estado de necessidade (risco à sua vida) e deixar de tentar salvar a vida de pessoas que estão em um prédio em chamas. É evidente, entretanto, que essa regra deve ser interpretada com bom senso, ou seja, quando o socorro às pessoas é impossível, não se pode exigir que o bombeiro se sacrifique desnecessariamente.

---

[34] Damásio de Jesus. *Código Penal anotado*. 15. ed. São Paulo: Saraiva, 2004, p. 109.
[35] Cezar Roberto Bitencourt. *Tratado de direito penal*: Parte Geral. 17. ed. São Paulo: Saraiva, 2012, p. 411.
[36] Fernando Capez. *Curso de direito penal*: Parte Geral. 15. ed. São Paulo: Saraiva, v. 1, p. 302.
[37] Francisco de Assis Toledo. *Princípios básicos de direito penal*. 5. ed. São Paulo: Saraiva, 1994, p. 185.
[38] José Frederico Marques. *Tratado de direito penal*. 2. ed. São Paulo: Saraiva, 1965, v. 2, p. 127.

10.3.2. Requisitos para o reconhecimento do estado de necessidade no caso concreto

a) *Inevitabilidade da conduta.*

O comportamento (lesão ao bem jurídico alheio) deve ser absolutamente inevitável para salvar o direito próprio ou de terceiro que está sofrendo a situação de risco.

A inevitabilidade deve ser considerada em dois enfoques: 1) em face do homem comum; 2) em relação àquele que tem o dever legal de enfrentar o perigo. Para aqueles que têm o dever legal de enfrentar o perigo, a conduta lesiva só é inevitável quando ficar comprovado que nem mesmo enfrentando o perigo o bem poderia ser salvo. Para o homem comum, a conduta é inevitável quando fica comprovado que o bem alheio só poderia ter sido preservado mediante riscos pessoais ao agente.

b) *Razoabilidade do sacrifício.*

É preciso que a ofensa ao bem jurídico alheio seja razoável, de acordo com o senso comum. É o requisito da proporcionalidade entre a gravidade do perigo que ameaça o bem jurídico do agente ou de terceiro e o dano que será causado em outro bem para afastá-lo. Exemplo: não se admite que uma pessoa mate outra para proteger bens materiais de pouca relevância.

Dessa forma, se, no caso concreto, o sacrifício do bem jurídico era exigível, haverá crime na conduta daquele que não suporta tal sacrifício (do bem próprio ou de terceiro) e atinge direito alheio. Nessa hipótese, entretanto, diante das circunstâncias, o juiz poderá reduzir a pena de 1/3 a 2/3, nos termos do art. 24, § 2º, do Código Penal.

Note-se que a legislação brasileira adotou a chamada teoria *unitária*, segundo a qual é a razoabilidade do sacrifício que resolve o caráter lícito ou ilícito da conduta. Se o sujeito ofende bem jurídico alheio porque não era razoável o sacrifício do bem (próprio ou de terceiro) exclui-se a ilicitude. Se o sacrifício do bem (próprio ou de terceiro) é razoável e mesmo assim o sujeito ofende bem alheio, há crime (com eventual redução da pena).

A denominada teoria *diferenciadora*, não adotada pelo Código Penal, defende que deve ser feita uma comparação entre os bens em litígio. Se o bem atingido for de menor valor que o preservado, o estado de necessidade exclui a ilicitude, contudo, se for de importância igual ou maior, o estado de necessidade exclui a culpabilidade (inexigibilidade de conduta diversa).

c) *Conhecimento da situação justificante.*

Não se aplica a excludente quando o sujeito não tem conhecimento de que age para salvar um bem jurídico próprio ou alheio. O conhecimento acerca da situação de risco é chamado de *elemento subjetivo* da excludente de ilicitude. Veja-se, por exemplo, que qualquer pessoa pode realizar aborto para salvar a vida da gestante de perigo atual. Cuida-se, na hipótese, de estado de necessidade em que um bem jurídico é eliminado (a vida do feto) para salvar outro (a vida da gestante) que se encontra em situação de risco. Se alguém, todavia, realiza o aborto meramente por dinheiro e só depois disso se descobre que a gravidez em andamento estava prestes a provocar uma grave hemorragia na gestante (gravidez tubária), não se mostra presente o elemento subjetivo da excludente em estudo, e o sujeito incorre em crime de aborto.

10.3.3. Espécies de estado de necessidade

Quanto à *titularidade,* o estado de necessidade pode ser *próprio* quando o agente protege bem próprio, ou de *terceiro,* quando o sujeito protege bem de terceiro.

Quanto ao *elemento subjetivo do agente*, o estado de necessidade pode ser *real*, quando existe efetivamente a situação de perigo, ou *putativo* quando a situação de risco é imaginada por erro do agente (*v.* "descriminantes putativas").

Quanto à *pessoa que sofre a ofensa, o estado de necessidade* pode ser *defensivo* quando se sacrifica bem jurídico que pertence à própria pessoa que criou a situação de perigo ou *agressivo* quando se sacrifica bem de terceiro inocente, de pessoa que não criou a situação de perigo.

10.4. Legítima defesa

Nos termos do art. 25 do Código Penal, age em legítima defesa quem, usando moderadamente dos meios necessários, repele injusta agressão, atual ou iminente, a direito seu ou de outrem. Por isso, diante de uma injusta agressão, não se exige o *commodus discessus,* ou seja, a simples fuga do local. Em consequência, se uma pessoa empunha uma faca e vai em direção à outra, e esta, para repelir a agressão, saca um revólver e mata o agressor, não comete crime, por estar acobertada pela legítima defesa.

10.4.1. Requisitos da legítima defesa

a) *Existência de uma agressão*.

A agressão não pode ser confundida com uma simples provocação. Enquanto a provocação é mera turbação, de efeitos apenas psicológicos e emocionais, a agressão é o efetivo ataque contra os bens jurídicos de outrem.

A legítima defesa pressupõe a agressão consistente em um ataque praticado por pessoa humana. Ataques de animais não autorizam legítima defesa. Quem mata animal alheio que contra ele investe age em *estado de necessidade.* Observe-se, contudo, que, se o animal irracional é instigado por uma pessoa, pode-se falar em legítima defesa, visto que, nesta hipótese, o animal serviu de instrumento para a ação humana.

b) A *agressão deve ser injusta*.

A injustiça da agressão mencionada no texto legal está empregada no sentido de *agressão ilícita*, pois, caso contrário, não haveria justificativa para a legítima defesa. A ilicitude da agressão deve ser auferida de forma objetiva, independentemente de se questionar se o agressor tinha ciência de seu caráter ilícito. Desse modo, cabe, por exemplo, legítima defesa contra agressão de inimputável, seja ele doente mental, menor de idade etc.

Nessa mesma linha de raciocínio, *admite-se* também:

1) Legítima defesa putativa contra legítima defesa putativa: legítima defesa putativa é aquela imaginada por erro. Os agentes imaginam haver agressão injusta quando, na realidade, esta inexiste. É o que ocorre, por exemplo, quando dois desafetos se encontram e, equivocadamente, acham que serão agredidos um pelo outro.

2) Legítima defesa real de legítima defesa putativa: é o que ocorre quando uma pessoa efetua disparos em um parente que está entrando em sua casa, supondo tratar-se de um assalto. O parente, que também está armado, reage e mata o primeiro agressor.

3) **Legítima defesa putativa de legítima defesa real**: suponha-se que João querendo lesionar Lucas lhe desfira um golpe e o derrube no chão. Lucas, em legítima defesa real, consegue imobilizar João. Nesse instante, chega Breno e, desconhecendo que Lucas está em legítima defesa real, ataca-o agindo em legítima defesa putativa de João (legítima defesa de terceiro).

4) **Legítima defesa contra agressão culposa**: isso porque ainda que a agressão seja culposa, sendo ela ilícita, contra ela cabe a excludente.

Por sua vez, *não se admite*:

1) legítima defesa real de legítima defesa real;
2) legítima defesa real de estado de necessidade real;
3) legítima defesa real de exercício regular de direito real;
4) legítima defesa real de estrito cumprimento do dever legal real.

É possível chegar a tais conclusões porque em nenhum desses casos a agressão é injusta, ilícita.

c) *A agressão deve ser atual ou iminente.*

Agressão atual é a que está ocorrendo. Exemplo: o sujeito está desferindo pauladas em outrem. Agressão iminente é a que está prestes a ocorrer. Exemplo: o sujeito está munido de um pedaço de pau e a situação indica que começará a agredir a vítima.

A lei não admite legítima defesa contra agressão futura (suposta).

d) *Que a agressão seja dirigida a direito próprio ou de terceiro.*

Admite-se a legítima defesa no resguardo de qualquer bem jurídico: vida, integridade corporal, patrimônio, honra etc.

Deve, entretanto, haver proporcionalidade entre os bens jurídicos em conflito. Assim, não há como aceitar legítima defesa na prática de um homicídio apenas porque alguém deu um empurrão em outrem. É justamente pela inexistência de proporcionalidade que não se admite a absolvição de cônjuge traído que mata o outro alegando agir em legítima defesa de sua honra.

A legítima defesa de terceiro pode voltar-se inclusive contra o próprio terceiro, como no caso em que se lesiona um suicida para evitar que ele se mate.

De acordo com o parágrafo único do art. 25, acrescentado no Código Penal pela Lei n.13.964/2019, observados os requisitos previstos no *caput*, considera-se também em legítima defesa o agente de segurança pública que repele agressão ou risco de agressão a vítima mantida refém durante a prática de crime. A inclusão desse parágrafo tem por finalidade deixar claro que não comete crime de homicídio, por estar agindo em legítima defesa de terceiro, o agente de segurança que efetua disparo de arma de fogo contra o criminoso que mantém a vítima como refém.

e) *Utilização dos meios necessários para repelir a injusta agressão.*

Meios necessários são os menos lesivos, ou seja, menos vulnerantes à disposição do agente no momento da agressão. Se uma pessoa tem um porrete e uma arma de fogo quando começa a ser agredida, não deve fazer uso desta se for possível conter o agressor com golpes do porrete que sejam suficientes para fazer aquele se afastar.

f) *Moderação.*

Encontrado o meio necessário para repelir a injusta agressão, o sujeito deve agir com moderação, ou seja, não ir além do necessário para proteger o bem jurídico que está sendo agredido ou prestes a sê-lo.

g) *Ciência da situação justificante (elemento subjetivo).*

Tal como ocorre no estado de necessidade e nas demais excludentes de ilicitude, só poderá ser reconhecida a legítima defesa se ficar demonstrado que o agente tinha ciência de que estava agindo acobertado por ela, ou seja, que estava ciente da presença de seus requisitos.

10.4.2. Excesso

É a intensificação desnecessária de uma conduta inicialmente justificada. O excesso, portanto, pressupõe inexoravelmente um início de situação justificante. O sujeito, em um primeiro momento, estava agindo sob o manto de uma excludente, mas, em seguida, extrapola seus limites.

Tem prevalecido na doutrina o entendimento de que o excesso pode decorrer tanto da utilização de meios desnecessários quanto da falta de moderação (sempre após um início acobertado pela excludente). Em tais casos, o art. 23, parágrafo único, do Código Penal estabelece que o agente responde pelo excesso.

É preciso salientar que o excesso pode ser doloso ou culposo.

O excesso *doloso* descaracteriza a legítima defesa a partir do momento em que ocorre e o agente responde como incurso na forma dolosa da infração cometida. Exemplo: uma pessoa que inicialmente estava em legítima defesa consegue desarmar o agressor e, na sequência, o mata. Responde por crime de homicídio doloso.

Por sua vez, o excesso *culposo* (ou excesso inconsciente, ou não intencional) é aquele que deriva, evidentemente, de culpa em relação à moderação, e, para alguns doutrinadores, também quanto à escolha dos meios necessários. Nesse caso, o agente responde por crime culposo. Trata-se também de hipótese de culpa *imprópria.*

O excesso, doloso ou culposo, é igualmente possível nas demais excludentes de ilicitude (estado de necessidade, estrito cumprimento do dever legal, exercício regular de direito etc.).

10.4.3. Outras denominações relacionadas ao excesso

a) *Legítima defesa sucessiva*: é a repulsa do agressor inicial contra o excesso. Assim, a pessoa que estava inicialmente se defendendo, no momento do excesso, passa a ser considerada agressora, de forma a permitir legítima defesa por parte do primeiro agressor.

b) *Legítima defesa subjetiva*: é o excesso por erro de tipo escusável, ou seja, quando o agente, por erro, supõe ainda existir a agressão e, por isso, excede-se. Nesse caso, excluem-se o dolo e a culpa (art. 20, § 1º, 1ª parte).

10.4.4. Diferenças entre o estado de necessidade e a legítima defesa

As principais diferenças entre essas excludentes de antijuridicidade são as seguintes:

a) no estado de necessidade, há um conflito entre bens jurídicos; na legítima defesa, ocorre uma repulsa contra um ataque;

b) no estado de necessidade, o bem é exposto a risco; na legítima defesa, o bem sofre uma agressão atual ou iminente;

c) no estado de necessidade, o perigo pode ser proveniente de conduta humana ou animal; na legítima defesa, a agressão deve ser humana; e

d) no estado de necessidade, a conduta pode atingir o bem jurídico de terceiro inocente; na legítima defesa, a conduta pode ser dirigida apenas contra o agressor.

10.5. Exercício regular de direito

O exercício regular de um direito (art. 23, III, do CP) consiste na atuação do agente dentro dos limites permitidos pelo ordenamento jurídico. O sujeito não comete crime por estar exercitando uma prerrogativa a ele conferida pela lei. Podem ser mencionados como exemplos a recusa em depor em juízo por parte de quem tem o dever legal de guardar sigilo; as incisões decorrentes de intervenção cirúrgica não emergencial feita com o consentimento do paciente ou de seu representante legal; as lesões esportivas, desde que respeitadas as regras do esporte (boxe, judô etc.).

A palavra "direito" foi empregada em sentido amplo, de forma a abranger todas as espécies de direito subjetivo, penal ou extrapenal.

O exercício *abusivo* do direito faz desaparecer a excludente. O marido, por exemplo, tem direito de manter relação sexual com a esposa, mas não pode empregar violência para forçá-la ao ato. Em tal caso, não se pode falar em regular exercício do direito, devendo o marido responder por crime de estupro.

10.5.1. Ofendículos

São aparatos *visíveis* destinados à defesa da propriedade ou de qualquer outro bem jurídico. São exemplos as lanças ou cacos de vidros afixados em portões e muros; as telas ou cercas elétricas acompanhadas do respectivo aviso. O uso de ofendículos é lícito, desde que não coloque em risco pessoas não agressoras.

Quanto à natureza destes, há duas opiniões:

a) Há *legítima defesa preordenada*. Existe a legítima defesa, porque o aparato só funciona quando há agressão ao bem jurídico, e é preordenada porque foi instalado no local anteriormente a esta. É o entendimento de Francisco de Assis Toledo[39], Nélson Hungria[40] e Magalhães Noronha[41].

b) Não há crime, por estar o sujeito acobertado pela excludente do *exercício regular do direito* de defesa de seus bens jurídicos. Não se poderia cogitar de legítima defesa por não haver agressão atual ou iminente. Este o entendimento de Fernando Capez[42] e Aníbal Bruno[43].

---

[39] Francisco de Assis Toledo. *Princípios básicos de direito penal*. 5. ed. São Paulo: Saraiva, 1994, p. 206.
[40] Nélson Hungria. *Comentários ao Código Penal*. 4. ed. Rio de Janeiro: Forense, 1958, v. 1, t. 2, p. 293-294.
[41] Magalhães Noronha. *Direito penal*. 34. ed. São Paulo: Saraiva, 1999, v. 1, p. 197.
[42] Fernando Capez. *Curso de direito penal*: Parte Geral. 15. ed. São Paulo: Saraiva, v. 1, p. 320.
[43] Aníbal Bruno. *Direito penal*: Parte Geral. 3. ed. Rio de Janeiro: Forense, t. I, p. 9.

Cezar Roberto Bitencourt[44], por sua vez, entende que deve ser feita a seguinte distinção: "a decisão de instalar os ofendículos constitui exercício regular de direito, isto é, exercício do direito de autoproteger-se. No entanto, quando reage ao ataque inesperado, inegavelmente constitui legítima defesa preordenada".

10.5.2. Defesa mecânica predisposta

São aparatos ocultos que têm a mesma finalidade dos ofendículos. Podem, dependendo das circunstâncias, caracterizar ilícito penal. Exemplos: telas elétricas desacompanhadas de aviso, armas que disparam automaticamente quando alguém tenta ingressar em uma residência. Nesses casos, o responsável responde pelo delito caso alguém se lesione ou morra.

10.5.3. Exercício regular de direito e teoria da imputação objetiva

Pela teoria da imputação objetiva, as hipóteses de exercício regular de direito são, em verdade, situações em que o agente expõe os bens jurídicos alheios a riscos permitidos, sendo, assim, atípicos. Por tal teoria, portanto, o exercício regular de direito deixa de ser causa excludente da ilicitude, o que, todavia, conflita com o art. 23, III, do Código Penal, que expressamente prevê tal excludente.

10.6. Estrito cumprimento do dever legal

Não há crime quando o agente atua no estrito cumprimento de um dever legal (art. 23, III). Esse dever pode constar de leis, decretos, regulamentos ou atos administrativos fundados em lei e que sejam de caráter geral. Exemplos: oficial de justiça que apreende bens para penhora; policial que lesiona assaltante em fuga etc.

Como a excludente exige o *estrito* cumprimento do dever, deve-se ressaltar que haverá crime quando o agente extrapolar os limites deste.

10.7. Consentimento do ofendido

Alguns crimes pressupõem o dissenso, explícito ou implícito, como requisito do tipo penal e, assim, só se tipificam quando, no caso concreto, não existe o consentimento. Exemplos: crime de violação de domicílio (art. 150): "entrar ou permanecer contra a vontade de quem de direito em casa alheia"; crime de estupro (art. 213): "constranger alguém à conjunção carnal ou a outro ato libidinoso, mediante violência ou grave ameaça". "Constranger" é sinônimo de obrigar, de fazer contra a vontade. Em tais crimes, portanto, o consentimento exclui a própria tipicidade.

Quando, todavia, o dissenso não é elementar, mas o bem é disponível e a vítima capaz (maior de idade e sã), o consentimento atua como *causa supralegal de exclusão da ilicitude*. É o que ocorre, por exemplo, quando pessoa maior de idade permite que outra danifique bens de sua propriedade. O fato é típico, mas não é antijurídico por parte de quem destrói.

A vida humana é bem indisponível. Assim, se uma pessoa mata outra contando com sua anuência, responde por homicídio doloso.

---

[44] Cezar Roberto Bitencourt. *Tratado de direito penal*: Parte Geral. 17. ed. São Paulo: Saraiva, 2012, p. 426.

10.8. Descriminantes putativas (art. 20, § 1º)

Ainda que um fato seja típico, não haverá crime se estiver presente alguma das excludentes de antijuridicidade previstas na lei: legítima defesa, estado de necessidade, estrito cumprimento do dever legal, exercício regular de direito e outras previstas na Parte Especial do Código Penal. Descriminantes, portanto, são essas causas que excluem a ilicitude da conduta. Para o reconhecimento de cada uma dessas excludentes, a lei exige a coexistência de certos requisitos. Quando todos os requisitos estiverem presentes, pode dizer-se que o agente atuou em legítima defesa real, estado de necessidade real etc. Acontece que é possível que o sujeito, em face das circunstâncias, suponha estarem presentes tais requisitos, quando, em verdade, não estão. A essa situação dá-se o nome de legítima defesa putativa, estado de necessidade putativo etc. "Putativo" é sinônimo de algo imaginário, suposto. Por isso, "descriminante putativa" é a excludente de antijuridicidade imaginária.

Suas consequências variam de acordo com a espécie de equívoco, sendo possíveis duas hipóteses:

a) Se o erro refere-se aos *pressupostos de fato* da causa excludente de ilicitude, temos a *descriminante putativa por erro de tipo* (permissivo).

Não se deve confundir essa nomenclatura com a do próprio *erro de tipo*. Com efeito, existem normas penais incriminadoras (tipos penais) e normas penais permissivas (excludentes de ilicitude). Todas elas possuem requisitos (elementos componentes) que devem estar presentes no caso concreto para seu aperfeiçoamento. Assim, o art. 155 do Código Penal, que é uma norma penal incriminadora, descreve o delito de furto com os seguintes elementos: 1) subtração (conduta); 2) coisa móvel (objeto material); 3) alheia (elemento normativo); 4) para si ou para outrem (ânimo de assenhoreamento definitivo – elemento subjetivo). Portanto, quando o agente se apodera de um objeto alheio, pensando que o objeto é seu, há erro de tipo (erro quanto a um dos elementos necessários para a existência do delito), de modo que não há crime por falta de dolo. Da mesma forma, temos que a legítima defesa (art. 25 do CP) possui os seguintes requisitos: 1) intenção de repelir injusta agressão, atual ou iminente; 2) utilização dos meios necessários; 3) utilização dos meios moderados. Ora, é possível que, no caso concreto, o agente suponha estar sendo vítima de injusta agressão (equívoco quanto a um dos elementos componentes da excludente, ou seja, erro quanto a elemento do tipo permissivo) e, por isso, venha a matar alguém. Exemplo: um filho que estuda e mora em outra cidade volta para a casa dos pais de madrugada sem avisar. Abre a porta com sua chave. O pai ouve o barulho e supõe ser um assaltante, vindo a desferir um disparo de arma de fogo, que provoca a morte do filho. O pai imaginou estar havendo uma injusta agressão ao seu patrimônio, mas o fez, por estar em erro (supondo algo que não ocorria).

O art. 20, § 1º, do Código Penal dispõe que se o erro foi plenamente justificado pelas circunstâncias, fica o agente isento de pena (excluem-se, portanto, o dolo e a culpa). Se, entretanto, o erro era evitável, o agente responderá por crime culposo. No exemplo estudado, deverá o juiz analisar se o erro do pai, ao atirar no filho, era evitável ou inevitável. Se concluir que o erro era inevitável, não será aplicada a pena. Se evitável, o pai responderá por homicídio culposo (por ser a vítima seu filho, poderá, entretanto, obter o perdão judicial – art. 121, § 5º, do CP).

b) Se o erro refere-se aos *limites* da excludente de ilicitude, temos a descriminante putativa por *erro de proibição*.

Em tal hipótese, o agente supõe, em face do erro, a licitude do fato. O agente tem perfeita noção do que está ocorrendo (não há erro quanto à situação fática, como no caso anterior), mas supõe que tal hipótese está abrangida pela excludente, quando, em verdade, não está. Aqui devem ser seguidas as regras do erro de proibição (que serão analisadas adiante) previstas no art. 21 do Código Penal, visto que o erro de proibição se refere ao erro sobre a *ilicitude* do fato, que pode referir-se a erro quanto à ilicitude em relação a uma norma penal incriminadora (erro de proibição propriamente dito) ou em relação a uma norma penal permissiva (descriminante putativa por erro de proibição ou erro de proibição indireto).

Nos termos do art. 21 do Código Penal, o desconhecimento da lei é inescusável. Excepcionalmente, entretanto, o mesmo dispositivo estabelece que, havendo erro *inevitável* quanto à ilicitude do fato (erro de proibição e descriminante putativa por erro de proibição), estará excluída a culpabilidade por ausência da potencial consciência da ilicitude (que se verá adiante ser justamente um dos elementos componentes da culpabilidade). Se o erro, contudo, era evitável, responderá o sujeito pelo crime, com a pena reduzida de 1/6 a 1/3.

Não se confunde erro sobre a ilicitude do fato com erro em relação ao próprio fato. Neste, o agente se equivoca em relação ao que está acontecendo, enquanto naquele o agente sabe perfeitamente o que está ocorrendo, mas se equivoca quanto a ser lícita ou ilícita a conduta.

11

CULPABILIDADE

Culpabilidade é a possibilidade de se declarar alguém culpado pela prática de um ilícito penal. É o juízo de reprovação (de censurabilidade) que recai sobre o autor de um fato típico e antijurídico. Conforme já estudado, dependendo da teoria adotada, a culpabilidade é elemento do crime ou pressuposto da aplicação da pena.

11.1. Teorias acerca da culpabilidade

Existem três teorias acerca da culpabilidade: a) teoria *psicológica*; b) teoria *psicológico-normativa*; e c) teoria *normativa pura*.

Para a teoria *psicológica*, a culpabilidade é a relação psíquica do agente com o fato, na forma de dolo ou de culpa. A culpabilidade, portanto, confunde-se com o dolo e a culpa, sendo pressupostos destes a imputabilidade e a exigibilidade de conduta diversa.

Segundo a teoria *psicológico-normativa*, o dolo e a culpa não são espécies da culpabilidade, mas apenas elementos integrantes desta, ao lado da imputabilidade, da consciência da ilicitude e da exigibilidade de conduta diversa. Sem esses elementos, a conduta não é considerada reprovável ou censurável e, assim, não há crime.

Por fim, para a teoria *normativa pura*, adotada pela escola finalista (já estudada anteriormente), o dolo e a culpa não integram a culpabilidade, mas sim a conduta (primeiro elemento do fato típico). O conteúdo da culpabilidade fica, portanto, esvaziado com a retirada do dolo e da culpa, passando a constituir mero juízo de reprovação ao autor da infração. Para essa teoria, a culpabilidade, que não é requisito do crime, mas simples *pressuposto da aplicação da pena*, possui os seguintes elementos: a) imputabilidade; b) potencial consciência da ilicitude; e c) exigibilidade de conduta diversa.

As pessoas são presumidamente culpáveis, presunção que deixa de existir se estiver presente alguma circunstância que exclua a culpabilidade (chamadas também de *dirimentes*). As excludentes de culpabilidade expressamente previstas no Código Penal dizem respeito ao agente que realiza a conduta desconhecendo seu caráter criminoso (erro de proibição – art. 21), ao sujeito de quem não se pode exigir outra conduta (inexigibilidade de conduta diversa nos casos de coação moral irresistível e obediência hierárquica – art. 22) e àqueles que não têm capacidade de entendimento e autodeterminação (inimputabilidade – arts. 26 a 28). Daí por que se pode concluir que nosso legislador optou pela teoria normativa pura.

Saliente-se que a teoria normativa pura subdivide-se em teoria *limitada* e *extremada* da culpabilidade que coincidem em praticamente todos os aspectos, exceto no que diz respeito às descriminantes putativas. Para a teoria *limitada* da culpabilidade, tais excludentes podem ocorrer por erro de tipo ou por erro de proibição, conforme o engano recaia sobre a situação do fato concreto ou sobre os limites da excludente. Esta é a teoria adotada pelo Código Penal, conforme se verifica no item 17 da Exposição de Motivos da Parte Geral, que expressamente menciona tal escolha por parte do legislador. Em tais casos, fala-se em descriminante putativa por erro de tipo ou descriminante putativa por erro de proibição (ver comentários no tópico descriminantes putativas). A teoria *extremada* da culpabilidade, por sua vez, entende que as descriminantes putativas sempre decorrem de erro de proibição.

11.2. Da imputabilidade penal

Imputabilidade é a possibilidade se de atribuir a alguém a responsabilidade por algum fato, ou seja, o conjunto de condições pessoais que dá ao agente a capacidade para lhe ser juridicamente imputada a prática de uma infração penal.

O Código Penal não define a imputabilidade. Ao contrário, enumera apenas as hipóteses de inimputabilidade.

11.3. Inimputabilidade

11.3.1. Hipóteses legais de inimputabilidade

Em princípio, todos são imputáveis, exceto aqueles abrangidos pelas hipóteses de inimputabilidade enumeradas na lei, que são as seguintes:

a) doença mental ou desenvolvimento mental incompleto ou retardado;

b) menoridade;

c) embriaguez completa, proveniente de caso fortuito ou força maior; e

d) dependência ou efeito de droga proveniente de caso fortuito ou força maior.

11.3.2. Critérios para a definição da inimputabilidade

Os critérios que podem ser adotados pelo legislador para definir a inimputabilidade são os seguintes: a) biológico; b) psicológico; e c) biopsicológico.

O critério *biológico* leva em conta apenas o desenvolvimento mental do acusado (quer em face de deficiência mental, quer da idade).

O *psicológico*, por sua vez, considera apenas se o agente, ao tempo da ação ou omissão, tinha a capacidade de entendimento ou autodeterminação.

Por fim, o critério *biopsicológico* trata como inimputável aquele que, em razão de sua condição mental (causa), era, ao tempo da ação ou omissão, totalmente incapaz de entender o caráter ilícito do fato ou de determinar-se de acordo com tal entendimento (consequência).

11.3.3. Doença mental ou desenvolvimento mental incompleto ou retardado

O art. 26, *caput*, do Código Penal, adotando o critério biopsicológico, estabelece que é "isento de pena (inimputável) o agente que, por doença mental ou por desenvolvimento mental incompleto ou retardado, era, ao tempo da ação ou da omissão, inteiramente incapaz de entender o caráter ilícito do fato ou de determinar-se de acordo com esse entendimento". Nesse caso, o juiz deve absolver o réu (art. 386, VI, do CPP) e aplicar medida de segurança de internação ou tratamento ambulatorial, dependendo da gravidade da infração penal cometida (tema que será estudado no momento oportuno).

A lei presume a periculosidade do *inimputável* que comete infração penal (probabilidade de tornar a delinquir).

Nos termos do dispositivo em estudo, são, em verdade, dois os requisitos para o reconhecimento da inimputabilidade:

a) Que a prova pericial demonstre que o acusado era portador de *doença mental ou desenvolvimento mental incompleto ou retardado*.

A doença mental abrange a demência, a psicose maníaco-depressiva, a histeria, a paranoia, a psicose traumática por alcoolismo, a esquizofrenia etc. O desenvolvimento mental incompleto ocorre em relação aos menores de idade (para os quais, entretanto, existe regra própria no art. 27) e os silvícolas não adaptados à vida em sociedade. Desenvolvimento mental retardado é característico em pessoas oligofrênicas (idiotas, imbecis, débeis mentais) e nos surdos-mudos (dependendo do caso).

Assim, sempre que houver suspeita de que o acusado é portador de quaisquer desses distúrbios mentais, deve o juiz determinar a instauração de incidente de insanidade mental, que deverá seguir o rito descrito nos arts. 149 a 152 do Código de Processo Penal. A ação penal fica suspensa durante a tramitação da perícia (art. 149, § 2º, do CPP). O procedimento é processado em autos apartados e somente após a apresentação do laudo é apensado aos autos principais. As partes podem apresentar quesitos. Se os peritos concluírem que o acusado é inimputável, o juiz deverá nomear-lhe curador que acompanhará a tramitação do feito até o seu final.

b) Que a perícia conclua que o agente, *em razão do problema mental, era, ao tempo da ação ou omissão, completamente incapaz de entender o caráter ilícito do fato ou de determinar-se de acordo com tal entendimento.*

Nos termos do texto legal, não basta que o agente seja portador de distúrbio mental para que seja considerado inimputável. É necessário, outrossim, que os peritos concluam que referido distúrbio lhe retirava, por completo, a capacidade de entendimento ou de autodeterminação.

Saliente-se, novamente, que, em relação aos doentes mentais, o critério no Código Penal é o *biopsicológico*.

11.3.4. Semi-imputabilidade

Nos termos do art. 26, parágrafo único, do Código Penal, se, em razão de perturbação da saúde mental ou por desenvolvimento mental incompleto ou retardado, o agente, ao tempo da ação ou omissão, estava *parcialmente* privado de sua capacidade de entender o caráter ilícito do fato ou de determinar-se de acordo com tal entendimento, a pena será reduzida de 1/3 a 2/3. Nesse caso, o agente é chamado de semi-imputável, pois perde apenas *parcialmente* a capacidade de entendimento ou de autodeterminação. Se os peritos concluírem que o semi-imputável não necessita de tratamento, o juiz manterá a pena privativa de liberdade (com o redutor já mencionado); contudo, se declararem que o tratamento se faz necessário, visando evitar que ele torne a delinquir, o juiz converterá a pena em medida de segurança. Neste caso, a sentença que aplica a medida de segurança tem natureza condenatória.

11.3.5. Menoridade

Nos termos do art. 27 do Código Penal, os menores de 18 anos são inimputáveis, ficando sujeitos às normas estabelecidas na legislação especial. Adotou-se, portanto, o critério *biológico*, que presume, de forma absoluta, ser o menor de 18 anos inteiramente incapaz de entender o caráter ilícito do fato e de determinar-se de acordo com esse entendimento.

Essa mesma regra encontra-se estampada no art. 228 da Constituição Federal: "são penalmente inimputáveis os menores de 18 anos, sujeitos às normas da legislação especial". Em razão do grande número de atos violentos cometidos por adolescentes, existem projetos de emenda constitucional que visam à redução da maioridade penal. Discute-se, entretanto, se a aprovação dessas emendas teria validade, na medida em que alguns juristas advogam a tese de que se trata de cláusula pétrea, que nem mesmo por emenda constitucional pode ser modificada. De acordo com o art. 60, § 4º, IV, da Carta Magna, não pode ser objeto de deliberação a proposta de emenda tendente a abolir direitos e garantias individuais. Sustentam que ser considerado inimputável antes de completar 18 anos é uma garantia individual e, por tal razão, nunca poderá ser modificado. Em sentido contrário, argumenta-se que, no que pertine ao ramo do direito penal e do direito processual penal, os direitos e as garantias individuais estão todos elencados no art. 5º da Constituição, de modo que o constituinte, por não ter tratado da inimputabilidade dos menores de 18 anos em tal dispositivo (mas sim no art. 228), permitiu a modificação de referida regra por meio de emenda.

De qualquer forma, a simples existência de tal discussão tem funcionado como fator inibitório em relação à aprovação de emenda para a redução da maioridade penal pelo receio de que o Supremo Tribunal Federal venha, posteriormente, a considerá-la inconstitucional.

A menoridade cessa no primeiro instante do dia em que o agente completa 18 anos, ou seja, se o crime for praticado na data do 18º aniversário, o agente já será considerado imputável e responderá pelo crime.

A idade do autor do fato deve ser considerada ao "tempo do crime". Tal instituto está regulamentado no art. 4º do Código Penal e considera cometida a infração penal no momento da ação ou omissão, ainda que o resultado seja posterior. Assim, se um adolescente de 17 anos atira em alguém para matá-lo, ele é considerado inimputável, mesmo que a vítima venha a morrer somente alguns dias depois, quando o autor dos disparos já completou os 18 anos.

A legislação especial que regulamenta as sanções aplicáveis aos menores inimputáveis é o Estatuto da Criança e do Adolescente (Lei n. 8.069/90), que prevê a aplicação de medidas *socioeducativas* aos *adolescentes* (pessoas com 12 anos ou mais e menores de 18 anos), consistentes em advertência, obrigação de reparar o dano, prestação de serviços à comunidade, liberdade assistida, semiliberdade ou internação, e a aplicação de medidas de *proteção* às *crianças* (pessoas menores de 12 anos) que venham a praticar fatos definidos como infração penal.

Em relação aos adolescentes, a medida mais severa é a internação, cujo prazo máximo é de 3 anos.

11.3.6. Emoção e paixão

Estabelece o art. 28, I, do Código Penal que a emoção e a paixão *não excluem a imputabilidade*.

Emoção é um estado súbito e passageiro de instabilidade psíquica, uma perturbação momentânea da afetividade.

A paixão é um sentimento duradouro, caracterizado por uma afetividade permanente.

A emoção, apesar de não excluir o crime, pode funcionar como atenuante genérica (art. 65, III, *c*) ou como causa de diminuição de pena em certos ilícitos penais como homicídio e lesões corporais, desde que acompanhada de outros requisitos (art. 121, § 1º; art. 129, § 4º).

11.3.7. Embriaguez

Embriaguez é uma intoxicação aguda e passageira provocada pelo álcool ou por substância de efeitos análogos (cocaína, ópio etc.), que apresenta uma fase inicial de euforia, passando pela depressão e sono, podendo levar até ao coma.

A embriaguez pode ser acidental ou não acidental, patológica ou preordenada. As consequências variam de acordo com cada uma dessas hipóteses.

A embriaguez *não acidental* pode ser voluntária ou culposa.

Na forma voluntária, o agente quer se embriagar e, na culposa, embora não tenha esta específica intenção, age imprudentemente, ingerindo doses excessivas e acaba ficando em estado de embriaguez. Pode ser completa, quando retira a capacidade de entendimento e autodeterminação do agente, ou incompleta, quando não retira tal capacidade.

Em todos os casos, *não há exclusão da imputabilidade* nos termos do art. 28, II, do Código Penal, que estabelece não excluir o crime a embriaguez voluntária ou culposa.

Até mesmo na hipótese de embriaguez completa não fica excluído o crime, pois se adotou a tese da *actio libera in causa*, segundo a qual o agente, ao se embriagar, sabe da possibilidade de infringir a lei penal e é livre para decidir. Por isso, ainda que não tenha capacidade de entendimento no momento do delito, deve responder pela infração penal, porque o resultado era previsível no momento em que começou a ingerir a bebida. Exemplo: o agente vai de carro a um bar onde ingere um litro de cachaça e, ao dirigir de volta para casa, provoca um acidente com morte. Responde pela infração penal. A doutrina ressalva, entretanto, que, excepcionalmente, se, no momento inicial, era imprevisível a ocorrência da situação que o levou à prática do ilícito, fica afastada a culpabilidade, para que não haja responsabilidade objetiva.

A embriaguez acidental pode ser proveniente de *caso fortuito ou força maior*. Se completa, *exclui a imputabilidade*, desde que, em razão dela, o agente, ao tempo da ação ou omissão, tenha ficado *inteiramente incapacitado* de entender o caráter ilícito do fato ou de determinar-se de acordo com esse entendimento (art. 28, § 1º).

Ocorre caso fortuito, por exemplo, quando o sujeito está fazendo tratamento com determinado medicamento e, inadvertidamente, ingere bebida alcoólica, cujo efeito é potencializado em face dos remédios, fazendo com que uma pequena quantia de bebida o faça ficar em completo estado de embriaguez. Força maior existe quando o agente é obrigado a ingerir a bebida.

O art. 28, § 2º, do Código Penal, por sua vez, esclarece que a pena pode ser reduzida de 1/3 a 2/3, se o agente, por embriaguez, proveniente de caso fortuito ou força maior, não possuía, ao tempo da ação ou omissão, a *plena* capacidade de entender o caráter ilícito do fato ou de determinar-se de acordo com esse entendimento. Nesse caso, a embriaguez retirou apenas parcialmente a capacidade de entendimento ou autodeterminação.

A embriaguez *patológica* (alcoolismo) exclui a imputabilidade se, em razão dela, era o agente, ao tempo da ação ou omissão, inteiramente incapaz de entender o caráter ilícito do fato ou de determinar-se de acordo com esse entendimento. Em tal caso, mostra-se aplicável a regra do art. 26, *caput*, do Código Penal (patologia psíquica). Se houver mera redução dessa capacidade, o agente responderá pelo crime, mas a pena será reduzida (art. 26, parágrafo único).

Por fim, fala-se em embriaguez *preordenada* quando o agente se embriaga com a específica intenção de tomar coragem para a prática do delito. Em tal caso, a embriaguez atua como agravante genérica, nos termos do art. 61, II, *l*, do Código Penal.

11.3.8. Dependência de substância entorpecente

Nos termos do art. 45, *caput*, da Lei n. 11.343/2006 (Lei Antidrogas), é isento de pena (inimputável) o agente que, em razão da dependência, ou sob o efeito de substância entorpecente ou que determine dependência física ou psíquica proveniente de caso fortuito ou força maior, era, ao tempo da ação ou omissão, *qualquer que tenha sido a infração praticada* (do Código Penal, da Lei Antidrogas ou de qualquer outra lei), inteiramente incapaz de entender o caráter ilícito do fato ou de determinar-se de acordo com esse entendimento. Se a redução dessa capacidade for apenas parcial, o agente é considerado imputável, mas sua pena será reduzida de 1/3 a 2/3 (parágrafo único).

Veja-se que a inimputabilidade pode ocorrer em duas situações:

a) dependência de substância entorpecente; e

b) estar o agente sob o efeito de substância entorpecente, proveniente de caso fortuito ou força maior.

11.4. Potencial consciência da ilicitude

Estabelece o art. 21 do Código Penal que o desconhecimento da lei é inescusável. Presume a lei, portanto, que todos são culpáveis. Ocorre, entretanto, que o mesmo art. 21, em sua 2ª parte, determina que o erro sobre a ilicitude do fato, se *inevitável*, isenta de pena, e, se *evitável*, poderá diminuí-la de 1/6 a 1/3.

O erro inevitável sobre a ilicitude do fato é o *erro de proibição*, que retira do agente a consciência da ilicitude e, por consequência, exclui a culpabilidade (isentando o réu de pena). O erro de proibição não possui relação com o desconhecimento da lei. Trata-se de erro sobre a *ilicitude do fato* e não sobre a lei. Não há erro acerca do fato (que é característica do erro de tipo), mas erro sobre a *ilicitude do fato*. Em outras palavras, o agente conhece a lei, mas se equivoca, entendendo que determinada conduta não está englobada por ela. Há uma errada compreensão acerca do significado da norma. O agente tem perfeita compreensão do fato, mas entende que este é lícito.

No erro de tipo, ao contrário, há erro quanto ao próprio fato (imaginar que objeto alheio é próprio, que mulher casada é solteira, que um homem é um bicho etc.).

Saliente-se, novamente, que o erro evitável não exclui a culpabilidade, mas diminui a pena de 1/6 a 1/3.

De acordo com o parágrafo único do art. 21, "considera-se evitável o erro se o agente atua ou se omite sem a consciência da ilicitude do fato, quando lhe era possível, nas circunstâncias, ter ou atingir essa consciência".

11.5. Exigibilidade de conduta diversa

Trata-se de elemento componente da culpabilidade fundado na tese de que só devem ser punidas as condutas que poderiam ser evitadas. Assim, se, no caso concreto, era inexigível conduta diversa por parte do agente, fica excluída a sua culpabilidade (que o isenta de pena).

Como diz Fernando Capez[45], "a inevitabilidade não tem a força de excluir a vontade, que subsiste como força propulsora da conduta, mas certamente a vicia, de modo a tornar incabível qualquer censura ao agente".

A exigibilidade de conduta diversa pode ser excluída por dois motivos previstos no art. 22 do Código Penal: a) a *coação moral irresistível;* e b) a *obediência hierárquica*.

11.6. Coação irresistível

A coação irresistível pode ser: a) *física*; e b) *moral*.

Fala-se em coação física (*vis absoluta*) quando há emprego de violência contra a pessoa, que é obrigada por outra a cometer a infração penal. Exemplo: forçar a mão da vítima para que ela aperte o gatilho de um revólver. Nesse caso, a violência física empregada retira totalmente a voluntariedade da ação, de modo que o coagido se apresenta como mero instrumento do coator e, assim, não existe fato típico (por ausência de seu primeiro requisito – a ação humana voluntária, a conduta).

A coação moral (*vis relativa*) é aquela decorrente do emprego de grave ameaça. A coação moral, por sua vez, pode ser: a) *irresistível*; e b) *resistível*.

Coação moral *irresistível* é a que não pode ser vencida, superada pelo agente no caso concreto. Nessa hipótese, há crime, pois existe um resquício de vontade por parte do coagido, mas o art. 22, 1ª parte, do Código Penal determina a exclusão da culpabilidade. A grave ameaça é o anúncio de um mal ao próprio coagido ou à pessoa a ele ligada. O coagido conserva sua liberdade de ação no aspecto físico, mas permanece psiquicamente vinculado em face da ameaça recebida. O coator é quem responde pelo crime praticado pelo coagido, bem como por crime de tortura. Com efeito, prevê o art. 1º, I, *b*,

---

[45] Fernando Capez. *Curso de direito penal*: Parte Geral. 15. ed. São Paulo: Saraiva, v. 1, p. 353.

da Lei n. 9.455/97 que constitui crime de tortura constranger alguém com emprego de violência ou grave ameaça, causando-lhe sofrimento físico ou mental para provocar ação ou omissão de natureza criminosa. Assim, se alguém coage outrem a transportar droga em seu corpo dizendo, por exemplo, que se não o fizer matará seu filho, o coator responde por crime de tráfico de drogas em concurso material com referido delito de tortura. O coagido não será punido em razão da dirimente em estudo.

Por sua vez, se a coação moral for *resistível,* existirá o crime e o agente poderá ser punido, havendo mero reconhecimento da atenuante genérica prevista no art. 65, III, *c,* do Código Penal. O autor da coação resistível também responde pelo delito, sendo sua pena exasperada em razão da agravante genérica descrita no art. 62, II, do Código Penal.

11.7. Obediência hierárquica

Ocorre quando o subordinado comete o ilícito penal atendendo à ordem de um superior hierárquico. Se a ordem encontra embasamento na lei, não existe crime, por estar o agente no estrito cumprimento de um dever legal. Sendo ela ilegal, duas situações podem ocorrer:

a) Se a ordem for *manifestamente ilegal* (ilegalidade facilmente perceptível quanto ao seu teor), ambos responderão pelo crime. Em tal caso, a pena do superior poderá ser exasperada em razão da agravante genérica do art. 62, III, do Código Penal, que diz que a pena será agravada quando o agente determinar a execução do crime à pessoa que esteja sujeita à sua autoridade. No entanto, o subordinado que realiza a ação delituosa terá sua pena abrandada nos termos do art. 65, III, *c,* do Código Penal, "ter cometido o crime em cumprimento de ordem de autoridade superior".

b) Se a ordem *não for manifestamente ilegal* (ilegalidade não perceptível, de acordo com o senso médio), exclui-se a culpabilidade do subordinado, respondendo pelo crime apenas o superior hierárquico.

A obediência hierárquica a que a lei se refere é aquela decorrente de relações de direito público, ou seja, a obediência de um funcionário público a uma ordem proferida por outro funcionário que, na hierarquia administrativa, lhe é superior.

A exclusão da culpabilidade só existe quando o subordinado observa estrita obediência à ordem emanada do superior. Assim, se a ordem era legal, e o subordinado se excede, vindo a cometer um crime, apenas ele pratica o delito.

12

CONCURSO DE PESSOAS

Trata-se o concurso de pessoas da denominação dada pelo Código Penal às hipóteses em que duas ou mais pessoas envolvem-se em uma infração penal. A doutrina e a jurisprudência também se utilizam das expressões "concurso de agentes" e "codelinquência" para referir-se à pluralidade de envolvidos no ilícito penal.

A maioria dos crimes previstos na legislação brasileira pode ser cometida por uma única pessoa ou por duas ou mais pessoas em concurso. Alguns delitos, todavia, só podem ser praticados por duas ou mais em conjunto. Por isso, a doutrina faz a seguinte divisão: a) crimes *unissubjetivos*; e b) crimes *plurissubjetivos*.

Os *unissubjetivos* (ou monossubjetivos) são aqueles que podem ser praticados por uma só pessoa, como o homicídio, o furto, o estupro, dentre inúmeros outros. Nada obsta, entretanto, que duas ou mais pessoas se unam para perpetrar essas infrações penais, havendo, em tais casos, concurso de agentes. Assim, se duas pessoas resolvem praticar juntamente um homicídio, ambas efetuando disparos contra a vítima, elas são coautoras (modalidade de concurso de agentes) desse crime. Por tal razão, esses delitos são também chamados de crimes de *concurso eventual*.

Já os crimes *plurissubjetivos* são aqueles que só podem ser praticados por duas ou mais pessoas em concurso, por haver expressa exigência do tipo penal nesse sentido. São mais conhecidos como crimes de *concurso necessário*, pois só se caracterizam se houver o concurso exigido na lei. São exemplos os delitos de associação criminosa, associação para o tráfico, rixa etc.

Os crimes plurissubjetivos, por sua vez, podem ser de condutas a) *paralelas*; b) *convergentes*; e c) *contrapostas*.

Quando os agentes *auxiliam-se mutuamente* visando a um determinado resultado criminoso, estamos diante de crime de concurso necessário de condutas *paralelas*. É o que ocorre, por exemplo, no delito de associação criminosa (art. 288 do CP), em que três ou mais pessoas se associam para a prática reiterada de crimes. Nessa infração penal, os integrantes formam um grupo visando atuar em conjunto no cometimento de delitos (furtos em caixas eletrônicos, roubos de cargas etc.).

As condutas são classificadas como *convergentes* quando se *fundem* gerando imediatamente o resultado ilícito. Um exemplo é o crime de bigamia, ressalvando-se, porém, que só haverá o concurso se houver má-fé por parte do cônjuge ainda solteiro, ou seja, se ele tiver ciência de que o parceiro já é casado e, ainda assim, contrair matrimônio. A bigamia está descrita no art. 235 do Código Penal e a pena para aquele que ainda não era casado é menor, nos termos do art. 235, § 1º, do mesmo Código.

Por fim, nos crimes de concurso necessário de condutas *contrapostas*, os envolvidos agem *uns contra os outros*. É o caso do crime de rixa (art. 137 do CP), cuja configuração pressupõe a recíproca e concomitante troca de agressões entre pelo menos três pessoas.

12.1. Teorias quanto ao conceito de autor

Para que se possa ter a exata compreensão em torno do tema do concurso de pessoas, é preciso inicialmente estabelecer o conceito de *autoria* criminal, pois, dependendo da definição adotada, haverá inúmeros desdobramentos. As teorias existentes são as seguintes: a) *unitária*; b) *extensiva*; c) *restritiva*; e d) *do domínio do fato*.

De acordo com a teoria *unitária*, todos os que tomarem parte em um delito devem ser tratados como autores e estarão incursos nas mesmas penas, inexistindo a figura da participação.

Pela teoria *extensiva*, igualmente não existe distinção entre autores e partícipes, sendo todos os envolvidos autores do crime. Esta teoria, entretanto, ao contrário da anterior, admite a aplicação de penas menores àqueles cuja colaboração para o delito tenha sido de menor relevância.

A teoria *restritiva* distingue autores de partícipes. Autores são os que realizam a conduta descrita no tipo penal. São os executores do crime pelo fato de seu comportamento se enquadrar no verbo contido na norma incriminadora. Autor de homicídio é quem mata (desfere tiros, facadas etc.). Autor de furto é quem subtrai o bem (coloca a mão dentro da bolsa da vítima e tira o dinheiro; esconde a mercadoria na blusa e sai sem pagar no mercado etc.). Partícipes, por exclusão, são aqueles que não realizam o ato executório descrito no tipo penal, mas de alguma outra forma contribuem para a eclosão do delito. Exemplos: estimular verbalmente o assassino, emprestar a arma ciente da intenção do homicida etc. Para esta corrente, o mandante e o mentor intelectual, por não realizarem atos de execução no caso concreto, são também partícipes e não autores do delito.

Por fim, pela teoria do *domínio do fato*, há também distinção entre autores de partícipes, porém o conceito de autoria é mais amplo, abrangendo não só aqueles que realizam a conduta descrita no tipo como também os que têm controle pleno do desenrolar do fato criminoso, com poder de decidir sobre sua prática ou interrupção, bem como acerca das circunstâncias de sua execução. Por essa teoria, criada por Hans Welzel, o mandante e o mentor intelectual, por controlarem os comparsas, são também autores do crime, ainda que não realizem pessoalmente atos executórios.

12.1.1. Teoria adotada pelo Código Penal brasileiro

O legislador brasileiro adotou a teoria restritiva, que diferencia autoria de participação, haja vista a existência de institutos como os da participação de menor importância (art. 29, § 1º) e da participação impunível (art. 31).

A teoria do domínio do fato, por sua vez, possui também aplicação concreta, viabilizando a punição do denominado "autor mediato", que não realiza pessoalmente a conduta típica, mas é punido como autor do delito porque manipula terceiro, que não possui capacidade de discernimento, para que este realize a conduta típica. Esta pessoa serve na prática como instrumento do autor mediato para a concretização do delito. Como diz Fernando Capez[46], "o executor atua sem vontade ou consciência, considerando-se, por essa razão, que a conduta principal foi realizada pelo autor mediato". Exemplo: pessoa entrega veneno para uma criança e pede para ela colocar no copo da vítima, sendo, assim, autora mediata do homicídio doloso.

No entanto, a teoria do domínio do fato não pode ser aceita em sua integralidade, porque não é possível identificar com clareza, em grande número de casos, quando uma pessoa tem ou não o controle completo da situação. Se o mandante, por exemplo, contrata uma pessoa para matar a vítima, o executor contratado pode fugir com o dinheiro, ser preso antes de cometer o crime, ou cometer delito mais grave do que o inicialmente combinado. Em nenhum desses casos, o mandante tinha pleno controle da situação. Por isso, não pode ser considerado autor. O mesmo se diga em relação ao mentor intelectual. Saliente-se, ademais, que a teoria do domínio do fato é totalmente inaplicável aos crimes culposos, pois, nesta modalidade de infração penal, as pessoas não querem o resultado, não se podendo falar em controle dos demais envolvidos.

Em suma, a teoria adotada pelo Código Penal quanto ao concurso de agentes é a restritiva, que diferencia autores e partícipes, sendo autores aqueles que realizam a conduta descrita no tipo penal. No que diz respeito à autoria mediata, contudo, aplica-se a teoria do domínio do fato.

12.1.2. Modalidades de concurso de agentes

Tendo nossa legislação adotado a teoria restritiva no que diz respeito ao concurso de pessoas, pode-se dizer que as formas de concurso de pessoas são a *coautoria* e a *participação*.

12.2. Coautoria

Verifica-se quando duas ou mais pessoas, conjuntamente, praticam a conduta descrita na norma incriminadora.

Coautores são aqueles que praticam ato executório descrito no tipo penal. São os que matam no crime de homicídio, que subtraem os bens da vítima no crime de furto, que vendem a droga no crime de tráfico.

É preciso, contudo, ressalvar que certos tipos penais como o roubo e o estupro são compostos de mais de um ato executório. No roubo, é necessário, inicialmente, o emprego de violência ou grave ameaça para dominar a vítima e, então, subtrair seus pertences. No estupro, também se exige violência ou grave ameaça para subjugar alguém e realizar atos de natureza sexual contra sua vontade. Nesses crimes, não é necessário que o agente realize todas essas ações para ser considerado coautor, bastando a prática de uma delas. É comum, nesses casos, a chamada divisão de tarefas, em que um dos

---

[46] Fernando Capez. *Curso de direito penal*: Parte Geral. 15. ed. São Paulo: Saraiva, v. 1, p. 370.

criminosos realiza parte da conduta típica e o comparsa, a outra. Desse modo, existe coautoria no roubo quando um dos envolvidos segura a vítima para que o comparsa subtraia a carteira dela, ou, no estupro, quando um dos agentes ameaça a vítima com uma arma para que o comparsa consiga com ela realizar os atos libidinosos. É a chamada coautoria parcial ou funcional.

Nos crimes de concurso necessário, como no caso de associação criminosa, todos os que integrarem o grupo serão considerados coautores.

12.3. Participação

Esta modalidade de concurso de pessoas diz respeito àquele que não realiza ato de execução descrito no tipo penal, mas, de alguma outra forma, concorre intencionalmente para o crime. São exemplos de participação incentivar verbalmente o agente a estuprar a vítima, emprestar um carro para o ladrão ir até a casa de alguém cometer um furto, fornecer informações acerca da localização da vítima para que possa ser sequestrada etc. É evidente que, para ser considerado partícipe, o sujeito deve ter ciência da finalidade criminosa do autor.

O art. 29 do Código Penal regulamenta o instituto da participação estabelecendo que "quem, de qualquer modo, concorre para o crime, incide nas penas a este cominadas, na medida de sua culpabilidade". Esta é uma norma de extensão que permite a aplicação da pena aos partícipes, já que, para estes, não existe pena prevista na Parte Especial do Código. Com efeito, o art. 121, por exemplo, prevê pena de 6 a 20 anos de reclusão para aquele que mata a vítima, mas não estabelece sanção a quem incentiva verbalmente o assassinato (partícipe). Assim, sem a norma de extensão, não seria possível a punição do partícipe, pois ele não realiza a conduta descrita no tipo.

Como regra, o partícipe responde pelo mesmo crime dos autores e coautores do delito e a pena em abstrato para todos é a mesma. É claro que, no momento da fixação da pena, o juiz deve levar em conta o grau de envolvimento de cada um no ilícito (culpabilidade). É até possível em certos casos que o partícipe receba pena mais alta do que o próprio autor do delito, como eventualmente no caso do mentor intelectual.

Conforme mencionado, salvo em certas exceções, o enquadramento criminal do partícipe segue o do autor do delito. Assim, se alguém induz outrem a cometer um crime e este inicia a execução, mas não consegue consumá-lo por circunstâncias alheias à sua vontade, a infração é considerada tentada para ambos. O índice de redução da pena referente à tentativa leva em conta o *iter criminis* percorrido pelo autor e comunica-se ao partícipe. Com efeito, não faria sentido que o juiz reduzisse a pena em 1/3 para o autor do crime e em 2/3 para o partícipe.

12.3.1. Espécies de participação

Existem duas modalidades de participação: a) *moral*; e b) *material*.

A participação moral pode se dar por induzimento ou instigação.

No induzimento, o sujeito sugere a prática do crime a outra pessoa visando convencê-la a cometer o delito. Exemplo: um empregado doméstico diz a um amigo furtador que seu patrão viajará no fim de semana e sugere que este cometa um furto na casa.

Na instigação, o partícipe reforça a intenção criminosa já existente em alguém. Exemplo: uma pessoa diz a um amigo que está pensando em matar alguém e o amigo o incentiva a fazê-lo.

A participação material (ou auxílio) consiste em colaborar de alguma forma com a execução do crime, sem, entretanto, realizar a conduta típica. Este auxílio, portanto, deve ser secundário, acessório. Pode consistir em fornecer meios para o agente cometer o crime (a arma para cometer o homicídio ou o roubo) ou instruções para a sua prática.

12.3.2. Natureza jurídica da participação

A participação é uma conduta acessória em relação à do autor do delito. O próprio art. 31 do Código Penal leva inequivocamente a esta conclusão quando diz que a participação é impunível se o crime não chega a ser tentado.

Existem várias teorias acerca do conceito dessa acessoriedade da participação: a) acessoriedade *mínima*; b) acessoriedade *limitada*; c) acessoriedade *extremada*; e d) *hiperacessoriedade*.

De acordo com a teoria da acessoriedade mínima, basta que o partícipe concorra para um fato típico, ainda que este não seja antijurídico. Esta teoria é absurda, porque considera crime o ato de auxiliar alguém que está agindo em legítima defesa, estado de necessidade etc.

Pela teoria da acessoriedade limitada, há crime se o partícipe colabora com a prática de um fato típico e antijurídico. É a interpretação que entendemos correta e que é aceita pela maioria dos doutrinadores.

A teoria da acessoriedade extremada, por sua vez, advoga que só existe participação se o autor principal tiver cometido fato típico e antijurídico e desde que seja culpável. Por esta teoria, não há participação quando alguém induz um menor a cometer crime, pois este não é culpável em razão da inimputabilidade. Aplicando-se tal teoria, o maior ficaria impune, pois, segundo ela, não existe participação quando o executor não é culpável. O que ocorre, em verdade, é que quem induz ou incentiva pessoa não culpável a cometer infração penal é autor mediato do delito. Doutrinadores, como Flávio Monteiro de Barros[47] e Fernando Capez[48], defendem que esta teoria é a correta exatamente porque dá sustentação à autoria mediata. O problema, entretanto, é que as teorias que estão em análise dizem respeito à natureza jurídica da figura do partícipe, e a autoria mediata não constitui hipótese de participação. Trata-se de hipótese *sui generis* de autoria.

Por fim, para a teoria da *hiperacessoriedade*, para que seja possível a punição do partícipe, é preciso que o executor seja culpável, que tenha cometido fato típico e antijurídico, e, ainda, que seja punível. Para esta corrente, se tiver ocorrido extinção da punibilidade em relação ao autor do crime (por prescrição, por morte etc.), torna-se inviável a responsabilização do partícipe. É evidente o equívoco desta corrente, já que a punibilidade de uma pessoa não interfere na da outra.

---

[47] Flávio Augusto Monteiro de Barros. *Direito penal*. São Paulo: Saraiva, 1999, v. 1, p. 347-348.
[48] Fernando Capez. *Curso de direito penal*: Parte Geral. 15. ed. São Paulo: Saraiva, v. 1, p. 369.

12.3.3. Não identificação do autor e possibilidade de punição do partícipe

Não inviabiliza a punição do partícipe a não identificação do executor do delito, desde que fique provado o envolvimento de ambos. Tal situação, aliás, é muito comum. Se a prova demonstra, por exemplo, que o empregado deixou aberta a porta da casa do patrão para o comparsa nela entrar e cometer o furto, será absolutamente possível a sua punição como partícipe, ainda que o furtador tenha fugido e não tenha sido identificado.

12.3.4. Participação posterior ao crime

Só é realmente partícipe de um crime quem contribui para sua consumação. Daí por que seu envolvimento deve ter ocorrido antes ou durante a execução do delito. É claro que, se uma pessoa diz ao ladrão, antes de um furto, que se dispõe a comprar carro de determinada marca e modelo, e realmente o faz após a subtração, ela é partícipe do furto, porque, antes do delito, incentivou o furtador (participação moral por induzimento) – embora só tenha recebido o bem posteriormente. Ao contrário, aquele que recebe o veículo furtado sem ter de qualquer modo incentivado anteriormente o crime incorre em delito de receptação.

12.3.5. Participação inócua

A participação que em nada contribui para o resultado não é punível. Em tais casos, não há relevância causal na conduta, o que exclui o concurso de agentes. É o que ocorre, por exemplo, quando alguém cede uma arma para o agente matar a vítima, mas o executor comete o crime mediante asfixia. Neste caso, quem emprestou a arma não pode ser punido por participação na modalidade auxílio, pois aquele prestado mostrou-se inócuo. Se, eventualmente, ficar demonstrado que, além de emprestar a arma, ele havia também incentivado verbalmente a prática do homicídio, poderá ser punido por participação, nas modalidades de induzimento ou instigação.

12.3.6. Participação por omissão

Existe participação por omissão quando uma pessoa que tem o *dever jurídico* de evitar o resultado toma ciência do cometimento de um crime por terceira pessoa e, podendo evitar-lhe a execução ou seu prosseguimento, resolve nada fazer para que o crime siga seu curso.

É o que ocorre, por exemplo, quando um policial presencia um homicídio em andamento e, podendo evitar o resultado, resolve se omitir por reconhecer a vítima e perceber que se trata de pessoa de quem ele não gosta. Nesse caso, o terceiro é autor do homicídio e o policial partícipe por omissão.

Não se confunde com os crimes comissivos por omissão, embora, em ambos, o sujeito tenha o dever jurídico de evitar o resultado. A diferença é que nos crimes comissivos por omissão não há terceira pessoa que comete um crime, enquanto na participação por omissão, estamos na seara do concurso de pessoas, havendo alguém cometendo um crime e a omissão colaboradora daquele que tinha o dever de evitá-lo.

12.3.7. Conivência

A conivência consiste na omissão voluntária de fato impeditivo do crime, na não informação à autoridade pública a fim de evitar seu prosseguimento, ou na retirada do local onde o delito está sendo cometido, quando ausente o dever jurídico de agir (daí a diferença em relação à participação por omissão).

Dependendo da situação, a conivência pode gerar ou não consequências. Se um cidadão comum presencia um assassinato em andamento e não intervém para salvar a vítima por haver risco para ele próprio, não responde por delito algum. No entanto, se um nadador vê a mãe jogar uma criança de pouca idade em uma piscina e, sem qualquer risco pessoal, permite que a criança venha a falecer por afogamento, responde por crime de omissão de socorro agravada pelo evento morte (art. 135, parágrafo único, 2ª parte, do CP). Não há que se falar em participação por omissão no crime de homicídio, pois o nadador não tinha o dever jurídico específico de impedir o evento, todavia, como infringiu um dever genérico de assistência, responde pela omissão de socorro.

É possível, ainda, que o conivente não incorra em delito algum, ainda que tome prévio conhecimento de que este iria ocorrer e se omita. É o caso da pessoa que fica sabendo, por ouvir uma conversa na mesa ao lado, que haverá um furto de madrugada em determinada loja e não dá a notícia às autoridades que poderiam evitar sua prática. Cometido o furto, o omitente não é partícipe porque não tinha a obrigação de evitar o resultado, nem responde por omissão de socorro, já que a situação do furto não é abrangida pelo art. 135 do Código Penal.

12.3.8. Concurso de agentes em crimes omissivos próprios e impróprios

Discute-se a possibilidade de serem considerados coautores aqueles que se omitem concomitantemente diante das mesmas circunstâncias, como na hipótese de duas pessoas que presenciam um acidente e, imediatamente, saem do local sem socorrer a vítima. Entendemos que elas serão consideradas coautoras no delito de omissão de socorro (art. 135), desde que cada qual tenha percebido que a outra não prestou socorro porque, em tal caso, existe o liame subjetivo, ou seja, a ciência recíproca de colaborar para um fim comum – a omissão do socorro –, ainda que não tenha havido incentivo recíproco nesse sentido. Se, entretanto, uma pessoa vê a vítima se acidentar e não presta socorro, deixando o local e, posteriormente, outra pessoa chega por ali, percebe o acidente e igualmente deixa o local, não existe coautoria, mas sim dois delitos autônomos.

A participação também é possível. Suponha-se que alguém incentive o pai a não matricular o filho no ensino fundamental. O pai é autor de crime de abandono intelectual (crime omissivo próprio) e quem o incentivou é partícipe.

Entendemos ser também possível a coautoria e a participação nos crimes comissivos impróprios. Quando pai e mãe combinam não alimentar o filho de pouca idade para que ele morra de fome, há coautoria, pois ambos têm o dever jurídico de evitar o resultado e este só ocorre em decorrência da omissão recíproca. Haverá participação, por sua vez, por parte daquele que não tem o dever jurídico de evitar o resultado, mas que incentiva o detentor deste dever a se omitir, como quando uma amiga incentiva a mãe a não alimentar o filho pequeno para que ele morra.

12.3.9. Coautoria e participação em crime culposo

É admissível a coautoria em crimes culposos. Esta possibilidade consta da Exposição de Motivos do Código Penal de 1940: "fica solucionada, no sentido afirmativo, a questão sobre o concurso em crime culposo, pois, neste, tanto é possível a cooperação material quanto a cooperação psicológica, *i.e.*, no caso de pluralidade de agentes, cada um destes, embora não querendo o evento final, tem consciência de cooperar na ação". Exemplo: o passageiro de um veículo incentiva o motorista a empregar velocidade excessiva e este, aceitando a sugestão, passa a dirigir de forma incompatível com o local, vindo a causar um atropelamento culposo em que a vítima morre. O motorista e o passageiro são coautores do delito porque os dois agiram de forma culposa contribuindo para o evento. Nesses casos, considerando que um deles é quem dirigia e o outro quem incentivava, pode ficar a impressão de que o primeiro é autor (porque foi ele quem atropelou a vítima) e o segundo mero partícipe do crime culposo. Ocorre que o último não incentivou a que o motorista matasse alguém. Sua conduta foi de incentivo ao excesso de velocidade. Agiu também com imprudência. Assim, houve duas atitudes culposas, de cuja soma resultou o evento criminoso. Segundo esse raciocínio, que entende como coautores todos os que agem de forma culposa e contribuem, conscientemente, para o resultado culposo, é impossível a participação nos delitos dessa natureza, pois toda e qualquer pessoa que tenha agido culposamente será tratada como coautora do delito.

Não se deve confundir a hipótese acima com a chamada concorrência de culpas, em que duas pessoas agem concomitantemente de forma culposa dando causa ao evento, porém sem que cada uma delas tenha a consciência de contribuir para a eclosão do evento, o que afasta o concurso de agentes. Em tais casos, cada qual responde pelo crime culposo, mas sem estar na condição de coautora. A diferença é que, na concorrência de culpas, não existe o liame subjetivo. Exemplo: uma pessoa dirige o carro em excesso de velocidade, e a outra, na contramão, gerando um acidente com morte, sem que uma tenha prévia ciência da conduta culposa da outra.

12.3.10. Participação dolosa em crime culposo e vice-versa

Não se admite participação dolosa em crime culposo nem participação culposa em crime doloso. Nesses casos, cada um dos envolvidos responde por crime autônomo, não havendo concurso de pessoas – que pressupõe unidade de crimes para os envolvidos.

12.3.11. Participação da participação ou em cadeia

Ocorre quando uma pessoa induz ou instiga outra a, posteriormente, convencer ou auxiliar o executor a cometer o crime. É o que ocorre, por exemplo, quando A convence B a induzir C a matar D. Nesse caso, C é autor do homicídio; B é partícipe; e A é partícipe da participação. De qualquer modo, todos serão responsabilizados pelo homicídio.

12.3.12. Participação sucessiva

Verifica-se a participação sucessiva quando duas pessoas estimulam o executor a cometer o delito, sem que uma saiba da participação da outra.

12.3.13. Coautoria sucessiva

Normalmente, os coautores iniciam juntos a infração penal. Pode ocorrer, entretanto, de apenas uma pessoa iniciar a execução e, durante a prática do delito, outra aderir à conduta e auxiliar a primeira nos atos executórios. É o que se chama de coautoria sucessiva. Em regra, esse tipo de coautoria só é viável até o momento consumativo da infração penal. Excepcionalmente, contudo, será possível após a consumação nas infrações permanentes. Exemplo: uma só pessoa sequestra a vítima a fim de pedir resgate aos familiares. Com a captura da vítima, o crime do art. 159, que é formal, já está consumado. Se, entretanto, outra pessoa for informada do que está ocorrendo e se dispuser, por exemplo, a tomar conta da vítima no cativeiro ou colaborar com as tratativas para o pagamento do resgate, estaremos diante de coautoria sucessiva.

12.3.14. Participação em fatos não delituosos tipificados como crime

O suicídio e a prostituição são condutas que o legislador quer inibir, mas não considera criminosas. Quem tenta se suicidar ou quem se prostitui não incorre em ilícito penal. Contudo, visando evitar o estímulo ou a colaboração material por parte de terceiros a tais condutas, o legislador incriminou o induzimento, a instigação e o auxílio ao suicídio ou automutilação (art. 122 do CP) e o favorecimento à prostituição (art. 228 do CP). Por isso, a figura criminosa do art. 122 é mais conhecida como participação em suicídio ou automutilação. De ver-se, entretanto, que aquele que participa de um suicídio ou favorece a prostituição é, na realidade, autor do delito, pois realizou conduta descrita no tipo penal. Em suma, quem induz, instiga ou auxilia outrem a se matar é autor de crime de participação em suicídio e quem induz ou atrai alguém à prostituição é autor de crime de favorecimento à prostituição.

12.4. Autoria mediata

Na autoria mediata, o agente serve-se de pessoa sem discernimento ou que esteja com percepção errada da realidade para executar para ele o delito. O executor é utilizado como instrumento por atuar sem vontade ou sem consciência do que está fazendo e, por isso, só responde pelo crime o autor mediato. Não existe concurso de agentes entre o autor mediato e o executor impunível. Não há coautoria ou participação nesses casos.

A autoria mediata pode ocorrer nos seguintes casos:

a) *Falta de capacidade do executor em razão de menoridade, doença mental ou embriaguez.*

b) *Coação moral irresistível*, em que o executor, ameaçado, pratica o crime com a vontade submissa à do coator.

c) *Erro de tipo escusável, provocado pelo autor mediato*. Exemplo: o agente contrata alguém para pegar materiais que estão em um terreno, mentindo que tais objetos lhe pertencem, fazendo com que o contratado vá até o local, recolha o material e o entregue posteriormente ao agente, hipótese em que o motorista agiu em situação de erro de tipo, pois não sabia que estava subtraindo coisa alheia. Ele não responde pelo crime por falta de dolo. Pelo delito responde somente o autor mediato.

Esta hipótese de autoria mediata abrange também as excludentes de ilicitude por erro de tipo provocadas pelo autor mediato. Com efeito, quando o sujeito faz o executor acreditar que se encontra na iminência de ser morto por outrem e o convence a agir em suposta legítima defesa matando o falso agressor, existe autoria mediata.

Em tais casos, tem incidência a regra do art. 20, § 2º, do Código Penal, segundo o qual "responde pelo crime o terceiro que determina o erro".

d) *Obediência hierárquica*, em que o autor da ordem sabe da sua ilegalidade, mas faz o executor pensar que ela é legal.

12.4.1. Autoria mediata e coação física

Nos casos de coação física irresistível ou naqueles em que o agente se vale de hipnose ou do sonambulismo de outrem para que neste estado cometa o crime, sem ciência do que está fazendo, considera-se não haver conduta por parte destes. A ação é atribuída diretamente ao outro, de modo que sua autoria é imediata. Não havendo pluralidade de condutas, não há concurso de agentes.

12.4.2. Autoria mediata e crimes culposos

Não é possível autoria mediata em crimes culposos, haja vista que, nestes, o resultado é produzido de forma involuntária.

12.4.3. Autoria mediata e autoria intelectual

Não se confunde a autoria mediata com a intelectual. Nesta, o mentor é mero partícipe por ter concorrido para o crime ao idealizá-lo e induzir os demais a cometê-lo. Os executores têm plena ciência de que estão cometendo infração penal e respondem pelo delito, havendo, portanto, concurso de agentes, ao contrário do que se passa na autoria mediata.

12.5. Teorias quanto ao concurso de pessoas

Existem três teorias a respeito de como deve se dar a punição dos envolvidos em caso de concurso de agentes: a) teoria *unitária*; b) teoria *dualista*; e c) teoria *pluralista*.

De acordo com a teoria unitária, todos os que colaboram para determinado resultado criminoso incorrem no mesmo crime. Há uma única tipificação para autores, coautores e partícipes. É também conhecida como teoria monista.

Pela teoria dualista, há dois crimes: um cometido pelos autores e o outro, pelos partícipes.

Por fim, a teoria pluralista defende que cada um dos envolvidos responda por crime autônomo, havendo, portanto, uma pluralidade de fatos típicos. Cada um dos envolvidos deve responder por crime diverso.

Note-se que a diferença entre as duas últimas teorias não consiste em serem dois crimes na dualista e três ou mais na pluralista. A distinção é que, na dualista, há um crime para os autores e outro para os partícipes, enquanto na pluralista há sempre dois crimes (ainda que ambos os envolvidos tenham realizado atos executórios).

12.5.1. Teoria adotada pelo Código Penal

O legislador, ao estabelecer no art. 29, *caput*, do Código Penal que incorre nas penas cominadas ao crime quem, de qualquer modo, para ele concorre, adotou a teoria unitária. Assim, se uma pessoa incentiva ou auxilia outra a matar alguém, ambas incorrem em crime de homicídio. É evidente que, eventualmente, pode haver algumas diferenciações no enquadramento, dependendo de circunstâncias do caso concreto. Por exemplo, se uma pessoa induz outra a matar o próprio pai, ambas respondem por homicídio, mas a agravante genérica referente a ser o delito cometido contra ascendente (art. 61, II, *e*) só pode ser aplicada ao filho. Assim, pode-se dizer que é consequência da teoria monista o enquadramento dos envolvidos no mesmo tipo penal, ainda que em relação a alguns deles haja agravantes ou qualificadoras que não se estendam aos demais.

Existem, excepcionalmente, algumas exceções à teoria unitária no próprio Código Penal, ou seja, em alguns casos expressamente previstos em lei, os envolvidos serão punidos por crimes diversos (teoria pluralista).

Uma dessas exceções pode ser classificada como genérica por estar prevista na Parte Geral do Código Penal. É a chamada cooperação dolosamente distinta, descrita no art. 29, § 2º. Segundo este dispositivo, se algum dos concorrentes quis participar de crime menos grave, ser-lhe-á aplicada a pena deste. Sua pena, entretanto, será aumentada em até metade se o resultado mais grave era previsível. Dessa forma, se duas pessoas combinam agredir a vítima a fim de machucá-la, mas, durante a agressão, repentinamente, um dos agentes resolve matá-la, o outro responde apenas por crime de lesões corporais, podendo a pena deste crime ser aumentada em até metade se ficar comprovado, no caso concreto, que era previsível o resultado mais grave.

Existem, ainda, exceções à teoria unitária na Parte Especial do Código Penal. Em tais casos, todavia, o dolo dos envolvidos é o mesmo. Eles unem seus esforços para o mesmo resultado criminoso, porém o legislador resolveu que cada um deve responder por tipo penal distinto. Podemos apontar os seguintes exemplos: a) a gestante que consente na prática do aborto comete o crime do art. 124 do Código Penal, enquanto quem realiza o ato abortivo com o consentimento dela comete crime mais grave tipificado no art. 126; b) quem oferece dinheiro a um funcionário público para que deixe de realizar ato de ofício comete corrupção ativa (art. 333), ao passo que o funcionário que recebe o dinheiro pratica o delito de corrupção passiva (art. 317).

12.5.2. Participação de menor importância

Prevê o art. 29, § 1º, do Código Penal que, se a participação for de menor importância, a pena poderá ser diminuída de 1/6 a 1/3. Esse dispositivo tem natureza jurídica de *causa de diminuição de pena*.

Premissa para sua aplicação é que o juiz verifique, no caso concreto, que a contribuição do sujeito para o crime foi pequena, não merecendo a mesma reprimenda dos demais envolvidos. Nesse caso, não há efetiva exceção à teoria unitária, na medida em que o crime é o mesmo para todos os envolvidos, havendo apenas uma redução de pena para o partícipe cuja contribuição para o delito tenha sido menor.

Atente-se que toda participação é conduta acessória, de modo que só deve haver a redução da pena quando a colaboração do partícipe no delito tiver sido realmente pequena.

Tendo em vista que o dispositivo se refere à participação de menor importância, não há que se cogitar, por falta de amparo legal, de eventual *coautoria* de menor importância, mesmo porque a realização de atos executórios é sempre relevante. É claro que é possível, em um homicídio, que um dos agentes desfira uma facada na vítima e que o outro desfira trinta. Em tal caso, não há possibilidade de redução da pena para aquele que deu apenas um golpe. Ao contrário, o que pode ocorrer é a exasperação da pena-base daquele que desferiu os inúmeros golpes, com fundamento no art. 59 do Código Penal.

12.5.3. Requisitos para a existência de concurso de agentes

São quatro os requisitos para a existência do concurso de agentes: 1) *pluralidade de condutas*; 2) *relevância causal das condutas*; 3) *liame subjetivo*; e 4) *identidade de crime para todos os envolvidos*.

12.5.3.1. Pluralidade de condutas

Para que seja possível a punição de duas ou mais pessoas em concurso, é necessário que cada uma delas tenha realizado ao menos uma conduta. Caso se trate de coautoria, existem duas condutas classificadas como principais. Exemplo: duas pessoas vendendo drogas no crime de tráfico; quatro indivíduos subtraindo bens da vítima no furto etc. No caso de participação, conforme estudado, existe uma conduta principal – do autor – e outra acessória – do partícipe.

12.5.3.2. Relevância causal das condutas

Somente as condutas que tenham efetivamente contribuído para o resultado podem gerar a punição do responsável. Assim, quem tiver realizado conduta inócua não responde pelo crime, não havendo, neste caso, concurso de agentes.

Saliente-se que mesmo nos delitos em que a lei dispensa o resultado para a consumação, como os crimes formais, o requisito mostra-se indispensável. Imagine-se, por exemplo, um crime de extorsão mediante sequestro, que é formal, em que um partícipe forneça informações acerca do local onde a vítima se encontra para que os executores possam capturá-la. A relevância da conduta diz aqui respeito ao evento "sequestro", e não à obtenção do resgate.

12.5.3.3. Liame subjetivo

Para que exista concurso de pessoas, é necessário que os envolvidos atuem com intenção de contribuir para o resultado criminoso. Sem esta identidade de desígnios, existe autoria colateral, que não constitui hipótese de concurso de agentes.

É de se salientar que não é requisito para a configuração do concurso de pessoas a existência de prévio ou expresso ajuste entre as partes. É suficiente que o envolvido tenha ciência de que, com sua conduta, colabora para o resultado criminoso. Assim, existe participação, por exemplo, quando um empregado, desgostoso com o patrão que não lhe deu aumento, intencionalmente deixa aberta a porta da casa, facilitando com que um furtador que por ali passe entre no imóvel e cometa um furto. Nesse caso, o agente não sabe que foi ajudado, certamente supondo que alguém se esqueceu de fechar a porta, contudo, o empregado é considerado partícipe.

É óbvio que também há concurso de pessoas se estiver presente o prévio ajuste entre os envolvidos, o que, aliás, é o que normalmente ocorre.

12.5.3.4. Identidade de crimes para todos os envolvidos

Havendo o liame subjetivo, todos os envolvidos devem responder pelo mesmo crime em razão da teoria unitária ou monista adotada pelo Código Penal. Assim, se duas pessoas entram armadas em uma casa para roubar os moradores e uma delas consegue fugir levando alguns objetos, enquanto a outra é presa no local sem nada levar, ambas respondem por crime consumado. É que a pessoa que foi presa, com seu comportamento anterior, colaborou para que o comparsa concretizasse a subtração.

Nas hipóteses previstas no Código Penal, em que existe exceção à teoria unitária, não há concurso de pessoas, cada qual respondendo como autor de delito diverso. Quando alguém oferece dinheiro a um policial para este não lavrar uma multa e o policial recebe os valores, o primeiro responde por corrupção ativa, e o segundo, por corrupção passiva. Não há concurso de agentes.

12.6. Autoria colateral

Ocorre quando duas ou mais pessoas querem cometer o mesmo crime e agem ao mesmo tempo sem que uma saiba da intenção da outra. É o que ocorre quando duas pessoas resolvem furtar objetos de uma loja ao mesmo tempo sem que um saiba da atuação do outro. Ambos escondem mercadorias sob a blusa e saem sem pagar. Cada um cometeu um crime de furto, contudo sem ter havido concurso de agentes. A autoria colateral nada mais é do que duas pessoas, coincidente e concomitantemente, cometendo crimes contra a mesma vítima, sem que haja liame subjetivo entre elas.

A questão se torna mais interessante quando um dos autores colaterais consegue consumar o crime e o outro não. Imagine-se que A e B queiram matar C, mas um não saiba da intenção do outro. A aguarda a vítima de um lado da estrada, e B, do outro lado. Quando C passa, ambos atiram ao mesmo tempo, e a vítima é alvejada por apenas um dos disparos. No caso em tela, se ficar provado que a vítima morreu em virtude do tiro de A, este responde por homicídio consumado, e B, por tentativa de homicídio (não se trata de crime impossível porque a vítima estava viva no momento em que ambos apertaram os gatilhos de suas armas). Não se fala aqui em coautoria ou em participação, pois estas só se configuram quando há o liame subjetivo, ou seja, quando os envolvidos sabem que estão concorrendo para um resultado comum. Se houvesse tal liame entre A e B, eles seriam coautores e ambos responderiam por homicídio consumado.

12.7. Autoria incerta

Ocorre quando, na autoria colateral, não se consegue apurar qual dos envolvidos provocou o resultado. É o que acontece no último exemplo, se a investigação não conseguir identificar se o disparo que matou C foi aquele desferido por A ou por B. Como não existe previsão legal a respeito desse tema, a única solução viável é que ambos respondam por tentativa de homicídio (embora a vítima tenha falecido). Não se pode cogitar de punição de ambos pelo crime consumado, porque, nesse caso, haveria punição mais grave para a pessoa que errou o disparo.

12.8. Comunicabilidade e incomunicabilidade de elementares e circunstâncias

Segundo o art. 30 do Código Penal "não se comunicam as circunstâncias e as condições de caráter pessoal, salvo quando elementares do crime".

Elementares são os componentes essenciais da figura típica, sem os quais o crime não existe ou é desclassificado para outro. Na corrupção passiva, a exclusão da condição de funcionário público torna o fato atípico; no roubo, a exclusão do emprego de violência ou grave ameaça promove a desclassificação para o crime de furto. São, portanto, elementares. No primeiro exemplo, a qualidade de funcionário público é elementar de caráter pessoal, enquanto, no segundo, o emprego de violência ou grave ameaça constitui elementar de caráter objetivo.

Circunstâncias são todos os dados acessórios que, agregados à figura típica, têm o condão de influir na fixação da pena. São circunstâncias as agravantes e atenuantes genéricas, as causas de aumento e de diminuição de pena, as qualificadoras etc. A existência ou inexistência de uma circunstância não interfere na tipificação de determinada infração penal, apenas altera sua pena, bem como, eventualmente, confere natureza hedionda ao delito como no caso do homicídio qualificado, da extorsão qualificada pela restrição da liberdade, do roubo majorado pelo emprego de arma de fogo ou pela restrição da liberdade etc.

São *circunstâncias de caráter pessoal* (subjetivas) aquelas relacionadas à motivação do agente, que podem tornar o crime mais grave (motivo torpe, fútil, finalidade de garantir a execução de outro crime etc.) ou mais brando (relevante valor social ou moral, violenta emoção etc.), o parentesco com a vítima, a confissão etc. As *condições de caráter pessoal* dizem respeito ao agente, e não ao fato, e, assim, acompanham-no independentemente da prática da infração. Exemplos: reincidência, maus antecedentes, menoridade, personalidade, conduta social etc.

As *circunstâncias objetivas* podem referir-se:

a) ao local do crime. Exemplos: o crime de sequestro ou cárcere privado é qualificado se o delito for cometido mediante internação em casa de saúde ou hospital (art. 148, § 1º, II); o crime de violação de domicílio é qualificado se o fato ocorre em local ermo (art. 150, § 1º);

b) ao tempo do crime. Exemplo: o furto tem a pena aumentada em 1/3, se ocorre durante o repouso noturno (art. 155, § 1º);

c) aos meios de execução. Exemplos: fogo, veneno, explosivo, asfixia ou outros meios insidiosos ou cruéis no homicídio (art. 121, § 2º); emprego de arma de fogo no roubo (art. 157, § 2º-A, I, e § 2º-B);

d) ao modo de execução. Exemplos: à traição, mediante emboscada, dissimulação ou outro recurso que dificulte ou impossibilite a defesa da vítima no homicídio (art. 121, § 2º) ou em outros crimes (art. 61, II, *c*);

e) à condição da vítima. Exemplo: mulher grávida, criança, pessoa maior de 60 anos, enfermo (art. 61, II, *h*).

Assim, considerando tais conceitos e as regras decorrentes do mencionado art. 30 do Código Penal, podemos chegar às seguintes conclusões:

1ª) *As circunstâncias e as condições objetivas comunicam-se aos coautores e aos partícipes que tenham tomado conhecimento da forma mais gravosa de execução do delito.*

Quando se diz que A e B mataram C com emprego de fogo, significa que são coautores do homicídio e, se ambos atearam fogo na vítima, é evidente que conheciam a forma mais gravosa de execução e ambos incorrem na qualificadora respectiva.

No caso de participação, porém, podem ocorrer duas situações: se A incentiva B a matar C sem saber que este empregará fogo como forma de execução, responde apenas por homicídio simples, enquanto para B o delito é qualificado. Se, todavia, tivesse incentivado o executor ciente da forma mais gravosa que seria utilizada para matar a vítima, responderia também pelo delito qualificado.

2ª) *As circunstâncias e condições subjetivas não se comunicam.*

Se o filho e um amigo matam o pai, a agravante genérica (crime contra ascendente) só se aplica ao primeiro.

Se irmãos matam o pai que está gravemente doente, um agindo por motivo torpe (receber logo a herança) e o outro por motivo de relevante valor moral – a fim de abreviar o sofrimento paterno (eutanásia) –, o homicídio será qualificado para o primeiro e privilegiado para o segundo.

3ª) *As elementares, quer sejam subjetivas quer sejam objetivas, comunicam-se aos comparsas, desde que tenham entrado em sua esfera de conhecimento.*

No crime de corrupção passiva (art. 317 do CP), a qualidade de funcionário público é elementar. Assim, se um funcionário público solicita vantagem indevida em razão de seu cargo, valendo-se de um particular como intermediário para que o pedido de propina chegue a um empresário, ambos respondem por corrupção passiva. Neste exemplo, o art. 30 do Código Penal funciona como regra de extensão, de modo a possibilitar que o particular responda também por corrupção passiva.

O art. 121-A, § 3º, do CP diz que, no crime de feminicídio, "comunicam-se ao coautor ou partícipe as circunstâncias pessoais elementares do crime previstas no § 1º deste artigo". Essa regra foi inserida no Código pela Lei n. 14.994/2024, sendo, contudo, desnecessária, na medida em que toda elementar de caráter pessoal comunica-se aos comparsas, nos termos do já estudado art. 30. A finalidade do legislador talvez tenha sido de deixar claro que o § 1º do art. 121-A – que define o que se considera crime cometido em razão da condição do sexo feminino – contém elementares do crime.

12.9. Participação impunível

De acordo com o art. 31 do Código Penal, "o ajuste, a determinação, a instigação e o auxílio, salvo expressa disposição em contrário, não são puníveis, se o crime não chega, ao menos, a ser tentado".

Assim, se uma pessoa estimula outra a cometer um crime, mas esta nem sequer inicia a execução do delito, o fato é atípico para ambas. Em suma, a participação não é punível quando aquele ou aqueles que iam cometer o delito não chegam a tentá-lo. Se alguém é contratado para matar a vítima, recebe o dinheiro do mandante, mas desaparece com os valores, nem sequer procurando o sujeito passivo para cometer o crime de homicídio, estamos diante da hipótese do art. 31 do Código Penal, em que nenhum dos envolvidos será punido. A mesma solução será aplicada se o executor, após o pacto, sair à procura da vítima para matá-la, mas, antes de iniciar a prática do homicídio, for atropelado ou preso por outros crimes pelos quais era procurado.

13

DAS PENAS

Pena é a retribuição imposta pelo Estado em razão da prática de uma infração penal e consiste na privação ou restrição de bens jurídicos determinada pela lei, cuja finalidade é a readaptação do condenado ao convívio social e a prevenção em relação à prática de novas infrações penais.

A fim de estabelecer parâmetros ao legislador, o Constituinte elencou um rol de penas que podem ser adotadas no país. Nesse sentido, estabelece o art. 5º, XLVI, da Carta Magna que a "lei regulará a individualização da pena e adotará, entre outras, as seguintes: a) privação ou restrição de liberdade; b) perda de bens; c) multa; d) prestação social alternativa; e) suspensão ou interdição de direitos".

A pena privativa de liberdade é exemplo de privação de direito (de ir e vir, de liberdade). A limitação de fim de semana, por sua vez, é exemplo de pena restritiva de liberdade (que, no Código Penal, entretanto, integra o rol das penas denominadas restritivas de direitos).

A perda de bens consiste na reversão de pertences do condenado ao Fundo Penitenciário Nacional.

A multa consiste no pagamento de valores impostos na sentença. Afeta o patrimônio do acusado.

Por fim, a suspensão ou interdição de direitos pode consistir, por exemplo, na proibição do exercício de profissão ou de função pública, na suspensão da carteira de habilitação, na proibição de frequentar certos locais etc.

Saliente-se, por sua vez, que o texto constitucional (art. 5º, XLVI) permite ao legislador a adoção de outras espécies de penas além daquelas citadas no item anterior, porém, a fim de evitar que determinados limites sejam extrapolados, o próprio Constituinte proibiu algumas modalidades de pena. Com efeito, diz o art. 5º, XLVII, que não haverá penas: a) de *morte*, salvo em caso de guerra declarada; b) de *caráter perpétuo*; c) de *trabalhos forçados*; d) de *banimento*; e e) *cruéis*.

Os direitos fundamentais, elencados no art. 5º da Constituição Federal, constituem *cláusulas pétreas* e não podem ser suprimidos nem mesmo por meio de Emenda Constitucional. Com efeito, dispõe o art. 60, § 4º, IV, da Carta Magna que "não será objeto de deliberação a proposta de emenda tendente a abolir os direitos e garantias individuais". Daí por que são absolutamente despidos de possibilidade de sucesso eventuais projetos de lei ou de emenda constitucional visando à adoção da pena de morte no país. Referido tipo de debate, portanto, é meramente acadêmico, pois a possibilidade de adoção da pena de morte, fora dos casos de guerra, como consequência de condenação criminal, é nula em razão da vedação constitucional já referida.

Os crimes para os quais é prevista pena de morte em caso de guerra declarada estão descritos nos arts. 355 e seguintes do Código Penal Militar.

A vedação de pena de caráter perpétuo está materializada no art. 75, *caput*, do Código Penal, que estabelece que o cumprimento de penas privativas de liberdade não pode exceder 40 anos.

O art. 31 da Lei de Execuções Penais (Lei n. 7.210/84) estabelece que é obrigatório o trabalho interno do condenado à pena privativa de liberdade, na medida de suas aptidões. Todavia, caso ele se recuse a trabalhar, não poderá ser forçado. Ao contrário, o trabalho no ambiente carcerário lhe dará direito à remição da pena, ou seja, de abater um dia de condenação para cada três dias trabalhados. Além disso, o texto constitucional proíbe que o juiz profira na sentença condenação específica de trabalhos forçados.

É vedado também o banimento do brasileiro nato ou naturalizado do território nacional, como havia em legislações passadas. Por sua vez, a deportação, a expulsão e a extradição de estrangeiros são admissíveis, na medida em que possuem natureza administrativa, e não de sanção penal (Lei n. 13.445/2017).

Por fim, são proibidas as penas cruéis, como as que são cumpridas em regime degradante ou desumano. Tampouco são permitidos açoites, como chicotadas, marcações com ferro em brasa etc.

13.1. Finalidades da pena

Existem três teorias que procuram explicar as finalidades da pena: a) *absoluta*; b) *relativa*; e c) *mista*.

De acordo com a teoria absoluta ou da retribuição, a finalidade da pena é punir o infrator pelo mal causado à vítima, aos seus familiares e à coletividade. Como o próprio nome diz, a pena é uma retribuição.

Já a teoria relativa ou da prevenção diz que a finalidade da pena é a de intimidar, evitar que delitos sejam cometidos.

Por fim, a teoria mista ou conciliatória entende que a pena tem duas finalidades, ou seja, punir e prevenir.

13.2. Fundamentos da pena

A aplicação da pena ao condenado possui diversos fundamentos: a) *preventivo*; b) *retributivo*; c) *reparatório*; e d) *readaptativo*. Este tema refere-se às consequências práticas da condenação, ao contrário do item anterior (finalidades da pena), em que se analisam as próprias razões da existência do sistema penal.

O fundamento da pena é preventivo no sentido de que a existência da norma penal incriminadora visa intimidar os cidadãos, no sentido de não cometerem ilícitos penais, pois, ao tomarem ciência de que determinado infrator foi condenado, tenderão a não realizar o mesmo tipo de conduta, pois a transgressão implicará a sanção. Esta é a chamada prevenção geral.

Em termos específicos, a aplicação efetiva da pena ao criminoso no caso concreto, em tese, evita que ele cometa novos delitos enquanto cumpre sua pena (privativa de liberdade, por exemplo), protegendo-se, destarte, a coletividade (prevenção especial).

O fundamento da pena é também retributivo, porque ela funciona como castigo ao transgressor de forma proporcional ao mal que causou, dentro dos limites constitucionais.

Por sua vez, o fundamento é reparatório quando a pena consiste em compensar a vítima ou seus familiares pelas consequências advindas da prática do ilícito penal. A obrigação de reparar o dano, efeito secundário da sentença condenatória (art. 91, I, do CP), é um dos aspectos desse fundamento.

Por fim, o fundamento da pena é a readaptação do condenado, porque busca igualmente com a aplicação da sanção penal a reeducação, a reabilitação do criminoso ao convívio social, devendo ele receber estudo, orientação, possibilidade de trabalho, lazer, aprendizado de novas formas laborativas etc.

13.3. Princípios da aplicação das penas

As penas regem-se rigorosamente pelos seguintes princípios: a) da *legalidade*; b) da *anterioridade*; c) da *humanização da pena*; d) da *pessoalidade*; e) da *proporcionalidade*; f) da *individualização da pena*; e g) da *inderrogabilidade*.

13.3.1. Princípios da legalidade e da anterioridade

Decorrem do brocardo *nullum crimen nulla poena sine praevia lege*, estampados expressamente no art. 5º, XXXIX, da Constituição Federal e no art. 1º do Código Penal, que estabelecem que "não há crime sem lei anterior que o defina. Não há pena sem prévia cominação legal".

Em suma, o princípio da legalidade, ou da reserva legal, é o que exige a tipificação das infrações penais em uma lei aprovada pelo Congresso Nacional, de acordo com as formalidades constitucionais, e sancionada pelo Presidente da República. Um ilícito penal não pode ser criado por meio de decreto, resolução, medida provisória etc.

Já o princípio da anterioridade exige que a lei que incrimina certa conduta seja anterior ao fato delituoso que se pretende punir. Assim, é inaceitável que, após a prática de certo fato não considerado criminoso, aprove-se uma lei para punir o autor daquele fato pretérito. Igualmente não se pode aumentar a pena prevista para um delito e pretender que sua aplicação incida em relação a fatos já ocorridos.

13.3.2. Princípio da humanização da pena

É o que se encontra no art. 5º, XLVII, da Constituição Federal que veda as penas cruéis, de morte, de trabalhos forçados, de banimento ou perpétuas. Trata-se de corolário do princípio constitucional da dignidade humana, inserto no art. 1º, III, da Carta Magna.

Também pode ser observado nos incisos XLVIII, XLIX e L do art. 5º que asseguram aos presos: a) o direito de cumprir a pena em estabelecimento apropriado à sua idade, sexo e natureza do delito; b) o respeito à integridade física e moral; c) de sexo feminino, condições para que possam permanecer com seus filhos durante o período de amamentação.

13.3.3. Princípio da pessoalidade ou intranscendência

Por esse princípio, estampado no art. 5º, XLV, da Constituição Federal, a pena não pode passar da pessoa do condenado, podendo a obrigação de reparar o dano e a decretação do perdimento de bens ser, nos termos da lei, estendidas aos sucessores e contra eles executadas até o limite do valor do patrimônio transferido por herança. Em suma, de acordo com este princípio, a pena aplicada só pode ser cumprida pelo réu condenado, não podendo ser transferida a um sucessor ou coautor do delito que não tenha sido igualmente condenado.

13.3.4. Princípio da proporcionalidade

De acordo com esse princípio, deve haver correspondência entre a gravidade do ilícito praticado e a sanção a ser aplicada. Este princípio deve também nortear o legislador no sentido de não aprovar leis penais extremamente rigorosas, no calor de certos episódios noticiados pela imprensa, provocando distorções entre a pena prevista em abstrato e a gravidade do delito. De acordo com o art. 8º da Declaração dos Direitos do Homem e do Cidadão, "a lei apenas deve estabelecer penas estrita e evidentemente necessárias".

Em caso de grande desproporção, o Supremo Tribunal Federal poderá declarar a inconstitucionalidade do dispositivo, tal como ocorreu no julgamento da ADIN 3.112, quando foi declarada a inconstitucionalidade do art. 21 do Estatuto do Desarmamento (Lei n. 10.826/2003), que vedava a liberdade provisória em relação aos crimes previstos em seus arts. 16, 17 e 18.

O Superior Tribunal de Justiça já teve também oportunidade de aplicar referido princípio, salientando que o magistrado sentenciante deve observar a proporcionalidade na aplicação da pena em caso de condenação por dois ou mais crimes:

> na fixação da pena-base, além do respeito aos ditames legais e da avaliação criteriosa das circunstâncias judiciais, deve ser observado o princípio da proporcionalidade, para que a resposta penal seja justa e suficiente para cumprir o papel de reprovação do ilícito. 4. No caso concreto, as circunstâncias judiciais consideradas pelo Magistrado de primeiro grau foram rigorosamente as mesmas para os dois crimes (de tráfico e de associação para o tráfico), mas somente o primeiro recebeu reprimenda muito acima (o dobro) do mínimo legal de 3 anos à época previsto pela Lei 6.368/76, o que foi mantido pelo Acórdão (fls. 57/59). 5. A fundamentação externada pelo Julgador singular é suficiente e idônea para sustentar o aumento da pena-base acima do mínimo legal, principalmente aquela relacionada à quantidade da droga apreendida (1.150 kg), entretanto, não há proporcionalidade na majoração realizada, até porque a paciente é primária e os dois crimes são graves, não se justificando que, com fulcro nas mesmas circunstâncias judiciais, uma das penas seja elevada em dobro e a outra somente em 1/3. 6. Assim [...] concede-se parcialmente a ordem, mas apenas para fixar a pena-base para o crime de tráfico de entorpecentes (art. 12 da Lei 6.368/76) em 4 anos de reclusão, em regime inicial fechado, que, à míngua de atenuantes ou agravantes, deve ser nesse *quantum* tornada definitiva, mantendo-se as demais cominações da sentença condenatória (STJ, HC 84.427/RJ, Rel. Min. Napoleão Nunes Maia Filho, 5ª Turma, julgado em 28-2-2008, *DJe* 17-3-2008).

O princípio em estudo não se refere exclusivamente à aplicação da pena. Com efeito, constitui corolário do princípio da proporcionalidade o próprio reconhecimento da atipicidade de certas condutas que atingem o bem jurídico de forma irrelevante, de modo a não justificar a aplicação de uma pena (princípio da insignificância ou crime de bagatela).

O princípio da proporcionalidade tem também seu outro lado, que impede a *proteção deficiente*, não podendo o legislador deixar desprotegidos bens jurídicos relevantes. Não há dúvida de que seria tachada de inconstitucional uma lei que deixasse de punir criminalmente a corrupção passiva ou que passasse a considerar o crime de estupro uma infração de menor potencial ofensivo.

É obrigação do legislador criar leis penais eficientes que garantam a inviolabilidade do direito à vida, à liberdade, à igualdade, à segurança e à propriedade, conforme consta expressamente do art. 5º, *caput*, da Constituição Federal. Por essa razão, o Supremo Tribunal Federal não declarou a inconstitucionalidade da lei que criou o regime disciplinar diferenciado, que possibilita maior rigor por período determinado da execução da pena, para presos que integram organizações criminosas ou que de outra forma colocam em risco a estabilidade do sistema prisional, pois é exatamente deles que provém grande parte dos crimes contra a vida, o patrimônio, a liberdade, que tanto amedrontam a parcela ordeira da coletividade. A propósito:

> *Habeas Corpus.* Regime Disciplinar Diferenciado. Art. 52 da LEP. Constitucionalidade. Aplicação do princípio da proporcionalidade. Considerando que os princípios fundamentais consagrados na Carta Magna não são ilimitados (princípio da relatividade ou convivência das liberdades públicas), vislumbra-se que o legislador ao instituir o Regime Disciplinar Diferenciado atendeu ao princípio da proporcionalidade. 2. Legítima a atuação estatal, tendo em vista que a Lei n. 10.792/2003, que alterou o art. 52 da LEP, busca dar efetividade à crescente necessidade de segurança nos estabelecimentos penais, bem como resguardar a ordem pública, que vem sendo ameaçada por criminosos que, mesmo encarcerados, continuam comandando ou integrando facções criminosas que atuam no interior do sistema prisional – liderando rebeliões que não raro culminam em fugas e mortes de reféns, agentes penitenciários e/ou outros detentos – e, também no meio social (STJ, HC 40.300/RJ, 5ª Turma, Rel. Min. Arnaldo Esteves Lima, *DJ* 22-8-2005, p. 312). No mesmo sentido: STJ, HC 265.937/SP, Rel. Min. Laurita Vaz, 5ª Turma, julgado em 11-2-2014, *DJe* 28-2-2014.

Do mesmo modo, o art. 112 da Lei de Execuções Penais (alterado pela Lei n. 10.792/2003), que passou a exigir, para a demonstração do requisito subjetivo necessário à progressão de regime, apenas o bom comportamento carcerário *comprovado por atestado do diretor do estabelecimento*, não pode ser interpretado literalmente sob pena de violar a proibição da proteção deficiente. Com efeito, conforme será analisado posteriormente com maior profundidade, os tribunais superiores relativizaram o texto legal e passaram a admitir a necessidade de realização de exame criminológico para demonstrar se o condenado se encontra ou não apto ao retorno ao convívio social, ainda que exista atestado de bom comportamento carcerário, desde que o juiz das execuções fundamente a necessidade de tal exame (Súmula Vinculante 26 do Supremo Tribunal Federal e Súmula 439 do Superior Tribunal de Justiça).

Além disso, o atestado de bom comportamento carcerário não constitui prova absoluta, de modo que a progressão deve ser indeferida se existirem outras provas em sentido contrário.

13.3.5. Princípio da individualização da pena

Nos termos do art. 5º, XLVI, da Constituição Federal, a lei deve regular a individualização da pena de acordo com a culpabilidade e os méritos pessoais do acusado.

O Supremo Tribunal Federal decidiu, por exemplo, ser inconstitucional a redação originária do art. 2º, § 1º, da Lei n. 8.072/90 (Lei dos Crimes Hediondos), que determinava que, para os delitos hediondos, tráfico de drogas, terrorismo e tortura, a pena deveria ser cumprida integralmente em regime fechado, argumentando os Ministros da Corte Suprema que a vedação à progressão de regime fere o princípio da individualização da pena e também o da dignidade humana (HC 82.959).

Os arts. 59 a 75 do Código Penal estabelecem as regras que devem ser observadas pelos juízes para a correta individualização da pena em caso de prolação de sentença condenatória. Essas regras serão oportunamente analisadas.

13.3.6. Princípio da inderrogabilidade

O juiz não pode deixar de aplicar a pena ao réu considerado culpado, bem como de determinar seu cumprimento, salvo exceções expressamente previstas em lei, como do perdão judicial nos crimes de homicídio culposo, lesão corporal culposa, receptação culposa etc.

Observação: princípios como os da *fragmentariedade*, da *intervenção mínima*, da *insignificância* e da *lesividade* são princípios gerais do direito penal e dizem respeito à existência ou não da infração penal, da possibilidade ou não da tipificação de uma conduta, não sendo princípios específicos da aplicação da pena.

13.4. Penas principais

A Constituição Federal, em seu art. 5º, XLVI, elenca um rol de penas que podem ser adotadas pelo legislador. Este, ao regulamentar o tema (art. 32 do CP), adotou efetivamente três modalidades de penas: a) as privativas de liberdade; b) as restritivas de direitos; e c) a de multa.

Nos termos do art. 33 do Código Penal, penas privativas de liberdade são as de reclusão e as de detenção. Tais penas, todavia, são aplicáveis somente aos crimes. Para as contravenções, é prevista a pena privativa de liberdade denominada prisão simples (art. 6º da Lei das Contravenções Penais).

As penas restritivas de direitos estão elencadas no art. 43 do Código Penal: prestação pecuniária, perda de bens e valores, prestação de serviços à comunidade ou a entidades públicas, interdição temporária de direitos e limitação de fim de semana. Cada uma dessas modalidades é expressamente regulamentada nos arts. 45 a 48 do Código.

Por fim, a pena de multa é regulamentada nos arts. 49 e seguintes do Código Penal.

14

PENAS PRIVATIVAS DE LIBERDADE

14.1. Reclusão e detenção

No Código Penal, as modalidades de pena que privam o condenado de seu direito de ir e vir subdividem-se em reclusão e detenção. A reclusão é prevista para as infrações consideradas mais graves pelo legislador, como homicídio, lesão grave, furto, roubo, estelionato, apropriação indébita, receptação, estupro, associação criminosa, falsificação de documento, peculato, concussão, corrupção passiva e ativa, denunciação caluniosa, falso testemunho, tráfico de drogas, tortura etc. Já a detenção costuma ser prevista nas infrações de menor gravidade, como nas lesões corporais leves, nos crimes contra a honra, constrangimento ilegal, ameaça, violação de domicílio, dano, apropriação de coisa achada, ato obsceno, prevaricação, desobediência, desacato, comunicação falsa de crime, autoacusação falsa etc.

A reclusão tem forma de cumprimento mais severa do que a detenção, conforme veremos abaixo.

A principal diferença é que o regime inicial de cumprimento de pena nos delitos apenados com reclusão pode ser o *fechado*, o *semiaberto* ou o *aberto*, enquanto naqueles apenados com detenção, o regime inicial só pode ser o *aberto* ou o *semiaberto*, salvo em casos de regressão de pena, nos termos do art. 118 da Lei de Execuções Penais. Em suma, o próprio juiz pode fixar na sentença o regime inicial fechado para os crimes apenados com reclusão, o que não pode ocorrer nos crimes apenados com detenção, em que apenas o juiz das execuções, por intermédio da chamada regressão, é que pode impor o regime fechado, caso o condenado a isso tenha dado causa.

No que se refere aos chamados efeitos secundários específicos da condenação, o juiz pode determinar, nos crimes apenados com *reclusão*, a incapacitação para o exercício do poder familiar, tutela ou curatela quando o delito tiver sido praticado contra alguém igualmente titular do mesmo poder familiar, contra o próprio filho, filha, tutelado ou curatelado (art. 92, *b*, II, do CP), bem como nos crimes praticados contra mulher em razão da condição do sexo feminino, efeito que não alcança os delitos punidos com detenção. No crime de maus-tratos (art. 136 do CP), por exemplo, o efeito condenatório em questão não pode ser aplicado à sua modalidade simples, que é apenada com detenção. Contudo, caso o filho sofra lesão grave, passa a ser cabível, pois o delito, nessa forma qualificada, é apenado com reclusão (art. 136, § 1º, do CP).

Quando se tratar de aplicação de medida de segurança (aos inimputáveis ou semi-imputáveis por doença mental), a diferença é que o tratamento deverá se dar em regime de *internação* se o crime praticado for apenado com reclusão, podendo, entretanto, dar-se em sistema de *tratamento ambulatorial* nos ilícitos apenados com detenção.

A pena de reclusão, por ser mais grave, deve ser cumprida antes da pena detentiva, de modo que, se o réu for condenado por dois crimes, um de cada espécie, deve cumprir primeiro aquele apenado com reclusão. Esta prioridade na execução da pena reclusiva encontra-se expressamente prevista na parte final do art. 69 do Código Penal.

14.2. Prisão simples

É a modalidade de pena privativa de liberdade prevista para as contravenções penais e, nos termos do art. 6º da Lei das Contravenções Penais, segue as seguintes regras: a) o cumprimento da pena só é admitido nos regimes semiaberto e aberto, sendo, portanto, vedada a regressão ao regime fechado sob qualquer fundamento; b) a pena deve ser cumprida sem rigor penitenciário; c) o sentenciado deve cumprir pena em separado daqueles que foram condenados pela prática de crime; e d) o trabalho é facultativo quando a pena aplicada não superar 15 dias.

14.3. Sistemas de cumprimento da pena privativa de liberdade

No desenvolvimento histórico da pena privativa de liberdade, vários sistemas foram adotados, sendo possível apontar os seguintes como os mais relevantes:

a) sistema da *Filadélfia* ou *solitary system*, adotado em 1775 na prisão de Walnut Street Jail, caracterizado pelo *isolamento* do preso em sua cela, a fim de que pudesse refletir e se arrepender por seus atos, sem contato com outros presos;

b) sistema de *Auburn*, adotado em 1816 no Estado de Nova York – EUA, em que o preso permanecia isolado em sua cela durante a noite e *trabalhava* em silêncio na companhia de outros presos durante o dia;

c) sistema *progressivo inglês*, em que a pena era cumprida em diversos estágios, havendo *progressão* de um regime inicial mais rigoroso para outras fases mais brandas, de acordo com os méritos do condenado e com o cumprimento de determinado tempo da pena.

No Brasil, o sistema adotado é o progressivo, o que se constata no art. 33, § 2º, do Código Penal, que estabelece expressamente que a pena deve ser executada de forma progressiva, de acordo com os méritos do condenado, passando de um regime mais gravoso para outros menos rigorosos, sempre que cumpridas as exigências legais. O Supremo Tribunal Federal, aliás, entendeu inconstitucional, por ferir os princípios da dignidade humana e da individualização da pena, o dispositivo da Lei dos Crimes Hediondos que proibia a progressão de regime nos delitos hediondos, tráfico de drogas, terrorismo e tortura (HC 82.959, julgado em fevereiro de 2006).

14.4. Regime inicial de cumprimento de pena

Ao proferir uma sentença condenatória, deve o juiz prolator fixar o regime inicial do cumprimento da pena privativa de liberdade, de acordo com as regras do art. 33, § 2º, do

Código Penal. Posteriormente, as progressões para regimes mais brandos ou a eventual regressão para regime mais severo serão determinadas pelo juiz das execuções criminais.

Para a fixação do regime inicial, a lei estabelece que o juiz deve levar em conta os seguintes fatores: a) se o crime é apenado com reclusão ou detenção; b) o montante da pena aplicada na sentença (de acordo com patamares estabelecidos na própria lei penal); c) se o réu é primário ou reincidente; d) se as circunstâncias judiciais do art. 59 do Código Penal são favoráveis ou desfavoráveis ao acusado (antecedentes, conduta social, personalidade e culpabilidade, motivos, consequências e circunstâncias do crime); e e) o tempo de prisão provisória.

14.4.1. Crimes apenados com reclusão

O art. 33, *caput*, do Código Penal estabelece que, nos crimes apenados com reclusão, o regime inicial poderá ser o *aberto*, o *semiaberto* ou o *fechado*, dependendo das variáveis mencionadas no item anterior (art. 33, § 2º), seguindo, *a priori*, as seguintes regras:

a) se a pena fixada na sentença for *superior a 8 anos*, o regime inicial necessariamente será o *fechado*;

b) se a pena aplicada *for superior a 4 anos e não superior a 8*, o condenado poderá iniciá-la em regime *semiaberto*, desde que não seja reincidente. Caso seja *reincidente*, o regime inicial deverá ser o *fechado*;

c) se a pena imposta for *igual ou inferior a 4 anos*, poderá o sentenciado iniciar a pena em regime *aberto*, desde que não seja reincidente. Se o for, o regime inicial será o *semiaberto*, se as circunstâncias judiciais lhe forem favoráveis, ou o *fechado*, caso referidas circunstâncias sejam desfavoráveis. Nesse sentido, existe a Súmula 269 do Superior Tribunal de Justiça que assim dispõe: "é admissível a adoção do regime prisional semiaberto aos reincidentes condenados a pena igual ou inferior a 4 anos se favoráveis as circunstâncias judiciais". Suponha-se, por exemplo, uma pessoa condenada a 2 anos de reclusão por furto qualificado que ostente uma única condenação anterior (reincidência) por crime de lesão corporal. Como não há outra circunstância desfavorável, o juiz pode fixar o regime inicial semiaberto. No entanto, se o mesmo furtador condenado a 2 anos de reclusão possuir, por exemplo, outras cinco condenações por crimes contra o patrimônio, o juiz poderá fixar-lhe o regime inicial fechado, pois se trata de pessoa, além de reincidente, com péssimos antecedentes criminais.

É preciso mencionar ainda que o montante da pena e a primariedade do acusado não são os únicos critérios que norteiam o juiz na escolha do regime inicial. Com efeito, estabelece o art. 33, § 3º, do Código Penal que, na fixação do regime inicial, o juiz deve também observar as circunstâncias judiciais do art. 59 do Código Penal: conduta social do acusado, seus antecedentes, culpabilidade, personalidade, além dos motivos do crime, suas circunstâncias e consequências. Assim, é possível que, excepcionalmente, o juiz condene uma pessoa a 6 anos de reclusão por crime de extorsão e, mesmo sendo ela primária, fixe o regime inicial fechado (e não o semiaberto), justificando, por exemplo, que o réu agrediu covardemente e de modo excessivo uma vítima idosa a fim de obter o número da senha de seu cartão bancário. Neste caso, as circunstâncias especiais do crime no caso concreto justificam o regime mais gravoso, embora o acusado seja primário.

Saliente-se, outrossim, que a Súmula 718 do Supremo Tribunal Federal estabelece que "a opinião do julgador sobre a gravidade em abstrato do crime não constitui motivação idônea para a imposição de regime mais severo do que o permitido segundo a pena aplicada". Dessa forma, não pode um juiz dizer que fixa regime inicial fechado para todo crime de extorsão por considerá-lo grave, sendo necessário, como mencionado no exemplo acima, que apresente fundamentos no sentido de demonstrar que aquele crime do caso concreto se reveste de gravidade diferenciada (no exemplo, o que justificava o regime fechado era o fato de serem fortes as agressões e de ser a vítima pessoa idosa). Pelo mesmo raciocínio, não pode o juiz fixar para a pena de 1 ano de reclusão, aplicada a um receptador, um regime inicial semiaberto ou fechado, alegando que todo receptador incentiva a criminalidade. Ainda que isso seja verdade, o fato é que a pena prevista em lei para a receptação é de 1 a 4 anos de reclusão (art. 180, *caput*, do CP), de modo que o próprio legislador resolveu não fixar pena elevada para este tipo de infração. Assim, se o réu for primário, a pena aplicada ao receptador deverá ser iniciada em regime aberto. Apenas se no caso concreto o juiz perceber a presença de circunstâncias que tornam aquela receptação específica mais gravosa do que o normal, é que poderá fixar regime diverso do aberto, fundamentando expressamente na sentença os motivos que tornaram aquele crime diferenciado. Ora, se o legislador quisesse que todo receptador iniciasse sua pena em regime semiaberto, teria previsto para tal delito pena superior a 4 anos. Daí por que o Supremo Tribunal Federal em sua Súmula 719 adverte que "a imposição do regime de cumprimento mais severo do que a pena aplicada permitir exige motivação idônea".

Importante ainda chamar a atenção para o teor da Súmula 440 do Superior Tribunal de Justiça, segundo a qual "fixada a pena-base no mínimo legal, é vedado o estabelecimento de regime prisional mais gravoso do que o cabível em razão da sanção imposta, com base apenas na gravidade abstrata do delito". Ora, a pena-base é fixada de acordo com os mesmos parâmetros do art. 59 do Código Penal (antecedentes, conduta social, personalidade, culpabilidade, motivos, circunstâncias e consequências do crime). Desse modo, se o juiz fixou a pena-base no mínimo legal, significa que entendeu que todas as referidas circunstâncias são favoráveis ao acusado, não fazendo sentido que, no momento seguinte, ao estabelecer o regime inicial, escolha um mais gravoso do que o montante da pena arbitrada permite. Assim, se o juiz fixou 4 anos de pena-base para um crime de extorsão (pena mínima) e o acusado é primário, não poderá fixar regime inicial semiaberto ou fechado com o simples argumento de que extorsão é crime grave. Ao contrário, se o magistrado fixou a pena-base em 4 anos e 10 meses, argumentando que o delito em questão foi cometido com violência extrema, poderá, com o mesmo fundamento, determinar que o regime inicial seja o fechado (e não o semiaberto).

Observação: Em alguns crimes, o juiz fixa a pena-base no mínimo legal porque a circunstância que gera sua maior gravidade concreta será considerada na segunda ou na terceira fase da dosimetria (agravante genérica ou causa de aumento de pena). Em tal caso, o juiz deve aplicar a segunda parte da Súmula 440 que admite a fixação de regime mais gravoso apesar da fixação da pena-base no mínimo legal, desde que fundamente a decisão em circunstâncias do caso concreto. No roubo, por exemplo, o fato de ter sido utilizada arma de fogo é causa de aumento de pena. Por isso, é possível que o juiz fixe a pena-base no mínimo legal e depois a exaspere em razão do emprego da arma e, ao final, aplique regime inicial fechado sustentando que o acusado, por exemplo, fez uso de arma de grosso calibre, exclusivo das forças armadas, fator que denota a gravidade diferenciada do caso concreto. A propósito:

> O emprego de arma de fogo, circunstância objetiva do caso concreto vinculada à maneira de agir do acusado, constitui fundamento idôneo para a imposição de regime inicial fechado, mesmo na hipótese de a pena-base haver sido fixada no mínimo legal. Não fosse a previsão legal de exacerbação da pena na terceira fase da dosimetria, a utilização de arma de fogo implicaria o aumento da sanção penal já na primeira etapa da dosimetria (pena-base), na medida em que, antes de limitar-se à chamada gravidade abstrata do delito, está relacionada ao conceito mais amplo de culpabilidade objetiva e, mediatamente, ao *modus operandi* empregado pelo agente (STF, HC 123.110 AgR, Rel. Min. Roberto Barroso, 1ª Turma, julgado em 19-8-2014, processo eletrônico *DJe*-178, divulg. 12-9-2014, public. 15-9-2014).

Desde o advento da Lei n. 12.736/2012, que alterou o art. 387, § 2º, do CP, o tempo de prisão provisória, de prisão administrativa ou de internação, no Brasil ou estrangeiro, deve ser computado para fim de determinação do regime inicial. A forma de aplicação desse dispositivo será estudada no item que trata do instituto da detração, ainda neste capítulo.

14.4.2. Crimes apenados com detenção

O art. 33, *caput*, do Código Penal dispõe que, nos crimes apenados com detenção, o regime inicial só pode ser o *aberto* ou o *semiaberto*, de acordo com as regras do art. 33, § 2º:

a) se a pena aplicada for *superior a 4 anos* ou se o condenado for *reincidente* (ainda que a pena seja inferior a 4 anos), deve iniciar o cumprimento da pena no regime *semiaberto*;

b) se a pena aplicada *for inferior a 4 anos* e o réu não for reincidente, o regime inicial deve ser o *aberto*.

Se o réu reincidente for condenado, por crime apenado com detenção, a pena superior a 4 anos, o regime inicial não pode ser o fechado por falta de permissão legal. Igualmente, se o réu tiver cometido vários crimes apenados com detenção e a soma das penas superar 8 anos. O próprio art. 33, *caput*, do Código Penal estabelece que somente por meio de *regressão* de regime, durante a execução da pena, é que pode ser imposto regime fechado ao condenado por crime apenado com detenção. A regressão pode ser determinada, por exemplo, quando o condenado comete falta grave durante a execução.

14.4.3. Crimes hediondos e equiparados

De acordo com o art. 2º, § 1º, da Lei n. 8.072/90 (com a redação dada pela Lei n. 11.464/2007), os condenados por crimes hediondos, tráfico ilícito de entorpecentes, terrorismo e tortura devem *necessariamente* iniciar o cumprimento da pena em regime *fechado*, ainda que a pena fixada na sentença não seja superior a 8 anos e o réu primário. Acontece que o Plenário do Supremo Tribunal Federal, em 27 de junho de 2012, declarou, por oito votos contra três, a inconstitucionalidade deste dispositivo por entender que a obrigatoriedade de regime inicial fechado para crimes com pena não superior a 8 anos fere o princípio constitucional da individualização da pena. Assim, mesmo para crimes hediondos, tráfico de drogas, terrorismo e tortura, o regime inicial só poderá ser o fechado (quando a pena fixada não for maior do que 8 anos) se o acusado for reincidente ou se as circunstâncias do caso concreto indicarem uma gravidade diferenciada daquele crime específico, o que deverá constar expressamente da fundamentação da sentença. Essa decisão ocorreu no julgamento do HC 111.840/ES:

> é inconstitucional o § 1º do art. 2º da Lei 8.072 [...] Com base nesse entendimento, o Plenário, por maioria, deferiu *habeas corpus* com a finalidade de alterar para semiaberto o regime inicial de pena do paciente, o qual fora condenado por tráfico de drogas com reprimenda inferior a 8 anos de reclusão e regime inicialmente fechado, por força da Lei 11.464/2007, que instituíra a obrigatoriedade de imposição desse regime a crimes hediondos e assemelhados – v. *Informativo* 670. Destacou-se que a fixação do regime inicial fechado se dera exclusivamente com fundamento na lei em vigor. [...] Consignou-se que a Constituição contemplaria as restrições a serem impostas aos incursos em dispositivos da Lei 8.072/90, e dentre elas não se encontraria a obrigatoriedade de imposição de regime extremo para início de cumprimento de pena. Salientou-se que o art. 5º, XLIII, da CF, afastaria somente a fiança, a graça e a anistia, para, no inciso XLVI, assegurar, de forma abrangente, a individualização da pena. Vencidos os Ministros Luiz Fux, Joaquim Barbosa e Marco Aurélio, que denegavam a ordem (Rel. Min. Dias Toffoli, 27-6-2012).

Em novembro de 2017, confirmando tal entendimento, o Supremo Tribunal Federal aprovou a tese 972, em sede de repercussão geral: "É inconstitucional a fixação *ex lege*, com base no art. 2º, § 1º, da Lei n. 8.072/90, do regime inicial fechado, devendo o julgador, quando da condenação, ater-se aos parâmetros previstos no art. 33 do Código Penal".

14.4.4. Alteração do regime inicial pelo juízo das execuções

Mesmo que discorde dos argumentos lançados pelo juiz sentenciante para a fixação do regime inicial, não pode o juiz das execuções alterá-lo. Somente por razões supervenientes, o regime poderá ser modificado na Vara das Execuções: progressão ou regressão; surgimento de nova condenação, cuja soma das penas torne inviável o regime inicial fixado na 1ª condenação.

Se o juiz sentenciante se esquecer de fixar o regime inicial, as partes deverão interpor embargos de declaração para sanar a omissão. Caso, todavia, a sentença transite em julgado sem que as partes tenham interposto os embargos, caberá ao Juízo das Execuções estabelecer o regime inicial.

14.5. Cumprimento das penas privativas de liberdade

Transitando em julgado a sentença condenatória, se o réu já estiver preso ou se vier a sê-lo, será expedida a *guia de recolhimento*, documento que dará início ao processo de execução (art. 105 da LEP). Referida guia é expedida por ordem do juízo da condenação e encaminhada à Vara das Execuções. A guia é expedida pelo escrivão da vara por onde tramitou a ação penal e assinada pelo respectivo juiz, devendo conter, nos termos do art. 106 da Lei de Execuções: I – o nome do condenado; II – sua qualificação civil e número do registro geral no órgão de identificação civil; III – o inteiro teor da denúncia e da sentença condenatória, bem como certidão do trânsito em julgado; IV – informação sobre os antecedentes criminais e o grau de instrução do condenado;

V – data do término da pena; VI – outras peças do processo reputadas indispensáveis ao adequado tratamento penitenciário.

Da expedição da guia de recolhimento deve-se dar ciência ao Ministério Público (art. 106, § 1º, da LEP).

A partir do início do cumprimento da pena, as decisões serão tomadas pelo juiz das execuções, cujas funções estão elencadas no art. 66 da LEP: I – aplicar aos casos julgados lei posterior que de qualquer modo favoreça o condenado; II – declarar extinta a punibilidade; III – decidir sobre: a) soma ou unificação de penas; b) progressão ou regressão nos regimes; c) detração e remição da pena; d) suspensão condicional da pena; e) livramento condicional; f) incidentes da execução; IV – autorizar saídas temporárias; V – determinar: a) a forma de cumprimento da pena restritiva de direitos e fiscalizar sua execução; b) a conversão da pena restritiva de direitos em privativa de liberdade (este dispositivo também menciona a conversão de multa em privativa de liberdade, mas nesta parte está revogado pela Lei n. 9.268/96); c) conversão da pena privativa de liberdade em restritiva de direitos; d) aplicação da medida de segurança, bem como a substituição da pena por medida de segurança; e) revogação da medida de segurança; f) desinternação e restabelecimento da situação anterior; g) cumprimento da pena ou medida de segurança em outra comarca; h) remoção do condenado para locais distantes quando necessário para segurança pública ou do próprio condenado; i) vetado; j) a utilização do equipamento de monitoração eletrônica pelo condenado nas hipóteses legais; VI – zelar pelo correto cumprimento da pena ou medida de segurança; VII – inspecionar, mensalmente, os estabelecimentos penais, tomando providências para o adequado funcionamento e promovendo, quando for o caso, a apuração de responsabilidade; VIII – interditar, no todo ou em parte, estabelecimento penal que estiver funcionando em condições inadequadas ou com infringência aos dispositivos da Lei de Execuções; IX – compor e instalar o Conselho da Comunidade; X – emitir anualmente atestado de pena a cumprir.

Contra as decisões judiciais proferidas no juízo das execuções, o recurso cabível é o de agravo (art. 197 da LEP). É o chamado *agravo em execução*. Nos termos da Súmula 700 do Supremo Tribunal Federal, "é de cinco dias o prazo para interposição de agravo contra decisão do juiz da execução penal".

Por sua vez, dispõe o art. 67 da Lei de Execuções que o *Ministério Público* fiscalizará o procedimento de execução da pena ou medida de segurança, oficiando no processo e em todos os seus incidentes. De acordo com o art. 68 da Lei de Execuções, o Ministério Público, além de fiscalizar as formalidades do processo executório, poderá requerer o que entender necessário como a extinção da pena, a progressão ou regressão de regime, a concessão ou revogação de livramento condicional ou de suspensão condicional da pena etc. O órgão do Ministério Público também deve visitar mensalmente os estabelecimentos penais, podendo propor a interdição parcial ou total daqueles considerados inadequados ou que de alguma forma infrinjam a Lei de Execuções.

É evidente que o próprio condenado e seu defensor poderão também requerer benefícios.

De acordo com o art. 84, § 3º, da Lei de Execuções Penais, com a redação dada pela Lei n. 13.167/2015, os presos condenados ficarão separados de acordo com os seguintes critérios: I – condenados pela prática de crimes hediondos ou equiparados; II – reincidentes condenados pela prática de crimes cometidos com violência ou grave ameaça à pessoa; III – primários condenados pela prática de crimes cometidos com violência ou grave ameaça à pessoa; IV – demais condenados pela prática de outros crimes ou contravenções em situação diversa das previstas nos incisos I, II e III.

14.5.1. Cumprimento da pena em regime fechado

As regras de cumprimento da pena encontram-se no Código Penal e na Lei de Execuções Penais (Lei n. 7.210/84).

O art. 33, § 1º, *a*, do Código Penal reza que o regime fechado é cumprido em estabelecimento de segurança máxima ou média. Nas chamadas penitenciárias, o condenado será alojado em cela individual que conterá dormitório, aparelho sanitário e lavatório. Além disso, o ambiente deve ser saudável, com insolação, aeração e condições térmicas adequadas à saúde humana, bem como possuir área mínima de 6 m² (art. 88 da LEP).

Em se tratando de penitenciária feminina, deve haver ala para gestantes e parturientes, bem como creche para abrigar crianças maiores de 6 meses e menores de 7 anos, com a finalidade de assistir a criança desamparada cuja responsável estiver presa (art. 89 da LEP).

A penitenciária destinada a homens deve ser construída em locais afastados dos centros urbanos, porém a uma distância que não restrinja o direito de visita (art. 90 da LEP).

No início do cumprimento da pena, o condenado será submetido a exame criminológico para a obtenção dos elementos necessários a uma adequada classificação com vistas à individualização da pena (arts. 34, *caput*, do Código Penal, e 8º, *caput*, da LEP).

O preso fica sujeito a trabalho interno no período diurno e isolamento durante o repouso noturno (art. 34, § 1º). O trabalho será em comum dentro do estabelecimento, nas conformidades das aptidões anteriores do condenado, desde que compatíveis com a execução da pena (art. 34, § 2º). O trabalho externo é admissível, no regime fechado, em serviços ou obras públicas.

14.5.1.1. Permissões de saída

São admitidas as permissões de saída, mediante escolta, quando ocorrer *falecimento* ou *doença grave* do cônjuge, companheira, ascendente, descendente ou irmão ou para tratamento médico (art. 120 da LEP). Esta permissão é dada pelo diretor do estabelecimento penitenciário pelo tempo necessário à finalidade da saída (art. 120, §§ 1º e 2º, da LEP). Em caso de recusa do diretor, considerada injusta pelo sentenciado, o pedido poderá ser feito ao juiz das execuções.

O art. 120 da Lei de Execuções admite as permissões de saída aos presos que estejam cumprindo pena em regime fechado ou semiaberto e também aos presos provisórios.

14.5.1.2. Regime disciplinar diferenciado

A Lei n. 10.792/2003 alterou o art. 52 da Lei de Execuções Penais e criou o regime disciplinar diferenciado, aplicável aos criminosos tidos como especialmente perigosos em razão de seu comportamento carcerário inadequado ou de seu envolvimento com o crime organizado. Posteriormente, o dispositivo foi novamente modificado pela Lei n. 13.964/2019. De acordo com o atual texto legal, tal regime pode ser imposto ao preso:

a) que pratique crime doloso durante o cumprimento da pena e com isso ocasione subversão da ordem ou disciplina internas (art. 52, *caput*, da LEP); ou

b) que apresente alto risco para a ordem e a segurança do estabelecimento penal ou da sociedade (art. 52, § 1º, I); ou

c) sobre o qual recaiam fundadas suspeitas de envolvimento ou participação, a qualquer título, em organizações criminosas, associação criminosa ou milícia privada, independentemente da prática de falta grave (art. 52, § 1º, II).

Esse regime pode ser aplicado a condenados ou presos provisórios, nacionais ou estrangeiros, e suas características são as seguintes:

a) recolhimento em cela individual (art. 52, II, da LEP);

b) visitas quinzenais, de duas pessoas por vez, a serem realizadas em instalações equipadas para impedir o contato físico e a passagem de objetos, por pessoa da família ou, no caso de terceiro, autorizado judicialmente, com duração de duas horas (art. 52, III, da LEP). Tais visitas serão gravadas em sistema de áudio e vídeo e, com autorização judicial, fiscalizada por agente penitenciário;

c) direito à saída da cela por duas horas diárias para banho de sol, em grupos de até quatro presos, desde que não haja contato com presos do mesmo grupo criminoso (art. 52, IV, da LEP);

d) entrevistas sempre monitoradas, exceto aquelas com seu defensor, em instalações equipadas para impedir o contato físico e a passagem de objetos, salvo expressa autorização judicial em contrário (art. 52, V, da LEP);

e) fiscalização do conteúdo de correspondência (art. 52, VI, da LEP);

f) participação em audiências judiciais preferencialmente por videoconferência, garantindo-se a participação do defensor, no mesmo ambiente do preso (art. 52, VII, da LEP).

A duração máxima desse regime diferenciado é de 2 anos, sem prejuízo de repetição da sanção, em caso de nova falta grave da mesma espécie (art. 52, I, da LEP).

O regime diferenciado poderá ser prorrogado sucessivamente, por período de 1 ano, se houver indícios de que o preso: I) continua apresentando alto risco para a ordem e a segurança do estabelecimento penal de origem ou da sociedade; ou, II) mantém os vínculos com a organização criminosa, associação criminosa ou milícia privada, considerados também o perfil criminal e a função desempenhada por ele no grupo criminoso, a operação duradoura do grupo, a superveniência de novos processos criminais e os resultados do tratamento penitenciário (art. 52, § 4º).

Existindo indícios de que o preso exerce liderança em organização criminosa, associação criminosa ou milícia privada, ou que tenha atuação criminosa em dois ou mais Estados da Federação, o regime disciplinar diferenciado será obrigatoriamente cumprido em estabelecimento prisional federal (art. 52, § 3º, da LEP). Em tal hipótese o regime diferenciado deverá contar com alta segurança interna e externa, principalmente no que diz respeito à necessidade de se evitar contato do preso com membros de sua organização criminosa, associação criminosa ou milícia privada (art. 52, § 5º).

A medida só pode ser decretada pelo juiz das execuções competente, em razão de requerimento fundamentado do diretor do estabelecimento ou outra autoridade administrativa, devendo o juiz, antes de decidir, ouvir o Ministério Público e a Defesa (art. 54, §§ 1º e 2º, da LEP). O juiz tem prazo de 15 dias para proferir sua decisão.

Apesar de alguns juristas defenderem que a adoção do regime disciplinar constitui espécie de pena cruel ou desumana e que, por isso, ofende a Constituição Federal, o Superior Tribunal de Justiça refutou tal entendimento, mesmo porque o preso mantém, embora com restrições, direito de visitas e de banho de sol. Entendeu o mencionado tribunal superior que a medida atende ao princípio da proporcionalidade para afastar detentos perigosos que, de dentro do presídio, colocam em risco a coletividade ou perturbam gravemente o ambiente carcerário. Nesse sentido:

> *Habeas Corpus*. Regime Disciplinar Diferenciado. Art. 52 da LEP. Constitucionalidade. Aplicação do princípio da proporcionalidade. Considerando que os princípios fundamentais consagrados na Carta Magna não são ilimitados (princípio da relatividade ou convivência das liberdades públicas), vislumbra-se que o legislador ao instituir o Regime Disciplinar Diferenciado atendeu ao princípio da proporcionalidade. 2. Legítima a atuação estatal, tendo em vista que a Lei n. 10.792/2003, que alterou o art. 52 da LEP, busca dar efetividade à crescente necessidade de segurança nos estabelecimentos penais, bem como resguardar a ordem pública, que vem sendo ameaçada por criminosos que, mesmo encarcerados, continuam comandando ou integrando facções criminosas que atuam no interior do sistema prisional – liderando rebeliões que não raro culminam em fugas e mortes de reféns, agentes penitenciários e/ou outros detentos – e, também no meio social (STJ, HC 40.300/RJ, 5ª Turma, Rel. Min. Arnaldo Esteves Lima, *DJ* 22-8-2005, p. 312).

14.5.2. Cumprimento da pena em regime semiaberto

De acordo com o art. 33, § 1º, *b*, do Código Penal, o regime semiaberto é cumprido em colônia penal agrícola ou industrial, ou em estabelecimento similar.

É facultativa a realização de exame criminológico ao preso que inicia a pena em regime semiaberto (arts. 35, *caput*, do Código Penal, e 8º, parágrafo único, da LEP). Tal exame será determinado se a autoridade entender que ele é necessário.

O condenado fica sujeito a trabalho em comum durante o período diurno dentro da colônia penal (art. 35, § 1º, do CP). É permitido o trabalho externo, bem como a frequência a cursos profissionalizantes, de instrução de segundo grau ou superior (art. 35, § 2º). O art. 146-B, VI, da LEP, com a redação que lhe foi dada pela Lei n. 14.843/2024, diz que o juiz pode determinar a fiscalização por monitoração eletrônica do preso que inicia o cumprimento de pena no regime semiaberto ou que obtém progressão para tal regime.

14.5.2.1. Saída temporária

O instituto da saída temporária possuía um regramento antes do advento da Lei n. 14.843/2024 e passou a ter novo regramento, muito mais restritivo, após a entrada em vigor da mencionada lei. Há certo consenso no âmbito jurídico no sentido de que a nova lei, por ser prejudicial ao preso, somente se aplica aos delitos cometidos após sua entrada em vigor, em razão da norma constitucional que só permite a retroatividade de normas penais benéficas (art. 5º, XL, da CF). Nesse sentido, já existe, inclusive, decisão da Corte Suprema no julgamento do HC 240770/MG. Em razão desse entendimento, as modificações advindas da Lei n. 14.843/2024 somente terão efeitos práticos amplos após alguns anos de sua entrada em vigor.

Dessa forma, faremos a exposição em duas partes, ou seja, inicialmente abordaremos as regras aplicáveis aos crimes cometidos antes da entrada em vigor da Lei n. 14.843/2024 e, em seguida, as regras que se aplicam aos crimes cometidos depois da entrada em vigor da referida lei.

a) *regras aplicáveis à saída temporária para crimes cometidos antes da Lei n. 14.843/2024:*

O preso no regime *semiaberto* tem direito à saída temporária, sem vigilância direta, mediante autorização *judicial*, para: I – visita à família; II – frequência a curso profissionalizante, de segundo grau ou superior; III – participação em atividades que concorram para o retorno ao convívio social (art. 122 da LEP – redação originária).

O benefício será concedido por prazo não superior a 7 dias e poderá ser renovado por mais quatro vezes durante o ano (art. 124, *caput* – *redação originária*), com distanciamento mínimo de 45 dias entre um e outro (art. 124, § 3º – redação originária), exceto no caso de frequência a cursos em que o prazo será o suficiente para o cumprimento das atividades discentes (art. 124, § 2º – redação originária).

O art. 122, § 2º, da LEP – redação originária, inserido pela Lei n. 13.964/2019, veda a saída temporária ao condenado que cumpre pena pela prática de crime hediondo com resultado morte (latrocínio, homicídio qualificado, estupro qualificado pela morte etc.).

Ao conceder a saída temporária, o juiz imporá ao beneficiário as seguintes condições, entre outras que entender compatíveis com as circunstâncias do caso e a situação pessoal do condenado: I – fornecimento do endereço onde reside a família a ser visitada ou onde poderá ser encontrado durante o gozo do benefício; II – recolhimento à residência visitada, no período noturno; III – proibição de frequentar bares, casas noturnas e estabelecimentos congêneres (art. 124, § 1º – redação originária).

A autorização será concedida por ato motivado do juízo da execução, ouvidos o Ministério Público e a administração penitenciária, e depende do preenchimento dos seguintes requisitos: a) comportamento adequado; b) cumprimento de 1/6 da pena se o réu for primário e 1/4 se reincidente; c) compatibilidade do benefício com os objetivos da pena (art. 123 da LEP). De acordo com a Súmula 40 do Superior Tribunal de Justiça, "para obtenção dos benefícios de saída temporária e trabalho externo, considera-se o tempo de cumprimento da pena no regime fechado", ou seja, o benefício só é cabível a presos que estejam em regime semiaberto e que tenham cumprido determinado tempo de sua pena, computado, porém, o eventual período que já cumpriram em regime fechado.

Além disso, de acordo com a Súmula n. 520 do Superior Tribunal de Justiça "o benefício da saída temporária no âmbito da execução penal é ato jurisdicional insuscetível de delegação à autoridade administrativa do estabelecimento prisional".

O benefício será automaticamente revogado quando o condenado praticar fato definido como crime doloso, for punido por falta grave, desatender às condições impostas na autorização ou revelar baixo aproveitamento do curso. Em tais casos, só poderá ser novamente obtido em caso de absolvição no processo penal que deu origem à revogação, cancelamento da punição pela falta grave ou demonstração de merecimento por parte do condenado (art. 125 da LEP).

Quando o beneficiado por saída temporária não retorna ao sistema carcerário, ele é considerado fugitivo e, nos termos do art. 50, II, da Lei de Execuções Penais, deve ser determinada a regressão ao regime fechado.

b) *regras aplicáveis à saída temporária para crimes cometidos após a Lei n. 14.843/2024*:

A Lei n. 14.843/2024 modificou o art. 122 da LEP alterando as hipóteses de cabimento da saída temporária. Pela nova redação, somente é possível a saída temporária para frequência a curso supletivo profissionalizante, bem como de instrução do 2º grau ou superior, na Comarca do Juízo da Execução (art. 122, II). Pelo regime atual, não é mais possível a saída temporária para visitas à família ou outro motivo qualquer. O art. 122, § 2º, por sua vez, ressalva que não terá direito à saída temporária o condenado que cumpre pena por praticar crime hediondo ou com violência ou grave ameaça contra pessoa.

A saída temporária é reservada aos condenados que estão cumprindo pena em regime semiaberto e ocorre sem vigilância direta, podendo o juiz, todavia, determinar a monitoração eletrônica (art. 122, § 1º).

A autorização será concedida por ato motivado do juízo da execução, ouvidos o Ministério Público e a administração penitenciária, e depende do preenchimento dos seguintes requisitos: a) comportamento adequado; b) cumprimento de 1/6 da pena se o réu for primário e 1/4 se reincidente; c) compatibilidade do benefício com os objetivos da pena (art. 123 da LEP). De acordo com a Súmula 40 do Superior Tribunal de Justiça, "para obtenção dos benefícios de saída temporária e trabalho externo, considera-se o tempo de cumprimento da pena no regime fechado", ou seja, o benefício só é cabível a presos que estejam em regime semiaberto e que tenham cumprido determinado tempo de sua pena, computado, porém, o eventual período que já cumpriram em regime fechado. O benefício será automaticamente revogado quando o condenado praticar fato definido como crime doloso, for punido por falta grave, desatender às condições impostas na autorização ou revelar baixo aproveitamento do curso. Em tais casos, só poderá ser novamente obtido em caso de absolvição no processo penal que deu origem à revogação, cancelamento da punição pela falta grave ou demonstração de merecimento por parte do condenado (art. 125 da LEP). Quando o beneficiado por saída temporária não retornar ao sistema carcerário, ele será considerado fugitivo e, nos termos do art. 50, II, da Lei de Execuções Penais, deverá ser determinada a regressão ao regime fechado.

As modificações trazidas pela Lei n. 14.843/2024 quanto ao regime de saídas temporárias foram questionadas junto à Corte Suprema, no que tange à constitucionalidade. Se o Supremo Tribunal Federal decidir que as novas regras são inconstitucionais, valerão as regras antigas. Caso, todavia, entenda pela constitucionalidade, deverá ser feita a distinção acima exposta, de acordo com a data do delito cometido – anterior ou posterior à Lei n. 14.843/2024.

A Lei n. 12.258/2010 alterou o art. 146 da Lei de Execuções Penais e passou a admitir o monitoramento eletrônico de presos, normalmente feito por meio de pulseiras ou tornozeleiras dotadas de localizador, que estejam de *saída temporária*. Ademais, o art. 122, § 1º, da LEP dispõe que "a ausência de vigilância direta não impede a utilização de equipamento de monitoração eletrônica pelo condenado, quando assim determinar o juiz da execução". Em tal hipótese, o condenado será instruído acerca dos cuidados que deverá adotar com o equipamento eletrônico e dos seguintes deveres: I – receber visitas do servidor responsável pela monitoração eletrônica, responder aos seus contatos e cumprir suas orientações; II – abster-se de remover, de violar, de modificar, de danificar de qualquer forma o dispositivo de monitoração eletrônica ou de permitir que outrem o faça (art. 146-C). A violação de qualquer desses deveres autoriza o juiz, ouvidos o Ministério Público e a Defesa, a determinar a regressão ao regime fechado, revogar a autorização de saída ou dar advertência por escrito ao sentenciado (art. 146-C, parágrafo único).

A Lei n. 14.994, de 9 de outubro de 2024, acrescentou o art. 146-E à LEP dispondo que o condenado por crime contra a mulher por razões da condição do sexo feminino, ao usufruir de qualquer benefício em que ocorra a sua saída de estabelecimento penal, será fiscalizado por meio de monitoração eletrônica. Trata-se de medida obrigatória que tem por finalidade a fiscalização do cumprimento da pena e, principalmente, a verificação de que a vítima ou seus familiares não correm risco pela eventual aproximação do condenado. A regra vale para presos que obtenham saída temporária, que sejam progredidos para o regime semiaberto ou aberto, ou, ainda, para aqueles que saiam em livramento condicional.

14.5.3. Cumprimento da pena em regime aberto

O regime aberto, cumprido em *casa do albergado ou estabelecimento adequado* (art. 33, § 1º, *c*, do CP) baseia-se na autodisciplina e no senso de responsabilidade do condenado (art. 36 do CP), que ficará fora do estabelecimento, e sem vigilância, para trabalhar ou frequentar curso ou exercer outro tipo de atividade autorizada, devendo retornar à casa do albergado (ou outro estabelecimento adequado), onde permanecerá durante o período noturno e nos dias de folga (art. 36, § 1º).

O art. 94 da Lei de Execuções dispõe que a casa do albergado deve situar-se em centro urbano, separada de outros estabelecimentos penais, e caracteriza-se pela ausência de obstáculos físicos contra a fuga. Existe, entretanto, fiscalização para que se saiba se os presos retornaram ou não à casa após as atividades externas.

O trabalho do preso em regime aberto rege-se pela legislação trabalhista comum (Consolidação das Leis do Trabalho), enquanto o exercido pelos presos do regime fechado ou semiaberto seguem os ditames da Lei de Execuções (arts. 31 a 37), não se lhes aplicando as regras da referida Consolidação, nos termos do art. 28, § 2º, da Lei de Execuções Penais.

O ingresso do condenado em regime aberto supõe a aceitação de seu programa e das condições impostas pelo juiz. Por isso, é realizada uma audiência, na qual o condenado assina termo de compromisso aceitando as condições, o que dá início ao cumprimento da pena em tal regime (art. 113 da LEP). Além de outras condições que o juiz pode estabelecer de acordo com as especificidades do caso (condições especiais), o art. 115 da Lei das Execuções diz que são obrigatórias para o preso em regime aberto as seguintes (condições gerais): I – permanecer no local que for designado, durante o repouso e nos dias de folga; II – sair para o trabalho e retornar, nos horários fixados; III – não se ausentar da cidade onde reside, sem autorização judicial; IV – comparecer a Juízo, para informar e justificar as suas atividades, quando for determinado.

O art. 115 da Lei de Execuções, conforme mencionado, permite que o juiz, ao fixar o regime aberto, estabeleça condições especiais ao condenado. Um exemplo muito comum de condição especial fixada pelos juízes é o da proibição de frequentar determinados locais, como bares ou locais de reputação duvidosa. A Lei n. 14.843/2024 modificou o *caput* do art. 115 da LEP dispondo que o juiz pode estabelecer como condição especial para o regime aberto a fiscalização por monitoramento eletrônico.

Essas condições especiais, contudo, não podem ser as penas restritivas de direitos do art. 44 do Código Penal (prestação de serviços à comunidade, por exemplo). Com efeito, conforme será adiante estudado, as penas restritivas de direitos têm caráter substitutivo da pena privativa de liberdade e, portanto, por falta de permissão legal não podem ser cumuladas com ela. Em suma, haveria a imposição de dupla penalidade se, além de cumprir pena no regime aberto (com a obrigação de permanecer durante a noite e fins de semana em casa do albergado), tivesse o acusado, por exemplo, que prestar serviços à comunidade. Nesse sentido, a Súmula 493 do STJ: "É inadmissível a fixação de pena substitutiva (art. 44 do CP) como condição especial ao regime aberto". Excepcionalmente, caso não haja casa do albergado onde o acusado possa cumprir sua pena após a prolação da sentença que fixou o regime aberto ou da decisão que determinou a progressão para tal regime, poderá o juiz da execução substituir o cumprimento da pena privativa de liberdade por restritiva de direitos, conforme decidiu o Supremo Tribunal Federal com a aprovação da Súmula Vinculante n. 56.

O art. 95 da Lei de Execuções dispõe que em todas as comarcas do país deve haver pelo menos uma casa do albergado, a qual deve conter, além dos aposentos para abrigar os presos, recinto adequado para cursos e palestras. Por sua vez, o art. 203, § 2º, da mesma lei previu prazo de 6 meses para a aquisição ou desapropriação de prédios para a instalação de referidas casas. Acontece que, após várias décadas da aprovação da Lei n. 7.210/84 (Lei de Execuções Penais), não existe casa do albergado em expressivo número de comarcas. Por essa razão, o Superior Tribunal de Justiça passou a determinar que os presos que devem iniciar sua pena em regime aberto ou que progridem para tal regime podem obter o direito à prisão albergue domiciliar, quando não existir casa do albergado na comarca, mesmo que não se enquadrem em quaisquer das hipóteses do art. 117 da Lei de Execuções que expressamente permite a prisão domiciliar aos que se encontram cumprindo pena em regime *aberto* nas seguintes hipóteses: a) condenado com mais de 70 anos; b) condenado acometido por doença grave; c) condenado que possui filho menor ou deficiente mental; d) condenada gestante.

No mesmo sentido, a Súmula Vinculante n. 56 do Supremo Tribunal Federal, aprovada em 29-6-2016: "A falta de estabelecimento penal adequado não autoriza a manutenção do condenado em regime prisional mais gravoso, devendo-se observar, nesta hipótese, os parâmetros fixados no RE 641.320".

Em maio de 2016, ao dar parcial provimento ao referido RE 641.320, o Plenário da Corte Suprema fixou as seguintes diretrizes: a) a falta de estabelecimento penal adequado não autoriza a manutenção do condenado em regime prisional mais gravoso; b) os juízes da execução penal poderão avaliar os estabelecimentos destinados aos regimes semiaberto e aberto, para qualificação como adequados a tais regimes. São aceitáveis estabelecimentos que não se qualifiquem como "colônia agrícola, industrial" (regime semiaberto) ou "casa de albergado ou estabelecimento adequado" (regime aberto) (art.

33, § 1º, alíneas *b* e *c*); c) havendo déficit de vagas, deverá determinar-se: (I) a saída antecipada de sentenciado no regime com falta de vagas; (II) a liberdade eletronicamente monitorada ao sentenciado que sai antecipadamente ou é posto em prisão domiciliar por falta de vagas; (III) o cumprimento de penas restritivas de direito e/ou estudo ao sentenciado que progride ao regime aberto. Até que sejam estruturadas as medidas alternativas propostas, poderá ser deferida a prisão domiciliar ao sentenciado" (RE 641.320, Rel. Min. Gilmar Mendes, Tribunal Pleno, julgado em 11-5-2016, acórdão eletrônico *DJe*-159, divulg. 29-7-2016, public. 1º-8-2016).

A Lei n. 12.258/2010 alterou o art. 146 da Lei de Execuções Penais e passou a admitir o monitoramento eletrônico de presos, normalmente feito por meio de pulseiras ou tornozeleiras dotadas de localizador, que estejam em *prisão domiciliar*. Em tal hipótese, o condenado será instruído acerca dos cuidados que deverá adotar com o equipamento eletrônico e dos seguintes deveres: I – receber visitas do servidor responsável pela monitoração eletrônica, responder aos seus contatos e cumprir suas orientações; II – abster-se de remover, de violar, de modificar, de danificar de qualquer forma o dispositivo de monitoração eletrônica ou de permitir que outrem o faça (art. 146-C). A violação de qualquer desses deveres autoriza o juiz, ouvidos o Ministério Público e a Defesa, a determinar a revogação da prisão domiciliar, a regredir o sentenciado ao regime semiaberto ou a dar advertência por escrito ao sentenciado (art. 146-C, parágrafo único).

14.6. Progressão de regime

Determina o art. 33, § 2º, do Código Penal que as penas privativas de liberdade devem ser executadas de forma progressiva, com a transferência para regime menos rigoroso, a ser determinada pelo juiz, de acordo com o mérito do condenado. De acordo com tal regra, o sentenciado deve passar gradativamente para regimes mais brandos, desde que preenchidos os requisitos legais, a fim de estimular e possibilitar sua ressocialização.

14.6.1. Progressão do regime fechado para o semiaberto

A atual redação do art. 112 da Lei de Execuções Penais, modificada pela Lei n. 13.964/2019, exige requisitos objetivos e subjetivos para referida progressão. O requisito objetivo é referente ao cumprimento de parte da pena imposta, ao passo que o subjetivo é relativo ao mérito do condenado no cumprimento da pena.

Requisito objetivo: antes do advento da Lei n. 13.964/2019 (pacote anticrime), havia três regras quanto ao período de cumprimento de pena para a obtenção da progressão de regime: a) para condenados por crimes comuns, o período era de 1/6 (art. 112 da LEP); b) para pessoas primárias condenadas por crimes hediondos, o período era de 2/5 (art. 2º, § 2º, da Lei n. 8.072/90); c) para reincidentes condenados por crimes hediondos, o período era de 3/5 (art. 2º, § 2º, da Lei n. 8.072/90. Após o advento de tal Lei, que modificou a redação do art. 112 da LEP e revogou o art. 2º, § 2º, da Lei n. 8.072/90, passaram a existir variados prazos para a obtenção da progressão, conforme se verifica na relação abaixo, segundo a qual, para ter direito à progressão de regime, o condenado deve ter cumprido, ao menos:

I – *16% (dezesseis por cento) da pena, se for primário e o crime tiver sido cometido sem violência à pessoa ou grave ameaça*. É o caso, por exemplo, de quem é primário e foi condenado por crime de furto, apropriação indébita, estelionato, importunação sexual, posse sexual mediante fraude, corrupção passiva, concussão etc.

O crime de homicídio culposo e de lesão corporal culposa enquadram-se nesta regra, pois a violência inerente a tais delitos não é intencional.

O crime de tráfico de drogas é cometido, em regra, sem o emprego de violência ou grave ameaça, mas por ser crime equiparado a hediondo pressupõe cumprimento de período mais elevado de pena (40% se o réu for primário, ou 60% se reincidente específico). Observe-se, porém, que no julgamento do HC 118.533, Rel. Min. Cármen Lúcia, em 23-6-2016, o Plenário do STF decidiu que o tráfico privilegiado de drogas não possui natureza hedionda. Posteriormente, a Lei n. 13.964/2019 alterou o art. 112, § 5º, da Lei de Execuções Penais, para deixar expresso que o tráfico privilegiado não se equipara aos crimes hediondos. Por tal razão, a progressão de regime se dará com o cumprimento de 16% da pena (no tráfico privilegiado o réu é necessariamente primário). Considera-se privilegiado o tráfico quando o agente é primário, tem bons antecedentes, não se dedica às atividades criminosas e não integra organização criminosa. Em tal hipótese, descrita no art. 33, § 4º, da Lei de Drogas, a pena do réu deve ser reduzida de 1/6 a 2/3 em relação à pena prevista para o tráfico de drogas comum (não privilegiado).

II – *20% (vinte por cento) da pena, se for reincidente em crime cometido sem violência à pessoa ou grave ameaça.*

O dispositivo *não* menciona reincidência *específica*, de modo que a regra se aplica tanto a quem foi condenado por furto e furto ou furto e estelionato. Entendemos que a regra também se aplica a quem foi condenado anteriormente por roubo (que pressupõe violência ou grave ameaça) e depois por furto (crime sem violência ou grave ameaça). Não faria sentido o tempo de cumprimento de pena ser maior apenas no primeiro caso (furto e furto), que, inclusive, é menos grave. A interpretação da lei não pode levar a conclusões ilógicas e absurdas.

III – *25% (vinte e cinco por cento) da pena, se for primário e o crime tiver sido cometido com violência à pessoa ou grave ameaça.* Ex.: pessoas primárias condenadas por homicídio simples, lesão corporal, roubo simples ou extorsão simples.

IV – *30% (trinta por cento) da pena, se for reincidente em crime cometido com violência à pessoa ou grave ameaça.*

Aplica-se às condenações por crimes cometidos com violência física ou grave ameaça, desde que o réu seja reincidente pela prática de qualquer crime anterior com violência física ou grave ameaça. Exs.: roubo simples e extorsão; homicídio simples e lesão corporal grave etc. De acordo com o Superior Tribunal de Justiça (*leading case* – REsp 1910240/MG), se o sentenciado for reincidente genérico (ex.: réu condenado por furto e depois por roubo), aplica-se o patamar do inciso anterior (25%).

V – *40% (quarenta por cento) da pena, se for condenado pela prática de crime hediondo ou equiparado, se for primário.* Ex.: roubo majorado pela restrição da liberdade ou pelo emprego de arma de fogo ou arma de fogo de uso proibido ou restrito, extorsão qualificada pela restrição da liberdade, estupro, favorecimento da prostituição ou de outra forma de exploração sexual de criança ou adolescente ou de vulnerável, tráfico de drogas, tortura, terrorismo etc.

VI – *50% (cinquenta por cento) da pena, se for:*

a) *condenado pela prática de crime hediondo ou equiparado, com resultado morte, se for primário, vedado o livramento condicional.* Ex.: homicídio qualificado consumado, latrocínio consumado, estupro qualificado pela morte, tortura qualificada pela morte etc.;

b) *condenado por exercer o comando, individual ou coletivo, de organização criminosa estruturada para a prática de crime hediondo ou equiparado;* ou

c) *condenado pela prática do crime de constituição de milícia privada.* Tal delito está descrito no art. 288-A, do Código Penal. Consiste em "constituir, organizar, integrar, manter ou custear organização paramilitar, milícia particular, grupo ou esquadrão com a finalidade de praticar qualquer dos crimes previstos" no Código Penal. A pena é de reclusão, de 4 a 8 anos.

VI-A – *55% (cinquenta e cinco por cento) da pena, se o apenado for condenado pela prática de feminicídio, se for primário, vedado o livramento condicional.*

O feminicídio é um crime hediondo com resultado morte em que o montante mínimo de cumprimento de pena para a progressão de regime é diferenciado. O presente dispositivo foi inserido na LEP pela Lei n. 14.994, de 9 de outubro de 2024, e só vale para os crimes cometidos após sua entrada em vigor. Nos demais crimes hediondos ou equiparados com resultado morte, o tempo mínimo é de 50% (se o réu for primário) – art. 112, VI-A, da LEP. Esse último índice é também aplicável aos crimes de feminicídio ocorridos antes da entrada em vigor da Lei n. 14.994/2024, na medida em que se trata de lei penal mais gravosa e, portanto, irretroativa.

VII – *60% (sessenta por cento) da pena, se for reincidente na prática de crime hediondo ou equiparado.*

Após grande controvérsia, o Superior Tribunal de Justiça (*leading case* – REsp 1910240/MG – Tema 1.084 da sistemática de recursos repetitivos) estabeleceu o seguinte entendimento: "É reconhecida a retroatividade do patamar estabelecido no art. 112, V, da Lei n. 13.964/2019, àqueles apenados que, embora tenham cometido crime hediondo ou equiparado sem resultado morte, não sejam reincidentes em delito de natureza semelhante". Com isso, firmou entendimento de que o patamar de 60% somente pode ser aplicado se o sentenciado tiver sido condenado por dois crimes hediondos (reincidência específica na prática de delitos hediondos). Ex.: estupro e roubo majorado pelo emprego de arma de fogo. Caso se trate de reincidente genérico (condenação inicial por crime comum e posterior por crime hediondo), mencionada Corte Superior entende que, ante a ausência de previsão expressa no texto legal, deve ser aplicado o índice de 40%, previsto no inciso V. Posteriormente, o Plenário do Supremo Tribunal Federal firmou entendimento no mesmo sentido no julgamento do ARE 1327963, Rel. Min. Gilmar Mendes, j. em 17-9-2021 – Tema 1.169 em sede de repercussão geral.

VIII – *70% (setenta por cento) da pena, se for reincidente em crime hediondo ou equiparado com resultado morte, vedado o livramento condicional.* É o caso, por exemplo, de quem é condenado por homicídio qualificado consumado, latrocínio consumado, estupro qualificado pela morte, tortura qualificada pela morte etc., após já ter sido condenado por outro crime hediondo com morte. O Superior Tribunal de Justiça (*leading case* – REsp 1910240/MG) firmou entendimento de que o patamar de 70% somente pode ser aplicado se o sentenciado tiver sido condenado por dois crimes hediondos com resultado morte (reincidência específica na prática de delitos hediondos com morte). Para a mencionada Corte Superior, se o réu foi condenado por crime hediondo com morte, mas havia sido condenado anteriormente por crime comum ou hediondo sem resultado morte, aplica-se o índice de 50% previsto no inciso VI, "a", em razão da lacuna legal.

Saliente-se que para crimes hediondos sem evento morte as regras são mais brandas do que quando há resultado morte. Por isso, embora o homicídio qualificado seja hediondo tanto na forma consumada quanto na tentada, as regras são distintas, conforme se verifica nos incisos V, VI, "a", VII e VIII.

Para a progressão do regime fechado para o semiaberto, o condenado deve ter cumprido o montante exigido da pena imposta na sentença ou do total de penas (no caso de várias execuções).

Quando se trata de condenação superior a 40 anos, o índice de 1/6 deve ser calculado com base no montante total da pena. Nesse sentido, existe a Súmula 715 do Supremo Tribunal Federal: "a pena unificada para atender ao limite de 30 anos[49] de cumprimento, determinado pelo art. 75 do Código Penal, não é considerada para a concessão de outros benefícios como o livramento condicional ou regime mais favorável de execução". Dessa forma, se o montante total é de 60 anos, o réu terá direito à progressão após o cumprimento de 16% da pena (pouco menos de 9 anos e 8 meses, em caso de crime comum cometido sem violência ou grave ameaça e réu primário – art. 112, I, da LEP). Contudo, se estiver condenado a um total de 500 anos, deverá ser colocado em liberdade após 40 anos no cárcere, uma vez que o art. 75 do Código Penal veda montante superior no cumprimento de pena.

As Cortes Superiores firmaram entendimento no sentido de que o marco para a progressão de regime é o da data em que o acusado preenche os requisitos legais e não a do início do cumprimento no regime atual. Assim, se o acusado cumpriu 16% de sua pena no regime fechado em 15 de março de determinado ano, mas o juízo das execuções demorou a deferir a progressão e o sentenciado só foi para o regime semiaberto em 15 de dezembro daquele ano, o período de 16% que deve cumprir para progredir futuramente para o regime aberto conta-se a partir de 15 de março. De acordo com o STJ, o termo inicial para a nova progressão é a data em que o sentenciado preenche todos os requisitos para a progressão (objetivos e subjetivos). Nesse sentido: "Alinhando-se a novel orientação da eg. Suprema Corte, a Quinta Turma deste Tribunal Superior, no julgamento do AgRg no REsp n. 1.582.285/MS, de relatoria do e. Min. Ribeiro Dantas, evoluiu em seu entendimento "no sentido de que a data inicial para progressão de regime deve ser aquela em que o apenado preencheu os requisitos do art. 112 da Lei de Execução Penal, e não a data da efetiva inserção do reeducando no regime atual" (AgRg no REsp n. 1.582.285/MS, Quinta Turma, Rel. Min. Ribeiro Dantas, *DJe* de 24-8-2016). IV – Portanto, a data-base para verificação do implemento dos requisitos objetivo e subjetivo, previstos no art. 112 da Lei n. 7.210/1984, deverá ser definida de forma casuística, fixando-se como termo inicial o momento em que preenchido o último requisito pendente, seja ele o objetivo ou o subjetivo" (HC 526.825/SP, Rel. Min. Leopoldo de

---

[49] Após a entrada em vigor da Lei n. 13.964/2019, o prazo passou a ser de 40 anos.

Arruda Raposo (Desembargador convocado do TJ/PE), Quinta Turma, julgado em 12-11-2019, *DJe* 20-11-2019).

De acordo com o art. 112, § 3º, da Lei de Execuções Penais (com a redação dada pela Lei n. 13.769/2018), a progressão de regime para mulheres gestantes, mães ou responsáveis por crianças ou pessoas com deficiência pode se dar pelo cumprimento de 1/8 da pena, se o crime não tiver sido cometido com emprego de violência ou grave ameaça, se a sentenciada não integrar organização criminosa, for primária, tiver bom comportamento carcerário e não tiver cometido o crime contra filho ou dependente. Essa regra só vale para crimes comuns.

De acordo com o art. 2º, § 9º, da Lei n. 12.850/2013, com a redação dada pela Lei n. 13.964/2019, o condenado expressamente em sentença por integrar organização criminosa ou por crime praticado por meio de organização criminosa não poderá progredir de regime de cumprimento de pena ou obter livramento condicional ou outros benefícios prisionais se houver elementos probatórios que indiquem a manutenção do vínculo associativo, ou seja, que ainda integra a organização.

Requisito subjetivo: que o condenado ostente boa conduta carcerária comprovada pelo diretor do estabelecimento e pelo exame criminológico, respeitadas as normas que vedam a progressão. Trata-se aqui do mérito do condenado que, durante a execução da pena, demonstrou-se participativo, colaborou com as atividades, exerceu atividade laborativa, não se envolveu em confusões etc.

O exame criminológico é feito por equipe multidisciplinar de peritos (assistente social, psicólogo, psiquiatra, educador) que, obrigatoriamente, fazem entrevistas e exames no preso que pretende a progressão. Tal equipe verifica se ele demonstra ou não periculosidade, arrependimento, condições de retornar ao convívio social, problemas de relacionamento, dependências etc. Tais conclusões se mostram relevantíssimas precipuamente se considerarmos que, no regime semiaberto, o condenado poderá ter direito às saídas temporárias, sem acompanhamento direto, e que, no regime aberto, permanecerá em casa do albergado apenas durante certo períodos.

A redação originária da LEP previa que, para a progressão de regime, o juiz deveria apreciar se o sentenciado possuía mérito para a progressão a ser comprovado por parecer da Comissão Técnica de Classificação e pelo exame criminológico, se necessário. Tal dispositivo foi revogado pela Lei n. 10.792/2003, que deixou de mencionar o parecer da Comissão Técnica e o exame criminológico, passando a explicitar que o mérito do condenado deveria ser comprovado apenas por atestado de bom comportamento carcerário elaborado pelo diretor do presídio. Em razão disso, parte dos juristas passou a defender que o exame criminológico havia sido extirpado como requisito para a progressão de regime.

A finalidade da alteração foi a de tornar mais célere o procedimento de progressão, contudo severas críticas recebeu o legislador, na medida em que o diretor do presídio dificilmente tem condições de analisar a conduta de cada um dos presos de sua unidade, cuja lotação geralmente chega à casa das centenas ou milhares.

Em razão das críticas contundentes que essas novas regras sofreram por parte da doutrina e da jurisprudência, os tribunais passaram a entender que a realização do exame criminológico deixou de ser obrigatória, mas não foi proibida. Assim, dependendo das circunstâncias do caso concreto, o Ministério Público poderia requerer sua realização e o juiz poderia, em decisão fundamentada, deferi-la.

O Superior Tribunal de Justiça acabou aprovando a Súmula 439 afirmando que "admite-se o exame criminológico pelas peculiaridades do caso, desde que em decisão motivada".

Também o Supremo Tribunal Federal manifestou-se em tal direção: "Entendeu-se que o aludido art. 112 da LEP, em sua nova redação, admite a realização facultativa do exame criminológico, desde que fundamentada e quando necessária à avaliação do condenado e de seu mérito para a promoção a regime mais brando. Ressaltou-se, ainda, que esse exame pode ser contestado, nos termos do § 1º do próprio art. 112, o qual prevê a instauração de contraditório sumário. A partir de interpretação sistemática do ordenamento (CP, art. 33, § 2º e LEP, art. 8º), concluiu-se, que a citada alteração não objetivou a supressão do exame criminológico para fins de progressão do regime, mas, ao contrário, introduziu critérios norteadores à decisão do juiz para dar concreção ao princípio da individualização da pena. Vencido o Min. Marco Aurélio que deferia o writ por considerar não ter havido modificação substancial das exigências legais para a concessão de tal benefício" (STF, HC 86.631/PR, 1ª Turma, Rel. Min. Ricardo Lewandowski, 5-9-2006). No mesmo sentido: "Prevalece nesta Corte o entendimento no sentido de que a alteração do artigo 112 da LEP pela Lei n. 10.792/2003 não proibiu a realização do exame criminológico, quando necessário para a avaliação do sentenciado, tampouco proibiu a sua utilização para a formação do convencimento do magistrado sobre o direito de promoção para regime mais brando" (STF, HC 112.464, Rel. Min. Ricardo Lewandowski, 2ª Turma, julgado em 14-8-2012, processo eletrônico *DJe*-181 divulg. 13-9-2012, public. 14-9-2012).

Em suma, para a progressão de regime, o mérito do sentenciado deveria ser demonstrado sempre por atestado de boa conduta carcerária e, eventualmente, pelo exame criminológico, caso assim determinasse fundamentadamente o juiz, de acordo com as peculiaridades do caso concreto.

O tema, contudo, passou por grande reviravolta com a aprovação da Lei n. 14.843/2024, que modificou o art. 112, § 1º, da LEP e passou a exigir expressamente, para todo e qualquer caso de progressão de regime, a demonstração de boa conduta carcerária comprovada por atestado emitido pelo diretor do estabelecimento prisional e pelo resultado do exame criminológico.

O exame criminológico é uma perícia a ser realizada no processo de execução. Cuida-se de instituto de natureza processual e não de direito material e, em princípio, teria aplicação imediata a todas as execuções criminais em andamento. De ver-se, todavia, que é muito provável que os tribunais superiores interpretem que a nova lei não pode retroagir para ser aplicada a crimes cometidos antes de sua entrada em vigor, por se tratar de tema de natureza híbrida e, em tese, prejudicial aos condenados. Existe, ademais, o argumento de que o Estado não tem condições de fazer, de imediato, exame criminológico em todos os casos de progressão, necessitando de tempo para adaptação à nova exigência. A prevalecer esta última interpretação, a obrigatoriedade do exame criminológico será apenas para os crimes cometidos após a vigência da nova lei, valendo para os crimes anteriores as regras já explicitadas anteriormente, materializadas na Súmula 439 do Superior Tribunal de Justiça.

14.6.2. Prévia manifestação das partes e motivação da decisão

Nos termos do art. 112, § 2º, da LEP, com a redação dada pela Lei n. 13.964/2019, a decisão do juiz que determinar a progressão de regime será sempre motivada e precedida de manifestação do Ministério Público e do defensor.

14.6.3. Progressão nos crimes contra a Administração Pública

Além dos requisitos anteriores, a progressão de regime para os condenados por crime contra a Administração Pública tem como condição a reparação do dano causado ou a devolução do produto do ilícito praticado, com os acréscimos legais. É o que diz o art. 33, § 4º, do Código Penal, com a redação que lhe foi dada pela Lei n. 10.792/2003.

O Plenário do Supremo Tribunal Federal considerou tal dispositivo constitucional: "É constitucional o art. 33, § 4º, do Código Penal, que condiciona a progressão de regime, no caso de crime contra a Administração Pública, à reparação do dano ou à devolução do produto do ilícito" (EP 22 ProgReg-AgR, Rel. Min. Roberto Barroso, Tribunal Pleno, julgado em 17-12-2014, processo eletrônico *DJe*-052, divulg. 17-3-2015, public. 18-3-2015).

14.6.4. Falta grave por parte de preso que está em regime fechado

O art. 118, I, da Lei de Execuções dispõe que o preso que comete falta grave fica sujeito a *regressão* para regime mais rigoroso. Ocorre, todavia, que não é possível a regressão do preso caso ele esteja cumprindo pena no regime fechado, que é o mais rigoroso existente. Assim, as Cortes Superiores firmaram entendimento de que, em tal caso, a consequência da falta grave será o reinício da contagem do prazo para a progressão. O prazo, entretanto, deve ser contado com base no tempo remanescente de pena, e não no tempo total imposto na sentença. Nesse sentido:

> A prática de falta grave acarreta a interrupção da contagem do prazo para a progressão do regime de cumprimento de pena. Inobstante a ausência de previsão legal expressa nesse sentido, não há que se falar em violação do princípio da legalidade. Isso porque a interrupção do prazo decorre de uma interpretação sistemática das regras legais existentes (Precedentes: HC n. 97.135/SP, Relatora a Ministra Ellen Gracie, Segunda Turma, *DJ* de 24-5-2011; HC n. 106.685/SP, Relator o Ministro Ricardo Lewandowski, Primeira Turma, *DJ* de 15-3-2011; RHC n. 106.481/MS, Relatora a Ministra Cármen Lúcia, Primeira Turma, *DJ* de 3-3-2011; HC n. 104.743/SP, Relator o Ministro Ayres Britto, Segunda Turma, *DJ* de 29-11-2010; HC n. 102.353/SP, Relator o Ministro Joaquim Barbosa, Segunda Turma, *DJ* de 4-11-2010; HC n. 103.941/SP, Relator o Ministro Dias Toffoli, *DJ* de 23-11-2010). 3. O réu que cumpre pena privativa de liberdade em regime menos severo, ao praticar falta grave, pode ser transferido para regime mais gravoso; todavia, ao réu que já cumpre pena no regime mais gravoso (regime fechado) não pode ser aplicado o instituto da regressão, sendo permitido, portanto, o reinício da contagem do prazo para a progressão, levando-se em conta o tempo de pena remanescente (STF, HC 102.365, Rel. Min. Luiz Fux, 1ª Turma, julgado em 14-6-2011, *DJe*-146).

Em 2015, o Superior Tribunal de Justiça aprovou a Súmula n. 534, consagrando que "a prática de falta grave interrompe a contagem do prazo para a progressão de regime de cumprimento de pena, o qual se reinicia a partir do cometimento dessa infração". Posteriormente, a Lei n. 13.964/2019 trouxe regra expressa no mesmo sentido com o seguinte teor: "o cometimento de falta grave durante a execução da pena privativa de liberdade interrompe o prazo para a obtenção da progressão no regime de cumprimento da pena, caso em que o reinício da contagem do requisito objetivo terá como base a pena remanescente" (art. 112, § 6º, da LEP). Saliente-se que, se o condenado estiver no regime aberto ou semiaberto e cometer a falta grave, haverá a regressão para regime mais rigoroso (art. 118, I, da LEP), e a nova progressão terá como base o período remanescente de pena As hipóteses de falta grave encontram-se descritas no art. 50 da Lei de Execuções Penais, como fuga, posse de arma ou de telefone celular dentro do presídio etc.

De acordo com o art. 112, § 7º, da LEP, o bom comportamento para eventual progressão de regime é readquirido após 1 ano da ocorrência da falta grave, ou antes, se cumprido o requisito temporal exigível para a obtenção do direito.

Determinadas espécies de falta grave, como integrar organização criminosa no interior do presídio, podem também levar o juiz a decretar o regime disciplinar diferenciado.

A prática de falta grave não interrompe o prazo para fim de comutação de pena ou de indulto, nos termos da Súmula n. 535 do Superior Tribunal de Justiça.

14.6.5. Progressão "por saltos"

É proibido que o juiz defira a passagem direta do regime fechado para o aberto (sem passar pelo semiaberto), uma vez que o art. 112 da Lei de Execuções exige o cumprimento de determinado tempo da pena no regime anterior para que seja possível a progressão. Nesse sentido, existe, inclusive, a Súmula 491 do Superior Tribunal de Justiça: "É inadmissível a chamada progressão *per saltum* de regime prisional".

14.6.6. Ausência de vagas no regime semiaberto

Está atualmente pacificado o entendimento de que, uma vez deferida a progressão para o regime semiaberto, não pode o condenado ser prejudicado e permanecer em regime mais gravoso em razão da inexistência imediata de vaga para a transferência, já que o fornecimento da vaga é obrigação do Estado. Assim, deve ele ser colocado em regime aberto (inclusive domiciliar se, igualmente, não existir casa do albergado), até que surja a vaga na colônia penal. Nesse sentido:

> O Superior Tribunal de Justiça tem entendido que a inércia do Estado em disponibilizar vagas ou até mesmo estabelecimento adequado ao cumprimento de pena no regime semiaberto autoriza, ainda que em caráter excepcional, o cumprimento da reprimenda no regime aberto, ou, na sua falta, em prisão domiciliar. 2. Recurso ordinário provido para determinar a imediata transferência do paciente para estabelecimento penal compatível com o regime semiaberto e, na falta de vaga, seja ele colocado em regime aberto ou prisão domiciliar, até a disponibilidade de vaga em estabelecimento adequado ao regime intermediário (STJ, RHC 45.787/SP, Rel. Min. Marco Aurélio Bellizze, 5ª Turma julgado em 13-5-2014, *DJe* 21-5-2014).

> Se por culpa do Estado o condenado não vem cumprindo a pena no regime fixado na decisão judicial (semiaberto), resta caracterizado o constrangimento ilegal. Como cediço, a falta de vaga no estabelecimento penal adequado ao cumprimento da pena no regime intermediário permite ao condenado a possibilidade de cumpri-la em regime aberto domiciliar, quando inexistir no local casa de albergado ou lugar vago na dita instituição, até a transferência para estabelecimento adequado (STJ, RHC 47.806/SP, Rel. Min. Maria Thereza de Assis Moura, 6ª Turma, julgado em 18-6-2014, *DJe* 4-8-2014).

De acordo com a Súmula Vinculante n. 56 do Supremo Tribunal Federal, aprovada em 29-6-2016, "a falta de estabelecimento penal adequado não autoriza a manutenção do condenado em regime prisional mais gravoso, devendo-se observar, nesta hipótese, os parâmetros fixados no Recurso Extraordinário 641.320".

Em maio de 2016, ao dar parcial provimento ao referido RE 641.320, o Plenário da Corte Suprema fixou as seguintes diretrizes: a) a falta de estabelecimento penal adequado não autoriza a manutenção do condenado em regime prisional mais gravoso; b) os juízes da execução penal poderão avaliar os estabelecimentos destinados aos regimes semiaberto e aberto, para qualificação como adequados a tais regimes. São aceitáveis estabelecimentos que não se qualifiquem como "colônia agrícola, industrial" (regime semiaberto) ou "casa de albergado ou estabelecimento adequado" (regime aberto) (art. 33, § 1º, b e c); c) havendo déficit de vagas, deverá determinar-se: "(I) a saída antecipada de sentenciado no regime com falta de vagas; (II) a liberdade eletronicamente monitorada ao sentenciado que sai antecipadamente ou é posto em prisão domiciliar por falta de vagas; (III) o cumprimento de penas restritivas de direito e/ou estudo ao sentenciado que progride ao regime aberto. Até que sejam estruturadas as medidas alternativas propostas, poderá ser deferida a prisão domiciliar ao sentenciado" (RE 641.320, Rel. Min. Gilmar Mendes, Tribunal Pleno, julgado em 11-5-2016, acórdão eletrônico *DJe*-159, divulg. 29-7-2016, public. 1º-8-2016).

14.6.7. Progressão do regime semiaberto para o aberto

São exigidos, inicialmente, os mesmos requisitos *objetivo* (cumprimento de parte da pena) e *subjetivo* (bom comportamento carcerário e exame criminológico favorável).

Quanto ao tempo de pena, deve-se lembrar de que, se o condenado começou a cumprir a pena em regime fechado, deve permanecer no regime semiaberto pelo mesmo índice de tempo necessário para a primeira progressão devendo-se levar em conta a pena restante, e não aquela originariamente imposta, uma vez que pena *cumprida* é pena *extinta*.

Para a obtenção do regime aberto, em que há efetivo retorno ao convívio social, a lei exige ainda: a) que o condenado aceite o programa do regime aberto e as condições impostas pelo juiz (art. 113 da LEP); b) que o condenado esteja trabalhando ou comprove a possibilidade de obter emprego de imediato (art. 114, I, da LEP); c) que apresente, pelos seus antecedentes e pelos resultados do exame criminológico, fundados indícios de que irá ajustar-se, com autodisciplina, baixa periculosidade e senso de responsabilidade, ao novo regime (art. 114, II, da LEP).

Lembre-se que o art. 115 da LEP, com a redação dada pela Lei n. 14.843/2024, dispõe que "o juiz poderá estabelecer condições especiais para a concessão de regime aberto, entre as quais, a fiscalização por monitoramento eletrônico, sem prejuízo das seguintes condições gerais e obrigatórias: I – permanecer no local que for designado, durante o repouso e nos dias de folga; II – sair para o trabalho e retornar, nos horários fixados; III – não se ausentar da cidade onde reside, sem autorização judicial; IV – comparecer a Juízo, para informar e justificar as suas atividades, quando for determinado".

14.7. Progressão de pena para crimes hediondos e equiparados

A Lei n. 8.072/90 (Lei dos Crimes Hediondos), em sua redação originária, estabelecia que, para os crimes hediondos, a tortura, o terrorismo e o tráfico de drogas, a pena deveria ser cumprida em regime integral fechado, ou seja, sem ter direito o condenado a progressão para regimes mais brandos. Durante quase 16 anos, o Supremo Tribunal Federal considerou constitucional essa vedação, tendo, inclusive, aprovado a Súmula 698 nesse sentido. Ocorre que, de modo surpreendente, ao julgar o HC 82.959/SP, em 23 de fevereiro de 2006, o mesmo Supremo Tribunal Federal, por maioria de votos, declarou a inconstitucionalidade da mencionada redação originária do art. 2º, § 1º, da Lei n. 8.072/90 (Lei dos Crimes Hediondos), por entender que a proibição de progressão de regime feria os princípios da individualização da pena e da dignidade humana. De acordo com o Supremo, o regime progressivo é um direito reconhecido na Constituição, embutido no princípio da individualização da pena. Com essa decisão, os condenados por crimes comuns ou por crimes hediondos poderiam obter a progressão com o mero cumprimento de 1/6 da pena, razão pela qual foi rapidamente apresentado projeto de lei que, aprovado, transformou-se na Lei n. 11.464, publicada em 29 de março de 2007. Esta lei alterou o art. 2º da Lei n. 8.072/90, estabelecendo as seguintes regras:

a) *o condenado por crimes hediondos ou delitos equiparados necessariamente deve iniciar a pena em regime fechado* (art. 2º, § 1º, da Lei n. 8.072/90).

Assim, mesmo que o réu fosse primário e a pena não superior a 8 anos, o juiz deveria determinar o início da pena em regime fechado.

Acontece que o Plenário do Supremo Tribunal Federal, em 27 de junho de 2012, declarou, por oito votos contra três, a inconstitucionalidade deste dispositivo por entender que a obrigatoriedade de regime inicial fechado para crimes com pena não superior a 8 anos também fere o princípio constitucional da individualização da pena. Assim, mesmo para crimes hediondos, tráfico de drogas, terrorismo e tortura, o regime inicial só poderá ser o fechado (quando a pena fixada não for maior do que 8 anos) se o acusado for reincidente ou se as circunstâncias do caso concreto indicarem uma gravidade diferenciada daquele crime específico, o que deverá constar expressamente da fundamentação da sentença. Essa decisão ocorreu no julgamento do HC 111.840/ES. Em novembro de 2017, confirmando tal entendimento, o Supremo Tribunal Federal aprovou a tese 972, em sede de repercussão geral: "É inconstitucional a fixação *ex lege*, com base no art. 2º, § 1º, da Lei n. 8.072/90, do regime inicial fechado, devendo o julgador, quando da condenação, ater-se aos parâmetros previstos no art. 33 do Código Penal".

b) *a progressão dar-se-á com o cumprimento mínimo de 2/5 da pena, se o sentenciado for primário, e de 3/5 se reincidente* (art. 2º, § 2º, da Lei n. 8.072/90). Ocorre que esse dispositivo foi expressamente revogado pela Lei n. 13.964/2019, que, ao mesmo tempo, modificou a redação do art. 112 da Lei de Execuções Penais, e trouxe uma série de regras relativas à progressão de regime para crimes hediondos e equiparados.

Pelas regras atuais, a progressão pressupõe o cumprimento ao menos de:

1) 40% da pena, se for condenado pela prática de crime hediondo ou equiparado, se for primário (art. 112, V);

2) 50% da pena, se for condenado pela prática de crime hediondo ou equiparado, com resultado morte, se for primário, vedado o livramento condicional (art. 112, VI, "a");

3) 55% da pena, se o apenado for condenado pela prática de feminicídio, se for primário, vedado o livramento condicional (art. 112, VI-A);

4) 60% da pena, se for reincidente na prática de crime hediondo ou equiparado (art. 112, VII);

5) 70% da pena, se for reincidente em crime hediondo ou equiparado com resultado morte, vedado o livramento condicional (art. 112, VIII).

Essas novas regras só valem para os crimes cometidos após a entrada em vigor da Lei n. 13.964/2019.

Note-se, pois, que, dependendo da época em que foi cometido o delito, há três possibilidades: a) para os condenados por crimes hediondos ou equiparados praticados antes de 29 de março de 2007 (data da entrada em vigor da Lei n. 11.464/2007), deve haver o cumprimento de 1/6 da pena – em razão da declaração da inconstitucionalidade da redação originária da Lei dos Crimes Hediondos que vedava a progressão de regime; b) cumprimento de 2/5 da pena, se primário, e 3/5 se reincidente (da entrada em vigor da Lei n. 11.464/2007, em 29 de março de 2007, até o dia anterior à entrada em vigor da Lei n. 13.964/2019, em 23 de janeiro de 2020), exceto se a regras desta última lei forem mais benéficas; c) as diversas regras atuais insertas no art. 112, V a VII, da LEP (após a entrada em vigor da Lei n. 13.964/2019).

A Súmula Vinculante 26 do Supremo Tribunal Federal ressalva que o juiz, a fim de verificar se o condenado por crime hediondo está apto para a progressão a regime mais brando, pode determinar a realização do exame criminológico. O texto da súmula é o seguinte:

> Para efeito de progressão de regime no cumprimento da pena por crime hediondo, ou equiparado, o juízo da execução observará a inconstitucionalidade do art. 2º da Lei n. 8.072, de 25 de julho de 1990, sem prejuízo de avaliar se o condenado preenche, ou não, os requisitos objetivos e subjetivos do benefício, podendo determinar para tal fim, de modo fundamentado, a realização do exame criminológico.

É evidente que a súmula se refere à redação originária do art. 2º da Lei n. 8.072/90. No mesmo sentido, existe a Súmula 471 do Superior Tribunal de Justiça.

Note-se, por sua vez, que a Lei n. 14.843/2024 alterou a redação do art. 112, § 1º, da LEP, passando a exigir a realização de exame criminológico para a progressão de regime em todo e qualquer crime.

De acordo com o art. 1º da Lei n. 8.072/90, constituem crimes hediondos, em suas formas consumadas ou tentadas: a) o homicídio praticado em atividade típica de grupo de extermínio, ainda que cometido por um só agente (art. 121 do CP); b) o homicídio qualificado (art. 121, § 2º) e o feminicídio (art. 121-A); c) a lesão corporal dolosa de natureza gravíssima (art. 129, § 2º) e a lesão corporal seguida de morte (art. 129, § 3º), quando praticadas contra autoridade ou agente descrito nos arts. 142 e 144 da Constituição Federal, integrantes do sistema prisional e da Força Nacional de Segurança Pública, no exercício da função ou em decorrência dela, ou contra seu cônjuge, companheiro ou parente consanguíneo até terceiro grau, em razão dessa condição; d) o roubo circunstanciado pela restrição da liberdade da vítima (art. 157, § 2º, inciso V); e) o roubo circunstanciado pelo emprego de arma de fogo (art. 157, § 2º-A, inciso I) ou pelo emprego de arma de fogo de uso proibido ou restrito (art. 157, § 2º-B); f) o roubo qualificado pelo resultado lesão corporal grave ou morte (art. 157,§ 3º); g) a extorsão qualificada pela restrição da liberdade da vítima, ocorrência de lesão corporal ou morte (art. 158, § 3º); h) a extorsão mediante sequestro (art. 159); i) o estupro (art. 213); j) o estupro de vulnerável (art. 217-A); k) a epidemia com resultado morte (art. 267, § 1º); l) a falsificação de produtos terapêuticos ou medicinais (art. 273); m) favorecimento da prostituição ou de outra forma de exploração sexual de criança ou adolescente ou de vulnerável (art. 218-B, *caput*, e §§ 1º e 2º); n) o furto qualificado pelo emprego de explosivo ou de artefato análogo que cause perigo comum (art. 155, § 4º-A); o) o induzimento, instigação ou auxílio a suicídio ou a automutilação realizados por meio da rede de computadores, de rede social ou transmitidos em tempo real (art. 122, *caput* e § 4º); p) o sequestro e cárcere privado cometido contra menor de 18 (dezoito) anos (art. 148, § 1º, inciso IV); q) tráfico de pessoas cometido contra criança ou adolescente (art. 149-A, *caput*, incisos I a V, e § 1º, inciso II); r) o genocídio (art. 1º da Lei n. 2.889/56); s) a posse ou porte ilegal de arma de fogo de uso proibido (art. 16, § 2º, da Lei n. 10.826/2003); t) o comércio ilegal de armas de fogo (art. 17 da Lei n. 10.826/2003); u) o tráfico internacional de arma de fogo, acessório ou munição (art. 18 da Lei n. 10.826/2003); e v) o crime de organização criminosa, quando direcionado à prática de crime hediondo ou equiparado (art. 2º, *caput*, da Lei n. 12.850/2013); x) os crimes previstos no § 1º do art. 240 e no art. 241-B da Lei n. 8.069, de 13 de julho de 1990 (Estatuto da Criança e do Adolescente).

São equiparados a hediondos: a tortura (Lei n. 9.455/97), o tráfico de drogas (Lei n. 11.343/2006) e o terrorismo (Lei n. 13.260/2016). Observe-se que no julgamento do HC 118.533, Rel. Min. Cármen Lúcia, em 23-6-2016, o Plenário do STF decidiu que o tráfico privilegiado de drogas não possui natureza hedionda. Posteriormente, a Lei n. 13.964/2019 inseriu no art. 112, § 5º, da LEP, previsão expressa no sentido de que o tráfico privilegiado não possui natureza equiparada à dos crimes hediondos. Por isso, a progressão de regime pode se dar com o cumprimento de 16% da pena imposta – ao passo que no tráfico comum (não privilegiado) a progressão pressupõe o cumprimento de 40% da pena. Considera-se privilegiado o tráfico quando o agente é primário, tem bons antecedentes, não se dedica às atividades criminosas e não integra organização criminosa. Em tal hipótese, descrita no art. 33, § 4º, da Lei de Drogas, a pena do réu será reduzida de 1/6 a 2/3.

Lembre-se que o art. 2º, § 2º, da Lei n. 8.072/90 foi expressamente revogado pela Lei n. 13.964/2019. Tal dispositivo, em sua parte final, previa regras mais brandas para a progressão de regime – relativa a crimes hediondos ou equiparados – para mulheres gestantes, mães ou responsáveis por crianças ou pessoas com deficiência, se o crime não tivesse sido cometido com emprego de violência ou grave ameaça, se a sentenciada não integrasse organização criminosa, se fosse primária e tivesse bom comportamento carcerário e não tivesse cometido o crime contra filho ou dependente. Com a revogação do dispositivo, o tempo de cumprimento de pena para gestantes, mães ou responsáveis por crianças ou pessoas com deficiência conseguirem progressão de regime em relação a crimes hediondos ou equiparados é o mesmo exigido para as demais pessoas, exceto para crimes cometidos antes da entrada em vigor da Lei n. 13.964/2019.

14.8. Progressão de regime e execução provisória

A possibilidade de ser decretada progressão de regime antes do trânsito em julgado da sentença condenatória deixou de ser tema polêmico após a aprovação de duas súmulas pelo Supremo Tribunal Federal.

De acordo com a Súmula 716, "admite-se a progressão de regime de cumprimento da pena ou a aplicação imediata de regime menos severo, antes do trânsito em julgado da sentença condenatória".

Já a Súmula 717 estabelece que "não impede a progressão de regime de execução da pena, fixada em sentença não transitada em julgado, o fato de o réu encontrar-se em prisão especial". A prisão especial é reservada apenas para presos provisórios que se enquadrem nas hipóteses do art. 295 do Código de Processo Penal. No julgamento da ADPF 334, o Plenário da Corte Suprema decidiu que é inconstitucional a previsão de prisão especial para pessoas com diploma em curso superior, remanescendo as demais hipóteses do art. 295 do CPP.

Ademais, a Resolução n. 19 do Conselho Nacional de Justiça dispõe que

> a guia de recolhimento provisório será expedida quando da prolação da sentença ou acórdão condenatório, ressalvada a hipótese de possibilidade de interposição de recurso com efeito suspensivo por parte do Ministério Público, devendo ser prontamente remetida ao Juízo da Execução Criminal.

Na realidade, o próprio art. 2º, parágrafo único, da Lei de Execuções Penais admite expressamente a execução provisória ao estabelecer que seus dispositivos aplicam-se também aos presos provisórios, inclusive, portanto, as regras relativas à progressão de regime.

É preciso, entretanto, salientar que o Supremo Tribunal Federal reconheceu a existência de algumas restrições à progressão em execução provisória. Com efeito, ela só será possível se:

a) A decisão tiver transitado em julgado para o Ministério Público no que diz respeito ao montante da pena privativa de liberdade aplicada. Assim, se o réu primário foi condenado a 12 anos de reclusão por um crime comum cometido sem violência ou grave ameaça e já cumpriu 16% da pena (art. 112, I, da LEP), nada obsta à progressão de regime se pendente recurso apenas da defesa ou do Ministério Público com finalidade diversa do agravamento da pena. Se, entretanto, houver recurso visando tal agravamento, não é possível aplicar-se o índice de 16% sobre os 12 anos fixados na sentença de primeira instância porque este montante pode ser alterado pelo tribunal.

b) O preso já tiver cumprido 16% da pena máxima prevista para o delito (crime comum cometido sem violência ou grave ameaça e condenado primário – art. 112, I, da LEP), ainda que haja recurso do Ministério Público visando aumentar a pena fixada na sentença. O seguinte julgado do Supremo Tribunal Federal explica a situação:

> Não se admite, enquanto pendente de julgamento apelação interposta pelo Ministério Público com a finalidade de agravar a pena do réu, a progressão de regime prisional sem o cumprimento de, pelo menos, 1/6[50] da pena máxima atribuída em abstrato ao crime. Com base nesse entendimento, a Turma, por maioria, deferiu, em parte, *habeas corpus* para que, mantido o regime inicial semiaberto de cumprimento de pena, seja afastado o óbice à progressão para o regime aberto a paciente que, preso cautelarmente há 3 anos, fora condenado à pena de

---

[50] A menção ao índice de 1/6 deve-se ao fato de o julgado ser anterior à Lei n. 13.964/2019.

4 anos pela prática do crime de corrupção ativa (CP, art. 333). Considerou-se que, no caso, eventual provimento do recurso do *parquet* não seria empecilho para o reconhecimento do requisito objetivo temporal para a pretendida progressão, porquanto, levando-se em conta ser de 12 anos a pena máxima cominada em abstrato para o delito de corrupção ativa, o paciente deveria cumprir, pelo menos, 2 anos da pena para requerer, à autoridade competente, a progressão para o regime prisional aberto, o que já ocorrera. Aduziu-se, por fim, caber ao juízo da execução criminal competente avaliar se, na espécie, estão presentes os requisitos objetivos e subjetivos para o benefício, devendo, se possível, proceder ao acompanhamento disciplinar do paciente até o cumprimento final da pena. Precedente citado: HC 90864/MG (*DJU* de 17.4.2007) (STF, HC 90.893/SP, 1ª Turma, Rel. Min. Cármen Lúcia, 5-6-2007).

O juízo competente para deferir a progressão de pena para o preso provisório é o das execuções criminais, devendo o juiz do processo de conhecimento determinar a expedição da guia de recolhimento provisório sempre que verificar presente uma das hipóteses mencionadas.

14.9. Regressão de regime

Regressão é a transferência do condenado para qualquer dos regimes mais rigorosos, nas hipóteses previstas em lei (art. 118, *caput*, da Lei de Execuções). É possível, de acordo com tal dispositivo, a regressão por salto, ou seja, que o condenado passe diretamente do regime aberto para o fechado. As situações mais comuns, todavia, são a regressão do regime semiaberto para o fechado, ou do regime aberto para o semiaberto.

Dependendo da espécie de infração disciplinar cometida, o juiz pode regredir o preso até mesmo para regime mais gravoso do que aquele fixado na sentença. Exemplo: réu condenado a iniciar pena em regime semiaberto pode ser regredido ao regime fechado.

As hipóteses de regressão estão expressamente previstas na legislação:

a) *Prática de fato definido como crime doloso durante a execução da pena.* De acordo com a Súmula n. 526 do Superior Tribunal de Justiça "o reconhecimento de falta grave decorrente do cometimento de fato definido como crime doloso no cumprimento da pena prescinde do trânsito em julgado de sentença penal condenatória no processo penal instaurado para apuração do fato".

b) *Prática de falta grave.*

O art. 50 da Lei de Execuções Penais elenca as hipóteses de falta grave para o preso que cumpre pena privativa de liberdade: I – incitação ou participação em movimento para subverter a ordem ou disciplina; II – fuga; III – posse indevida de instrumento capaz de ofender a integridade física de outrem; IV – provocação de acidente do trabalho; V – descumprimento, no regime aberto, das condições impostas; VI – inobservância do dever de obediência ao servidor e respeito a qualquer pessoa com quem deva relacionar-se ou do dever de executar o trabalho, as tarefas ou ordens recebidas; VII – posse, utilização ou fornecimento de aparelho telefônico, rádio ou similar, que permita a comunicação com outros presos ou com o ambiente externo; VIII – recusar submeter-se ao procedimento de identificação do perfil genético (condenados por crime doloso praticado com violência grave contra a pessoa, bem como por crime contra a vida, a liberdade sexual ou por crime sexual contra vulnerável).

Em 13 de setembro de 2023, a 3ª Seção do Superior Tribunal de Justiça aprovou as seguintes súmulas: a) Súmula n. 660: "a posse, pelo apenado, de aparelho celular ou de seus componentes essenciais constitui falta grave"; b) Súmula n. 661: "a falta grave prescinde da perícia do celular apreendido ou de seus componentes essenciais".

Quando decretada a regressão em razão de falta grave, novo período de cumprimento passa a ser contado (a partir do cometimento da falta) para a obtenção de nova progressão, caso em que o reinício da contagem do requisito objetivo terá como base a pena remanescente (art. 112, § 6º, da LEP).

c) *Superveniência de condenação, por crime anterior, cuja soma com as penas já em execução torne incabível o regime em curso.*

Caso se trate de preso em regime aberto, a regressão será ainda possível caso ele frustre os fins da execução da pena descumprindo as condições impostas (art. 36, § 2º). Este mesmo dispositivo prevê a possibilidade de regressão se o condenado que está em regime aberto deixa de pagar a pena de multa cumulativamente imposta (caso tenha condições financeiras de fazê-lo). É quase pacífico na doutrina, entretanto, que esta parte do dispositivo está revogada porque a Lei n. 9.268/96 alterou a redação do art. 51 do Código Penal proibindo a conversão da pena de multa em privativa de liberdade. É de se mencionar, contudo, que, na hipótese, não se trata de converter a multa em prisão, mas sim de regredir o regime do preso que, podendo pagar a multa, deixa de fazê-lo.

O Superior Tribunal de Justiça, em 2018, firmou entendimento de que a unificação de penas não altera o termo *a quo* para concessão de quaisquer novos benefícios. Apenas poderá ensejar a regressão caso o *quantum* obtido após o somatório torne incabível o regime atual. Nos termos do entendimento do Superior Tribunal de Justiça: "Recurso especial. Execução penal. Unificação de penas. Superveniência do trânsito em julgado de sentença condenatória. Termo *a quo* para concessão de novos benefícios. Ausência de previsão legal para alteração da data-base. Acórdão mantido. Recurso não provido. 1. A superveniência de nova condenação no curso da execução penal enseja a unificação das reprimendas impostas ao reeducando. Caso o *quantum* obtido após o somatório torne incabível o regime atual, está o condenado sujeito a regressão a regime de cumprimento de pena mais gravoso, consoante inteligência dos arts. 111, parágrafo único, e 118, II, da Lei de Execução Penal. 2. A alteração da data-base para concessão de novos benefícios executórios, em razão da unificação das penas, não encontra respaldo legal. Portanto, a desconsideração do período de cumprimento de pena desde a última prisão ou desde a última infração disciplinar, seja por delito ocorrido antes do início da execução da pena, seja por crime praticado depois e já apontado como falta disciplinar grave, configura excesso de execução" (REsp 1.557.461/SC, Rel. Min. Rogerio Schietti Cruz, 3ª Seção, julgado em 22-2-2018, *DJe* 15-3-2018). No mesmo sentido: STJ, HC 442.454/ES, Rel. Min. Felix Fischer, 5ª Turma, julgado em 17-5-2018, *DJe* 24-5-2018.

A Lei n. 12.258/2010 alterou a redação do art. 146 da Lei de Execuções, passando a prever a possibilidade de monitoramento eletrônico do preso que cumpre pena em regime albergue domiciliar (aberto), bem como estabeleceu diversas consequências para o detento que descumpra seus deveres quanto ao referido monitoramento, dentre elas a possibilidade de o juiz decretar a regressão de regime (art. 146-C, parágrafo único, I).

Ex.: preso que destrói a tornozeleira responsável pelo monitoramento. Posteriormente, a Lei n. 14.843/2024 passou a permitir o monitoramento eletrônico para condenados que estejam no regime aberto ou semiaberto – desde o princípio da execução da pena ou em virtude de progressão. O descumprimento dos deveres quanto à monitoração igualmente pode gerar a regressão de regime.

14.9.1. Procedimento disciplinar

Praticada a infração disciplinar (cometimento de crime doloso, falta grave etc.), deverá ser instaurado procedimento apuratório, no qual o acusado terá o direito de ser ouvido (exceto se estiver foragido), devendo o juiz proferir decisão fundamentada, decretando ou não a regressão. De acordo com a Súmula n. 533 do Superior Tribunal de Justiça, "para o reconhecimento da prática de falta disciplinar no âmbito da execução penal, é imprescindível a instauração de procedimento administrativo pelo diretor do estabelecimento prisional, assegurado o direito de defesa, a ser realizado por advogado constituído ou defensor público nomeado". De ver-se, todavia, que o Plenário da Corte Suprema, no julgamento do RE 972598, Rel. Roberto Barroso, julgado em 4-5-2020 (Repercussão Geral – Tema 941), aprovou a seguinte tese: "A oitiva do condenado pelo Juízo da Execução Penal, em audiência de justificação realizada na presença do defensor e do Ministério Público, afasta a necessidade de prévio Procedimento Administrativo Disciplinar (PAD), assim como supre eventual ausência ou insuficiência de defesa técnica no PAD instaurado para apurar a prática de falta grave durante o cumprimento da pena".

Durante o procedimento apuratório, a autoridade administrativa poderá determinar o isolamento preventivo do faltoso pelo prazo máximo de 10 dias (art. 60 da LEP).

14.9.2. Prescrição da falta grave

Conforme mencionado, a prática de falta grave gera a instauração de procedimento disciplinar para sua apuração. Em razão disso, embora não haja previsão expressa em torno do prazo para seu início e conclusão, a jurisprudência firmou entendimento de que também a falta grave se sujeita à prescrição e, na ausência de um prazo expressamente estabelecido na legislação, ambas as turmas criminais do Superior Tribunal de Justiça entendem que deve ser adotado o prazo de 3 anos (menor prazo prescricional previsto em relação às penas privativas de liberdade). Nesse sentido: "É de 3 (três) anos o prazo prescricional para a aplicação de sanção disciplinar decorrente do cometimento de falta grave, após a edição da Lei n. 12.234/2010, utilizando-se, para tanto, o art. 109, VI, do Código Penal, diante da falta de norma específica quanto à prescrição em sede de execução" (RHC 58.726/MT, Rel. Min. Ribeiro Dantas, 5ª Turma, julgado em 20-4-2021, *DJe* 26-4-2021); "As Turmas que compõem a Terceira Seção desta Corte firmaram o entendimento de que, em razão da ausência de legislação específica, a prescrição da pretensão de se apurar falta disciplinar, cometida no curso da execução penal, deve ser regulada, por analogia, pelo prazo do art. 109 do Código Penal, com a incidência do menor lapso previsto, atualmente de três anos, conforme dispõe o inciso VI do aludido artigo (HC 527.625/SP, Rel. Min. Reynaldo Soares da Fonseca, 5ª Turma, julgado em 12-11-2019, *DJe* 26-11-2019) (AgRg no HC 618.536/SP, Rel. Min. Nefi Cordeiro, 6ª Turma, julgado em 9-2-2021, *DJe* 17-2-2021).

14.10. Direitos do preso

De acordo com o art. 38 do Código Penal, o preso conserva todos os direitos não atingidos pela perda da liberdade, impondo-se a todas as autoridades o respeito à sua integridade física e moral.

A Constituição Federal consagra igualmente que aos presos é assegurado o direito à integridade física e moral (art. 5º, XLIX). Para garantir tal proteção, o legislador tipificou como crime de tortura submeter "pessoa presa ou sujeita a medida de segurança a sofrimento físico ou mental, por intermédio da prática de ato não previsto em lei ou não resultante de medida legal" (art. 1º, § 1º, da Lei n. 9.455/97).

A Constituição também assegura aos presos que comprovarem insuficiência de recursos assistência jurídica integral (art. 5º, LXXIV), além de indenização em caso de eventual erro judiciário ou por permanência na prisão por tempo superior ao determinado (art. 5º, LXXV).

Por sua vez, o art. 41 da Lei das Execuções Penais estabelece que constituem direitos do preso: a) alimentação e vestuário; b) trabalho remunerado; c) previdência social; d) proporcionalidade na distribuição do tempo entre trabalho, descanso e recreação; e) exercício das atividades profissionais, intelectuais, artísticas e desportivas anteriores, que sejam compatíveis com a execução da pena; f) assistência material à saúde, jurídica, educacional, social e religiosa; g) proteção contra qualquer forma de sensacionalismo; h) entrevista pessoal e reservada com seu advogado; i) visita do cônjuge, companheira, parentes e amigos em dias determinados; j) ser chamado pelo nome; k) igualdade de tratamento com outros presos, salvo quanto às peculiaridades da pena; l) ser ouvido pelo diretor do estabelecimento; m) representar e peticionar a qualquer autoridade, em defesa de seu direito (o preso pode, por exemplo, solicitar benefícios pessoalmente, por meio de carta, ao juiz das execuções); n) contato com o mundo exterior por meio de correspondência escrita, leitura ou outros meios de informação que não comprometam a moral e os bons costumes; o) receber atestado de pena a cumprir, emitido anualmente (sob pena de responsabilidade da autoridade judiciária competente).

É evidente, entretanto, que, dependendo do comportamento do preso, alguns desses direitos podem ser restringidos pelo juízo das execuções, como o tempo de recreação e o direito de visitas. É o que dispõe o art. 41, § 1º, da Lei de Execuções, além de seu art. 52, que trata do regime disciplinar diferenciado.

Embora não estivesse prevista expressamente a visita em local reservado onde o preso (ou presa) pudesse manter relações sexuais com o cônjuge, companheira ou namorada (visita íntima), a realidade é que já se tratava de situação admitida pelos diretores dos presídios por ser vista como fator que ajuda a manter a tranquilidade entre os detentos e evita abusos sexuais de uns contra os outros. A Lei n. 14.994, de 9 de outubro de 2024, inseriu um § 2º no art. 41 da LEP, vedando a visita íntima para condenados que cumpram pena por crime praticado contra mulher por razões da condição do sexo feminino, deixando claro, por exclusão, que tal direito é reconhecido aos demais presos – salvo se houver expressa suspensão desse direito por parte do juiz das execuções, nos termos do art. 41, § 1º, da LEP.

Os presos provisórios têm os mesmos direitos dos demais (art. 42 da LEP).

O art. 15, III, da Constituição Federal estabelece que a condenação transitada em julgado gera a suspensão dos direitos políticos do sentenciado, enquanto durarem seus efeitos. O condenado, portanto, não tem direito a voto. Já os presos provisórios têm direito a voto e os juízes eleitorais devem providenciar, com antecedência, as medidas necessárias ao exercício deste direito. A suspensão dos direitos políticos impede também que o sentenciado se lance candidato a cargos públicos eletivos.

O art. 39 do Código Penal diz que o trabalho do preso será sempre remunerado, sendo-lhe garantidos os direitos da previdência social. Na sequência, o art. 41 estabelece que tal matéria será regulada em lei especial, que, na hipótese, é a Lei n. 7.210/84, também conhecida como Lei de Execuções Penais. A finalidade do trabalho é educativa e produtiva (art. 28, *caput*, da LEP). Devem ser aplicadas quanto ao método de trabalho as precauções relativas à higiene, bem como para evitar acidentes do trabalho (art. 28, § 1º). O trabalho do preso não está sujeito ao regime da Consolidação das Leis do Trabalho (art. 28, § 2º), porque ele não contrata livremente com seu empregador (exceto no regime aberto). O salário não poderá ser inferior a três quartos do salário mínimo (art. 29). O trabalho interno é obrigação do preso, exceto o provisório (art. 31 e parágrafo único). O condenado, entretanto, não pode ser obrigado a trabalhar, porque a Constituição proíbe os trabalhos forçados (art. 5º, XLVII, *c*). A recusa imotivada em trabalhar constitui falta grave (art. 50, VI). Na atribuição do trabalho, deve-se levar em conta a aptidão pessoal e as necessidades futuras do condenado, bem como as oportunidades oferecidas pelo mercado (art. 32, *caput*). Os maiores de 60 anos, os doentes e os deficientes físicos exercerão atividades apropriadas à idade ou condição física (art. 32, §§ 2º e 3º). A jornada de trabalho não será inferior a 6 nem superior a 8 horas diárias, com descanso aos domingos e feriados (art. 33). Os presos que trabalham em serviços de conservação e manutenção do presídio (limpeza, pintura, consertos elétricos e hidráulicos etc.) poderão ter horário especial (art. 33, § 1º). A cada três dias de trabalho, o preso poderá descontar um dia da pena restante (art. 126).

14.10.1. Direitos das mulheres presas

As presas, evidentemente, têm os mesmos direitos dos homens, além de cumprirem pena em estabelecimento próprio (art. 37 do CP).

Ademais, em face das condições peculiares relacionadas à maternidade, existem diversos dispositivos que tratam do tema. Em primeiro lugar, a Constituição Federal expressamente exige que os estabelecimentos penais tenham condições para garantir o aleitamento materno (art. 5º, L). Além disso, é assegurado acompanhamento médico à mulher, principalmente no pré-natal e pós-parto, extensivo ao recém-nascido (art. 14, § 3º, da LEP); os estabelecimentos deverão ser dotados de berçário onde as mães poderão amamentar os filhos pelo menos até os 6 meses de idade (art. 83, § 2º, da LEP), bem como de seção especial para gestantes e parturientes e de creche para crianças maiores de 6 meses e menores de 7 anos (art. 89, *caput*, da LEP).

14.10.2. Preso idoso

De acordo com o art. 82, § 1º, da Lei de Execuções Penais, a pessoa com mais de 60 anos deve cumprir pena em estabelecimento próprio, adequado à sua condição pessoal.

14.11. Superveniência de doença mental

O condenado a quem sobrevém doença mental deve ser internado em hospital de custódia e tratamento psiquiátrico ou, à sua falta, em outro estabelecimento adequado (art. 41). Não se trata aqui de doença mental ao tempo do crime, que pode levar ao reconhecimento da inimputabilidade e absolvição do réu com aplicação de medida de segurança. O dispositivo em análise refere-se ao preso que, posteriormente ao crime, passa a apresentar distúrbios mentais, ou seja, que é acometido de doença mental durante o cumprimento da pena. Em tais casos, o sentenciado será encaminhado a hospital psiquiátrico para tratamento e, ao obter alta, deverá retornar ao presídio. Esta regra, todavia, aplica-se somente à situação do condenado que é acometido de surto passageiro ou transtorno mental transitório. O período em que permaneceu internado será descontado da pena.

Por sua vez, dispõe o art. 183 da Lei de Execuções Penais que o juiz pode, a vista do exame pericial e após ouvir o Ministério Público e a autoridade administrativa, determinar a substituição da pena privativa de liberdade por medida de segurança, quando o condenado for acometido de doença mental grave que necessite de tratamento prolongado. Em tal caso, passarão a valer as regras referentes às medidas de segurança e sua forma de execução.

14.12. Detração da pena

Segundo o art. 42 do Código Penal, *detração* é o cômputo, na pena privativa de liberdade e na medida de segurança aplicadas na sentença, do tempo de prisão provisória cumprida no Brasil ou no estrangeiro, de prisão administrativa[51] e de internação em hospital de custódia ou tratamento psiquiátrico. Em suma, significa que, se o sujeito permaneceu preso em razão de prisão preventiva, flagrante ou qualquer outra forma de prisão provisória, tal período deve ser descontado do tempo de pena ou medida de segurança aplicado na sentença final. Se o sujeito foi condenado a 6 anos e havia ficado preso por 1 ano durante o tramitar da ação, deverá cumprir apenas os 5 anos restantes. Desconta-se, também, o prazo de internação provisória, decretada com fundamento no art. 319, VII, do CPP (crimes praticados com violência ou grave ameaça, quando os peritos concluírem ser inimputável ou semi-imputável o acusado e houver risco de reiteração).

A detração é cabível qualquer que tenha sido o regime fixado na sentença. Por isso, se o acusado ficou preso provisoriamente por 3 meses, terá direito à detração ainda que, ao final, tenha sido condenado a cumprir pena em regime aberto.

14.12.1. Detração, regime inicial e progressão de pena

O art. 387, § 2º, do Código de Processo Penal, com a redação dada pela Lei n. 12.736/2012, diz que o juiz, ao proferir a sentença, deve levar em conta o tempo de prisão provisória, prisão administrativa ou internação (detração), no Brasil ou no estrangeiro, para a *fixação do regime inicial*. Surgiram, então, dois entendimentos:

---

[51] No Código Penal, ainda existe a menção à prisão administrativa, porém tal forma de prisão não foi recepcionada pela Constituição Federal de 1988.

O primeiro sustenta que o juiz simplesmente deve aplicar a pena seguindo o critério trifásico e, em seguida, descontar o tempo de prisão provisória para, com base no montante final, fixar o regime inicial.

A crítica que se faz a tal interpretação literal da norma é a de que viola o princípio constitucional da individualização da pena e, também, o princípio da igualdade. É que, com base em tal interpretação, quem venha a ser condenado a 8 anos e 2 meses e já tenha ficado preso 4 meses, terá pena restante a cumprir, a partir da sentença de 1º grau, de 7 anos e 10 meses e, de acordo com o mencionado entendimento, receberia regime inicial semiaberto, enquanto aquele que respondeu ao processo solto teria de iniciar o cumprimento no regime fechado (8 anos e 2 meses) e só após cumprir parte da pena e preencher os requisitos subjetivos (bom comportamento na prisão etc.) é que iria para o semiaberto. Note-se que o menor índice para progressão de regime, previsto no art. 112, I, da LEP, é de 16% (réu primário, crime comum sem violência ou grave ameaça). Se aplicado esse índice no exemplo acima, o réu condenado a 8 anos e 2 meses, que não ficou preso provisoriamente, só poderia progredir após cumprir aproximadamente 16 meses de pena. Por sua vez, fazendo uso de *interpretação lógico-sistemática* e *histórica*, conclui-se que a intenção do legislador foi somente a de permitir que o juiz do processo de conhecimento, caso tenha em mãos a documentação necessária, aplique regime inicial mais brando mediante a satisfação dos requisitos exigidos para a progressão, de modo a evitar que os condenados fiquem em regime mais gravoso por mais tempo do que o necessário aguardando a execução provisória.

Observando a Exposição de Motivos do Projeto de Lei (de iniciativa do Governo, assinada pelo Ministro da Justiça) e os pareceres das comissões da Câmara e do Senado, percebe-se que foi exatamente isso o que foi debatido e aprovado, estando claro, inclusive, que não se trata de obrigação, mas sim de faculdade do juiz sentenciante (cuidando-se, portanto, de competência concorrente com o juízo das execuções). Assim, se o magistrado, ao julgar procedente a ação penal, verificar que o acusado já teria tempo para a progressão e caso já exista nos autos comprovação dos requisitos subjetivos (bom comportamento carcerário), poderá estabelecer o regime mais brando. Se, entretanto, o juiz não tiver em mãos atestado de bom comportamento e o exame criminológico, poderá deixar a análise para o juízo das execuções. Nada disso, contudo, precisará ser cogitado se o acusado não tiver cumprido o tempo mínimo de pena exigido pelo art. 112 da LEP por ocasião da sentença. *Observação*: A atual redação do art. 387, § 2º, do CPP, prevê exclusivamente que a detração deve ser levada em conta na fixação do regime inicial para o cumprimento da pena. Não pode, portanto, ser considerada para a verificação do *cabimento* de penas substitutivas (multa e restritivas de direitos) ou do *sursis*. Assim, se o réu foi condenado a 4 anos e 6 meses e já havia ficado preso por 10 meses, não terá direito à substituição da pena privativa de liberdade por restritivas de direitos, porque esta possibilidade só existe quando a pena fixada na sentença não é superior a 4 anos e, na hipótese em análise, a pena final superou tal patamar.

14.12.2. Detração penal e penas restritivas de direitos

A detração é cabível apenas nas penas restritivas de direitos que substituem as penas privativas de liberdade por período equivalente, como a prestação de serviços à comunidade ou entidades públicas, a interdição temporária de direitos e a limitação de fim de semana. Com efeito, em tais penas alternativas, o juiz substitui o tempo exato de pena privativa de liberdade aplicada na sentença pela pena restritiva. Exemplo: réu condenado a 3 anos de detenção, cuja pena é substituída por 3 anos de prestação de serviços à comunidade. Caso o condenado tenha permanecido preso provisoriamente por 6 meses durante o processo, só precisará prestar serviços por mais 2 anos e 6 meses.

Algumas penas restritivas, entretanto, são incompatíveis com a detração, pois não guardam relação de tempo com a pena privativa de liberdade, como a prestação pecuniária e a perda de bens.

14.12.3. Detração penal e multa

A Lei n. 9.268/96 alterou a redação original do art. 51 do Código Penal e retirou a possibilidade de conversão da pena de multa em detenção. Pacificou-se, pois, o entendimento de que não é aplicável a detração à pena de multa, mesmo porque o art. 42 do Código Penal é taxativo e só faz menção à detração em relação à pena privativa de liberdade e à medida de segurança. Dessa forma, ainda que se trate de pena de multa substitutiva (de pena inferior a 1 ano aplicada na sentença, conforme permite o art. 44, § 2º, do Código Penal), o tempo anterior de prisão é irrelevante. É que nesses casos a substituição não guarda proporção com a pena de reclusão ou detenção aplicada na sentença.

14.12.4. Detração e prisão provisória em processo distinto

Se o réu for absolvido em processo em que permaneceu provisoriamente preso, a detração poderá ser aplicada em outra condenação, desde que se refira a crime cometido antes da prisão no processo onde se deu a absolvição. Assim, se o outro crime tiver sido praticado depois da absolvição, inviável a detração, pois, caso contrário, o sujeito ficaria com um crédito de pena, ou seja, poderia pensar em cometer um novo crime porque já teria previamente cumprido a pena ou parte dela no processo em que foi absolvido. A propósito veja-se STJ, REsp 611.899/SP, 6ª Turma, Rel. Min. Vicente Leal, *DJ* 26-3-1996.

14.13. Remição

Remição é o desconto no tempo restante da pena do período em que o condenado trabalhou ou estudou durante a execução. Referido instituto encontra-se regulamentado nos arts. 126 a 130 da Lei de Execuções Penais.

Segundo o art. 126, § 1º, da Lei de Execuções, o condenado que cumpre pena em regime fechado ou semiaberto pode descontar 1 dia de pena para cada 3 trabalhados ou por 12 horas de frequência escolar.

Só serão computados os dias em que o preso desempenhar a jornada completa de trabalho, excluindo-se também feriados e fins de semana. De acordo com o art. 33 da Lei de Execuções, a jornada normal de trabalho não será inferior a 6 nem superior a 8 horas.

A remição pelo *estudo* já era admitida pela Súmula 341 do Superior Tribunal de Justiça, embora não existisse previsão expressa nesse sentido no texto legal. Esse quadro se alterou diante da nova redação dada ao dispositivo pela Lei n. 12.433/2011, que regulamentou a remição pelo estudo.

De acordo com o art. 126, § 1º, I, da Lei de Execuções, as 12 horas de estudo, que dão direito a 1 dia de desconto na pena, devem ser divididas, no mínimo, em 3 dias (4 horas diárias neste caso). É possível, portanto, que as 12 horas sejam divididas em número maior de dias (2 ou 3 horas diárias etc.), mas nunca em número menor (o que poderia levar rapidamente ao desconto total da pena, se o sujeito, por exemplo, estudasse 12 horas diariamente).

As atividades de estudo poderão ser desenvolvidas de forma presencial ou por metodologia de ensino a distância e deverão ser certificadas pelas autoridades educacionais competentes dos cursos frequentados (art. 126, § 2º, da LEP). O estudo pode se dar no ensino fundamental, médio (inclusive profissionalizante), superior ou de requalificação profissional.

Tem sido também admitida a remição pela leitura e resenha de livros: "A jurisprudência deste Superior Tribunal de Justiça tem admitido que a norma do art. 126 da LEP, ao possibilitar a abreviação da pena, tem por objetivo a ressocialização do condenado, sendo possível o uso da analogia *in bonam partem*, que admite o benefício em comento em razão de atividades que não estejam expressas no texto legal, como no caso, a leitura e resenha de livros, nos termos da Recomendação n. 44/2013 do Conselho Nacional de Justiça" (STJ, HC 353.689/SP, Rel. Min. Felix Fischer, 5ª Turma, julgado em 14-6-2016, *DJe* 1º-8-2016). No mesmo sentido, dentre outros: STJ, HC 312.486/SP, Rel. Min. Sebastião Reis Júnior, julgado em 9-6-2015, *DJe* 22-6-2015.

A Recomendação n. 44/2013 do Conselho Nacional de Justiça regulamenta a remição pela leitura.

Se o condenado estudar e concomitantemente trabalhar, poderá haver cumulação dos dias a remir. Assim, se durante 3 dias o sentenciado trabalhar e estudar 12 horas (4 horas por dia), poderá descontar 2 dias de sua pena.

Outra inovação trazida pela Lei n. 12.433/2011 é o acréscimo de 1/3 do tempo a remir em razão do estudo em decorrência da conclusão do ensino fundamental, médio ou superior, durante o cumprimento da pena, desde que certificada pelo órgão competente do sistema de educação (art. 126, § 5º, da LEP). Assim, se o condenado tinha direito a 300 dias de remição em razão do estudo, a conclusão do curso trará como prêmio o acréscimo de 100 dias no tempo a ser descontado. De acordo com o texto legal, se o condenado tem dias a remir em razão do trabalho, a formatura não lhe dará direito ao aumento de 1/3 nos dias a descontar.

De acordo com a Súmula 562 do Superior Tribunal de Justiça, "é possível a remição de parte do tempo de execução da pena quando o condenado, em regime fechado ou semiaberto, desempenha atividade laborativa, ainda que extramuros".

A remição pelo trabalho não alcança os presos que cumprem pena em regime aberto por expressa disposição do art. 126, § 6º, da Lei de Execuções, uma vez que, em tal regime, o preso cumpre atividade laborativa normal, fora do ambiente carcerário e sem as limitações da lei penal.

No entanto, o mesmo art. 129, § 6º, prevê a possibilidade de remição pelo *estudo*, em curso regular ou profissionalizante, para os presos que estejam em *regime aberto* ou em *livramento condicional*, de modo que o tempo de estudo será descontado do restante da pena, no caso do regime aberto, ou do período de prova, no caso do livramento. Também nesse caso é necessário que as 12 horas de estudo, que darão direito a 1 dia de remição, sejam divididas em pelo menos 3 dias.

14.13.1. Procedimento

A remição é declarada pelo juiz das execuções, após ouvir o Ministério Público e a defesa (art. 129, § 8º) e, para que tenha condições de verificar o período trabalhado, a autoridade administrativa deve encaminhar, mensalmente, ao juízo cópia do registro de todos os condenados que estejam trabalhando ou estudando, com informação dos dias de trabalho e das horas de frequência escolar ou de atividades de ensino de cada um deles (art. 129 da LEP). Após a decisão judicial, deve-se dar ao preso relação dos dias considerados remidos (art. 129, parágrafo único, da LEP).

O tempo remido será computado para todos os fins: progressão de regime, obtenção de livramento condicional ou de indulto etc. De acordo com o art. 128 da Lei de Execuções, o tempo remido considera-se como pena cumprida para todos os efeitos.

O desconto de dias da pena pela remição é possível, qualquer que seja a espécie de delito cometido, inclusive os hediondos ou equiparados, uma vez que não há qualquer ressalva na legislação.

O preso que não puder prosseguir no trabalho, em razão de acidente, continuará a beneficiar-se com a remição (art. 126, § 4º, da LEP).

O trabalho ou o estudo por parte do preso provisório dar-lhe-á direito à remição caso venha a ser condenado (art. 126, § 7º, da LEP). A declaração judicial da remição, contudo, só poderá ser feita após o início do processo de execução, ainda que provisória.

14.13.2. Remição e falta grave

Antes da Lei n. 12.433/2011, o art. 127 da LEP estabelecia que a prática de falta grave gerava a perda de *todos* os dias remidos, e, embora tal regra tivesse tido sua constitucionalidade questionada, o Supremo Tribunal Federal aprovou a Súmula Vinculante 9 reconhecendo que o disposto no art. 127 da Lei de Execuções fora recebido pela ordem constitucional vigente. Esta súmula vinculante, todavia, encontra-se superada em razão da aprovação da Lei n. 12.433/2011, que modificou o art. 127 da Lei de Execuções e que passou a determinar que a punição do condenado por falta grave poderá ter como consequência máxima a revogação de até *1/3 do tempo remido*, recomeçando a contagem a partir da data da infração disciplinar. De acordo com o dispositivo, o juiz deverá levar em conta os parâmetros do art. 57 da Lei de Execuções para decidir o *quantum* a ser revogado em decorrência da falta grave, já que a lei estabelece o índice de 1/3 como o limite *máximo* da redução, podendo o magistrado, entretanto, aplicar índice *inferior*. Segundo o referido art. 57, "na aplicação das sanções disciplinares, levar-se-ão em conta a natureza, os motivos, as circunstâncias do fato, bem como a pessoa do faltoso e seu tempo de prisão".

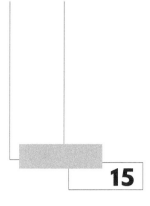

PENAS RESTRITIVAS DE DIREITOS

15.1. Características

Juntamente à de multa, as penas restritivas de direitos constituem as chamadas penas *alternativas*, que têm por finalidade evitar a colocação do condenado na prisão, substituindo-a por certas restrições (perda de bens, limitação de fim de semana, interdição de direitos) ou obrigações (prestação pecuniária, prestação de serviços à comunidade).

As penas restritivas são chamadas de *genéricas* quando podem ser aplicadas a todas as espécies de infração penal, desde que observados os requisitos legais (pena não superior a 4 anos, crime cometido sem violência ou grave ameaça etc.). A prestação de serviços à comunidade e a limitação de fim de semana são espécies de penas restritivas genéricas. No entanto, são classificadas como *específicas*, quando cabíveis apenas para condenações relativas a delitos que se revestem de características especiais. A proibição para o exercício de cargo, função ou atividade pública, por exemplo, pressupõe a condenação por crime cometido no exercício das atividades profissionais em que tenha havido violação aos deveres inerentes a referido cargo ou função.

As penas restritivas possuem três características determinantes: a) *autonomia*; b) *substitutividade*; e c) *precariedade*.

A autonomia está expressamente ressaltada no art. 44, *caput*, do Código Penal que estabelece que as penas restritivas não são acessórias, ou seja, não podem ser cumuladas com a pena privativa de liberdade aplicada em relação à mesma infração penal.

A substitutividade, prevista também no art. 44, *caput*, do Código Penal, indica que as penas restritivas não são mencionadas na Parte Especial do Código – ao contrário das penas privativas de liberdade e da multa. Por isso, não podem ser aplicadas diretamente pelo juiz que, de acordo com o art. 54 do Código Penal, deve, inicialmente, aplicar a pena privativa de liberdade e, em seguida, substituí-la por pena restritiva de direitos, desde que preenchidos os requisitos legais. Exemplo: a pena prevista para o crime de estelionato é de reclusão, de 1 a 5 anos, e multa (art. 171 do CP). No caso concreto, o juiz pode aplicar pena de 1 ano de reclusão, e multa, ao acusado primário e, em seguida, substituir a pena de reclusão por restritiva de direitos, sem prejuízo da pena de multa imposta originariamente na sentença.

Por fim, a característica da precariedade significa que as penas restritivas podem ser reconvertidas em privativa de liberdade pelo juízo das execuções, caso o sentenciado cometa alguma das transgressões previstas em lei.

Em fevereiro de 2021, o Superior Tribunal de Justiça aprovou a Súmula 643 com o seguinte teor: "a execução da pena restritiva de direitos depende do trânsito em julgado da condenação". Assim, não cabe execução provisória desta modalidade de pena.

15.2. Requisitos para a concessão da pena restritiva de direitos

Os requisitos para a substituição da pena privativa de liberdade por restritivas de direitos estão elencados no art. 44, *caput*, do Código Penal.

a) *Que o crime seja culposo, qualquer que seja a pena aplicada, ou, se doloso, que a pena estabelecida na sentença não seja superior a 4 anos* (art. 44, I, do CP)

Observe-se que, em relação aos crimes culposos, não existe limitação quanto ao montante da pena, todavia, nos crimes de homicídio culposo e lesão culposa grave ou gravíssima, se o agente conduzia veículo automotor com capacidade psicomotora alterada em razão da influência de álcool ou de outra substância psicoativa que determine dependência, o art. 312-B, do Código de Trânsito Brasileiro, veda expressamente a substituição por penas restritivas de direitos. Tal regra foi inserida pela Lei n. 14.071/2020.

b) *Nos crimes dolosos, que não tenha havido emprego de violência contra pessoa ou grave ameaça* (art. 44, I, do CP).

Se alguém for condenado, por exemplo, a 2 anos de reclusão pela prática de lesão corporal de natureza grave, não poderá obter o benefício, em razão da violência empregada na execução do crime. No entanto, se a condenação for referente ao delito de furto qualificado pelo arrombamento, poderá obter a substituição, uma vez que a violência neste crime não é empregada contra pessoa, mas sim contra coisa.

O Superior Tribunal de Justiça, no julgamento do Tema 1.171, em sede de recursos repetitivos, aprovou a seguinte tese: "a utilização de simulacro de arma configura a elementar grave ameaça do tipo penal do roubo, subsumindo à hipótese legal que veda a substituição da pena" (REsp 1.994.182/RJ, Rel. Min. Sebastião Reis Júnior, Terceira Seção, julgado em 13-12-2023, DJe 18-12-2023).

c) *Que o réu não seja reincidente em crime doloso* (art. 44, II, do CP).

É preciso salientar que o art. 44, § 3º, do Código Penal excepcionalmente admite a substituição desde que se verifique a presença de dois requisitos: 1) que a medida seja recomendável no caso concreto em face da condenação anterior; 2) que a reincidência não se tenha operado em virtude da prática do mesmo delito (reincidência específica). Parece-nos que esse dispositivo se refere apenas a quem não é reincidente em crime doloso, pois, caso contrário, ficaria sem sentido a vedação do art. 44, II. Seria aplicável, pois, aos reincidentes específicos em contravenções penais ou quando um dos crimes for culposo. No mesmo sentido, o entendimento de Fernando Capez[52]: "entendemos que o § 3º do art. 44 não tem o condão de revogar a letra expressa de

---

[52] Fernando Capez. *Curso de direito penal*: Parte Geral. 23. ed. São Paulo: Saraiva, v. 1, 2019, p. 548.

seu inciso II; portanto, ao se referir ao 'condenado reincidente', está fazendo menção ao não reincidente em crime doloso, pois, do contrário, tornaria letra morta a proibição anterior. A conclusão a que se chega, enfim, é a de que nem o reincidente em crime doloso nem o reincidente específico têm direito à substituição da pena privativa de liberdade por pena alternativa". Este, contudo, não é o entendimento do Superior Tribunal de Justiça. Para tal Corte, a reincidência genérica em crime doloso não impede, por si só, a substituição. Veja-se: "1. Consoante o art. 44, § 3º, do CP, o condenado reincidente pode ter sua pena privativa de liberdade substituída por restritiva de direitos, se a medida for socialmente recomendável e a reincidência não se operar no mesmo crime. 2. Conforme o entendimento atualmente adotado pelas duas Turmas desta Terceira Seção – e que embasou a decisão agravada –, a reincidência em crimes da mesma espécie equivale à específica, para obstar a substituição da pena. 3. Toda atividade interpretativa parte da linguagem adotada no texto normativo, a qual, apesar da ocasional fluidez ou vagueza de seus termos, tem limites semânticos intransponíveis. Existe, afinal, uma distinção de significado entre "mesmo crime" e "crimes de mesma espécie"; se o legislador, no particular dispositivo legal em comento, optou pela primeira expressão, sua escolha democrática deve ser respeitada. 4. Apesar das possíveis incongruências práticas causadas pela redação legal, a vedação à analogia *in malam partem* impede que o Judiciário a corrija, já que isso restringiria a possibilidade de aplicação da pena substitutiva e, como tal, causaria maior gravame ao réu. 5. No caso concreto, apesar de não existir o óbice da reincidência específica tratada no art. 44, § 3º, do CP, a substituição não é recomendável, tendo em vista a anterior prática de crime violento (roubo). Precedentes das duas Turmas. 6. Agravo regimental desprovido, com a proposta da seguinte tese: a reincidência específica tratada no art. 44, § 3º, do CP somente se aplica quando forem idênticos (e não apenas de mesma espécie) os crimes praticados" (AgRg no AREsp 1716664/SP, Rel. Min. Ribeiro Dantas, Terceira Seção, julgado em 25-8-2021, *DJe* 31-8-2021). Em suma, o Superior Tribunal de Justiça firmou entendimento de que apenas a reincidência no mesmo tipo penal constitui vedação expressa à substituição, como, por exemplo, se o réu foi condenado por furto e furto, ou estelionato e estelionato. Caso, todavia, tenha sido condenado por furto e depois estelionato, em relação a este último crime, não há, em tese, vedação. A Corte Superior, contudo, ressalta que, em muitos casos, não será possível a substituição em face da reincidência genérica em crime doloso, se a medida não se mostrar suficiente no caso concreto (requisito que será analisado abaixo), devendo tal aspecto ser expressamente fundamentado na sentença. Ex.: pessoa multirreincidente, ou condenada primeiro por roubo (crime com violência ou grave ameaça) e furto.

O fato de o acusado ser reincidente em crimes previstos no mesmo tipo penal inviabiliza as penas restritivas de direitos, ainda que a condenação anterior tenha sido exclusivamente a pena de multa, na medida em que não há, para as penas restritivas, regra similar à do art. 77, § 1º, do CP, que permite o *sursis* ao reincidente em crime doloso, se a condenação anterior referir-se somente a pena de multa.

d) Que a culpabilidade, os antecedentes, a conduta social e a personalidade do condenado, bem como os motivos e as circunstâncias do crime, indiquem que a substituição é suficiente (art. 44, III, do CP).

Esse dispositivo, em resumo, prevê que as condições judiciais do art. 59 do Código Penal devem se mostrar favoráveis, vale dizer, devem indicar que a substituição da pena privativa de liberdade por restritiva de direitos mostra-se suficiente para a repressão do crime cometido e para a prevenção de novas infrações por parte do réu.

Conclui-se, portanto, que alguns dos requisitos para a aplicação de penas restritivas de direitos são de caráter *objetivo* e outros de caráter *subjetivo*. Os objetivos são aqueles que se referem à modalidade de crime (culposos ou dolosos cometidos sem violência ou grave ameaça) e ao montante da pena (até 4 anos nos delitos dolosos); e subjetivos os que se referem à primariedade, conduta social, personalidade do réu etc.

15.2.1. Questões em torno do cabimento de penas restritivas de direitos a determinadas infrações penais

A possibilidade de substituição da pena privativa de liberdade por restritivas de direitos pode gerar controvérsia em relação a algumas infrações penais a saber:

a) *Tráfico de drogas.*

A redação originária do art. 44, *caput*, da Lei n. 11.343/2006 (Lei Antidrogas) expressamente proibia a substituição da pena privativa de liberdade por restritiva de direitos nos crimes de tráfico de entorpecentes.

A pena prevista em abstrato para o crime de tráfico é de reclusão, de 5 a 15 anos, e multa, porém o art. 33, § 4º, da Lei n. 11.343/2006 prevê que esta pena pode ser reduzida de 1/6 a 2/3 se o traficante for primário, de bons antecedentes, não integrar organização criminosa e não se dedicar costumeiramente ao tráfico. Em tais casos, é comum que a pena privativa de liberdade aplicada ao traficante na sentença seja inferior a 4 anos (5 anos reduzida de 1/6 a 2/3).

Como o crime de tráfico não envolve em regra o emprego de violência contra pessoa ou grave ameaça, o Supremo Tribunal Federal, por seu Plenário, ao julgar o HC 97.256/RS, em 1º-9-2010, declarou a inconstitucionalidade do art. 44, *caput*, da Lei Antidrogas, no que se refere à vedação às penas restritivas de direitos. Entendeu a Corte Suprema que referida proibição fere a garantia da individualização da pena (art. 5º, XLVI, da Constituição Federal). Após referida decisão, o Senado Federal aprovou a Resolução n. 5, publicada em 16 de fevereiro de 2012, confirmando a possibilidade da aplicação das penas restritivas de direitos ao tráfico de drogas.

Em suma, nas hipóteses do art. 33, § 4º, da Lei Antidrogas, se a pena fixada não for superior a 4 anos e o juiz entender que a substituição por penas restritivas de direitos é suficiente para a prevenção e repressão do delito, poderá o juiz efetuá-la.

b) *Crimes hediondos.*

Em regra, os crimes hediondos são cometidos com emprego de violência contra pessoa ou grave ameaça ou têm a pena fixada acima de 4 anos, o que, de imediato, afasta a possibilidade de conversão em pena restritiva de direitos. Excepcionalmente, porém, a pena pode ficar abaixo do mencionado limite, como em um crime tentado de estupro de vulnerável (art. 217-A, do CP) – pena mínima de 8 anos, reduzida de 2/3, por exemplo. O estupro de vulnerável não é necessariamente cometido com violência ou grave ameaça. Em casos como esse, os tribunais superiores têm permitido a substituição por pena restritiva, desde que presentes os demais requisitos do art. 44, ressaltando-se novamente aquele que diz que a substituição só é cabível se a medida se mostrar suficiente para a prevenção e a repressão ao delito cometido (art. 44, III, parte final). Nesse sentido, podemos apontar alguns julgados do Superior Tribunal de Justiça: REsp 702.500/BA, *DJ* 10-4-2006; HC 32.498/RS, *DJ* 17-12-2004; HC 90.380/ES, Rel. Min. Nilson Naves, julgado em 17-6-2007, *Informativo* n. 360.

c) *Infrações de menor potencial ofensivo cometidas com violência contra pessoa ou grave ameaça.*

Delitos como lesão corporal de natureza leve (art. 129, *caput*, do CP), constrangimento ilegal (art. 146) e ameaça (art. 147) são praticados com emprego de violência contra pessoa ou grave ameaça e, por tal razão, a pessoa condenada por um desses delitos, em tese, não faria jus à substituição por pena restritiva de direitos. Todavia, como são infrações de menor potencial ofensivo (pena máxima em abstrato não superior a 2 anos), caracterizam-se pela possibilidade de o autor da infração obter pena restritiva de direitos ou multa em audiência preliminar, antes mesmo do início da ação penal propriamente dita (art. 76 da Lei n. 9.099/95). Assim, não faz sentido que, em caso de condenação, não possa receber o benefício, desde que presentes os demais requisitos legais, como primariedade e bons antecedentes.

d) *Crimes praticados com violência doméstica ou familiar contra mulher.*

O art. 17 da Lei n. 11.340/2006, conhecida como Lei Maria da Penha, estabelece que "é vedada a aplicação, nos casos de violência doméstica ou familiar contra a mulher, de penas de cesta básica ou outras de prestação pecuniária, bem como a substituição de pena que implique o pagamento isolado de multa". Trata-se, em verdade, de vedação meramente parcial, pois a conversão em outras espécies de penas restritivas não foi proibida.

Note-se que a lei se refere a violência doméstica, o que *a priori* excluiria todas as penas restritivas. Acontece que a palavra "violência" na Lei Maria da Penha foi utilizada de maneira genérica, abrangendo, além da violência contra a pessoa e a grave ameaça, condutas como furto, estelionato e apropriação indébita, dentre outras, contra a mulher, no âmbito doméstico ou familiar (art. 7º da Lei n. 11.340/2006). Assim, conclui-se que: 1) nos crimes com violência física efetiva ou grave ameaça contra a mulher, abrangidos pela Lei n. 11.340/2006, não se mostra cabível qualquer substituição por pena alternativa. De acordo com a Súmula 588 do Superior Tribunal de Justiça, "a prática de crime ou contravenção penal contra a mulher com violência ou grave ameaça no ambiente doméstico impossibilita a substituição da pena privativa de liberdade por restritiva de direitos". 2) nos crimes em que não haja violência real ou grave ameaça (furto, estelionato etc.), só não será cabível a substituição por pena de cesta básica ou outras pecuniárias, bem como a substituição por pena exclusiva de multa.

e) *Violência imprópria.*

Fala-se em violência imprópria quando o agente não emprega violência física ou grave ameaça, mas, de alguma outra forma, reduz a vítima à impossibilidade de resistência. É prevista, por exemplo, no crime de roubo. Pode ser citado como exemplo a ministração de sonífero como forma de viabilizar a subtração de bens.

Alguns doutrinadores defendem o descabimento da substituição por pena restritiva de direitos por se tratar de hipótese que tem a mesma gravidade da violência física e da grave ameaça porque, igualmente, tipifica o crime de roubo. É o entendimento, por exemplo, de Fernando Capez[53]. Outros, por sua vez, sustentam que a proibição constituiria analogia *in malam partem*, que é vedada, porque a lei só se refere expressamente ao emprego de violência e a denominação "violência imprópria" não existe no Código, não havendo efetivamente uma agressão contra a vítima. Nesse sentido: "1. Violência, no Código Penal, tem sempre o sentido de emprego de força sobre a coisa ou pessoa, estabelecendo a lei penal, expressamente, porque se cuida de *fictio juris*, os casos em que a presume, o que impede, na espécie, a invocação do brocardo latino *ubilex non distinguet, nec nos distinguere deebmus*. 2. A violência de que trata o inciso I do art. 44 do Código Penal é a real ..." (STJ, RHC 9.135/MG, 6ª Turma, Rel. Hamilton Carvalhido, *DJ* 19-6-2000, p. 210). Para esta corrente, nos casos de violência imprópria, se a pena fixada na sentença não superar 4 anos, poderá haver a substituição da pena privativa de liberdade por restritivas de direitos.

15.3. Regras para a substituição

É no próprio momento em que profere a sentença condenatória que o juiz deve verificar a possibilidade de conversão da pena privativa de liberdade em restritiva de direitos, de acordo com os requisitos anteriormente estudados (limite de pena fixada, primariedade, ausência de emprego de violência contra pessoa ou grave ameaça, circunstâncias judiciais favoráveis).

Caso entenda cabível a substituição, o juiz deverá atentar para as seguintes regras elencadas no art. 44, § 2º, do Código Penal:

a) *se a pena fixada na sentença for igual ou inferior a 1 ano, o juiz poderá substituí-la por multa ou por uma pena restritiva de direitos*; e

b) *se a pena fixada for superior a 1 ano, o juiz deverá substituí-la por duas penas restritivas de direitos, ou por uma pena restritiva e outra de multa.*

Quem fixa a espécie de pena restritiva que substituirá a pena de prisão é o próprio juiz da sentença, de acordo com os critérios legais e com as peculiaridades do caso concreto. Uma vez transitada em julgado a sentença, o juiz das execuções, de ofício ou a requerimento do Ministério Público, promoverá a devida execução, podendo, para tanto, requisitar, quando necessário, a colaboração de entidades públicas ou solicitá-las a particulares (art. 147 da LEP).

O juiz das execuções, em qualquer fase do cumprimento da pena, poderá motivadamente alterar a forma de cumprimento das penas de prestação de serviços à comunidade e de limitação de fim de semana, ajustando-as às condições pessoais do condenado e às características do estabelecimento, da entidade ou do programa comunitário ou estatal (art. 148 da LEP).

A Lei de Execuções Penais prevê, ainda, como incidente da execução, a possibilidade de o juiz converter a pena privativa de liberdade não superior a 2 anos em restritiva de direitos, desde que o condenado esteja cumprindo pena em regime aberto, que tenha cumprido ao menos 1/4 da pena e que os antecedentes e a personalidade do sentenciado indiquem ser a conversão recomendável (art. 180 da LEP).

---

[53] Fernando Capez. *Curso de direito penal*: Parte Geral. 15. ed. São Paulo: Saraiva, v. 1, p. 437.

15.4. Duração das penas restritivas

Nos termos do art. 55 do Código Penal, as penas restritivas têm a mesma duração da pena privativa de liberdade aplicada na sentença. Por isso, se o réu tiver sido condenado a 2 anos de reclusão, o juiz poderá substituir tal pena exatamente por 2 anos de prestação de serviços à comunidade, limitação de fins de semana etc.

Existem, porém, certas penas restritivas, como a perda de bens e a prestação pecuniária, que não guardam proporção com o montante da pena originária, de modo que, uma vez cumpridas, devem ser imediatamente declaradas extintas.

15.5. Reconversão em pena privativa de liberdade

O Código Penal e a Lei de Execuções Penais preveem certas hipóteses em que a pena restritiva de direitos será revogada, sendo novamente convertida em privativa de liberdade.

As hipóteses são as seguintes:

a) *Descumprimento injustificado da restrição imposta* (art. 44, § 4º, do CP).

O art. 181 da Lei de Execuções Penais regulamenta este incidente da execução criminal.

No caso de *prestação de serviços à comunidade* (art. 181, § 1º, da LEP), a reconversão ocorrerá caso o condenado:

1) não seja encontrado por estar em local incerto e não sabido e não atender à intimação por edital para dar início ao cumprimento da pena;

2) não comparecer, injustificadamente, à entidade ou programa em que deva prestar o serviço;

3) recusar-se, injustificadamente, a prestar o serviço.

Em hipótese de *limitação de fim de semana*, a conversão ocorrerá quando o condenado:

1) não comparecer ao estabelecimento designado para cumprimento da pena;

2) recusar-se a exercer alguma atividade determinada pelo juiz; ou

3) não for encontrado para iniciar a pena por estar em local incerto (art. 181, § 2º, da LEP).

Em se tratando de *interdição temporária de direitos*, a conversão será decretada se o condenado:

1) exercer, injustificadamente, o direito interditado; ou

2) não for encontrado para dar início ao cumprimento da pena por estar em local incerto (art. 181, § 3º, da LEP).

No caso de *perda de bens,* o descumprimento ocorre se o condenado se desfaz do bem declarado perdido pelo juiz antes da execução da sentença e, na hipótese de *prestação pecuniária*, quando o sentenciado deixa de prestá-la injustificadamente.

Em qualquer caso, antes de decidir, o juiz deve dar oportunidade de defesa ao condenado para que justifique o descumprimento.

b) *Superveniência de condenação a pena privativa de liberdade por outro crime* (art. 44, § 5º, do CP).

Dispõe referido dispositivo que "sobrevindo condenação a pena privativa de liberdade, por outro crime, o juiz da execução penal decidirá sobre a conversão, podendo deixar de aplicá-la se for possível ao condenado cumprir a pena substitutiva anterior".

Desse modo, se o acusado havia sido condenado a uma pena de prestação pecuniária, a condenação posterior a pena privativa de liberdade não gera necessariamente a revogação da primeira, se o acusado, embora preso, puder efetuar a prestação. De outro lado, se havia sido condenado a pena de prestação de serviço à comunidade, tornar-se-á inviável seu cumprimento pela imposição de pena privativa de liberdade.

É irrelevante que a nova condenação se refira a crime cometido antes ou depois daquele que gerou a pena restritiva de direitos. O que a lei exige para a revogação, em verdade, são três requisitos: 1) que a nova condenação seja a pena privativa de liberdade; 2) que seja em razão da prática de crime; 3) que a nova condenação torne impossível o cumprimento da pena restritiva anteriormente imposta.

No julgamento do Tema 1.106, em sede de recursos repetitivos, o Superior Tribunal de Justiça firmou entendimento no sentido de que a condenação posterior a pena privativa de liberdade em regime aberto torna possível o cumprimento simultâneo da pena restritiva de direitos imposta, qualquer que tenha sido, de modo que não gera a reconversão (Resp 1.918.287/MG, Rel. Min. Laurita Vaz, julgado em 27-4-2022).

A lei evidentemente refere-se à condenação definitiva (transitada em julgado).

O Superior Tribunal de Justiça havia firmado entendimento no sentido de que também deveria ocorrer a reconversão, quando alguém estivesse cumprindo pena privativa de liberdade e sobreviesse condenação a pena restritiva de direitos, desde que houvesse incompatibilidade no cumprimento: "Esta Corte Superior de Justiça pacificou o entendimento no sentido de que, no caso de nova condenação a penas restritivas de direitos a quem esteja cumprindo pena privativa de liberdade em regime fechado ou semiaberto, é inviável a suspensão do cumprimento daquelas – ou a execução simultânea das penas. O mesmo se dá quando o agente estiver cumprindo pena restritiva de direitos e lhe sobrévêm nova condenação à pena privativa de liberdade. Nesses casos, nos termos do art. 111 da Lei de Execução Penal, deve-se proceder à unificação das penas, não sendo aplicável o art. 76 do Código Penal. Precedentes" (HC 624.161/MG, Rel. Min. Felix Fischer, 5ª Turma, julgado em 9-12-2020, *DJe* 15-12-2020).

Posteriormente, todavia, a 3ª Seção do Superior Tribunal de Justiça alterou seu entendimento no julgamento do Tema 1.106, em sede de recursos repetitivos, tendo sido aprovada tese no sentido de que a condenação posterior a pena restritiva de direitos a quem já estava condenado a pena privativa de liberdade não gera a reconversão, ainda que as penas sejam incompatíveis. Em tal hipótese, de acordo com a Corte Superior, a pena restritiva deverá ser cumprida ao término da pena privativa de liberdade (Resp 1.918.287/MG, Rel. Min. Laurita Vaz, julgado em 27-4-2022). O fundamento da decisão foi o fato de que a lei somente prevê a reconversão na hipótese inversa (superveniência de pena privativa de liberdade a quem já estava condenado a pena restritiva de direitos incompatível).

c) *A prática de falta grave.*

O art. 51 da Lei de Execuções prevê algumas hipóteses de faltas graves relativas ao cumprimento de penas restritiva de direitos. A prática dessas faltas pode gerar sua revogação, nos termos do art. 181, § 1º, *d*, da mesma lei.

Algumas delas são similares àquelas já estudadas: descumprimento ou retardo, injustificado, da obrigação imposta (art. 51, I e II, da LEP); não execução do trabalho, das tarefas ou ordens recebidas (art. 51, III, c./c. o art. 39, V, da LEP). Ocorre que, além dessas, há também previsão de falta grave quando o condenado desobedecer a servidor público durante o cumprimento da pena ou desrespeitar qualquer pessoa com quem deva relacionar-se (art. 51, III, c./c. art. 39, II, da LEP), hipóteses em que a pena restritiva de direitos poderá igualmente ser convertida em privativa de liberdade.

15.5.1. Cumprimento da pena privativa de liberdade em caso de reconversão

No cálculo da pena privativa de liberdade a ser executada, deverá ser descontado o tempo já cumprido da pena restritiva de direitos, respeitado o cumprimento de, no mínimo, 30 dias de reclusão ou detenção. É o que diz o art. 44, § 4º, do Código Penal.

Assim, se o condenado já tinha, por exemplo, cumprido 10 meses da pena de prestação de serviços à comunidade referente à sentença que determinava 1 ano e 2 meses, só ficará preso por 4 meses. Se, entretanto, faltavam apenas 15 dias de prestação de serviços e houver a revogação, o acusado deverá permanecer preso por 30 dias.

15.6. Penas restritivas de direitos em espécie

O Código Penal, em seu art. 43, elenca expressamente o rol de penas restritivas de direitos:

a) *prestação pecuniária*;

b) *perda de bens ou valores*;

c) *prestação de serviços à comunidade ou a entidades públicas*;

d) *interdição temporária de direitos*; e

e) *limitação de fim de semana*.

15.7. Prestação pecuniária

Nesta modalidade de pena restritiva, o juiz determina que o condenado efetue pagamento em dinheiro à vítima, aos seus dependentes, ou à entidade pública ou privada com destinação social, em montante não inferior a 1 salário mínimo nem superior a 360 salários mínimos (art. 45, § 1º, do CP).

Há uma ordem de preferência na lei, de modo que os valores só serão destinados aos dependentes se não puderem ser entregues à vítima (falecida, por exemplo). Por sua vez, só poderão ser destinados a entidades públicas ou privadas na ausência da vítima e dos dependentes. De acordo com o texto legal, aliás, apenas as entidades privadas que tenham destinação social é que podem ser beneficiárias da prestação pecuniária.

Quando a prestação for paga à vítima ou aos seus dependentes, o valor pago será deduzido do montante de eventual condenação em ação de reparação civil, se coincidentes os beneficiários (art. 45, § 1º).

A prestação pecuniária não se confunde com a pena de multa. Os beneficiários são diversos, pois os valores referentes à pena de multa são destinados ao Fundo Penitenciário. Seu montante também não é descontado de futura indenização à vítima ou aos seus dependentes. Por fim, a multa (originária ou substitutiva) não é considerada pena restritiva de direitos.

Se o condenado solvente deixa de efetuar o pagamento da prestação pecuniária, o juiz deve revogá-la, executando-se a pena privativa de liberdade originariamente imposta. Ao contrário do que ocorre com a pena de multa, não existe vedação neste sentido.

Em princípio, a prestação pecuniária deve ser feita em dinheiro e independe de aceitação do destinatário (vítima, dependentes, entidades). O art. 45, § 2º, do Código Penal, porém, ressalva que, se houver aceitação do beneficiário, a prestação pode consistir em prestação de outra natureza, como a entrega de cestas básicas a entidades assistenciais.

Observe-se que o art. 17 da Lei n. 11.340/2006 (Lei Maria da Penha) proíbe a aplicação de pena de prestação pecuniária ou de entrega de cestas básicas à pessoa condenada por crime que envolva violência doméstica ou familiar contra mulher.

O art. 226, § 2º, do ECA (Lei n. 8.069/90), com a redação dada pela Lei n. 14.344/2022, proíbe, por sua vez, a aplicação de pena de prestação pecuniária ou de entrega de cestas básicas à pessoa condenada por crime que envolva violência doméstica ou familiar contra pessoas menores de 18 anos.

15.8. Perda de bens ou valores

Nesta modalidade de pena alternativa, o juiz declara perdidos em favor do Fundo Penitenciário Nacional bens ou valores pertencentes ao condenado, tendo como teto o que for maior:

a) *o montante do prejuízo causado*; ou

b) *o provento obtido pelo agente ou por terceiro em consequência da prática do crime.*

O juiz deve individualizar na própria sentença os bens ou valores que declara perdidos para evitar discussões em torno da possibilidade de serem estes valores cobrados dos herdeiros na hipótese de falecimento posterior do condenado. Assim, com o trânsito em julgado da sentença, os bens já se consideram perdidos, não podendo ser exigidos como parte da herança se o réu morrer depois disso. Para possibilitar a individualização dos bens, podem ser efetuadas pesquisas quanto ao patrimônio do acusado (valores em conta corrente ou aplicações financeiras, veículos ou imóveis registrados em seu nome etc.).

Caso o magistrado não estabeleça na sentença os bens perdidos, caberá ao juiz das execuções fazê-lo. O problema é que, se o condenado morrer antes disso, surgirá discussão em torno da possibilidade de serem tirados bens que dele passaram para os herdeiros no momento da morte. Com efeito, o art. 5º, XLV, da Constituição Federal diz que a pena não passará da pessoa do condenado, podendo a obrigação de reparar o dano e a decretação do perdimento de bens ser, nos termos da lei, estendidas aos sucessores e contra eles executadas, até o limite do valor do patrimônio transferido. Entendemos que o dispositivo constitucional tem aplicação imediata e que a expressão "nos termos da lei" diz respeito apenas ao procedimento a ser seguido que, enquanto não regulamentado, pode ser suprido por procedimentos executórios similares. É também o entendimento de Luiz Flávio Gomes[54]. Em contrário, podemos apontar a

---

[54] Luiz Flávio Gomes. *Penas e medidas alternativas à prisão*. São Paulo: Revista dos Tribunais, 1999, p. 138.

opinião de Fernando Capez[55] no sentido de que somente após a edição de lei especial que regula o tema é que os valores declarados perdidos poderão ser exigidos dos herdeiros.

15.9. Prestação de serviços à comunidade

De acordo com o art. 46, §§ 1º e 2º, do Código Penal, a prestação de serviços à comunidade consiste na atribuição ao condenado de tarefas gratuitas em estabelecimentos assistenciais, hospitais, escolas, orfanatos ou outros estabelecimentos congêneres, em programas comunitários ou estatais.

Este tipo de prestação de serviços, portanto, não é remunerada, regra, aliás, repetida no art. 30 da Lei de Execuções Penais.

Segundo o art. 46, *caput*, do Código Penal, o juiz só pode optar pela aplicação de pena de prestação de serviços se o montante aplicado na sentença for superior a 6 meses.

Os serviços devem ser prestados à razão de 1 hora de trabalho por dia de condenação, fixadas de modo a não prejudicar a jornada normal de trabalho do condenado (art. 46, § 3º).

Caso a pena aplicada na sentença não seja superior a 1 ano, é facultado ao condenado cumpri-la em período menor, nunca inferior à metade da pena originariamente imposta. O sentenciado, portanto, poderá cumprir a pena mais rapidamente, perfazendo um maior número de horas-tarefa em espaço mais curto de tempo.

As tarefas devem ser atribuídas de acordo com a aptidão do sentenciado (art. 46, § 3º, do CP) e cabe ao juiz das execuções designar a entidade onde os serviços serão prestados (art. 149, I, da LEP).

A execução terá início a partir do primeiro comparecimento, sendo que o juízo das execuções deve intimar o condenado, cientificando-o das datas, do horário e do local onde deve comparecer para cumprir a pena (art. 149, II, e § 2º, da LEP). Nos termos do art. 181, § 1º, da Lei de Execuções, se o sentenciado não for encontrado no endereço fornecido e não atender à intimação por edital, ou caso intimado não compareça para a prestação de serviços, o juiz deve reverter a pena em privativa de liberdade.

A entidade onde o sentenciado cumpre pena deve remeter, mensalmente, ao juízo das execuções, relatório circunstanciado das atividades prestadas, bem como, a qualquer tempo, comunicar a respeito de eventuais faltas ao serviço ou transgressões disciplinares (art. 150 da LEP).

O juiz das execuções pode, a todo tempo, promover alterações na forma de prestação de serviços à comunidade, caso entenda necessário.

Quando se tratar de condenação por crime previsto no Código de Trânsito Brasileiro (Lei n. 9.503/97), o juiz deverá, caso considere presentes os requisitos legais para a substituição da pena privativa de liberdade por restritiva de direitos, observar a regra de seu art. 312-A (inserido pela Lei n. 13.281/2016), segundo o qual a pena restritiva

---

[55] Fernando Capez. *Curso de direito penal*: Parte Geral. 15. ed. São Paulo: Saraiva, v. 1, p. 447.

deverá ser a de prestação de serviço à comunidade ou a entidades públicas, em uma das seguintes atividades: I – trabalho, aos fins de semana, em equipes de resgate dos corpos de bombeiros e em outras unidades móveis especializadas no atendimento a vítimas de trânsito; II – trabalho em unidades de pronto-socorro de hospitais da rede pública que recebem vítimas de acidente de trânsito e politraumatizados; III – trabalho em clínicas ou instituições especializadas na recuperação de acidentados de trânsito; IV – outras atividades relacionadas ao resgate, atendimento e recuperação.

15.10. Interdição temporária de direitos

O próprio nome do instituto deixa claro que esta pena restritiva consiste na proibição do exercício de determinados direitos pelo prazo correspondente ao da pena substituída. Caso o condenado exerça, *injustificadamente*, o direito interditado ou não seja encontrado para dar início ao cumprimento da pena por estar em local incerto e não sabido, a pena será reconvertida em privativa de liberdade (art. 181, § 3º, da LEP).

Algumas das interdições temporárias são *específicas*, porque aplicáveis apenas aos crimes que o próprio Código menciona, e outras são *genéricas*, porque passíveis de aplicação a qualquer infração penal.

As interdições específicas são as seguintes:

a) *Proibição do exercício de cargo, função pública ou mandato eletivo* (art. 47, I, do CP). Aplica-se aos crimes praticados no exercício do cargo ou função, sempre que houver violação dos deveres que lhe são inerentes (art. 56 do CP).

b) *Proibição do exercício de atividade, profissão ou ofício que dependa de licença especial ou autorização do poder público* (art. 47, II, do CP). Exemplos: dentista, médico, engenheiro, advogado, corretor de imóveis etc. Aplica-se aos crimes praticados no exercício de profissão, atividade ou ofício, sempre que houver violação dos deveres que lhe são inerentes (art. 56 do CP).

c) *Suspensão de autorização ou de habilitação para dirigir veículo* (art. 47, III, do CP). Esta regra, de acordo com o art. 57 do Código Penal, aplica-se aos crimes culposos cometidos no trânsito. Ocorre que o Código de Trânsito Brasileiro (Lei n. 9.503/97) criou, posteriormente, crimes específicos de homicídio e lesões corporais culposas na direção de veículo automotor e estabeleceu para tais delitos, como pena cumulativa, além da privativa de liberdade, a suspensão ou proibição de se obter permissão para dirigir ou habilitação. Em suma, por se tratar de dispositivo específico, que determina a cumulação das sanções, afasta a incidência do art. 47, III, do Código Penal, que prevê a suspensão da habilitação como pena substitutiva. Desse modo, pode-se dizer que o art. 47, III, continua em vigor apenas no que diz respeito à suspensão da *autorização* para dirigir veículo (aos causadores de crimes culposos no trânsito). A autorização para dirigir diz respeito exclusivamente a *ciclomotores*, que, nos termos do Anexo I, do Código de Trânsito, são veículos de duas ou três rodas, provido de motor de combustão interna, cuja cilindrada não exceda a 50 cm^3 (cinquenta centímetros cúbicos), equivalente a 3,05 pol.^{3} (três polegadas cúbicas e cinco centésimos), ou de motor de propulsão elétrica com potência máxima de 4 kw (quatro quilowatts), e cuja velocidade máxima de fabricação não exceda a 50 km/h (cinquenta quilômetros por hora).

d) *Proibição de inscrever-se em concurso, avaliação ou exames públicos* (art. 47, V, do CP). Trata-se de modalidade de pena restritiva de direitos criada pela Lei n. 12.550/2011 destinada a pessoas condenadas por fraude em certame de interesse público (concurso, avaliação ou certame público; processo seletivo para ingresso no ensino superior; exame ou processo seletivo previsto em lei), nos termos do art. 311-A do Código Penal.

Por sua vez, qualquer que seja a espécie de delito cometido (interdição genérica), o juiz pode substituir a pena privativa de liberdade pela proibição de frequentar determinados lugares (art. 47, IV, do CP), tais como bares, boates, casas de jogos etc. Em geral, esta modalidade de pena alternativa é aplicada justamente quando o crime foi cometido nesses tipos de estabelecimento, para evitar que o condenado volte a frequentá-los durante o tempo de cumprimento da pena. De acordo com o art. 146-B, VII, da LEP (com redação dada pela Lei n. 14.843/2024), o juiz pode determinar a fiscalização por monitoração eletrônica quando aplicar esta modalidade de pena restritiva.

15.11. Limitação de fim de semana

Consiste na obrigação de permanecer, aos sábados e domingos, por 5 horas diárias, em casa do albergado ou outro estabelecimento adequado (art. 48 do CP). Durante a permanência, poderão ser ministrados aos condenados cursos e palestras ou atribuídas atividades educativas (art. 48, parágrafo único).

Em se tratando de condenação por crime que tenha envolvido violência doméstica contra mulher, o juiz poderá determinar o comparecimento do agressor a programas de recuperação e reeducação (art. 152, parágrafo único, da LEP).

Caso aplicada na sentença a pena de limitação de fim de semana, o juiz das execuções determinará a intimação do condenado, cientificando-o do local, dos dias e do horário em que deverá cumprir a pena, sendo que a execução terá início a partir do primeiro comparecimento (art. 151 da LEP).

O estabelecimento designado (casa do albergado ou outro) encaminhará, mensalmente, ao juiz das execuções, relatório de cumprimento da pena, bem como comunicará, a qualquer tempo, eventual ausência ou falta disciplinar (art. 153 da LEP).

Se o condenado não comparecer ao estabelecimento designado para cumprimento da pena, recusar-se a exercer alguma atividade determinada pelo juiz, ou não for encontrado para iniciar a pena por estar em local incerto e não sabido, será determinado o cumprimento da pena privativa de liberdade originariamente imposta na sentença (art. 181, § 2º, da LEP).

16

PENA DE MULTA

16.1. Natureza

Consiste na obrigação de entrega de determinado valor ao Fundo Penitenciário. Cuida-se, portanto, de sanção de caráter patrimonial.

Ao contrário do que ocorre com a pena restritiva consistente na perda de bens, cujos valores, conforme o Código Penal, em seu art. 45, § 3º, são revertidos ao Fundo Penitenciário Nacional (regulamentado pela Lei Complementar n. 79/94), em relação à pena de multa, o art. 49 do mesmo Código refere-se genericamente a fundo penitenciário, possibilitando que os Estados legislem sobre o tema, criando seus próprios fundos a fim de obterem recursos para construção e reforma de estabelecimentos prisionais, aquisição de equipamentos destinados a referidas unidades etc.

16.2. Espécies de multa

Existem duas espécies de pena de multa: a) *originária*; e b) *substitutiva*.

A *originária* é descrita em abstrato no próprio tipo penal. Pode ser prevista de forma isolada, cumulativa ou alternativa com pena privativa de liberdade. Podemos apontar os seguintes exemplos:

a) Nas contravenções penais de anúncio de meio abortivo (art. 20 da LCP) ou de perigo de desabamento (art. 30 da LCP), a pena prevista em abstrato é única e exclusivamente a de multa.

b) No crime de ameaça (art. 147 do CP), a pena é de detenção, de 1 a seis meses, *ou* multa; no de desacato (art. 331 do CP), é de detenção, de 6 meses a 2 anos, *ou* multa.

c) No crime de furto qualificado (art. 155, § 4º, do CP), a pena prevista é de reclusão, de 2 a 8 anos, *e* multa; no de corrupção passiva (art. 317), é de reclusão, de 2 a 12 anos, *e* multa.

Por sua vez, a multa *substitutiva* é aquela aplicada em substituição a uma pena privativa de liberdade fixada na sentença em montante não superior a 1 ano, quando o réu não for reincidente em crime doloso e as circunstâncias do art. 59 do Código Penal indicarem que a substituição é suficiente (art. 44, § 2º, do CP). É também chamada de multa vicariante. O art. 44 do Código Penal, com a redação que lhe foi dada pela Lei

n. 9.714/98, exige, ainda, que se trate de crime cometido sem o emprego de violência contra pessoa ou grave ameaça.

16.2.1. Vigência ou revogação tácita do art. 60, § 2º, do Código Penal

O art. 60, § 2º, do Código Penal permite a substituição da pena privativa de liberdade por multa quando a pena fixada na sentença não for superior a 6 meses, desde que o réu não seja reincidente em crime doloso e que as circunstâncias do art. 59 do Código Penal lhe sejam favoráveis.

Tal dispositivo existe desde a aprovação da nova Parte Geral do Código Penal, em 1984. Ocorre que a Lei n. 9.714/98 passou a permitir a substituição por multa quando a pena fixada não exceder 1 ano, e, com isso, a maioria dos doutrinadores entendeu que houve revogação tácita do referido art. 60, § 2º. Nesse sentido, o pensamento de Damásio de Jesus[56], Fernando Capez[57] e Luiz Flávio Gomes[58].

Existe, porém, entendimento em sentido contrário com forte sustentação jurídica, na medida em que o art. 60, § 2º, do Código Penal não exige que o crime tenha sido cometido sem violência ou grave ameaça, de modo que, sendo diversos os requisitos e o montante exigido para a conversão em multa, não se pode falar que um dispositivo tenha revogado o outro, por não serem incompatíveis. Suponha-se, assim, um crime de lesão corporal leve contra o próprio avô (art. 129, § 9º, do Código Penal), cuja pena em abstrato é de detenção de 3 meses a 3 anos (não se trata de infração de menor potencial ofensivo). Se o juiz fixar pena de 3 meses na sentença poderá convertê-la em multa nos termos do art. 60, § 2º, possibilidade que não existe no art. 44, § 2º, uma vez que o crime envolve emprego de violência contra pessoa. Por sua vez, se a pena arbitrada na sentença fosse, por exemplo, de 9 meses, o juiz não poderia convertê-la em multa. Em tal hipótese, o art. 60, § 2º, não poderia ser utilizado, porque a pena é superior a 6 meses e tampouco o art. 44, § 2º, em razão do emprego de violência. O único benefício possível nesse caso seria o *sursis* (penas de até 2 anos, ainda que haja emprego de violência ou grave ameaça – desde que presentes outros requisitos).

No sentido da não revogação tácita do art. 60, § 2º, do Código Penal, podemos apontar o entendimento de Celso Delmanto, Roberto Delmanto e outros[59]. É também nosso entendimento.

16.2.2. Violência doméstica ou familiar contra a mulher e proibição de conversão em pena exclusiva de multa

O art. 17 da Lei n. 11.340/2006, conhecida como Lei Maria da Penha, proíbe a substituição da pena privativa de liberdade por pena exclusiva de multa quando o delito for praticado com violência doméstica ou familiar contra mulher.

---

[56] Damásio de Jesus. *Direito penal*: Parte Geral. 27. ed. São Paulo: Saraiva, 2003, v. 1, p. 535.
[57] Fernando Capez. *Curso de direito penal*: Parte Geral. 15. ed. São Paulo: Saraiva, v. 1, p. 465.
[58] Luiz Flávio Gomes. *Penas e medidas alternativas à prisão*. São Paulo: Revista dos Tribunais, 1999, p. 120.
[59] Celso Delmanto, Roberto Delmanto e outros. *Código Penal comentado*. 8. ed. São Paulo: Saraiva, 2010, p. 284.

O art. 226, § 2º, do ECA (Lei n. 8.069/90), com a redação dada pela Lei n. 14.344/2022, proíbe, por sua vez, a substituição da pena privativa de liberdade por pena exclusiva de multa quando o delito for praticado com violência doméstica ou familiar contra pessoa menor de 18 anos.

16.3. Cálculo do valor da multa

Quando se tratar de multa prevista em abstrato no próprio tipo penal (originária), o juiz observará duas fases. Primeiro fixará o número de dias-multa e depois o valor de cada um deles.

De acordo com o art. 49 do Código Penal, a pena deverá ser de, no mínimo, 10 e, no máximo, 360 dias-multa.

Para estabelecer o número de dias-multa, as regras a serem observadas pelo juiz são as mesmas estabelecidas na lei penal para a pena privativa de liberdade, ou seja, o critério trifásico do art. 68 do Código Penal.

Por sua vez, o valor de cada dia-multa atenderá ao critério da situação econômica do réu (art. 60 do CP), não podendo ser inferior a 1/30 do maior salário mínimo mensal nem superior a 5 salários mínimos (art. 49, § 1º, do CP). Assim, para acusados menos favorecidos, o juiz aplicará valor menor e, para os mais abastados, um valor maior.

Saliente-se que o art. 60, § 1º, do Código Penal admite que o juiz triplique o valor do dia-multa, mesmo que seu valor já tenha sido fixado no patamar máximo, por verificar o magistrado que aquele montante se mostra ineficaz e insuficiente diante da imensa fortuna do acusado.

Em suma, o valor final da multa resulta de um simples cálculo aritmético, ou seja, da multiplicação do número de dias-multa pelo índice do salário mínimo fixado.

No que se refere à multa *substitutiva* (vicariante), não existem regras para a fixação do número de dia-multa. Tampouco se admite a aplicação analógica da regra referente às penas restritivas de direitos em que cada dia de pena privativa de liberdade é substituído por um dia de pena restritiva. Por tal razão, a substituição é efetuada pelo montante mínimo previsto em lei (10 dias-multa), observando-se apenas a condição econômica do réu na fixação do valor de cada um desses dias-multa.

16.4. Cumulação de multas

Há grande número de infrações penais em que a pena privativa de liberdade é prevista em abstrato cumulativamente com a pena de multa. Suponha-se, assim, um furto simples, em que o réu seja primário e o juiz aplique pena de 1 ano de reclusão e 10 dias-multa. Discute-se, em tal caso, se o magistrado pode substituir a pena de reclusão por outros 10 dias-multa, e, em seguida, somá-los à outra multa originariamente imposta, alcançando o montante de 20 dias-multa. A maioria dos doutrinadores entende que é plenamente cabível tal procedimento por não haver qualquer vedação à referida providência no Código Penal. Na prática, pode-se dizer que quase todos os juízes criminais efetuam tal conversão. Existem alguns autores, entretanto, que sustentam que a pena substituta absorve a original. Argumentam que o art. 44, III, do Código Penal diz que o juiz deverá efetuar a substituição da pena privativa de liberdade por multa quando esta se mostrar *suficiente*, de modo que, se o magistrado efetuou a substituição, é porque entendeu que uma única multa já é suficiente. É o que pensam Damásio de Jesus[60] e Alberto Silva Franco[61]. Não concordamos com tal argumentação, porque a palavra "suficiente" constante do dispositivo tem apenas a finalidade de alertar o juiz de que só deve proceder à substituição por multa se julgar que a pena privativa de liberdade não se mostra necessária. Entendemos, pois, que é possível a cumulação de multas.

Saliente-se, ainda, que a cumulação de penas pecuniárias não tem sido admitida pelo Superior Tribunal de Justiça apenas quando se trata de crime previsto em lei especial. Nesse sentido, a Súmula 171: "cominadas cumulativamente, em lei especial, penas privativas de liberdade e pecuniária, é defeso a substituição da prisão por multa". O fundamento da súmula é o de que as leis especiais não preveem a possibilidade de substituição das penas privativas de liberdade por multa. Esqueceram-se, entretanto, da norma contida no art. 12 do Código Penal, no sentido de que as regras gerais do Código Penal se aplicam às leis especiais quando não existir norma em sentido contrário.

16.5. Atualização do valor da multa

O art. 149, § 2º, do Código Penal dispõe que, por ocasião da execução, o valor da multa deve ser atualizado de acordo com os índices de correção monetária. Surgiram, então, várias correntes em torno do termo *a quo* a ser observado para a atualização, contudo, a controvérsia perdeu o sentido porque o Superior Tribunal de Justiça publicou a Súmula 43, decidindo que "a correção monetária decorrente de dívida de ato ilícito deve incidir da data do efetivo prejuízo", ou seja, a correção monetária deve correr a partir do dia em que foi cometido o delito.

16.6. Pagamento da multa

Transitada em julgado a sentença que impôs pena de multa, os autos irão ao contador judicial para a atualização de seu valor. Em seguida, após ouvir o Ministério Público, o juiz homologará o valor e determinará a notificação do condenado para que, no prazo de 10 dias, efetue o pagamento.

Estabelece, por sua vez, o art. 50, *caput*, do Código Penal que, a pedido do condenado e conforme as circunstâncias do caso, poderá o juiz permitir que o pagamento se faça em parcelas mensais. Permite, ainda, o art. 50, § 1º, do Código Penal que a cobrança seja efetuada mediante desconto no salário do condenado, se não prejudicar o seu sustento e o de sua família, se a multa tiver sido aplicada isoladamente, cumulada com restritiva de direitos, ou caso tenha havido aplicação de *sursis* em relação à pena privativa de liberdade cumulativamente imposta.

Efetuado o pagamento, o juízo decretará a extinção da pena.

---

[60] Damásio de Jesus, *Comentários ao Código Penal*, v. 2, p. 622.
[61] Alberto Silva Franco, *Temas de direito penal* – breves anotações sobre a Lei n. 7.209/84. São Paulo: Saraiva, 1986, p. 187.

16.7. Execução da pena de multa

Pela redação originária do art. 51 do Código Penal, se o condenado não pagasse a pena de multa, o juiz deveria convertê-la em detenção na proporção de um dia-multa por dia de prisão. Assim, sendo preso o sentenciado, ele poderia, de imediato, pagar a multa e livrar-se de permanecer no cárcere ou ficar na cadeia pelos dias determinados, hipótese em que a pena seria declarada extinta. A Lei n. 9.268/96, entretanto, promoveu modificações no que pertine à execução da pena de multa, acabando com a possibilidade de sua conversão em detenção. Referida lei alterou a redação do mencionado art. 51, estabelecendo que

> transitada em julgado a sentença condenatória, a multa será considerada dívida de valor, aplicando-se-lhe as normas da legislação relativa à dívida ativa da Fazenda Pública, inclusive no que concerne às causas interruptivas e suspensivas da prescrição.

Surgiram duas correntes:

A primeira sustenta que, como o art. 51 dispõe que devem ser aplicadas as normas relativas à dívida ativa, inclusive no que concerne às causas interruptivas e suspensivas da prescrição, o processo de execução deve seguir integralmente a legislação tributária. Assim, a atribuição para promover a execução da multa é da Fazenda Pública (Procuradoria Fiscal), e não mais do Ministério Público. A multa não mais terá caráter penal, devendo o seu valor ser inscrito na dívida ativa. Por isso, a competência para a execução é do Juízo das Execuções Fiscais, e não mais da Vara das Execuções Penais. O procedimento para a execução é também o da legislação tributária. Esse o entendimento adotado no Superior Tribunal de Justiça, que, inclusive, aprovou a Súmula 521 nesse sentido: "a legitimidade para a execução fiscal de multa pendente de pagamento imposta em sentença condenatória é exclusiva da Procuradoria da Fazenda Pública".

A outra corrente aduz que a nova redação do art. 51 teria trazido apenas duas modificações: vedação da conversão da pena de multa em detenção e adoção do procedimento executório da Lei de Execução Fiscal, inclusive quanto às causas interruptivas e suspensivas da prescrição da legislação tributária. Dessa forma, a atribuição para promover a execução continua sendo do Ministério Público, devendo esta tramitar junto à Vara das Execuções Criminais, mas de acordo com o procedimento da legislação tributária. Em 13 de dezembro de 2018, o Plenário do Supremo Tribunal Federal, no julgamento da ADI 3.150, firmou entendimento de que essa é a interpretação correta, de modo que a atribuição para a execução da pena de multa é do Ministério Público – perante a Vara das Execuções Criminais, pois a multa é de caráter penal. Apenas em caso de eventual inércia do Ministério Público, a Fazenda, supletivamente, pode promover a execução.

A Lei n. 13.964/2019, modificou novamente a redação do art. 51 do Código Penal para consagrar em definitivo este último entendimento, ou seja, a nova redação deixa expresso que a execução da multa deve ser feita no juízo das execuções penais. Tem, portanto, caráter penal e só pode ser executada pelo Ministério Público. A atual redação do art. 51 é a seguinte: "Transitada em julgado a sentença condenatória, a multa será executada perante o juiz da execução penal e será considerada dívida de valor, aplicáveis as normas relativas à dívida ativa da Fazenda Pública, inclusive no que concerne às causas interruptivas e suspensivas da prescrição".

16.7.1. Suspensão da execução da multa pela superveniência de doença mental

Estabelece o art. 52 do Código Penal que é suspensa a execução da multa se sobrevém doença mental ao acusado. O curso do prazo prescricional, entretanto, não se suspende em tal hipótese por falta de previsão legal.

16.7.2. Morte do condenado à pena de multa e execução contra os herdeiros

A origem da condenação à multa é penal e, por isso, não pode passar da pessoa do condenado por força do art. 5º, XLV, da Constituição Federal. Neste particular, não se aplica a legislação tributária que permite que a execução prossiga em relação aos herdeiros (art. 4º, VI, da Lei n. 6.830/80).

16.8. Suspensão condicional da pena e multa

De acordo com o art. 80 do Código Penal, a suspensão condicional da pena (*sursis*) não se estende à pena de multa. Assim, se o réu for condenado a uma pena privativa de liberdade e também a uma pena de multa, caso o juiz aplique o *sursis* em relação à primeira, continua o sentenciado obrigado a pagar a multa.

16.9. Habeas corpus e *pena de multa*

De acordo com a Súmula 693 do Supremo Tribunal Federal, "não cabe *habeas corpus* contra decisão condenatória a pena de multa, ou relativo a processo em curso por infração penal a que a pena pecuniária seja a única cominada". É que, nos termos do art. 5º, LXVIII, da Constituição Federal, o *habeas corpus* tutela apenas a liberdade, o direito de ir e vir das pessoas, e a pena de multa, desde o advento da Lei n. 9.268/96 (que alterou o art. 51 do Código Penal), não pode mais ser convertida em prisão.

17

DA APLICAÇÃO DA PENA

17.1. Introdução

De acordo com o art. 5º, XLVI, da Constituição Federal, "a lei regulará a individualização da pena". A fim de conferir concretude a tal princípio constitucional, o Código Penal, em seus arts. 59 a 76, regulamenta o procedimento a ser adotado pelo juiz para a aplicação da pena, de acordo com a culpabilidade e os méritos pessoais do acusado.

Saliente-se que, na Parte Especial do Código, as penas são previstas abstratamente nos tipos penais em patamares mínimo e máximo. No roubo, por exemplo, a pena é de reclusão, de 4 a 10 anos, e multa (art. 157 do CP). É necessário, por isso, que o juiz, na sentença, estabeleça o montante exato da pena e, por tal razão, o próprio Código elenca uma série de critérios que devem ser por ele considerados para a especificação (individualização) da pena no caso concreto, como as circunstâncias mais ou menos gravosas do delito cometido, os antecedentes do acusado etc.

17.2. Sistemas de individualização da pena

São conhecidos quatro sistemas de aplicação de pena que podem ser adotados pelo legislador:

a) O da pena *estanque*, em que a lei fixa exatamente o montante da sanção, que, portanto, não pode ser modificado pelo juiz. A este cabe exclusivamente dizer se o acusado é culpado ou inocente, pois o *quantum* da pena já está previamente estabelecido no texto legal. Este sistema não pode ser adotado em nosso país porque fere o princípio da individualização da pena.

b) O da pena *indeterminada*, em que a legislação não fixa qualquer parâmetro, de modo que cabe, exclusivamente, ao juiz estabelecer o montante da pena. Também não pode ser aceito em nosso país, cujo sistema pressupõe o prévio estabelecimento das regras legais em torno do montante da pena (princípio da anterioridade). Ademais, o art. 5º, XLVI, da Constituição diz que "a lei regulará a individualização da pena", deixando claro que devem existir parâmetros legais para a individualização que, assim, não pode ficar ao livre e irrestrito arbítrio do juiz em cada caso concreto.

c) O da pena *parcialmente indeterminada*, em que a lei fixa apenas o seu patamar máximo, deixando a critério do juiz o montante mínimo. Esse sistema é admitido em nosso país e é utilizado, por exemplo, em alguns crimes eleitorais e em alguns delitos militares. O crime consistente em votar mais de uma vez é apenado com "reclusão até 3 anos" (art. 309 do Código Eleitoral – Lei n. 4.737/65). O crime militar de constrangimento ilegal, por sua vez, é apenado com "detenção até um ano" (art. 222 do Código Penal Militar – Decreto-lei n. 1.001/69).

d) O da pena *determinada*, em que a legislação fixa os montantes mínimo e máximo em abstrato e estabelece critérios para que o juiz fixe a pena dentro de tais limites. É o sistema adotado como regra em nosso país pelo Código Penal, sendo de se lembrar que, excepcionalmente, referido Código permite que sejam extrapolados os limites mínimo e máximo, desde que pelas denominadas causas de aumento ou de diminuição de pena.

17.3. Procedimento na fixação da pena

O art. 59 do Código Penal estabelece que o juiz, atendendo à culpabilidade, aos antecedentes, à conduta social, à personalidade do agente, aos motivos, às circunstâncias e consequências do crime, bem como ao comportamento da vítima, estabelecerá, conforme seja necessário e suficiente para a reprovação e prevenção do crime:

I – *As penas aplicáveis dentre as cominadas.*

Assim, se o delito for apenado com detenção ou multa, é preciso que o juiz, inicialmente, escolha qual das duas irá aplicar.

II – *A quantidade de pena aplicável, dentro dos limites legais.*

É a chamada dosimetria da pena, momento em que o juiz fixa o montante da reprimenda. Na dosimetria, o juiz deve passar por três fases expressamente especificadas no art. 68 do Código até chegar ao montante final (critério trifásico). Este tema será estudado de modo pormenorizado em seguida.

III – *O regime inicial de cumprimento da pena privativa de liberdade.*

As regras para a fixação do regime inicial já foram analisadas.

O juiz, dependendo do tipo de pena e das condições pessoais do réu, deve fixar regime inicial fechado, semiaberto ou aberto.

IV – *A substituição da pena privativa de liberdade aplicada, por outra espécie de pena, se cabível.*

As regras para a substituição da pena privativa de liberdade por pena restritiva de direitos ou por multa também já foram estudadas.

Dos tópicos acima, portanto, resta analisar somente aquele que trata da dosimetria da pena.

17.4. Dosimetria da pena

O Código Penal, em seu art. 68, expressamente adotou o chamado critério *trifásico* para a fixação da pena. Segundo tal dispositivo na primeira fase, o juiz deve levar em conta as circunstâncias judiciais inominadas do art. 59; na segunda, deve considerar as agravantes e atenuantes genéricas dos arts. 61, 62, 65 e 66 do CP; e, por fim, na terceira fase, deve considerar as causas de aumento e de diminuição de pena (previstas na Parte Geral ou na Parte Especial do Código).

As qualificadoras são previstas junto ao próprio tipo penal e modificam os montantes mínimo e máximo em abstrato do delito. Por isso, o seu reconhecimento não constitui fase de aplicação da pena. Quando um homicídio é simples, o juiz inicia a dosimetria podendo aplicar uma pena de reclusão, de 6 a 20 anos (art. 121, *caput*, do CP), mas se o mesmo crime é qualificado, a dosimetria tem por base os limites de 12 a 20 anos (art. 121, § 2º, do CP).

17.5. Vedação do bis in idem

O *bis in idem* é proibido, pois consiste em considerar uma mesma circunstância por mais de uma vez na fixação da pena, quer para aumentá-la, quer para diminuí-la.

O motivo fútil, por exemplo, é previsto como qualificadora do homicídio (art. 121, § 2º, II) e também como agravante genérica (art. 61, II, *a*). Além disso, o art. 59 do Código Penal prevê que, na fixação da pena-base, o juiz deve levar em consideração os motivos do crime. Na hipótese em comento, a mesma circunstância (motivação do delito) encontra enquadramento em três dispositivos da lei penal. Atento, todavia, à proibição do *bis in idem*, é evidente que o juiz só poderá considerar tal aspecto uma única vez, devendo aplicar a regra da especialidade (as normas especiais têm preferência em relação às genéricas). Com fundamento em tal critério, é possível estabelecer regras de prevalência dentre as circunstâncias existentes no Código Penal, que são de suma importância para a correta fixação da pena:

a) *Elementares e qualificadoras têm prevalência em relação às causas de aumento, agravantes genéricas e circunstâncias judiciais.*

No crime de infanticídio (art. 123), a circunstância de ser a vítima filha do agente é elementar, o que impede sua utilização como agravante genérica – crime contra descendente – prevista no art. 61, II, *e*, do Código Penal.

No homicídio, o meio cruel é considerado qualificadora (art. 121, § 2º, III), o que impede a aplicação da agravante genérica referente à crueldade na execução prevista no art. 61, II, *d*, do Código, bem como a circunstância judicial do art. 59.

b) As *causas de aumento e diminuição de pena têm preferência em relação às agravantes e atenuantes genéricas que, por sua vez, têm primazia em relação às circunstâncias judiciais.*

Em razão disso, quando se reconhece a causa de aumento no homicídio por ser a vítima maior de 60 anos (art. 121, § 4º), resta prejudicada a agravante genérica que se refere a delitos cometidos contra pessoas idosas (art. 61, II, *h*, do CP), ou quando se aplica o privilégio do relevante valor social do art. 121, § 1º, do Código Penal (causa de diminuição de pena), fica prejudicada a atenuante genérica homônima (art. 65, III, *a*, do CP).

Igualmente, o reconhecimento da agravante da reincidência impede que a mesma condenação anterior seja utilizada para aumentar a pena-base na condição de "maus antecedentes" (circunstância judicial do art. 59 do CP). A esse respeito existe, inclusive, a Súmula 241 do Superior Tribunal de Justiça: "a reincidência penal não pode ser considerada como circunstância agravante e, simultaneamente, como circunstância judicial". Referida vedação obviamente não existe quando o acusado ostenta mais de uma condenação anterior definitiva e o juiz utiliza uma delas para reconhecer a reincidência e a outra como maus antecedentes. Nessa situação, não há *bis in idem* porque cada agravação da pena baseou-se em condenação anterior diversa.

17.6. Primeira fase da dosimetria

Nesta primeira fase, o juiz deve estabelecer o montante da chamada *pena-base*, fazendo-o com fundamento nas *circunstâncias judiciais* (ou inominadas) do art. 59 do Código Penal. Tal dispositivo menciona, genericamente, que o juiz, para dimensionar a pena-base, deve considerar a culpabilidade, os antecedentes, a conduta social e a personalidade do acusado, bem como os motivos, circunstâncias e consequências do crime, além do comportamento da vítima.

Veja-se, por exemplo, que a menção a "circunstâncias do crime" é feita de forma absolutamente indeterminada pelo legislador, deixando ao prudente arbítrio do juiz analisar, no caso concreto, se a forma de execução do delito merece tornar a pena-base mais ou menos grave (ou nenhuma delas). Saliente-se, novamente, que uma circunstância só pode ser considerada pelo juiz nesta fase caso não esteja prevista como agravante ou atenuante genérica, causa de aumento ou de diminuição de pena, qualificadora ou elementar da infração penal.

Nos termos do art. 59, II, do Código Penal, a pena-base em hipótese alguma pode ser fixada em montante inferior ao mínimo ou superior ao máximo previsto em abstrato para a infração penal.

17.6.1. Análise das circunstâncias judiciais

As circunstâncias judiciais elencadas no art. 59 são as seguintes:

a) *Culpabilidade*.

Diz respeito a maior ou menor reprovabilidade da conduta, de acordo com as condições pessoais do agente e com as características do crime.

Nos delitos de natureza culposa, por exemplo, merece pena mais elevada quem age com culpa gravíssima em relação àquele cuja conduta culposa é de menor intensidade.

Do mesmo modo, a intensidade do dolo deve ser levada em conta na fixação da pena-base. A premeditação, por exemplo, com detalhado planejamento do crime pode ser levada em conta no âmbito da culpabilidade para a exasperação da reprimenda.

b) *Antecedentes criminais*.

São os fatos bons ou maus da vida pregressa do autor do delito.

De acordo com a Súmula 444 do Superior Tribunal de Justiça "é vedada a utilização de inquéritos policiais e ações penais em curso para agravar a pena-base". Da mesma forma, não podem ser considerados maus antecedentes os inquéritos já arquivados e as ações penais nas quais o réu tenha sido absolvido. Assim, apenas *condenações definitivas* podem ser consideradas maus antecedentes. Igualmente, na apreciação do Tema 129 (repercussão geral), o Plenário do Supremo Tribunal Federal aprovou a seguinte tese: "A existência de inquéritos policiais ou de ações penais sem trânsito em julgado não pode ser considerada como maus antecedentes para fins de dosimetria da pena" (STF, RE 591.054, Rel. Min. Marco Aurélio, Tribunal Pleno, julgado em 17-12-2014, acórdão eletrônico repercussão geral–mérito *DJe*, divulg. 25-2-2015, public. 26-2-2015).

Com relação aos atos infracionais cometidos por adolescentes, que após a maioridade venham a cometer crime, o Superior Tribunal de Justiça tem decidido que não podem ser considerados maus antecedentes para a elevação da pena-base, tampouco podem ser utilizados para caracterizar personalidade voltada para a prática de crimes ou má conduta social. Nesse sentido: HC n. 663.705/SP, Rel. Min. Laurita Vaz, 6ª Turma, julgado em 22-3-2022.

Quando é juntada aos autos uma folha de antecedentes sem qualquer registro, o acusado é considerado portador de bons antecedentes, fato que deve ser levado em conta na dosimetria. Se, no entanto, a folha de antecedentes apontar alguma condenação anterior, deverá ser requisitada a certidão detalhada do julgado à vara criminal onde foi proferida a sentença, para que se prove que tal decisão já transitou em julgado. Em regra, é esta certidão que faz prova acerca da condenação anterior e, portanto, dos maus antecedentes. O Superior Tribunal de Justiça, todavia, possui inúmeros julgados que admitem que a prova dos maus antecedentes seja feita pela própria folha de antecedentes, contudo, desde que esta contenha todos os dados necessários, o que, na prática, nem sempre ocorre. A propósito: "No que se refere ao pleito de afastamento da agravante da reincidência, é firme a jurisprudência desta Corte de Justiça 'no sentido de que a folha de antecedentes criminais é documento hábil e suficiente a comprovar os maus antecedentes e a reincidência, não sendo, pois, obrigatória a apresentação de certidão cartorária' (HC 175.538/SP, Rel. Min. Marco Aurélio Bellizze, 5ª Turma, *DJe* 18-4-2013)" (STJ, HC 389.518/SP, Rel. Min. Ribeiro Dantas, 5ª Turma, julgado em 16-5-2017, *DJe* 19-5-2017); "A folha de antecedentes criminais é documento apto e suficiente para comprovar os maus antecedentes e a reincidência do agente, sendo prescindível a juntada de certidões exaradas pelos cartórios criminais para a consecução desse desiderato. Na hipótese, o Tribunal de origem registrou que há condenação definitiva e com trânsito em julgado em data anterior à do fato discutido nestes autos" (STJ, HC 475.694/SP, Rel. Min. Laurita Vaz, 6ª Turma, julgado em 23-4-2019, *DJe* 30-4-2019). Em junho de 2019, o Superior Tribunal de Justiça, confirmando tal entendimento, publicou a Súmula 636, com o seguinte teor: "A folha de antecedentes criminais é documento suficiente a comprovar os maus antecedentes e a reincidência".

Lembre-se, outrossim, de que uma condenação anterior definitiva só pode ser considerada antecedente criminal nesta fase, se não for capaz de configurar a *reincidência*, na medida em que esta tem primazia.

Os arts. 63 e 64 do Código Penal especificam o alcance da reincidência em relação a condenações anteriores, exigindo: a) que o crime pelo qual o réu esteja sendo condenado tenha sido praticado após o trânsito em julgado da sentença que o condenou pelo crime anterior; b) que na data do novo crime não se tenham passado 5 anos desde a extinção da pena do delito anterior.

Em suma, em havendo condenação anterior definitiva, mas ausente algum dos requisitos da reincidência, o réu será considerado portador de maus antecedentes. Configuram, portanto, maus antecedentes: a) condenações definitivas cuja pena tenha sido extinta há mais de 5 anos em relação ao cometimento do novo delito[62]; b) conde-

---

[62] O Plenário do Supremo Tribunal Federal, por maioria, apreciando o Tema 150 da repercussão geral, deu parcial provimento ao recurso extraordinário e fixou a seguinte tese: "Não se aplica para o reconhecimento dos maus antecedentes o prazo quinquenal de prescrição da reincidência, previsto no art. 64, I, do Código Penal", nos termos do voto do Relator, vencidos os Ministros Ricardo Lewandowski, Marco Aurélio, Gilmar Mendes e Dias Toffoli (Presidente). Não participou deste julgamento o Ministro Celso de Mello. Plenário, Sessão Virtual de 7-8-2020 a 17-8-2020.

nações definitivas transitadas em julgado após a prática do novo crime, porém antes da sentença; e c) condenações anteriores por contravenção penal quando o agente vem a cometer posteriormente um crime, na medida em que esta hipótese não é abrangida pelo conceito de reincidência do art. 63 do Código Penal.

Quando o acusado possui duas ou mais condenações anteriores transitadas em julgado é perfeitamente possível que uma delas seja considerada para fim de reincidência (caso presentes seus requisitos) e a outra como maus antecedentes. Em tal caso, não há *bis in idem* porque as condenações anteriores são diversas. A jurisprudência dos tribunais superiores está bastante sedimentada nesse sentido. A propósito, veja-se:

> ... a jurisprudência deste Tribunal é pacífica no sentido de que o *bis in idem* na fixação da pena somente se configura quando o mesmo fato – a mesma condenação definitiva anterior – é considerado como signo de maus antecedentes (circunstância judicial do art. 59 do Código Penal) e como fator de reincidência (agravante genérica do art. 61 também do Código Penal). Precedentes. 3. Nada impede que condenações distintas deem ensejo a valorações distintas, porquanto oriundas de fatos distintos [...] inexistindo *bis in idem* (STF, HC 99.044/SP, 2ª Turma, Rel. Min. Ellen Gracie, *DJe* 21-5-2010, p. 793); Não se infere manifesta desproporcionalidade na sanção imposta, porquanto a jurisprudência desta Corte admite a utilização de condenações anteriores transitadas em julgado como fundamento para a fixação da pena-base acima do mínimo legal, diante da valoração negativa dos maus antecedentes, ficando apenas vedado o *bis in idem*. *In casu*, evidenciada a existência de mais de uma condenação transitada em julgado, tendo havido valoração de títulos distintos na primeira e na segunda fase da dosimetria, não há se falar em *bis in idem* (STJ, HC 389.518/SP, Rel. Min. Ribeiro Dantas, 5ª Turma, julgado em 16-5-2017, *DJe* 19-5-2017).

c) *Conduta social.*

Refere-se ao comportamento do agente em suas atividades profissionais, relacionamento familiar e com a coletividade.

Na prática, durante as investigações as autoridades policiais limitam-se a elaborar um questionário, respondido pelo próprio acusado, no qual ele informa detalhes de sua vida social, familiar e profissional. Tais indagações igualmente são feitas pelo juiz por ocasião do interrogatório, nos termos do art. 187 do Código de Processo Penal, que divide referido ato processual em duas partes, sendo que, na primeira, o juiz questiona o acusado acerca de seus meios de vida e profissão, oportunidades sociais, lugar onde exerce sua atividade etc.

d) *Personalidade do agente.*

Diz respeito ao caráter do réu, levando-se ainda em conta sua periculosidade. É a índole do sujeito, seu perfil psicológico e moral.

As menções mais comuns em sentença quanto a tal aspecto são aquelas em que o magistrado fixa a pena-base acima do mínimo por entender que o acusado possui personalidade violenta, por ter sido tal fato mencionado por testemunhas que o conhecem.

A Súmula 444 do Superior Tribunal de Justiça diz que inquéritos e ações penais em andamento não podem agravar a pena-base, de modo que tampouco podem servir de fundamento para a conclusão de que o acusado tem personalidade voltada para o crime e, com isso, justificar exasperação da reprimenda.

O Superior Tribunal de Justiça, no julgamento do Tema 1.077 em sede de recursos repetitivos, aprovou a seguinte tese: "Condenações criminais transitadas em julgado, não consideradas para caracterizar a reincidência, somente podem ser valoradas, na primeira fase da dosimetria, a título de antecedentes criminais, não se admitindo sua utilização para desabonar a personalidade ou a conduta social do agente" (REsp 1794854/DF, Rel. Min. Laurita Vaz, 3ª Seção, julgado em 23-6-2021, *DJe* 1º-7-2021).

e) *Motivos do crime.*

Os precedentes psicológicos da infração penal, as razões que levaram o réu a agir de modo criminoso, os fatores que desencadearam a ação delituosa são os motivos do crime. Conforme já mencionado, se a motivação constituir qualificadora, causa de aumento ou diminuição de pena ou, ainda, agravante ou atenuante genérica, não poderá ser considerada como circunstância judicial.

f) *Circunstâncias do delito.*

Refere-se o dispositivo à maior ou menor gravidade do delito em razão do *modus operandi* no que diz respeito aos instrumentos do crime, seu tempo de duração, forma de abordagem, comportamento do acusado em relação às vítimas, local da infração etc.

Não se pode, por exemplo, aplicar a mesma pena para um roubo praticado mediante rápida abordagem da vítima na rua e para outro em que os assaltantes passam várias horas coagindo os integrantes de uma família no interior da residência. Merece, outrossim, maior reprimenda o acusado que humilha ou maltrata desnecessariamente a vítima durante a prática do crime.

g) *Consequências do crime.*

Esta é uma das circunstâncias judiciais mais importantes e que merece especial atenção por parte dos juízes, na medida em que diz respeito à maior ou menor intensidade da lesão ao bem jurídico e às sequelas deixadas na vítima. No crime de lesões corporais culposas, por exemplo, não existe no tipo penal gradação baseada na gravidade da lesão, de modo que é justamente na fixação da pena-base que o juiz deve verificar se a lesão é leve ou grave. No crime de extorsão mediante sequestro, a consumação se dá com a captura da vítima, sendo o pagamento do resgate mero exaurimento, que não altera a capitulação do delito, mas que pode ser considerado pelo juiz como circunstância judicial para a agravação da sanção. Nos crimes contra o patrimônio, em geral, o fato de o prejuízo para a vítima ser muito elevado também deve ser levado em conta.

h) *Comportamento da vítima.*

Se ficar demonstrado que o comportamento da vítima de algum modo estimulou a prática do crime ou influenciou negativamente o agente, deve o juiz levar em conta tal circunstância para que a pena seja reduzida. Exemplo: o passageiro de um carro estimula o condutor a dirigir em excesso de velocidade e este, ao fazê-lo, causa um acidente e o próprio passageiro sofre lesões.

Ressalve-se que o comportamento da vítima como circunstância judicial raramente é reconhecido, na medida em que o art. 65, III, *c*, do Código Penal prevê como atenuante genérica o fato de o crime ter sido cometido sob influência de violenta emoção provocada por ato injusto da vítima. Como tal atenuante é especial em relação à circunstância do art. 59 do Código Penal, normalmente é ela que é levada em consideração no que diz respeito ao comportamento do sujeito passivo. É claro, porém, que, se faltar algum dos requisitos de referida atenuante, poderá ser reconhecida a norma genérica do art. 59 do Código Penal.

O Supremo Tribunal Federal, no julgamento da ADPF 1.107, conferiu interpretação conforme ao art. 59 do Código Penal, para assentar ser vedado ao magistrado, na fixação da pena em crimes sexuais, valorar a vida sexual pregressa da vítima ou seu modo de vida (ADPF 1.107, Rel. Cármen Lúcia, Tribunal Pleno, julgado em 23-5-2024, processo eletrônico *DJe*-s/n divulg. 23-8-2024, public. 26-8-2024).

17.6.2. Montante da agravação ou redução da pena

Não existe nenhum dispositivo que determina que a pena-base deva ser fixada no mínimo legal quando inexiste circunstância judicial desfavorável, contudo, na prática, os juízes procedem de tal modo. Da mesma maneira, quando existem apenas circunstâncias favoráveis, a pena-base acaba sendo também a mínima prevista em abstrato, uma vez que o próprio art. 59, II, do Código Penal proíbe a fixação abaixo do mínimo legal nesta fase.

Por sua vez, quando existe circunstância desfavorável, fica a critério do juiz especificar o montante no qual a pena será exacerbada. A lei não estabelece o *quantum* de agravação, mas existe firme interpretação jurisprudencial no sentido de que este aumento deve ser, em regra, de 1/6 em relação à pena mínima. É evidente, entretanto, que se trata apenas de um parâmetro, pois, se a situação concreta justificar, o juiz poderá proceder ao acréscimo em patamar maior. Assim, é comum que os juízes aumentem a pena em um sexto quando o réu possui uma única condenação anterior (fora do período de reincidência), mas que utilizem índices maiores (um terço, metade) quando o acusado ostenta inúmeros antecedentes criminais, ou, ainda, quando existem várias outras circunstâncias desfavoráveis.

17.7. Segunda fase da dosimetria

Após a fixação da pena-base, estabelece o art. 68 do Código Penal que o juiz deve passar à segunda fase da dosimetria, vale dizer, deve verificar a existência de *agravantes* ou *atenuantes genéricas* cabíveis ao caso concreto.

As agravantes estão especificadas nos arts. 61 e 62 do Código Penal, enquanto as atenuantes encontram-se descritas nos arts. 65 e 66 do mesmo diploma.

São chamadas de genéricas por estarem na Parte Geral do Código e, por tal razão, serem aplicáveis a todos os crimes da Parte Especial, desde que não constituam qualificadoras, causas de aumento ou de diminuição de pena ou, ainda, elementares do delito.

17.7.1. Quantum *do aumento*

O montante do aumento ou da redução fica a critério do juiz, não havendo índice preestabelecido no texto legal. Na prática, firmou-se a interpretação de que o aumento ou diminuição deve se dar no patamar de 1/6, salvo se as circunstâncias indicarem a necessidade de índice maior. Do mesmo modo, se forem reconhecidas várias agravantes ou atenuantes, o juiz, igualmente, deve optar por índices mais elásticos.

17.7.2. Limites na aplicação da pena

Apesar de não haver previsão expressa nesse sentido, pacificou-se o entendimento de que, com o reconhecimento de agravantes genéricas, a pena não pode superar o máximo previsto em abstrato para o delito, bem como não pode ficar aquém do mínimo no caso de reconhecimento de atenuantes. Em relação a esta última hipótese, existe, inclusive, a Súmula 231 do Superior Tribunal de Justiça: "a incidência de circunstância atenuante não pode conduzir à redução da pena abaixo do mínimo". Assim, se na primeira fase da dosimetria a pena-base já tiver sido fixada no mínimo legal, caso o juiz venha a reconhecer alguma atenuante genérica (menoridade relativa, confissão do acusado etc.), a pena não sofrerá qualquer alteração. O Supremo Tribunal Federal, da mesma forma, ao apreciar o Recurso Extraordinário 597.270 (Rel. Min. Cezar Peluso, *DJe* 104, p. 445-458), reconhecendo repercussão geral à hipótese, entendeu inviável a redução aquém do mínimo para a hipótese de reconhecimento de atenuante genérica (Tema 158 em sede de repercussão geral).

17.8. Agravantes genéricas

A maioria das agravantes está descrita no art. 61 do Código Penal, sendo que, na cabeça do dispositivo, consta expressamente que são agravantes de aplicação obrigatória, desde que não constituam elementares ou qualificadoras do delito. Apesar de não haver menção expressa no Código, as agravantes também ficam prejudicadas se o fato estiver previsto como causa de aumento de pena.

No art. 62 do Código Penal, estão descritas agravantes genéricas cabíveis apenas em casos de concurso de agentes.

Saliente-se que o art. 385 do Código de Processo Penal permite, nos crimes de ação pública, que o juiz reconheça agravantes genéricas ainda que não tenham sido alegadas pela acusação. Tal regra é inaplicável aos delitos de ação privada.

17.8.1. Reincidência (art. 61, I)

O Código Penal define e regulamenta o instituto da reincidência em seus arts. 63 e 64. Nos termos do art. 63, verifica-se a reincidência quando o agente comete novo crime, depois de transitar em julgado a sentença que, no país ou no estrangeiro, tenha-o condenado por crime anterior. Em complemento a tal regra, o art. 7º da Lei das Contravenções Penais prevê que também há reincidência quando o agente pratica uma contravenção depois de passar em julgado a sentença que o tenha condenado, no Brasil ou no estrangeiro, por qualquer outro crime, ou, no Brasil, por motivo de contravenção.

Assim, pela legislação vigente temos as seguintes situações, resultantes da combinação dos dois dispositivos:

Condenação anterior	Nova infração	Consequência
Contravenção no Brasil	Contravenção	Reincidente (art. 7º da LCP)
Contravenção no exterior	Contravenção	Não reincidente
Contravenção	Crime	Não reincidente
Crime no Brasil ou fora	Crime	Reincidente (art. 63 do CP)
Crime no Brasil ou fora	Contravenção	Reincidente (art. 7º da LCP)

Saliente-se que a condenação anterior à pena exclusivamente de multa pela prática de crime não exclui a possibilidade de reincidência.

O Superior Tribunal de Justiça firmou entendimento de que a condenação anterior por crime de porte de droga para consumo pessoal (art. 28 da Lei n. 11.343/2006) não gera reincidência, com o argumento de que tal crime não é apenado com pena privativa de liberdade. Nesse sentido: HC 453.437/SP, Rel. Min. Reynaldo Soares da Fonseca, 5ª Turma, julgado em 4-10-2018; REsp 1.672.654/SP, Rel. Min. Maria Thereza, 6ª Turma, julgado em 21-8-2018.

O art. 120 do Código Penal é expresso no sentido de que o acusado não perde a primariedade em decorrência de sentença na qual o juiz lhe concede perdão judicial. Assim, se posteriormente cometer nova infração penal não será considerado reincidente.

Por sua vez, o art. 64, I, do Código Penal estabelece que decorridos 5 anos do cumprimento da pena do crime anterior ou de sua extinção por qualquer outro motivo (prescrição, por exemplo), o sujeito volta a ser primário. É o que se chama de *período depurador* da reincidência. Assim, se um delito for cometido após esses 5 anos, o indivíduo será considerado portador de maus antecedentes, mas não reincidente.

O mesmo art. 64, I, contém outra regra importante ao ressaltar que, no prazo depurador de 5 anos, computa-se o período de prova do *sursis* e do livramento condicional, desde não sejam revogados. Assim, se o réu foi condenado e o juiz concedeu o *sursis*, ou se o acusado obteve o livramento condicional após cumprir parte da pena, os efeitos da reincidência cessam após 5 anos a contar do início do período de prova, desde que estes benefícios não tenham sido posteriormente revogados pelo juízo das execuções. Caso haja revogação, o prazo será contado, em ambas as hipóteses, do dia em que o agente terminar de cumprir a pena.

O art. 64, II, do Código Penal, por sua vez, estabelece expressamente que determinadas condenações anteriores não geram reincidência em caso de prática de novo delito. De acordo com tal dispositivo, não geram reincidência os crimes *militares próprios* (aqueles previstos no Código Penal Militar que não encontram descrição semelhante na legislação penal comum, como crimes de deserção e insubordinação) e os crimes *políticos*.

A condenação anterior por crime militar impróprio gera reincidência. São assim considerados os crimes previstos no Código Penal Militar que encontram figura semelhante na legislação penal comum (exemplos: estupro ou roubo cometidos por militar em serviço).

A mera confissão do acusado, admitindo que já foi condenado, não é suficiente para o reconhecimento da reincidência. A prova de que alguém é reincidente é feita, em regra, por certidão judicial emitida pelo cartório da vara onde ocorreu a condenação transitada em julgado, uma vez que em tal certidão constam todos os dados necessários (data do crime e do trânsito em julgado para as partes, data do cumprimento da pena etc.). O Superior Tribunal de Justiça, todavia, passou a admitir que a prova da reincidência seja feita pela própria folha de antecedentes, contudo, desde que esta contenha todos os dados necessários, o que, na prática, nem sempre ocorre. A propósito:

> "A folha de antecedentes criminais é documento apto e suficiente para comprovar os maus antecedentes e a reincidência do agente, sendo prescindível a juntada de certidões exaradas pelos cartórios criminais para a consecução desse desiderato. Na hipótese, o Tribunal de

origem registrou que há condenação definitiva e com trânsito em julgado em data anterior à do fato discutido nestes autos" (STJ, HC 475.694/SP, Rel. Min. Laurita Vaz, 6ª Turma, julgado em 23-4-2019, DJe 30-4-2019).

É assente neste Sodalício o posicionamento de que a folha de antecedentes criminais é documento hábil e suficiente à comprovação da existência de maus antecedentes e reincidência, não sendo, pois, imprescindível a apresentação de certidão cartorária (STJ, AgRg no REsp 1.716.998/RN, Rel. Min. Maria Thereza de Assis Moura, 6ª Turma, julgado em 8-5-2018, DJe 16-5-2018).

Em junho de 2019, o Superior Tribunal de Justiça, confirmando tal entendimento, publicou a Súmula 636, com o seguinte teor: "A folha de antecedentes criminais é documento suficiente a comprovar os maus antecedentes e a reincidência".

O Superior Tribunal de Justiça, no julgamento do tema 1.208, em sede de recursos repetitivos aprovou a seguinte tese: "a reincidência pode ser admitida pelo juízo das execuções penais para análise da concessão de benefícios, ainda que não reconhecida pelo juízo que prolatou a sentença condenatória".

A reincidência é circunstância de caráter pessoal e, portanto, não se comunica aos corréus em caso de concurso de agentes, nos exatos termos do art. 30 do Código Penal.

17.8.1.1. Reincidência específica

Na antiga Parte Geral do Código Penal, havia expressa distinção entre reincidência genérica e específica, que deixou de existir com a reforma de 1984 (Lei n. 7.209/84). Genérica era a reincidência decorrente da prática de crimes de natureza diversa; e específica, a que se referia ao cometimento de *crimes da mesma natureza* (art. 46, § 1º, II, do Decreto-lei n. 2.848/40). Crimes da mesma natureza eram aqueles previstos no mesmo dispositivo penal, bem como os que, embora previstos em dispositivos diversos, apresentassem, pelos fatos que os constituíam ou por seus motivos determinantes, caracteres fundamentais comuns (art. 46, § 2º, do Decreto-lei n. 2.848/40). Ainda mais importante era a regra do art. 47, I, que estabelecia que, em caso de reincidência específica, a aplicação da pena privativa de liberdade deveria ser aplicada acima da metade da soma do mínimo com o máximo previsto em abstrato. Assim, quem fosse reincidente específico na prática de crime de furto qualificado deveria receber pena mínima superior a 5 anos, já que o art. 155, § 4º, do Código Penal prevê que a pena deste crime é de 2 a 8 anos de reclusão.

A nova Parte Geral não mais prevê o instituto da reincidência específica. Apesar disso, os juízes continuam a utilizar a expressão para justificar, em certos casos, a aplicação de maior índice de aumento decorrente da reincidência, já que não existe índice fixo, determinado por lei, para o aumento da pena em caso de reconhecimento de agravante genérica.

"De ver-se, todavia, que o Superior Tribunal de Justiça no julgamento do Tema 1.172, em sede de recurso repetitivo, aprovou a seguinte tese: "a reincidência específica como único fundamento só justifica o agravamento da pena em fração mais gravosa que 1/6 em casos excepcionais e mediante detalhada fundamentação baseada em dados concretos do caso".

Deve-se mencionar, outrossim, que leis posteriores voltaram a inserir o instituto da reincidência específica em nossa legislação, fazendo-o, entretanto, em relação a institutos isolados. A Lei n. 8.072/90, por exemplo, alterou o art. 83, V, do Código Penal, para proibir a concessão de livramento condicional ao réu reincidente específico na prática de crimes hediondos, tráfico de drogas, terrorismo ou tortura. Por sua vez, a Lei n. 9.714/98 modificou o art. 44, § 3º, do Código Penal, para estabelecer que, se o agente for reincidente na mesma espécie de crime, não poderá obter substituição da pena privativa de liberdade por restritiva de direitos, mesmo que a recidiva não diga respeito a crimes dolosos.

17.8.1.2. Constitucionalidade do instituto da reincidência

Aqueles que defendem a tese da inconstitucionalidade do instituto da reincidência utilizam como fundamento a alegação de que a agravação constitui necessariamente *bis in idem* porque a pena de um novo crime é agravada em razão de um delito anterior em relação ao qual o sujeito já cumpriu pena (ou deveria tê-la cumprido).

O Supremo Tribunal Federal e o Superior Tribunal de Justiça há décadas rechaçam tal tese argumentando que há maior reprovabilidade na conduta de quem reitera a prática infracional, após o trânsito em julgado de sentença condenatória anterior, pois, em tais casos, fica patente a maior periculosidade do agente em relação à coletividade.

No ano de 2013, o Plenário do Supremo Tribunal Federal enfrentou de forma definitiva a questão e expressamente declarou a constitucionalidade do instituto da reincidência:

> *Habeas corpus*. Roubo. Condenação. 2. Pedido de afastamento da reincidência, ao argumento de inconstitucionalidade. *Bis in idem*. 3. Reconhecida a constitucionalidade da reincidência como agravante da pena (RE 453.000/RS). 4. O aumento pela reincidência está de acordo com o princípio da individualização da pena. Maior reprovabilidade ao agente que reitera na prática delitiva. 5. Ordem denegada (HC 93.815, Rel. Min. Gilmar Mendes, Tribunal Pleno, julgado em 4-4-2013, acórdão eletrônico *DJe*-083, divulg. 3-5-2013, public. 6-5-2013).

17.8.1.3. Outros efeitos da reincidência

Além de constituir agravante genérica, a reincidência é instituto que gera várias outras consequências (previstas no próprio Código Penal e em leis especiais):

a) impede a substituição da pena privativa de liberdade por pena restritiva de direitos, caso se trate de reincidência em crime doloso (art. 44, II, do CP) ou por multa (art. 44, § 2º, do CP);

b) impede a concessão de *sursis*, caso se refira a reincidência por crime doloso, salvo se a condenação anterior for a pena de multa (art. 77, I e § 1º, do CP);

c) aumenta o prazo de cumprimento da pena para a obtenção do livramento condicional (art. 83, II, do CP);

d) impede a concessão do livramento condicional quando se trata de reincidência específica em crimes hediondos, terrorismo e tortura (art. 83, V, do CP), bem como no delito de tráfico de drogas (art. 44, parágrafo único, da Lei n. 11.343/2006);

e) constitui causa obrigatória de revogação do *sursis*, caso a nova condenação seja por crime doloso (art. 81, I, do CP), e causa facultativa, na hipótese de condenação por crime culposo ou contravenção a pena privativa de liberdade ou restritiva de direitos (art. 81, § 1º, do CP);

f) constitui causa obrigatória de revogação do livramento condicional se o agente vem a ser condenado a pena privativa de liberdade por crime cometido durante o período de prova (art. 86, I, do CP);

g) interrompe a prescrição da pretensão executória (art. 117, VI, do CP);

h) aumenta em 1/3 o prazo da prescrição da pretensão executória (art. 110, do CP);

i) revoga a reabilitação quando o agente for condenado a pena que não seja de multa (art. 95, do CP);

j) impede o reconhecimento do privilégio nos crimes de furto, apropriação indébita, estelionato e receptação (arts. 155, § 2º, 170, 171, § 1º, e 180, § 5º, do CP);

k) obriga o condenado a iniciar o cumprimento da pena em regime mais gravoso (art. 33, § 2º, do CP);

l) impossibilita a transação penal nas infrações de menor potencial ofensivo (art. 76, § 2º, I, da Lei n. 9.099/95);

m) impede a suspensão condicional do processo (art. 89, *caput*, da Lei n. 9.099/95). Aumenta o prazo para a progressão de regime (art. 112 da LEP);

n) faz com que o condenado por tráfico de drogas não tenha direito à redução da pena de 1/6 a 2/3, ainda que não se dedique regularmente ao tráfico e não integre associação criminosa (art. 33, § 4º, da Lei n. 11.343/2006);

o) impede o acordo de não persecução penal (art. 28-A, § 2º, II, do CPP).

17.8.2. Motivo fútil (art. 61, II, a, 1ª figura)

É o motivo ínfimo, de pequena importância. Exemplo: agredir alguém por razões banais, como a demora em servir sua mesa.

A jurisprudência vem entendendo que, se a razão do crime é uma forte discussão entre as partes, não se reconhece o motivo fútil, ainda que a discussão tenha se iniciado por um motivo pequeno. Da mesma forma, entende-se que, em regra, o ciúme não constitui motivo fútil.

17.8.3. Motivo torpe (art. 61, II, a, 2ª figura)

É o motivo vil, repugnante, imoral, como agredir alguém por ser ele homossexual (homofobia) ou de determinada raça, cor, religião etc. Deve, ainda, ser reconhecido o motivo torpe em casos de agressão por mera diversão, ou para se exibir para os amigos, ou porque a vítima torce para outro time de futebol etc.

Esta agravante não se aplica a delitos em que a motivação imoral está intrínseca nos próprios contornos da infração penal, como aos crimes de estupro, roubo, extorsão mediante sequestro etc.

A vingança pode ou não ser considerada motivo torpe, dependendo do que a tenha motivado.

O motivo de um crime não pode ser considerado ao mesmo tempo fútil e torpe, devendo o juiz escolher o dispositivo que melhor se enquadre ao caso concreto.

17.8.4. Se o crime é cometido para facilitar ou assegurar a execução de outro crime (art. 61, II, b, 1ª figura)

Nesta figura agravante, a prática de um delito inicial tem por finalidade assegurar a execução de outro. É chamada conexão *teleológica*. Verifica-se, por exemplo, quando sequestradores agridem o segurança de um empresário, causando-lhe lesões graves, a fim de viabilizar o sequestro. Nesse caso, os agentes incorrem no delito de extorsão mediante sequestro em concurso material com o delito de lesão corporal grave, este exasperado pela agravante genérica em estudo.

É necessário, como no exemplo acima, que os delitos atinjam bens jurídicos diversos, pois, caso contrário, seria aplicado o princípio da consunção, segundo o qual o crime-meio fica absorvido pelo crime-fim.

17.8.5. Ter o agente cometido o delito para assegurar a ocultação, a impunidade ou a vantagem de outro crime (art. 61, II, b, 2ª figura)

A conexão nestes casos é denominada *consequencial*. Em tais hipóteses, o sujeito primeiro comete um delito e, em seguida, o outro, a fim de assegurar a ocultação, a impunidade ou a vantagem daquele.

O agente pretende assegurar a *ocultação* do primeiro delito quando sua intenção é evitar que a própria existência de tal ilícito seja descoberta. Exemplo: colocar fogo em uma casa para que não se descubra que ali foi cometido um furto momentos antes.

Ao procurar assegurar a *impunidade* de outro crime, a intenção do agente é não permitir que se concretize a punição por delito cuja existência já é conhecida.

Por fim, o agente visa assegurar a *vantagem* de outro crime quando pretende garantir o lucro advindo da infração anterior. Exemplo: duas pessoas cometem um roubo e, posteriormente, uma delas se arrepende e diz que devolverá todos os bens à vítima. A outra, neste momento, agride o comparsa arrependido, a fim de evitar a devolução.

17.8.6. Se o crime é cometido à traição, de emboscada, ou mediante dissimulação, ou outro recurso que dificulte ou torne impossível a defesa do ofendido (art. 61, II, c)

Todas as agravantes desse dispositivo são relacionadas ao *modo de execução* do crime que, de alguma forma, dificultam a defesa da vítima. O legislador, inicialmente, menciona três hipóteses específicas – traição, emboscada e dissimulação – e, ao término, faz uso de uma fórmula genérica que só pode ser utilizada se não for possível o enquadramento nas primeiras (outro recurso que dificulte ou impossibilite a defesa da vítima).

Na traição, o agente se aproveita da prévia confiança que a vítima nele deposita para cometer o delito em um momento inesperado.

Na dissimulação, o agente, escondendo sua intenção criminosa, utiliza-se de artifícios, de métodos fraudulentos, para se aproximar da vítima e então cometer a infração.

Emboscada, por sua vez, é sinônimo de tocaia, situação em que o sujeito fica escondido aguardando a vítima se aproximar para contra ela cometer o delito.

A fórmula genérica – outro recurso que dificulte ou torne impossível a defesa da vítima – é utilizada em hipóteses como agressões contra pessoa que está dormindo, golpe desferido de surpresa ou pelas costas, pancada em vítima que está desmaiada ou em coma etc.

17.8.7. Com emprego de veneno, fogo, explosivo, tortura ou outro meio insidioso ou cruel, ou de que podia resultar perigo comum (art. 61, II, d)

As circunstâncias deste inciso referem-se aos *meios de execução* que o legislador entendeu mais gravosos.

Veneno é a substância de natureza química ou biológica que, introduzida no organismo de alguém, pode provocar a morte ou lesões. Pode se apresentar em forma líquida, sólida ou gasosa. O emprego de veneno normalmente é ligado ao crime de homicídio, para o qual existe qualificadora com redação idêntica. Por isso, não é comum a incidência do veneno como agravante genérica, o que pode ocorrer, todavia, em crimes como o de lesão corporal.

A agravante do emprego de *fogo* não pode ser aplicada quando se tratar de crime de incêndio, por ser elementar (art. 250 do CP), ou de homicídio ou dano, por ser qualificadora (arts. 121, § 2º, III; e 163, parágrafo único, II, do CP). É comum, porém, sua aplicação em crime de lesão corporal.

O emprego de *explosivo* tem sido reconhecido, por exemplo, em casos de arremesso de bomba de fabricação caseira contra torcedor de time rival do qual resultam lesões corporais.

Tortura e outros meios cruéis são aqueles que provocam um grave sofrimento físico ou mental na vítima. Exemplo: durante um estupro o agente queima sadicamente o corpo da vítima com uma bituca de cigarro. É evidente que esta agravante não pode ser aplicada ao crime de homicídio, por se tratar de qualificadora de tal delito (art. 121, § 2º, III) e aos próprios crimes de tortura da Lei n. 9.455/97, por ser elementar.

Meio insidioso é o emprego de fraude, de armadilha, para que o crime seja cometido de tal forma que a vítima não perceba que está sendo atingida.

Perigo comum é aquele resultante de conduta que expõe a risco a vida ou o patrimônio de número elevado e indeterminado de pessoas.

Observação: nas alíneas *a, b, c* e *d*, do art. 61, II, do Código Penal, estão elencadas diversas agravantes genéricas cuja redação coincide com qualificadoras do homicídio previstas no art. 121, § 2º, do Código. Assim, em regra, essas agravantes não são aplicáveis ao homicídio, exceto se os jurados reconhecerem duas ou mais qualificadoras, hipótese em que o juiz usará uma delas para qualificar o delito e as demais (que não serão usadas como qualificadoras) como agravantes genéricas.

Referidas agravantes, por sua vez, possuem plena aplicabilidade em relação a outros delitos, como no de lesões corporais.

17.8.8. Se o crime é praticado contra ascendente, descendente, irmão ou cônjuge (art. 61, II, e)

Como se trata de norma que agrava a pena, não é possível a utilização da analogia para alcançar crimes praticados contra o companheiro ou a companheira nos casos de união estável, já que o dispositivo só menciona crime contra cônjuge.

No caso dos ascendentes e descendentes, o dispositivo tem aplicação, qualquer que seja o grau do parentesco (crime contra os pais, avós, bisavós, ou contra filhos, netos etc.). Não abrange, entretanto, o parentesco por afinidade (crime contra sogro, genro).

No que diz respeito aos irmãos, o dispositivo alcança os germanos (filhos do mesmo pai e da mesma mãe) e os unilaterais.

As agravantes em estudo são aplicáveis ao crime de homicídio, mas não ao delito de lesão corporal, na medida em que os §§ 9º, 10 e 13 do art. 129, preveem como qualificadora do crime de lesão leve o fato de a vítima ser ascendente, descendente, irmão, cônjuge ou companheiro, e, para as mesmas hipóteses, causas de aumento de pena nos crimes de lesão dolosa grave, gravíssima e seguida de morte.

Também não se aplicam aos crimes sexuais, já que, nestes, o parentesco atua também como causa de aumento de pena (art. 226, II, do CP). De acordo com este dispositivo, a pena dos crimes sexuais será aumentada em metade se o agente é ascendente, padrasto ou madrasta, tio, irmão, cônjuge ou companheiro, tutor, curador, preceptor ou empregador da vítima, ou por qualquer outro título tem autoridade sobre ela. Nota-se, pois, que o art. 226, II, do Código Penal não abrange os crimes cometidos contra ascendente (filho contra a mãe, por exemplo), de modo que, nesse caso, será cabível a agravante genérica em análise.

Nos crimes contra o patrimônio cometidos sem violência ou grave ameaça contra pessoa menor de 60 anos, o fato de a vítima ser descendente, ascendente ou cônjuge torna o fato impunível (art. 181, I e II, do CP). Se a vítima for irmão, a ação penal torna-se pública condicionada à representação (art. 182, II, do CP).

17.8.9. Se o delito é cometido com abuso de autoridade ou prevalecendo-se o agente de relações domésticas, de coabitação ou de hospitalidade, ou com violência contra a mulher na forma da lei específica (art. 61, II, f)

Abuso de autoridade diz respeito às relações privadas como nos casos de tutela e curatela, e não públicas, para as quais existe lei especial (Lei n. 13.869/2019).

Relações domésticas são as criadas com os integrantes de uma família, podendo ser parentes, fora das hipóteses da alínea anterior (primos, tios etc.) ou não. Exemplos: crime cometido pelo patrão contra babá; ou pela babá contra a criança; pela empregada doméstica contra os patrões etc.

Relação de *coabitação* indica que autor e vítima moram sob o mesmo teto, de forma não transitória, como no caso de estudantes que moram na mesma casa, enquanto relação de *hospitalidade* ocorre quando a vítima recebe alguém em sua casa para visita ou para permanência por certo período e este se aproveita da situação para cometer o crime contra ela.

A parte final deste dispositivo – crime praticado com *violência contra a mulher na forma da lei específica* – foi inserida pela Lei n. 11.340/2006, conhecida como Lei Maria da Penha.

Em junho de 2024, no julgamento do Tema 1.197, em sede de recursos repetitivos, a Terceira Seção do Superior Tribunal de Justiça aprovou a seguinte tese: "A aplicação da agravante do art. 61, inc. II, alínea *f*, do Código Penal (CP), em conjunto com as disposições da Lei Maria da Penha (Lei n. 11.340/2006), não configura *bis in idem*". De acordo com tal julgado, "Não há *bis in idem* na aplicação da agravante genérica prevista na alínea *f* do inc. II do art. 61 do Código Penal (CP), em relação ao crime previsto no art. 129, § 9º, do mesmo Código, vez que a agravante objetiva uma sanção punitiva maior quando a conduta criminosa é praticada "com abuso de autoridade ou prevalecendo-se de relações domésticas, de coabitação ou de hospitalidade, ou com violência contra a mulher na forma da lei específica", enquanto as elementares do crime de lesão corporal tipificado no art. 129, § 9º, do Código Penal, traz a figura da lesão corporal praticada no espaço doméstico, de coabitação ou de hospitalidade, contra qualquer pessoa independente do gênero, bastando ser ascendente, descendente, irmão, cônjuge ou companheiro, ou com quem o agente conviva ou tenha convivido, ou seja, as elementares do tipo penal não fazem referência ao gênero feminino da vítima, enquanto o que justifica a agravante é essa condição de caráter pessoal (gênero feminino – mulher). 3. A circunstância que agrava a pena é a prática do crime de violência doméstica contra a mulher, enquanto a circunstância elementar do tipo penal do art. 129, § 9º, do Código Penal, não faz nenhuma referência ao gênero feminino, ou seja, a melhor interpretação – segundo o art. 5º da Lei de Introdução às Normas do Direito Brasileiro – é aquela que atende a função social da Lei, e, por isso, deve-se punir mais a lesão corporal contra ascendente, descendente, irmão, cônjuge ou companheiro, ou com quem conviva ou tenha convivido, ou, ainda, prevalecendo-se o agente das relações domésticas, de coabitação ou de hospitalidade, se a vítima for mulher (gênero feminino), haja vista a necessária aplicação da agravante genérica (art. 61, inc. II, alínea *f*, do CP)" (REsp 2.026.129/MS, rel. Min. Jesuíno Rissato (Desembargador Convocado do TJDFT), Terceira Seção, julgado em 12-6-2024, *DJe* de 24-6-2024).

Após o advento da Lei n. 14.188/2021, que aumentou a pena do crime de lesão corporal quando cometido contra mulher em situação de violência doméstica (art. 129, § 13), parece-nos que, para os crimes cometidos após a entrada em vigor de tal lei, o enquadramento correto é na figura qualificada deste § 13, sem a agravante genérica.

17.8.10. Se o crime é praticado com abuso de poder ou violação de dever inerente a cargo, ofício, ministério ou profissão (art. 61, II, g)

Nas duas primeiras hipóteses, o crime deve ter sido praticado por funcionário que exerce *cargo* ou *ofício público*, desrespeitando os deveres inerentes às suas funções ou abusando de seu poder. Exemplo: furto cometido por um policial quando vistoriava o interior de uma casa.

Nos casos em que esta agravante é aplicada, o juiz pode decretar a perda do cargo, desde que a condenação seja a pena privativa de liberdade igual ou superior a 1 ano (art. 92, I, *a*, do CP). A perda do cargo, entretanto, não é automática, devendo ser motivadamente declarada na sentença (art. 92, parágrafo único, do CP).

O dispositivo em estudo não se aplica quando se tratar de crime de abuso de autoridade cometido por funcionário público na forma da Lei n. 13.869/2019, porque em tal tipo de delito o abuso ou desvio das funções constitui elementar. Tampouco se aplica aos delitos previstos no capítulo "dos crimes praticados por funcionário público contra a administração em geral" (arts. 312 a 327 do CP), em que a violação de dever para com a administração é elemento indissociável e comum a todos os tipos penais.

Ministério se refere ao desempenho de atividades religiosas. Exemplo: desviar o dinheiro da doação dos fiéis.

A *profissão* caracteriza-se pela inexistência de vinculação hierárquica com outra pessoa e pelo exercício predominantemente técnico e intelectual (arquiteto, advogado, médico, agrônomo etc.).

17.8.11. Se o crime é praticado contra criança, maior de 60 anos, enfermo ou mulher grávida (art. 61, II, h)

A vulnerabilidade destas vítimas justifica a existência das agravantes, já que sua condição física dificulta a defesa em face dos criminosos.

O Estatuto da Pessoa Idosa (Lei n. 10.741/2003) corrigiu imperfeição existente neste dispositivo que determinava a agravação da pena se o delito fosse cometido contra velho (conceito indeterminado). Pelo texto atual, ficou especificado que a vítima deve ser pessoa maior de 60 anos.

Criança é a pessoa com menos de 12 anos, nos termos do art. 2º do Estatuto da Criança e do Adolescente (Lei n. 8.069/90).

A idade da vítima deve ser levada em conta na data do fato, nos termos do art. 4º do Código Penal.

Enferma é a pessoa que, em razão de doença ou defeito físico, tem reduzida sua capacidade de defesa (deficiente visual, paraplégico, deficiente mental etc.). Por isso, quem furta ou rouba uma dessas pessoas, aproveitando-se da facilidade que decorre da enfermidade, tem sua pena majorada. É evidente, no entanto, que não se cogita de agravação da pena se a vítima está meramente resfriada.

O conceito de *gravidez*, por óbvio, dispensa explicações, sendo de salientar, entretanto, que a agravante pressupõe que o agente saiba de sua existência. A agravante, obviamente, não se aplica a quem comete crime de aborto (art. 125 do CP), por se tratar de elementar do delito. No entanto, quem mata mulher, ciente da gravidez, e com isso provoca também a morte do feto, responde por crime de homicídio (este agravado pelo estado gestacional), em concurso formal com o crime de aborto.

17.8.12. Se o ofendido está sob imediata proteção da autoridade (art. 61, II, i)

A agravante tem aplicação quando a vítima está sob proteção direta e imediata de alguma autoridade, hipótese em que a prática do crime denota desrespeito à autoridade e audácia do agente. Exemplo: pessoas que retiram um preso de dentro da delegacia para linchá-lo.

17.8.13. Se o delito é cometido em ocasião de incêndio, naufrágio, inundação ou qualquer calamidade pública ou de desgraça particular do ofendido (art. 61, II, j)

A insensibilidade do agente, que se aproveita das facilidades decorrentes do momento de desgraça coletiva ou particular para cometer o crime, justifica a exasperação. É necessário, entretanto, que o incêndio ou inundação não tenha sido provocado pelo agente, pois, caso o tenha feito a fim de viabilizar outro delito, responde por este em concurso material com o crime de incêndio (art. 250) ou de inundação (art. 254), tendo estes últimos a pena agravada pela conexão teleológica (crime cometido a fim de facilitar a execução de outro delito).

17.8.14. Se o agente comete o crime em estado de embriaguez preordenada (art. 61, II, l)

É necessário que se prove que o agente se embriagou com a específica finalidade de cometer o crime.

17.9. Inaplicabilidade das agravantes genéricas aos crimes culposos

À exceção da reincidência, as agravantes genéricas previstas no art. 61 do Código Penal não podem ser aplicadas aos crimes culposos, tendo em vista a própria natureza das circunstâncias elencadas no texto legal. Nos crimes culposos, o agente não quer cometer infração penal, de modo que, se atropela, por exemplo, uma mulher grávida ou pessoa maior de 60 anos, não o faz de forma intencional, não merecendo a agravação da reprimenda. Nesse sentido: "salvo a agravante da reincidência, as demais somente incidem nos crimes dolosos" (STF, HC 62.214/MG, 2ª Turma, Rel. Min. Djaci Falcão, *DJ* 8-11-1984, p. 266). É este, outrossim, o pensamento de Heleno Cláudio Fragoso[63], Damásio de Jesus[64], Julio Fabbrini Mirabete[65] e Celso Delmanto, Roberto Delmanto e outros[66].

Existe, porém, entendimento de que as agravantes referentes à motivação (torpe ou fútil) aplicam-se aos crimes culposos. Para os seguidores desta corrente, a torpeza ou a futilidade em relação à conduta é suficiente para o reconhecimento da agravante, caso daquela advenha o resultado culposo. De acordo com esse entendimento, se alguém aceitar dinheiro para realizar uma conduta perigosa e tal comportamento provocar culposamente lesões ou morte, será aplicável a agravante, ainda que o agente confiasse que não produziria o resultado. É o entendimento, por exemplo, de Roberto Lyra[67]. Adotando tal interpretação, veja-se o seguinte julgado do Supremo Tribunal Federal:

> Não obstante a corrente afirmação apodítica em contrário, além da reincidência, outras circunstâncias agravantes podem incidir na hipótese de crime culposo: assim, as atinentes ao motivo, quando referidas a valoração da conduta, a qual, também nos delitos culposos, é voluntária, independentemente da não voluntariedade do resultado: admissibilidade, no caso, da afirmação do motivo torpe – a obtenção de lucro fácil –, que, segundo o acórdão condenatório, teria induzido os agentes ao comportamento imprudente e negligente de que resultou o sinistro (HC 70.362/RJ, 1ª Turma, Rel. Min. Sepúlveda Pertence, *DJ* 12-4-1996, p. 97).

17.10. Agravantes genéricas no caso de concurso de agentes

No art. 62 do Código Penal, estão descritas diversas agravantes genéricas que somente são cabíveis em crimes cometidos por duas ou mais pessoas.

---

[63] Heleno Cláudio Fragoso. *Lições de direito penal*: Parte Geral, 17. ed. Rio de Janeiro: Forense, 2006, p. 419.
[64] Damásio de Jesus. *Código Penal anotado*. 15. ed. São Paulo: Saraiva, 2004, p. 210.
[65] Julio Fabbrini Mirabete. *Código Penal interpretado*. São Paulo: Atlas, 1999, p. 347.
[66] Celso Delmanto, Roberto Delmanto e outros. *Código Penal comentado*. 8. ed. São Paulo: Saraiva, 2010, p. 287.
[67] Roberto Lyra. *Comentários ao Código Penal*. 2. ed. Rio de Janeiro: Forense, 1955, v. II, p. 237.

17.10.1. Agente que promove ou organiza a cooperação no crime ou dirige a atividade dos demais agentes (art. 62, I)

Nesse dispositivo, a lei pune mais gravemente o indivíduo responsável pela união dos criminosos ou que atua como líder do grupo.

O aumento incide também sobre o *mentor intelectual* do crime, ainda que não tenha estado no local da prática do delito.

17.10.2. Agente que coage ou induz outrem à execução material do crime (art. 62, II)

Nessa hipótese, o agente emprega violência ou grave ameaça, ou, ainda, seu poder de insinuação (induzimento), para convencer alguém à prática direta do delito. Em tais situações, a agravante genérica incidirá apenas para a pessoa que coagiu ou induziu, que, assim, terá pena mais elevada que a do autor direto (executor) do crime.

É preciso que a coação seja resistível, mas que o coagido tenha cometido o crime. Este, por ter sofrido coação, responde pelo delito com a pena reduzida pela atenuante do art. 65, III, *c*, do CP – ter cometido o crime sob coação a que podia resistir.

Lembre-se de que, em se tratando de coação irresistível, o coator responde pelo crime praticado pelo executor direto (sem a agravação da pena pelo dispositivo em análise) em concurso material com o crime de tortura do art. 1º, I, *b*, da Lei n. 9.455/97: "Constranger alguém com emprego de violência ou grave ameaça, causando-lhe sofrimento físico ou mental, para provocar ação ou omissão criminosa". No último caso, o coagido não responde por delito algum por ter agido mediante coação moral irresistível (art. 22 do CP).

17.10.3. Agente que instiga ou determina a cometer o crime alguém sujeito à sua autoridade ou não punível em virtude de condição ou qualidade pessoal (art. 62, III)

Instigar é reforçar a ideia criminosa preexistente em alguém.

Determinar significa mandar, ordenar.

Para que se aplique a agravante, é necessário que a conduta recaia sobre pessoa que está sob a autoridade (pública ou particular) de quem instiga ou determina, ou sobre pessoa não punível em razão de condição ou qualidade pessoal (menoridade, doença mental, acobertado por escusa absolutória etc.).

17.10.4. Agente que executa o crime, ou dele participa, mediante paga ou promessa de recompensa (art. 62, IV)

Pune-se neste dispositivo o criminoso mercenário, que ingressa na empreitada criminosa visando pagamento por seus serviços.

A paga é prévia em relação à execução do crime. A recompensa é para entrega posterior. A agravante, contudo, pode ser aplicada ainda que o autor da promessa não a tenha cumprido após a execução do delito.

17.11. Atenuantes genéricas

Essas circunstâncias, que geram a redução da pena na segunda fase de fixação da reprimenda, estão descritas nos arts. 65 e 66 do Código Penal.

Apesar de o art. 65 mencionar que as atenuantes sempre reduzem a pena, a verdade é que, se a pena-base já havia sido fixada no mínimo legal, as atenuantes reconhecidas restarão prejudicadas, pois não poderão fazer com que a pena fique abaixo do mínimo previsto em abstrato, nos termos da Súmula 231 do Superior Tribunal de Justiça: "a incidência de circunstância atenuante não pode conduzir à redução da pena abaixo do mínimo".

No art. 65 do Código Penal, existe um rol de atenuantes cujas hipóteses de configuração estão expressamente delineadas no texto legal, enquanto no art. 66 consta uma atenuante inominada, que faculta ao juiz a redução da pena sempre que entender presente circunstância relevante favorável ao acusado, anterior ou posterior ao crime, não elencada no rol do art. 65.

17.11.1. Se o agente é menor de 21 anos, na data do fato, ou maior de 70 anos, na data da sentença (art. 65, I)

A pessoa menor de 21 anos ainda não tem sua personalidade plenamente formada, de modo que o senso de responsabilidade ainda não é total, justificando a previsão legal de abrandamento da pena.

A jurisprudência fixou entendimento no sentido de que esta atenuante prepondera sobre todas as demais na 2ª fase da fixação da pena.

A menoridade relativa pode ser provada mediante a apresentação e a juntada aos autos de cópia de documento como certidão de nascimento, documento de identidade, carteira de habilitação etc. De acordo com a Súmula 74 do Superior Tribunal de Justiça, "para efeitos penais, o reconhecimento da menoridade do réu requer prova por documento hábil". De ver-se, entretanto, que o próprio Superior Tribunal de Justiça tem entendido ser possível que a prova da menoridade seja feita por outros tipos de documentos, como o termo de declarações colhido na delegacia de polícia no qual consta a qualificação e a data de nascimento ou, ainda, a folha de antecedentes na qual consta o número do documento de identidade e a data de nascimento etc. A propósito:

> O documento hábil ao qual a Súmula 74/STJ faz referência não se restringe à certidão de nascimento, ou seja, outros documentos dotados de fé pública, portanto, igualmente hábeis para comprovar a menoridade, também podem atestar a referida situação jurídica, como, por exemplo, a identificação realizada pela polícia civil (STJ, AgRg no REsp 1.396.837/MG, Rel. Min. Sebastião Reis Junior, 6ª Turma, julgado em 27-6-2014, DJe 5-8-2014).
>
> O atestado de antecedentes criminais é emitido com base no cadastro do órgão de identificação civil, sendo, ainda, assinado por delegado de polícia. Trata-se, assim, de documento dotado de fé pública, razão pela qual não há nenhum óbice a que seja utilizado como meio de prova da menoridade (STJ, REsp 1.362.372/MG, Rel. Min. Jorge Mussi, 5ª Turma, julgado em 19-8-2014, DJe 27-8-2014).

De acordo com o texto legal, o que se deve levar em conta é a menoridade (de 21 anos) na data em que a infração penal é cometida. Se uma pessoa com 20 anos de idade atira em alguém, mas a vítima só morre quando o agente já completou 21 anos, aplica-se a atenuante pois vale aqui a regra do art. 4º do Código Penal que diz que se considera cometido o delito no momento da ação ou omissão, ainda que o resultado seja posterior.

A modificação trazida pelo Código Civil (Lei n. 10.406/2002) no sentido de reduzir a maioridade civil de 21 para 18 anos não alterou o dispositivo do Código Penal, pois não houve modificação expressa nesta legislação que é especial em relação à civil.

No que diz respeito aos maiores de 70 anos, o que se leva em conta é a data da sentença de 1ª instância. Se o réu completar 70 anos quando o processo já estiver em fase recursal, sua pena não será reduzida. Se, todavia, o réu tiver sido absolvido em 1ª instância e a condenação for lançada em grau recursal em decorrência de recurso da acusação, a atenuante será aplicada se na data do julgamento pelo Tribunal o acusado já tiver completado 70 anos.

Se o acusado tinha menos de 70 anos na data da sentença, mas esta foi declarada nula e, por ocasião do novo julgamento, já tinha completado tal idade, terá direito à minorante.

A Lei n. 10.741/2003 (Estatuto da Pessoa Idosa) define como tal as pessoas com 60 anos ou mais. Tal lei, entretanto, não modificou a atenuante genérica em estudo, que expressamente faz referência aos maiores de 70 anos.

17.11.2. Desconhecimento da lei (art. 65, II)

O desconhecimento da lei não isenta de pena nos termos do art. 21 do Código Penal, mas pode atenuá-la. É evidente que o dispositivo em análise é praticamente impossível de ser aplicado em crimes como homicídio, roubo ou estupro, em que a ilicitude da conduta é evidente. Existem, entretanto, infrações penais de natureza complexa que podem levar o cidadão a não compreender adequadamente o seu alcance, de modo que, em tais casos, o juiz poderá atenuar a sanção.

A sinceridade das palavras do acusado que afirma desconhecer a lei deve ser analisada com cautela pelo juiz em cada caso concreto.

17.11.3. Ter o agente cometido o crime por motivo de relevante valor social ou moral (art. 65, III, a)

Valor moral diz respeito aos sentimentos relevantes do próprio agente, avaliados de acordo com o conceito médio de dignidade do grupo social no que diz respeito ao aspecto ético.

O relevante valor social é reconhecido quando o agente comete o crime pensando agir em consonância com os anseios da coletividade.

Essas mesmas circunstâncias são previstas como causas de diminuição de pena (privilégio) nos crimes de homicídio (art. 121, § 1º) e lesões corporais (art. 129, § 4º), de modo que seu reconhecimento pelos jurados (no homicídio) ou pelo juiz (nas lesões corporais) automaticamente afasta a possibilidade da atenuante. Assim, o pai que mata ou agride o estuprador da filha incorre, respectivamente, em homicídio ou lesão corporal privilegiada pelo relevante valor moral. É rara, portanto, a aplicação dessas atenuantes genéricas.

17.11.4. Ter o agente procurado, por sua espontânea vontade e com eficiência, logo após o crime, evitar-lhe ou minorar-lhe as consequências, ou ter, antes do julgamento, reparado o dano (art. 65, III, b)

Na primeira parte do dispositivo, o sujeito, após a consumação do delito, tenta evitar-lhe ou minorar-lhe as consequências. Não se exige a eficácia, pois o texto legal diz que basta que o agente procure (tente) diminuir ou evitar as consequências da infração. É o caso, por exemplo, de alguém que após agredir a vítima e lhe provocar lesões graves (crime consumado) a socorre, levando-a ao hospital. Não se confunde com o instituto do arrependimento eficaz, em que o agente, após realizar os atos executórios do delito, arrepende-se e realiza nova ação evitando a consumação do crime e, por tal razão, não responde pelo delito que pretendia inicialmente cometer.

Já em relação à reparação do dano, que deve ser integral, é preciso fazer uma distinção com o instituto do arrependimento posterior, previsto no art. 16 do Código Penal. Este último constitui causa de diminuição de pena cuja consequência é a redução de 1/3 a 2/3 da reprimenda, desde que o delito tenha sido cometido sem o emprego de violência contra pessoa ou grave ameaça e que a reparação tenha ocorrido antes do recebimento da denúncia ou queixa. Assim, por exclusão, a atenuante em estudo só pode ser aplicada quando a reparação do dano ocorrer antes da sentença e for referente a delito: a) cometido com violência à pessoa ou grave ameaça; e b) praticado sem violência contra pessoa ou grave ameaça se a reparação ocorrer após o início da ação penal.

17.11.5. Cometido o crime sob coação a que podia resistir, ou em cumprimento de ordem de autoridade superior, ou sob a influência de violenta emoção, provocada por ato injusto da vítima (art. 65, III, c)

Trata-se aqui de coação resistível e, como o texto legal não faz restrição, abrange a de natureza física ou moral. No que diz respeito à coação irresistível, o coagido fica isento de pena, só respondendo pelo delito o coator (art. 22 do CP).

No caso de ordem de superior hierárquico, o dispositivo diz respeito a funcionário público que recebe ordem de seu superior. Neste caso, é necessário que a ordem emanada seja manifestamente ilegal e que o subordinado, ainda assim, cumpra-a. É o que ocorre, por exemplo, quando o delegado de polícia manda um investigador forjar provas. Em tal caso, ambos respondem pelo crime, porém, com uma diferença: o delegado terá sua pena aumentada nos termos do art. 62, III, do Código Penal, enquanto o investigador terá a pena abrandada pelo dispositivo ora em análise.

Caso a ordem emanada não seja manifestamente ilegal, haverá isenção de pena por parte do subordinado, nos termos do art. 22 do Código Penal.

O fato de ter sido o delito cometido por quem se encontra sob a influência de violenta emoção, provocada por ato injusto da vítima, também gera a atenuação da pena. Havendo, entretanto, injusta agressão por parte da vítima, não existirá crime em face da legítima defesa.

Os crimes de homicídio doloso e lesão dolosa, por sua vez, possuem causa de diminuição de pena (privilégio) que também se caracteriza pela violenta emoção (arts. 121, § 1º, e 129, § 4º). O privilégio, entretanto, diferencia-se da atenuante genérica porque exige que o agente esteja sob o domínio (e não sob a mera influência) de violenta emoção e porque a morte ou lesão devem ter sido praticadas logo após a injusta provocação (requisito dispensável na atenuante). Em suma, se os jurados entenderem presentes os requisitos do privilégio, é este apenas que deve ser aplicado. Se os jurados, todavia, acharem que falta algum de seus requisitos e, por esse motivo, votarem negativamente, poderá ser aplicada a atenuante genérica pelo juiz.

17.11.6. Ter o agente confessado, espontaneamente, perante a autoridade, a autoria do crime (art. 65, III, d)

Antes da reforma da Parte Geral, feita pela Lei n. 7.209/84, a confissão só configurava atenuante se a autoria fosse ignorada ou imputada a outrem. Estes requisitos foram excluídos do texto legal, de modo que, atualmente, ainda que todas as provas colhidas indiquem o réu como autor do delito e este, ao ser interrogado ao final da ação, confesse aquilo que todos já disseram, ou seja, que ele é o autor do crime, a aplicação da atenuante será devida.

De acordo com o texto legal, não basta que a confissão seja voluntária, devendo ser espontânea.

A doutrina costuma salientar que a confissão qualificada, em que o réu assume a autoria do delito, mas alega ter agido acobertado por excludente de ilicitude não demonstrada pelo restante da prova, não atenua a pena.

Para o reconhecimento da atenuante, é necessário, ainda, que o réu confesse a espécie de ato criminoso narrado na acusação. Assim, se ele confessa que estava com a droga descrita na denúncia, alegando, contudo, que o fazia para uso próprio, mas o restante da prova demonstra que sua intenção era mesmo o tráfico, o juiz, ao condená-lo por este último crime, não poderá reconhecer a atenuante. Nesse sentido, existe a Súmula 630 do Superior Tribunal de Justiça: A incidência da atenuante da confissão espontânea no crime de tráfico ilícito de entorpecentes exige o reconhecimento da traficância pelo acusado, não bastando a mera admissão da posse ou propriedade para uso próprio". O mesmo ocorre quando o interrogado, acusado por crime de roubo, confessa um furto, ou seja, admite que subtraiu a bolsa da vítima, negando, porém, tê-la agredido. Nesse sentido:

> firme é a jurisprudência deste Supremo Tribunal Federal no sentido de que não se aplica a atenuante da confissão espontânea para efeito de redução da pena se o réu, denunciado por tráfico de droga, confessa que a portava apenas para uso próprio (STF, HC 94.295/SP, 1ª Turma, Rel. Min. Cármen Lúcia, DJe 31-10-2008, p. 905).

Saliente-se que a confissão pode ter ocorrido perante a autoridade policial ou perante o juiz. De ver-se, contudo, que é pacífico que não se aplica a atenuante se o réu confessou o crime perante o delegado, mas, em juízo, retratou-se, negando a prática do ilícito diante do magistrado, exceto se o juiz tiver expressamente mencionado em sua decisão como fundamento para a condenação a confissão extrajudicial. Nesse sentido: STJ, HC 217.687/SP, Rel. Min. Jorge Mussi, 5ª Turma, julgado em 25-9-2012, DJe 3-10-2012; e STJ, HC 175.027/SP, Rel. Min. Og Fernandes 6ª Turma, julgado em 13-3-2012, DJe 2-4-2012.

Existe igualmente entendimento de que, se o réu confessa o delito perante o delegado, mas se torna revel em juízo, a confissão anterior atenua a pena somente se tiver sido utilizada pelo juiz como um dos argumentos a justificar a condenação.

Em outubro de 2015, o Superior Tribunal de Justiça aprovou a Súmula n. 545, com o seguinte teor: "quando a confissão for utilizada para a formação do convencimento do julgador, o réu fará jus à atenuante prevista no art. 65, III, *d*, do Código Penal". De acordo com a Corte Superior, a atenuante deve ser aplicada se o juiz utilizou a confissão como fundamento para a condenação, pouco importando que tenha sido espontânea ou não, total ou parcial, ou mesmo que tenha ocorrido só na fase policial, com posterior retratação em juízo. O Superior Tribunal de Justiça passou a entender, inclusive, que mesmo a confissão qualificada pode atenuar a pena, desde que tenha sido utilizada expressamente pelo juiz como fundamento para a condenação: "O entendimento dominante no âmbito deste Superior Tribunal de Justiça é no sentido de que, mesmo nas hipóteses de confissão qualificada ou parcial, deve incidir a atenuante prevista no art. 65, III, *d*, do Código Penal, desde que tenha sido utilizada como elemento de convicção do julgador" (STJ, HC 439.019/PB, Rel. Min. Jorge Mussi, 5ª Turma, julgado em 26-6-2018, *DJe* 1º-8-2018); "É cabível a atenuante da confissão espontânea ainda que a confissão seja parcial ou qualificada, desde que a confissão tenha sido utilizada para a formação do convencimento do julgador, hipótese inocorrente no presente caso" (STJ, AgRg no REsp 1.690.840/ES, Rel. Min. Maria Thereza de Assis Moura, 6ª Turma, julgado em 19-6-2018, *DJe* 29-6-2018).

Em julho de 2024, a Terceira Seção do Superior Tribunal de Justiça proferiu importante decisão a respeito do tema confissão. Veja-se: "11.1: A confissão extrajudicial somente será admissível no processo judicial se feita formalmente e de maneira documentada, dentro de um estabelecimento estatal público e oficial. Tais garantias não podem ser renunciadas pelo interrogado e, se alguma delas não for cumprida, a prova será inadmissível. A inadmissibilidade permanece mesmo que a acusação tente introduzir a confissão extrajudicial no processo por outros meios de prova (como, por exemplo, o testemunho do policial que a colheu). 11.2: A confissão extrajudicial admissível pode servir apenas como meio de obtenção de provas, indicando à polícia ou ao Ministério Público possíveis fontes de provas na investigação, mas não pode embasar a sentença condenatória. 11.3: A confissão judicial, em princípio, é, obviamente, lícita. Todavia, para a condenação, apenas será considerada a confissão que encontre algum sustento nas demais provas, tudo à luz do art. 197 do CPP. 12. A aplicação dessas teses fica restrita aos fatos ocorridos a partir do dia seguinte à publicação deste acórdão no DJe. Modulação temporal necessária para preservar a segurança jurídica (art. 927, § 3º, do CPC). 13. Ainda que sejam eventualmente descumpridos seus requisitos de validade ou admissibilidade, qualquer tipo de confissão (judicial ou extrajudicial, retratada ou não) confere ao réu o direito à atenuante respectiva (art. 65, III, "d", do CP) em caso de condenação, mesmo que o juízo sentenciante não utilize a confissão como um dos fundamentos da sentença. Orientação adotada pela Quinta Turma no julgamento do REsp 1.972.098/SC, de minha relatoria, em 14/6/2022, e seguida nos dois colegiados desde então. 14. Agravo conhecido para dar provimento ao recurso especial, a fim de absolver o réu" (AREsp 2.123.334/MG, rel. Min. Ribeiro Dantas, Terceira Seção, julgado em 20-6-2024, *DJe* 2-7-2024).

17.11.7. Ter o agente cometido o crime sob a influência de multidão em tumulto, se não a provocou (art. 65, III, e)

Justifica-se o dispositivo porque, em tais situações, o sujeito costuma agir por impulso. É o que ocorre, por exemplo, quando uma multidão começa a saquear bens de um supermercado e um transeunte, ao ver que se passa, resolve também subtrair objetos.

17.11.8. Atenuante inominada (art. 66)

Nos termos do art. 66 do Código Penal, o juiz pode atenuar a pena em razão de qualquer outra circunstância relevante, anterior ou posterior ao crime, embora não prevista expressamente em lei. É o que ocorre, por exemplo, quando o juiz entende ser o caso de reduzir a pena de pessoa que, tendo cometido crime de porte de droga para uso próprio, passou a ministrar cursos em escolas ressaltando os malefícios do vício. Neste exemplo, a circunstância é posterior ao crime. Por sua vez, já se reconheceu a atenuante inominada em questão em crimes de furto com a justificativa de que o réu é pessoa muito pobre (circunstância anterior).

17.12. Concurso de circunstâncias agravantes e atenuantes genéricas

Nos termos do art. 67 do Código Penal, no "concurso de circunstâncias agravantes e atenuantes, a pena deve aproximar-se do limite indicado pelas circunstâncias preponderantes, entendendo-se como tais as que resultam dos motivos determinantes do crime, da personalidade do agente e da reincidência".

O dispositivo em estudo tem por finalidade esclarecer que o juiz, ao reconhecer, no mesmo caso, uma agravante e uma atenuante genérica, não deve simplesmente compensar uma pela outra, anulando-as. O magistrado deve, em verdade, dar maior valor às chamadas circunstâncias preponderantes (quer seja uma agravante, quer uma atenuante). Essa análise deve ser feita caso a caso, mas o legislador especificou no art. 67 que as circunstâncias preponderantes são as de caráter subjetivo (motivos do crime, personalidade do agente e reincidência, tendo a jurisprudência acrescentado a menoridade relativa).

É claro, todavia, que um fator preponderante não pode prevalecer se existirem vários em sentido oposto. Imagine-se, por exemplo, uma pessoa maior de 70 anos que tenha cometido crime contra o próprio filho, com emprego de fogo, à traição e por motivo torpe, sendo, ainda, reincidente com várias condenações anteriores. Não se pode cogitar que uma única atenuante tenha mais valor do que cinco agravantes.

É possível a compensação da agravante *da reincidência com a atenuante da confissão espontânea*?

Esse tema é de grande importância por se tratar de hipótese muito comum.

De acordo com o texto legal, a reincidência é circunstância preponderante enquanto a confissão não, de modo que deve prevalecer a exasperação. Este entendimento, aliás, é pacífico no Supremo Tribunal Federal, conforme pode se confirmar nos seguintes julgados: HC 112.830, HC 108.391/MG; HC 96.063/MS; HC 106.514/MS; RHC 110.727/DF; RHC 103.560/DF.

Destoando desses julgados da Corte Suprema, verifica-se que o Superior Tribunal de Justiça, de forma pacífica, vem permitindo a compensação, pois, ao analisar o Tema 585 em sede de recurso repetitivo, a 3ª Seção aprovou a seguinte tese: "É possível, na segunda fase da dosimetria da pena, a compensação da atenuante da confissão espontânea com a agravante da reincidência. No julgado abaixo a Corte justifica por qual razão entende ser a confissão uma circunstância preponderante – apesar de não constar no rol do art. 67 do CP: '1. Segundo a atual orientação da Terceira Seção desta Corte, a atenuante da confissão espontânea, por ser de mesmo valor da agravante da reincidência, quando sopesadas na segunda fase da fixação da pena, resulta na compensação de uma pela outra. 2. A confissão espontânea traz ao processo uma série de benefícios que tornam a prestação jurisdicional mais célere e eficaz, além de evidenciar a autoria do fato, tornando-a inequívoca. Ela acarreta economia e celeridade processuais pela dispensa da prática dos atos que possam ser considerados desnecessários ao deslinde da questão. Também acrescenta seguranças material e jurídica ao conteúdo do julgado, pois a condenação reflete de maneira inequívoca a verdade real, buscada inexoravelmente pelo processo penal. 3. Ordem concedida, em parte, para redimensionar a dosimetria da pena'" (HC 242.422/MS, Rel. Min. Adilson Vieira Macabu, 5ª Turma, julgado em 26-6-2012, *DJe* 7-8-2012).

O Superior Tribunal de Justiça entende, todavia, que a compensação deve ser parcial quando o acusado for multirreincidente: "...trata-se de acusado multirreincidente, o que inviabiliza a compensação integral com a atenuante da confissão espontânea conforme entendimento consolidado no âmbito deste Sodalício. Precedentes" (STJ, AgRg no AREsp 1810950/MS, Rel. Min. Felix Fischer, 5ª Turma, julgado em 18-5-2021, *DJe* 26-5-2021).

Por sua vez, a 3ª Seção do Superior Tribunal de Justiça decidiu que é possível a compensação integral entre a confissão e a reincidência específica: "A col. Terceira Seção deste eg. Superior Tribunal de Justiça, por ocasião do julgamento do Recurso Especial Repetitivo n. 1.341.370/MT (Rel. Min. Sebastião Reis Júnior, *DJe* de 17-4-2013), firmou entendimento segundo o qual 'é possível, na segunda fase da dosimetria da pena, a compensação da atenuante da confissão espontânea com a agravante da reincidência.' V – Na hipótese, não obstante seja o paciente reincidente específico, entendo que podem ser compensadas a agravante da reincidência (específica) com a atenuante da confissão espontânea, mormente se considerada a ausência de qualquer ressalva no entendimento firmado por ocasião do julgamento do recurso especial repetitivo sobre o tema" (HC 365.963/SP, Rel. Min. Felix Fischer, 3ª Seção, julgado em 11-10-2017, *DJe* 23-11-2017). No mesmo sentido: "Reconhecida a atenuante da confissão, essa pode ser compensada integralmente com a agravante da reincidência, uma vez que, a Terceira Seção deste Superior Tribunal de Justiça, por ocasião do julgamento do *habeas corpus* n. 365.963/SP, em 11-10-2017, firmou entendimento no sentido da 'possibilidade de se compensar a confissão com o gênero reincidência, irradiando seus efeitos para ambas espécies (genérica e específica), ressalvados os casos de multirreincidência'" (HC 424.983/SP, Rel. Min. Felix Fischer, 5ª Turma, julgado em 3-5-2018, *DJe* 8-5-2018); "A recente orientação sedimentada no Superior Tribunal de Justiça, por sua Terceira Seção, no julgamento do HC n. 365.963/SP, é a de que mesmo a reincidência específica pode ser integralmente compensada com a atenuante da confissão. Precedentes. 2. Agravo regimental desprovido" (AgRg no REsp 1.721.888/MS, Rel. Min. Antonio Saldanha Palheiro, 6ª Turma, julgado em 10-4-2018, *DJe* 16-4-2018).

Em junho de 2022, a 3ª Seção do Superior Tribunal de Justiça modificou a tese relativa ao Tema 585, em sede de recursos repetitivos, que passou a ter a seguinte redação: "É possível, na segunda fase da dosimetria da pena, a compensação integral da atenuante da confissão espontânea com a agravante da reincidência, seja ela específica ou não. Todavia, nos casos de multirreincidência, deve ser reconhecida a preponderância da agravante prevista no art. 61, I, do Código Penal, sendo admissível a sua compensação proporcional com a atenuante da confissão espontânea, em estrito atendimento aos princípios da individualização da pena e da proporcionalidade". Em suma, para o Superior Tribunal de Justiça, é possível a compensação integral da atenuante da confissão com a agravante da reincidência genérica ou específica, contudo, em se tratando de réu multirreincidente, a compensação deve ser parcial.

17.13. Terceira fase da fixação da pena

Nesta fase, o juiz deve considerar as *causas de aumento* e de *diminuição de pena* que se mostrarem presentes no caso concreto. Estas circunstâncias podem estar previstas na Parte Geral ou na Parte Especial do Código Penal. Identifica-se uma causa de aumento quando a lei menciona um índice de soma ou de multiplicação a ser aplicado sobre o montante de pena estabelecido na fase anterior. Podem ser citados como exemplos de causas de aumento o concurso formal (aumento de 1/6 até 1/2), a continuidade delitiva (aumento de 1/6 a 2/3), o fato de ser a vítima maior de 60 anos no homicídio (aumento de 1/3); ser o furto cometido durante o repouso noturno (aumento de 1/3), ser o delito praticado por mais de três pessoas no delito de constrangimento ilegal (pena duplicada) etc.

As causas de diminuição de pena caracterizam-se pela utilização de índice de redução a ser aplicado sobre a pena fixada na fase anterior. São causas de diminuição, por exemplo, a tentativa (redução de 1/3 a 2/3), o arrependimento posterior (diminuição de 1/3 a 2/3), o privilégio no crime de homicídio (redução de 1/6 a 1/3) etc.

É muito importante lembrar que, com o reconhecimento de uma causa de aumento ou de diminuição de pena, o juiz pode aplicar pena acima da máxima ou inferior à mínima cominada em abstrato. Exemplo: em uma tentativa de roubo simples, o juiz pode fixar a pena-base em 4 anos de reclusão (pena mínima em abstrato) e diminuí-la de 2/3, chegando a um montante final de 1 ano e 4 meses.

17.13.1. Concurso de causas de aumento ou de diminuição de pena

O art. 68, parágrafo único, do Código Penal traça regra de extrema importância, no sentido de que, no concurso de causas de aumento ou de diminuição de pena *previstas na Parte Especial*, pode o juiz limitar-se a um só aumento ou a uma só diminuição, prevalecendo, todavia, a causa que mais aumente ou diminua.

Em decorrência desse dispositivo, temos as seguintes soluções:

a) Se forem reconhecidas duas causas de aumento, uma da Parte Geral e outra da Parte Especial, ambas serão aplicadas, sendo que o segundo índice deve incidir sobre a pena resultante do primeiro aumento. Exemplo: roubo praticado com emprego de arma e em concurso formal.

O primeiro índice a ser aplicado é o da Parte Especial, pois primeiro incide a regra específica e depois a norma genérica.

Igual procedimento deve ser adotado quando o juiz reconhecer uma causa de diminuição de pena da Parte Geral e outra da Parte Especial. É o que ocorre, por exemplo, no homicídio privilegiado tentado.

b) Se o juiz reconhecer uma causa de aumento e uma causa de diminuição (uma da Parte Geral e outra da Parte Especial), deve aplicar ambos os índices. Primeiro, é aplicado o dispositivo da Parte Especial e depois o da Parte Geral. Exemplos: i) tentativa de homicídio contra vítima maior de 60 anos; e ii) furtos privilegiados em continuidade delitiva.

Quando as causas de aumento e de diminuição estiverem na Parte Geral, serão também de aplicação obrigatória (primeiro a causa de aumento e depois a de diminuição – por ser este método aritmético mais favorável ao réu). Exemplo: concurso formal de crimes praticados por semi-imputável.

c) Se o juiz reconhecer uma causa de aumento e uma causa de diminuição (ambas da Parte Especial), deve aplicar ambos os índices. Exemplo: homicídio privilegiado contra pessoa maior de 60 anos. O mesmo deve ocorrer se reconhecer uma causa de aumento e uma causa de diminuição da Parte Geral. Exemplo: crimes tentados cometidos em concurso formal.

d) Se o juiz reconhecer duas ou mais causas de aumento, estando todas descritas na Parte Especial, o magistrado poderá efetuar um só aumento, aplicando, todavia, a causa que mais exaspere a pena. Exemplo: no roubo a pena deve ser aumentada de 1/3 até 1/2 se o crime for cometido mediante restrição da liberdade da vítima (art. 157, § 2º, V) e de 2/3 se houver emprego de arma de fogo de uso permitido (art. 157, § 2º-A, I). Nesse caso, o juiz poderá aplicar apenas o último aumento, que é o maior. De ver-se, todavia, que a 3ª Seção do Superior Tribunal de Justiça no julgamento do HC 463434/MT, Rel. Min. Reynaldo Soares da Fonseca, 3ª Seção, julgado em 25-11-2020, *DJe* 18-12-2020, firmou entendimento de que, nesses casos, a outra causa de aumento poderá ser levada em consideração na primeira fase da dosimetria como circunstância judicial do art. 59 do CP.

A mesma regra deve ser aplicada quando o juiz reconhecer duas causas de diminuição previstas na Parte Especial do Código Penal. Exemplo: homicídio privilegiado pela violenta emoção e pelo relevante valor social.

O art. 68, parágrafo único, do Código Penal diz que, na hipótese em estudo, o juiz pode limitar-se a aplicar um só aumento ou redução, estabelecendo, assim, tratar-se de faculdade do juiz escolher se aplicará apenas uma ou mais causas de aumento ou de diminuição. Firmou-se, contudo, na doutrina e na jurisprudência, entendimento de que a regra é a aplicação de um único aumento ou diminuição, devendo o juiz fundamentar expressamente na sentença as eventuais razões que o levaram a aplicar ambos os índices. Em outras palavras, é até possível que o juiz aplique ambas as causas de aumento da Parte Especial, desde que tal providência seja justificada pela gravidade diferenciada das majorantes reconhecidas no caso concreto. Ex.: um roubo cometido por 30 pessoas com emprego de arma de fogo de uso permitido, em que o juiz aplique o aumento de 2/3 pelo uso da arma de fogo e depois aumente de mais um terço até a metade pelo concurso diferenciado de pessoas (número extremamente elevado de roubadores).

17.13.2. Pluralidade de qualificadoras

O legislador não estabeleceu regras a respeito de como deve proceder o juiz na fixação da pena em casos de reconhecimento de duas ou mais qualificadoras. A solução, portanto, foi encontrada pela doutrina e pela jurisprudência.

a) Caso se trate de crime de *homicídio*, o juiz utilizará a primeira para qualificar o crime e as demais como agravantes genéricas do art. 61, II, *a*, *b*, *c* e *d*, do Código Penal. Esta possibilidade só existe porque o teor dessas agravantes é o mesmo das qualificadoras do homicídio, de modo que o juiz, não utilizando algumas das circunstâncias como qualificadoras na dosimetria, poderá considerá-las como agravantes genéricas. Essa coincidência não existe em nenhum outro crime do Código Penal.

b) Nas *demais* infrações penais, o juiz utilizará a primeira circunstância como qualificadora e as demais como circunstâncias judiciais do art. 59 do Código Penal, uma vez que este dispositivo diz que o juiz deve levar em conta na fixação da pena qualquer circunstância do delito. Suponha-se um crime de furto cometido por duas pessoas e mediante escalada. O juiz pode utilizar-se do concurso de agentes para qualificar o crime (art. 155, § 4º, IV, do CP), mas não pode valer-se da escalada como agravante genérica porque não existe menção a esta figura nos arts. 61 e 62 do Código. Por isso, a escalada deve ser considerada como circunstância judicial do art. 59 (circunstância que demonstra maior gravidade da conduta delituosa).

18

CONCURSO DE CRIMES

18.1. Introdução

Concurso de crimes é a expressão utilizada para designar as hipóteses em que o agente, mediante *uma, duas* ou *mais condutas*, comete duas ou mais infrações penais. Em tais casos, o agente efetivamente cometeu diversas infrações, não se confundindo com as situações relacionadas ao princípio da consunção, em que, embora as condutas se amoldem em mais de um tipo penal, o agente só responde por um delito, ficando os demais absorvidos, quer por se tratar de crime-meio, quer por ser considerado *post factum* impunível. Em suma, para que se possa cogitar de concurso de crimes, é preciso que não se mostrem presentes os requisitos para a aplicação do princípio da consunção (ver tópico "conflito aparente de normas").

A expressão concurso de crimes somente é usada para se referir a dois ou mais crimes cometidos pela mesma ou pelas mesmas pessoas, mediante uma ou mais condutas. Quando há dois delitos em apuração em uma mesma ação penal, porém, cada um atribuído a réu diverso, não se está diante de concurso de crimes.

À primeira vista, se o agente cometeu dois ou mais delitos, as penas deveriam necessariamente ser somadas. O legislador, contudo, percebendo que ocorreriam exageros no montante da reprimenda, estabeleceu exceções quanto à sua fixação em certos casos de concurso de crimes, visando tornar mais justa a pena final. Suponha-se que o motorista de um ônibus, culposamente, colida com outro ônibus, provocando a morte de 30 pessoas. Caso as penas fossem somadas, estaria incurso em uma pena mínima de 80 anos de detenção (art. 302, parágrafo único, IV, do Código de Trânsito Brasileiro) – homicídio culposo na direção de veículo praticado por motorista profissional. Para tal situação, entretanto, o legislador previu o concurso formal de crimes, em que o motorista só recebe uma pena, aumentada de 1/6 até 1/2, de modo que, no exemplo acima, a pena máxima seria de 9 anos.

18.1.1. Espécies

As modalidades de concurso de crimes previstas no Código Penal são:
a) concurso *material* (art. 69);
b) concurso *formal* (art. 70); e
c) crime *continuado* (art. 71).

18.2. Concurso material

O concurso material é também chamado de concurso real ou cúmulo material. Nos termos do art. 69 do Código Penal, ocorre quando o agente, mediante *duas* ou *mais ações* ou *omissões*, comete dois ou mais crimes, idênticos ou não. A consequência é a *soma* das penas.

Só se pode cogitar de soma de penas na sentença se ambos os delitos estiverem sendo apurados na mesma ação penal. Para tanto, é necessária a existência de alguma forma de conexão entre eles, pois só assim se justifica a apuração no mesmo feito. É o que acontece, por exemplo, se o agente mata a vítima do estupro a fim de garantir sua impunidade, quando se mostra presente a chamada conexão consequencial. Em tal caso, os crimes são apurados em conjunto e o juiz, ao sentenciar, deve somar as penas dos crimes de homicídio qualificado e estupro. Por sua vez, se os delitos não são conexos, cada qual deve ser apurado em um processo distinto e receber pena isoladamente (uma sentença para cada crime). A soma só acontecerá posteriormente, no juízo das execuções criminais.

Importante salientar que, também no crime continuado, o sujeito comete dois ou mais crimes por meio de duas ou mais ações. Neste, entretanto, o juiz aplica uma só pena, aumentada de 1/6 a 2/3, porque os crimes são da mesma espécie e cometidos nas mesmas circunstâncias de tempo, local e modo de execução. Assim, a regra do concurso material só pode ser aplicada quando faltar algum dos requisitos do crime continuado.

18.2.1. Espécies

O concurso material pode ser *homogêneo* ou *heterogêneo*.

É considerado homogêneo quando os crimes cometidos são idênticos (dois roubos, dois estupros etc.). Para o reconhecimento desta modalidade de concurso material, em que as infrações penais são da mesma espécie, é preciso que sejam diversas as circunstâncias de tempo, local ou modo de execução, pois, caso contrário, a hipótese seria de crime continuado. Haverá, portanto, concurso material, se dois crimes de furto forem cometidos em datas distantes um do outro, ou em cidades diferentes, ou, ainda, se foram cometidos por modos de execução distintos. Por sua vez, o concurso material é heterogêneo quando os crimes praticados não são idênticos (um estupro e um homicídio; uma falsificação de documento e uma receptação etc.).

18.2.2. Soma das penas

De acordo com o entendimento tradicional, a efetiva soma das penas, tal como determina o art. 69 do Código Penal para os casos de concurso material, só seria possível quando os crimes cometidos fossem apenados com a mesma espécie de sanção. Assim, se o réu fosse condenado por receptação e estelionato (ambos apenados com reclusão), o juiz poderia somar as penas. Exemplo: o magistrado fixa a pena de 1 ano para cada delito e depois realiza a soma, chegando ao montante final de 2 anos de reclusão. O mesmo raciocínio se aplicaria se os delitos fossem todos apenados com detenção. Se, entretanto, as penas privativas de liberdade previstas fossem distintas, não haveria soma (no sentido aritmético). Em tais casos, estabelece a parte final do art. 69 que o juiz fixaria as duas penas, sem somá-las, e o réu cumpriria primeiro a pena de reclusão e depois a de detenção (interpretação dada à parte final do art. 69 do CP).

O Superior Tribunal de Justiça, todavia, firmou entendimento diverso, admitindo a soma das penas: "A controvérsia cinge-se em analisar a possibilidade de soma das penas de reclusão e de detenção, na fase de execução penal, para fim de fixação do regime prisional. A jurisprudência desta Corte está firmada no sentido de ser cabível a soma de tais penas, pois são reprimendas da mesma espécie (privativas de liberdade), nos termos do art. 111 da Lei de Execução Penal – LEP: 'A teor do art. 111 da Lei n. 7.210/1984, na unificação das penas, devem ser consideradas cumulativamente tanto as reprimendas de reclusão quanto as de detenção para efeito de fixação do regime prisional, porquanto constituem penas de mesma espécie, ou seja, ambas são penas privativas de liberdade' (AgRg no HC n. 473.459/SP, Quinta Turma, Rel. Min. Reynaldo Soares da Fonseca, *DJe* 01-03-2019). Precedentes do STF e desta Corte Superior de Justiça; (AgRg no REsp n. 2.007.173/MG, relator Ministro Messod Azulay Neto, Quinta Turma, julgado em 14-02-2023, *DJe* 22-02-2023). Portanto, mostra-se equivocado o raciocínio de que, caso sejam estabelecidos regimes diversos para o cumprimento das reprimendas, a execução da pena de detenção deve ser suspensa até que o apenado esteja em regime prisional compatível com essa espécie de sanção penal" (AgRg no REsp 2.053.887/MG, rel. Min. Joel Ilan Paciornik, Quinta Turma, julgado em 15-5-2023, *DJe* 18-5-2023).

18.2.3. Concurso material e penas restritivas de direitos

Estabelece o art. 69, § 1º, do Código Penal (já revogado tacitamente), que, quando ao agente tiver sido aplicada pena privativa de liberdade, não suspensa, por um dos crimes, para os demais será incabível a substituição por pena restritiva de direitos. A finalidade deste dispositivo era afirmar que, no caso de concurso material, se o condenado tivesse de cumprir pena privativa de liberdade por um dos delitos, em relação ao outro, não caberia pena restritiva de direitos. Acontece que a Lei n. 9.714/98 alterou o capítulo das penas, criando algumas novas modalidades de penas restritivas de direitos, que podem ser cumpridas concomitantemente com a pena de prisão. Por isso, o art. 44, § 5º, do Código Penal estabelece que, quando o condenado já estiver cumprindo pena restritiva e sobrevier condenação a pena privativa de liberdade por outro crime, o juiz da execução deverá decidir a respeito da revogação da pena restritiva, podendo deixar de decretá-la, se for possível ao condenado cumprir a pena substitutiva anterior. Assim, atualmente, é possível, ao contrário do que diz o art. 69, § 1º (revogado tacitamente), que o juiz, em casos de concurso material, aplique para um dos delitos pena privativa de liberdade – a ser cumprida efetivamente em prisão – e, em relação ao outro, realize a substituição por pena restritiva de direitos compatível com o cumprimento da pena privativa de liberdade. Exemplo: crime de lesão grave em que o juiz fixe pena de 2 anos e não possa substituir por pena restritiva de direitos porque envolve violência física, com condenação concomitante por delito de posse ilegal de arma de fogo, para o qual seja fixada pena de 1 ano, hipótese em que o juiz pode, em tese, substituir a última pena por prestação pecuniária.

Por sua vez, dispõe o art. 69, § 2º, do Código Penal que, quando forem aplicadas na sentença duas ou mais penas restritivas de direitos, o condenado cumprirá simultaneamente as que forem compatíveis entre si e sucessivamente as demais.

18.2.4. A soma das penas prevista em dispositivos da Parte Especial do Código Penal

Existem diversas hipóteses no Código Penal em que a soma das penas decorre de determinação da própria norma penal incriminadora e, por isso, estão na Parte Especial do Código Penal. Em regra, são delitos cometidos com emprego de violência contra a pessoa para os quais o legislador quis estabelecer que eventual provocação de lesão corporal de natureza leve não deve ser considerada absorvida. Podemos citar como exemplo o delito de resistência para o qual o art. 329, § 2º, estabelece "que as penas deste artigo são aplicadas sem prejuízo das correspondentes à violência". A redação deste dispositivo deixa claro que as penas devem ser somadas, pois dispõe que uma pena será aplicada sem prejuízo da outra. Por isso, se alguém agride um oficial de justiça para que ele não cumpra uma ordem de despejo e acaba lesionando-o, serão somadas as penas dos crimes de resistência e de lesão corporal, embora a ação (agressão) tenha sido única.

Regras idênticas são encontradas, dentre outros, nos crimes de injúria real (art. 140, § 2º), constrangimento ilegal (art. 146, § 2º), dano qualificado pelo emprego de violência (art. 163, parágrafo único, II), atentado contra a liberdade de trabalho (art. 197), coação no curso do processo (art. 344), exercício arbitrário das próprias razões (art. 345), evasão mediante violência contra pessoa (art. 352), arrebatamento de preso (art. 353), motim de presos (art. 354) etc.

18.3. Concurso formal

Ocorre o concurso formal, nos termos do art. 70, *caput*, do Código Penal, quando o agente, mediante *uma única ação* ou *omissão*, prática dois ou mais crimes, idênticos ou não. É também chamado de concurso ideal.

Se os delitos forem idênticos, o dispositivo determina que o juiz aplique uma só pena, aumentada de 1/6 até 1/2 (sistema da exasperação da pena). É o chamado concurso formal *homogêneo*. Exemplo: agindo com imprudência, o agente provoca um acidente em que morrem duas pessoas. Nesse caso, o juiz pode aplicar a pena de 1 ano (supondo-se que tenha optado pela pena mínima) e, na sequência, aumentá-la de 1/6, chegando ao montante final de 1 ano e 2 meses de detenção.

Se os delitos, todavia, não forem idênticos, temos o concurso formal *heterogêneo*, em que a lei determina que seja aplicada a pena do crime mais grave, aumentada também de 1/6 até 1/2. É o que ocorre, por exemplo, quando alguém, agindo com imprudência, provoca a morte de uma pessoa e lesões corporais na outra. Note-se que, aplicando-se a pena do crime mais grave (homicídio culposo), aumentada de 1/6, chegaremos à mesma pena do caso anterior (1 ano e 2 meses), embora naquela hipótese tivessem sido praticados dois homicídios culposos.

18.3.1. Critério para a exasperação da pena

A jurisprudência pacificou entendimento no sentido de que é o número de crimes praticados o critério que deve ser levado em conta pelo juiz para escolher o índice de exasperação da pena. Assim, quando o sujeito, mediante uma única imprudência, provoca a morte de duas pessoas, deve ser aplicado o aumento mínimo de 1/6, porém, se o número de vítimas for maior, o índice, proporcionalmente, deve ser maior. Quando o número de vítimas for exorbitante, é evidente que o índice aplicado deve ser o máximo previsto em lei (1/2). Nesse sentido, veja-se STF, HC 77.210/SP, 2ª Turma, Rel. Carlos Velloso, *DJ* 7-5-1999, p. 2.

Na prática, o critério que tem sido adotado pelos juízes e tribunais é o seguinte:

a) dois crimes: aumento é de 1/6;

b) três crimes: aumento de 1/5;

c) quatro crimes: aumento de 1/4;

d) cinco crimes: aumento de 1/3; e

e) seis ou mais crimes: aumento de 1/2.

18.3.2. Concurso formal perfeito e imperfeito

O instituto do concurso formal, com aplicação de uma só pena exasperada, poderia servir de estímulo a bandidos inescrupulosos, que, visando benefícios na aplicação da pena, poderiam se utilizar de subterfúgios na execução do delito. Assim, se um desses bandidos quisesse cometer três homicídios, poderia colocar fogo na casa onde estivessem as três vítimas ou prendê-las dentro de um carro e jogá-lo de um precipício. Teria, com isso, cometido três homicídios com uma só ação e poderia receber uma só pena com exasperação. Atento a essa possibilidade, o legislador definiu, na 2ª parte do art. 70, *caput*, do Código Penal, o concurso formal *imperfeito* (ou *impróprio*), no qual as penas são *somadas*, como no concurso material, sempre que o agente, com uma só ação ou omissão dolosa, praticar dois ou mais crimes, cujos resultados ele efetivamente visava (*autonomia de desígnios* quanto aos resultados). No exemplo acima, portanto, o criminoso pode ter as penas somadas, embora os homicídios tenham sido cometidos com a ação única, já que os delitos são dolosos e o agente efetivamente queria matar as três vítimas. Assim, pode-se dizer que o concurso formal possui duas modalidades de aplicação de pena. No concurso formal *próprio* (ou *perfeito*), no qual o agente não tem autonomia de desígnios em relação aos resultados, a consequência é a aplicação de uma só pena aumentada de 1/6 até 1/2. Já no concurso formal *impróprio* (ou *imperfeito*), no qual o agente atua com dolo direto em relação aos dois crimes, querendo provocar ambos os resultados, as penas são somadas.

Observe-se que o concurso formal próprio não é instituto exclusivo dos crimes culposos. Ao contrário, é o concurso formal impróprio que pressupõe a existência de dolo direto, ou seja, a intenção específica de cometer ambos os delitos. Por exclusão, portanto, aplica-se a regra do concurso formal próprio, em todas as outras hipóteses em que, com uma só ação ou omissão, o agente tenha cometido dois ou mais crimes. Existe, assim, concurso formal próprio: a) se os dois (ou mais) delitos forem culposos; b) se um crime for culposo, e o outro, doloso (como nas hipóteses de *aberratio ictus* e *aberratio criminis* com duplo resultado); c) se ambos os delitos forem fruto de dolo eventual; d) se um dos crimes for resultado de dolo direto, e o outro, decorrente de dolo eventual.

18.3.3. Aberratio ictus *com duplo resultado*

A *aberratio ictus*, ou erro de execução, existe quando o agente, querendo atingir determinada pessoa, efetua o golpe, mas, por má pontaria ou outro motivo qualquer, acaba atingindo pessoa diversa da que pretendia, hipótese em que o art. 73 do Código

Penal prevê que responde como se tivesse atingido a pessoa visada. Pode acontecer, todavia, de o sujeito atingir quem pretendia e, por erro de execução, atingir também outra pessoa. Nesse caso, o agente responde por crime doloso em relação a quem pretendia matar e por delito culposo em relação ao outro. Em tal caso, a parte final do art. 73 diz que se aplica a regra do concurso formal. Como o agente queria apenas um dos resultados, aplica-se a regra da exasperação da pena (concurso formal perfeito).

18.3.4. Aberratio criminis com duplo resultado

Nesta hipótese, o sujeito quer cometer um crime e, por erro, comete outro. O exemplo sempre lembrado é o do agente que atira uma pedra querendo cometer crime de dano, mas, por erro, acerta uma pessoa que passava pelo local, causando-lhe lesões. Neste caso, o art. 74 do Código Penal estipula que o agente só responde por crime de lesão corporal culposa, que absorve a tentativa de dano. Caso, porém, o agente atinja o bem que pretendia danificar e, por erro, atinja também uma pessoa, responde pelos dois delitos em concurso formal, conforme prevê a parte final do art. 74 do Código Penal. No exemplo acima, o agente responderia por crime de lesão culposa em concurso formal próprio com o crime de dano.

18.3.5. Concurso material benéfico no concurso formal heterogêneo

Na hipótese de concurso formal heterogêneo, é possível que ocorra uma distorção na aplicação da pena. Com efeito, imagine-se um crime de estupro de vulnerável (art. 217-A) em concurso formal com o de perigo de contágio de moléstia venérea (art. 130, *caput*), ou seja, um sujeito acometido, por exemplo, de gonorreia que estupra uma adolescente de 12 anos de idade. Suponha-se, então, que o juiz fixe a pena mínima para os dois delitos. No estupro de vulnerável, o mínimo é de 8 anos, e, no crime de perigo, é de 3 meses. Se as penas fossem somadas, atingiríamos o total de 8 anos e 3 meses, mas, se aplicássemos a regra do concurso formal, chegaríamos a uma pena de 9 anos e 4 meses (8 anos mais 1/6). Nesse caso, a regra do concurso formal, criada para beneficiar o acusado e evitar penas desproporcionais, estaria a prejudicá-lo. Em razão disso, o art. 70 do Código Penal, em seu parágrafo único, prevê que a pena resultante do concurso formal não pode ser superior àquela cabível no caso de soma das penas. Por isso, sempre que o montante da pena decorrente da aplicação do aumento de 1/6 até 1/2 (referente ao concurso formal) for maior que a soma, deverá ser desconsiderado tal índice e as penas deverão ser somadas. A essa hipótese dá-se o nome de *concurso material benéfico*.

18.4. Crime continuado

De acordo com o art. 71, *caput*, do Código Penal:

> quando o agente, mediante mais de uma ação ou omissão, prática dois ou mais crimes da mesma espécie e, pelas condições de tempo, lugar, maneira de execução e outras semelhantes, devem os subsequentes ser havidos como continuação do primeiro.

A finalidade do instituto é a de evitar a aplicação de penas exageradas, pois a consequência do reconhecimento da continuidade delitiva é a aplicação de uma só pena, aumentada de 1/6 a 2/3 (sistema da exasperação). Assim, quando um criminoso resolve, por exemplo, furtar toca-CDs de veículos estacionados na rua e, em sequência, consegue furtar, com emprego de chave falsa, 50 aparelhos de carros diferentes, ele, em tese, teria de receber uma pena mínima de 100 anos de reclusão, pois cometeu 50 crimes de furto qualificados que têm pena mínima de 2 anos cada. Ao se reconhecer, todavia, a continuidade delitiva em tal caso, a consequência será a fixação de uma só pena aumentada de 1/6 a 2/3. Por isso, se aplicada a pena mínima ao furto qualificado (2 anos), aumentada no patamar máximo de 2/3, a pena final será de 3 anos e 4 meses.

18.4.1. Natureza jurídica

Existem três teorias a respeito da natureza jurídica da continuidade delitiva:

a) Teoria da *unidade real*. Essa teoria, concebida por Bernardino Alimena, sustenta que as hipóteses de crime continuado constituem, em verdade, crime único.

b) Teoria da *ficção jurídica*. O crime continuado é constituído por uma pluralidade de delitos, mas, por ficção legal, é tratado como delito único no momento da aplicação da pena. Trata-se de teoria desenvolvida por Francesco Carrara e nitidamente adotada pelo Código Penal brasileiro que, ao definir crime continuado, menciona que o sujeito "pratica dois ou mais crimes", mas devem os subsequentes ser havidos como continuação do primeiro apenas para a fixação da pena. Tanto é verdadeira esta conclusão que o art. 119 do Código Penal prevê que, no caso de concurso de crimes, a extinção da punibilidade incidirá sobre a pena de cada um isoladamente.

c) Teoria *mista*. Para esta teoria, o crime continuado não constitui crime único nem concurso de crimes, e sim outra categoria (autônoma).

18.4.2. Aplicação da pena

No crime continuado, os delitos devem ser necessariamente da mesma espécie.

Não há dúvida de que crimes cometidos em sua modalidade simples e também na qualificada, quando atingem exatamente os mesmos bens jurídicos, são tidos como da mesma espécie. É o que ocorre entre os crimes de furto simples e qualificado (o único bem jurídico atingido é o patrimônio). Por isso, o próprio art. 71, *caput*, do Código Penal realça que, nas hipóteses de continuação criminosa, aplica-se a pena de um só dos crimes, se idênticas, ou *a mais grave, se diversas*, aumentada, em qualquer caso, de 1/6 a 2/3.

Saliente-se, todavia, que, se o crime qualificado atingir bens jurídicos diversos da modalidade simples, não se poderá cogitar da continuidade delitiva, tal como ocorre entre o roubo simples e o roubo qualificado pela morte (latrocínio). Este último, além do patrimônio, atinge a vida, de forma que não é tido como crime da mesma espécie do roubo simples. Por tal razão, entre esses dois delitos, ainda que praticados um logo após o outro, aplica-se a regra do concurso material.

Tal como ocorre no concurso formal, o juiz, na escolha do *quantum* de exasperação, deve levar em conta o número de infrações perpetradas. Quanto maior o número de delitos, maior será o índice de aumento. Na prática, tem sido adotado o seguinte critério:

a) dois crimes: aumento é de 1/6;
b) três crimes: aumento de 1/5;
c) quatro crimes: aumento de 1/4;
d) cinco crimes: aumento de 1/3;

e) seis crimes: aumento de 1/2; e

f) sete ou mais crimes: aumento de 2/3.

A propósito: "A exasperação da pena do crime de maior pena, realizado em continuidade delitiva, será determinada, basicamente, pelo número de infrações penais cometidas, parâmetro este que especificará no caso concreto a fração de aumento, dentro do intervalo legal de 1/6 a 2/3. Nesse diapasão esta Corte Superior de Justiça possui o entendimento consolidado de que, em se tratando de aumento de pena referente à continuidade delitiva, aplica-se a fração de aumento de 1/6 pela prática de 2 infrações; 1/5 para 3 infrações; 1/4 para 4 infrações; 1/3 para 5 infrações; 1/2 para 6 infrações e 2/3 para 7 ou mais infrações" (STJ, HC 490.707/SC, Rel. Min. Ribeiro Dantas, 5ª Turma, julgado em 21-02-2019, *DJe* 01-03-2019); e "Relativamente à exasperação da reprimenda procedida em razão do crime continuado, é imperioso salientar que esta Corte Superior de Justiça possui o entendimento consolidado de que, cuidando-se de aumento de pena referente à continuidade delitiva, aplica-se a fração de aumento de 1/6 pela prática de 2 infrações; 1/5, para 3 infrações; 1/4, para 4 infrações; 1/3, para 5 infrações; 1/2, para 6 infrações e 2/3, para 7 ou mais infrações" (STJ, REsp 1582601/DF, Rel. Min. Rogerio Schietti Cruz, 6ª Turma, julgado em 26-4-2016, *DJe* 2-5-2016).

No dia 13 de setembro de 2023, a 3ª Seção do Superior Tribunal de Justiça aprovou a súmula n. 659, nesse sentido: "a fração de aumento em razão da prática de crime continuado deve ser fixada de acordo com o número de delitos cometidos, aplicando-se 1/6 pela prática de duas infrações, 1/5 para três, 1/4 para quatro, 1/3 para cinco, 1/2 para seis e 2/3 para sete ou mais infrações".

Além disso, no julgamento do Tema 1.202, em sede de recursos repetitivos, o Superior Tribunal de Justiça aprovou a seguinte tese: "No crime de estupro de vulnerável, é possível a aplicação da fração máxima de majoração prevista no art. 71, *caput*, do Código Penal, ainda que não haja a delimitação precisa do número de atos sexuais praticados, desde que o longo período de tempo e a recorrência das condutas permita concluir que houve 7 ou mais repetições".

18.4.3. Requisitos

O art. 71 do Código Penal expressamente exige os seguintes requisitos para o reconhecimento do crime continuado:

a) *Pluralidade de condutas*.

Tal como ocorre no concurso material, o crime continuado pressupõe a realização de duas ou mais ações ou omissões criminosas, diferenciando-se, portanto, do concurso formal em que a conduta é única.

b) *Que os crimes cometidos sejam da mesma espécie*.

São aqueles previstos no mesmo tipo penal, simples ou qualificados, tentados ou consumados.

Assim, pode haver crime continuado entre furto simples e furto qualificado, mas não entre furto e apropriação indébita, entre furto e roubo ou entre roubo e extorsão etc.

Existe corrente minoritária que dá outra interpretação ao conceito de "crimes da mesma espécie", sustentando que devem ser assim entendidos aqueles cometidos mediante os mesmos modos de execução e que atinjam o mesmo bem jurídico. Para essa corrente, é admissível o reconhecimento da continuidade delitiva entre o roubo e a extorsão, já que ambos são cometidos mediante violência ou grave ameaça e atingem o mesmo bem jurídico (patrimônio), e entre furto mediante fraude e estelionato. Saliente-se, porém, que o entendimento amplamente dominante em termos doutrinários e jurisprudenciais é aquele mencionado anteriormente, que considera da mesma espécie apenas aquelas condutas que integram o mesmo tipo penal – simples ou qualificados, consumados ou tentados. A propósito:

> O Plenário desta Corte, ao julgar em 12.4.84, os Embargos de Divergência n. 96.701, firmou o entendimento de que roubo e extorsão não são crimes da mesma espécie, não se admitindo, portanto, nexo de continuidade entre eles, mas sim concurso material (STF, RE 104.0637/SP, 2ª Turma, Rel. Min. Moreira Alves, *DJU* 17-5-1985, p. 7.356).
>
> Conforme entendimento pacífico desta Corte, não há continuidade delitiva entre os delitos de roubo e extorsão, porque de espécies diferentes (STJ, HC 411.722/SP, Rel. Min. Maria Thereza de Assis Moura, 6ª Turma, julgado em 8-2-2018, *DJe* 26-2-2018).
>
> "Entretanto, em caso como o dos autos, nos quais foram cometidos os delitos de roubo e de furto, a jurisprudência desta Corte firmou-se no sentido de que não há como se reconhecer a continuidade delitiva entre os referidos delitos, pois são infrações penais de espécies diferentes e que têm definição legal autônoma. Precedentes" (STJ, HC 299.516/SP, Rel. Min. Reynaldo Soares da Fonseca, 5ª Turma, julgado em 21-06-2018, *DJe* 29-06-2018).

c) *Que os crimes tenham sido cometidos pelo mesmo modo de execução (conexão modal).*

Por esse requisito, não se pode aplicar a regra do crime continuado entre dois roubos quando, por exemplo, um deles tiver sido cometido mediante violência e o outro, mediante grave ameaça.

d) *Que os crimes tenham sido cometidos nas mesmas condições de tempo (conexão temporal).*

A jurisprudência vem admitindo o reconhecimento do crime continuado quando entre as infrações penais não houver decorrido período superior a 30 dias. A propósito, veja-se STF, HC 69.8964, Rel. Min. Marco Aurélio, *DJU* 2-4-1993, p. 5.620; STF, HC 70.174-4, Rel. Min. Carlos Velloso, *DJU* 6-8-1993, p. 14.904. No mesmo sentido: HC 69.896, HC 62.451, HC 69.305.

É claro, entretanto, que não basta a ocorrência de fatos criminosos sem o interregno de 30 dias entre um e outro. Se ficar constatado tratar-se de criminoso profissional ou habitual, que comete crimes quase diariamente como meio de vida, não tem direito ao benefício.

e) *Que os crimes tenham sido cometidos nas mesmas condições de local (conexão espacial).*

Admite-se a continuidade delitiva quando os crimes forem praticados no mesmo local, em locais próximos ou, ainda, em bairros distintos da mesma cidade e até em cidades contíguas (vizinhas). Nesse sentido:

> o fato de serem diversas as cidades nas quais o agente perpetrou os crimes (São Paulo, Santo André e São Bernardo do Campo) não afasta a reclamada conexão espacial, pois elas são muito próximas umas das outras, e integram, como é notório, uma única região metropolitana (STF, Rel. Min. Xavier de Albuquerque, *RT* 542/455).

18.4.4. Unidade de desígnios como requisito do crime continuado

Existe séria divergência em torno de a unidade de desígnios por parte do criminoso ser requisito do crime continuado. As teorias sobre o tema são chamadas de: a) teoria objetiva pura; e b) teoria objetivo-subjetiva.

Para a teoria objetiva pura, o crime continuado exige somente os requisitos de ordem objetiva elencados no art. 71 do Código Penal – que os crimes sejam da mesma espécie e cometidos nas mesmas circunstâncias de tempo, local e modo de execução. A lei não exige qualquer requisito de ordem subjetiva, dispensando a verificação quanto à finalidade do agente ao reiterar a ação delituosa.

Já para a teoria objetivo-subjetiva (ou mista), a continuação delitiva pressupõe a coexistência dos requisitos objetivos (art. 71) e subjetivos (unidade de desígnios), de modo que só pode ser reconhecida quando demonstrada a prévia intenção de cometer dois ou mais delitos em continuação. De acordo com ela, existe crime continuado quando, por exemplo, o caixa de um estabelecimento subtrai diariamente certa quantia em dinheiro da empresa, não o configurando, entretanto, a hipótese de assaltante que rouba aleatoriamente casas diversas, sem que haja qualquer vínculo entre os fatos, de forma a demonstrar que se trata de criminoso contumaz, habitual, que não merece as benesses legais.

O Código Penal adotou a teoria puramente objetiva, já que isso consta expressamente do item n. 59 da Exposição de Motivos. Ademais, não há qualquer menção à unidade de desígnios como requisito do instituto no texto legal, não podendo o intérprete da lei exigir requisitos que esta não elenca, ainda mais quando se trata de norma benéfica. Esta conclusão é pacífica na doutrina. Na jurisprudência, entretanto, nossos tribunais, principalmente os superiores, têm se mostrado reticentes em aplicar a teoria objetiva pura, exigindo a unidade de desígnios para o reconhecimento do crime continuado, a fim de limitar o benefício, excluindo-o em casos de criminoso habitual ou profissional. Nesse sentido, existem dezenas de julgados do Supremo Tribunal Federal e do Superior Tribunal de Justiça. Exemplificativamente, veja-se:

> O *decisum* ora atacado está em perfeita consonância com o entendimento firmado pelas duas Turmas desta Corte, no sentido de que "não basta que haja similitude entre as condições objetivas (tempo, lugar, modo de execução e outras similares). É necessário que entre essas condições haja uma ligação, um liame, de tal modo a evidenciar-se, de plano, terem sido os crimes subsequentes continuação do primeiro", sendo certo, ainda, que "o entendimento desta Corte é no sentido de que a reiteração criminosa indicadora de delinquência habitual ou profissional é suficiente para descaracterizar o crime continuado" (RHC 93.144/SP, Rel. Min. Menezes Direito) (STF, HC 114.725, Rel. Min. Ricardo Lewandowski, 2ª Turma, julgado em 4-6-2013, processo eletrônico *DJe* 114, divulg. 14-6-2013 PUBLIC 17-6-2013).

> "...esta Corte, ao interpretar o art. 71 do CP, adota a teoria mista, ou objetivo-subjetiva, segundo a qual caracteriza-se a ficção jurídica do crime continuado quando preenchidos tanto os requisitos de ordem objetiva – mesmas condições de tempo, lugar e modo de execução do delito – quanto o de ordem subjetiva –, a denominada unidade de desígnios ou vínculo subjetivo entre os eventos criminosos, a exigir a demonstração do entrelaçamento entre as condutas delituosas, ou seja, evidências no sentido de que a ação posterior é um desdobramento da anterior" (AgRg no HC 426.556/MS, Rel. Min. Nefi Cordeiro, 6ª Turma em 22-3-2018, *DJe* 3-4-2018) 4. No caso, ressaltou a Corte de origem que embora cometidos

nas mesmas condições de tempo, os delitos foram praticados de maneira autônoma não estando presentes os elementos subjetivos (unidade de desígnios) nem alguns dos elementos objetivos (mesmas condições de lugar e maneira de execução)" (STJ, AgRg no HC 670.293/PR, Rel. Min. Reynaldo Soares da Fonseca, 5ª Turma, julgado em 15-6-2021, *DJe* 21-6-2021).

"O Superior Tribunal de Justiça entende que, para a caracterização da continuidade delitiva (art. 71 do Código Penal), é necessário que estejam preenchidos, cumulativamente, os requisitos de ordem objetiva (pluralidade de ações, mesmas condições de tempo, lugar e modo de execução) e o de ordem subjetiva, assim entendido como a unidade de desígnios ou o vínculo subjetivo havido entre os eventos delituosos" (STJ, AgRg no HC 648.423/SP, Rel. Min. Rogerio Schietti Cruz, 6ª Turma, julgado em 8-6-2021, *DJe* 15-6-2021).

18.4.5. Distinção entre crime habitual e continuado

No crime habitual, a própria tipificação do delito pressupõe a reiteração de condutas. A prática de um ato isolado não constitui crime. Exemplo: curandeirismo (art. 284 do CP). Na continuação delitiva, cada conduta isoladamente constitui crime, mas, em virtude de estarem presentes os requisitos legais, aplica-se uma só pena seguida de exasperação.

18.4.6. Crime continuado qualificado ou específico

A atual redação do art. 71, parágrafo único, do Código Penal expressamente admite a continuação delitiva ainda que os crimes sejam dolosos, cometidos contra vítimas diferentes e com emprego de violência à pessoa ou grave ameaça. Ocorre que, nesses casos, o juiz poderá até triplicar a pena de um dos crimes (se idênticos) ou a do mais grave (se diversas as penas), considerando, para tanto, os antecedentes do acusado, sua conduta social, sua personalidade, bem como os motivos e as circunstâncias dos crimes. É evidente, todavia, que a hipótese de triplicação da pena só existirá se forem cometidos três ou mais crimes, pois, caso contrário, o crime continuado poderia acabar implicando pena maior do que a obtida com a soma delas. Assim, se foram praticados dois crimes, o juiz, no caso concreto, poderá apenas somar as respectivas penas.

O próprio parágrafo único do art. 71 do Código Penal, que define o crime continuado específico, ressalva expressamente o cabimento do concurso material benéfico quando a aplicação do triplo da pena puder resultar em pena superior à eventual soma. É que, de acordo com o dispositivo, o juiz pode triplicar a pena do crime *mais grave*. Suponha-se, assim, que haja continuidade entre dois homicídios simples e um qualificado pelo motivo torpe. Se o juiz triplicar a pena do crime qualificado, chegará a uma pena mínima de 36 anos. Todavia, se somar as penas dos dois homicídios simples com a do qualificado, a pena mínima será de 24 anos. Dessa forma, em tal situação, as penas devem ser somadas como no concurso material.

Podem ser citados como exemplos concretos da aplicação do crime continuado qualificado alguns casos de chacina, em que os assassinos mataram várias vítimas, ou de crimes de estupro cometidos seguidamente contra vítimas diversas. A propósito, veja-se STF, HC 92.819/RJ, 2ª Turma, Rel. Min. Ellen Gracie, *DJe* 15-8-2008, p. 841.

Por tudo que foi acima estudado, é fácil concluir que existem duas espécies de crime continuado: a modalidade *simples* ou *comum*, prevista no *caput* do art. 71, em que o juiz aplica o sistema da *exasperação* da pena, e a modalidade *qualificada* ou *específica*, em que o juiz pode *somar* as penas até o *triplo* da pena prevista.

18.4.7. Superveniência de lei nova mais gravosa

Nos termos da Súmula 711 do Supremo Tribunal Federal, a lei penal mais grave aplica-se ao crime continuado, se a sua vigência for anterior à cessação da continuidade. Assim, se alguém cometeu quatro crimes de furto em dias diversos e, ao praticar o último dos crimes, já havia uma nova lei tornando mais alta a pena do delito, a pena será aplicada com base na nova lei. Não se trata de retroatividade de lei mais grave, mas sim de aplicação da nova lei a fato cometido já na sua vigência.

18.5. Unificação das penas

Se na sentença não tiver sido possível aplicar o sistema da exasperação da pena decorrente do concurso formal ou do crime continuado por terem sido objeto de ações penais distintas para cada um dos fatos criminosos, será possível que, no juízo das execuções, seja feita a *unificação*. Assim, no momento em que o juiz de referida vara verificar a presença dos requisitos do concurso formal ou do crime continuado, decorrentes de condenações lançadas em sentenças diversas (por crimes distintos), deverá, em vez de somar as penas, desprezar uma delas, mantendo apenas a mais grave, e, em seguida, aplicar o índice de exasperação de que tratam os arts. 70 e 71 do Código Penal.

18.6. Concurso de crimes e suspensão condicional do processo

A suspensão condicional do processo é benefício descrito no art. 89 da Lei n. 9.099/95, cuja premissa é a pena mínima em abstrato do delito não superar 1 ano. A lei exige ainda que o réu seja primário, que não esteja sendo processado por outro crime e que sejam favoráveis as demais circunstâncias judiciais.

No caso de concurso de crimes, a análise da pena mínima deve levar em conta a sanção prevista em abstrato para o crime mais grave com a exasperação mínima do concurso formal ou do crime continuado, que é de 1/6, ou, no caso do concurso material, a soma das penas mínimas. Por isso, se alguém está sendo acusado por dois crimes de estelionato, em concurso formal ou em continuação delitiva, a pena mínima é de 1 ano e 2 meses (pena de 1 ano pelo estelionato acrescida de 1/6), não cabendo a suspensão condicional do processo. Da mesma maneira, se alguém está sendo processado por três crimes que possuem pena mínima de 6 meses, em concurso material, a conclusão é de que igualmente não cabe o benefício porque o mínimo de pena é de 1 ano e 6 meses.

A confirmar tal explanação existem duas súmulas:

a) "Não se admite a suspensão condicional do processo por crime continuado, se a soma da pena mínima da infração mais grave com o aumento mínimo de 1/6 for superior a 1 ano." (Súmula 723 do Supremo Tribunal Federal)

b) "O benefício da suspensão condicional do processo não é aplicável em relação às infrações penais cometidas em concurso material, concurso formal ou continuidade delitiva, quando a pena mínima cominada, seja pelo somatório, seja pela incidência da majorante, ultrapassar o limite de 1 ano." (Súmula 243 do Superior Tribunal de Justiça)

18.7. Distinção entre pluralidade de ações e pluralidade de atos e sua importância na configuração de crime único, concurso formal ou crime continuado

O Código Penal, ao tratar do concurso formal, exige *unidade* de *ação* (ou omissão), enquanto ao regulamentar o concurso material e o crime continuado exige *pluralidade de ações* (ou omissões). Estas, todavia, não se confundem com unidade ou pluralidade de *atos*. Uma ação é sinônimo de contexto fático único, que pode ser cindido em vários atos.

Outro aspecto relevante, conforme veremos em seguida, é que, na apreciação do concurso de crimes, deve-se levar em conta a existência ou não de lesão a mais de um bem jurídico.

Vejamos os seguintes casos:

a) Quando, em uma mesma ocasião, o agente realiza diversas conjunções carnais com a vítima do crime de estupro, estamos diante de crime único (uma ação e vários atos contra a mesma vítima). Se, entretanto, o pai, valendo-se da convivência no lar, estupra a própria filha em dias diversos, temos crime continuado na modalidade simples (mais de uma ação contra a mesma vítima). Se o agente estupra mulheres diferentes em um mesmo contexto fático ou em ocasiões próximas, temos pluralidade de ações, aplicando-se o crime continuado qualificado.

b) Se o sujeito mata a vítima com várias facadas, há crime único de homicídio, pois apenas uma vida foi ceifada. Trata-se de ação única composta de diversos atos (facadas). Não se caracteriza o concurso formal por ter havido uma só morte (um só resultado).

Por sua vez, se, por imprudência, alguém provoca, na mesma colisão de veículos, a morte de duas pessoas, incorre em concurso formal (ação única com pluralidade de vítimas).

Se o sujeito com uma única explosão mata, concomitante e dolosamente, os dois ocupantes de um carro, responde por dois crimes de homicídio qualificado em concurso formal (impróprio). Houve uma ação (explosão) com duplo resultado morte.

Se o sujeito, sucessivamente, atira e mata pessoas diversas (várias ações e vítimas), incorre no crime continuado qualificado.

18.7.1. Infrações penais com tipo misto alternativo

Existem inúmeros crimes na legislação penal que são formados por mais de um "verbo" (núcleo) separados pela conjunção alternativa "ou". No art. 180 do Código Penal, por exemplo, pune-se como receptador quem adquire, recebe, oculta, conduz *ou* transporta, em proveito próprio ou alheio, coisa que sabe ser produto de crime. Nessa modalidade de crime, a realização de uma das condutas típicas já é suficiente para caracterizar a infração penal, porém a realização de mais de uma delas, desde que em relação ao mesmo objeto material, configura crime único e não continuado. Exemplo: pessoa que compra um carro sabendo que se trata de produto de furto e posteriormente o dirige responde por um só delito de receptação. Se o sujeito, todavia, adquire em certa data um carro furtado e, em outra ocasião, transporta uma carga roubada de eletrodomésticos, comete dois crimes.

Esta espécie de infração penal composta de vários núcleos separados pela partícula "ou" encontra diversas denominações na doutrina – crime de ação múltipla, crime de conteúdo variado, delito com tipo misto alternativo etc.

18.8. Coexistência de duas formas de concurso de crimes

Não existe grande dificuldade quando se trata de coexistência de concurso material com uma das outras modalidades de concurso. Assim, se uma pessoa comete um estupro em concurso material com dois crimes de roubo, estes em concurso formal entre si, o juiz deve aplicar a pena de um dos roubos, com o acréscimo de 1/6 a 1/2 (decorrente do concurso formal) e, em seguida, somar com a pena do estupro. O mesmo raciocínio vale quando o agente comete um crime em concurso material com outros em relação aos quais exista continuidade delitiva.

Dificuldade maior se apresenta quando se trata de concomitância entre concurso formal e crime continuado. Imagine-se que alguém, mediante única ação, tenha cometido roubo contra duas pessoas em determinado contexto fático e, momentos depois, tenha abordado nova vítima e contra esta praticado outro roubo. Nesse caso, existe concurso formal nos delitos cometidos na primeira ocasião em continuidade delitiva com o último crime. A conclusão é a de que o juiz deve aplicar dois acréscimos sucessivamente (primeiro o aumento de 1/6 do concurso formal e, em seguida, o aumento de 1/6 do crime continuado). Há, entretanto, quem entenda que este procedimento prejudica o réu porque a aplicação de um aumento sobre o outro gera pena maior. Em razão disso, existe outra corrente no sentido de que o juiz deve aplicar somente o acréscimo do crime continuado, mas com exasperação acima da mínima (por serem três crimes).

No sentido de que ambos os acréscimos devem incidir, veja-se o seguinte julgado:

Crimes de estelionato. Concurso formal e continuidade delitiva (crime continuado). Artigos 70 e 71 do Código Penal. *Habeas corpus*. Alegação de *bis in idem*. Inocorrência. 1. Correto o Acórdão impugnado, ao admitir, sucessivamente, os acréscimos de pena, pelo concurso formal, e pela continuidade delitiva (artigos 70, *caput*, e 71 do Código Penal), pois o que houve, no caso, foi, primeiramente, um crime de estelionato consumado contra três pessoas e, dias após, um crime de estelionato tentado contra duas pessoas inteiramente distintas. Assim, sobre a pena-base deve incidir o acréscimo pelo concurso formal, de modo a ficar a pena do delito mais grave (estelionato consumado) acrescida de, pelo menos, um sexto até metade, pela coexistência do crime menos grave (art. 70). E como os delitos foram praticados em situação que configura a continuidade delitiva, também o acréscimo respectivo (art. 71) é de ser considerado [...] precedentes do STF (STF, HC 73.821/RJ, 1ª Turma, Rel. Min. Sydney Sanches, *DJ* 13-9-1996, p. 219).

Por sua vez, no sentido de que deve incidir somente o acréscimo do crime continuado, veja-se:

Crime de roubo qualificado. Coautores. Concurso formal. Continuidade delitiva. *Non bis in idem* (arts. 70 e 71 do CP). Em situação de aparente e simultânea incidência da norma de concurso formal e da de continuidade delitiva, é correto o entendimento de que a unificação das penas, com o acréscimo de fração a pena básica encontrada, se faça apenas pelo critério da continuidade delitiva, por mais abrangente. Recurso extraordinário não conhecido (STF,

RE 103.244/SP, 1ª Turma, Rel. Min. Rafael Mayer, *DJ* 22-11-1985, p. 25). No mesmo sentido: STF, RE 101.925/SP, 2ª Turma, Rel. Min. Francisco Rezek, *DJ* 14-3-1986, p. 3.389.

Esse o entendimento atual do Superior Tribunal de Justiça: "Pedido de aplicação cumulativa do concurso formal e do crime continuado. Impossibilidade. A orientação desse Superior Tribunal de Justiça, quando configurada a ocorrência de concurso formal e crime continuado, é a de que se deve aplicar somente um aumento de pena, qual seja, o relativo à continuidade delitiva. Precedentes" (AgRg no HC n. 729.366/PB, Rel. Min. Jesuíno Rissato (Desembargador Convocado do TJdft), 5ª Turma, julgado em 10-5-2022, *DJe* 13-5-2022).

18.9. Concurso de crimes e pena de multa

De acordo com o art. 72 do Código Penal, "no concurso de crimes, as penas de multa são aplicadas distinta e integralmente", de modo que, nos casos de concurso material, formal e, em tese, de continuidade delitiva as penas pecuniárias devem ser somadas, não se submetendo, assim, a índices de aumento. Dessa forma, considerando, por exemplo, que o estelionato simples possui penas de reclusão, de 1 a 5 anos, e multa, caso seja reconhecido o concurso formal entre dois estelionatos o juiz poderá aplicar a pena de 1 ano, por um dos crimes, e aumentá-la de 1/6, atingindo o patamar de 1 ano e 2 meses de reclusão; entretanto, em relação às multas, o juiz terá de fixar pelo menos 10 dias-multa para cada infração penal, atingindo o patamar mínimo de 20 dias-multa.

De ver-se, entretanto, que em relação à *continuidade delitiva* o Superior Tribunal de Justiça firmou entendimento de que a regra do art. 72 é inaplicável com o argumento de que, por ficção, a lei determina que seja o fato interpretado como crime único (e não como concurso de crimes). Assim, quanto ao crime continuado deve ser aplicado o sistema da exasperação, mesmo no que se refere à pena pecuniária. Nesse sentido: "A jurisprudência desta Corte assentou compreensão no sentido de que o art. 72 do Código Penal é restrito às hipóteses de concursos formal ou material, não sendo aplicável aos casos em que há reconhecimento da continuidade delitiva. Desse modo, a pena pecuniária deve ser aplicada conforme o regramento estabelecido para o crime continuado, e não cumulativamente, como procedeu a Corte de origem" (STJ, AgRg no AREsp 484.057/SP, Rel. Min. Jorge Mussi, 5ª Turma, julgado em 27-2-2018, *DJe* 9-3-2018).

Existem inúmeros outros julgados no mesmo sentido.

18.10. Limite das penas privativas de liberdade nos crimes

A fim de evitar punições de caráter perpétuo, conforme vedação do art. 5º, XLVII, *b*, da Constituição Federal, o art. 75, *caput*, do Código Penal estabelece que o cumprimento das penas privativas de liberdade não pode ser superior a *40 anos*[68] (art. 75). Ademais, quando o agente for condenado, em processos distintos, a penas privativas de liberdade cuja soma seja superior a 40 anos, devem elas ser unificadas para atender ao limite máximo previsto no dispositivo (§ 1º).

---

[68] Até o advento da Lei n. 13.964/2019 esse limite era de 30 anos.

Essas regras não obstam a aplicação de penas superiores a 40 anos, hipótese razoavelmente comum quando o agente pratica vários crimes, de modo que as penas somadas atingem algumas vezes patamares muito superiores (100 anos, 200 anos ou até mais). A lei veda apenas que o condenado *cumpra* mais de 40 anos de prisão em face das penas impostas. Assim, sendo o réu condenado a 150 anos de reclusão, poderá permanecer no cárcere apenas por 40 anos. Veja-se, entretanto, que, para o condenado conseguir o livramento condicional, deve cumprir 1/3 da pena (em se tratando de crime comum e de pessoa primária). Essa terça parte, evidentemente, não pode ter por base de cálculo o limite de 40 anos, pois, se assim fosse, a pessoa condenada a 150 anos acabaria obtendo a liberdade com 10 anos de cumprimento da pena. Por isso, o índice de 1/3 para a obtenção do livramento condicional deve ser aplicado sobre a pena total (150 anos no exemplo acima). Dessa forma, o benefício só seria cabível após 50 anos, fator que torna incabível o livramento na hipótese concreta, uma vez que, após 40 anos, o sentenciado obterá sua liberdade em definitivo pela extinção da pena em razão da regra do art. 75. Nesse sentido, existe a Súmula 715 do Supremo Tribunal Federal, "a pena unificada para atender ao limite de 30 anos[69] determinado pelo art. 75 do Código Penal não é considerada para a concessão de outros benefícios, como o livramento condicional ou regime mais favorável de execução".

18.10.1. *Superveniência de nova condenação após o início do cumprimento da pena e o limite de 40 anos do art. 75*

O art. 75, § 2º, do Código Penal estabelece que, se o réu for condenado por novo fato criminoso, *praticado após o início do cumprimento da pena,* far-se-á nova unificação, desprezando-se, para esse fim, o período de pena já cumprido. Exemplo: suponha-se uma pessoa condenada a 40 anos, que tenha cumprido 15 anos de sua pena. Resta-lhe, portanto, cumprir mais 25 anos. Imagine-se, em seguida, que o sentenciado sofra condenação a 20 anos de reclusão por crime cometido durante a execução da pena anterior. Nesse caso, os 25 anos restantes da primeira condenação deverão ser somados aos 20 anos aplicados na segunda sentença, chegando-se a um total de 45 anos. Desse modo, a partir da segunda condenação, terá o condenado de cumprir mais 40 anos de pena (para se respeitar o limite do art. 75).

18.10.2. *Limite das penas privativas de liberdade nas contravenções penais*

De acordo com o art. 10 da Lei das Contravenções Penais, a duração da pena de prisão simples não pode, em caso algum, ser superior a 5 anos.

18.11. *Concurso entre crimes e contravenções*

No concurso de infrações, executar-se-á inicialmente a pena mais grave (art. 76). Esse dispositivo se refere ao concurso entre crime e contravenção penal em que as penas de reclusão ou detenção devem ser executadas antes da pena de prisão simples referente à contravenção.

---

[69] Após a entrada em vigor da Lei n. 13.964/2019, o prazo passou a ser de 40 anos.

19

DA SUSPENSÃO CONDICIONAL DA PENA

19.1. Conceito

A suspensão condicional da pena, ou *sursis*, consiste na suspensão da execução da pena privativa de liberdade aplicada pelo juiz na sentença condenatória, desde que presentes os requisitos legais, ficando o condenado sujeito ao cumprimento de certas condições durante o período de prova determinado também na sentença, de forma que, se após seu término, o sentenciado não tiver dado causa à revogação do benefício, será declarada extinta a pena.

O *sursis* não é espécie de pena prevista no rol do art. 32 do Código Penal. Trata-se de medida alternativa ao cumprimento da pena, sendo, porém, condicionada. Cuida-se, não há dúvida, de um benefício, pois, de modo indiscutível, é mais vantajoso do que o cumprimento da pena em regime prisional. O próprio Código Penal denomina quem está em cumprimento de *sursis* de beneficiário (art. 81). Em razão disso, pode-se concluir que o *sursis* é um benefício legal alternativo ao cumprimento da pena privativa de liberdade. É, ao mesmo tempo, forma de execução da reprimenda imposta, pois pressupõe decreto condenatório e substituição da pena de prisão pelo cumprimento de condições – inclusive prestação de serviços à comunidade ou limitação de fim de semana. Em suma, o *sursis* é concomitantemente um benefício e uma forma de execução da pena.

São dois os sistemas mais conhecidos de suspensão condicional da pena. No sistema anglo-americano, o juiz reconhece a existência de provas contra o acusado, mas não o condena, submetendo-o a um período de prova. Cumpridas as condições nesse período, o juiz extingue a ação penal, mantendo o réu a sua primariedade. No sistema belgo-francês, o juiz condena o réu, mas suspende a execução da pena imposta, desde que presentes certos requisitos. Este é o sistema adotado no Brasil, em que o *sursis* pressupõe a prolação de sentença condenatória. O juiz, portanto, deve julgar procedente a ação penal e fixar a pena em sua integralidade, estabelecendo seu montante final de acordo com o critério trifásico e o regime prisional. Somente depois disso poderá ser aplicado o *sursis*.

A prévia fixação do montante da pena e do regime inicial é necessária porque se o acusado der causa à revogação do benefício terá que cumprir a pena originariamente imposta.

19.1.1. Espécies de sursis

O Código Penal prevê três modalidades de *sursis*:

a) *sursis* simples (art. 77, *caput*);
b) *sursis* especial (art. 78, § 2º);
c) *sursis* etário e humanitário (art. 77, § 2º).

19.2. Sursis *simples*

A lei não define expressamente a modalidade "simples" do *sursis*, porém, por exclusão, deve ser assim considerada a modalidade em que o réu ainda não reparou o dano causado pelo crime ou quando não lhe forem inteiramente favoráveis os requisitos do art. 59 do Código Penal, uma vez que, se presentes estes requisitos, estaremos diante do *sursis* especial.

Os requisitos do *sursis* simples estão elencados no art. 77 do Código Penal e são divididos em: a) objetivos; e b) subjetivos.

19.2.1. Requisitos objetivos

São os requisitos objetivos do *sursis* simples:

a) *Que o réu seja condenado a pena privativa de liberdade não superior a 2 anos* (art. 77, *caput*, do CP)

Pressupõe-se, portanto, que haja condenação, que a pena aplicada seja privativa de liberdade (reclusão ou detenção) e que seu montante não ultrapasse 2 anos.

Nos casos de concurso de crimes (material, formal ou continuado), o limite de 2 anos deve ser apreciado em relação ao montante total aplicado na sentença, e não em relação a cada delito individualmente.

De acordo com o art. 80 do Código Penal, o *sursis* não se estende a pena restritiva de direitos ou multa. Por isso, se alguém for condenado a 1 ano de reclusão e multa, o juiz poderá aplicar o *sursis* em relação à pena privativa de liberdade, mas a multa deverá ser paga, uma vez que não pode ser objeto da suspensão.

No caso de aplicação de medida de segurança ao inimputável ou semi-imputável, evidentemente não será cabível o *sursis*. Primeiro, porque o texto legal se refere expressamente à suspensão condicional da pena (e não da medida de segurança). Segundo, porque a medida de segurança tem finalidades especiais – tratamento do agente e prevenção em relação ao doente mental considerado perigoso –, sendo incompatível com o *sursis*.

b) *Que não seja indicada ou cabível a substituição por pena restritiva de direitos ou multa* (art. 77, III, do CP)

Sendo cabíveis tais substituições por penas alternativas (restritiva de direitos ou multa), deve o juiz aplicá-las, restando prejudicado o *sursis*.

Antes do advento da Lei n. 9.714/98, que alterou o art. 44 do Código Penal, as penas restritivas de direitos só eram viáveis em condenações em que a pena não superasse o limite de 1 ano. Por isso, quando a pena estava contida nesse patamar, os juízes aplicavam a pena restritiva, incidindo o *sursis*, na maioria das vezes, em condenações superiores a 1 ano e não superiores a 2 anos. Após referida lei, as penas restritivas passaram a ser possíveis em condenações não superiores a 4 anos (nos crimes dolosos), desde que cometidos sem violência ou grave ameaça. Por isso, considerando que o *sursis* só é cabível em condenações não superiores a 2 anos e que só pode ser aplicado quando não cabível a substituição por pena alternativa, sua incidência perdeu consideravelmente a importância, sendo aplicado, em regra, somente em crimes que envolvem violência ou grave ameaça, nas quais a condenação não supera 2 anos. Exemplo: crimes de lesão corporal de natureza grave ou gravíssima.

19.2.2. Requisitos subjetivos

São de ordem subjetiva os seguintes requisitos:

a) *Que o réu não seja reincidente em crime doloso* (art. 77, I, do CP).

Somente se o acusado for condenado por um crime doloso após a condenação por outro crime da mesma natureza é que o benefício se mostra inviável. Se qualquer deles for culposo, ou ambos, o *sursis* mostra-se cabível. Além disso, o art. 77, § 1º, permite o *sursis*, se a condenação anterior por crime doloso tiver gerado aplicação *exclusiva* de pena de *multa*.

b) *Que a culpabilidade, os antecedentes, a conduta social e a personalidade do agente, bem como os motivos e as circunstâncias do crime, autorizem a concessão do benefício* (art. 77, II, do CP).

Ainda que o réu seja primário, o juiz poderá negar-lhe o *sursis*, caso ostente maus antecedentes e o magistrado entenda que a suspensão da pena não se mostra suficiente para a prevenção e repressão do delito. É claro, porém, que, nesta hipótese, o julgado anterior deve ser referente a crime doloso e que não pode ter havido aplicação exclusiva de pena de multa, pois até para os casos de reincidência é assim.

A Súmula 444 do Superior Tribunal de Justiça veda a utilização de inquéritos policiais e ações penais em curso para agravar a pena-base e, pelo mesmo motivo, não podem impedir o *sursis*.

O benefício poderá ainda ser negado se o juiz, por exemplo, entender que o acusado tem personalidade violenta ou que os motivos do crime são incompatíveis com a suspensão da pena.

O fato de o réu se tornar revel durante o tramitar da ação penal não impede o *sursis*.

19.2.3. Direito subjetivo do condenado

Presentes os requisitos elencados no texto legal, a obtenção do *sursis* é direito público subjetivo do acusado, não podendo o juiz negar-lhe o benefício sem qualquer fundamentação ou por razões não convincentes.

19.2.4. Cabimento do sursis para crimes hediondos, tortura e terrorismo

Em razão das altas penas previstas aos delitos de natureza hedionda e equiparados, normalmente não há que se cogitar de aplicação do *sursis*. Excepcionalmente, contudo, a hipótese se apresenta em casos práticos, como quando alguém é condenado por crime de estupro simples tentado (art. 213, c/c o art. 14, II, do CP) e o juiz reduz a pena em seu montante máximo de 2/3, alcançando o patamar de 2 anos, ou, ainda, quando alguém é condenado por crime de tortura, cuja pena mínima é exatamente de 2 anos (art. 1º da Lei n. 9.455/97). Esses crimes são praticados com emprego de violência ou grave ameaça e, por isso, incabível quanto a eles a substituição por penas restritivas de direitos (se fosse cabível tal substituição, automaticamente estaria afastado o *sursis*). Em razão disso, duas correntes surgiram:

a) O *sursis* é incompatível com o sistema mais severo vislumbrado pelo legislador para os crimes hediondos e equiparados. A própria Constituição Federal, em seu art. 5º, XLIII, determinou tratamento mais gravoso aos delitos dessa natureza. Se, todavia, a pena fosse suspensa, o autor do crime hediondo receberia o mesmo tipo de sanção destinada aos criminosos comuns. Nesse sentido: STJ, REsp 660.920/RS, 5ª Turma, Rel. Min. Felix Fischer, *DJ* 14-2-2005, p. 233).

b) Como não há vedação expressa no texto legal, não cabe ao juiz negar o benefício se o acusado preencher os requisitos genéricos do art. 77 do Código Penal. É a opinião que tem prevalecido na doutrina e na jurisprudência. Damásio de Jesus[70] assim se pronunciou:

> Crimes hediondos – a execução da pena imposta em face de sua prática, presentes seus pressupostos objetivos e subjetivos, não é incompatível com o *sursis* [...]. O *sursis* constitui uma medida penal sancionatória de natureza alternativa, não se relacionando com os regimes de execução.

O Supremo Tribunal Federal, analisando o assunto, decidiu da seguinte forma:

> Normas penais. Interpretações. As normas penais restritivas de direitos hão de ser interpretadas de forma teleológica – de modo a confirmar que as leis são feitas para os homens –, devendo ser afastados enfoques ampliativos. Suspensão condicional da pena – crime hediondo – compatibilidade. A interpretação sistemática dos textos relativos aos crimes hediondos e à suspensão condicional da pena conduz à conclusão sobre a compatibilidade entre ambos (HC 84.414, 1ª Turma, Rel. Min. Marco Aurélio, *DJ* 26-11-2004, p. 26. No mesmo sentido, o HC 86.698, *DJe*-092, 31-8-2007).

19.2.5. Sursis e tráfico de drogas

Quanto ao tráfico de drogas, existe vedação expressa ao *sursis* no art. 44, *caput*, da Lei n. 11.343/2006.

Saliente-se que o Supremo Tribunal Federal declarou a inconstitucionalidade do referido art. 44 no tocante à vedação da conversão da pena privativa de liberdade em *restritiva de direitos* (ver comentários ao art. 44), mas não fez o mesmo em relação ao *sursis*, que, no regime atual, constitui benefício de maior grandeza, pois só obriga à prestação de serviços à comunidade ou limitação de fim de semana no primeiro ano de cumprimento, podendo ser ainda menos restritivo caso se trate de *sursis* especial. Por essa razão, os tribunais não têm reconhecido a possibilidade do *sursis* no tráfico de drogas. Nesse sentido:

> Consoante entendimento deste Superior Tribunal de Justiça, a vedação ao *sursis* (prevista no artigo 44 da Lei n. 11.343/06) não foi objeto de controle de constitucionalidade pelo Supremo Tribunal Federal, razão pela qual mantém-se em plena vigência, ainda que a reprimenda definitiva fixada não seja superior a 2 (dois) anos de reclusão (STJ, AgRg no REsp 1.615.201/MG, Rel. Min. Jorge Mussi, 5ª Turma, julgado em 8-8-2017, *DJe* 18-8-2017).

---

[70] Damásio de Jesus. *Código Penal anotado*. 15. ed. São Paulo: Saraiva, 2004, p. 275.

Em suma, o que se percebe na jurisprudência dos tribunais superiores é que em relação aos crimes hediondos, tortura e terrorismo, que, em regra, envolvem violência ou grave ameaça, sendo, por isso, incompatíveis com as penas restritivas de direitos, há julgados que admitem a aplicação do *sursis* (embora o tema seja ainda controvertido), desde que a pena não supere 2 anos. Já em relação ao tráfico, no qual se admite a substituição por penas restritivas de direitos (porque não envolve em regra violência ou grave ameaça), não se tem admitido o *sursis* (mesmo porque existe a vedação legal do art. 44 da Lei Antidrogas). Veja-se, contudo, que, no julgamento do HC 118.533, Rel. Min. Cármen Lúcia, em 23-6-2016, o Plenário do STF decidiu que o tráfico privilegiado[71] de drogas não possui natureza hedionda, razão pela qual, em tal modalidade do delito, tem-se admitido a concessão do *sursis*: "É desproporcional e carece de razoabilidade a negativa de concessão de *sursis* em sede de tráfico privilegiado se já resta superada a própria vedação legal à conversão da pena, mormente após o julgado do Pretório Excelso que decidiu não se harmonizar a norma do § 4º com a hediondez do delito definido no *caput* e § 1º do art. 33 da Lei de Tóxicos" (STJ, REsp 1626436/MG, Rel. Min. Maria Thereza de Assis Moura, 6ª Turma, julgado em 8-11-2016, *DJe* 22-11-2016). Posteriormente, a Lei n. 13.964/2019 inseriu no art. 112, § 5º, da LEP, previsão expressa no sentido de que o tráfico privilegiado não possui natureza equiparada à dos crimes hediondos.

19.2.6. Condições a que fica subordinado o beneficiário do sursis

Presentes os requisitos legais, o acusado tem direito ao benefício. Deve, por isso, o magistrado, concomitantemente à concessão, fixar as condições a que fica subordinado o condenado durante o período de prova, que, no *sursis* simples, deve ter duração de 2 a 4 anos.

De acordo com o art. 157 da Lei de Execuções Penais, o juiz ou tribunal deverá, na sentença que aplicar pena privativa de liberdade no limite de 2 anos, pronunciar-se, motivadamente, sobre a suspensão condicional da pena, quer a conceda, quer a denegue.

Já o art. 158 estabelece que, concedida a suspensão, o juiz *especificará* as condições a que fica sujeito o condenado, pelo prazo fixado, começando este a correr da audiência admonitória.

O art. 159, por sua vez, dispõe que, quando a suspensão condicional da pena for concedida pelo tribunal, em grau de recurso ou nos casos de competência originária, a este caberá fixar as condições do benefício. De igual modo procederá o tribunal se modificar as condições estabelecidas na sentença recorrida. É possível, todavia, que o tribunal, ao conceder o *sursis*, delegue ao Juízo da execução a incumbência de estabelecer as condições do benefício (art. 159, § 1º, da LEP).

As condições do *sursis* são classificadas em: a) *legais*; e b) *judiciais*.

As condições *legais* são obrigatórias e encontram-se expressamente elencadas no texto da lei, isto é, no art. 78, § 1º, do Código Penal, que dispõe que, no primeiro ano do período de prova, deverá o condenado prestar serviços à comunidade ou submeter-se à limitação de fim de semana.

---

[71] Considera-se privilegiado o tráfico quando o agente é primário, tem bons antecedentes, não se dedica às atividades criminosas e não integra organização criminosa. Em tal hipótese, descrita no art. 33, § 4º, da Lei de Drogas, a pena do réu será reduzida de 1/6 a 2/3.

Por sua vez, o art. 79 do Código Penal, permite que o juiz especifique outras condições a que fica subordinada a suspensão (condições *judiciais*), desde que adequadas ao fato e à situação pessoal do condenado. Essas condições evidentemente não podem ser vexatórias nem atingir direitos fundamentais do indivíduo (obrigação de doar sangue, de frequentar cultos religiosos etc.). Poderão, no entanto, ser estabelecidas condições como as de sujeição a tratamento para dependentes de drogas, frequência a aulas sobre normas de trânsito, obrigação de comparecimento ao juízo para justificar suas atividades etc.

Durante o período de prova, o sentenciado fica obviamente proibido de realizar condutas que causem a revogação do benefício. São as chamadas condições *indiretas* do *sursis*.

Saliente-se que, no sistema do Código Penal, não existe *sursis* incondicionado. Se o juiz, ao sentenciar, omitir-se na fixação das condições, deverão ser interpostos embargos de declaração. O mesmo deve ocorrer se o Tribunal conceder o *sursis* e não fixar as condições nem conferir expressamente ao juízo das execuções a incumbência de fazê-lo, conforme permite o art. 159, § 1º, da Lei de Execuções Penais. Se não forem interpostos os embargos e a decisão transitar em julgado, entende o Superior Tribunal de Justiça que o juízo das execuções, excepcionalmente, poderá fazê-lo, suprindo a omissão. Nesse sentido, veja-se:

> ... se o juiz se omite em especificar as condições na sentença, cabe ao réu ou ao Ministério Público opor embargos de declaração, mas se a decisão transitou em julgado, nada impede que, provocado ou de ofício, o juízo da execução especifique as condições. Aí não se pode falar em ofensa a coisa julgada, pois esta diz respeito à concessão do *sursis* e não às condições, as quais podem ser alteradas no curso da execução da pena. 2. Recurso especial conhecido e provido (STJ, REsp 15.368/SP, 5ª Turma, Rel. Min. Jesus Costa Lima, *DJ* 28-2-1994, p. 2.906).

O fundamento é o de que, se o juiz das execuções pode alterar as condições estabelecidas pelo juízo da condenação (art. 158, § 2º, da LEP), também pode fixá-las em caso de omissão.

Existem, entretanto, opiniões relevantes em sentido contrário, com o argumento de que a prerrogativa de o juiz das execuções alterar as condições do *sursis* deve-se sempre a razões supervenientes, não havendo, contudo, previsão legal que admite que altere a coisa julgada, ou seja, a sentença condenatória que não especificou condições. Ao contrário, o art. 159, § 1º, da Lei de Execuções só permite a tal juízo fixar as condições do *sursis* se o tribunal, ao proferir decisão condenatória, expressamente delegar tal função.

19.3. Sursis *especial*

Nos termos do art. 78, § 2º, do Código Penal, se o condenado houver reparado o dano, salvo impossibilidade de fazê-lo, e se as circunstâncias do art. 59 lhe forem *inteiramente favoráveis*, o juiz poderá aplicar o *sursis* especial, no qual o condenado terá de se submeter a condições menos rigorosas:

a) *proibição de frequentar determinados lugares* (bares, boates, locais onde se vendem bebidas alcoólicas etc.);

b) *proibição de ausentar-se da comarca onde reside, sem autorização do juiz*; e

c) *comparecimento pessoal e obrigatório a juízo, mensalmente, para informar e justificar suas atividades.*

19.4. Sursis *etário* e sursis *humanitário*

De acordo com o art. 77, § 2º, do Código Penal, se o condenado tiver idade superior a 70 anos na data da sentença e for condenado a pena não superior a 4 anos, o juiz poderá também conceder o *sursis*, mas, nesse caso, o período de prova será de 4 a 6 anos. Este é o chamado *sursis* etário. Do mesmo modo poderá proceder o juiz, se razões de saúde do acusado justificarem a suspensão no caso de ser aplicada pena não superior a 4 anos, hipótese conhecida como *sursis* humanitário (doença grave, invalidez etc.).

As demais regras são idênticas (condições a que deve se submeter o condenado, hipóteses de revogação etc.).

19.5. Execução do sursis

Nos termos do art. 160 da Lei de Execuções Penais, após o trânsito em julgado da sentença, o condenado será notificado para comparecer à *audiência admonitória*, na qual será lida a sentença condenatória pelo juiz, sendo o acusado, assim, cientificado das condições impostas e advertido das consequências de seu descumprimento e da prática de nova infração. Realizada a audiência admonitória com a aceitação das condições, terá início o período de prova.

No entanto, a ausência injustificada do condenado, notificado pessoalmente ou por edital pelo prazo de 20 dias, ou, ainda, sua recusa em aceitar o cumprimento das condições (manifestada na audiência), obriga o juiz a tornar sem efeito o benefício e determinar o cumprimento da pena privativa de liberdade originariamente imposta na sentença (art. 161 da LEP). É o que se chama da cassação do *sursis*, devendo o juiz determinar a expedição de mandado de prisão para o cumprimento da pena privativa de liberdade.

A fiscalização do cumprimento das condições é atribuída ao serviço social, penitenciário, Patronato, Conselho da Comunidade ou à instituição beneficiada com a prestação de serviços. Esses órgãos serão inspecionados pelo Ministério Público ou pelo Conselho Penitenciário, ou por ambos.

Os órgãos responsáveis pela fiscalização deverão comunicar imediatamente ao juízo das execuções qualquer fato capaz de acarretar a revogação do benefício, a prorrogação do período de prova ou a modificação das condições (art. 158, § 5º, da LEP).

O juiz poderá, a qualquer tempo, de ofício, a requerimento do Ministério Público ou mediante proposta do Conselho Penitenciário, modificar as condições e regras estabelecidas na sentença, ouvido previamente o condenado (art. 158, § 2º, da LEP).

19.5.1. Período de prova

Período de prova é o montante de tempo fixado pelo juiz na sentença, no qual o condenado deve dar mostras de boa conduta, não provocando a revogação do benefício. O período de prova se inicia com a realização da audiência admonitória. Ao término de tal período, se o condenado não tiver dado causa à revogação ou prorrogação do benefício, o juiz decretará a extinção da pena (art. 82 do CP).

A duração do período de prova, em regra, é de *2 a 4 anos*, porém existem algumas exceções como no *sursis* etário ou humanitário em que pode ser de 4 a 6 anos, ou nas contravenções penais em que varia entre 1 e 3 anos.

Para estabelecer o *quantum* do período de prova entre seus montantes mínimo e máximo, o juiz deve levar em conta a gravidade do crime cometido e as circunstâncias do art. 59 do Código Penal. Se o magistrado optar por fixá-lo acima do mínimo legal, deverá expressamente mencionar as razões de tal proceder, sob pena de nulidade da sentença neste aspecto e consequente redução ao patamar básico. Nesse sentido, veja-se: STF, HC 68.422/DF, Rel. Min. Celso de Mello, *DJU* 15-3-1991, p. 2650.

19.5.2. Revogação do sursis

A revogação do benefício pressupõe que o condenado esteja em período de prova, isto é, que já tenha sido realizada a audiência admonitória. A revogação implicará a necessidade de cumprimento integral da pena originariamente imposta na sentença, não havendo desconto proporcional ao tempo já cumprido antes da revogação.

O art. 81, *caput*, do Código Penal, elenca as hipóteses em que a revogação é obrigatória, enquanto em seu § 1º encontram-se os casos de revogação facultativa.

19.5.3. Revogação obrigatória

Em tais casos, o juiz não tem discricionariedade, de modo que, constatadas as hipóteses de revogação, cabe-lhe compulsoriamente proferir decisão revogando o *sursis*.

As hipóteses são as seguintes:

a) *Superveniência de condenação irrecorrível pela prática de crime doloso* (art. 81, I, do CP).

Pouco importa se a condenação refere-se a crime anterior ou posterior ao início do período de prova. O que se mostra necessário é que a condenação tenha transitado em julgado e que se refira a crime doloso.

Existe julgado do Supremo Tribunal Federal no sentido de que a revogação, neste caso, é automática, prescindindo de decisão judicial: RE 112.829, 2ª Turma, Rel. Min. Djaci Falcão, *DJ* 15-5-1987, p. 8891. Na prática, entretanto, os juízes proferem tal decisão, na medida em que, sem ela, o cartório judicial não expede o mandado de prisão.

É desnecessária a prévia oitiva do sentenciado, uma vez que a prova da nova condenação se faz com a juntada de certidão proveniente do juízo onde foi proferida a sentença.

Por interpretação extensiva ao art. 77, § 1º, do Código Penal, se a nova condenação referir-se somente à pena de multa, não haverá revogação do benefício.

b) *Frustração da execução da pena de multa, embora solvente o condenado* (art. 81, II, 1ª parte, do CP).

É praticamente pacífico o entendimento de que houve revogação tácita deste dispositivo em razão do advento da Lei n. 9.268/96, que não mais permite a prisão como consequência do não pagamento da pena de multa.

c) *Não reparação do dano provocado pelo delito, sem motivo justificado* (art. 81, II, 2ª parte).

Nesse caso, o condenado deve ser ouvido antes de ser decretada a revogação, a fim de que possa apresentar as razões para não ter reparado o dano (ausência de condições financeiras, renúncia da vítima à indenização, não localização da vítima etc.). Se o juiz entender justificada a falta não revogará o *sursis*.

d) *Descumprimento da prestação de serviços à comunidade ou limitação de fim de semana no primeiro ano do período de prova* (art. 81, III, do Código Penal).

O juiz deve também dar oportunidade ao sentenciado para justificar o descumprimento, só declarando a revogação do *sursis* se não for apresentada escusa satisfatória.

19.5.4. Revogação facultativa

Verificada uma das situações previstas em lei, caberá ao juiz, de acordo com as circunstâncias do caso concreto, proferir decisão revogando o *sursis*, mantendo-o ou, ainda, prorrogando o período de prova até o seu limite máximo, se este não foi o fixado na sentença (art. 81, § 3º, do CP).

As hipóteses de revogação facultativa são as seguintes:

a) *Superveniência de condenação irrecorrível, por crime culposo ou contravenção, a pena privativa de liberdade ou restritiva de direitos* (art. 81, § 1º, do CP).

É evidente que o juiz deve verificar a viabilidade de o acusado prosseguir cumprindo as condições do *sursis*, precipuamente se o período de prova encontrar-se no primeiro ano, quando o acusado é obrigado a prestar serviços à comunidade ou sujeitar-se à limitação de fim de semana. Obviamente se, na nova condenação, for fixado o regime inicial semiaberto (o mais rigoroso cabível em relação a crimes culposos ou contravenções), não será possível a manutenção do *sursis*, pois será inviável que o sujeito continue cumprindo as condições referentes à primeira condenação.

Sendo fixado o regime inicial aberto ou sendo a pena substituída por restritiva de direitos, poderá o juiz, se assim entender pertinente, manter o *sursis*, revogá-lo ou prorrogar o período de prova.

b) *Descumprimento de qualquer das condições judiciais fixadas no "sursis" simples ou das condições do "sursis" especial* (art. 81, § 1º, do CP).

O juiz deve também dar oportunidade ao sentenciado para justificar o descumprimento, só decretando a revogação do benefício se não for apresentada escusa satisfatória ou se o descumprimento for reiterado.

19.5.5. Relevância da distinção entre cassação e revogação do sursis

A cassação se dá antes da realização da audiência admonitória (réu que não comparece ao juízo ou que recusa o benefício). Ocorre, portanto, antes do início de execução do *sursis*. A revogação, conforme já estudado, ocorre depois. No primeiro caso, o termo *a quo* da prescrição da pretensão executória é o trânsito em julgado da sentença para ambas as partes (interpretação dada pelo STF ao art. 112, I, 1ª parte, do CP), enquanto, no segundo, é a data da revogação do *sursis* (art. 112, I, 2ª parte, do CP).

19.5.6. Prorrogação do período de prova

Se o condenado, durante o período de prova, passa a ser processado por outro crime ou contravenção, considera-se prorrogado o prazo até o julgamento definitivo (trânsito em julgado) da nova acusação (art. 81, § 2º). Assim, se o agente vier a ser condenado, poderá dar-se a revogação do *sursis*, hipótese em que o agente terá de cumprir a pena privativa de liberdade suspensa condicionalmente na sentença originária. Se, entretanto, vier a ser absolvido, o juiz decretará a extinção da pena referente ao processo no qual foi concedida a suspensão condicional.

Observe-se que, durante o prazo de prorrogação, o condenado fica desobrigado de cumprir as condições do *sursis*.

A prorrogação do período de prova em tal caso é *automática*, isto é, dispensa decisão judicial declarando-a. O procedimento adotado na prática é o seguinte: ao término do período de prova determinado na sentença, é juntada aos autos da execução a folha de antecedentes atualizada do condenado. Caso nada conste, o juiz declara a extinção da pena, nos termos do art. 82 do Código Penal. Se, entretanto, constar a existência de ação penal em andamento, o período de prova estará automaticamente prorrogado, podendo ou não haver futura revogação do *sursis*, dependendo do desfecho desta outra ação. É perfeitamente possível, portanto, a revogação do *sursis* mesmo após o término do período de prova.

19.5.7. Sursis *simultâneos*

Existe a possibilidade do cumprimento simultâneo de dois *sursis* nas seguintes hipóteses:

a) Se o réu, já condenado por um crime no qual foi concedido o *sursis*, for novamente condenado por crime doloso, e a nova sentença for proferida antes da audiência admonitória referente ao primeiro delito. É necessário que, quanto à última condenação, a pena não supere 2 anos e que o acusado tenha sido considerado primário (crime cometido antes da primeira condenação, por exemplo). Nessa hipótese, a nova condenação não gera a revogação do primeiro *sursis* porque proferida antes do início do período de prova.

b) Se o sentenciado, durante o período de prova, for condenado por crime culposo ou contravenção penal a pena não superior a 2 anos, e o juízo das execuções não revogar o *sursis* em relação ao primeiro delito (a hipótese é de revogação facultativa). Note-se que, em relação à segunda infração, o réu não está impedido de obter o *sursis*, por não ser reincidente em crime doloso.

19.5.8. Sursis *e detração penal*

A detração é incabível porque o *sursis* é benefício que não guarda proporção com a pena privativa de liberdade fixada na sentença. Assim, se alguém for condenado a 1 ano e 4 meses de reclusão e o juiz conceder o *sursis* por 2 anos, não poderão ser descontados desse período de prova, por exemplo, os 3 meses em que o réu permaneceu preso durante o tramitar da ação. É claro, entretanto, que a consequência de eventual revogação do *sursis* é a obrigação de o sentenciado cumprir a pena originariamente imposta na sentença e, em tal caso, deverá ser descontado o tempo de prisão processual.

20

DO LIVRAMENTO CONDICIONAL

20.1. Conceito

O livramento condicional consiste na antecipação da liberdade plena ao condenado, de caráter não definitivo, decretada após o cumprimento de parte da pena, concedida pelo juízo das execuções criminais, quando preenchidos os requisitos legais de ordem objetiva e subjetiva, ficando o sentenciado sujeito ao cumprimento de certas obrigações.

O livramento não tem caráter definitivo porque pode ser revogado pelo descumprimento das obrigações impostas e por outras razões.

Trata-se de incidente da execução da pena, sendo, portanto, concedido pelo Juiz das Execuções. Cuida-se, outrossim, de direito subjetivo do reeducando, na medida em que, preenchidos os requisitos legais, está o juiz obrigado a concedê-lo.

Não há como deixar de mencionar, por fim, que se trata de benefício legal, pois permite a libertação plena do sentenciado antes do cumprimento integral da pena aplicada na sentença.

O livramento condicional está regulamentado no Código Penal, no Código de Processo Penal e na Lei de Execuções Penais.

20.2. Requisitos

O art. 83 do Código Penal elenca os requisitos para a obtenção do livramento condicional, sendo alguns de natureza *objetiva* e outros de caráter *subjetivo*.

20.2.1. Requisitos objetivos

a) *Que o juiz tenha aplicado na sentença pena privativa de liberdade igual ou superior a 2 anos* (art. 83, *caput*, do CP).

Caso a pena tenha sido fixada em patamar inferior, o livramento não será possível. Se uma pessoa for condenada, por exemplo, a 1 ano e 3 meses de reclusão, e o juiz, por alguma razão, não substituir a pena por restritiva de direitos e não aplicar o *sursis*, será inviável a posterior incidência do livramento condicional. Se, todavia, o acusado possuir outras condenações, poderão as penas ser somadas para atingir o montante mínimo exigido pelo texto legal para a obtenção do benefício.

O livramento pode ser deferido a quem está cumprindo pena em regime fechado, semiaberto ou aberto, já que a lei não faz distinção. Para o condenado que cumpre pena, por exemplo, no regime fechado, não é necessário que primeiro progrida para o regime aberto ou semiaberto para que depois obtenha o benefício pois os requisitos são diferentes.

b) *Que o condenado tenha reparado o dano causado pela infração, salvo impossibilidade de fazê-lo* (art. 83, IV, do CP).

Pode o acusado se eximir da reparação caso demonstre concretamente não possuir condições financeiras de arcar com os valores devidos.

O dispositivo em questão só tem relevância para infrações penais que tenham causado algum prejuízo econômico.

c) *Cumprimento de parte da pena* (art. 83, I e II e V, do CP).

Dependendo da espécie de crime cometido e dos antecedentes do reeducando, o tempo de cumprimento da pena para a obtenção do livramento varia, de acordo com as seguintes regras:

1) *Caso se trate de crime comum e não sendo o condenado reincidente em crime doloso, bem como apresentando bons antecedentes, deve ter cumprido mais de 1/3 da pena* (art. 83, I, do CP).

É o chamado livramento condicional *simples*.

2) *No caso de crime comum, se o réu for reincidente em crime doloso, deve ter cumprido mais de metade da pena* (art. 83, II, do CP).

É o chamado livramento condicional *qualificado*.

O texto legal é ambíguo no que diz respeito ao tempo de cumprimento em relação ao portador de maus antecedentes e do reincidente em que algum dos crimes seja culposo. O art. 83, I, parece excluí-los do critério que exige apenas 1/3 (o dispositivo exige bons antecedentes), enquanto o inciso II só exige o cumprimento de metade da pena se a reincidência for em crime doloso. Por isso, deve-se optar pela solução mais favorável aos condenados com maus antecedentes ou reincidentes (em que um dos crimes cometidos seja culposo), de modo que só necessitarão cumprir 1/3 da pena para a obtenção do benefício. Nesse sentido, existem muitos julgados do Superior Tribunal de Justiça, por exemplo: HC 57.300/SP, 5ª Turma, Rel. Min. Gilson Dipp, *DJ* 5-2-2007, p. 275; HC 25.299/RJ, 6ª Turma, Rel. Min. Paulo Gallotti, *DJ* 14-6-2004, p. 277.

3) *Se a condenação for referente a crime hediondo, terrorismo ou tortura, deve o sentenciado ter cumprido mais de 2/3 da pena, salvo se o apenado for reincidente específico em crimes dessa natureza* (art. 83, V, do CP).

Se o agente já foi condenado por qualquer crime hediondo, por tortura ou terrorismo, não poderá obter o livramento caso torne a cometer quaisquer desses crimes.

O art. 112 da LEP, em seus incisos VI, "a", e VIII, veda, por sua vez, o livramento condicional para pessoas condenadas por crimes hediondos ou equiparados com resultado morte. Ex.: latrocínio consumado, homicídio qualificado consumado, estupro qualificado pela morte, tortura qualificada pela morte etc. Por sua vez, o art. 112, VI-A, veda o livramento aos condenados por feminicídio.

A Lei n. 13.344/2016 modificou a redação do art. 83, V, do Código Penal, e passou a prever que, no crime de tráfico de pessoas (art. 149-A do CP), o livramento condicional também só poderá ser obtido após o cumprimento de dois terços da pena, desde que o apenado não seja reincidente específico em crime dessa natureza. Quanto a tal instituto, portanto, o tráfico de pessoas, em todas as suas formas, passou a ter tratamento idêntico ao dos crimes hediondos e assemelhados, embora apenas a figura majorada por ser cometida contra criança ou adolescente tenha tal natureza (art. 1º, XII, da Lei n. 8.072/90).

4) *Se a condenação for por crime de tráfico de drogas (arts. 33, caput, § 1º, e 34 da Lei n. 11.343/2006), é necessário que o condenado tenha cumprido mais de 2/3 da pena, salvo se reincidente específico em crime dessa natureza* (art. 44, parágrafo único, da Lei n. 11.343/2006).

Apenas não poderá obter o livramento quem for reincidente específico em crimes de tráfico. O alcance de reincidência específica nesse dispositivo é mais restrito do que aquele contido no art. 83, V, do Código Penal e, por ser a Lei Antidrogas posterior, revogou tacitamente a menção ao crime de tráfico existente no mencionado inciso V. Em suma, quem cometer tráfico de drogas após ter sido condenado em definitivo por algum crime hediondo (estupro, por exemplo) pode obter o livramento após cumprir 2/3 de sua pena, porém, se a condenação anterior for também relacionada ao tráfico de drogas, o livramento não poderá ser concedido.

Observe-se que, no julgamento do HC 118.533, Rel. Min. Cármen Lúcia, em 23-6-2016, o Plenário do STF decidiu que o tráfico privilegiado de drogas não possui natureza hedionda e que, por tal razão, não são exigíveis os requisitos mais severos para a obtenção do livramento, previstos no art. 44, parágrafo único, da Lei n. 11.343/2006. Posteriormente, a Lei n. 13.964/2019 inseriu no art. 112, § 5º, da LEP, previsão expressa no sentido de que o tráfico privilegiado não possui natureza equiparada à dos crimes hediondos. Considera-se privilegiado o tráfico quando o agente é primário, tem bons antecedentes, não se dedica às atividades criminosas e não integra organização criminosa. Em tal hipótese, descrita no art. 33, § 4º, da Lei de Drogas, a pena do réu será reduzida de 1/6 a 2/3 e ele poderá obter o livramento de acordo com as regras comuns do Código Penal (art. 83). Essa decisão da Corte Suprema sobrepõe-se ao que havia decidido o Superior Tribunal de Justiça, que entendera ter natureza hedionda o tráfico privilegiado (Súmula n. 512), razão pela qual tal súmula acabou sendo cancelada.

No tráfico de drogas comum (não privilegiado), será necessário o cumprimento do montante diferenciado de pena, previsto no art. 44, parágrafo único, da Lei n. 11.343/2006.

O Superior Tribunal de Justiça fixou entendimento no sentido de que não há reincidência específica se a pessoa for condenada inicialmente por tráfico privilegiado e depois por tráfico comum (art. 33, *caput*): "*In casu*, embora o paciente já ostentasse condenação anterior por tráfico privilegiado quando praticou o crime de tráfico de drogas (art. 33, *caput*, da Lei n. 11.343/2006), não se configurou a reincidência específica, uma vez que se trata de condutas de naturezas distintas" (STJ – HC 453.983/SP, Rel. Min. Felix Fischer, 5ª Turma, j. 2-8-2018, *DJe* 9-8-2018); "Imperioso afastar a reincidência específica em relação ao tráfico privilegiado e o tráfico previsto no *caput* do art. 33 da Lei de Drogas, nos termos do novo entendimento jurisprudencial, para fins da concessão do livramento condicional" (STJ – HC 436.103/DF, Rel. Min. Nefi Cordeiro, 6ª Turma, j. 19-6-2018, *DJe* 29-6-2018); "O sentenciado condenado, primeiramente, por tráfico privilegiado (art. 33, § 4º, da Lei n. 11.343/2006) e, posteriormente, pelo crime previsto no *caput* do art. 33 da Lei n. 11.343/2006, não é reincidente específico, nos termos da legislação especial; portanto, não é alcançado pela vedação legal, prevista no art. 44, parágrafo único, da referida Lei" (HC 419.974/SP, Rel. Min. Maria Thereza de Assis Moura, 6ª Turma, j. 22-5-2018, *DJe* 4-6-2018).

De acordo com o art. 2º, § 9º, da Lei n. 12.850/2013, com a redação dada pela Lei n. 13.964/2019, o condenado expressamente em sentença por integrar organização criminosa ou por crime praticado por meio de organização criminosa não poderá progredir de regime de cumprimento de pena ou obter livramento condicional ou outros benefícios prisionais se houver elementos probatórios que indiquem a manutenção do vínculo associativo, ou seja, que ainda integra a organização.

20.2.1.1. Soma das penas

No caso de concurso de crimes reconhecidos na mesma sentença, deve-se observar o montante total aplicado, resultante da soma ou exasperação, para se verificar a possibilidade do benefício pelo cumprimento de parte desse total.

Da mesma forma, em caso de superveniência de nova condenação, as reprimendas devem ser somadas para que seja verificado o cabimento do livramento. Suponha-se uma pessoa condenada a 7 anos de reclusão por um crime comum, que já tenha cumprido 1 ano da pena, quando sobrevém nova condenação por crime comum, agora a 3 anos de reclusão, não sendo o réu considerado reincidente. Serão somados os 6 anos restantes da primeira condenação com os 3 anos da última, alcançando o total de 9 anos. Assim, o livramento poderá ser obtido após o cumprimento de 3 anos (1/3 da pena).

Quando os crimes praticados se sujeitarem a prazos diversos para a obtenção do benefício, deverá ser feita a análise com base em cada um deles individualmente e depois deverão ser somados. Exemplo: pessoa condenada a 12 anos de reclusão por homicídio qualificado (crime hediondo) e a 6 anos por crime de roubo (crime comum). O réu não foi considerado reincidente em nenhuma das condenações. Assim, deverá ter cumprido 8 anos em relação ao homicídio (2/3) e mais 2 anos referentes ao roubo (1/3). Em suma, após a incidência dos índices respectivos e de sua soma, tal condenado poderá obter o livramento, se presentes os demais requisitos legais, depois do cumprimento de 10 anos de sua pena.

Deve-se, ainda, ressaltar o teor da Súmula 715 do Supremo Tribunal Federal que determina que "a pena unificada para atender ao limite de trinta anos de cumprimento, determinado pelo art. 75 do Código Penal, não é considerada para a concessão de outros benefícios, como o livramento condicional ou regime mais favorável de execução". Saliente-se que, após a aprovação da Lei n. 13.964/2019, o limite passou a ser de quarenta anos. Suponha-se, destarte, uma pessoa primária que tenha sido condenada, por diversos crimes comuns, a 60 anos de reclusão. O art. 75 do Código Penal limita o cumprimento da pena a 40 anos, porém, de acordo com a súmula, não significa que o condenado deva apenas cumprir 1/3 de 40 anos para obter o benefício. Deverá, em verdade, cumprir 1/3 da pena total de 60 anos, ou seja, 20 anos. É claro, no entanto, que se o réu tiver sido condenado a 150 anos não poderá ficar 50 anos preso, devendo ser liberado em definitivo quando cumprir 40 anos de prisão.

20.2.1.2. Livramento condicional e remição da pena

De acordo com o art. 128 da Lei de Execuções Penais, o tempo remido pelo trabalho ou pelo estudo considera-se como pena cumprida para todos os fins. Assim, referido período é descontado do montante da pena, gerando a antecipação do livramento condicional. Se a pessoa tinha 12 anos de pena a cumprir e conseguiu remir 300 dias pelo trabalho, poderá obter o livramento condicional tendo por base o tempo remanescente.

A prática de falta grave pelo condenado após a remição faz com que o juiz das execuções possa revogar até 1/3 dos dias remidos, mas, por falta de previsão legal, tal falta não interrompe o prazo do livramento. Neste sentido, existe inclusive a Súmula 441 do Superior Tribunal de Justiça: "a falta grave não interrompe o prazo para a obtenção de livramento condicional". No exemplo acima, em que o condenado havia conseguido remir 300 dias da pena, o cometimento de falta grave e a consequente revogação de 1/3 desse período farão com que sejam descontados apenas 200 dias da pena, mas se o condenado já estava preso, por exemplo, há 1 ano, tal período será computado para fim de livramento.

A remição pelo estudo em curso regular ou profissionalizante aos sentenciados que já se encontram em livramento condicional constitui inovação da Lei n. 12.433/2011, que modificou o art. 126, § 6º, da Lei de Execuções Penais, de modo que o tempo de estudo será descontado do período de prova. Nesse caso, o condenado poderá abater 1 dia da pena restante para cada 12 horas de estudo.

20.2.2. Requisitos subjetivos

São considerados de caráter subjetivo os seguintes requisitos do livramento condicional:

a) *Comprovação de bom comportamento durante a execução da pena* (art. 83, III, "a").

A comprovação deste requisito é feita por atestado de boa conduta carcerária elaborada pelo diretor do presídio.

b) *Não cometimento de falta grave nos últimos 12 meses* (art. 83, III, "b").

A Súmula 441 do STJ diz que "a falta grave não interrompe o prazo para a obtenção de livramento condicional". Saliente-se, contudo, que a Lei n. 13.964/2019 deu nova redação ao art. 83, III, "b", do Código Penal, vedando o livramento caso o condenado tenha praticado falta grave nos 12 meses que antecedem o alcance do prazo para o benefício. Assim, se o condenado cometer a falta grave quando faltar menos de 12 meses para atingir o prazo do benefício, deverá aguardar mais 12 meses.

c) *Bom desempenho no trabalho que lhe foi atribuído* (art. 83, III, "c").

A prova é feita também por atestado do diretor do estabelecimento.

O preso que, reiterada e injustificadamente, se recusa a trabalhar não pode obter o livramento.

d) *Aptidão para prover à própria subsistência mediante trabalho honesto* (art. 83, III, "d").

O preso pode apresentar, por exemplo, proposta de emprego ou demonstrar que trabalhará por conta própria etc.

e) *Para o condenado por crime doloso, cometido mediante violência ou grave ameaça à pessoa, a constatação de que o acusado apresenta condições pessoais que façam presumir que, uma vez liberado, não voltará a delinquir* (art. 83, parágrafo único, do CP).

Esta prova pode ser feita pelo exame criminológico, por parecer da Comissão Técnica de Classificação ou por outros meios etc.

A lei, em verdade, não exige a realização do exame criminológico para obtenção do livramento condicional, porém também não o proíbe. Assim, a jurisprudência dos tribunais superiores é no sentido de que o juiz pode determinar a realização deste exame, em decisão *fundamentada*, sempre que entender que as circunstâncias do caso concreto justificam a medida. Este exame é realizado por equipe multidisciplinar de peritos (assistentes sociais, psicólogos, psiquiatras, educadores) que, obrigatoriamente, fazem entrevistas e exames no preso, os quais evidentemente, podem trazer inúmeros subsídios para que o juiz tome a decisão acertada, concedendo ou negando o benefício. A propósito, veja-se a Súmula 439 do Superior Tribunal de Justiça: "Admite-se o exame criminológico pelas peculiaridades do caso, desde que em decisão motivada".

20.3. Procedimento

As regras para a concessão do livramento condicional encontram-se parte na Lei de Execuções Penais (arts. 131 a 146) e parte no Código de Processo Penal (arts. 710 a 734 do CPP).

O livramento pode ser concedido em razão de requerimento do próprio sentenciado, de seu cônjuge ou de parente em linha reta, ou por proposta do diretor do estabelecimento, ou, ainda, por iniciativa do Conselho Penitenciário (art. 712 do CPP).

O reeducando pode fazer o requerimento pessoalmente, sem a necessidade de estar representado por advogado.

Na sequência, o diretor do estabelecimento penal onde se encontrar preso o reeducando apresentará relatório a respeito do caráter revelado pelo sentenciado, suas relações com a família e com estranhos, seu procedimento na prisão durante o cumprimento da pena, seu grau de instrução e aptidão profissional, sua situação financeira e seus propósitos quanto ao futuro (art. 714 do CPP). O prazo para a apresentação deste relatório é de 15 dias (art. 714, parágrafo único, do CPP) e deverá ser acompanhado de eventual proposta de emprego, caso feita por escrito por pessoa idônea. A evidente finalidade deste relatório é possibilitar ao juiz verificar a presença dos requisitos subjetivos do livramento.

Em seguida, será apresentado parecer pelo Conselho Penitenciário, órgão consultivo e fiscalizador da execução da pena. A necessidade deste parecer encontra-se expressamente prevista no art. 131 da Lei de Execuções Penais e também no art. 713 do Código de Processo Penal. Por isso, não faz sentido a interpretação de que tal parecer tornou-se desnecessário depois que a Lei n. 10.792/2003 alterou o art. 70, I, da Lei de Execuções Penais, excluindo a previsão do parecer para o livramento condicional das funções do Conselho Penitenciário. Com efeito, a referida lei modificou apenas o artigo da Lei de Execuções que tratava genericamente das incumbências do Conselho Penitenciário, mas não revogou os outros dois artigos que expressamente exigem tal parecer ao regulamentar o procedimento próprio do livramento condicional. Se realmente fosse intenção do legislador excluir a necessidade deste parecer, teria, evidentemente, revogado todos os artigos que tratam do tema, o que não ocorreu.

Os autos serão, então, encaminhados ao Ministério Público e depois à defesa para manifestação (art. 112, §§ 1º e 2º, da LEP).

Por fim, o juiz proferirá decisão concedendo ou negando o benefício. Contra a decisão, é cabível recurso de agravo em execução, no prazo de 5 dias (art. 197 da LEP).

Poderá também ser interposto *habeas corpus* em caso de indeferimento, desde que a matéria alegada não comporte dilação probatória, sendo estritamente jurídica, tal como se dá quando a discussão diz respeito aos requisitos objetivos.

De acordo com o art. 136 da Lei de Execuções, concedido o benefício, será expedida a carta de livramento, com cópia integral da sentença em duas vias, remetendo-se uma à autoridade administrativa incumbida da execução e outra ao Conselho Penitenciário.

O art. 137 da Lei de Execuções, por sua vez, dispõe que o presidente do Conselho Penitenciário designará data para a cerimônia de concessão do livramento, a ser realizada no interior do estabelecimento onde o reeducando encontra-se cumprindo pena. Neste dia e local, a sentença concessiva será lida ao liberando, na presença dos demais condenados, pelo próprio presidente do Conselho, por membro por ele designado, ou pelo juiz. A autoridade administrativa deverá chamar a atenção do condenado sobre o cumprimento das condições, questionando-o se as aceita. Se não as aceitar, o fato será comunicado ao juiz, que tornará sem efeito o benefício. Se as aceitar, será colocado em liberdade, tendo início o período de prova, permanecendo o sentenciado nessa situação até o término da pena, salvo se o livramento vier a ser revogado.

O condenado que se encontra em livramento condicional é chamado de egresso (art. 26, II, da LEP).

Ao sair do estabelecimento, o sentenciado receberá, além do saldo de seu pecúlio e o que lhe pertencer, uma caderneta ou salvo-conduto que conterá a sua identificação e as condições do livramento. Tais documentos deverão ser apresentados à autoridade administrativa ou ao juiz sempre que forem exigidos (art. 138 da LEP).

A observação cautelar e a proteção do reeducando serão realizadas pelo serviço social penitenciário, Patronato ou Conselho da Comunidade (art. 139 da LEP). A esses órgãos incumbirá: I – fazer observar o cumprimento das condições especificadas na sentença concessiva do benefício; II – proteger o beneficiário, orientando-o na execução de suas obrigações e auxiliando-o na obtenção de atividade laborativa. Se no acompanhamento do beneficiário os integrantes desses órgãos verificarem a ocorrência de fato que justifique a modificação das condições ou sua revogação, deverão apresentar relatório ao Conselho Penitenciário.

20.3.1. Especificação das condições

O juiz das execuções criminais que deferir o livramento deve especificar na sentença concessiva quais as condições a que deve submeter-se o sentenciado. A Lei de Execuções Penais, em seu art. 132, contém um rol de condições a serem impostas pelo juiz. Algumas delas são *obrigatórias* e outras *facultativas*.

20.3.2. Condições obrigatórias

São previstas no art. 132, § 1º, da Lei de Execuções, que diz que o juiz sempre imporá ao condenado as seguintes condições:

a) *obtenção de ocupação lícita, dentro de prazo razoável (fixado pelo próprio juiz)*;

b) *comparecimento periódico para informar ao juízo sobre suas atividades*; e

c) *não mudar do território da comarca do Juízo da Execução sem prévia autorização deste*.

20.3.3. Condições facultativas

Estão descritas no art. 132, § 2º, da Lei de Execuções, que contém um rol exemplificativo de condições que o juiz também poderá impor ao beneficiário, sem prejuízo de outras que entenda pertinentes. Por isso, são também chamadas de condições *judiciais*. São as seguintes:

a) *não mudar o sentenciado de residência sem comunicação ao juiz e à autoridade incumbida da observação cautelar e de proteção;* b) *recolher-se à sua residência em hora fixada pelo juiz;* e

c) *não frequentar determinados lugares.*

Estes locais devem ser expressamente mencionados na sentença concessiva do benefício.

d) *utilizar equipamento de monitoração eletrônica.*

Esse dispositivo foi incluído pela Lei n. 14.843/2024.

20.3.4. Modificação das condições

Nos termos do art. 144 da Lei de Execuções Penais, o juiz das execuções, de ofício, a requerimento do Ministério Público, da Defensoria Pública ou mediante representação do Conselho Penitenciário, ouvido o liberado, poderá modificar as condições impostas na sentença, devendo o respectivo ato decisório ser lido ao liberado.

20.3.5. Condições indiretas

Após a concessão do livramento, o benefício pode ser revogado por várias causas (condenação superveniente, por exemplo). Assim, considera-se como condição indireta a não realização pelo condenado de condutas que possam dar causa à revogação do benefício.

20.4. Revogação do livramento

O livramento condicional pode ser revogado pelo juízo das execuções, de ofício, em razão de requerimento do Ministério Público ou de representação do Conselho Penitenciário. Antes de decidir, entretanto, o juiz deve ouvir o condenado (art. 143 da LEP).

20.4.1. Causas obrigatórias de revogação

As hipóteses de revogação obrigatória do livramento condicional estão elencadas no art. 86 do Código Penal:

a) *Se o beneficiário vem a ser condenado, por sentença transitada em julgado, a pena privativa de liberdade por crime cometido durante a vigência do benefício* (art. 86, I, do CP).

Nesse caso, dispõe o art. 88 do Código Penal que o tempo em que o sentenciado permaneceu em liberdade não será descontado, devendo, portanto, cumprir integralmente a pena que restava por ocasião do início do benefício, somente podendo obter novamente o livramento em relação à segunda condenação. Exemplo: uma pessoa foi condenada a 8 anos de reclusão e já havia cumprido 4 anos quando obteve o livramento, restando, assim, 4 anos de pena a cumprir. Após 1 ano, sofre condenação por crime doloso cometido na vigência do benefício. A revogação do benefício fará com que tenha de cumprir os 4 anos que faltavam quando obteve o benefício. Imagine-se que, em relação ao novo crime, tenha sido o réu condenado a 10 anos de reclusão. Terá de cumprir os 4 anos em relação à primeira condenação e, posteriormente, poderá obter o livramento em relação à segunda, desde que cumprida mais de metade da pena a este relacionada (5 anos no exemplo).

b) *Se o beneficiário vem a ser condenado, por sentença transitada em julgado, a pena privativa de liberdade, por crime cometido antes do benefício* (art. 86, II, do CP).

Em tal caso, o art. 88 do Código Penal permite que seja descontado o período em que o condenado esteve em liberdade, podendo, ainda, ser somado o tempo restante à pena referente à segunda condenação para fim de obtenção de novo benefício (conforme o art. 84 do CP). Exemplo: uma pessoa foi condenada a 10 anos de reclusão e já havia cumprido 6 anos quando obteve o livramento, restando, assim, 4 anos de pena a cumprir. Após 2 anos, sofre condenação por crime cometido antes da obtenção do benefício e, dessa forma, terá de cumprir os 2 anos faltantes. Suponha-se que, em relação à segunda condenação, tenha sido aplicada pena de 10 anos de reclusão. As penas serão somadas, atingindo-se um total de 12 anos, tendo o condenado de cumprir mais de 1/3 dessa pena (ou metade, se reincidente em crime doloso) para obter novamente o livramento.

20.4.2. Causas de revogação facultativa

Estão descritas no art. 87 do Código Penal:

a) *Se o liberado deixa de cumprir qualquer das obrigações impostas na sentença.*

Nesse caso, não se desconta da pena o período do livramento e o condenado não mais poderá obter o benefício.

b) *Se o liberado for irrecorrivelmente condenado, por crime ou contravenção, a pena que não seja privativa de liberdade.*

Se a condenação for por delito anterior, será descontado o tempo do livramento. Se a condenação se refere a delito cometido na vigência do benefício, não haverá tal desconto. Caso o juiz não revogue o livramento, poderá alterar suas condições, conforme permite o art. 144 da Lei de Execuções Penais.

Existe uma omissão nestes arts. 86 e 87 do Código Penal, que não preveem a revogação quando o reeducando é condenado por contravenção penal a pena privativa de liberdade. Tal possibilidade, entretanto, existe. Decorre de interpretação extensiva, e não de analogia. Com efeito, se é permitido ao juiz revogar facultativamente o livramento quando o beneficiário é condenado por contravenção a pena diversa da prisão (art. 87 do CP), bem como fazê-lo de modo obrigatório quando lançada condenação por crime a pena privativa de liberdade (art. 86 do CP), resta evidente que o legislador também pretendeu a revogação no caso em que se deu a omissão (condenação por contravenção a pena privativa de liberdade). Não é possível outra conclusão.

c) *Descumprimento dos deveres relacionados à monitoração eletrônica.*

O art. 146-B, VIII, da LEP, inserido pela Lei n. 14.843/2024, passou a permitir a fiscalização por monitoração eletrônica durante o livramento condicional.

O art. 146-C da LEP dispõe que o condenado será instruído acerca dos cuidados que deverá adotar com o equipamento eletrônico e dos seguintes deveres: I – receber visitas do servidor responsável pela monitoração eletrônica, responder aos seus contatos e cumprir suas orientações; II – abster-se de remover, de violar, de modificar, de danificar de qualquer forma o dispositivo de monitoração eletrônica ou de permitir que outrem o faça. O descumprimento comprovado desses deveres autoriza o juiz da execução, a seu critério, a revogar o livramento condicional, após a oitiva do Ministério Público e da Defesa. Tal regra encontra-se no art. 146-C, VIII, da LEP, introduzido pela Lei n. 14.843/2024.

20.4.3. Não implantação do livramento

Se o condenado não comparece à cerimônia solene em que o benefício será concedido, o livramento, evidentemente, não poderá ser implantado. É o que ocorre, por exemplo, quando ele foge após a concessão do benefício e antes da cerimônia. Neste caso, não existe tecnicamente revogação do livramento, porque ainda não havia se iniciado o período de prova. O mesmo ocorre quando o sentenciado se recusa a aceitar o benefício na audiência solene designada para tal fim.

20.4.4. Suspensão do livramento condicional

De acordo com o art. 145 da Lei de Execuções Penais, se o beneficiário praticar nova infração penal, o juiz poderá, ouvidos o Conselho Penitenciário e o Ministério Público, suspender o curso do livramento e determinar a prisão do condenado. Trata-se de medida de natureza *cautelar*, determinada no curso do período de prova, quando o juiz verifica que existem elementos da prática do novo crime e que isso denota periculosidade do agente.

Se ao final houver absolvição pela nova infração, o livramento poderá ser retomado. Caso haja condenação definitiva, o benefício poderá ser revogado.

20.5. Prorrogação do período de prova

O período de prova considera-se prorrogado se, ao término do prazo, o agente está sendo processado por crime cometido em sua vigência (art. 89 do CP). Se ao final da nova ação penal houver condenação a pena privativa de liberdade, o juiz decretará obrigatoriamente a revogação do benefício (art. 86, I, do CP). Se a condenação for a outra espécie de pena, a revogação se mostra facultativa (art. 87 do CP). Caso o réu venha a ser absolvido, o juiz decretará a extinção da pena.

Durante a prorrogação, o sentenciado fica desobrigado de observar as condições impostas.

O Supremo Tribunal Federal firmou entendimento de que a prorrogação do período de prova deve ser expressamente declarada pelo juízo ao tomar conhecimento da existência da nova ação penal. Se não o fizer até o término do período de prova e ainda não tiver sido proferida nova sentença condenatória, a pena deverá ser declarada extinta. Argumenta-se, nesse sentido, que, se a Lei de Execuções exige decisão judicial para a suspensão do livramento em razão de nova ação penal (art. 145 da LEP), tal decisão mostra-se também necessária para a respectiva prorrogação. A propósito:

> À luz do disposto no art. 86, I, do Código Penal e no art. 145 da Lei das Execuções Penais, se, durante o cumprimento do benefício, o liberado cometer outra infração penal, o juiz poderá ordenar a sua prisão, suspendendo o curso do livramento condicional, cuja revogação, entretanto, aguardará a conclusão do novo processo instaurado. 3. A suspensão do livramento condicional não é automática. Pelo contrário, deve ser expressa, por decisão fundamentada, para se aguardar a apuração da nova infração penal cometida durante o período de prova, e,

então, se o caso, revogar o benefício. Precedente. 4. Decorrido o prazo do período de prova sem ter havido a suspensão cautelar do benefício, tampouco sua revogação, extingue-se a pena privativa de liberdade. Precedentes. 5. Ordem concedida, para reconhecer a extinção da pena privativa de liberdade imposta ao paciente quanto ao primeiro crime cometido (STF, HC 119.938, Rel. Min. Rosa Weber, 1ª Turma, julgado em 3-6-2014, processo eletrônico DJe-123, divulg. 24-6-2014, public. 25-6-2014. No mesmo sentido: HC 94.580, 1ª Turma, Rel. Min. Cármen Lúcia, DJe 24-10-2008, p. 528).

A jurisprudência desta Corte Superior sedimentou-se no sentido da inadmissibilidade da prorrogação automática do período de prova do livramento condicional. Assim, ocorrendo novo delito durante o período de prova do livramento condicional, é necessária a suspensão cautelar do benefício, sob pena de ser declarada extinta a pena após o término do prazo do livramento (STJ, HC 389.653/SP, Rel. Min. Joel Ilan Paciornik, 5ª Turma, julgado em 14-3-2017, DJe 27-3-2017). Em outubro de 2018, o Superior Tribunal de Justiça publicou a Súmula 617, com o seguinte teor: "a ausência de suspensão ou revogação do livramento condicional antes do término do período de prova enseja a extinção da punibilidade pelo integral cumprimento da pena".

20.6. Extinção da pena

Se ao término do período de prova o livramento não foi revogado ou prorrogado, o juiz deverá declarar a extinção da pena, ouvindo antes o Ministério Público.

20.7. Livramento condicional e execução provisória da pena

Está pacificada na jurisprudência dos tribunais superiores a possibilidade do livramento antes do trânsito em julgado da sentença. Nesse sentido:

> A jurisprudência do STF já não reclama o trânsito em julgado da condenação nem para a concessão do indulto, nem para a progressão de regime de execução, nem para o livramento condicional (STF, HC 87.801, 1ª Turma, Rel. Min. Sepúlveda Pertence, DJ 26-5-2006, p. 511).

Aliás, de acordo com a Súmula 716 do Supremo Tribunal "admite-se a progressão de regime de cumprimento da pena ou a aplicação imediata de regime menos severo, antes do trânsito em julgado da sentença condenatória". Ora, se a progressão é possível em execução provisória, é evidente que o livramento também é.

Saliente-se, todavia, que, para que o livramento seja possível, é necessário que haja recurso apenas da defesa, ou recurso da acusação com finalidade diversa do agravamento da pena ou de condenação por crime conexo, pois, nesses casos, a pena final poderá ser superior, impedindo o livramento com base no montante de pena já cumprido durante o transcorrer da ação. Observe-se, no entanto, que, ainda que haja recurso da acusação visando ao aumento da pena, será cabível o benefício se o sentenciado já tiver cumprido o índice exigido tendo por base o montante máximo da pena cominada ao crime. Assim, se um réu reincidente for condenado por furto simples, que tem pena máxima de 4 anos, poderá obter o livramento em execução provisória após 2 anos (metade da pena), pois em hipótese alguma o tribunal poderá fixar pena superior a 4 anos ao julgar o recurso da acusação.

20.8. Distinções entre livramento condicional e sursis

O *sursis* é concedido na própria sentença condenatória e evita o início do cumprimento da pena privativa de liberdade O livramento condicional é concedido durante a execução da pena, após o cumprimento de parte dela.

No *sursis*, o prazo do período de prova é fixado na sentença, em regra, entre 2 e 4 anos. No livramento, o período de prova corresponde ao tempo restante da pena.

Por fim, o *sursis* só pode ser concedido, como regra, quando a pena fixada não superar 2 anos, ao passo que o livramento só é cabível quando referida pena for igual ou superior a 2 anos.

20.9. Livramento condicional a condenado estrangeiro

Durante muito tempo o entendimento foi no sentido de ser cabível o livramento ao condenado estrangeiro que resida no Brasil ou que tenha visto de trabalho no país, desde que não tenha sido expulso. Nesse sentido: "É firme a jurisprudência deste Supremo Tribunal no sentido de que o decreto de expulsão, de cumprimento subordinado à prévia execução da pena imposta no País, constitui empecilho ao livramento condicional do estrangeiro condenado" (STF, HC 99.400, 1ª Turma, Rel. Min. Cármen Lúcia, j. 27-4-2010, *DJe* 096, p. 1.046).

Para aqueles que tinham apenas visto de turista ou encontravam-se irregulares no país, não seria cabível o benefício, uma vez que não preencheriam os requisitos legais, por não terem residência fixa no Brasil e por não serem autorizados a exercer atividade remunerada em nosso território (art. 98 da Lei n. 6.815/80 – antigo Estatuto do Estrangeiro), o que seria condição para a obtenção do benefício. Alegava-se não se tratar de discriminação quanto ao estrangeiro, mas de ausência de requisito obrigatório para obter o livramento. A propósito: "Estrangeiro. Turista. Livramento condicional. Requisitos objetivos e subjetivos. O só fato de o sentenciado ser estrangeiro não impede a concessão de livramento condicional. A possibilidade de permanência do estrangeiro, no país, há de considerar-se, entretanto, como indispensável à outorga do livramento condicional, o que cumpre ser provado pelo requerente do benefício. Hipótese em que, como turista, sem residência fixa, não poderá o paciente fazer a aludida prova. Recurso desprovido" (STF, RHC 65.643, 1ª Turma, Rel. Min. Néri da Silveira, *DJ* 26-2-1988, p. 3193).

O Supremo Tribunal Federal, todavia, em decisões mais recentes, passou a admitir o livramento ainda que haja decreto de expulsão ou que o estrangeiro não tenha residência no país. Nesse sentido: "A exclusão do estrangeiro do sistema progressivo de cumprimento de pena conflita com diversos princípios constitucionais, especialmente o da prevalência dos direitos humanos (art. 4º, II) e o da isonomia (art. 5º), que veda qualquer discriminação em razão da raça, cor, credo, religião, sexo, idade, origem e nacionalidade. Precedente. II – Ordem concedida para afastar a vedação de progressão de regime à paciente, remetendo-se os autos ao juízo da execução para que verifique a presença dos requisitos do art. 112 da LEP" (HC 117.878, Rel. Min. Ricardo Lewandowski, 2ª Turma, julgado em 19-11-2013, processo eletrônico *DJe*-237, divulg. 2-12-2013, public. 3-12-2013); "Pena privativa de liberdade. Progressão de regime. Admissibilidade. Condenação por tráfico de drogas. Estrangeira sem domicílio no país e objeto de processo de expulsão. Irrelevância. HC concedido. Voto vencido. O fato de o condenado por tráfico de droga ser estrangeiro, estar preso, não ter domicílio no país e ser objeto de processo de expulsão, não constitui óbice à progressão de regime de cumprimento da pena" (HC 97.147, Rel. Min. Ellen Gracie, Rel. p/ acórdão: Min. Cezar Peluso, 2ª Turma, julgado em 4-8-2009, *DJe*-027, divulg. 11-2-2010, public. 12-2-2010, ement. v. 2389-02, p. 291, *RTJ* v. 213, p. 561). Também nesse sentido o julgamento do HC 119.717, Rel. Min. Luiz Fux, 1ª Turma, julgado em 22-4-2014, processo eletrônico *DJe*-105, divulg. 30-5-2014, public. 2-6-2014.

De qualquer forma, o art. 54, § 2º, da Lei de Migração (Lei n. 13.445/2017), estabelece que o processamento da expulsão em caso de crime comum não prejudicará a progressão de regime, o cumprimento da pena, a suspensão condicional do processo, a comutação da pena ou a concessão de pena alternativa, de indulto coletivo ou individual, de anistia ou de quaisquer benefícios concedidos em igualdade de condições ao nacional brasileiro.

20.10. Contravenções penais

O livramento condicional é perfeitamente cabível em relação às pessoas condenadas por contravenções penais, havendo, inclusive, previsão expressa nesse sentido, no art. 11 da Lei das Contravenções. Considerando, porém, que não há regramento próprio em relação a estas infrações, são-lhe aplicáveis os mesmos dispositivos que tratam do tema em relação aos crimes.

21

DOS EFEITOS DA CONDENAÇÃO

21.1. Introdução

O efeito principal da sentença condenatória é a aplicação da pena a ser cumprida pelo acusado. Existem, contudo, diversos efeitos secundários previstos tanto no Código Penal quanto em leis especiais. Em alguns casos, esses efeitos secundários são de natureza *penal* e, em outros, de cunho *extrapenal*. Estes últimos, por sua vez, subdividem-se em efeitos extrapenais *genéricos* ou *específicos*.

21.2. Efeito principal

O efeito principal da condenação, conforme já mencionado, é a imposição da pena (privativa de liberdade ou multa) ou da medida de segurança para os semi-imputáveis cuja necessidade de tratamento tenha sido constatada (os inimputáveis também recebem medida de segurança, mas em razão de sentença absolutória, conforme se verá oportunamente). É certo que o juiz pode, ainda, substituir a pena privativa de liberdade por restritiva de direitos ou multa, ou suspendê-la condicionalmente (*sursis*). Esses temas, entretanto, já foram estudados, sendo que a finalidade do presente capítulo é exatamente a de analisar os efeitos *secundários* da condenação.

21.3. Efeitos secundários

São todos os demais efeitos condenatórios. Podem ser de natureza penal ou extrapenal.

21.3.1. Efeitos secundários de natureza penal

A condenação definitiva gera efeitos em relação a fatos criminosos anteriores e posteriores referentes ao mesmo réu.

Assim, quanto a delitos anteriores, podemos mencionar que a nova condenação: a) interrompe a prescrição da pretensão executória; b) pode provocar a revogação do *sursis* e do livramento condicional; e c) gera a revogação da reabilitação.

Quanto a delitos que venham a ser futuramente cometidos pelo acusado, a condenação anterior tem, exemplificativamente, os seguintes efeitos secundários de natureza penal: a) gera o reconhecimento da reincidência, se o novo delito for cometido no prazo de 5 anos a que se refere o art. 64, I, do Código Penal; b) faz com que o prazo prescricional do novo crime seja aumentado em 1/3; c) impossibilita em certos casos a obtenção do *sursis*; d) impede o privilégio nos crimes de furto (art. 155, § 2º, do CP), apropriação indébita (art. 170 do CP), estelionato (art. 171, § 1º, do CP) e receptação (art. 180, § 5º, 2ª parte, do CP); e) inviabiliza o perdão judicial em certos crimes, como na receptação culposa (art. 180, § 5º, 1ª parte); f) aumenta o prazo para a obtenção do livramento condicional; g) impede a transação penal e a suspensão condicional do processo (arts. 76, § 2º, I, e 89, *caput*, da Lei n. 9.099/95), bem como o acordo de não persecução penal (art. 28-A, § 2º, II, do CPP); h) veda a redução da pena no crime de tráfico de drogas (art. 33, § 4º, da Lei n. 11.343/2006).

21.3.2. Efeitos secundários de natureza extrapenal

É preciso salientar, inicialmente, que parte desses efeitos está prevista no Código Penal e parte em leis especiais.

Aqueles previstos no Código Penal encontram-se em Capítulo denominado "Dos efeitos da condenação", que integra o Título "Das penas" (Capítulo VI, do Título V, da Parte Geral, do CP). Em tal capítulo, nota-se, nitidamente, que os efeitos secundários extrapenais foram divididos em duas categorias: a) os *genéricos* (art. 91 do CP); e b) os *específicos* (art. 92 do CP).

21.3.2.1. Efeitos extrapenais genéricos

São assim denominados porque decorrem de *qualquer* condenação. Constituem efeito *automático* da condenação, ou seja, não necessitam de declaração expressa na sentença.

São os seguintes:

a) *Tornar certa a obrigação de indenizar o dano causado pelo crime* (art. 91, I, do CP).

A sentença condenatória constitui título executivo judicial. Assim, a vítima do delito, ou seus familiares, não precisam ingressar com ação indenizatória na esfera cível, caso haja condenação no âmbito penal.

De acordo com o art. 387, IV, do Código de Processo Penal, na sentença condenatória, o juiz deverá fixar o valor mínimo da indenização, considerando os prejuízos sofridos pela vítima. A fixação exata desse valor, entretanto, não é tarefa simples, ficando muitas vezes prejudicada pela falta de informações. De qualquer modo, se na ação penal houver elementos suficientes, o juiz deverá, conforme já mencionado, fixar o valor mínimo, podendo a vítima complementar esse valor em liquidação no juízo cível. Se, entretanto, por falta de elementos suficientes quanto ao valor, não for possível ao juízo criminal fixar o valor mínimo na sentença, o montante deverá ser, integralmente, objeto de liquidação.

Saliente-se que a jurisprudência tem entendido que para ser possível a fixação desse valor mínimo pelo juiz na sentença, deve previamente ter havido requerimento na denúncia ou queixa, de modo que o acusado, durante a instrução, tenha oportunidade de conhecer as provas e rebatê-las (princípio do contraditório e ampla defesa). A propósito:

> A aplicação do instituto disposto no art. 387, inciso IV, do CPP, referente à reparação de natureza cível, quando da prolação da sentença condenatória, requer a dedução de um pedido expresso do querelante ou do Ministério Público, em respeito às garantias do contraditório

e da ampla defesa (STJ, AgRg no REsp 1622852/MT, Rel. Min. Rogerio Schietti Cruz, 6ª Turma, julgado em 7-3-2017, *DJe* 14-3-2017).

De acordo com reiterados julgados deste Superior Tribunal de Justiça, para que haja a fixação na sentença do valor mínimo devido a título de indenização civil pelos danos causados à vítima, nos termos do artigo 387, IV, do Código de Processo Penal, é necessário pedido expresso na inicial acusatória, sob pena de afronta à ampla defesa e ao contraditório (STJ, AgRg no REsp 1.671.240/PR, Rel. Min. Maria Thereza de Assis Moura, 6ª Turma, julgado em 22-5-2018, *DJe* 4-6-2018).

Não é necessário, porém, que conste da denúncia o valor mínimo a ser indenizado, pois esse valor deve ser obtido pelas provas amealhadas durante a instrução. Nesse sentido:

A aplicação do instituto disposto no art. 387, inciso IV, do CPP, referente à reparação de natureza cível, quando da prolação da sentença condenatória, requer a dedução de um pedido expresso do querelante ou do Ministério Público, em respeito às garantias do contraditório e da ampla defesa. 4 – Neste caso houve pedido expresso por parte do Ministério Público, na exordial acusatória, o que é suficiente para que o juiz sentenciante fixe o valor mínimo a título de reparação dos danos causados pela infração. 5 – Assim sendo, não há que se falar em iliquidez do pedido, pois o *quantum* há que ser avaliado e debatido ao longo do processo, não tendo o *Parquet* o dever de, na denúncia, apontar valor líquido e certo, o qual será devidamente fixado pelo Juiz sentenciante (STJ, REsp 1.265.707/RS, Rel. Min. Rogério Schietti Cruz, 6ª Turma, julgado em 27-5-2014, *DJe* 10-6-2014).

O dever de indenizar decorrente da condenação pode ser transferido aos herdeiros, nos limites dos valores recebidos a título de herança, nos termos do art. 5º, XLV, da Constituição Federal.

b) *Perda em favor da União, ressalvado o direito do lesado ou de terceiro de boa-fé, dos instrumentos do crime, desde que consistam em coisas cujo fabrico, alienação, uso, porte ou detenção constitua fato ilícito* (art. 91, II, *a*, do CP).

Não são todos os instrumentos do crime (*instrumenta sceleris*) que podem ser confiscados, mas apenas aqueles cujo fabrico, alienação, uso, porte ou detenção constitua *fato ilícito*. Podem ser citados como exemplos os petrechos para falsificação de moeda, as chaves falsas (mixas) utilizadas em crimes de furto, os documentos falsos utilizados na prática de estelionato etc.

É evidente, outrossim, que o confisco só pode recair sobre objeto que pertença ao autor ou partícipe do crime, já que o dispositivo ressalva o direito do lesado e do terceiro de boa-fé. Deve-se mencionar que, se o objeto não pertence ao criminoso, mas é desconhecido o seu proprietário, torna-se necessário aguardar o prazo de 90 dias a contar do trânsito em julgado da sentença, hipótese em que será vendido em leilão, caso não seja reclamado, depositando-se o valor à disposição do juízo de ausentes (art. 123 do CPP).

Os instrumentos do crime cuja perda em favor da União tenha sido decretada serão inutilizados ou recolhidos a museu criminal, se houver interesse na conservação.

O texto legal diz que constitui efeito da condenação a perda em favor da União dos instrumentos do *crime* se o seu porte constitui fato ilícito. Diverge a jurisprudência acerca da incidência de tal norma às contravenções: a) não pode haver confisco porque o artigo menciona instrumento de crime e não instrumento de contravenção. Impossível, pois, a interpretação ampliativa; b) há o confisco porque a palavra crime foi usada em sentido genérico, *lato sensu*, abrangendo também as contravenções. Além disso, o art. 1º da Lei das Contravenções Penais prevê que as normas do Código Penal aplicam-se às contravenções, desde que não haja disposição em contrário nesta lei. Ora, como ela é omissa em relação ao confisco, é cabível a aplicação subsidiária do Código Penal, que possibilita ao juiz decretar a perda do instrumento.

No que se se refere especificamente às armas de fogo apreendidas, que tenham sido utilizadas como instrumento de crime (roubo, estupro, homicídio etc.), dispõe o art. 25 do Estatuto do Desarmamento (Lei n. 10.826/2003) que serão encaminhadas pelo juízo competente, após a elaboração do laudo e sua juntada aos autos, ao Comando do Exército, no prazo de 48 horas, para destruição ou doação aos órgãos de segurança pública ou às Forças Armadas.

O art. 61 da Lei Antidrogas (Lei n. 11.343/2006) trata da apreensão de veículos, embarcações, aeronaves e quaisquer outros meios de transporte, bem como maquinários, instrumentos, utensílios e objetos de qualquer natureza, utilizados para a prática dos crimes definidos na lei. A perda efetiva em favor da União só será declarada pelo juiz na sentença (art. 63, I), revertendo em favor do Fundo Nacional Antidrogas (Funad) – art. 63, § 1º. Exemplo: aeronave ou carro utilizado para o transporte de droga; máquinas utilizadas na produção de substância entorpecente. Nesse dispositivo, o confisco existe ainda que o porte, a alienação, o fabrico, a detenção ou o uso do bem sejam normalmente lícitos, já que o texto legal não exige o contrário. Observe-se que apesar de o dispositivo ter redação genérica, mencionando que a perda ocorrerá qualquer que seja o crime praticado, é lógico que esta só deve ser decretada se o uso dos objetos for relacionado ao tráfico de drogas. Além disso, mesmo neste crime estão assegurados os direitos dos terceiros de boa-fé, como no exemplo de veículo gravado com alienação fiduciária utilizado pelo possuidor para traficar droga, hipótese em que a decretação da perda do veículo prejudicaria a instituição financeira proprietária do bem.

O art. 243 da Constituição Federal, por fim, prevê a desapropriação, sem indenização, das terras onde forem localizadas culturas ilegais de substância entorpecente. Tais glebas serão destinadas ao assentamento de colonos.

c) *Perda em favor da União, ressalvado o direito do lesado ou de terceiro de boa-fé, do produto do crime ou de qualquer bem ou valor que constitua proveito auferido pelo agente com a prática do fato criminoso* (art. 91, II, *b*, do CP).

Constituem *produto* do crime (*producta sceleris*) os objetos ou valores obtidos *diretamente* com a ação delituosa, como o veículo roubado, ou mediante *especificação*, como as joias furtadas que foram derretidas e transformadas em outras.

Na maioria dos casos concretos, o produto do crime é restituído ao dono ou terceiro de boa-fé, salvo se não forem identificados. É o que ocorre comumente nos crimes contra a economia popular, falsificação de medicamentos, alimentos ou combustíveis, em que os lucros advindos da atividade ilícita são apreendidos em poder dos criminosos (e devem ser declarados perdidos), mas as vítimas são indeterminadas.

O lucro dos traficantes com a venda dos entorpecentes ou os bens adquiridos com tal lucro (joias, carros ou imóveis) devem também ser declarados perdidos. Em relação ao produto do tráfico, existe, inclusive, regra especial no art. 243, parágrafo único, da

Constituição Federal, que determina o confisco. Em tal caso, após a decretação da perda, os valores serão revertidos ao Fundo Nacional Antidrogas (Funad).

Os *objetos materiais* dos crimes de tráfico, falsificação de medicamentos ou alimentos, dentre outros, deverão ser destruídos por ordem judicial.

Proveito do crime podem ser os bens ou valores obtidos indiretamente com a infração (dinheiro decorrente da venda do carro roubado, por exemplo), bem como o preço do crime (valor recebido para matar alguém), o pagamento ao partícipe por informação prestada, o salário do "olheiro" do tráfico etc.

Decretada a perda do produto ou proveito do crime em razão de sentença condenatória, poderão estes ser exigidos ainda que estejam em poder dos sucessores. O art. 5º, XLV, da Constituição Federal consagra o princípio da intranscendência da pena, mas não veda que este efeito extrapenal da condenação alcance os sucessores.

A fim de reforçar a importância de consequências patrimoniais aos criminosos condenados, a Lei n. 12.694, publicada em 25 de julho de 2012, acrescentou dois parágrafos ao art. 91 do Código Penal, estabelecendo, inicialmente, que poderá ser decretada a perda de bens ou valores equivalentes ao produto ou proveito do crime quando estes não forem encontrados ou quando se localizarem no exterior (art. 91, § 1º). Além disso, para que haja êxito em referida providência, estabelece o atual art. 91, § 2º, do Código Penal que as medidas assecuratórias previstas na legislação processual (sequestro, arresto e hipoteca) poderão abranger bens ou valores equivalentes do investigado ou acusado para posterior decretação de perda.

O Plenário do STF, no julgamento do RE 795.567/PR, após reconhecer a repercussão geral (Tema 187), aprovou a seguinte tese: "As consequências jurídicas extrapenais, previstas no art. 91 do Código Penal, são decorrentes de sentença penal condenatória. Tal não ocorre, portanto, quando há transação penal, cuja sentença tem natureza meramente homologatória, sem qualquer juízo sobre a responsabilidade criminal do aceitante. As consequências geradas pela transação penal são essencialmente aquelas estipuladas por modo consensual no respectivo instrumento de acordo". No julgamento deste caso, a Corte asseverou, ainda, que "as consequências jurídicas extrapenais previstas no art. 91 do CP, dentre as quais a do confisco de instrumentos do crime (art. 91, II, *a*) e de seu produto ou de bens adquiridos com o seu proveito (art. 91, II, *b*), só podem ocorrer como efeito acessório, reflexo ou indireto de uma condenação penal. Apesar de não possuírem natureza penal propriamente dita, as medidas acessórias previstas no art. 91 do CP, embora incidam *ex lege*, exigem juízo prévio a respeito da culpa do investigado, sob pena de transgressão ao devido processo legal" (STF, RE 795.567, Rel. Min. Teori Zavascki, Tribunal Pleno, julgado em 28-5-2015, acórdão eletrônico repercussão geral–mérito *DJe* 177, divulg. 8-9-2015, public. 9-9-2015).

d) *Suspensão dos direitos políticos, enquanto durarem os efeitos da condenação* (art. 15, III, da CF).

Cuida-se de efeito automático e inerente a toda e qualquer condenação. De acordo com o Pleno do Supremo Tribunal Federal, aplica-se qualquer que seja a pena imposta (RE 179.502/SP, Pleno, Rel. Min. Moreira Alves, *DJ* 8-9-1995, p. 28.389).

Consiste, basicamente, na perda do direito de votar e de ser votado. Quando uma pessoa é definitivamente condenada, o juízo de origem deve comunicar o fato à Justiça Eleitoral que impedirá o exercício do voto.

O Plenário do Supremo Tribunal Federal, no julgamento do Tema 370 (repercussão geral), confirmou que também há suspensão dos direitos políticos em caso de substituição da pena privativa de liberdade por pena restritiva de direitos (STF, RE 601.182, Rel. p/ acórdão Min. Alexandre de Moraes, j. 08-05-2019).

Declarada a extinção da pena, por seu cumprimento ou pela prescrição, o sujeito recupera, também automaticamente, os direitos políticos. De acordo com a Súmula 9 do Tribunal Superior Eleitoral, "a suspensão de direitos políticos decorrente de condenação criminal transitada em julgado cessa com o cumprimento ou a extinção da pena, independendo de reabilitação ou de prova de reparação dos danos".

e) *Rescisão do contrato de trabalho por justa causa* (art. 482, *d*, da CLT).

Prevê o art. 482, *d*, da Consolidação das Leis do Trabalho que constitui justa causa para a rescisão do contrato de trabalho pelo empregador a condenação criminal do empregado, passada em julgado, caso não tenha havido suspensão condicional da pena (*sursis*). A ressalva contida na parte final do dispositivo nos faz acreditar que, também quando houver aplicação exclusiva de pena de multa, não haverá justa causa para a rescisão.

f) *Obrigatoriedade de novos exames às pessoas condenadas por crimes praticados na direção de veículo automotor descritos no Código de Trânsito Brasileiro* (art. 160 da Lei n. 9.503/97).

Estabelece o art. 160 do Código de Trânsito Brasileiro que a condenação por qualquer dos crimes nele previstos torna necessária a realização de novos exames para que o condenado volte a conduzir veículos automotores.

Trata-se de efeito automático da condenação, não precisando ser mencionado na sentença. Por esta razão e por ser aplicável a todos os crimes do Código de Trânsito, classifica-se como efeito genérico.

21.3.2.2. Efeitos extrapenais específicos

São aqueles que *não* decorrem meramente da condenação, exigindo a lei requisitos específicos. Além disso, é necessário que o juiz justifique a aplicação de tais efeitos na sentença, não sendo, assim, automáticos.

São eles:

a) *Perda do cargo, função pública ou mandato eletivo quando aplicada pena privativa de liberdade igual ou superior a 1 ano, nos crimes praticados com abuso de poder ou violação de dever para com a Administração Pública* (art. 92, I, *a*, do CP).

Esse efeito condenatório aplica-se a funcionários públicos que cometem crime contra a Administração Pública (arts. 312 a 326 do CP) ou outros com abuso de poder (tentativa de estupro praticado pelo carcereiro contra uma presa, por exemplo) ou violação de dever para com a Administração. Nos termos do art. 92, § 1º, do Código Penal – com a redação dada pela Lei n. 14.994/2024 –, este efeito não é automático, devendo ser motivadamente declarado na sentença, ou seja, o magistrado deve justificar por qual razão aquela condenação é incompatível com a manutenção do réu no cargo que ocupa. O próprio texto legal ressalta que a perda do cargo, função ou mandado pode ser declarada pelo juiz ainda que não haja pedido expresso da acusação nesse sentido.

Caso se trate de condenação por crime cometido contra mulher em razão da condição do sexo feminino, o efeito da condenação é automático, nos termos do art. 92, § 2º, III, do Código Penal, com a redação que lhe foi dada pela Lei n. 14.994/2024. Nos termos do art. 121-A, § 1º, do Código Penal, "considera-se que há razões da condição do sexo feminino quando o crime envolve: I – violência doméstica e familiar; II – menosprezo ou discriminação à condição de mulher". Ex.: funcionário público que, no desempenho da função e com abuso de poder, comete crime contra mulher por preconceito quanto a essa condição.

Nos termos noticiados no Informativo 599/2017 do Superior Tribunal de Justiça, "o reconhecimento de que o réu praticou ato incompatível com o cargo por ele ocupado é fundamento suficiente para a decretação do efeito extrapenal de perda do cargo público (AgRg no REsp 1.613.927/RS, *DJe* 30-09-2016). Em regra, a pena de perdimento deve ser restrita ao cargo público ocupado ou função pública exercida no momento do delito. Trilhando esse entendimento, doutrina defende que 'A perda deve restringir-se somente àquele cargo, função ou atividade no exercício do qual praticou o abuso, porque a interdição pressupõe que a ação criminosa tenha sido realizada com abuso de poder ou violação de dever que lhe é inerente'. Assim, a perda do cargo público, por violação de dever inerente a ele, necessita ser por crime cometido no exercício desse cargo, valendo-se o envolvido da função para a prática do delito. Porém, salienta-se que se o magistrado de origem considerar, motivadamente, que o novo cargo guarda correlação com as atribuições do anterior, ou seja, naquele em que foram praticados os crimes, mostra-se devida a perda da nova função, uma vez que tal ato visa anular a possibilidade de reiteração de ilícitos da mesma natureza, o que não ocorreu no caso" (REsp 1.452.935/PE, Rel. Min. Reynaldo Soares da Fonseca, 5ª Turma, julgado em 14-3-2017, *DJe* 17-3-2017).

O fato de a pena privativa de liberdade ter sido substituída por restritivas de direitos não impede a decretação fundamentada da perda do cargo. Nesse sentido: "O entendimento majoritário da Corte *a quo* não encontra amparo na jurisprudência desta Corte, pois não há incompatibilidade entre o efeito de perda do cargo previsto no art. 92, inciso I, do Código Penal e a substituição da pena privativa de liberdade por penas restritivas de direitos (AgRg no AREsp n. 2.010.695/DF, rel. Min. Olindo Menezes (Desembargador Convocado do TRF 1ª Região), 6ª Turma, julgado em 7-6-2022, *DJe* 10-06-2022). 4. Agravo regimental desprovido" (STJ, AgRg no REsp 2.060.059/MG, rel. Min. Joel Ilan Paciornik, 5ª Turma, julgado em 30-11-2023, *DJe* 6-12-2023).

No que diz respeito à perda do mandato eletivo, é necessário ressaltar, todavia, que o art. 15, III, da Constituição Federal prevê a suspensão automática dos direitos políticos pela condenação criminal, qualquer que seja a pena aplicada e independentemente de menção nesse sentido na sentença. O Supremo Tribunal Federal, analisando o alcance do dispositivo, confirmou "decorrer a suspensão dos direitos políticos de qualquer condenação criminal – não importa a maior ou menor gravidade do delito, nem o *quantum* ou a modalidade de execução da pena" (RE 179.502/SP, Pleno, Rel.

Min. Moreira Alves, *DJ* 8-9-1995, p. 28.389). Assim, neste aspecto, vale a norma constitucional, de modo que, sendo o titular de mandato eletivo municipal condenado em definitivo, basta que o fato seja comunicado ao Presidente da Câmara Municipal, por ofício judicial, para que seja declarada a extinção do mandato do vereador ou prefeito, de modo que possa assumir, respectivamente, o suplente ou o vice-prefeito. Cuida-se aqui de ato vinculado do Poder Legislativo, que não deverá deliberar acerca da perda ou não do mandato. A propósito:

> ... a Câmara de vereadores não tem competência para iniciar e decidir sobre a perda de mandato de prefeito eleito. Basta uma comunicação à Câmara de Vereadores, extraída nos autos do processo criminal. Recebida a comunicação, o Presidente da Câmara de Vereadores, de imediato, declarará a extinção do mandato do Prefeito, assumindo o cargo o Vice-Prefeito... (RE 225.019, Tribunal Pleno, Rel. Min. Nelson Jobim, *DJ* 26-11-1999, p. 133).

O mesmo procedimento deve ser seguido em caso de condenação do Governador do Estado ou do Presidente da República, sendo a decisão comunicada, respectivamente, pelo Superior Tribunal de Justiça à Assembleia Legislativa ou pelo Supremo Tribunal Federal ao Congresso Nacional.

Quando, todavia, se tratar de condenação criminal definitiva de Deputado Federal ou Senador, a situação é diferente, pois deve ser observada a regra especial do art. 55, VI, combinado com o art. 55, § 2º, da Constituição Federal. Segundo tais dispositivos, a perda do cargo decorrente da condenação criminal não será automática, devendo ser decidida pela Câmara dos Deputados ou pelo Senado, por voto aberto[72] e maioria absoluta, mediante provocação da respectiva Mesa ou de partido político representado no Congresso Nacional, assegurada a ampla defesa. Tal procedimento aplica-se também aos Deputados Estaduais em razão do que dispõe o art. 27, § 1º, da Constituição Federal, que a eles estende as regras referentes à perda de mandato. Em suma, a perda efetiva do cargo poderá ou não ser decretada pela Câmara dos Deputados, pela Assembleia Legislativa ou pelo Senado. Saliente-se, todavia, que, ainda que não haja a cassação, o Deputado ou Senador que sofreu a condenação criminal não poderá se reeleger por estar com os direitos políticos suspensos.

O art. 16 da Lei n. 7.716/89 prevê a possibilidade de o juiz decretar a perda do cargo ou função pública do servidor condenado por crime de *racismo*, devendo tal efeito ser motivadamente declarado na sentença (art. 18).

Em relação aos servidores públicos condenados pela prática de crime de *tortura*, o art. 1º, § 5º, da Lei n. 9.455/97 prevê como efeitos *automáticos* da condenação a perda do cargo, função ou emprego público e a interdição para seu exercício pelo dobro do prazo da pena aplicada.

Segundo o art. 83 da Lei n. 8.666/93 (Lei de Licitações), os servidores públicos condenados por crime nela previsto, ainda que tentados, sujeitam-se, além das sanções penais, à perda do cargo, emprego, função ou mandato eletivo. Tal dispositivo foi revogado pela Lei n. 14.133/2021, que inseriu os crimes licitatórios no Código Penal. Atualmente, portanto, valem para os crimes de tal natureza, as regras do Código Penal.

---

[72] A redação do art. 55, § 2º, da Constituição Federal foi modificada pela Emenda Constitucional n. 76, de 28 de novembro de 2013. Antes da reforma a votação era secreta.

De acordo com o art. 227-A, *caput*, da Lei n. 8.069/90 (Estatuto da Criança e do Adolescente), os efeitos da condenação prevista no inciso I do *caput* do art. 92 do Código Penal, para os crimes previstos em tal Lei, praticados por servidores públicos com abuso de autoridade, são condicionados à ocorrência de reincidência. Por sua vez, o parágrafo único do mesmo art. 227-A, estabelece que a perda do cargo, do mandato ou da função, nesse caso, independerá da pena aplicada na reincidência.

b) *Perda do cargo, função pública ou mandato eletivo quando aplicada pena privativa de liberdade por tempo superior a 4 anos, qualquer que tenha sido a infração penal cometida* (art. 92, I, b, do CP).

Não é necessário que o delito tenha qualquer tipo de relação com o desempenho das funções, bastando, para que seja decretada a perda do cargo, a aplicação de pena superior a 4 anos. Exemplo: condenação a 10 anos de reclusão por crime de homicídio.

Nos termos do art. 92, § 1º, do Código Penal, com a redação que lhe foi dada pela Lei n. 14.994/2024, este efeito não é automático, devendo ser motivadamente declarado na sentença. Comumente é utilizado como argumento a impossibilidade de o condenado continuar a exercer suas atividades em razão do montante da pena que, por ser superior a 4 anos, terá de ser cumprida em regime inicial semiaberto ou fechado.

O próprio texto legal ressalta que a perda do cargo, função ou mandato pode ser declarada pelo juiz ainda que não haja pedido expresso da acusação nesse sentido.

Caso se trate de condenação por crime cometido contra mulher em razão da condição do sexo feminino, o efeito da condenação é automático, nos termos do art. 92, § 2º, III, do Código Penal, com a redação que lhe foi dada pela Lei n. 14.994/2024. Nos termos do art. 121-A, § 1º, do Código Penal, "considera-se que há razões da condição do sexo feminino quando o crime envolve: I – violência doméstica e familiar; II – menosprezo ou discriminação à condição de mulher". Ex.: funcionário público condenado por feminicídio, estupro etc.

c) *Vedação à nomeação, designação ou diplomação em qualquer cargo, função pública ou mandato eletivo entre o trânsito em julgado da condenação até o efetivo cumprimento da pena, nos crimes praticados contra mulher em razão da condição do sexo feminino.* Essa regra encontra-se no art. 92, § 2º, II, do Código Penal, com a redação que lhe foi dada pela Lei n. 14.994/2024. Trata-se de efeito automático da condenação e independe de pedido expresso da acusação nesse sentido – arts. 92, § 1º, e 92, § 2º, III, do Código Penal.

d) *Incapacidade para o exercício do poder familiar, da tutela ou da curatela nos crimes dolosos sujeitos à pena de reclusão cometidos contra outrem igualmente titular do mesmo poder familiar, contra filho, filha ou outro descendente ou contra tutelado ou curatelado, bem como nos crimes cometidos contra a mulher por razões da condição do sexo feminino, nos termos do § 1º do art. 121-A deste Código* (art. 92, II, do CP). Esse dispositivo teve a redação alterada pelas Leis n. 13.715/2018 e 14.994/2024.

A decretação de referida incapacitação pressupõe quatro requisitos: 1) que o crime tenha sido praticado contra outrem igualmente titular do mesmo poder familiar, contra filho, filha ou outro descendente ou contra tutelado ou curatelado; 2) que se trate de crime doloso; 3) que se trate de crime apenado com reclusão; 4) que o juiz entenda ser necessária referida inabilitação em razão da gravidade dos fatos e pela incompatibilidade gerada em relação ao exercício do poder familiar, tutela ou curatela.

Vejamos, por exemplo, os crimes de abandono de incapaz (art. 133) e maus-tratos (art. 136), que, em suas figuras simples, são apenados com detenção. Por tal razão, não podem levar à incapacitação em estudo apesar de serem dolosos. Caso, todavia, a vítima sofra lesão corporal de natureza grave ou morra, os crimes passam a ser qualificados e punidos com pena de reclusão, de modo que, nessas hipóteses, será cabível o efeito condenatório (no caso de morte, evidentemente, em relação aos outros filhos, tutelados ou curatelados). É também viável a aplicação da incapacitação nos crimes de estupro de vulnerável cometidos contra a própria filha ou de tortura, já que tais delitos são dolosos, apenados com reclusão e denotam a absoluta impossibilidade da subsistência do poder familiar (ou da tutela ou curatela).

A incapacitação poderá ser declarada ainda que a pena de reclusão tenha sido substituída por restritiva de direitos ou pelo *sursis* diante da primariedade do réu, desde que o juiz entenda haver incompatibilidade entre o fato delituoso cometido e o exercício do poder familiar, tutela ou curatela.

A incapacitação é aplicada em relação à vítima do crime, bem como aos demais filhos, tutelados ou curatelados.

Em relação à vítima do delito, a incapacitação é perpétua. O condenado, entretanto, poderá tornar a exercer o poder familiar, tutela ou curatela em relação a outros filhos, tutelados ou curatelados, desde que obtenha a reabilitação criminal (art. 93, parágrafo único, do CP)

A Lei n. 14.994/2024 acrescentou à parte final do dispositivo uma fórmula genérica, dizendo que este efeito condenatório é cabível quando houver condenação por crime praticado "contra mulher por razões da condição do sexo feminino". Essa expressão genérica pode passar a equivocada impressão de que é possível a incidência deste efeito secundário ainda que a vítima seja pessoa diversa daquelas elencadas na parte inicial do dispositivo – outra pessoa igualmente titular do mesmo poder familiar, filho, filha, outro descendente, tutelado ou curatelado. Seria possível a incapacitação do pai viúvo que mora com as filhas de 4 e 6 anos de idade (frutos do casamento com a falecida), por ter ele provocado lesões leves na atual namorada (violência doméstica)? A resposta é negativa e o fundamento encontra-se no art. 23, § 2º, do ECA (Lei n. 8069/90), assim redigido: "A condenação criminal do pai ou da mãe não implicará a destituição do poder familiar, exceto na hipótese de condenação por crime doloso sujeito à pena de reclusão contra outrem igualmente titular do mesmo poder familiar ou contra filho, filha ou outro descendente". Nota-se pelo dispositivo que apenas a prática de crime contra uma das pessoas expressamente elencadas no ECA pode gerar a incapacitação para o poder familiar. A Lei n. 8.069/90 é especial e prevalece, sem sombra de dúvidas, sobre o texto dúbio do Código Penal.

A incapacidade para o poder familiar é efeito automático da condenação?

O art. 92, § 1º, do CP diz que o efeito não é automático, mas o seu § 2º, III, estabelece que sim quando se tratar de condenação por crime contra mulher em razão da condição do sexo feminino. Em suma, pelo texto legal, se a esposa provoca lesão leve no marido, não é automático o efeito, mas se o marido agride a esposa, sim. Se a mãe ou o pai agride o filho, o efeito não é automático, mas se agride a filha, sim. Em outras palavras, o texto legal presume que, se a agressão for contra mulher em razão da condição do sexo feminino, o exercício do pátrio poder será sempre incompatível com a conduta perpetrada, mas se a vítima for homem, não – e dependerá de um juízo de valor do magistrado no caso concreto.

Tal distinção, todavia, não deve ser acatada de plano, tendo em vista o princípio da proteção integral das crianças e adolescentes consagrado no art. 1º do Estatuto da Criança e do Adolescente (Lei n. 8.069/90). A presunção existente na lei penal, no sentido de haver incompatibilidade entre o exercício do poder familiar e a condenação por crime que envolva violência contra a mulher, não pode ser vista como absoluta, pois, se assim fosse, poderia ser injusta contra o próprio menor, dependendo das circunstâncias do caso concreto. Poderia até mesmo ser uma espécie de penalização do próprio menor, capaz de provocar traumas irreversíveis, sendo que a pena, como se sabe, não pode passar da pessoa do condenado. Assim, ainda nos casos em que haja condenação por crime que envolva violência doméstica contra mulher, o juiz, para verificar se deve decretar a incapacidade para o exercício do poder familiar, levará em conta a modalidade e a gravidade do crime do caso concreto e também se será ou não prejudicial ao menor. Caso o magistrado conclua que a decretação da incapacidade para o exercício do poder familiar será prejudicial ao menor, não deverá aplicar tal efeito, fundamentando expressamente na sentença.

Não se deve esquecer, em hipótese alguma, que o interesse da criança ou do adolescente prevalece sobre a norma penal, devido ao já mencionado princípio da proteção integral. Ressalte-se que não há qualquer justificativa que atenda ao senso de justiça e de preservação do bem-estar do menor em se decretar a incapacitação para o poder familiar em certas situações que poderiam, por exemplo, levar a criança a abrigo de acolhimento e colocação em família substituta – quando se tratar, *v.g.*, de lesão corporal levíssima e com o titular do poder familiar, condenado por ato único, estando a demonstrar responsabilidade na criação dos filhos e afeto para com eles.

Saliente-se, por fim, que o Código Civil, em seu Livro IV (Direito de Família), subtítulo II, em seu capítulo V, regulamenta toda a questão atinente ao poder familiar e declara que a perda ocorrerá em casos de condenação por crimes de homicídio, feminicídio, lesão grave ou seguida de morte (quando se tratar de crime doloso envolvendo violência doméstica e familiar ou menosprezo ou discriminação à condição de mulher), estupro, estupro de vulnerável ou outro crime contra a dignidade sexual sujeito à pena de reclusão (art. 1.638, parágrafo único).

e) *Inabilitação para dirigir veículo, quando utilizado como meio para a prática de crime doloso* (art. 92, III, do CP).

Esta inabilitação somente é aplicada quando o veículo é utilizado como instrumento para a prática de crime doloso, como quando o agente atropela intencionalmente alguém com o intuito de matá-lo ou lesioná-lo.

Nos casos de participação em competição não autorizada em via pública ("pegas", "rachas"), das quais decorra morte ou lesões em terceiro, a jurisprudência firmou entendimento no sentido da configuração de crimes de homicídio ou de lesões corporais dolosos (dolo eventual). Em tais hipóteses, portanto, será cabível o efeito em tela, uma vez que o texto legal não restringe o instituto aos casos de dolo direto.

A incidência deste dispositivo também não é automática, devendo ser motivadamente declarada na sentença.

Trata-se de efeito que só pode ser afastado após a reabilitação criminal, de modo que só depois disso o condenado poderá novamente obter sua habilitação para conduzir veículos.

Nos crimes de homicídio culposo e lesão corporal culposa cometidos na direção de veículo automotor, a suspensão e a proibição de obter a habilitação ou permissão para dirigir veículo constituem penas previstas no próprio tipo penal, não sendo, portanto, efeitos secundários da condenação (arts. 302 e 303 do CTB).

f) *Na hipótese de condenação por infrações às quais a lei comine pena máxima superior a 6 anos de reclusão, a perda, como produto ou proveito do crime, dos bens correspondentes à diferença entre o valor do patrimônio do condenado e aquele que seja compatível com o seu rendimento lícito* (art. 91-A – introduzido pela Lei n. 13.964/2019)

A perda prevista neste artigo deverá ser requerida expressamente pelo Ministério Público, por ocasião do oferecimento da denúncia, com a indicação da diferença apurada (§ 3º).

De acordo com o art. 91-A, § 1º, para efeito da perda prevista no *caput* deste artigo, entende-se por patrimônio do condenado todos os bens: I – de sua titularidade, ou em relação aos quais ele tenha o domínio e o benefício direto ou indireto, na data da infração penal ou recebidos posteriormente; e II – transferidos a terceiros a título gratuito ou mediante contraprestação irrisória, a partir do início da atividade criminal.

O condenado, por sua vez, poderá demonstrar a inexistência da incompatibilidade ou a procedência lícita do patrimônio (§ 2º). Em outras palavras, há uma inversão no ônus da prova, cabendo ao réu provar que seu patrimônio tem origem lícita.

Em caso de sentença condenatória, o juiz deve declarar o valor da diferença apurada e especificar os bens cuja perda for decretada (§ 4º). O efeito, portanto, *não* é automático.

Veja-se que o dispositivo, inserido no Código Penal pela Lei Anticrime, cria uma espécie de procedimento paralelo em relação à apuração do delito originário, desde que haja requerimento expresso do Ministério Público nesse sentido por ocasião do oferecimento da denúncia. Quando isso ocorrer haverá a necessidade de uma prestação de contas por parte do réu em relação ao montante total de seu patrimônio, pois a finalidade do dispositivo é alcançar bens e valores do réu, sem a efetiva demonstração de que decorrem daquele crime em apuração. Suponha-se que um político seja acusado por crime de corrupção passiva por ter recebido cinco milhões de reais para beneficiar um grupo empresarial durante sua gestão. Imagine-se que, durante as investigações, o Ministério Público descubra que esse político possui patrimônio de cem milhões, incompatível com seus ganhos lícitos e, em razão disso, faça o pedido mencionado no *caput* do art. 91-A. Caso o réu não faça prova de que os cem milhões têm origem lícita, o juiz poderá decretar a perda desses valores.

A constitucionalidade desse dispositivo certamente será questionada por mencionar que o juiz pode decretar a perda como produto ou proveito do crime, de bens ou valores que não têm necessariamente relação com o delito em apuração naqueles autos, por não ter o réu apresentado justificativa para a origem. De acordo com o texto legal, como o réu não apresentou justificativa para a origem dos seus bens, presume-se que são produto ou proveito de crime.

g) *Perda em favor da União ou do Estado, dependendo da Justiça onde tramita a ação penal, dos instrumentos utilizados para a prática de crimes por organizações criminosas e milícias ainda que não ponham em perigo a segurança das pessoas, a moral ou a ordem pública, nem ofereçam sério risco de ser utilizados para o cometimento de novos crimes* (art. 91-A, § 5º – introduzido pela Lei n. 13.964/2019).

O Juiz deverá declarar a perda, não se tratando de efeito automático.

Se a ação penal tramitar pela Justiça federal, a perda será em favor da União. Caso contrário, em favor do Estado por onde tramita a ação.

21.3.2.3. Efeitos extrapenais de natureza híbrida

a) *Cassação da licença de localização e de funcionamento do estabelecimento onde ocorram práticas sexuais que envolvem a prostituição de pessoa vulnerável* (art. 218-B, § 3º, do CP).

As pessoas vulneráveis a que se refere este dispositivo são os menores de 18 anos e aqueles que por enfermidade ou deficiência mental não têm o necessário discernimento para a prática de ato sexual. Saliente-se que, na maioria dos crimes do Código Penal, o conceito de vulnerável, no que diz respeito à idade da vítima, tem como objeto de proteção as pessoas menores de 14 anos, o que não ocorre no delito em análise que faz referência aos menores de 18 anos.

Estabelece o art. 218-B, § 2º, II, do Código Penal que serão punidos os proprietários, gerentes ou responsáveis pelo estabelecimento onde ocorram práticas sexuais que envolvem a prostituição de pessoa vulnerável. Exemplo: casas de massagem, bordéis, boates etc. Em tais casos, constitui efeito obrigatório da condenação a cassação da licença de localização e de funcionamento do estabelecimento.

Trata-se de efeito híbrido porque aplicável a uma única modalidade de infração penal, pressupondo ainda requisitos específicos (práticas sexuais que envolvem prostituta menor de idade no interior do estabelecimento), mas que, no entanto, dispensa fundamentação na sentença.

b) *Impedimento matrimonial* (art. 1.521, VII, do CC).

De acordo com o art. 1.521, VII, do Código Civil, a condenação por crime doloso contra a vida, consumado ou tentado, constitui impedimento matrimonial absoluto em relação ao cônjuge sobrevivente. Dessa forma, quem for condenado por matar ou tentar matar o marido não poderá se casar com a esposa.

Classifica-se como efeito híbrido porque não é necessária menção na sentença condenatória, mas, ao mesmo tempo, somente é aplicável aos crimes de homicídio e participação em suicídio cometidos contra o cônjuge da pessoa pretendida.

21.3.3. Efeitos secundários da condenação por crime falimentar

De acordo com o art. 181 da Lei de Falências (Lei n. 11.101/2005), a condenação por qualquer dos crimes falimentares nela descritos pode gerar:

I – a inabilitação para o exercício de atividade empresarial;

II – o impedimento para o exercício de cargo ou função em conselho de administração, diretoria ou gerência das sociedades sujeitas à lei falimentar;

III – a impossibilidade de gerir empresa por mandato ou por gestão de negócios.

Esses efeitos não são automáticos, devendo ser motivadamente declarados na sentença, e perdurarão até 5 anos após a extinção da pena, podendo, contudo, cessar antes pela reabilitação penal (art. 181, § 1º).

22

REABILITAÇÃO CRIMINAL

22.1. Conceito

De acordo com o art. 93, *caput*, do Código Penal, a reabilitação "alcança quaisquer penas aplicadas em sentença definitiva, assegurando ao condenado o sigilo dos registros sobre seu processo e condenação". Já o seu parágrafo único prevê que a reabilitação poderá atingir os efeitos da condenação previstos no art. 92 do Código (efeitos secundários da condenação). A reabilitação criminal, portanto, possui dupla importância: a) assegurar o sigilo do registro sobre o processo e sua condenação; e b) conferir novamente ao acusado direitos que lhe foram retirados como efeito secundário da condenação.

22.2. Sigilo dos registros

O art. 93, *caput*, do Código Penal assegura ao condenado reabilitado uma folha de antecedentes sem registros criminais a respeito do processo e da condenação. Ocorre que o art. 202 da Lei de Execuções Penais assegura o mesmo sigilo, *independentemente* da reabilitação:

> Cumprida ou extinta a pena, não constarão da folha corrida, atestados ou certidões fornecidas por autoridade policial ou por auxiliares da Justiça, qualquer notícia ou referência à condenação, salvo para instruir processo pela prática de nova infração penal ou outros casos expressos em lei.

Há, entretanto, diferença entre as regras.

O deferimento da reabilitação faz com que a condenação anterior só possa constar de certidões por força de ordem judicial (art. 748 do CPP), enquanto o sigilo descrito no art. 202 da Lei de Execuções Penais garante apenas a certidão sem registros quando solicitada pelo condenado, podendo, contudo, haver menção aos antecedentes quando for solicitada por autoridade policial, por órgão do Ministério Público, ou, ainda, para fim de concursos públicos, uma vez que a parte final do referido art. 202 prevê a possibilidade da quebra do sigilo "em outros casos expressos em lei". Em razão disso, é que a legislação prevê que o deferimento da reabilitação exige o decurso do prazo de 2 anos após a extinção ou cumprimento da pena e pressupõe o preenchimento de diversos requisitos, ao passo que o sigilo mencionado no art. 202 da Lei de Execuções Penais é automático.

Faz-se necessário ressalvar, novamente, que, mesmo com o deferimento da reabilitação, o sigilo não é absoluto, posto que, em decorrência de ordem judicial, poderão os antecedentes constar de certidão, por exemplo, a fim de instruir processo pela prática de novo crime como forma de comprovar reincidência ou maus antecedentes. Por isso, é assegurado ao condenado que já cumpriu pena obter certidão negativa, o que poderá facilitar sua reinserção na vida social, obtenção de emprego etc. Contudo, a anotação referente à condenação será mantida nos arquivos judiciais e constará de certidão, por ordem judicial. Nesse sentido, veja-se: STJ, RMS 29.423/SP, 5ª Turma, Rel. Min. Laurita Vaz, *DJe* 21-9-2011.

22.3. Recuperação dos direitos atingidos como efeito extrapenal específico da condenação

Esta é a consequência de maior relevância para o reabilitado. Não é por outra razão que Damásio de Jesus[73] e Fernando Capez[74] afirmam que a reabilitação criminal possui natureza jurídica de *"causa suspensiva de alguns efeitos secundários da condenação"*.

Efetivamente, estabelece o parágrafo único do art. 93 do Código Penal que a reabilitação pode atingir os efeitos da condenação previstos no art. 92 do Código, vedada a reintegração na situação anterior, nos casos dos incisos I e II do mesmo artigo.

O mencionado art. 92 prevê os denominados efeitos extrapenais específicos da condenação: I – perda de cargo, função ou mandato eletivo; II – incapacidade para exercício do poder familiar, tutela ou curatela; III – inabilitação para conduzir veículos. São chamados de específicos porque só se aplicam a condenações relacionadas a crimes que se revestem de certas características, conforme já estudado. O deferimento da reabilitação permite que o condenado volte a exercer tais atividades, para as quais estava inabilitado, vedada, porém, a reintegração ao estado anterior, nas hipóteses dos incisos I e II do art. 92. Assim, imagine-se um funcionário público que tenha sido condenado a 6 anos de reclusão por um crime de homicídio simples e que, por tal razão, tenha o juiz decretado a perda do cargo que ocupava (art. 92, I, *b*, do CP). Com o reconhecimento da reabilitação, poderá tal pessoa voltar a ser funcionário público (nomeado ou por concurso), mas, em hipótese alguma, poderá ser reconduzido ao mesmo cargo que ocupava como efeito da reabilitação.

Da mesma forma, o condenado a quem tenha sido aplicada a incapacitação para o exercício do poder familiar, por ter cometido crime doloso apenado com reclusão contra o próprio filho. Tal efeito é permanente em relação a este descendente, porém, com a reabilitação, será possível que volte a exercer tal poder em relação aos outros filhos.

No que tange à inabilitação para conduzir veículos aos condenados por crime doloso em que este tenha sido utilizado como meio de execução, a reabilitação tornará possível a obtenção de nova habilitação.

---

[73] Damásio de Jesus. *Direito penal*: Parte geral. 27. ed. São Paulo: Saraiva, 2003, v. 1, p. 651.
[74] Fernando Capez. *Curso de direito penal*: Parte Geral. 15. ed. São Paulo: Saraiva, v. 1, p. 541.

22.4. Pressupostos para a obtenção da reabilitação

De acordo com o art. 94 do Código Penal, é necessária a coexistência dos seguintes requisitos:

a) *Que já tenham se passado 2 anos do dia em que foi extinta, por qualquer modo, a pena ou tenha terminado sua execução, computando-se o período de prova do* sursis *e do livramento condicional, desde que não revogados* (art. 94, caput, do CP).

A reabilitação só é cabível em caso de condenação, quer tenha havido o cumprimento da pena, quer tenha sido decretada sua extinção (prescrição da pretensão executória, por exemplo). Não se mostra possível, portanto, em casos de arquivamento de inquérito policial, decretação de prescrição da pretensão punitiva ou outra causa extintiva da punibilidade anterior ao trânsito em julgado da condenação e, ainda, no caso de sentença absolutória. Nessas hipóteses, não há pena a ser reabilitada.

O prazo (2 anos) é sempre o mesmo, quer o condenado seja primário ou reincidente. Ele, todavia, só pode requerer a reabilitação após o decurso de 2 anos do cumprimento da última das penas. Se ainda existir pena a cumprir em relação a qualquer das ações penais em que foi condenado, a reabilitação não pode ser deferida quanto às outras em que a pena já tenha sido cumprida ou extinta há 2 anos. Esta conclusão decorre da própria natureza do instituto que visa à reinserção do acusado no corpo social.

No caso de prescrição da pena, conta-se o tempo do dia em que encerrado o prazo, e não daquele em que foi judicialmente declarado.

Nas hipóteses de *sursis* e livramento condicional não revogados, o termo *a quo* é o da audiência admonitória. Em se tratando de pena exclusiva de multa, o prazo é contado a partir do pagamento ou da prescrição.

O art. 743 do Código de Processo Penal, que prevê prazos diferentes para a obtenção da reabilitação, foi tacitamente revogado, na medida em que a atual redação do art. 94 do Código Penal decorre de lei posterior (Lei n. 7.209/84).

b) *Que o sentenciado tenha tido domicílio no país durante os 2 anos que o tópico anterior menciona.*

Pode ser provado por carteira de trabalho, comprovante de residência, declaração por escrito de pessoas idôneas, atestado de frequência a cursos etc.

c) *Que durante esse prazo o condenado tenha dado demonstração efetiva de bom comportamento público e privado.*

A comprovação deste requisito deve observar o disposto no art. 744 do Código de Processo Penal, que prevê que o requerimento de reabilitação deve ser instruído com: I – certidões comprobatórias de não ter o requerente respondido nem estar respondendo a processo penal, em qualquer das comarcas em que houver residido, durante o período de 2 anos já referido; II – atestados de autoridades policiais ou outros documentos que comprovem ter residido nas comarcas indicadas e mantido, efetivamente, bom comportamento; III – atestados de bom comportamento fornecidos por pessoas a cujo serviço tenha estado; IV – quaisquer outros documentos que sirvam de prova de sua regeneração.

Em suma, o bom comportamento deve ser demonstrado pelo não envolvimento em novas infrações penais, pelo trabalho ou estudo etc.

d) *Que o condenado tenha ressarcido o dano causado pelo crime ou demonstre a absoluta impossibilidade de o fazer, até o dia do pedido, ou exiba documento que comprove a renúncia da vítima ou novação da dívida.*

O condenado, para obter a reabilitação, deve reparar o dano ou: a) comprovar a impossibilidade de fazê-lo; b) exibir documento que comprove a renúncia da vítima; c) exibir documento que comprove a novação da dívida.

No que pertine à impossibilidade de reparação do prejuízo, fixou-se o entendimento de que não basta mera alegação do condenado, devendo ele fazer efetiva prova de sua falta de condições econômicas. Nesse sentido, veja-se: STJ, REsp 58.916/SP, 5ª Turma, Rel. Min. José Dantas, *DJ* 10-4-1995, p. 9.283.

A prova da impossibilidade de ressarcimento refere-se à época do pedido de reabilitação. Admite qualquer meio de prova.

O presente requisito só faz sentido em relação a infrações penais que tenham causado prejuízo econômico a outrem.

Nos casos em que o agente comprova que a vítima encontra-se em local incerto, existem duas correntes: a) o valor da reparação deve ser consignado em juízo; b) fica o condenado dispensado deste requisito. Parece-nos que a interpretação correta é a última. Se a vítima não foi localizada nem mesmo após ter sido procurada por oficial de justiça nos endereços constantes dos autos e naqueles fornecidos posteriormente por órgãos como Receita Federal, Tribunal Regional Eleitoral etc., a situação é de impossibilidade de ressarcimento, não por falta de condição econômica, mas por desconhecimento quanto ao paradeiro da pessoa a ser indenizada.

O fato de a vítima ou seus familiares não terem ingressado com ação cível pleiteando a reparação do dano não afasta a necessidade de ressarcimento como condição para a reabilitação. Aliás, considerando que a obrigação de indenizar é efeito obrigatório da sentença que julga procedente a ação penal (art. 91, I, do CP), a reabilitação pressupõe a reparação do prejuízo, ainda que tenha sido julgada improcedente, na esfera cível, a ação indenizatória movida pela vítima ou seus familiares (princípio da autonomia das instâncias). No entanto, caso tenha havido prescrição civil da dívida, o ressarcimento mostra-se dispensável.

Deve-se lembrar, ainda, que é exigível a correção monetária dos valores entre a data da infração penal e a do ressarcimento.

22.5. Competência, procedimento e recursos

A reabilitação só pode ser concedida pelo próprio juízo da condenação (pelo qual tramitou o processo de conhecimento), e não pelo juízo das execuções, uma vez que a reabilitação é concedida após o término da execução da pena. A competência é do órgão jurisdicional de 1ª instância.

O procedimento a ser seguido está descrito nos arts. 744 e 745 do Código de Processo Penal. O sentenciado deve apresentar petição em juízo com a documentação que comprove a satisfação dos requisitos legais (art. 744). Tal requerimento, por ser judicial, deve ser feito por intermédio de advogado.

O juiz, em seguida, poderá determinar a realização de diligências que entenda necessárias (juntada de certidões, notificação da vítima etc.) e ouvirá o Ministério Público. Ao final, proferirá a decisão.

Caso seja denegado o pedido, em razão da ausência de algum dos requisitos, o pedido poderá ser renovado a qualquer tempo, desde que sejam apresentadas novas provas (art. 93, parágrafo único, do Código Penal). Se a parte, entretanto, não se conformar com a decisão denegatória, poderá interpor recurso de apelação (art. 593, II, do CPP).

Se a reabilitação for deferida, o juiz deverá interpor recurso de ofício, devendo a matéria, portanto, passar por reexame obrigatório no Tribunal de Justiça (art. 746 do CPP).

22.6. Revogação da reabilitação

De acordo com o art. 95 do Código Penal, a reabilitação será revogada, de ofício ou a requerimento do Ministério Público, se o reabilitado for condenado, como reincidente, por sentença transitada em julgado, exceto se houver imposição somente de pena de multa.

A reabilitação não exclui a possibilidade de o réu ser considerado reincidente caso venha a cometer novo delito, já que os efeitos da condenação anterior subsistem por 5 anos após o cumprimento da pena ou sua extinção. Assim, concedida a reabilitação após 2 anos, o réu não volta a ser primário. Desse modo, se nesse interregno (após a reabilitação e antes do retorno à condição de primário) o réu sofrer nova condenação, sendo considerado *reincidente*, deverá ser revogada a reabilitação deferida no processo anterior.

A revogação não significa que o condenado não mais consiga certidões criminais sem registros, já que isso é decorrência do mero cumprimento ou extinção da pena, nos termos do já mencionado art. 202 da Lei de Execuções Penais, sendo, para tal fim, desnecessária a própria obtenção da reabilitação. A consequência da revogação, portanto, consistirá na retomada das incapacidades ou inabilitações aplicadas como efeitos extrapenais específicos da condenação (art. 92 do CP).

22.7. Morte do reabilitando

A morte do sentenciado durante a tramitação do pedido de reabilitação faz com que o procedimento não seja conhecido por falta de interesse, sendo extinto por consequência.

23

DAS MEDIDAS DE SEGURANÇA

23.1. Conceito e características

As medidas de segurança constituem espécie de sanção penal, de caráter preventivo, fundadas na periculosidade do agente, aplicadas pelo juiz da sentença, por prazo indeterminado, aos inimputáveis e, eventualmente, aos semi-imputáveis, a fim de evitar que tornem a cometer ilícitos penais.

A finalidade da medida de segurança, conforme mencionado, é exclusivamente preventiva, ou seja, impor tratamento especial aos inimputáveis ou semi-imputáveis que cometeram infração penal demonstrando, com isso, sua periculosidade, no intuito de serem evitadas novas ações ilícitas.

A doutrina costuma apontar as seguintes distinções entre as penas e as medidas de segurança:

a) Quanto ao *fundamento* da aplicação, as penas têm caráter retributivo e preventivo, enquanto as medidas de segurança têm apenas caráter preventivo especial – conferir compulsoriamente tratamento ao seu destinatário. A pena, portanto, tem caráter aflitivo e a medida de segurança, caráter curativo.

b) Quanto ao *pressuposto* em que se baseiam, as penas refletem a *culpabilidade* do agente, isto é, devem-se à demonstração de sua responsabilidade pelo ilícito penal. As medidas de segurança, por sua vez, fundam-se na *periculosidade*, ou seja, na probabilidade de o acusado voltar a cometer delitos.

No que diz respeito à duração, as penas são aplicadas por tempo *determinado*, ao passo que as medidas de segurança são aplicadas por período *indeterminado*, sendo extintas apenas quando comprovada a cessação da periculosidade.

c) Por fim, quanto aos *destinatários*, as penas são aplicáveis aos imputáveis e aos semi-imputáveis não considerados perigosos, enquanto as medidas de segurança destinam-se aos inimputáveis e aos semi-imputáveis cuja periculosidade tenha sido pericialmente demonstrada e que, por isso, necessitam de tratamento.

No âmbito penal, são possíveis dois sistemas para a aplicação das medidas de segurança. O sistema *vicariante* só permite a aplicação de uma espécie de sanção penal ao acusado, enquanto o sistema do *duplo binário* permite a aplicação *cumulativa* de pena e medida de segurança. Até a reforma da Parte Geral de 1984, o sistema adotado no Brasil era o duplo binário. Atualmente, o sistema adotado é o vicariante, devendo o juiz aplicar pena *ou* medida de segurança (e nunca as duas cumulativamente). Aos inimputáveis, será sempre aplicada medida de segurança. Para os semi-imputáveis, será aplicada pena ou medida de segurança. Quanto a estes, o juiz deve aplicar a pena privativa de liberdade necessariamente reduzida de 1/3 a 2/3 (art. 26, parágrafo único, do CP). Em seguida, se estiver demonstrada a periculosidade em razão de perturbação mental, o juiz substituirá a pena por medida de segurança (art. 98 do CP). Não havendo prova de tal periculosidade, o magistrado manterá a pena privativa de liberdade.

23.2. Pressupostos e aplicação da medida de segurança

Para que o magistrado possa, ao proferir sentença, determinar a aplicação de medida de segurança, são necessários os seguintes pressupostos:

a) *Que haja prova de que o acusado cometeu fato típico e antijurídico.*

É evidente que se o fato for considerado atípico ou se não houver prova de que o réu cometeu a infração penal, deve ele ser absolvido sem a adoção de qualquer outra providência, ainda que a perícia ateste tratar-se de pessoa perigosa. Da mesma maneira, se ficar demonstrado que agiu em legítima defesa, estado de necessidade etc.

b) *Que exista prova da periculosidade do agente em razão de inimputabilidade decorrente de doença mental ou desenvolvimento mental incompleto ou retardado ou de semi-imputabilidade decorrente de perturbação da saúde mental ou por desenvolvimento mental incompleto ou retardado.*

A periculosidade do acusado é *presumida* quando a perícia atesta ser ele *inimputável*, ou seja, quando conclui que ele não tinha condição de entender o caráter ilícito do fato ou de determinar-se de acordo com tal entendimento em razão do problema mental. O fato de haver prova da prática de infração penal leva à óbvia conclusão de que se trata de pessoa perigosa, que pode voltar a delinquir, e torna necessária a aplicação da medida de segurança. Nesse caso, estabelece o art. 386, parágrafo único, III, do Código de Processo Penal que o juiz absolverá o réu e aplicará a medida de segurança. É a chamada sentença *absolutória imprópria*.

Já nos casos dos *semi-imputáveis*, é preciso que a perícia ateste que o agente estava parcialmente privado de sua capacidade de entendimento ou autodeterminação em razão da deficiência mental e afirme que, em razão disso, é possível concluir que há probabilidade de que torne a delinquir se não houver tratamento. É a chamada periculosidade *real* como pressuposto para a aplicação da medida de segurança em substituição à pena privativa de liberdade para os semi-imputáveis. Para estes, portanto, a sentença tem sempre natureza condenatória, pois o juiz aplica pena privativa de liberdade e, em seguida, se for o caso, a substitui pela medida de segurança.

23.3. Espécies de medida de segurança

De acordo com o art. 96 do Código Penal, existem apenas duas modalidades de medida de segurança: a) detentiva; e b) restritiva.

A medida de segurança *detentiva* consiste em *internação* em hospital de custódia e tratamento psiquiátrico ou, à falta, em outro estabelecimento adequado (art. 96, I, do

CP). De acordo com os arts. 97, *caput*, e 98, do Código Penal, se o crime for apenado com reclusão, esta deverá ser a medida de segurança aplicada, quer se trate de réu inimputável, quer semi-imputável (cuja periculosidade tenha sido constatada, tornando necessária a medida).

É preciso salientar, todavia, que os juízes têm dado interpretação menos rigorosa a esta regra, de forma que só têm aplicado medida de segurança de internação em casos de crimes apenados com reclusão que tenham gravidade considerável, ou seja, que justificariam a aplicação do regime inicial fechado ou semiaberto (caso o réu fosse imputável).

De acordo com o art. 99 do Código Penal, o internado será recolhido a estabelecimento dotado de características hospitalares. Na falta de vaga em hospital psiquiátrico, a internação pode se dar em hospital comum ou particular.

A medida de segurança restritiva, por sua vez, consiste na sujeição a *tratamento ambulatorial*, ou seja, na necessidade de comparecimento regular para consultas pessoais com psiquiatras e equipe multidisciplinar. Aplica-se aos crimes apenados com detenção.

23.4. Duração da medida de segurança

Quer se trate de inimputável ou de semi-imputável, a internação ou o tratamento ambulatorial serão aplicados sempre por tempo indeterminado, perdurando enquanto não averiguada, mediante perícia médica, a cessação da periculosidade.

Em qualquer hipótese, o período mínimo de internação será decidido pelo juiz na sentença, podendo variar de 1 a 3 anos (arts. 97, § 1º, e 98 do CP). Na escolha do período mínimo, o juiz deve levar em conta a gravidade da infração praticada.

A referida perícia médica será realizada ao término do prazo mínimo fixado na sentença e, posteriormente, será repetida de ano em ano, ou a qualquer tempo, se assim determinar o juiz das execuções.

A lei não prevê prazo máximo para o término da medida de segurança, de modo que, *a priori*, se não constatada a cessação da periculosidade, a medida se estenderia indefinidamente. O Superior Tribunal de Justiça, todavia, por intermédio da Súmula n. 527, entende que: "o tempo de duração da medida de segurança não deve ultrapassar o limite máximo da pena abstratamente cominada ao delito praticado". O Supremo Tribunal Federal, por sua vez, possui interpretação diversa, no sentido de que o prazo máximo é o de *40 anos* mencionado no art. 75 do Código Penal, não guardando, assim, relação com o montante previsto em abstrato para a infração penal cometida. De acordo com o Supremo, este é o limite porque a Constituição, ao estabelecer vedação a penas de caráter perpétuo, teria também abrangido as medidas de segurança (art. 5º, XLVII, *b*, da CF). Por isso, após os 40 anos, deverá ser declarada extinta a medida de segurança e, se constatada persistência do estado de periculosidade, deve o Ministério Público ingressar com ação civil visando à interdição da pessoa perigosa, uma vez que o art. 1.769 do Código Civil e o art. 9º da Lei n. 10.216/2001 permitem a internação compulsória de pessoa perigosa, mesmo que desvinculada da prática de ilícito penal. Nesse sentido: STF, HC 98.360/RS, 1ª Turma, Rel. Min. Ricardo Lewandowski, *DJe* 23-10-2009, p. 1.095; e HC 107.432, 1ª Turma, Rel. Min. Ricardo Lewandowski, julgado em 24-5-2011, processo eletrônico *DJe*-110, divulg. 8-6-2011, public. 9-6-2011, *RMDPPP* v. 7, n. 42, 2011, p. 108-115, *RSJADV* set. 2011, p. 46-50.

Caso constatada pericialmente a cessação da periculosidade, *"a desinternação, ou a liberação, será sempre condicional, devendo ser restabelecida a situação anterior se o agente, antes do decurso de 1 ano, prática fato indicativo de persistência de sua periculosidade"* (art. 97, § 3º, do CP). Esse fato pode ser uma nova infração penal ou qualquer atividade que demonstre ser aconselhável a reinternação ou o reinício do tratamento ambulatorial.

Por sua vez, estabelece o art. 97, § 4º, que, em qualquer fase do tratamento ambulatorial, poderá o juiz determinar a internação do agente, se essa providência for necessária para fins curativos. A mesma providência poderá ser tomada se o agente, por seu comportamento durante a medida, revelar incompatibilidade com o tratamento ambulatorial (ausência às sessões, por exemplo) – art. 184 da Lei de Execuções Penais. Neste caso, o prazo mínimo de internação será de 1 ano (art. 184, parágrafo único, da LEP).

Apesar de não haver previsão legal expressa, é possível que o juiz, diante da melhora no quadro da pessoa sujeita à medida de segurança de internação, substitua-a pelo tratamento ambulatorial.

23.5. Execução das medidas de segurança

A forma de execução das medidas de segurança é regulamentada pelos arts. 171 a 179 da Lei de Execuções Penais.

Inicialmente, estabelece o art. 171 que, transitando em julgado a sentença que tenha aplicado medida de segurança, será determinada a expedição da respectiva guia de internação ou de tratamento ambulatorial. Dispõe, por sua vez, o art. 172 que ninguém será internado em Hospital de Custódia e Tratamento Psiquiátrico, ou submetido a tratamento ambulatorial, para cumprimento de medida de segurança, sem a mencionada guia, expedida pela autoridade judiciária, que deverá ser extraída pelo escrivão e subscrita por este e pelo juiz, e será remetida à autoridade administrativa incumbida da execução. O Ministério Público deverá ser cientificado da extração da guia de internação ou tratamento (art. 173, § 1º).

Em se tratando de medida de internação, a realização de exame criminológico se mostra necessária para a adequada individualização da medida de segurança e para a obtenção de dados reveladores da personalidade do executando (arts. 8º, 9º e 174 da LEP). Em se tratando de tratamento ambulatorial, a providência é facultativa.

De acordo com o art. 175 da Lei de Execuções Penais, a cessação da periculosidade será averiguada no fim do prazo mínimo de duração da medida de segurança, pelo exame das condições pessoais do agente, observando-se o seguinte: I – a autoridade administrativa, até 1 mês antes de expirar o prazo, remeterá ao juiz minucioso relatório que o habilite a resolver sobre a revogação ou permanência da medida; II – o relatório será instruído com o laudo psiquiátrico; III – após eventuais diligências determinadas pelo juiz, serão ouvidos, sucessivamente, o Ministério Público e o curador ou defensor, no prazo de 3 dias cada; IV – o juiz nomeará curador ou defensor para o executando que não o tiver; V – o juiz, de ofício ou a requerimento de qualquer das partes, poderá determinar novas diligências, ainda que expirado o prazo de duração mínima da medida de segurança; VI – ouvidas as partes e realizadas as diligências, o juiz proferirá sua decisão, no prazo de 5 dias.

O art. 176 da Lei de Execuções permite que, excepcionalmente, o exame de cessação da periculosidade seja feito antes do prazo mínimo fixado na sentença, se houver requerimento fundamentado neste sentido do Ministério Público ou do interessado, seu procurador ou defensor. Em tal hipótese, será adotado o procedimento descrito no parágrafo anterior.

Sempre que ficar constatada a subsistência da periculosidade do agente, a medida deverá ser mantida e o exame, repetido ano a ano, ou a qualquer tempo, a critério do juiz da execução (art. 97, § 2º, do CP).

Se constatada a cessação da periculosidade, o juiz da execução determinará a desinternação ou liberação do executando (art. 97, § 3º, do CP). Essa medida, contudo, é sempre condicional, pois será revertida se, no prazo de 1 ano, o agente praticar fato indicativo de persistência da periculosidade. Por isso, quando o juiz da execução determina a desinternação ou liberação na hipótese acima, fala-se em mera suspensão da medida de segurança. O art. 177 da Lei de Execuções estabelece que, durante esse prazo de 1 ano, o agente fica sujeito a certas condições obrigatórias e outras facultativas. As condições obrigatórias são: a) obter ocupação lícita, dentro de prazo razoável, se for apto para o trabalho; b) comunicar periodicamente ao juiz sua ocupação; c) não mudar do território da comarca do Juízo da Execução, sem prévia autorização deste. Já as condições facultativas (determinadas a critério do juiz) são: a) não mudar de residência sem comunicação ao juiz e à autoridade incumbida da observação cautelar e de proteção; b) recolher-se à habitação em hora fixada; c) não frequentar determinados lugares.

Se, ao término do prazo de 1 ano da suspensão da medida de segurança, o agente não der causa ao restabelecimento da situação anterior pela prática de ato que denote a persistência de sua periculosidade, o juiz das execuções decretará a sua extinção.

Contra as decisões judiciais, mostra-se cabível o recurso de agravo em execução (art. 197 da LEP), no prazo de 5 dias (Súmula 700 do STF).

23.6. Internação provisória ou preventiva e detração da medida de segurança

O art. 319, VII, do Código de Processo Penal prevê a possibilidade de decretação de internação provisória nas hipóteses de crimes praticados com violência ou grave ameaça, quando os peritos concluírem ser o réu inimputável ou semi-imputável e houver risco de reiteração. Trata-se aqui da internação decretada antes da sentença final. Em tais casos, o art. 42 do Código Penal permite expressamente a detração do tempo de internação provisória na futura medida de segurança. Como nas medidas de segurança, o juiz fixa apenas o prazo mínimo de cumprimento (1 a 3 anos), entende-se que a detração será aplicada em relação ao prazo para a primeira perícia, ou seja, se, na sentença, o juiz fixou o período mínimo de 1 ano para a primeira verificação, mas o acusado já havia ficado preso ou internado provisoriamente por 4 meses, o exame deverá ser feito após 8 meses.

23.7. Superveniência de doença mental

As hipóteses de aplicação de medida de segurança já estudadas dizem respeito ao acusado que, ao tempo do crime, era inimputável ou semi-imputável em razão de doença mental ou desenvolvimento mental incompleto ou retardado. É possível, contudo, que a doença mental somente tenha surgido após a prática do ilícito penal. Em tal caso, estando a ação penal ainda em tramitação, o processo deverá ser paralisado para a realização do exame de sanidade mental (art. 149, § 2º, do CPP). Caso confirmada a doença mental, prosseguirá suspenso, aguardando o restabelecimento do acusado ou a ocorrência da prescrição.

Se a doença ou perturbação mental sobrevierem no curso da *execução* da pena privativa de liberdade, poderá o juiz, de ofício ou a requerimento do Ministério Público ou da autoridade administrativa, determinar a *substituição* da pena por medida de segurança (art. 183 da LEP), caso se trate de doença grave, de difícil restabelecimento. Nessa situação, o prosseguimento da execução dar-se-á de acordo com as regras da Lei de Execuções atinentes às medidas de segurança. Se, entretanto, tratar-se de um surto psicótico breve ou de quadro de perturbação passageira das faculdades mentais, o sentenciado deverá ser recolhido a hospital de custódia e tratamento psiquiátrico ou, à falta, a outro estabelecimento adequado, até que se recupere (art. 41 do CP), hipótese em que será retomado o cumprimento da pena originária.

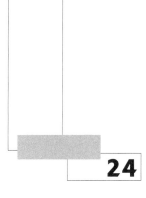

DA AÇÃO PENAL

24.1. Introdução

Ação penal é o procedimento judicial deflagrado pelo titular da ação quando há indícios de autoria e de materialidade, a fim de que o juiz declare procedente a pretensão punitiva estatal e condene o autor da infração penal. Durante o seu transcorrer serão assegurados ao acusado amplo direito de defesa, além de outras garantias, como a estrita observância do procedimento previsto em lei, de só ser julgado pelo juiz competente, de ter assegurado o contraditório e o duplo grau de jurisdição etc.

De acordo com o art. 100, *caput*, do Código Penal, o Estado, detentor do direito e do poder de punir (*jus puniendi*), pode conferir a iniciativa do desencadeamento da ação penal a um órgão público (Ministério Público) ou à própria vítima, dependendo da modalidade de crime praticado. Portanto, para cada delito previsto em lei, existe a prévia definição da espécie de ação penal – de iniciativa *pública* ou *privada* –, de modo que as próprias infrações penais são divididas nessas duas categorias – crimes de ação pública ou de ação privada.

Ação penal pública é aquela em que a iniciativa é exclusiva do Ministério Público (órgão público), nos termos do art. 129, I, da Constituição Federal. A peça processual que a ela dá início se chama denúncia.

A ação *pública* apresenta as seguintes modalidades:

a) *Incondicionada*, em que o exercício da ação independe de qualquer condição especial.

b) *Condicionada*, na qual a propositura da ação penal depende da prévia existência de uma condição especial (representação da vítima ou requisição do Ministro da Justiça). É o que estabelece o art. 100, § 1º, do Código Penal.

Ação penal *privada* é aquela em que a iniciativa da propositura é conferida à vítima. A peça inicial se chama queixa-crime.

Subdivide-se em:

a) *Exclusiva*, em que a iniciativa da ação penal é da vítima, mas, se esta for menor ou incapaz, a lei permite que seja proposta pelo representante legal. Ademais, em caso de morte da vítima, a ação poderá ser iniciada por seus sucessores (cônjuge, companheiro, ascendente, descendente ou irmão) e, se esta já estiver em andamento por ocasião do falecimento, poderão eles prosseguir no feito.

b) *Personalíssima*, na qual a ação só pode ser proposta pela vítima. Se ela for menor, deve-se esperar que complete 18 anos. Se for doente mental, deve-se aguardar eventual restabelecimento.

Em caso de morte, a ação não pode ser proposta pelos sucessores. Se já tiver sido proposta na data do falecimento, a ação se extingue pela impossibilidade de sucessão no polo ativo.

c) *Subsidiária da pública*, em que a ação é proposta pela vítima em crime de ação pública, possibilidade que só existe quando o Ministério Público, dentro do prazo que a lei lhe confere, não apresenta qualquer manifestação.

Cada uma dessas espécies de ação penal será mais bem analisada adiante.

24.1.1. Ação penal popular

Não existe em nosso ordenamento jurídico nenhuma hipótese de ação penal popular em que a lei confira a todo cidadão o direito de dar início a uma ação para apurar ilícito penal, ainda que contra representantes políticos. Eventual aprovação de lei nesse sentido seria considerada inconstitucional por ofensa ao art. 129, I, da Constituição, de modo que apenas por Emenda Constitucional seria possível tal providência.

24.1.2. Condições gerais da ação

São denominadas condições gerais da ação aquelas que devem se mostrar presentes para o desencadeamento de toda e qualquer ação penal.

Podemos assim elencá-las:

a) *Legitimidade de parte*.

Se a ação for pública, deve ser proposta pelo Ministério Público e, se for privada, pelo ofendido ou por seu representante legal.

O acusado deve ser maior de 18 anos e ser pessoa física, pois, salvo nos crimes ambientais, pessoa jurídica não pode figurar no polo passivo de uma ação penal, pois, em regra, não comete crime.

Os inimputáveis por doença mental ou por dependência em substância entorpecente podem figurar no polo passivo da ação penal, pois, se comprovada a imputação, serão absolvidos mas com aplicação de medida de segurança ou sujeição a tratamento médico contra a dependência (absolvição imprópria).

b) *Interesse de agir*.

Para que a ação penal seja admitida, é necessária a existência de indícios suficientes de autoria e de materialidade a ensejar sua propositura. Além disso, é preciso que não esteja extinta a punibilidade pela prescrição ou qualquer outra causa.

c) *Possibilidade jurídica do pedido*.

No processo penal, o pedido que se endereça ao juízo é o de condenação do acusado.

Para ser possível requerer a condenação, é preciso que o fato descrito na denúncia ou queixa seja típico, isto é, que se mostrem presentes no caso concreto todas as elementares exigidas na descrição abstrata da infração penal.

A denúncia ou queixa-crime oferecida sem a estrita observância das condições da ação deve ser rejeitada, nos expressos termos do art. 395, II, do Código de Processo

Penal. Se a falta de condição da ação for percebida somente após o recebimento da denúncia ou queixa, deve ser declarada a nulidade da ação penal em andamento desde o seu princípio, nos termos do art. 563, II, do Código de Processo Penal.

24.1.3. Condições especiais da ação penal

Além das condições gerais já mencionadas, algumas espécies de ação penal exigem condições específicas, como a ação pública condicionada, que pressupõe a existência de representação da vítima ou de requisição do Ministro da Justiça.

Existem, ainda, na legislação algumas outras condições (de procedibilidade) específicas, como:

a) *a entrada do autor da infração no território nacional*, nas hipóteses de extraterritorialidade da lei penal brasileira previstas nos §§ 2º e 3º, do art. 7º, do Código Penal. Exemplos: crime praticado por brasileiro no exterior ou por estrangeiro contra um brasileiro fora do Brasil.

b) *autorização da Câmara dos Deputados* para a instauração de processo criminal contra o Presidente da República, Vice-Presidente ou Ministros de Estado, perante o Supremo Tribunal Federal (art. 51, I, da Constituição Federal). Desde o advento da Emenda Constitucional n. 35/2001, o desencadeamento de ação penal contra Senadores da República e Deputados Federais e Estaduais dispensa a prévia autorização da respectiva Casa Legislativa.

24.2. Ação penal pública

É aquela cuja titularidade é exclusiva do Ministério Público, nos termos do art. 129, I, da Constituição Federal, para os delitos que a lei defina como de ação pública.

A definição como crime de ação pública decorre de opção do legislador.

24.2.1. Princípios específicos da ação pública

Além dos princípios gerais da ação (contraditório, ampla defesa, devido processo legal etc.) que se aplicam a todo e qualquer tipo de ação penal, a ação pública rege-se ainda por três princípios que lhe são específicos: a) da *obrigatoriedade*; b) da *indisponibilidade*; e c) da *oficialidade*.

a) *Princípio da obrigatoriedade*.

De acordo com esse princípio, o órgão do Ministério Público (promotor de justiça, procurador da república) não pode transigir ou perdoar o autor do crime de ação pública. Caso entenda, de acordo com sua própria apreciação dos elementos de prova – pois a ele cabe formar a *opinio delicti* –, que há indícios suficientes de autoria e materialidade de crime que se apura mediante ação pública, estará obrigado a oferecer denúncia.

Saliente-se que existem algumas exceções a este princípio. É o que ocorre nas infrações de menor potencial ofensivo (contravenções e crimes com pena máxima de até 2 anos), em relação às quais o Ministério Público pode deixar de promover a ação penal, não obstante existam provas cabais de delito de ação pública, pois, para tais crimes, é cabível a transação penal, instituto reconhecido constitucionalmente (art. 98, I, da CF). O mesmo ocorre em relação aos delitos para os quais seja cabível o acordo de não persecução penal, previsto no art. 28-A do CPP.

b) *Princípio da indisponibilidade da ação.*

Nos termos do art. 42 do Código de Processo Penal, o Ministério Público não pode desistir da ação por ele proposta. Também não pode desistir de recurso que tenha interposto (art. 576 do CPP).

c) *Princípio da oficialidade.*

O titular exclusivo da ação pública é um órgão oficial, que integra os quadros do Estado: o Ministério Público.

Esse princípio é atenuado pela própria Constituição Federal que, em seu art. 5º, LIX, permite que, subsidiariamente, seja oferecida queixa em crime de ação pública, desde que o Ministério Público não apresente qualquer manifestação dentro do prazo que a lei lhe confere. Dentro do prazo legal, contudo, o princípio é absoluto.

24.2.2. Espécies de ação pública

A ação pública pode ser condicionada ou incondicionada.

24.2.2.1. Ação pública incondicionada

É a regra no direito penal.

Nesta modalidade de ação penal, o exercício do direito de ação pelo Ministério Público não depende de qualquer condição especial. Basta que o crime investigado seja de ação pública e que existam indícios suficientes de autoria e materialidade para que o promotor esteja autorizado a oferecer a denúncia.

Para que se conclua que determinado delito é de ação incondicionada basta verificar o próprio tipo penal. Caso a lei nada mencione, automaticamente a ação será pública incondicionada. Ao cuidar, por exemplo, dos crimes de homicídio doloso (art. 121 do CP), furto (art. 155 do CP), associação criminosa (art. 288) e corrupção passiva (art. 317 do CP), a lei nada menciona a respeito da modalidade de ação penal. Em consequência, tais delitos se apuram mediante ação pública incondicionada.

É necessário lembrar, por fim, a regra contida no art. 24, § 2º, do Código de Processo Penal segundo a qual, qualquer que seja o crime, a ação será pública quando cometido em detrimento de patrimônio ou interesse da União, Estado ou Município.

24.2.2.2. Ação pública condicionada à representação

Em razão da natureza de determinadas infrações penais, o legislador condicionou a propositura da ação penal pelo Ministério Público à prévia existência de representação, que nada mais é do que uma manifestação de vontade, da vítima ou de seu representante legal, no sentido de solicitar providências do Estado para a apuração de determinado crime e, concomitantemente, autorizar o Ministério Público a ingressar com a ação penal contra os autores do delito.

A titularidade da ação penal é exclusiva do Ministério Público, porém o promotor só pode dar início a ela se presente esta autorização da vítima.

A representação tem natureza jurídica de *condição de procedibilidade* – condição para que o titular da ação possa intentá-la.

Alguns autores se referem à representação como *delatio criminis* postulatória.

A autoridade policial só pode iniciar o *inquérito policial* para apurar crime de ação pública condicionada se já presente a representação (art. 5º, § 4º, do CPP). Caso se trate, todavia, de infração de menor potencial ofensivo, a autoridade policial pode lavrar o termo circunstanciado sem a representação, porque a Lei n. 9.099/95 estabelece que esta só será colhida em juízo, na audiência preliminar.

Nos crimes dessa natureza, a lei expressamente menciona, junto ao tipo penal, que "somente se procede mediante representação", tal como ocorre, por exemplo, nos crimes de ameaça (art. 147, parágrafo único, do CP) e furto de coisa comum (art. 156, § 1º, do CP).

Excepcionalmente nos crimes de lesão corporal dolosa leve e lesão culposa, a necessidade de representação encontra-se prevista em outra lei (e não junto ao tipo penal), conforme art. 88 da Lei n. 9.099/95. Igualmente, em relação ao crime de lesão corporal culposa na direção de veículo automotor, a necessidade de representação encontra-se no art. 291, § 1º, da Lei n. 9.503/97 (Código de Trânsito Brasileiro).

A representação não obriga o Ministério Público a oferecer denúncia, tendo em vista a independência funcional dos integrantes da Instituição (art. 127, § 1º, da Constituição Federal). Assim, a existência de representação da vítima não vincula o órgão do Ministério Público, que, portanto, pode promover o arquivamento do inquérito ou denunciar apenas um dos investigados por entender que não há provas contra os demais.

A representação é uma autorização para a apuração do fato, e não em relação a determinado autor da infração. Por isso, se ao oferecer representação a vítima mencionar apenas um dos autores do crime, o Ministério Público estará autorizado a oferecer denúncia contra todas as pessoas identificadas em relação às quais existam provas. Nesse sentido: STF, RHC 54.981/SP, Rel. Min. Cunha Peixoto, *RT* 501/364.

24.2.2.2.1. Aspectos formais da representação

O oferecimento da representação dispensa formalismos, bastando que a vítima ou seu representante deixem claro seu interesse em ver o delito apurado, sendo suficiente, por exemplo, que façam constar no boletim de ocorrência que desejam a responsabilização penal dos autores do crime. Nesse sentido: "Esta Corte de Justiça Superior tem jurisprudência pacífica no sentido de que 'a representação, condição de procedibilidade exigida nos crimes de ação penal pública condicionada, prescinde de rigores formais, bastando a inequívoca manifestação de vontade da vítima ou de seu representante legal no sentido de que se promova a responsabilidade penal do agente' (HC 130.000/SP, Rel. Min. Laurita Vaz, 5ª Turma, *DJe* 8-9-2009)" (STJ, AgRg no REsp 1455575/RS, Rel. Min. Reynaldo Soares da Fonseca, 5ª Turma, julgado em 10-11-2015, *DJe* 17-11-2015). Na mesma direção: STF, HC 72.376/SP, 1ª Turma, Rel. Min. Sydney Sanches, *DJU* 9-6-1995, p. 17.234; STJ, RHC 4.360-1, 6ª Turma, Rel. Min. Vicente Leal, *DJU* 4-3-1996, p. 5.420; STJ, REsp 541.807/SC, 5ª Turma, Rel. Min. José Arnaldo da Fonseca, julgado em 6-11-2003, *DJ* 9-12-2003, p. 331.

É claro, entretanto, que a vítima pode preferir apresentar uma petição à autoridade policial solicitando a instauração do inquérito e oferecendo formalmente uma representação. Não é necessário que essa petição seja ofertada por intermédio de advogado, estabelecendo o art. 39, *caput*, do Código de Processo, que ela pode ser apresentada pessoalmente ou por procurador com poderes especiais.

A representação pode ser dirigida ao juiz, ao Ministério Público ou à autoridade policial. Pode ser apresentada de forma escrita ou verbal, mas neste caso, deverá ser reduzida a termo.

24.2.2.2.2. Titularidade do direito de representação

Se a vítima for maior de 18 anos, somente ela pode oferecer a representação. Se, entretanto, for doente mental, o direito passa a ser do representante legal. Se a vítima não tiver representante, ou caso haja conflito de interesses entre a vítima com problemas mentais e aquele, o juiz criminal deve nomear curador especial, pessoa da sua confiança, para avaliar a conveniência de oferecer a representação (art. 33 do CPP).

Se a vítima morreu ou foi declarada ausente, o direito se transfere ao cônjuge, ascendente, descendente ou irmão (art. 31 do CPP). Atualmente, tal direito é reconhecido também ao companheiro em caso de união estável.

Se a vítima for menor de 18 anos, o direito é do representante legal. Se a vítima, entretanto, não tiver representante, ou se houver colidência de interesses, o juízo da Infância e da Juventude deve nomear curador especial para apreciar a conveniência em apresentar a representação.

Existe colidência de interesses, por exemplo, quando o autor do delito é o próprio representante legal.

24.2.2.2.3. Prazo para a representação

De acordo com o art. 103 do Código Penal, o direito de representação deve ser exercido no prazo de 6 meses a contar do dia em que a vítima ou seu representante legal descobrir quem é o autor do delito. O prazo a que a lei se refere é para que a representação seja oferecida, podendo o Ministério Público apresentar a denúncia mesmo após esse período.

O prazo para o oferecimento da representação é *decadencial*, mas só corre após a descoberta da autoria pela vítima ou seu representante. Por gerar a extinção da punibilidade, este prazo tem natureza penal, de modo que se inclui na contagem o primeiro dia (dia da descoberta da autoria).

24.2.2.2.4. Retratação

Prevê o art. 102 do Código Penal que a representação é retratável até o oferecimento da denúncia. A vítima, portanto, pode retirar a representação, de forma a impossibilitar o oferecimento de denúncia pelo Ministério Público.

Deve ser salientado, ainda, que, dentro do prazo decadencial, a representação pode ser novamente oferecida tornando a ser viável a apresentação de denúncia pelo Ministério Público. É o que se chama de retratação da retratação.

24.2.2.3. Ação pública condicionada à requisição do Ministro da Justiça

A requisição do Ministro da Justiça é também uma condição de procedibilidade.

Em determinados ilícitos penais, entendeu o legislador ser necessário que o Ministro da Justiça avalie a conveniência política de ser iniciada a ação penal pelo Ministério Público. Os casos previstos no Código Penal são os seguintes: a) crime praticado por estrangeiro contra brasileiro fora do território nacional (art. 7º, § 3º, *b*, do Código Penal); b) crime contra a honra do Presidente da República ou chefe de governo estrangeiro (art. 145, parágrafo único, do Código Penal). Nesses casos, somente após o oferecimento da requisição pelo Ministro da Justiça é que poderá ser oferecida a denúncia.

Nos crimes dessa natureza, a lei expressamente prevê que "somente se procede mediante requisição do Ministro da Justiça".

A existência da requisição não vincula o Ministério Público, que, apesar dela, pode requerer o arquivamento do feito, uma vez que a Constituição Federal, em seu art. 127, § 1º, assegura independência funcional e livre convencimento aos membros de tal Instituição, possuindo seus integrantes total autonomia na formação da *opinio delicti*.

Ao contrário do que ocorre com a representação, não existe prazo decadencial para o oferecimento da requisição pelo Ministro da Justiça. Assim, esta pode ser oferecida a qualquer tempo, desde que antes da prescrição.

Quanto à possibilidade de retratação existem duas correntes:

a) A requisição é *irretratável*, uma vez que o art. 102 do Código Penal e o art. 25 do Código de Processo Penal somente admitem a retratação da representação. É a opinião de José Frederico Marques[75], Fernando da Costa Tourinho Filho[76], Fernando Capez[77] e Magalhães Noronha[78], dentre outros.

b) A requisição é *retratável*, pois, apesar de o art. 102 do Código Penal e o art. 25 do Código de Processo só mencionarem expressamente a possibilidade de retratação da representação, podem eles ser aplicados por analogia à requisição do Ministro da Justiça, já que todo ato administrativo pode ser revogado. É a opinião de Carlos Frederico Coelho Nogueira[79] e Damásio de Jesus[80], dentre outros.

24.3. Ação penal privada

Essa modalidade de ação penal é de iniciativa do *ofendido* ou, quando este for menor ou incapaz, de seu *representante legal*. O direito de punir continua sendo estatal, mas a iniciativa da ação é transferida para o ofendido ou seu representante legal, uma vez que os delitos dessa natureza atingem a *intimidade* da vítima ou interesses estritamente particulares, de modo que ela pode preferir não levar a questão a juízo.

24.3.1. Princípios específicos da ação privada

A doutrina aponta três princípios específicos da ação privada: a) da *oportunidade*; b) da *disponibilidade*; e c) da *indivisibilidade*.

---

[75] José Frederico Marques, *Elementos de direito processual penal*. 2. ed. Rio de Janeiro: Forense, 1965. v. I, p. 344.
[76] Fernando da Costa Tourinho Filho. *Processo penal*. 33. ed. São Paulo: Saraiva, 2011, v. 1, p. 461.
[77] Fernando Capez. *Curso de processo penal*. 12. ed. São Paulo: Saraiva, 2005, p. 117.
[78] E. Magalhães Noronha. *Curso de direito processual penal*. 19. ed. São Paulo: Saraiva, 1989, p. 29.
[79] Carlos Frederico Coelho Nogueira. *Comentários ao Código de Processo Penal*. Bauru: Edipro, 2002, v. 1, p. 461.
[80] Damásio de Jesus. *Código de Processo Penal anotado*. 24. ed. São Paulo: Saraiva, 2010, p. 62-63.

a) *Princípio da oportunidade*: significa que, ainda que haja provas cabais contra os autores da infração penal, pode o ofendido preferir não os processar. Na ação privada, o ofendido (ou seu representante legal) decide, de acordo com seu livre-arbítrio, se vai ou não ingressar com a ação penal. Por isso, é também conhecido como princípio da conveniência.

b) *Princípio da disponibilidade da ação*: o querelante pode desistir do prosseguimento da ação por ele intentada por meio dos institutos do perdão e da peremção (arts. 51 e 60 do CPP), bem como pode desistir de recurso que tenha interposto (art. 576 do CPP).

c) *Princípio da indivisibilidade*: está previsto no art. 48 do Código de Processo Penal que diz que a queixa contra qualquer dos autores do crime obrigará ao processo de todos. A finalidade do dispositivo é esclarecer que, embora o ofendido possa optar por ingressar ou não com a queixa (princípio da oportunidade), caso resolva fazê-lo, deve inserir na acusação todos os autores do delito que tenham sido identificados. Não pode, portanto, escolher processar apenas parte deles, de modo que a exclusão de algum ou alguns será interpretada como renúncia em relação a ele(s) e, nos termos do art. 49, a todos se estenderá.

O art. 48 do Código de Processo Penal, em sua parte final, diz que cabe ao Ministério Público velar pela indivisibilidade da ação privada, alertando o juízo de eventual desrespeito à regra para que o juiz declare a renúncia referida no parágrafo anterior.

24.3.2. Espécies de ação privada

Existem três espécies de ação privada: a) *exclusiva*; b) a *personalíssima*; c) *subsidiária da pública*.

24.3.2.1. Ação privada exclusiva

A iniciativa da ação é do ofendido (ou seu representante legal), mas, em caso de morte ou declaração de ausência antes da propositura da ação, esta poderá ser intentada, dentro do prazo decadencial de 6 meses, pelo cônjuge, ascendente, descendente ou irmão (art. 31 do CPP). Atualmente, tal direito é reconhecido também ao companheiro em caso de união estável. Por sua vez, se o querelante falecer após o início da ação, poderá haver substituição no polo ativo, no prazo de 60 dias a contar da data da morte.

Nos crimes de ação privada exclusiva, a lei expressamente dispõe que para a apuração daquele delito "somente se procede mediante queixa". É o que ocorre, por exemplo, nos delitos contra a honra (art. 145 do CP), salvo algumas exceções; no crime de dano simples ou qualificado pelo motivo egoístico ou pelo prejuízo considerável causado à vítima (art. 167 do CP); no delito de esbulho possessório em propriedade particular e sem emprego de violência (art. 164, § 3º, do CP); nos crimes contra a propriedade industrial (art. 199 da Lei n. 9.279/96) etc.

24.3.2.1.1. Aspectos formais da queixa

Quem propõe a ação penal privada (autor da ação) é chamado de *querelante*, ao passo que o acusado é denominado *querelado*.

A peça processual que dá início à ação privada se chama *queixa-crime* e deve ser endereçada ao *juízo competente*, e não ao delegado de polícia. Quando a vítima de um crime de ação privada quer que a autoridade policial inicie uma investigação, deve a ela endereçar requerimento para a instauração de inquérito, e não uma queixa-crime.

A queixa deve ser apresentada em juízo no prazo de 6 meses a contar da data em que a autoria foi descoberta. Esse prazo é decadencial e, portanto, peremptório, não se interrompendo em razão da instauração de inquérito ou por outro motivo qualquer. Por gerar extinção da punibilidade, o prazo decadencial tem natureza penal.

Para apresentar a queixa, o procurador do ofendido deve estar munido de procuração com poderes especiais, em cujo mandato deve constar menção ao fato criminoso e o nome do querelado (o art. 44 do CPP diz "nome do querelante" por engano, já que o nome deste não teria como deixar de constar da procuração). Neste mandato, portanto, deve haver descrição específica, ainda que não detalhada, do crime que o procurador está autorizado a imputar ao querelado. O mandato evidentemente deve acompanhar a queixa. A ausência de procuração com poderes especiais ou a falta de algum dos requisitos do art. 44 do Código de Processo impede o recebimento da queixa, mas a falha poderá ser corrigida dentro do prazo decadencial de 6 meses.

Se o ofendido comprovar sua pobreza, o juiz, a pedido dele, nomeará advogado para promover a ação penal (art. 32, *caput*, do CPP).

Para que possa ser recebida, a queixa-crime deve atender aos requisitos do art. 41 do CPP, ou seja, deve conter a exposição do fato criminoso com todas as suas circunstâncias, a qualificação do acusado ou esclarecimentos pelos quais se possa identificá-lo, a classificação do crime e, quando necessário, o rol das testemunhas. Esses mesmos requisitos devem estar presentes na denúncia, nos crimes de ação pública.

24.3.2.1.2. Titularidade do direito de queixa

As regras são as mesmas já analisadas em relação ao direito de representação nos crimes de ação pública condicionada à representação:

a) *Se a vítima for maior de 18 anos*, somente ela poderá exercer o direito. Se, entretanto, for doente mental, o direito passa ao seu representante legal. Se a vítima não tiver representante legal, ou caso haja conflito de interesses entre ela e o representante, o juiz criminal deverá nomear *curador especial*, pessoa da sua confiança, para avaliar a *conveniência* de oferecer a queixa (art. 33 do CPP). Se a vítima morrer ou for declarada ausente, o direito passa ao cônjuge (ou companheiro), ascendente, descendente ou irmão (art. 31 do CPP).

b) *Se a vítima for menor de 18 anos*, o direito é do representante legal. Se a vítima, entretanto, não tiver representante, ou se houver colidência de interesses, o juízo da *Infância e da Juventude* deverá nomear curador especial para apreciar a conveniência em apresentar a queixa.

Existe colidência de interesses, por exemplo, quando o autor do delito é o próprio representante legal.

24.3.2.2. Ação privada personalíssima

A ação só pode ser intentada pela vítima. Se esta for menor de idade, deve-se aguardar que complete 18 anos para que tenha legitimidade ativa. Se for incapaz em razão de doença mental, deve-se aguardar sua eventual melhora. Em tais hipóteses, o prazo decadencial de 6 meses só correrá a partir da maioridade ou da volta à capacidade mental.

Nesse tipo de ação privada, caso haja *morte* do ofendido, antes ou depois do início da ação, *não* poderá haver substituição para a sua propositura ou seu prosseguimento. A morte, portanto, gera a extinção da punibilidade do autor da infração.

Atualmente, o único crime de ação privada personalíssima previsto no Código Penal é o de induzimento a erro essencial ou ocultação de impedimento para casamento, em que o art. 236, parágrafo único, do Código Penal, estabelece que a ação penal só pode ser iniciada por queixa do contraente enganado.

24.3.2.3. Ação privada subsidiária da pública

De acordo com o art. 5º, LIX, da Constituição Federal, *"será admitida ação privada nos crimes de ação pública, se esta não for intentada no prazo legal"*.

A existência de tal dispositivo leva à conclusão de que o constituinte, apesar de ter conferido ao Ministério Público a titularidade exclusiva da ação penal nos crimes de ação pública (art. 129, I, da CF), não reconheceu caráter absoluto a tal prerrogativa, já que, se o órgão ministerial mostrar-se desidioso e não se manifestar dentro do prazo previsto em lei, poderá o ofendido oferecer queixa subsidiária.

De acordo com o art. 46 do Código de Processo Penal, o prazo para o oferecimento de denúncia é de 5 dias, se o indiciado estiver preso, e de 15 dias, se estiver solto, a contar da data em que for recebido o inquérito policial. Findo esse prazo, sem que o Ministério Público tenha apresentado manifestação, surge o direito para a vítima de oferecer a queixa em substituição à denúncia não apresentada tempestivamente. Tal possibilidade inicia-se com o término do prazo do Ministério Público e se estende por 6 meses. Como o prazo para o promotor se manifestar não é peremptório, sua inércia gera a possibilidade da queixa subsidiária, mas não impede que ele próprio ofereça denúncia, se a vítima ainda não tomou aquela providência (oferecimento da queixa supletiva). Além disso, a inércia do ofendido dentro dos 6 meses não gera a extinção da punibilidade porque o crime, em sua natureza, é de ação pública. Em suma, transcorridos os 6 meses, a vítima não mais poderá oferecer queixa subsidiária, mas o Ministério Público ainda poderá oferecer a denúncia. O que se conclui, portanto, é que, findo o prazo inicial do Ministério Público (5 dias para o indiciado preso e 15 para o solto), passa a haver legitimidade concorrente para o desencadeamento da ação penal pelo período de 6 meses, mas, findo tal prazo, só o Ministério Público continua tendo a titularidade.

Saliente-se que a possibilidade de ação privada subsidiária só existe quando o Ministério Público não se manifesta no prazo legal. Por isso, se o promotor requer o arquivamento do inquérito ou o seu retorno ao Distrito Policial para a realização de novas diligências que considere imprescindíveis, não cabe a queixa subsidiária, devendo o juiz rejeitá-la por ilegitimidade de parte (falta de pressuposto para a ação penal – art. 395, II, do CPP) caso indevidamente apresentada.

24.3.2.3.1. Atuação do Ministério Público na ação privada subsidiária

Tal como ocorre nas demais hipóteses de ação privada, o Ministério Público também atua como fiscal da lei (*custos legis*) no sentido de garantir o correto tramitar da ação, a regularidade dos atos processuais e os direitos das partes. Todavia, como o crime cometido é de ação pública, o art. 29 do Código de Processo Penal confere poderes diferenciados ao promotor que atua no feito, podendo ele:

a) *Repudiar a queixa e oferecer denúncia substitutiva*: esta possibilidade só existe se a queixa oferecida não preencher os requisitos previstos no art. 41 do Código de Processo, sendo, portanto, considerada inepta.

b) *Aditar a queixa:* caso entenda que a queixa é viável, mas que apresenta falhas, o Ministério Público poderá aditá-la, quer para corrigir imperfeições, incluir corréu ou crime conexo não mencionado na queixa, quer para inserir qualificadora ou causa de aumento de pena omitidas pelo querelante etc.

c) *Interpor recursos:* o Ministério Público pode recorrer qualquer que tenha sido a natureza da decisão (absolvição, condenação, desclassificação, extinção da punibilidade) e também em relação ao montante da pena aplicada. Lembre-se de que, na ação privada exclusiva ou personalíssima, o Ministério Público só pode recorrer em favor do querelado.

d) *Fornecer elementos de prova*: o promotor poderá também requerer e participar da produção de qualquer prova.

e) *Retomar a titularidade da ação em caso de negligência do querelante:* não existe perempção nesse tipo de ação penal. A perempção é causa extintiva da punibilidade cabível somente nos crimes de ação privada exclusiva ou personalíssima. Decorre de negligência do querelante após o início da ação penal, nas hipóteses elencadas no art. 60 do Código de Processo Penal.

24.4. Dispositivos especiais de determinação da modalidade de ação penal

Em regra, é junto ao próprio tipo penal que a lei especifica a modalidade de ação penal. Existem, porém, algumas regras especiais, como as que tratam da ação nos crimes complexos e aquelas que cuidam dos delitos que atingem o patrimônio de entidades públicas, que estão previstos em dispositivos diversos daqueles que definem as infrações penais.

Existem, ainda, alguns capítulos do Código Penal, em que o tema referente à ação penal é tratado em dispositivo autônomo, normalmente na parte das "Disposições Gerais", a fim de estabelecer uma regra seguida de algumas exceções em relação aos diversos delitos tipificados no respectivo capítulo. É o que ocorre, por exemplo, em relação aos crimes contra a honra (art. 145 do CP) e de dano (art. 167 do CP).

Por fim, existem regras referentes a crimes previstos no Código Penal, cuja modalidade de ação penal é disciplinada em leis especiais, como os crimes de lesão dolosa leve e lesão culposa (art. 88 da Lei n. 9.099/95).

24.4.1. Ação penal nos crimes complexos

Dispõe o art. 101 do Código Penal que:

Quando a lei considera como elemento ou circunstâncias do tipo legal fatos que, por si mesmos, constituem crimes, cabe ação pública em relação àquele, desde que, em relação a qualquer destes, se deva proceder por iniciativa do Ministério Público.

Crime complexo é aquele constituído pela fusão de dois ou mais tipos penais ou aquele em que um tipo penal funciona como qualificadora de outro. O delito de roubo, por exemplo, é complexo, posto que surge da fusão dos crimes de furto e ameaça; o crime de latrocínio é complexo, porque se caracteriza pelo fato de uma morte (homicídio) funcionar como qualificadora do roubo.

Assim, pode ocorrer de um dos crimes componentes da unidade complexa ser de ação pública e outro de ação privada. Nesse caso, conforme dispõe o art. 101, o crime complexo será de ação pública. Exemplo: injúria real (art. 140, § 2º): se com a prática da injúria real (ofensa por meio de uma agressão) a vítima sofre lesão corporal, tal crime será apurado mediante ação pública. A injúria é crime de ação privada, mas a lesão é de ação pública. Por isso, a injúria real acompanhada de lesões é também de ação pública.

24.4.2. Crimes contra a dignidade sexual

São os crimes relacionados a agressão sexual, como o estupro e o estupro de vulnerável (arts. 213 e 217-A do CP), ou de conotação sexual, como a violação sexual mediante fraude (art. 215 do CP) e o assédio sexual (art. 216-A do CP), dentre outros. Em relação a tais crimes, havia várias regras, contudo a Lei n. 13.718, de 24 de setembro de 2018, modificou a redação do art. 225 do Código Penal e passou a estabelecer que todos os crimes sexuais apuram-se mediante ação pública incondicionada.

24.4.3. Crimes contra o patrimônio público

De acordo com o art. 24, § 2º, do Código de Processo Penal, qualquer que seja o crime, quando praticado em detrimento do patrimônio ou interesse da União, Estado ou Município, a ação penal será pública.

Esta norma foi inserida no Código de Processo Penal pela Lei n. 8.699/93.

24.4.4. Ação penal nos crimes de dano

O Capítulo IV do Título que trata dos Crimes contra o Patrimônio, na Parte Especial do Código Penal, é reservado aos crimes de dano. Atualmente, existem apenas dois crimes previstos em tal capítulo, quais sejam os crimes de dano propriamente ditos (art. 163 do CP) e o de introdução ou abandono de animais em propriedade alheia (art. 164). Os demais delitos foram tacitamente revogados pela Lei Ambiental (Lei n. 9.605/98).

O art. 167 do Código Penal prevê que a ação penal é *privada* no crime de dano simples (art. 163, *caput*), no dano qualificado quando cometido por motivo egoístico ou com considerável prejuízo à vítima (art. 163, parágrafo único, IV) e, ainda, no crime de introdução ou abandono de animais em propriedade alheia (art. 164 do CP).

Por exclusão, portanto, nas demais modalidades de dano qualificado, a ação é *pública incondicionada*: quando cometido com violência à pessoa ou grave ameaça (art. 163, parágrafo único, I), com emprego de substância inflamável ou explosiva (art. 163, parágrafo único, II), ou contra o patrimônio da União, de Estado, do Distrito Federal, de Município ou de autarquia, fundação pública, empresa pública, sociedade de economia mista ou empresa concessionária de serviços públicos (art. 163, parágrafo único, III).

Considerando que o tipo simples do crime de dano é de ação privada e que algumas figuras qualificadas são de ação pública incondicionada, caso o réu tenha sido denunciado por uma dessas formas qualificadas e o juiz, na sentença, entenda que houve o dano, mas que não restou demonstrada a qualificadora, não poderá condenar o réu pela figura simples. Em tal caso, após declarar a inexistência da qualificadora, o juiz deverá decretar a nulidade da ação penal, desde o seu princípio, por ilegitimidade de parte.

24.4.5. Crimes de lesão corporal dolosa de natureza leve e lesão corporal culposa

Desde o advento da Lei n. 9.099/95, estes crimes passaram a ser apurados mediante ação *pública condicionada à representação*.

No crime de homicídio culposo e nas demais hipóteses de lesão dolosa (grave, gravíssima e seguida de morte), a ação é pública incondicionada.

A Lei conhecida como Maria da Penha (n. 11.340/2006), por sua vez, alterou a pena do crime de lesão corporal de natureza leve qualificada pela violência doméstica. Posteriormente, a Lei n. 14.188/2021 aumentou ainda mais a sanção penal quando a vítima da violência doméstica fosse mulher. Em seguida, a Lei n. 14.994, de 9 de outubro de 2024, modificou novamente as penas. Atualmente a redação dos dispositivos é a seguinte:

Art. 129, § 9º – Se a lesão for praticada contra ascendente, descendente, irmão, cônjuge ou companheiro, ou com quem conviva ou tenha convivido, ou, ainda, prevalecendo-se o agente das relações domésticas, de coabitação ou de hospitalidade:

Pena – reclusão, de 2 a 5 anos.

Art. 129, § 13 – Se a lesão for praticada contra a mulher, por razões da condição do sexo feminino, nos termos do § 1º do art. 121-A deste Código:

Pena – reclusão, de 2 a 5 anos.

Note-se que este crime, cuja vítima pode ser homem ou mulher, passou a ter pena máxima de 5 anos se a vítima for homem (§ 9º – por exclusão) ou se mulher (§ 13), não se enquadrando no conceito de infração de menor potencial ofensivo e sendo de competência do Juízo Comum ou dos Juizados de Violência Doméstica (se a vítima for mulher). De qualquer forma, em razão da pena máxima atualmente prevista, não se aplicam a tais modalidades do delito os institutos despenalizadores da Lei n. 9.099/95 (transação penal, composição civil), nem o rito sumaríssimo e tampouco a possibilidade de julgamento dos recursos por Turmas Recursais. No passado, surgiu dúvida em torno da natureza da ação penal para apurar esse tipo de lesão leve – qualificada pela violência doméstica –, posto que o dispositivo que estabelece a ação pública condicionada encontra-se justamente na Lei n. 9.099/95 (art. 88), mas o art. 41 da Lei n. 11.340/2006 (Lei Maria da Penha) diz que "aos crimes praticados com violência doméstica e familiar contra a mulher, independentemente da pena prevista, não se aplica a Lei n. 9.099, de 26 de setembro de 1995". Por sua vez, o art. 16 da Lei n. 11.340/2006 (Lei Maria da Penha) diz que, "nas ações públicas condicionadas à representação da ofendida de que trata esta Lei, só se admitirá a renúncia à representação perante o juiz, em audiência especialmente designada com tal finalidade, antes do recebimento da denúncia e ouvido o Ministério Público", possibilitando interpretação de que a ação continuaria condicionada.

Acontece que o Plenário do Supremo Tribunal Federal decidiu em definitivo a questão, julgando procedente, por maioria, ação direta de inconstitucionalidade, proposta pelo Procurador Geral da República, para atribuir interpretação conforme a

Constituição aos arts. 12, I; 16 e 41, todos da Lei n. 11.340/2006, e assentar a natureza incondicionada da ação penal em caso de crime de lesão corporal leve, praticado mediante violência doméstica e familiar contra a mulher. O Plenário do STF "explicitou que a Constituição seria dotada de princípios implícitos e explícitos, e que caberia à Suprema Corte definir se a previsão normativa a submeter crime de lesão corporal leve praticado contra a mulher, em ambiente doméstico, ensejaria tratamento igualitário, consideradas as lesões provocadas em geral, bem como a necessidade de representação. Salientou-se a evocação do princípio explícito da dignidade humana, bem como do art. 226, § 8º, da CF. Frisou-se a grande repercussão do questionamento, no sentido de definir se haveria mecanismos capazes de inibir e coibir a violência no âmbito das relações familiares, no que a atuação estatal submeter-se-ia à vontade da vítima" (ADI 4.424/DF, Rel. Min. Marco Aurélio, 9-2-2012). Em razão disso, o Superior Tribunal de Justiça aprovou, em 31 de agosto de 2015, a Súmula 542 com o seguinte teor: "a ação penal relativa ao crime de lesão corporal resultante de violência doméstica contra a mulher é pública incondicionada".

Em suma, no crime comum de lesão leve (art. 129, *caput*, do CP), infração de menor potencial ofensivo – por que tem pena máxima de 1 ano –, além de a ação penal depender de representação, são aplicáveis todas as regras da Lei n. 9.099/95 (transação penal, composição civil como causa de renúncia ao direito de representação, apuração mediante termo circunstanciado e rito sumaríssimo no Juizado Especial Criminal, recursos para as Turmas Recursais etc.). Já para as lesões leves qualificadas pela violência doméstica (arts. 129, § 9º, e 13, do CP), que não constituem infração de menor potencial ofensivo, a ação penal é incondicionada (se a vítima for mulher) e condicionada à representação (se a vítima for homem) e não é cabível a transação penal, bem como a apuração se dará mediante inquérito policial e pelo rito sumário – no Juízo Comum ou da Violência Doméstica contra a Mulher (se a vítima for mulher nas hipóteses elencadas na Lei Maria da Penha) –, e os recursos são para o Tribunal de Justiça. Se a vítima for mulher, também não se mostra cabível a suspensão condicional do processo, nos termos da Súmula 536 do Superior Tribunal de Justiça.

Para os fatos ocorridos antes da entrada em vigor da Lei n. 14.994/2024, as penas a serem aplicadas são menores: detenção de 3 meses e 3 anos, se a vítima for homem, e reclusão, de 1 a 4 anos, se mulher.

24.4.6. *Lesão corporal na direção de veículo automotor*

Nos termos do art. 291, § 1º, da Lei n. 9.503/97 (Código de Trânsito Brasileiro), a ação penal para apurar crime de lesão corporal culposa cometida na direção de veículo automotor é pública condicionada à representação. Será, entretanto, pública incondicionada nas hipóteses elencadas nos incisos do mesmo art. 291, § 1º, ou seja, se o autor do crime culposo estiver:

I – sob a influência de álcool ou qualquer substância psicoativa que determine dependência;

II – participando, em via pública, de corrida, disputa ou competição automobilística, de exibição ou demonstração de perícia em manobra de veículo automotor, não autorizada pela autoridade competente;

III – transitando em velocidade superior à máxima permitida para a via em 50 km/h.

24.4.7. Ação penal nos crimes contra honra (calúnia, difamação e injúria)

O art. 145 do Código Penal estabelece uma regra e quatro exceções quanto à ação penal para a apuração dos crimes contra honra.

A regra é a de que a ação penal é *privada*, devendo ser proposta por meio de queixa-crime, nos crimes de calúnia, difamação e injúria.

As exceções, por sua vez, são as seguintes:

a) *Se a ofensa for contra o Presidente da República ou chefe de governo estrangeiro*, a ação é pública *condicionada* à requisição do Ministro da Justiça (art. 145, parágrafo único, do CP).

b) *Se a ofensa for contra funcionário público em razão de suas funções*, ou contra os Presidentes do Senado Federal, da Câmara dos Deputados ou do Supremo Tribunal Federal, a ação é pública *condicionada à representação*.

Tal hipótese, embora expressamente prevista no art. 145, parágrafo único, do Código Penal, sofreu interessante interpretação por parte do Supremo Tribunal Federal. Com efeito, entendeu referida Corte Superior que, em relação à primeira parte do dispositivo, o funcionário público tem também a opção de valer-se da regra prevista no Código Penal para os crimes contra a honra, podendo oferecer queixa-crime (ação privada). O Supremo Tribunal aprovou, inclusive, a Súmula 714, nesse sentido *"é concorrente a legitimidade do ofendido, mediante queixa, e do Ministério Público, condicionada à representação do ofendido, para a ação penal por crime contra a honra de servidor público em razão do exercício de suas funções"*. O fundamento da súmula é que o Código Penal estabeleceu a ação pública condicionada apenas para o servidor não ter de arcar com as despesas de contratação de advogado para promovê-la (já que a ofensa é relacionada ao desempenho de suas funções), porém pode ele abrir mão da prerrogativa e ingressar com a ação privada.

É de se ressaltar, todavia, que concretizada uma das opções pelo funcionário público, não mais poderá se valer da outra.

c) *Em caso de crime de injúria preconceituosa*, a ação penal é pública *condicionada à representação*. O crime em tela ocorre quando o ofensor faz uso de elementos referentes religião da vítima, ou à sua condição de pessoa idosa ou portadora de deficiência. O crime de injúria racial após o advento da Lei n. 14.532/2023 passou a integrar a Lei n. 7.716/89, mais especificamente no art. 2º-A. Nessa modalidade do delito, a ofensa diz respeito à raça, cor, etnia ou procedência nacional da vítima. Em tal hipótese, a ação penal é pública incondicionada.

d) *No crime de injúria real do qual resulta lesão corporal como consequência da violência empregada*, a ação é pública *incondicionada*. A finalidade da lei é estabelecer a mesma espécie de ação penal para os dois delitos: injúria real e lesões corporais. Por isso, após a entrada em vigor da Lei n. 9.099/95, que passou a exigir representação em caso de lesão leve, deve ser feita a seguinte distinção: se a injúria real provocar lesão leve, ambos os delitos dependem de representação do ofendido, exceto quando se tratar de violência doméstica ou familiar contra mulher; se causar lesão grave ou gravíssima, a ação penal é incondicionada.

24.5. Legitimidade concorrente

Existem duas hipóteses em que a ação penal pode ser proposta tanto pelo Ministério Público quanto pelo ofendido. A primeira delas ocorre na ação penal privada subsidiária da pública durante os 6 meses seguintes ao término do prazo inicial do Ministério Público. A outra ocorre nos crimes contra a honra de funcionário público, ofendido em razão das funções, conforme explicado no tópico anterior.

25

DA EXTINÇÃO DA PUNIBILIDADE

25.1. Introdução

O cometimento da infração penal faz surgir o direito de punir (punibilidade), que representa a possibilidade jurídica de o Estado impor a sanção ao autor do delito, por intermédio do Poder Judiciário, acionado pelo órgão responsável pela persecução criminal.

O direito de punir, todavia, não pode ser eterno e, por isso, o legislador previu uma série de causas subsequentes que extinguem essa punibilidade, inviabilizando a imposição ou concretização da pena.

No art. 107 do Código Penal existe um rol de causas extintivas da punibilidade (que serão oportunamente analisadas): morte do agente, anistia, graça e indulto, *abolitio criminis*, prescrição, decadência, perempção, renúncia ao direito de queixa, perdão aceito nos crimes de ação privada, retratação nos casos em que a lei a admite e perdão judicial.

É preciso salientar, contudo, que o rol do mencionado art. 107 não é taxativo, pois existem várias outras causas extintivas da punibilidade descritas na Parte Especial do Código e em leis especiais. São elas:

a) a morte da vítima em crimes de ação privada personalíssima (art. 236, parágrafo único);

b) o ressarcimento do dano antes de a sentença transitar em julgado no crime de peculato culposo (art. 312, § 3º);

c) a homologação da composição quanto aos danos civis nos crimes de menor potencial ofensivo de ação privada ou pública condicionada à representação (art. 74, parágrafo único, da Lei n. 9.099/95);

d) o término do período de prova da suspensão condicional do processo sem que o agente tenha dado causa à revogação do benefício (art. 89, § 5º, da Lei n. 9.099/95);

e) a aquisição superveniente de renda na contravenção de vadiagem (art. 59, parágrafo único, da LCP);

f) o pagamento do valor do cheque emitido sem provisão de fundos antes do recebimento da denúncia (art. 171, § 2º, VI, do CP e Súmula 554 do STF);

g) pagamento do tributo, inclusive acessórios, antes ou em qualquer fase da persecução, nos crimes contra a ordem tributária da Lei n. 8.137/90 (art. 9º, § 2º, da Lei n. 10.684/2003 e art. 69 da Lei n. 11.941/2009);

h) pagamento integral das contribuições sociais, inclusive acessórios, antes ou em qualquer fase da persecução penal, nos crimes do art. 168-A e 337-A do Código Penal (art. 9º, § 2º, da Lei n. 10.684/2003 e art. 69 da Lei n. 11.941/2009);

i) o efetivo cumprimento do acordo de leniência (colaboração) nos crimes contra a ordem econômica elencados na Lei n. 8.137/90, desde que da colaboração tenha resultado: I – a identificação dos demais envolvidos na infração; e II – a obtenção de informações e documentos que comprovem a infração noticiada ou sob investigação (arts. 86 e 87, parágrafo único, da Lei n. 12.529/2011);

j) a efetiva e espontânea entrega de arma de fogo não registrada às autoridades (art. 32 da Lei n. 10.826/2003). Em tal caso, extingue-se a punibilidade do crime de posse ilegal de arma de fogo (arts. 12 e 16 da Lei n. 10.826/2003);

k) cumprimento do acordo de não persecução penal (art. 28-A, § 13, do CPP).

25.2. Efeitos da extinção da punibilidade

Os efeitos da causa extintiva da punibilidade variam dependendo de ter ocorrido antes ou depois do trânsito em julgado da sentença condenatória.

Saliente-se que algumas causas extintivas somente são possíveis antes da condenação definitiva, como a decadência, o perdão, a perempção, a renúncia e a retratação, enquanto outras podem se verificar antes ou depois da condenação (prescrição, anistia, indulto, *abolitio criminis*, morte do agente etc.).

Quando a causa extintiva verifica-se antes do trânsito em julgado impede a própria prolação da sentença ou afasta todo e qualquer efeito da sentença já prolatada, mas ainda não transitada em julgado. O réu, portanto, mantém-se primário.

Se, todavia, ocorre após o trânsito em julgado da sentença condenatória, afasta somente a necessidade do cumprimento da pena, se ainda não iniciada, ou de seu restante. É o caso, por exemplo, da prescrição da pretensão executória e do indulto. Caso o réu cometa posteriormente outro crime, será considerado reincidente, se ainda não transcorridos os 5 anos a que se refere o art. 64, I, do Código.

A anistia e a *abolitio criminis* quando ocorrem após a condenação definitiva, em razão de sua natureza de lei penal benéfica, apagam todos os seus efeitos, exceto os extrapenais (obrigação de indenizar as vítimas, por exemplo).

25.3. Reconhecimento judicial da causa extintiva

O reconhecimento de uma causa extintiva da punibilidade é matéria de ordem pública e, por isso, pode ocorrer em qualquer fase do inquérito ou da ação penal e em qualquer grau de jurisdição. Pode ser decretada de ofício ou em razão de provocação das partes (art. 61 do CPP).

Somente o Poder Judiciário pode decretá-las e contra a decisão que deferir ou indeferir seu reconhecimento cabe recurso em sentido estrito (art. 581, VII e VIII, do CPP). Poderá, ainda, ser impetrado *habeas corpus* (art. 648, VII, do CPP). Saliente-se, contudo, que, ainda que não seja interposto o recurso em sentido estrito ou impetrado o *habeas corpus*, o mesmo juiz pode reconsiderar posteriormente sua decisão ou ser ela revista de ofício pelo tribunal em grau de apelação. É possível, por exemplo, que a parte tenha pleiteado o reconhecimento da *abolitio criminis* em razão da superveniência de uma nova lei e que o juiz, em um primeiro momento, entenda que não se trata de hipótese de *abolitio*. O réu não recorre, mas o próprio juiz ou outro que o suceda, reconsidera de ofício a decisão e declara a extinção da punibilidade.

25.4. Classificação

Existem diversas classificações das causas extintivas da punibilidade.

1) Quanto ao alcance em relação às *pessoas* envolvidas no crime, podem ser:

a) *comunicáveis*: beneficiam todos os envolvidos na infração (autores ou partícipes). São exemplos a renúncia, a perempção, a *abolitio criminis* etc.;

b) *incomunicáveis*: aplicam-se somente ao agente que se enquadra na situação prevista em lei, não se estendendo aos comparsas. Exemplo: a morte de um dos criminosos.

2) No que se refere ao alcance das causas extintivas quanto às *infrações penais* a que são aplicáveis, podem elas ser divididas em:

a) *Gerais*: alcançam todo e qualquer tipo de infração penal. São exemplos a morte do agente e a *abolitio criminis*. A prescrição é cabível em quase todos os crimes, já que existe um pequeno rol de delitos elencados como imprescritíveis no texto constitucional (racismo e crimes praticados por grupos armados, civis ou militares, contra a ordem constitucional e o Estado Democrático). O Superior Tribunal de Justiça tem estendido tal regra ao delito de injúria racial. A propósito: AgRg no AREsp 686.965/DF, Rel. Min. Ericson Maranho (Desembargador Convocado do TJ/SP), 6ª Turma, julgado em 18-8-2015, *DJe* 31-8-2015; AgRg no AREsp 734.236/DF, Rel. Min. Nefi Cordeiro, 6ª Turma, julgado em 27-2-2018, *DJe* 8-3-2018. Em 28 de outubro de 2021, o Plenário do Supremo Tribunal Federal, no julgamento do HC 154.248/MT, confirmou o entendimento de que o crime de injúria racial é imprescritível.

A anistia, a graça e o indulto também podem beneficiar os autores de crimes em geral, salvo os de natureza hedionda, terrorismo, tráfico de drogas e tortura, em razão da vedação do art. 5º, XLIII, da Constituição Federal.

b) *Especiais*: aplicam-se apenas a determinados delitos. Incluem-se nesta categoria a retratação e o perdão judicial, que só extinguem a punibilidade nos delitos em que a lei expressamente prevê o benefício.

O art. 143 do Código Penal, por exemplo, admite a retratação como causa extintiva nos delitos de calúnia e difamação, ao passo que o art. 342, § 2º, prevê o mesmo em relação ao crime de falso testemunho ou falsa perícia.

Por seu turno, o perdão judicial é previsto em crimes como homicídio culposo (art. 121, § 3º), lesão corporal culposa (art. 129, § 8º), receptação culposa (art. 180, § 3º) e registro de filho alheio como próprio (art. 242, parágrafo único).

Também são aplicáveis a apenas algumas infrações penais a renúncia, o perdão do ofendido e a perempção, já que tais causas extintivas são exclusivas dos crimes de ação privada. Por fim, a decadência só gera a extinção da punibilidade em crimes de ação privada e pública condicionada à representação do ofendido.

c) *Específicas*: são cabíveis em uma única infração penal.

Não estão previstas na Parte Geral do Código, mas sim em dispositivos determinados da Parte Especial ou de leis especiais. Podem ser citados como exemplos a reparação do dano no crime de peculato culposo (art. 312, § 3º, do CP) e a aquisição posterior de renda na contravenção de vadiagem (art. 59, parágrafo único, da LCP).

3) Quanto à exigência de algum *ato* por parte do autor do crime para a extinção da punibilidade, subdividem-se em:

a) *incondicionadas*: quando a extinção da punibilidade independe de ato do agente. Enquadram-se nesta classificação a prescrição, a perempção, a renúncia, a decadência, o perdão judicial etc.; e

b) *condicionadas*: quando a decretação está vinculada a algum ato do autor da infração. São exemplos a retratação do agente, a reparação do dano no peculato culposo, o cumprimento das condições na suspensão condicional do processo e no acordo de não persecução penal, o pagamento do tributo nos crimes contra a ordem tributária etc.

4) Quanto à *causa* que fundamenta a causa extintiva, podem ser:

a) *naturais*: quando a causa extintiva se baseia em um fato natural, como a morte do agente ou o decurso do tempo na prescrição; e

b) *políticas*: existem porque o legislador entende que certos *comportamentos* devem fulminar o *jus puniendi*. Podem ser mencionados como exemplos o perdão do ofendido e a retratação do agente.

25.5. Causas extintivas da punibilidade em espécie

Passaremos agora à análise de cada uma das causas extintivas descritas no art. 107 do Código Penal, destacando seus requisitos e suas consequências.

25.5.1. Morte do agente (art. 107, I, do CP)

Essa causa extintiva da punibilidade tem aplicação quando o autor da infração penal morre antes da ocorrência da prescrição ou antes de eventual absolvição. Se o autor do crime foi absolvido, por exemplo, por falta de provas, e a decisão transitou em julgado, não há que se falar em extinção da punibilidade por sua morte, já que com a absolvição definitiva desapareceu o *jus puniendi* estatal.

A presente causa extintiva é corolário da regra constitucional que diz que a pena não pode passar da pessoa do condenado (art. 5º, XLV). Assim, falecendo o autor do delito, não se pode cogitar de punição de seus sucessores.

É evidente que a causa extintiva em questão pode se verificar a qualquer momento, ou seja, antes ou durante a ação penal, bem como após a condenação definitiva (antes ou depois do início do cumprimento da pena).

Em razão do seu caráter pessoal, é incomunicável aos comparsas no caso de concurso de agentes. Assim, ainda que morra o autor do crime, continuam puníveis os coautores e partícipes que permanecem vivos.

De acordo com o art. 62 do Código de Processo Penal, o juiz só pode decretar a extinção da punibilidade à vista de certidão de óbito juntada aos autos, depois de ouvido o Ministério Público. Não basta, portanto, o mero atestado de óbito assinado pelo médico, sendo necessária a competente certidão expedida pelo Cartório de Registro Civil.

No caso de morte presumida em razão da declaração de ausência (art. 6º do Código Civil), não pode ser declarada a extinção da punibilidade fundada no dispositivo em análise, por falta de amparo legal, na medida em que faltará documento essencial exigido por lei para a decretação – a certidão de óbito. Assim, nos casos de ausência, que é decretada para fins patrimoniais (nomeação de curador para administração dos bens do ausente e abertura de sucessão), deve ser aguardado o decurso do lapso prescricional.

Já nos casos de morte presumida decorrentes da extrema probabilidade de morte de quem estava em perigo de vida (naufrágio, inundação, incêndio, terremoto ou qualquer outra catástrofe – art. 7º, I, do Código Civil) ou desaparecido em campanha ou feito prisioneiro e não reencontrado até dois anos após o término da guerra (art. 7º, II, do Código Civil), o art. 88 da Lei de Registros Públicos (Lei n. 6.015/73), bem como seu parágrafo único, permitem que o juiz determine o assento de óbito, após o devido procedimento de justificação, fixando, inclusive, a data provável do falecimento. Nesses casos, portanto, é expedida certidão de óbito, sendo viável a declaração da extinção da punibilidade.

Qual a consequência da extinção da punibilidade decretada em razão de certidão de óbito falsa?

Parte da doutrina entende que, se ficar constatada a falsidade da certidão após o trânsito em julgado da decisão declaratória da extinção da punibilidade, esta não mais poderá ser revista, por ser vedada a revisão criminal *pro societate*, restando apenas a possibilidade de punir o responsável pela falsificação e pelo uso do documento público falso (arts. 297 e 304 do CP). O acusado, portanto, seria enormemente beneficiado por sua própria torpeza. Esta a posição adotada de Damásio de Jesus[81].

O entendimento que prevalece atualmente, porém, é no sentido oposto, estando consideravelmente cristalizado, no Supremo Tribunal Federal e no Superior Tribunal de Justiça, que a ação penal poderá ser retomada apesar do trânsito em julgado da decisão, na medida em que fundada em fato inexistente. Com efeito, o que gera a extinção da punibilidade é a morte, e não o documento que a comprova. Assim, se posteriormente se demonstra que aquela não ocorreu, simplesmente se revoga a decisão anterior e prossegue-se no feito do ponto onde havia sido paralisado. Com isso, não se premia a má-fé do réu que deverá, portanto, responder pelo crime que era apurado no processo originário, bem como pelo delito de uso de documento falso (art. 304 do CP). Nesse sentido: HC 104.998, Rel. Min. Dias Toffoli, 1ª Turma, *DJe* 085, p. 83; HC 84.525, relatado pelo Min. Carlos Velloso *LEXSTF* v. 27, n. 315, 2005, p. 405-409.

25.5.1.1. Extinção da pessoa jurídica responsável pela prática de crime ambiental

A possibilidade de responsabilizar criminalmente a pessoa jurídica pela prática de crime ambiental está expressamente prevista no art. 225, § 3º, da Carta Magna: "As condutas e atividades consideradas lesivas ao meio ambiente sujeitarão os infratores, pessoas físicas ou jurídicas, a sanções penais e administrativas, independentemente da obrigação de reparar o dano". A fim de dar efetividade ao dispositivo, o art. 3º da Lei Ambiental (Lei n. 9.605/98), dispõe que "as pessoas jurídicas serão responsabilizadas

---

[81] Damásio de Jesus. *Direito penal*: parte geral. 27. ed. São Paulo: Saraiva, 2003, v. 1, p. 690.

administrativa, civil e penalmente conforme o disposto nesta Lei, nos casos em que a infração seja cometida por decisão de seu representante legal ou contratual, ou de seu órgão colegiado, no interesse ou benefício da sua entidade".

O Superior Tribunal de Justiça, por sua vez, no julgamento do REsp n. 1.977.172/PR, Rel. Min. Ribeiro Dantas, Terceira Seção, julgado em 24-8-2022, *DJe* 20-9-2022, decidiu que, extinta legalmente a pessoa jurídica acusada por crime ambiental – sem nenhum indício de fraude –, aplica-se analogicamente o art. 107, I, do CP, com a consequente extinção de sua punibilidade.

25.5.2. Anistia, graça e indulto (art. 107, II, do CP)

Esses institutos constituem espécies de clemência, de indulgência do Estado que, por razões políticas ou de política criminal, renuncia ao direito de punir em relação a delitos já praticados.

Podem alcançar crimes de ação pública ou privada, já que, nestes, o direito de punir é ainda do Estado – apenas a iniciativa da ação penal é transferida ao ofendido.

A anistia refere-se a fatos passados e depende de lei aprovada pelo Congresso Nacional, ao passo que a graça e o indulto dizem respeito a pessoas e são concedidos por decreto presidencial.

Embora a lei que concede a anistia faça menção a fatos específicos, acaba se refletindo sobre pessoas, uma vez que sua finalidade, obviamente, é extinguir a punibilidade por condutas ilícitas por elas praticadas. Assim, veja-se, por exemplo, a Lei n. 12.505/2011, que concedeu anistia para crimes militares cometidos por "policiais e bombeiros militares dos Estados de Alagoas, de Minas Gerais, do Rio de Janeiro, de Rondônia e de Sergipe que participaram de movimentos reivindicatórios por melhorias de vencimentos e de condições de trabalho ocorridos entre o dia 1º de janeiro de 1997 e a publicação desta Lei e aos policiais e bombeiros militares dos Estados da Bahia, do Ceará, de Mato Grosso, de Pernambuco, do Rio Grande do Norte, de Roraima, de Santa Catarina e do Tocantins e do Distrito Federal que participaram de movimentos reivindicatórios por melhorias de vencimentos e de condições de trabalho ocorridos entre a data da publicação da Lei n. 12.191, de 13 de janeiro de 2010, e a data de publicação desta Lei". Note-se que a lei concede a anistia fazendo menção a fatos: os crimes militares praticados durante os movimentos reivindicatórios em determinados períodos por policiais militares e bombeiros de certos Estados.

Nos decretos de indulto, ao contrário, não há menção a fatos. Exemplo: concede-se indulto aos condenados a pena não superior a 8 anos que já tenham cumprido 3/5 da pena e que não sejam reincidentes em crime doloso.

25.5.2.1. Anistia

A anistia exclui a infração penal, apagando seus efeitos.

É sempre concedida por lei que deve fazer menção a fatos criminosos já praticados, e não a pessoas e, por isso, atinge todos que tenham praticado determinada espécie de infração em certa data ou período. Trata-se, assim, de lei penal benéfica que, nos termos do art. 5º, XL, da Constituição Federal, retroage para alcançar fatos passados.

A anistia, conforme mencionado, só é aplicável a fatos pretéritos, sendo essa a distinção quanto à *abolitio criminis*. Nesta, a norma penal incriminadora deixa de existir, enquanto, naquela, são fulminados apenas fatos criminosos anteriores, continuando a existir o tipo penal. Assim, se for aprovada, por exemplo, uma lei que anistia aqueles que praticaram atos depredatórios ao patrimônio público nas manifestações de 1º de maio de determinado ano em determinadas cidades, a consequência será a extinção da punibilidade de todos aqueles que cometeram crime de dano em tal data e locais. O delito de dano, entretanto, continuará existindo e sua pena poderá ser aplicada a todas as outras pessoas que venham a cometê-lo.

Considerando que a Constituição veda a retroatividade de leis prejudiciais ao acusado, uma vez concedida legalmente a anistia, não pode ela ser revogada por lei posterior que, inegavelmente, seria prejudicial ao autor da infração.

A anistia deve ser aprovada em lei ordinária votada pelo Congresso Nacional e sancionada pelo Presidente da República (art. 48, VIII, da Constituição Federal).

A anistia em matéria penal é de competência exclusiva da União. A iniciativa do projeto de lei segue os ditames comuns, não havendo necessidade de que a proposta seja originária desta ou daquela autoridade ou instituição.

A anistia pode ser concedida antes ou depois da sentença, apagando o crime e as demais consequências de natureza penal. Por isso, se o sujeito vier, posteriormente, a cometer novo crime, não será considerado reincidente. A anistia, contudo, não afasta os efeitos extrapenais se o acusado já havia sido condenado em definitivo por ocasião da concessão do benefício. Por isso, a sentença condenatória poderá ser executada no juízo cível por pessoas prejudicadas pela infração penal.

Com a entrada em vigor da lei que concede a anistia, cabe ao juízo das execuções, de ofício ou em razão de requerimento do Ministério Público ou do interessado, declará-la – uma vez que é preciso verificar se o texto legal enquadra-se naquele fato concreto (art. 187 da LEP). Se, todavia, a anistia for concedida antes da sentença condenatória definitiva, caberá ao juízo por onde tramitar a ação (ou ao Tribunal por onde tramite o recurso) declarar a extinção da punibilidade.

25.5.2.1.1. Espécies de anistia

A anistia é classificada como *própria*, quando concedida antes da condenação definitiva, e como *imprópria*, quando concedida após o trânsito em julgado da condenação.

Por sua vez, é denominada *plena* (geral ou irrestrita), quando aplicável a todos os criminosos, e *parcial* (ou restrita), quando, mencionando fatos, contenha *exceções* quanto ao seu alcance.

Além disso, quanto à necessidade de algum ato por parte do beneficiado, é chamada *incondicionada*, quando independe de qualquer ato, ou de *condicionada*, quando a extinção da punibilidade depende da realização de algum ato por parte dos autores da infração. Exemplos: pedido público de desculpas, prévia reparação dos prejuízos causados pelo crime etc.

Saliente-se que a anistia, em regra, não pode ser recusada, devendo ser declarada pelo juiz, independentemente da anuência do beneficiário. Na modalidade condicionada, entretanto, cabe a recusa, bastando que o beneficiário se negue a cumprir a condição imposta para a extinção da punibilidade.

A anistia, por fim, é *especial* quando relacionada a crimes políticos e *comum* quando diz respeito a infração penal de outra natureza.

25.5.2.2. Graça e indulto

Esses institutos possuem algumas características comuns e outras que os distinguem. Ambos são concedidos a pessoas, e não a fatos, por decreto firmado pelo Presidente da República (art. 84, XII, da CF), que, por sua vez, pode delegar tal função a ministro de Estado, ao Procurador-Geral da República ou ao Advogado-Geral da União, que deverão observar os limites da delegação recebida (art. 84, parágrafo único, da CF).

Os institutos se diferenciam porque a graça é individual e deve ser requerida pela parte interessada, enquanto o indulto é coletivo e concedido espontaneamente pelo Presidente da República ou pelas autoridades que dele receberam delegação. O indulto presidencial costuma ser concedido anualmente na época do Natal.

O indulto e a graça podem ser *totais*, quando extinguem a punibilidade, ou *parciais*, quando apenas reduzem a pena. O decreto presidencial que prevê, por exemplo, a extinção da pena dos condenados por crimes de roubo ou extorsão, que já tenham cumprido 4/5 da pena, constitui hipótese de indulto total. Já o indulto parcial consiste na comutação (atenuação) da pena após a condenação. Exemplo: a pena será reduzida em 1/3 para os condenados que já tenham cumprido 3/5 da sanção aplicada e sejam primários.

Tal como a anistia, o indulto e a graça também podem ser condicionados ou incondicionados.

Além das restrições legais e constitucionais quanto à concessão desses benefícios a crimes hediondos, tráfico de drogas, terrorismo e tortura, é evidente que, ao concedê-los em relação a outros crimes, o decreto presidencial pode conter restrições, de acordo com o poder discricionário do Presidente da República. Assim, é possível, por exemplo, que, ao conceder indulto aos criminosos que já tenham cumprido determinado montante da pena, o decreto presidencial obste o benefício se a vítima do delito for criança ou idoso.

O Plenário do STF, no julgamento do RE 628.658, apreciando o Tema 371 em sede de repercussão geral, aprovou a seguinte tese: "Reveste-se de legitimidade jurídica a concessão, pelo Presidente da República, do benefício constitucional do indulto (CF, art. 84, XII), que traduz expressão do poder de graça do Estado, mesmo se se tratar de indulgência destinada a favorecer pessoa que, em razão de sua inimputabilidade ou semi-imputabilidade, sofre medida de segurança, ainda que de caráter pessoal e detentivo" (RE 628.658, Rel. Min. Marco Aurélio, Tribunal Pleno, julgado em 5-11-2015, acórdão eletrônico repercussão geral–mérito *DJe*-059, divulg. 31-3-2016, public. 1º-4-2016). Em suma, a Corte Suprema admitiu indulto em medida de segurança.

A graça e o indulto, em regra, pressupõem a existência de uma sentença penal condenatória transitada em julgado e atingem somente a pena, subsistindo os efeitos penais secundários e extrapenais. A jurisprudência, inclusive do Supremo Tribunal Federal, passou a admitir, contudo, a aplicação do indulto e da graça quando já existente sentença condenatória transitada em julgado apenas para o Ministério Público, ou seja, quando pendente de recurso exclusivo da defesa. Em tal caso, o reconhecimento do indulto ou da graça não impede o julgamento do recurso onde o acusado pleiteia sua absolvição, na medida em que o provimento do recurso lhe é mais benéfico, porque afasta todos os efeitos da condenação cassada. Nesse sentido, HC 76.524, Tribunal Pleno, Rel. Min. Sepúlveda Pertence, *DJ* 29-8-2003, p. 19.

De acordo com a Súmula 631 do Superior Tribunal de Justiça: "O indulto extingue os efeitos primários da condenação (pretensão executória), mas não atinge os efeitos secundários, penais ou extrapenais".

25.5.2.2.1. Procedimento para a graça

A concessão da graça, que é sempre individual, deve ser solicitada, nos termos do art. 188 da Lei de Execuções Penais.

A iniciativa do requerimento pode ser do próprio condenado, do Ministério Público, do Conselho Penitenciário ou da autoridade administrativa responsável pelo estabelecimento onde a pena é cumprida. Em seguida, os autos que contêm a petição irão com vistas ao Conselho Penitenciário para parecer, caso este não tenha sido o responsável pelo requerimento (art. 189 da LEP). Na sequência, os autos são encaminhados ao Ministério da Justiça, que submeterá a decisão ao Presidente da República (ou a alguma das autoridades a quem tenha sido delegada a função). Concedida a graça, o juiz, após determinar a juntada de cópia do decreto aos autos de execução, decretará a extinção da punibilidade ou reduzirá a pena (graça parcial), após a oitiva do Ministério Público e da defesa (art. 112, § 2º, da LEP).

25.5.2.2.2. Procedimento para o indulto

O indulto coletivo é concedido espontaneamente por decreto presidencial, não havendo, portanto, necessidade de provocação. Em geral, o decreto vincula o benefício ao preenchimento de determinadas condições de caráter subjetivo (primariedade, bons antecedentes) e objetivo (cumprimento de determinado montante da pena, que se trate de crime cometido sem violência etc.).

De acordo com o art. 193 da Lei de Execuções Penais, se o sentenciado for beneficiado por indulto coletivo, o juiz, de ofício, a requerimento do interessado, do Ministério Público, ou por iniciativa do Conselho Penitenciário ou da autoridade administrativa, anexará aos autos da execução cópia do decreto e declarará a extinção da pena ou procederá à comutação nos moldes determinados pela Presidência da República, ouvidos previamente o Ministério Público e a defesa (art. 112, § 2º, da LEP).

Quando o decreto presidencial condiciona o benefício (indulto ou comutação) ao cumprimento de parte da pena, o fato de o acusado cometer falta grave não interrompe a contagem do prazo de acordo com a Súmula 535 do Superior Tribunal de Justiça: "A prática de falta grave não interrompe o prazo para fim de comutação de pena ou indulto".

25.5.2.3. Crimes insuscetíveis de anistia, graça e indulto

Os institutos em estudo, em regra, podem alcançar todas as espécies de infração penal (políticas, comuns, militares), exceto aquelas em relação às quais exista vedação expressa.

De acordo com o art. 5º, XLIII, da Constituição Federal, são insuscetíveis de anistia e graça os crimes de tortura, terrorismo, tráfico de drogas e os definidos em lei como hediondos. Tal regra foi repetida no art. 2º, I, da Lei n. 8.072/90, que, além disso, acrescentou em relação a todos esses crimes a vedação quanto ao indulto. Houve, em razão disso, discussão em torno da constitucionalidade da proibição ao indulto, por não constar esta proibição expressamente do texto da Carta Magna, tendo, porém, prevalecido o entendimento de que a palavra "graça" no texto da Constituição foi utilizada em sentido amplo, para se referir à clemência do Estado em relação a pessoas, englobando, por isso, o indulto. O Plenário do Supremo Tribunal encampou este entendimento no julgamento do HC 90.364, do qual foi relator o Min. Ricardo Lewandowski, *DJ* 30-11-2007, p. 29.

Com a aprovação da atual Lei de Drogas, o legislador repetiu a vedação da anistia, da graça e do indulto ao crime de tráfico de drogas, conforme se verifica no art. 44, *caput*, da Lei n. 11.343/2006.

Observe-se, porém, que no julgamento do HC 118.533, Rel. Min. Cármen Lúcia, em 23-6-2016, o Plenário do STF decidiu que o tráfico privilegiado de drogas não possui natureza hedionda. Posteriormente, a Lei n. 13.964/2019 inseriu no art. 112, § 5º, da LEP, previsão expressa no sentido de que o tráfico privilegiado não possui natureza equiparada à dos crimes hediondos. Por tal razão, as vedações à anistia, graça e indulto não alcançam o crime privilegiado. Considera-se privilegiado o tráfico quando o agente é primário, tem bons antecedentes, não se dedica às atividades criminosas e não integra organização criminosa. Em tal hipótese, descrita no art. 33, § 4ª, da Lei de Drogas, a pena do réu será reduzida de 1/6 a 2/3. Por fim, o art. 1º, § 6º, da Lei n. 9.455/97, posterior à Lei dos Crimes Hediondos (Lei n. 8.072/90), menciona, em relação ao crime de tortura, vedação somente à anistia e à graça, nada dizendo sobre a vedação ao indulto. Apesar disso, como se entendeu, conforme explicado acima, que a palavra "graça" no texto constitucional abrange também o indulto, este continua vedado para os crimes de tortura.

25.5.3. Abolitio criminis *(art. 107, III, do CP)*

De acordo com esse dispositivo, extingue-se a punibilidade pela retroatividade de lei que não mais considera o fato como criminoso. Cuida-se, em suma, da entrada em vigor de lei nova que não mais considera o fato como crime. Daí a denominação *abolitio criminis* (abolição do crime).

Nos termos do art. 5º, XL, da Constituição Federal, a lei penal pode retroagir para favorecer o réu. Além disso, o próprio art. 2º do Código Penal contém norma no mesmo sentido, estabelecendo que ninguém pode ser punido por fato que lei posterior deixa de considerar como crime, cessando, em virtude dela, a execução e os efeitos penais da sentença condenatória.

Com a entrada em vigor de lei nova que revoga a infração penal, a conduta deixa de ser prevista como crime para os fatos novos e retroage para extinguir a punibilidade daqueles que já incorreram no tipo penal agora revogado.

O que extingue efetivamente a punibilidade é a entrada em vigor da nova lei, todavia é necessário que haja declaração judicial nesse sentido, caso já exista ação penal ou inquérito em andamento.

Se o crime ainda está em fase de investigação no inquérito policial ou se já há ação penal em andamento, cabe ao juiz natural declarar a extinção. Se o processo está em grau de recurso, é o tribunal competente que deve apreciar a questão. Se já existe sentença condenatória transitada em julgado, cabe ao juízo das execuções a decretação, nos termos do art. 66, I, da Lei de Execuções Penais. Nesse sentido, existe a Súmula 611 do Supremo Tribunal Federal: *"transitada em julgado a sentença condenatória, compete ao juízo das execuções a aplicação da lei mais benigna".*

Conforme se viu, a *abolitio criminis* pode acontecer *antes* ou *depois* da sentença condenatória, sendo que, neste último caso, rescinde a própria condenação e todos os seus efeitos penais, voltando o réu a ter o *status* de primário. A obrigação de reparar o prejuízo decorrente da sentença condenatória, porém, subsiste, podendo ser executada no juízo cível.

A causa extintiva da punibilidade em estudo estende-se a todos os autores e partícipes do crime.

Para a ocorrência da *abolitio*, não basta que a lei nova tenha revogado o artigo que tratava do delito ou alterado seu nome, sendo necessário que a conduta tenha deixado de ser prevista como crime. Assim, quando a Lei Antidrogas atual (Lei n. 11.343/2006) revogou a antiga (Lei n. 6.368/76), não houve *abolitio* do crime de tráfico de entorpecentes, na medida em que as condutas punidas na lei antiga continuaram a ser punidas na nova (somente a pena foi modificada). Da mesma forma, quando a Lei n. 12.015/2009 revogou o crime de atentado violento ao pudor, até então previsto no art. 214 do Código Penal, não houve *abolitio,* porque a mesma lei, expressamente, acrescentou no tipo penal do estupro (art. 213 do CP) as hipóteses que antes configuravam o atentado violento (houve alteração no nome, mas o fato não deixou de ser considerado criminoso).

No entanto, é possível citar como exemplos de *abolitio criminis* a Lei n. 11.106/2005, que expressamente revogou os crimes de sedução (antigo art. 217 do CP), rapto consensual (antigo art. 220 do CP) e adultério (antigo art. 240 do CP), e a Lei n. 12.015/2009, que, também de forma expressa, revogou o crime sexual de corrupção de menores (antigo art. 218 do CP).

25.5.3.1. Abolitio criminis e *norma penal em branco*

Em determinadas situações, para a existência da *abolitio criminis* nem sequer é preciso que o tipo penal seja revogado. É o que se passa, por exemplo, em alguns casos em que é meramente modificado o complemento de uma norma penal em branco, porém de tal maneira que a infração já cometida deixa concretamente de existir. Senão vejamos:

a) *Quando o complemento da norma penal em branco não tiver caráter temporário ou excepcional, sua alteração benéfica retroagirá, uma vez que o complemento integra a norma, dela constituindo parte fundamental e indispensável.* Exemplos: no crime consistente em contrair matrimônio conhecendo a existência de impedimento que lhe cause nulidade absoluta (art. 237), o complemento está no art. 1.521, I a VII, do Código Civil. Assim, se houver alteração no Código Civil, de forma a excluir uma das hipóteses de impedimento, aquele que se casou na vigência da lei anterior infringindo esse impedimento será beneficiado; no tráfico de drogas, caso ocorra exclusão de determinada substância do rol dos entorpecentes constantes da Portaria n. 344/98 da Anvisa – órgão federal responsável pela definição das substâncias entorpecentes –, haverá retroatividade da norma, deixando de haver crime de tráfico. A alteração alcança, ademais, a própria figura abstrata do tipo penal, uma vez que a palavra "droga" integra o tipo penal do tráfico.

b) *Quando o complemento tiver natureza temporária ou excepcional, a alteração benéfica não retroagirá.* Exemplo: no crime do art. 2º da Lei n. 1.521/51 (Lei de Economia Popular), que consiste na venda de produto acima do preço constante nas tabelas oficiais, a alteração posterior dos valores destas não exclui o crime, se à época do fato o agente desrespeitou a tabela então existente.

Veja-se, ainda, o crime de falsificação de moeda (art. 289 do CP). Aquele que falsificou, por exemplo, "Cruzeiros" (moeda vigente na época dos fatos) não deixaria de responder pelo delito por ter o Governo Federal posteriormente alterado a moeda para "Real". Em tal caso, houve apenas mudança na denominação, mas o objeto material continua o mesmo "papel-moeda de curso legal no país ou no estrangeiro". Não ocorreu nesse caso uma efetiva alteração benéfica, mas mera modificação da moeda em curso.

25.5.4. Prescrição (art. 107, IV, 1ª parte, do CP)

A prescrição é a perda do direito de punir decorrente do decurso de determinado prazo sem que a ação penal tenha sido proposta por seu titular ou sem que se consiga concluí-la (prescrição da pretensão punitiva), ou, ainda, a perda do direito de executar a pena por não conseguir o Estado dar início ou prosseguimento a seu cumprimento dentro do prazo legalmente estabelecido (prescrição da pretensão executória).

A prescrição é instituto de direito material, de modo que as regras a ela inerentes regem-se pelo princípio constitucional que determina que as normas penais não retroagem, salvo se forem benéficas (art. 5º, XL, da CF). Assim, se uma nova lei aumentar um prazo prescricional ou criar nova causa interruptiva, não retroagirá. Ao contrário, se reduzir o prazo ou revogar causa interruptiva, alcançará fatos pretéritos.

Também como consequência de sua natureza penal, os prazos contam-se na forma do art. 10 do Código Penal, ou seja, incluindo-se o dia inicial no cômputo.

Costumam ser apontadas como justificativas para a existência do instituto da prescrição a ineficiência da aplicação da pena como resposta ao fato criminoso e como forma de punição após o decurso de longo período, bem como a necessidade de os agentes do Estado responsáveis pela persecução penal atuarem de forma eficaz e dentro dos prazos estabelecidos na legislação.

25.5.4.1. A prescritibilidade como regra constitucional

A Constituição Federal consagrou como regra a prescritibilidade das infrações penais, pois prevê apenas duas espécies de crimes considerados imprescritíveis: a) o racismo (art. 5º, XLII, da CF)[82]; e b) aqueles decorrentes de ações de grupos armados, civis ou militares, contra a ordem constitucional e o Estado Democrático (art. 5º, XLIV, da CF). O Superior Tribunal de Justiça tem estendido tal regra ao delito de

---

[82] De acordo com o art. 5º, XLII, da Constituição Federal, a prática do racismo constitui crime inafiançável e imprescritível. O Superior Tribunal de Justiça tem estendido tais regras ao delito de injúria racial, previsto no art. 140, § 3º, do Código Penal, que pune com reclusão, de 1 a 3 anos, ofensas a pessoas determinadas em razão da raça, cor, religião, etnia ou origem. A propósito: AgRg no AREsp 686.965/DF, Rel. Min. Ericson Maranho (Desembargador Convocado do TJ/SP), 6ª Turma, julgado em 18-8-2015, *DJe* 31-8-2015; AgRg no AREsp 734.236/DF, Rel. Min. Nefi Cordeiro, 6ª Turma, julgado em 27-2-2018, *DJe* 8-3-2018.

injúria racial. A propósito: AgRg no AREsp 686.965/DF, Rel. Min. Ericson Maranho (Desembargador Convocado do TJ/SP), 6ª Turma, julgado em 18-8-2015, *DJe* 31-8-2015; AgRg no AREsp 734.236/DF, Rel. Min. Nefi Cordeiro, 6ª Turma, julgado em 27-2-2018, *DJe* 8-3-2018. Em 28 de outubro de 2021, o Plenário do Supremo Tribunal Federal, no julgamento do HC 154.248/MT, confirmou o entendimento de que o crime de injúria racial é imprescritível.

Assim, fora dessas duas hipóteses, todo autor de ilícito penal tem direito público subjetivo a ver reconhecida a prescrição após o decurso de determinado prazo que obrigatoriamente deve ser estabelecido em lei. Tais prazos, em regra, são fixados com base na gravidade da infração (sua pena máxima).

25.5.4.2. Espécies de prescrição

Existem duas modalidades de prescrição:

a) a que atinge a pretensão *punitiva* estatal e que ocorre antes do trânsito em julgado da sentença condenatória; e

b) a que atinge a pretensão *executória* estatal, também chamada de prescrição da pena, que pressupõe a existência de sentença condenatória transitada em julgado.

25.5.4.2.1. Prescrição da pretensão punitiva

É a perda por parte do Estado do direito de punir em face de sua inércia durante o lapso de tempo previamente estabelecido na lei.

A prescrição da pretensão punitiva, de acordo com o próprio texto legal, subdivide-se em:

a) prescrição pela pena em abstrato, também chamada de prescrição da ação; e

b) prescrição pela pena em concreto, que, por sua vez, subdivide-se em prescrição retroativa e intercorrente.

25.5.4.2.1.1. Prescrição da pretensão punitiva pela pena em abstrato

Essa forma de prescrição pode ocorrer antes da propositura da ação penal ou após o seu início e até mesmo após a prolação da sentença de 1ª instância, desde que haja recurso da acusação (se não houver recurso da acusação, mas apenas da defesa, a prescrição após a sentença passa a se basear na pena em concreto, ou seja, naquela já aplicada).

Nessa modalidade de prescrição, o lapso prescricional varia de acordo com o máximo de pena privativa de liberdade prevista em abstrato para a infração penal, de acordo com a tabela constante no art. 109 do Código Penal:

Pena máxima em abstrato	Prazo prescricional
Inferior a 1 ano	3 anos
Igual ou superior a 1 ano, mas não superior a 2 anos	4 anos
Superior a 2 e não superior a 4 anos	8 anos
Superior a 4 e não superior a 8 anos	12 anos
Superior a 8 e não superior a 12 anos	16 anos
Superior a 12 anos	20 anos

Suponha-se, portanto, a prática de um crime de furto simples, cuja pena máxima em abstrato é de 4 anos (art. 155 do CP). Se após a prática do crime tiver transcorrido período de 8 anos, sem que a ação penal tenha se iniciado pelo recebimento de denúncia, estará prescrito o delito e não mais poderá ser proposta a ação penal. Assim, se ainda não havia sido instaurado inquérito, não mais poderá ser iniciado. Se o inquérito estava em andamento, a prescrição deverá ser reconhecida e declarada pelo juiz. Se a denúncia já havia sido oferecida, mas ainda não recebida, deverá ser rejeitada, com fundamento no art. 395, III, do Código de Processo Penal.

O recebimento da denúncia antes do decurso do prazo interrompe o seu curso fazendo com que nova contagem se inicie (art. 117, I, do CP). Assim, imagine-se que, após o recebimento da denúncia (dentro do prazo) para apuração do crime de furto, transcorram 8 anos sem que o juiz tenha proferido sentença. Ao término do prazo, o próprio juiz, de ofício ou a requerimento das partes, deverá decretar a prescrição da pretensão punitiva, o que, evidentemente, impedirá a prolação da sentença de mérito.

25.5.4.2.1.1.1. Circunstâncias que influenciam e que não influenciam no montante do prazo prescricional pela pena em abstrato

a) *Idade do réu.*

O art. 115 do Código Penal estabelece que, sendo o réu menor de 21 anos na data do fato ou maior de 70 por ocasião da sentença, o prazo prescricional será reduzido pela metade.

Suponha-se, assim, que uma pessoa de 19 anos tenha cometido um crime de furto simples que, tendo pena máxima de 4 anos, prescreve em 8. Como o autor da infração é menor de 21 anos, a prescrição se dará em 4 anos.

Importante observar que o fato de o Código Civil ter diminuído a menoridade para os atos da vida civil de 21 para 18 anos não modificou a regra do art. 115 do Código Penal, que continua prevendo a redução do prazo prescricional quando o infrator possuir menos de 21 anos na data do fato. Trata-se de norma especial.

Em relação aos maiores de 70 anos, o texto legal exige que o acusado tenha tal idade na data da prolação da sentença condenatória de 1ª instância ou, analogicamente, por ocasião do julgamento de recurso que reforme sentença absolutória e condene o réu. Assim, se o acusado tinha 69 anos na data em que foi condenado em 1ª instância, não há que se cogitar de redução do prazo pela metade se, na data do julgamento do recurso, já contava com 70 anos. Nesse sentido: "Por expressa previsão do art. 115 do CP, são reduzidos pela metade os prazos de prescrição quando o criminoso era, na data da sentença, maior de 70 anos. O acórdão confirmatório da condenação não substitui o marco de redução do prazo prescricional. Precedentes" (STJ, AgRg no RHC 94.376/SP, Rel. Min. Rogerio Schietti Cruz, 6ª Turma, julgado em 17-5-2018, *DJe* 1º-6-2018).

O Estatuto da Pessoa Idosa (Lei n. 10.741/2003) assim define as pessoas com idade igual ou superior a 60 anos, porém referida lei não modificou a regra do art. 115 do Código Penal, na medida em que foge às finalidades de referido Estatuto dar proteção diferenciada a pessoas idosas acusadas de ilícitos penais. A prescrição pela metade continua tendo como referência a idade de 70 anos. Nesse sentido, consulte-se o HC 86.320/SP, 1ª Turma, Rel. Min. Ricardo Lewandowski, *DJ* 24-11-2006, p. 76.

Por questão de bom senso, é claro que, se o autor do delito já tem mais de 70 anos na própria data do crime, a prescrição já corre, desde tal momento, com os prazos pela metade, pois a idade não diminui.

Observe-se que, no caso de concurso de agentes, o fato de a prescrição ser aplicada pela metade ao réu menor de 21 anos ou maior de 70 na data da sentença não se estende aos comparsas.

b) *Agravantes genéricas*.

O reconhecimento de agravantes genéricas descritas nos arts. 61 e 62 do Código Penal não altera os prazos prescricionais, uma vez que, conforme já estudado, não podem fazer a pena ultrapassar o máximo previsto em abstrato.

c) *Causas de aumento e diminuição da pena*.

As causas de aumento e de diminuição de pena, que a alteram em patamares fixos (1/6, 1/3, 2/3 etc.) e que são de aplicação obrigatória, fazem com que a pena máxima em abstrato sofra alterações e, assim, devem ser levadas em conta na busca do tempo da prescrição. Exemplos: o furto simples possui pena privativa de liberdade de 1 a 4 anos e, por isso, prescreve em 8 anos. Se, entretanto, o furto for praticado durante o repouso noturno (art. 155, § 1º), a pena sofrerá um acréscimo de 1/3, passando a ter um limite máximo de 5 anos e 4 meses, cujo prazo prescricional é de 12 anos; na tentativa de furto simples, a pena máxima é de 2 anos e 8 meses (4 anos com a redução de 1/3) e, por isso, a prescrição continua a ocorrer em 8 anos. Saliente-se que a consequência da tentativa é a redução de 1/3 a 2/3 da pena (art. 14, parágrafo único, do CP), mas, para análise da prescrição pela pena em abstrato, deve-se levar em conta a menor redução, pois, com isso, obtém-se a maior pena em abstrato para a infração penal.

Se houver concomitantemente causa de aumento e de diminuição de pena, o juiz deve considerar ambas para apreciar o prazo prescricional. Exemplo: tentativa de furto noturno (pena máxima de 4 anos aumentada de 1/3 pelo furto noturno e depois reduzida de 1/3 pela tentativa).

d) *Reincidência*.

Nos termos da Súmula 220 do Superior Tribunal de Justiça, *"a reincidência não interfere no prazo da prescrição da pretensão punitiva"*. Tal súmula era dispensável, na medida em que o art. 110, *caput*, do Código Penal é expresso no sentido de que a reincidência somente aumenta em 1/3 o prazo da prescrição da pretensão *executória*.

25.5.4.2.1.1.2. Contagem do prazo prescricional

A contagem do prazo prescricional leva em conta o montante da pena máxima em abstrato, porém pressupõe também a análise do termo inicial a partir do qual ele começa a fluir (art. 111 do CP), bem como a verificação de eventuais causas interruptivas (art. 117 do CP) e suspensivas.

Lembre-se, outrossim, de que, por se tratar de prazo de natureza penal, inclui-se na contagem o dia inicial e exclui-se o último (art. 10 do CP). Se o prazo prescricional de 3 anos começa em 11 de abril de 2018, a prescrição se dá no dia 10 de abril de 2021. O prazo é improrrogável, podendo terminar em fins de semana ou feriados.

25.5.4.2.1.1.3. Termos iniciais do prazo da prescrição da pretensão punitiva

Os termos iniciais (*a quo*) dos prazos prescricionais variam de acordo com a figura delitiva, conforme se verifica no art. 111 do Código Penal, que estabelece que a prescrição começa a correr:

a) *Da data da consumação do crime* (art. 111, I, do CP).

Esta é a regra no direito penal. As demais hipóteses podem ser consideradas exceções. Assim, se o agente efetua disparos contra a vítima a fim de matá-la, mas esta é internada e só morre um mês depois, a prescrição começa a correr da data da morte.

Em relação à prescrição, portanto, o Código não adotou a regra do art. 4º do Código Penal, que trata do chamado *"tempo do crime"* e que considera praticado o delito no momento da ação ou omissão.

Observação: no caso de concurso de crimes (material, formal ou continuado), o termo inicial incide isoladamente a partir da consumação de cada um dos ilícitos praticados (art. 119 do CP).

b) *No caso de tentativa, da data em que cessou a atividade criminosa* (art. 111, II, do CP).

A prescrição passa a correr, portanto, a partir do dia em que realizado o último ato executório. Suponha-se, por exemplo, um crime de constrangimento ilegal em que o agente ameaça a vítima várias vezes a fim de forçá-la a fazer alguma coisa. A vítima, todavia, não cede às ameaças. A prescrição corre a partir da data da última ameaça.

c) *Nos crimes permanentes, do dia em que cessar a permanência* (art. 111, III, do CP).

Se uma pessoa é sequestrada e permanece dois meses no cativeiro, a prescrição só começa a correr a partir da libertação. Em suma, a prescrição não corre enquanto o crime ainda está em andamento.

d) *Nos crimes de bigamia (art. 235 do CP) e nos de falsificação ou alteração de assento de registro civil (arts. 241, 242 e 299, parágrafo único, do CP), da data em que o fato se tornar conhecido da autoridade* (art. 111, IV).

O legislador, considerando que esses crimes são praticados clandestinamente e que geralmente permanecem ocultos por muitos anos, estabeleceu regra específica, segundo a qual a prescrição tem seu termo inicial a partir da data em que as autoridades responsáveis pela apuração do delito tomarem conhecimento de sua ocorrência (delegado de polícia, promotor de justiça etc.). Será necessária a produção de prova nos autos acerca da forma como a autoridade tomou conhecimento e da data em que isso ocorreu. Tais crimes, enquanto não descobertos, não prescrevem.

e) *Nos crimes contra a dignidade sexual ou que envolvam violência contra crianças e adolescentes, previstos neste Código ou em legislação especial, da data em que a vítima completar 18 anos, salvo se a esse tempo já houver sido proposta a ação penal* (art. 111, V).

O legislador, atento ao fato de que é comum que crianças e adolescentes abusados sexualmente, por medo ou vergonha, mantenham-se em silêncio em relação aos crimes contra eles praticados e, somente muito tempo depois, quando já maiores de idade, tenham coragem de revelar o fato a amigos, psicólogos ou autoridades, aprovou a Lei n. 12.650/2012, inserindo esse inciso V no art. 111 do Código Penal. É que o decurso desse longo período poderia fazer com que o prazo prescricional já tivesse sido atingido. Assim, se uma criança de 11 anos for vítima de crime de estupro de vulnerável e o delito não for apurado, o lapso prescricional só terá início na data em que ela completar 18 anos.

Existe uma ressalva no texto legal, segundo a qual a prescrição começará a correr antes de a vítima completar 18 anos se já tiver sido proposta ação penal para apurar a infração penal em data anterior à maioridade. Assim, se a vítima tinha 11 anos na data do crime sexual e o Ministério Público ofereceu denúncia quando ela tinha 16 anos, o prazo prescricional só começará a correr da propositura da ação penal, e não da data do crime, pois, se até o oferecimento da denúncia a prescrição não estava correndo, o termo inicial deve ser o da propositura da ação, não retroagindo à data do fato. Aliás, caso a vítima morra antes de completar 18 anos e antes de ser iniciada a ação penal, o termo *a quo* do prazo prescricional é a data do falecimento, e não a da consumação do crime, porque, nos termos da lei, o prazo não estava ainda em andamento.

A regra em análise aplica-se, nos termos do texto legal, a crimes contra a dignidade sexual previstos no Código Penal e em leis especiais (por exemplo, os delitos dos arts. 240 e 241 da Lei n. 8.069/90 – Estatuto da Criança e do Adolescente).

A Lei n. 14.344, de 24 de maio de 2022 (e que entrou em vigor 45 dias depois), acrescentou que todo e qualquer crime, do Código Penal ou de leis especiais, cometido com violência contra criança ou adolescente também terá como termo inicial do lapso prescricional a data em que o sujeito passivo completar 18 anos, salvo se antes disso a ação penal já tiver sido proposta. De acordo com tal regra, a prescrição somente começa a correr, em crimes como lesão corporal, maus-tratos e tortura praticados contra criança ou adolescente, na data em que a vítima completar a maioridade.

25.5.4.2.1.1.4. Causas interruptivas da prescrição da pretensão punitiva

Iniciada a fluência do prazo prescricional, ele terá curso até que sobrevenha referida causa extintiva da punibilidade ou que seja atingido por alguma causa interruptiva. Estas se encontram previstas em rol taxativo no art. 117 do Código Penal, sendo que todas consistem em decisões judiciais proferidas no curso da ação penal.

A ocorrência de causa interruptiva faz com que novo curso prescricional se inicie por completo (art. 117, § 1º, do CP), devendo o prazo anterior ser ignorado para fim de prescrição pela pena em abstrato, podendo, todavia, ser futuramente considerado na análise da prescrição retroativa, conforme será oportunamente estudado.

As causas interruptivas da prescrição da pretensão punitiva são: a) o recebimento da denúncia ou queixa; b) a pronúncia; c) a decisão confirmatória da pronúncia; d) a publicação da sentença ou do acórdão recorríveis de natureza condenatória[83]; e) o trânsito em julgado da condenação.

a) *Recebimento da denúncia ou queixa* (art. 117, I, do CP).

A interrupção se dá com a publicação, isto é, com a devolução dos autos pelo juiz em cartório, acompanhado da decisão de recebimento da denúncia ou queixa.

---

[83] O Plenário do STF firmou entendimento de que o acórdão confirmatório de condenação também interrompe a prescrição (HC 176.473, j. 28-4-2020).

O recebimento de *aditamento* não interrompe a prescrição quando se limita à correção de erros ou de omissões de circunstâncias relativas ao fato já narrado (causas de aumento de pena, qualificadoras etc.). Caso, entretanto, trate-se de inclusão de novo fato criminoso conexo, haverá interrupção em relação a este.

Se o juiz rejeitar a denúncia ou a queixa e a acusação entrar com recurso em sentido estrito, caso o tribunal venha a dar-lhe provimento, o acórdão valerá como causa interruptiva a ser contada da data de sua publicação. Nesse sentido, existe, inclusive, a Súmula 709 do Supremo Tribunal Federal: *"salvo quando nula a decisão de primeiro grau, o acórdão que provê o recurso contra a rejeição da denúncia vale, desde logo, pelo recebimento dela"*. Conforme se verifica pelo teor da súmula, somente se o tribunal entender que incorreu o magistrado de 1ª instância em alguma nulidade, é que deverá esta ser declarada, de modo a, sanada a falha, nova análise quanto ao recebimento da denúncia ou queixa ser por ele proferida. Se o tribunal concluir, porém, que houve mero *error in judicando* e der provimento ao recurso, recebendo a denúncia ou queixa, tal decisão funciona como causa interruptiva, devendo os autos ser restituídos ao juízo de origem para o início da instrução criminal.

b) *Pronúncia* (art. 117, II, do CP).

A pronúncia é uma decisão judicial interlocutória mista que encerra a primeira fase do procedimento do júri. Ao proferi-la, o juiz admite a existência de indícios de autoria e de prova da materialidade de crime doloso contra a vida e, assim, manda o réu a julgamento pelos jurados. A pronúncia abrange também os crimes conexos e, portanto, a interrupção da prescrição atinge a todos eles.

Por seu turno, se, em vez de pronunciar, o juiz, nesta fase, desclassificar o crime para delito de outra natureza, impronunciar ou absolver sumariamente o réu, não haverá interrupção do prazo prescricional. Havendo, entretanto, recurso da acusação e vindo o Tribunal a reformar a decisão para mandar o réu a júri, haverá interrupção da prescrição a partir da publicação do acórdão.

Deve-se lembrar, ainda, do teor da Súmula 191 do Superior Tribunal de Justiça, no sentido de que *"a pronúncia é causa interruptiva da prescrição, ainda que o Tribunal do Júri venha a desclassificar o crime"* por ocasião do julgamento em plenário. Exemplo: o réu havia sido pronunciado por tentativa de homicídio e os jurados desclassificaram a conduta para crime de ameaça – que prescreve em 3 anos. Nesse caso, o juiz não pode reconhecer a prescrição se entre o recebimento da denúncia e a sentença em plenário tiver decorrido 3 anos e 6 meses, ignorando a pronúncia proferida 1 ano antes do julgamento pelos jurados.

A interrupção pela pronúncia se dá com a sua publicação, ou seja, quando entregue pelo juiz que a elaborou ao escrivão ou, se prolatada em audiência, no exato instante em que for proferida na presença das partes.

Se por alguma razão for declarada a nulidade da sentença de pronúncia, invalidada também estará a interrupção do prazo prescricional.

c) *Decisão confirmatória da pronúncia* (art. 117, III, do CP).

Sendo o réu pronunciado e havendo interposição de recurso em sentido estrito contra a decisão, caso o tribunal venha a confirmá-la, estará novamente interrompido o prazo prescricional.

d) *Publicação da sentença ou acórdão condenatórios recorríveis* (art. 117, IV, do CP).

A primeira das hipóteses de interrupção se dá com a publicação da sentença condenatória, ou seja, no dia em que esta é entregue pelo juiz ao escrivão ou na data da própria audiência se a sentença for proferida oralmente em tal fase processual.

A interrupção existe ainda que a procedência da ação penal seja parcial (no caso de crimes conexos) ou em casos de desclassificação do delito para outro de menor gravidade, desde que haja sentença condenatória.

Se uma sentença condenatória for posteriormente declarada nula, também se considera inválida a interrupção da prescrição. Assim, somente quando for proferida nova sentença condenatória, após sanada a nulidade pelo juízo de 1º grau, é que haverá efetiva interrupção.

Se, em grau de apelação, a sentença condenatória vem a ser reformada pelo tribunal, que absolve o réu, continua a valer a interrupção decorrente da sentença de 1ª instância. Assim, se houver interposição de recurso extraordinário ou especial, o prazo prescricional em andamento será aquele iniciado após tal sentença.

Embora haja divergência em torno da natureza da sentença que concede o perdão judicial, prevalece atualmente o entendimento de que ela tem natureza declaratória, e não condenatória (Súmula 18 do STJ). Por isso, não pode ser considerada como causa interruptiva. É claro que, se da sentença concessiva não for interposto recurso, o próprio perdão judicial constituirá causa extintiva da punibilidade.

A sentença em que o juiz aplica medida de segurança ao réu inimputável em razão de doença mental ou desenvolvimento mental incompleto ou retardado não interrompe o prazo prescricional, posto que tal sentença tem natureza absolutória, nos termos do art. 386, VI, do Código de Processo Penal.

A *segunda parte* do art. 117, IV, do Código Penal se refere, de forma expressa, à hipótese de réu absolvido em 1ª instância, que vem a ser condenado pelo tribunal em razão de recurso da acusação. Em tal caso, o acórdão tem caráter condenatório. A jurisprudência já era pacífica nesse sentido, porém a Lei n. 11.596/2007 conferiu nova redação ao art. 117, IV, do Código Penal, inserindo expressamente esta hipótese no texto legal. Há, entretanto, uma pequena ressalva, pois, ao contrário do que ocorre quando a sentença é proferida em audiência – em que é imediatamente publicada na presença das partes –, nos julgamentos dos tribunais, os votos são colhidos na sessão de julgamento, mas o acórdão é redigido posteriormente e conferido em uma das duas sessões seguintes, para só então ser publicado (art. 615, § 2º, do CPP). Apesar disso, o Supremo Tribunal Federal continua entendendo que a interrupção da prescrição ocorre na data da sessão do julgamento. Nesse sentido: "A interrupção da prescrição da pretensão punitiva estatal nas instâncias colegiadas se dá na data da sessão de julgamento, que torna público o acórdão condenatório. 6. A jurisprudência deste Supremo Tribunal é firme no sentido de que o que se espera de uma decisão judicial é que seja fundamentada, e não que se pronuncie sobre todas as alegações deduzidas pelas partes. 7. Embargos de Declaração rejeitados" (AP 396 ED, Rel. Min. Cármen Lúcia, Tribunal Pleno, julgado em 13-12-2012, acórdão eletrônico, *DJe* divulg. 15-3-2013, public. 18-3-2013).

Tendo havido publicação do acórdão condenatório, considera-se interrompida a prescrição, ainda que sejam opostos embargos de declaração ou infringentes (em caso de decisão condenatória não unânime).

O Superior Tribunal de Justiça tinha entendimento firmado no sentido de que, se o réu fosse condenado em 1ª instância e o tribunal se limitasse a confirmar a condenação, não haveria nova interrupção em face da ausência de previsão legal, com o argumento de que, ao contrário do que ocorre com a pronúncia, não existe previsão de que a prescrição se interrompe *"pelo acórdão que confirma a condenação"*. A propósito:

> ... é pacífica a jurisprudência deste Colendo Tribunal, assentando que os acórdãos confirmatórios da condenação não podem ser considerados como causas interruptivas do prazo prescricional, a teor do que disciplina o art. 117, inciso IV, do Código Penal (redação determinada pela Lei n. 11.596/07) (STJ, HC 152.373/RO, Rel. Min. Campos Marques (Desembargador Convocado do TJ/PR), 5ª Turma, julgado em 26-2-2013, *DJe* 5-3-2013).
>
> O acórdão confirmatório da condenação não é marco interruptivo. Precedentes desta Corte (STJ, AgRg no REsp 1430857/SP, Rel. Min. Maria Thereza de Assis Moura, 6ª Turma, julgado em 2-12-2014, *DJe* 17-12-2014).

O Plenário do Supremo Tribunal Federal, todavia, no julgamento do HC 176.473, fixou entendimento de que o Código Penal não faz distinção entre acórdão condenatório inicial e acórdão confirmatório de sentença condenatória para fim de interrupção da prescrição. Por isso, o acórdão (decisão colegiada do Tribunal) que confirma a sentença condenatória, por revelar pleno exercício da jurisdição penal, interrompe o prazo prescricional, nos termos do art. 117, IV, do Código Penal. Nesse julgamento, ocorrido em 28 de abril de 2020, a Corte Suprema aprovou a seguinte tese: *"Nos termos do inciso IV do artigo 117 do Código Penal, o acórdão condenatório sempre interrompe a prescrição, inclusive quando confirmatório da sentença de 1º grau, seja mantendo, reduzindo ou aumentando a pena anteriormente imposta"*.

Posteriormente, em agosto de 2022, o Superior Tribunal de Justiça, adaptando-se à decisão da Suprema Corte, na análise do Tema 1.100, em sede de recursos repetitivos, aprovou a seguinte tese: "O acórdão condenatório de que trata o inciso IV do art. 117 do Código Penal interrompe a prescrição, inclusive quando confirmatório de sentença condenatória, seja mantendo, reduzindo ou aumentando a pena anteriormente imposta" (Resp 1920091/RJ, Rel. Min. João Otávio de Noronha).

Atualmente, portanto, interrompem a prescrição tanto o acórdão que condena o réu anteriormente absolvido como o que confirma condenação anterior, ainda que modificando a pena.

e) *Trânsito em julgado da condenação*.

Com o trânsito em julgado da condenação, o prazo de prescrição da pretensão punitiva deixa de fluir, pois, com este, concretiza-se o *jus puniendi* estatal.

25.5.4.2.1.1.5. Alcance dos efeitos interruptivos nos casos de continência (art. 117, § 1º, 1ª parte, do CP)

De acordo com a primeira parte do art. 117, § 1º, do Código Penal, "a *interrupção da prescrição produz efeitos relativamente a todos os autores do crime"*.

A doutrina explica que, nesta hipótese, existe a extensão *subjetiva* dos efeitos das causas interruptivas da prescrição da pretensão punitiva. Esta regra tem aplicação nos casos de *continência* em que duas ou mais pessoas cometem em concurso a mesma infração penal. De acordo com o dispositivo, se a denúncia for oferecida apenas em relação a um dos autores do delito, por ser o outro desconhecido, a interrupção pelo recebimento da denúncia estende-se também ao comparsa, de modo que, caso venha a ser identificado futuramente, a prescrição será contada da data do recebimento da denúncia em relação ao outro (e não da data do fato). Do mesmo modo, se houver dois réus e apenas um for condenado. A interrupção do prazo prescricional decorrente da sentença condenatória estende-se àquele que foi absolvido (o que será de grande relevância se a acusação recorrer da sentença).

25.5.4.2.1.1.6. Alcance dos efeitos interruptivos nos casos de conexão entre crimes apurados nos mesmos autos (art. 117, § 1º, 2ª parte, do CP)

Nos termos da 2ª parte do art. 117, § 1º, do Código Penal, *"nos crimes conexos, que sejam objeto do mesmo processo, estende-se aos demais a interrupção relativa a qualquer deles"*.

Trata-se da extensão *objetiva* dos efeitos das causas interruptivas da prescrição. Assim, se em virtude da conexão o réu for acusado de dois crimes em uma mesma ação penal e o juiz de 1ª instância condená-lo por um dos crimes e absolvê-lo quanto ao outro, considera-se interrompida a prescrição em relação aos dois delitos, fator, entretanto, que só terá relevância em caso de recurso da acusação. Da mesma forma, sendo o réu pronunciado pelo crime doloso contra a vida narrado na denúncia, a interrupção da prescrição em relação a este crime estende-se a todos aqueles que lhe sejam conexos e que estejam narrados na inicial acusatória.

Se, apesar da conexão, os crimes forem apurados em processos *distintos*, o presente dispositivo não tem aplicação de acordo com o texto legal.

25.5.4.2.1.1.7. Causas suspensivas da prescrição da pretensão punitiva

Existem hipóteses de suspensão da prescrição no próprio Código Penal e em outras leis. Nesses casos, cessada a causa suspensiva, o prazo volta a correr apenas pelo período restante.

De acordo com a legislação penal, o prazo prescricional não corre:

a) *Enquanto não resolvida, em outro processo, questão de que dependa o reconhecimento da existência do crime.*

Essa regra, contida no art. 116, I, do Código Penal, refere-se às questões prejudiciais. Assim, é possível que o juiz criminal suspenda o processo-crime no qual se apura delito de apropriação indébita, até que seja resolvido, no juízo cível, se o acusado pela apropriação é ou não o dono do objeto. Nesta hipótese, fica também suspenso o prazo prescricional.

De acordo com decisão do Plenário do Supremo Tribunal Federal, proferida em 7 de junho de 2017, "é possível suspender a prescrição em casos penais sobrestados por repercussão geral. (...) Conforme os ministros, a suspensão se aplica na ação penal, não se implementando nos inquéritos e procedimentos investigatórios em curso no âmbito do Ministério Público, ficando excluídos também os casos em que haja réu preso. O Plenário ressalvou ainda possibilidade de o juiz, na instância de origem, determinar a produção de provas consideradas urgentes. A decisão se deu no julgamento de questão de ordem no Recurso Extraordinário (RE) 966177. (...) Os ministros definiram que o § 5º do art. 1.035 do Código de Processo Civil (CPC), segundo o qual, uma vez reconhecida a repercussão geral, o relator no STF determinará a suspensão de todos os processos que versem sobre a questão e tramitem no território nacional, se aplica ao processo penal. Ainda segundo o Tribunal, a decisão quanto à suspensão nacional não é obrigatória, tratando-se de uma discricionariedade do ministro-relator. A suspensão do prazo prescricional ocorrerá a partir do momento em que o relator implementar a regra prevista do CPC. (...). A partir da interpretação conforme a Constituição do art. 116, inciso I, do Código Penal – até o julgamento definitivo do recurso paradigma pelo Supremo – o relator pode suspender o prazo de prescrição da pretensão punitiva relativa a todos os crimes objeto de ações penais que tenham sido sobrestadas por vinculação ao tema em questão" (Informativo STF, 868/2017). No mesmo sentido, veja-se o Tema 1303 de Repercussão Geral – RE 1.448.742 RG, rel. Min. Presidente, Tribunal Pleno, julgado em 5-6-2024).

b) *Enquanto o agente cumpre pena no exterior.*

Essa regra está descrita no art. 116, II, do Código Penal.

c) *Durante a pendência de embargos de declaração ou de recursos aos tribunais superiores, quando inadmissíveis.*

Já havíamos mencionado nas edições anteriores desta obra que o Supremo Tribunal Federal firmara entendimento no sentido de que, se o prazo prescricional fosse, em tese, atingido durante a tramitação de recurso especial ou extraordinário, não poderia ser declarada, de imediato, a extinção da punibilidade, pois, se o recurso não fosse admitido por falta dos requisitos legais, considerar-se-ia que o acórdão (decisão de 2ª instância) havia transitado em julgado antes da interposição do recurso ao tribunal superior. A não admissão do recurso especial ou extraordinário em tais casos teria consequência semelhante à de sua própria inexistência. Nesse sentido: "Tendo por base a jurisprudência da Corte de que o indeferimento dos recursos especial e extraordinário na origem – porque inadmissíveis – e a manutenção dessas decisões pelo STJ não têm o condão de empecer a formação da coisa julgada (HC 86.125/SP, 2ª Turma, Rel. Min. Ellen Gracie, *DJ* 2-9-2005), o trânsito em julgado da condenação do ora embargante se aperfeiçoou em momento anterior à data limite para a consumação da prescrição, considerada a pena em concreto aplicada" (ARE 737.485/AgR-ED, Rel. Min. Dias Toffoli, 1ª Turma, julgado em 17-3-2015, processo eletrônico *DJe* divulg. 8-4-2015, public. 9-4-2015). No mesmo sentido: HC 126.594/RS, Rel. Min. Gilmar Mendes, *DJe* 31-3-2015; ARE 806.216/DF, Rel. Min. Dias Toffoli, *DJe* 3-2-2015; HC 125.054/RS, Rel. Min. Cármen Lúcia, *DJe* 6-11-2014.

Posteriormente, a Lei n. 13.964/2019 inseriu no art. 116, III, do Código Penal, regra expressa no sentido de que a prescrição fica suspensa enquanto pendente recurso especial e recurso extraordinário, desde que estes não sejam admitidos. Em suma, uma vez interposto recurso especial ou extraordinário, o prazo prescricional deixa de correr. Se o recurso, futuramente, *não for admitido* pela falta dos requisitos legais, considerar-se-á ter havido trânsito em julgado, descontando-se o prazo da suspensão. Lembre-se que os recursos especial e extraordinário têm diversos requisitos específicos (não bastando o mero inconformismo) e, por tal razão, antes da análise efetiva do mérito pelos tribunais superiores deve ser feito o chamado juízo de admissibilidade, justamente para a verificação da presença de tais requisitos. Esse juízo de admissibilidade é feito, inicialmente, no próprio tribunal de origem, e, posteriormente pelo tribunal superior.

Observe-se que era razoavelmente comum que a Defesa, verificando a possibilidade de alcançar o prazo prescricional, interpusesse recursos meramente procrastinatórios aos tribunais superiores, para evitar o trânsito em julgado da condenação e buscar a prescrição. Tais recursos, em regra, não preenchiam os requisitos legais, mas, em muitos casos, apesar de não admitidos, levavam à prescrição do delito pelo fato de o prazo continuar em andamento. Com a nova regra temos as seguintes situações: interposto o recurso especial ou extraordinário, a prescrição fica suspensa. Se o recurso não for admitido pela falta de algum dos requisitos legais, a decisão anterior transitará em julgado, não se computando o prazo de suspensão. Admitido o recurso especial ou extraordinário pela presença dos requisitos legais, a prescrição é computada normalmente desde a interposição destes recursos, ainda que a Corte Superior negue provimento ao mérito do recurso.

Em suma, enquanto tramitar um recurso especial ou extraordinário não pode ser decretada a prescrição porque o prazo prescricional está suspenso (exceto, obviamente, se o prazo prescricional havia sido atingido antes). Se, todavia, o recurso for admitido pela presença dos requisitos necessários, o prazo prescricional é contado desde a interposição de tal recurso. É como se a suspensão não tivesse existido.

O mesmo raciocínio vale em relação aos embargos de declaração.

d) *Enquanto não cumprido ou não rescindido o acordo de não persecução penal.*

Esse acordo está regulamentado no art. 28-A do Código de Processo Penal. Segundo tal dispositivo, tendo o investigado confessado formal e circunstancialmente a prática de infração penal com pena mínima *inferior a 4 anos* e cometida sem violência ou grave ameaça, o Ministério Público poderá propor acordo de não persecução penal, desde que necessário e suficiente para reprovação e prevenção do crime, mediante uma série de condições ajustadas com o autor do delito. O acordo de não persecução penal será formalizado por escrito e será firmado pelo membro do Ministério Público, pelo investigado e por seu Defensor. Homologado judicialmente o acordo de não persecução penal, o juiz devolverá os autos ao Ministério Público para que inicie sua execução perante o juízo de execução penal. Descumpridas quaisquer das condições estipuladas no acordo de não persecução penal, o Ministério Público deverá comunicar ao juízo, para fins de sua rescisão e posterior oferecimento de denúncia. Cumprido integralmente o acordo de não persecução penal, o juízo competente decretará a extinção de punibilidade.

A prescrição fica suspensa desde a homologação judicial até o cumprimento do acordo ou a sua rescisão.

Essa regra encontra-se no art. 116, IV, do Código Penal, tendo sido inserida pela Lei n. 13.964/2019.

e) *Durante o tempo que durar a sustação de processo que apura infração penal cometida por deputado ou senador, por crime ocorrido após a diplomação.*

Estabelece o art. 53, §§ 3º e 5º, da Constituição Federal, com a redação dada pela Emenda Constitucional n. 35, que, recebida a denúncia pelo Supremo Tribunal Federal, será dada ciência à Casa respectiva (Câmara ou Senado), de forma que, em seguida, qualquer partido político nela representado possa solicitar a sustação do andamento do processo. Assim, se pelo voto da maioria dos membros da Casa for aprovada a sustação, ficará também suspensa a prescrição, enquanto durar o mandato.

f) *Durante o período de suspensão condicional do processo.*

Nos termos do art. 89, § 6º, da Lei n. 9.099/95, nos crimes com pena mínima não superior a 1 ano, se o réu preencher determinados requisitos, a ação poderá ser suspensa por período de 2 a 4 anos, ficando o réu sujeito ao cumprimento de algumas condições. De acordo com o texto legal, durante o período de prova, ficará também suspenso o lapso prescricional. Se, ao término do prazo, o acusado não tiver dado causa à revogação do benefício, o juiz decretará a extinção da punibilidade (§ 5º). Se, entretanto, for revogado, o processo retoma seu curso normal, voltando a correr o lapso prescricional pelo período restante.

g) *Se o acusado, citado por edital, não comparecer em juízo, nem constituir advogado.*

Essa regra encontra-se no art. 366 do Código de Processo Penal (com a redação dada pela Lei n. 9.271/96) e estabelece que, em tal hipótese, ficarão suspensos o processo e o curso da prescrição. Se o réu for encontrado ou se nomear defensor, a ação penal e o prazo prescricional retomam seu curso.

Considerando que referido dispositivo não estabeleceu o prazo de suspensão da prescrição, considerável número de doutrinadores concluiu que tal lei teria criado nova figura de imprescritibilidade, o que é vedado, de modo que o Superior Tribunal de Justiça editou a Súmula 415, estabelecendo que "o período de suspensão do prazo prescricional é regulado pelo máximo da pena cominada". Com isso, mencionado tribunal, em vez de considerar inconstitucional o dispositivo, fixou prazo para a suspensão de acordo com a interpretação que seus componentes entenderam a mais adequada. De acordo com a súmula, se determinado crime prescreve em 4 anos, caso seja decretada a suspensão do prazo prescricional e do processo com fundamento no referido art. 366 do CPP, deve-se aguardar o decurso desses 4 anos e, ao término deste período, o prazo prescricional voltará a correr – por mais 4 anos. Ao fim deste período, deverá ser declarada extinta a punibilidade do réu se ele não for reencontrado e não nomear defensor.

Em 7 de dezembro de 2020, o Plenário do Supremo Tribunal Federal, no julgamento do RE 600.851/DF confirmou tal entendimento, aprovando a seguinte tese: "Em caso de inatividade processual decorrente de citação por edital, ressalvados os crimes previstos na Constituição Federal como imprescritíveis, é constitucional limitar o período de suspensão do prazo prescricional ao tempo de prescrição da pena máxima em abstrato cominada ao crime, a despeito de o processo permanecer suspenso" (Tema 438 – Repercussão Geral).

h) *Durante o prazo para cumprimento de carta rogatória de acusado que está no estrangeiro em lugar sabido.*

Trata-se de inovação trazida pela Lei n. 9.271/96, que alterou a redação do art. 368 do Código de Processo Penal.

Se o réu está em local desconhecido no estrangeiro, deve ser citado por edital, aplicando-se a regra suspensiva do tópico anterior.

i) *Durante o período em que a pessoa jurídica relacionada com o agente estiver incluída no regime de parcelamento nos crimes contra a ordem tributária da Lei n. 8.137/90, apropriação indébita previdenciária (art. 168-A do CP) e sonegação de contribuição previdenciária (art. 337-A do CP).*

j) *Nos crimes contra a ordem econômica, tipificados na Lei n. 8.137/90, se houver celebração de acordo de leniência.*

O art. 87 da Lei n. 12.529/2011 determina que a celebração de tal acordo suspende o curso do prazo prescricional e impede o oferecimento da denúncia. Acordo de leniência é aquele feito pelo infrator no sentido de colaborar efetivamente com as investigações.

k) *No caso de integrante de organização criminosa que tenha celebrado acordo de colaboração premiada, o prazo para o oferecimento da denúncia ou a tramitação do processo poderão ser suspensos por até seis meses, prorrogáveis por igual prazo, até que sejam cumpridas as medidas de colaboração.*

Durante esse tempo, o prazo prescricional fica também suspenso, nos termos do art. 4º, § 3º, da Lei n. 12.850/2013.

Essa enumeração das causas suspensivas é taxativa, devendo-se ressalvar que a suspensão do processo em razão da instauração de incidente de insanidade mental (art. 149 do CPP) não suspende o lapso prescricional.

25.5.4.2.1.2. Prescrição da pretensão punitiva pela pena em concreto (retroativa e intercorrente)

Antes da sentença de 1º grau, não se sabe exatamente qual será a pena fixada pelo juiz. Por isso, o prazo prescricional é analisado com base no máximo da pena em abstrato. Por ocasião da sentença de primeira instância, o juiz fixa determinada pena, que, entretanto, pode ser aumentada pelo Tribunal em face de recurso da acusação. Acontece que, se não houver recurso da acusação ou sendo este improvido, é possível que se saiba, antes mesmo do trânsito em julgado, qual o patamar máximo que a pena do réu poderá atingir. Em razão disso, estabelece o art. 110, § 1º, do Código Penal, com redação dada pela Lei n. 12.234/2010, que a *"prescrição, depois da sentença condenatória transitada em julgado para a acusação, ou depois de improvido seu recurso, regula-se pela pena aplicada, não podendo em nenhuma hipótese, ter por termo inicial data anterior à da denúncia ou queixa".*

Assim, suponha-se que o réu esteja sendo acusado por furto simples (art. 155, *caput*, do CP), delito cuja pena privativa de liberdade é de reclusão de 1 a 4 anos. Antes da sentença, a prescrição pela pena em abstrato é de 8 anos. Acontece que o juiz, ao sentenciar, fixa pena de 1 ano e o Ministério Público não recorre para aumentá-la. Dessa forma, considerando que o art. 617 do Código de Processo Penal veda o aumento da pena em recurso exclusivo da defesa (proibição da *reformatio in pejus*), estabeleceu o legislador que, mesmo não tendo, ainda, havido o trânsito em julgado, passar-se-á a ter por base, para fim de prescrição, a pena fixada na sentença, uma vez que ela não mais poderá ser aumentada. Dessa forma, como a pena foi fixada em 1 ano, a prescrição ocorrerá em 4 anos (art. 109, V, do CP). Por conclusão, se após a publicação da sentença de 1º grau transcorrer tal prazo de 4 anos sem que tenha sido julgado o recurso da defesa, terá havido a prescrição *intercorrente*, também chamada de superveniente. Neste caso, o tribunal, verificando o decurso do prazo de 4 anos, nem sequer deverá apreciar o mérito do recurso interposto, declarando, de imediato, a prescrição intercorrente.

Por sua vez, se houver recurso da acusação que possa de alguma forma aumentar a pena, a prescrição após a sentença de 1ª instância continuará a correr pelo máximo da pena em abstrato, de modo que, no exemplo acima, se já tiver decorrido o prazo de 5 anos desde a publicação da sentença, o tribunal deverá julgar o mérito dos recursos (não poderá decretar, de imediato, a prescrição intercorrente). Caso o recurso da acusação seja improvido (e não haja interposição de recurso especial ou extraordinário para aumentar a pena), só então se poderá reconhecer que houve prescrição intercorrente pelo decurso do prazo de 4 anos desde a publicação da sentença de 1º grau (esta hipótese encontra-se expressamente regulada pelo art. 110, § 1º, do CP).

Além disso, se após a prolação da sentença não houver recurso da acusação ou depois que seja ele improvido, haverá a chamada prescrição *retroativa* (no exemplo acima do furto simples) se, entre a data do recebimento da denúncia e a sentença de 1º grau, tiver decorrido o prazo de 4 anos. Haverá ainda prescrição retroativa, na hipótese de haver decorrido referido prazo entre o oferecimento e o recebimento da denúncia ou queixa, uma vez que a Lei n. 12.234/2010 só proíbe a prescrição retroativa em data anterior ao seu oferecimento. Esta hipótese, em regra, mostra-se presente quando o juiz rejeita a denúncia que só é recebida muito tempo depois pelo tribunal.

Em suma, após o trânsito em julgado para a acusação ou o improvimento de seu recurso, a prescrição passa a ser analisada com base na pena em concreto, de acordo com os mesmos patamares do art. 109 (pena aplicada inferior a 1 ano prescreve em 3; pena de 1 ano até 2 anos prescreve em 4 etc.). Assim, deverá ser feita análise em relação a momentos processuais anteriores (prescrição retroativa), para verificar se entre as causas interruptivas transcorreu tal período (agora de acordo com a pena em concreto), ou seja: a) entre o oferecimento da denúncia (termo *a quo* da prescrição retroativa) e seu recebimento; b) entre o recebimento da denúncia ou queixa e a publicação da sentença condenatória de 1º grau ou a de pronúncia, no rito do júri; c) entre a pronúncia e o seu acórdão confirmatório; d) entre a pronúncia (ou seu acórdão confirmatório, se tiver havido recurso contra aquela) e a publicação da sentença no plenário do júri. Além disso, poderá haver a prescrição intercorrente se transcorrer o prazo prescricional baseado na pena em concreto após a publicação da sentença de 1ª instância, caso ainda não julgado o recurso da defesa.

A prescrição retroativa e a prescrição intercorrente são formas de prescrição da pretensão *punitiva* e, por esse motivo, afastam todos os efeitos, principais e secundários, penais e extrapenais, da condenação.

25.5.4.2.1.2.1. Vedação da prescrição retroativa anterior ao oferecimento da denúncia ou queixa

O § 2º do art. 110 do Código Penal, estabelecia que *"a prescrição, de que trata o parágrafo anterior, pode ter por termo inicial data anterior à do recebimento da denúncia ou queixa"*, ou seja, permitia que a prescrição retroativa fosse reconhecida entre o fato criminoso e o recebimento da denúncia ou queixa. Ocorre que esse § 2º foi expressamente revogado pela Lei n. 12.234/2010, e a nova redação dada pela mesma lei ao art. 110, § 1º, de forma veemente, veda a prescrição retroativa entre o fato e o oferecimento da denúncia ou queixa.

Atualmente, portanto, em relação à prescrição retroativa, o primeiro prazo prescricional tem início com o oferecimento da denúncia. O art. 110, § 1º, do Código Penal é expresso e continua permitindo a prescrição retroativa em situações posteriores ao oferecimento da denúncia ou queixa.

25.5.4.2.1.2.2. Subsistência e alcance da prescrição retroativa após as modificações da Lei n. 12.234/2010

Os apontamentos feitos nos tópicos anteriores em relação ao instituto da prescrição retroativa levaram em conta a expressa redação do art. 110, § 1º, do Código Penal, após o advento da Lei n. 12.234/2010, sendo esta a interpretação que tem sido dada pela maioria dos doutrinadores e pela jurisprudência. De acordo com tal interpretação, repita-se, a prescrição retroativa ainda é possível, porém somente após o oferecimento da denúncia. Surgiram, entretanto, outras duas correntes com interpretações diametralmente opostas:

a) é *inconstitucional* a alteração feita pela Lei n. 12.234/2010 no art. 110, § 1º, do Código Penal, de modo que a prescrição retroativa continua existindo tal como antes do advento da referida lei. Para esta corrente, proibir a prescrição retroativa antes do oferecimento da denúncia fere os princípios da proporcionalidade e da duração razoável do processo (art. 5º, LXXVIII, da CF). Argumenta-se que não existe razão para a distinção feita pelo legislador permitindo a prescrição retroativa após a denúncia ou queixa e vedando-a antes disso. Este é, resumidamente, o pensamento de Cezar Roberto Bitencourt[84]. O Plenário do STF, todavia, declarou a constitucionalidade do dispositivo no julgamento do HC 122.694/SP, em 10 de dezembro de 2014, no qual foi relator o Min. Dias Toffoli.

b) *A prescrição retroativa também deixou de ser possível após o oferecimento da denúncia*, não existindo mais referido instituto depois do advento da Lei n. 12.234/2010. Esta é a opinião de Damásio de Jesus[85]: *"estamos seguramente convencidos de que ela declarou a extinção integral da prescrição retroativa [...] Não resta dúvida de que foi esta a vontade do legislador, como se vê nos trabalhos preparatórios do Congresso Nacional"*. Ocorre que, ainda que se aceite que esta tenha sido a intenção do legislador (extirpar toda e qualquer forma de prescrição retroativa), a realidade é que o texto aprovado e sancionado só veda expressamente sua aplicação a fatos anteriores ao oferecimento da denúncia ou queixa.

25.5.4.2.1.2.3. Prescrição antecipada, virtual ou pela pena em perspectiva

A Súmula 438 do Superior Tribunal de Justiça e as modificações trazidas ao art. 110, § 1º, do CP pela Lei n. 12.234/2010 inviabilizaram a prescrição antecipada.

Essa forma de prescrição não estava prevista na lei, mas vinha sendo admitida por grande parte da doutrina e da jurisprudência em situações como a que segue: uma pessoa comete crime de constrangimento ilegal (art. 146 do CP), cuja pena é detenção de 3 meses a 1 ano, ou multa e que, portanto, prescreve, pela pena em abstrato, em 4 anos. O promotor de justiça, entretanto, ao receber os autos, mais de 3 anos após a consumação do delito, percebe que o acusado é primário e que o crime não se revestiu de especial gravidade, de forma que o juiz, ao prolatar a sentença, certamente não aplicará a pena máxima de 1 ano. Dessa forma, considerando que a pena fixada na sentença será inferior a 1 ano, inevitável, em caso de futura condenação, o reconhecimento da prescrição retroativa, pois, pela pena a ser fixada, a prescrição teria ocorrido após 3 anos. O Promotor, então, pede o

---

[84] Cezar Roberto Bitencourt. *Tratado de direito penal*: Parte Geral. 17. ed. São Paulo: Saraiva, 2012, p. 875-888.
[85] Damásio de Jesus. *Direito penal*: Parte Geral. 27. ed. São Paulo: Saraiva, 2003, v. 1, p. 780.

arquivamento do feito em face da prescrição antecipada sustentando falta de interesse de agir por parte do órgão acusador, já que a propositura da ação penal seria inútil.

Ocorre que, em 13 de maio de 2010, o Superior Tribunal de Justiça aprovou a Súmula 438, estabelecendo que *"é inadmissível a extinção da punibilidade pela prescrição da pretensão punitiva com fundamento em pena hipotética, independentemente da existência ou da sorte do processo penal"*. Tal súmula, portanto, proíbe a prescrição antecipada e obriga o Ministério Público ao oferecimento da denúncia se existirem indícios de autoria e materialidade. Além disso, a Lei n. 12.234/2010 acabou com a prescrição retroativa entre a data do fato e o oferecimento da denúncia e expressamente inviabilizou o instituto da prescrição antecipada.

No caso acima (pena de 3 meses a 1 ano), alguns juízes também entendiam possível a prescrição antecipada se a denúncia fosse oferecida logo após o crime, porém, após o seu recebimento se passassem, por exemplo, 3 anos sem a prolação da sentença, o que tornaria inevitável a prescrição retroativa (entre o recebimento da denúncia e a sentença). A Súmula 438 do Superior Tribunal de Justiça expressamente vedou tal possibilidade.

25.5.4.2.2. Prescrição da pretensão executória

No caso de ser o réu condenado por sentença transitada em julgado, surge para o Estado o direito de executar a pena imposta pelo juiz. Esta é a pretensão executória, que também está sujeita a prazos. Assim, se o Estado não consegue dar início à execução penal dentro desses prazos estabelecidos, ocorre a prescrição da pretensão executória, também chamada de prescrição da pena.

Ao contrário do que ocorre com a prescrição da pretensão punitiva, essa espécie de prescrição atinge apenas a pena principal, permanecendo os demais efeitos condenatórios. Assim, se no prazo de 5 anos o setenciado vier a cometer novo crime, será considerado reincidente. Continuará, ainda, com a obrigação de indenizar a vítima como efeito da condenação.

O prazo prescricional da pretensão executória rege-se pela pena fixada na sentença transitada em julgado, de acordo com os patamares descritos no art. 109 do Código Penal. Assim, se alguém for condenado a 3 anos de reclusão, a pena prescreverá em 8 anos; se for condenado a 7 anos, a pena prescreverá em 12.

Saliente-se que se o juiz, na sentença, reconhecer que o réu é reincidente, o prazo da prescrição da pretensão executória será aumentado em 1/3 (art. 110, *caput, in fine*). A reincidência, entretanto, não influi no prazo da prescrição da pretensão punitiva (Súmula 220 do STJ).

Nos termos do art. 115 do Código Penal, o prazo da prescrição da pena será também reduzido pela metade, se o sentenciado era menor de 21 anos na data do fato ou maior de 70 na data da sentença.

25.5.4.2.2.1. Termos iniciais do prazo da prescrição da pretensão executória

Os termos iniciais da prescrição da pretensão executória seguem as regras estabelecidas no art. 112 do Código Penal. Tais prazos, assim, se iniciam:

a) *Da data em que transita em julgado a sentença para a acusação* (art. 112, I, 1ª parte, do CP).

A interpretação dada a esse dispositivo pelo Superior Tribunal de Justiça era a seguinte: se a sentença transitasse em julgado para o Ministério Público em 10 de junho de 2020 e a defesa interpusesse recurso pleiteando a absolvição, recurso este que fosse improvido pelo Tribunal, que mantivesse a condenação, o prazo da prescrição da pena começaria a ser contado exatamente a partir de 10 de junho de 2020. Nesse sentido: "1. No âmbito deste Superior Tribunal, prevalece o entendimento de que o termo inicial da contagem do prazo da prescrição executória é a data do trânsito em julgado para a acusação, consoante a interpretação literal do art. 112 do CP, mais benéfica ao condenado" (STJ, AgRg no RHC 94.376/SP, Rel. Min. Rogerio Schietti Cruz, julgado em 17-5-2018, *DJe* 1º-6-2018). Não confunda essa hipótese com a prescrição intercorrente que se dá antes do trânsito em julgado para uma das partes (defesa). Na hipótese em análise (prescrição da pretensão executória), há trânsito em julgado para ambas as partes, sendo que, de acordo com o Superior Tribunal de Justiça, tão somente o início do prazo seria contado a partir do trânsito em julgado para a acusação.

Esta interpretação era muito criticada porque permitia que o curso do prazo de prescrição da pena tivesse início antes que fosse possível ao Estado determinar o seu cumprimento.

Em razão dessas críticas surgiu controvérsia no bojo do próprio Supremo Tribunal Federal. De um lado, muitos julgados reconhecendo que a prescrição da pretensão executória iniciava-se efetivamente com o trânsito em julgado para a acusação, nos exatos termos do art. 112, I, do Código Penal: "A prescrição regula-se pela pena aplicada depois de proferida a sentença condenatória, sendo que, cuidando-se de execução da pena, o lapso prescricional flui do dia em que transitado em julgado para a acusação, conforme previsto no art. 112 combinado com o art. 110 do Código Penal. Precedentes: HC 113.715, Rel. Min. Cármen Lúcia, Segunda Turma, *DJe* 28-5-2013, HC 110.133, Rel. Min. Luiz Fux, 1ª Turma, *DJe* 19-4-2012, ARE 758.903, Rel. Min. Cármen Lúcia, 2ª Turma, *DJe* 24-9-2013" (STF, ARE 764385/AgR, Rel. Min. Luiz Fux, 1ª Turma, julgado em 13-5-2014, processo eletrônico *DJe* divulg. 28-5-2014, public. 29-5-2014). De outro lado, alguns julgados entendendo que o dispositivo em questão não fora recepcionado pela Constituição Federal, pois, em razão do princípio da presunção de inocência, somente se pode cogitar de prescrição da pena após o trânsito em julgado para ambas as partes. Nesse sentido: "O princípio da presunção de inocência ou da não culpabilidade, tal como interpretado pelo STF, deve repercutir no marco inicial da contagem da prescrição da pretensão executória, originariamente regulado pelo art. 112, I, do Código Penal. 4. Como consequência das premissas estabelecidas, o início da contagem do prazo de prescrição somente se dá quando a pretensão executória pode ser exercida" (STF, HC 107.710-AgR, Rel. Min. Roberto Barroso, 1ª Turma, julgado em 9-6-2015, processo eletrônico *DJe* divulg. 30-6-2015, public. 1º-7-2015). Também nesse sentido, veja-se ARE 682.013/AgR, Rel. Min. Rosa Weber, 1ª Turma, julgado em 11-12-2012, acórdão eletrônico *DJe,* divulg. 5-2-2013, public. 6-2-2013.

Observe-se que o Plenário do Supremo Tribunal Federal, no julgamento do HC 176.473, em 28 de abril de 2020, firmou entendimento de que o Código Penal não faz distinção entre acórdão condenatório inicial e acórdão confirmatório de sentença condenatória para fim de interrupção da prescrição. Por isso, o acórdão (decisão colegiada do Tribunal) que confirma a sentença condenatória, por revelar pleno exercício da jurisdição penal, interrompe o prazo prescricional, nos termos do art. 117, IV, do Código Penal. Nesse julgamento, a Corte Suprema aprovou a seguinte tese: "Nos termos do inciso IV do art. 117 do Código Penal, o acórdão condenatório sempre interrompe a prescrição, inclusive quando confirmatório da sentença de 1º grau, seja mantendo, reduzindo ou aumentando a pena anteriormente imposta". Após essa decisão, que diz que o acórdão confirmatório de condenação interrompe a prescrição da pretensão punitiva, tornou-se difícil ao Superior Tribunal de Justiça sustentar que a prescrição da pretensão executória continuaria a ser contada do trânsito em julgado para o Ministério Público em relação à sentença de primeiro grau se não houver recurso da acusação.

Por isso, em outubro de 2022, a 3ª Seção do STJ mudou de entendimento e passou a entender que o termo inicial da prescrição da pretensão executória é o trânsito em julgado para ambas as partes: "Necessário o alinhamento dos julgados do Superior Tribunal de Justiça com o posicionamento adotado nas recentes decisões monocráticas proferidas no âmbito do Supremo Tribunal Federal, bem como nos seus órgãos colegiados (Turmas e Plenário). 2. O Tribunal Pleno fixou a orientação de que '[a] prescrição da pretensão executória, no que pressupõe quadro a revelar a possibilidade de execução da pena, tem como marco inicial o trânsito em julgado, para ambas as partes, da condenação'. Logo, 'enquanto não proclamada a inadmissão de recurso de natureza excepcional, tem-se o curso da prescrição da pretensão punitiva, e não a da pretensão executória' (AI n. 794.971/RJ-AgR, red. do ac. Min. Marco Aurélio, *DJe* de 28-2-2021) (ARE 1301223 AgR-ED, Rel. Min. Dias Toffoli, 1ª Turma, julgado em 28-3-2022, Processo Eletrônico *DJe*-081 Divulg 28-4-2022 Public 29-4-2022). 3. Conforme orientação da Sexta Turma, não há que se falar em prescrição da pretensão executória, porque, ainda que haja, no STF, reconhecimento de repercussão geral no STF – ARE 848.107/DF (Tema n. 788) –, pendente de julgamento, '[o] Plenário do Supremo Tribunal Federal, no julgamento do AI 794971-AgR/RJ (Rel. para acórdão Min. Marco Aurélio, *DJe* 25-6-2021), definiu que o *dies a quo* para a contagem da prescrição da pretensão executória é o trânsito em julgado para ambas as partes. Assim, por já ter havido manifestação do Plenário da Suprema Corte sobre a controvérsia e em razão desse entendimento estar sendo adotado pelos Ministros de ambas as turmas do STF, essa orientação deve passar a ser aplicada nos julgamentos do Superior Tribunal de Justiça, uma vez que não há mais divergência interna naquela Corte sobre o assunto' (AgRg no RHC n. 163.758/SC, Rel. Min. Laurita Vaz, 6ª Turma, julgado em 21-6-2022, *DJe* de 27-6-2022) (AgRg no REsp n. 2.000.360/PR, Min. Olindo Menezes (Desembargador convocado do TRF 1ª Região), 6ª Turma, *DJe* de 15-8-2022)" (STJ – AgRg no REsp n. 1.983.259/PR, Rel. Min. Sebastião Reis Júnior, 3ª Seção, julgado em 26-10-2022, *DJe* de 3-11-2022).

Finalmente, em 4 de julho de 2023, o Plenário do Supremo Tribunal Federal, no julgamento do Tema 788 (repercussão geral), declarou a não recepção pela Constituição Federal da locução "para a acusação", contida na primeira parte do inciso I do artigo 112 do Código Penal, conferindo-lhe interpretação conforme à Constituição de forma a se entender que a prescrição da pretensão executória começa a correr do dia em que transita em julgado a sentença condenatória para ambas as partes, aplicando-se este entendimento aos casos em que i) a pena não foi declarada extinta pela prescrição e

ii) cujo trânsito em julgado para a acusação tenha ocorrido após 12-11-2020. Por unanimidade, foi fixada a seguinte tese: "O prazo para a prescrição da execução da pena concretamente aplicada somente começa a correr do dia em que a sentença condenatória transita em julgado para ambas as partes, momento em que nasce para o Estado a pretensão executória da pena, conforme interpretação dada pelo Supremo Tribunal Federal ao princípio da presunção de inocência (art. 5º, inciso LVII, da Constituição Federal) nas ADC 43, 44 e 54".

Em suma, em razão da decisão proferida pelo Plenário da Corte Suprema, o prazo prescricional da pretensão executória tem início apenas com o trânsito em julgado para ambas as partes.

b) *Da data da revogação da suspensão condicional da pena (*sursis*) ou do livramento condicional* (art. 112, I, 2ª parte, do CP).

Nessas duas hipóteses, não basta a concessão do *sursis* ou do livramento pelo juiz, sendo necessário que o agente já esteja no gozo do benefício e sobrevenha decisão revogatória. Por isso, quando o *sursis* é concedido na sentença, mas o réu não é encontrado para iniciar o seu cumprimento (audiência admonitória), o juiz torna-o sem efeito, determinando a expedição do mandado de prisão. Nesse caso, não houve revogação, porque o período de prova não tinha começado, de tal modo que o termo inicial da prescrição será aquele do item anterior.

No caso de revogação do *sursis*, o condenado deve cumprir integralmente a pena aplicada na sentença e é com base nesta que se calcula a prescrição. Já em relação ao livramento condicional, se a causa da revogação for a condenação por crime anterior ao benefício, o tempo em que o acusado esteve solto será descontado, de modo que é com base na pena restante que deve ser efetuado o cálculo da prescrição da pretensão executória (art. 113 do CP).

c) *Do dia em que se interrompe a execução, salvo quando o tempo de interrupção deva computar-se na pena* (art. 112, II, do CP).

Em razão desse dispositivo, se o condenado foge da prisão, passa a correr o prazo prescricional. Nesse caso, o prazo será também regulado pelo tempo restante da pena. Assim, se o sujeito foi condenado a 8 anos de reclusão e já cumpriu 7 anos e 6 meses da pena imposta, a prescrição da pretensão executória dar-se-á em 3 anos, pois faltam apenas 6 meses de pena a ser cumprida.

Quando o acusado apresenta quadro de doença mental durante o cumprimento da pena privativa de liberdade, o juiz, nos termos do art. 41 do Código Penal, deve determinar sua internação para tratamento. Em tal caso, considera-se interrompido o cumprimento da pena privativa de liberdade, mas o prazo da internação será computado. De acordo com a parte final do art. 112, II, do Código Penal, não se interrompe a prescrição nesta hipótese.

25.5.4.2.2.2. Detração, prisão provisória e prescrição

No caso de evasão do condenado ou de revogação do livramento condicional, o prazo de prescrição da pretensão executória é regulado de acordo com o tempo restante da pena, nos termos do art. 113 do Código Penal. Esta regra, entretanto, não se aplica em relação ao tempo de prisão provisória por não haver menção a este respeito no dispositivo referido. Assim, se uma pessoa permaneceu presa por 6 meses e foi solta durante o transcorrer da ação penal e, ao final, foi condenada a 8 anos e 3 meses, o cumprimento da pena deve iniciar-se em 16 anos, que é o prazo prescricional referente a penas maiores do que 8 e não superiores a 12 anos (art. 109, II, do CP). Não se descontam para análise de prescrição da pretensão executória os 6 meses que o réu permaneceu preso durante a ação penal, pois, se tal desconto fosse feito, a prescrição da pena dar-se-ia em 12 anos (art. 109, III, do CP). O art. 387, § 2º, do Código de Processo Penal, com a redação que lhe foi dada pela Lei n. 12.736/2012, diz expressamente que a detração deve ser levada em conta na fixação do regime inicial, mas não menciona a mesma providência em relação à prescrição. Nesse sentido, veja-se: STF, RHC 85.026/SP, 1ª Turma, Rel. Min. Eros Grau, *DJ* 27-5-2005, p. 123.

25.5.4.2.2.3. Causas interruptivas da prescrição da pretensão executória

As causas que interrompem o curso da prescrição da pretensão executória estão descritas nos incisos V e VI do art. 117 do Código Penal:

a) *O início ou a continuação do cumprimento da pena* (art. 117, V, do CP).

O início da pena privativa de liberdade se dá com a prisão do réu após o trânsito em julgado da sentença condenatória, seguida da expedição da guia de recolhimento, ou com a mera expedição da guia quando o réu já está preso.

No caso do regime aberto ou da concessão do *sursis*, o início da pena se dá com a audiência em que o réu é advertido das condições a que fica sujeito.

Nas penas restritivas de direitos, a execução começa com o efetivo início de cumprimento da medida, e não com eventual audiência admonitória que é específica do *sursis*.

Com o início do cumprimento da pena, o prazo prescricional se interrompe, porém esta é a única hipótese em que não volta a correr de imediato. Nos termos do art. 117, § 2º, do Código Penal, a prescrição não corre durante o período em que o condenado está cumprindo pena.

Caso o acusado venha a fugir, na hipótese de pena privativa de liberdade, ou descumprir alguma condição, de modo a ser revogado o *sursis*, o prazo prescricional se inicia novamente (art. 112, II, do CP). No caso da pena privativa de liberdade, desconta-se o tempo de pena já cumprida na análise do tempo de prescrição (art. 113 do CP). No caso do *sursis*, a análise é feita com base na pena originariamente aplicada na sentença, pois tal instituto apenas suspende sua execução.

Se o condenado vier a ser recapturado ou começar a cumprir a pena privativa de liberdade originariamente imposta (no caso de revogação do *sursis* ou da restritiva de direitos), interrompe-se novamente o prazo prescricional cuja contagem não se reinicia enquanto a pena estiver sendo cumprida.

b) *A reincidência* (art. 117, VI, do CP).

Aqui a hipótese é da pessoa já condenada em definitivo que, durante o lapso da prescrição da pretensão executória, comete novo crime e, com isso, vê interrompido aquele prazo em andamento em relação ao delito anterior. A interrupção ocorre com a prática do novo crime, e não com a condenação a ele referente (tal condenação, entretanto, é pressuposto da interrupção, retroagindo à data do delito).

O Código Penal, portanto, prevê dois efeitos sobre a prescrição da pretensão executória em decorrência da reincidência. Em primeiro lugar, se o juiz, ao condenar o réu, declarar na sentença que ele é reincidente, a prescrição da pretensão executória será aumentada em 1/3, nos termos do art. 110, *caput*, do Código Penal. Em segundo lugar, a reincidência interrompe o lapso prescricional em relação ao delito anterior. Em suma, o juiz, ao condenar o réu pelo novo ilícito e considerá-lo reincidente, fará com que a prescrição da pretensão executória deste último delito seja aumentada em 1/3. Em relação ao primeiro crime, o único efeito é a interrupção da prescrição.

25.5.4.2.2.4. Impossibilidade de extensão dos efeitos das causas interruptivas aos comparsas

O art. 117, § 1º, do Código Penal, que trata da extensão das causas interruptivas aos comparsas, expressamente exclui seu alcance em relação aos incisos V e VI do art. 117, ou seja, quanto àquelas que dizem respeito à pretensão executória. Por isso, se duas pessoas forem condenadas em definitivo e uma delas for presa, dando-se assim início ao cumprimento da pena, a interrupção da prescrição em relação a ela não se estende ao comparsa que ainda está solto.

25.5.4.2.2.5. Concurso de crimes

Segundo o art. 119 do Código Penal, *"no caso de concurso de crimes, a extinção da punibilidade incidirá sobre a pena de cada um, isoladamente"*. Tal regra vale para todas as hipóteses de concurso: formal, material e crime continuado.

Assim, no concurso material, se o réu for condenado na mesma sentença a 6 anos por um crime de estupro e a 12 anos por um homicídio qualificado, a prescrição de cada um dos crimes se dá de acordo com a respectiva pena, e não por sua soma (18 anos). Desse modo, o estupro prescreverá em 12 anos (art. 109, III, do CP), e o homicídio qualificado, em 16 (art. 109, II, do CP).

Além disso, de acordo com tal dispositivo, no caso do crime continuado (art. 71 do CP) e do concurso formal próprio (art. 70 do CP), em que o juiz, embora condene o réu por dois ou mais crimes, aplica somente uma pena aumentada de 1/6 a 2/3 (crime continuado) ou de 1/6 até 1/2 (concurso formal), a prescrição será contada de acordo com a pena inicial, desprezando-se a exasperação. Assim, suponha-se uma pessoa condenada por dois furtos qualificados em continuidade delitiva em que o juiz aplica pena de 2 anos e, em seguida, aumenta-a de 1/6 em decorrência da continuidade, alcançando o montante final de 2 anos e 4 meses. A prescrição da pretensão executória se dá em 4 anos (se fosse levada em conta a pena de 2 anos e 4 meses, a prescrição dar-se-ia em 8 anos).

Antes da reforma da Parte Geral do Código Penal, ocorrida em 1984, na qual foi aprovado o atual art. 119, o Supremo Tribunal Federal já havia aprovado a Súmula 497 reconhecendo que *"quando se tratar de crime continuado, a prescrição regula-se pela pena imposta na sentença, não se computando o acréscimo da continuação"*. Tal regra atualmente aplica-se também ao concurso formal em caso de exasperação da pena e ao concurso material, uma vez que o art. 119 do Código Penal refere-se indistintamente a concurso de crimes.

25.5.4.2.2.6. Causa suspensiva da prescrição da pretensão executória

Nos termos do art. 116, parágrafo único, do Código Penal, a prescrição não corre enquanto o condenado está preso por outro motivo (outro processo).

25.5.4.2.3. Prescrição em leis especiais

Quando não houver regra em sentido contrário, aplicam-se aos crimes previstos em leis especiais as regras de prescrição descritas no Código Penal (art. 12 do CP). É o que ocorre, por exemplo, nos crimes de tráfico de drogas (Lei n. 11.343/2006), no crime de tortura (Lei n. 9.455/97), nas contravenções penais (Decreto-lei n. 3.688/41), nos crimes do Estatuto do Desarmamento (Lei n. 10.826/2003) etc.

Existem, porém, algumas regras especiais que merecem destaque:

a) Nos crimes de *porte ou plantio de substância entorpecente para consumo próprio* (art. 28, *caput*, e § 1º, da Lei n. 11.343/2006), a prescrição da pretensão punitiva e da executória dá-se sempre em 2 anos, observando-se quanto aos prazos interruptivos as regras do Código Penal (art. 30 da Lei n. 11.343/2006).

b) Nos crimes *falimentares*, o prazo prescricional regula-se de acordo com as regras do Código Penal, porém só começa a fluir do dia da decretação da falência, da concessão da recuperação judicial ou da homologação do plano de recuperação extrajudicial (art. 182, *caput*, da Lei n. 11.101/2005). No caso de recuperação judicial ou extrajudicial, se posteriormente for decretada a *falência*, a decisão interromperá o prazo prescricional que se achava em curso (art. 182, parágrafo único, da Lei n. 11.101/2005).

É preciso salientar, todavia, que, em se tratando de crime pós-falimentar – cometido após a sentença declaratória da quebra –, o prazo prescricional só começará a fluir da data da consumação (momento em que for realizada a conduta típica), pois não se pode conceber que a prescrição de um delito já esteja em andamento antes mesmo de ser ele cometido.

c) Para os *atos infracionais* (fatos definidos como crime ou contravenção penal praticados por adolescentes), não existem regras especiais no Estatuto da Criança e do Adolescente (Lei n. 8.069/90). A Súmula 338 do Superior Tribunal de Justiça, todavia, reconhece que *"a prescrição penal é aplicável nas medidas socioeducativas"*, deixando claro, portanto, que tais condutas são prescritíveis.

De acordo com o entendimento deste tribunal, antes de transitar em julgado a sentença, a prescrição é contada pela pena máxima em abstrato reduzida pela metade (adolescentes têm menos de 18 anos e, portanto, menos de 21). Já em relação à pretensão executória, o Superior Tribunal de Justiça, considerando que elas são aplicadas por prazo indeterminado, porém não superior a 3 anos (art. 121, § 3º, do ECA), estabeleceu que o prazo prescricional é de 4 anos (as penas de 3 anos prescrevem em 8, mas o prazo deve ser reduzido pela metade em razão da menoridade – art. 115 do CP). Assim, aplicada a medida socioeducativa, deverá ser dado início ao seu cumprimento em 4 anos, pois, caso contrário, estará prescrita a pretensão executória. Se, entretanto, antes dos referidos 4 anos, o autor do ato infracional completar 21 anos de idade, estará prejudicada a incidência da medida, pois esta é a idade limite para o cumprimento de medidas socioeducativas (art. 121, § 5º, do ECA).

25.5.4.2.4. Prescrição da pena de multa

O art. 114 do Código Penal, com a redação dada pela Lei n. 9.268/96, estabelece, em seus dois incisos, cinco hipóteses de prescrição da pena de multa:

a) *Multa como única pena cominada em abstrato* (art. 114, I).

Esta hipótese só existe em relação a algumas contravenções penais. A prescrição da pretensão punitiva se dá em *2 anos*.

b) *Multa como única penalidade imposta na sentença* (art. 114, I).

Prescrição em *2 anos*. Essa hipótese, em tese, refere-se apenas à prescrição retroativa e intercorrente. Isso porque, de acordo com a nova redação do art. 51 do Código Penal, alterado também pela Lei n. 9.268/96 (e depois pela Lei n. 13.964/2019), havendo trânsito em julgado da sentença condenatória que impôs pena de multa, será esta considerada dívida de valor, aplicando-se-lhe as normas relativas à dívida ativa da Fazenda Pública, inclusive no que tange à prescrição. Assim, a prescrição se dá em 5 anos, nos termos do art. 174 do Código Tributário. As causas interruptivas e suspensivas são também aquelas da legislação tributária. O prazo de prescrição seria, então, de 5 anos (mesmo prazo de prescrição tributária). Ocorre que, como Plenário do Supremo Tribunal Federal, no julgamento da ADI 3.150 (em 18 de dezembro de 2018), decidiu que a multa continua tendo natureza penal, passou a existir forte entendimento de que também o prazo da prescrição da pretensão executória da multa seria de 2 anos, aplicando-se, contudo, as causas suspensivas e interruptivas da lei tributária.

c) *Multa cominada em abstrato alternativamente com pena privativa de liberdade* (art. 114, II).

Prazo de prescrição da pretensão punitiva igual ao cominado para a prescrição da pena privativa de liberdade. Exemplo: crime de rixa (art. 137), cuja pena é de detenção de 15 dias a 2 meses, *ou* multa. Prescreve em 3 anos.

d) *Multa cominada em abstrato cumulativamente com pena privativa de liberdade* (art. 114, II).

Prazo de prescrição da pretensão punitiva igual ao da pena privativa de liberdade. Exemplo: furto simples (art. 155), cuja pena é de reclusão de 1 a 4 anos, e multa. Prescreve em 8 anos. Tal regra é repetida no art. 118 do Código Penal.

e) *Multa aplicada na sentença juntamente* à *pena privativa de liberdade* (art. 114, II).

Prazo igual ao da pena detentiva.

Saliente-se que a 3ª Seção do Superior Tribunal de Justiça, em julgamento de recurso repetitivo (Tema 931), aprovou a seguinte tese: "Nos casos em que haja condenação a pena privativa de liberdade e multa, cumprida a primeira (ou a restritiva de direitos que eventualmente a tenha substituído), o inadimplemento da sanção pecuniária não obsta o reconhecimento da extinção da punibilidade" (REsp 1519777/SP, Rel. Min. Rogerio Schietti Cruz, 3ª Seção, j. em 26-8-2015, *DJe* 10-9-2015). Tal entendimento baseava-se na interpretação desta Corte Superior no sentido de que a pena de multa não mais teria caráter penal. Para o Superior Tribunal de Justiça, cumprida a pena privativa de liberdade poderia ser decretada a extinção da pena, pois a multa não teria mais caráter penal e poderia ser cobrada pela Procuradoria da Fazenda. O Plenário do Supremo Tribunal Federal, entretanto, no julgamento da ADI 3150 (em 18 de dezembro de 2018), decidiu que a multa continua tendo natureza penal. Em razão disso, considerando que a decisão da Corte Suprema tem primazia, o juiz não poderia declarar a extinção da pena antes do adimplemento da multa. Nesse sentido, veja-se: RE 1.159.468/SP, Rel. Min. Edson Fachin, julgado em 2 de julho de 2019. Posteriormente, a Lei n. 13.964/2019 deu nova redação ao art. 51 do CP, deixando claro que a multa tem efetivamente natureza penal (execução deve ser feita na vara das execuções criminais). Em razão disso, em janeiro de 2021, a 3ª Seção do Superior Tribunal de Justiça alterou a tese fixada no julgamento do Tema 931, aprovando novo texto: "Na hipótese de condenação concomitante a pena privativa de liberdade e multa, o inadimplemento da sanção pecuniária obsta o reconhecimento da extinção da punibilidade".

Posteriormente, em novembro de 2021, a 3ª Seção do Superior Tribunal de Justiça alterou novamente a tese fixada no julgamento do Tema 931, aprovando novo texto: "Na hipótese de condenação concomitante a pena privativa de liberdade e multa, o inadimplemento da sanção pecuniária, pelo condenado que comprovar a impossibilidade de fazê-lo, não obsta o reconhecimento da extinção da punibilidade". De acordo com tal entendimento, cabe ao condenado provar a impossibilidade de pagamento da multa. Nesse sentido: "Penal e processo penal. Agravo regimental no agravo em recurso especial. Art. 51 do CP. Inadimplemento da pena de multa. Extinção da punibilidade. Réu assistido pela defensoria pública. Hipossuficiência presumida. Impossibilidade. Necessidade de comprovação. II – Esta Corte Superior firmou entendimento de que a simples circunstância do patrocínio da causa pela Defensoria Pública não faz presumir a hipossuficiência econômica do representado. Precedentes. Agravo regimental desprovido" (STJ – AgRg no AREsp n. 2.289.674/SC, Rel. Min. Messod Azulay Neto, Quinta Turma, julgado em 8-8-2023, *DJe* de 16-8-2023.); "... a circunstância de o agravante ser beneficiário da assistência judiciária gratuita não autoriza a presunção absoluta de hipossuficiência econômica, depende, pois, de demonstração do preenchimento dos requisitos legais. 5. Agravo regimental não provido" (STJ – AgRg no REsp n. 2.006.769/CE, Rel. Min. Rogerio Schietti Cruz, Sexta Turma, julgado em 28-11-2022, *DJe* de 2-12-2022).

Por fim, em março de 2024, o Superior Tribunal de Justiça modificou novamente o enunciado relativo ao Tema 931, que passou a ter a seguinte redação: "O inadimplemento da pena de multa, após cumprida a pena privativa de liberdade ou restritiva de direitos, não obsta a extinção da punibilidade, ante a alegada hipossuficiência do condenado, salvo se diversamente entender o juiz competente, em decisão suficientemente motivada, que indique concretamente a possibilidade de pagamento da sanção pecuniária". A nova redação, portanto, permite que o juiz declare a extinção da punibilidade quando o sentenciado alegar que é hipossuficiente, exceto se for produzida prova em direção contrária – no sentido de que o condenado tem condições de efetuar o pagamento da multa. De acordo com o entendimento atual, basta que o condenado alegue ser hipossuficiente, não sendo necessário que produza prova efetiva nesse sentido. O Ministério Público, caso queira evitar a extinção da punibilidade, deverá produzir prova efetiva de que o réu possui condições financeiras.

Por seu turno, o Plenário do Supremo Tribunal Federal, no julgamento da ADI 7.032, em março de 2024, decidiu que, "cominada conjuntamente com a pena privativa de liberdade, a pena de multa obsta o reconhecimento da extinção da punibilidade, salvo na situação de comprovada impossibilidade de seu pagamento pelo apenado, ainda que de forma parcelada, acrescentando, ainda, a possibilidade de o juiz de execução extinguir a punibilidade do apenado, no momento oportuno, concluindo essa impossibilidade de pagamento através de elementos comprobatórios constantes dos autos". Existe relevante diferença entre as decisões das Cortes Superiores quanto à prova da hipossuficiência. Para o Superior Tribunal de Justiça, basta a alegação por parte do sentenciado para que seja considerado hipossuficiente, devendo o Ministério Público fazer prova em sentido contrário caso pretenda evitar a extinção da pena. Para a Corte Suprema, o juiz da execução só poderá declarar a extinção da pena se houver prova concreta da hipossuficiência nos autos – produzida pelo condenado com tal finalidade ou já existente.

A Lei n. 13.964/2019 deu nova redação ao art. 51 do CP, deixando claro que a multa tem efetivamente natureza penal (a execução deve ser feita na vara das execuções criminais).

25.5.4.2.5. Prescrição da pena restritiva de direitos

De acordo com o art. 109, parágrafo único, do Código Penal, *"aplicam-se às penas restritivas de direitos os mesmos prazos previstos para as privativas de liberdade"*.

No sistema do Código Penal, as penas restritivas de direitos são substitutivas, ou seja, o juiz aplica na sentença a privativa de liberdade e, se presentes os requisitos legais, a substitui pela pena restritiva. Por isso, antes da sentença, é evidente que o prazo da prescrição da pretensão punitiva é o máximo da pena em abstrato. Após a condenação, entretanto, o prazo prescricional será analisado de acordo com o montante da pena privativa aplicada na sentença, nos termos do dispositivo mencionado. Assim, se alguém for condenado a 2 anos de reclusão e o juiz substituir a pena por prestação pecuniária ou por perda de bens, o prazo prescricional é o de 4 anos (e não de 2 como na multa). Nesse sentido:

> Prescrição – Pena privativa de liberdade substituída por pena restritiva de direitos na modalidade de prestação pecuniária – Prazo prescricional desta é o mesmo daquela – Art. 109, parágrafo único, do Código Penal (STF, RHC 81.923/SP, 2ª Turma, Rel. Min. Maurício Corrêa, *Informativo* n. 268).

Saliente-se que há algumas penas restritivas de direitos que substituem a pena privativa de liberdade pelo mesmo tempo da pena privativa de liberdade, tal como a pena de prestação de serviços à comunidade. Assim, se alguém for condenado a 3 anos de detenção e a pena por substituída por 3 anos de prestação de serviços à comunidade, a execução da pena deve iniciar-se em 8 anos, sob pena de ser reconhecida a prescrição da pretensão executória. É possível, porém, que seja iniciada a prestação de serviços e, após algum tempo de cumprimento da pena, sobrevenha sua revogação judicial por um dos motivos previstos em lei. Em tal caso, o art. 44, § 4º, do Código Penal, com a redação que lhe foi dada pela Lei n. 9.714/98, diz que deve ser deduzida da pena privativa de liberdade o tempo de pena restritiva já cumprido. Exemplo: réu condenado a 3 anos de prestação de serviços à comunidade que, após 2 anos de cumprimento, vê revogada a pena restritiva. Em tal caso, deverá cumprir somente 1 ano de pena privativa de liberdade, de modo que a prescrição da pretensão executória passará a ser contada de acordo com tal prazo (prescrição em 3 anos).

25.5.4.2.6. Prescrição das medidas de segurança

Os tribunais superiores pacificaram o entendimento no sentido de que, embora sejam aplicadas por tempo indeterminado (enquanto não verificada a cessação da periculosidade) as medidas de segurança, por serem também sanções penais, sujeitam-se a regime de prescrição, pois o contrário violaria o princípio constitucional da prescritibilidade. Ademais, o art. 96, parágrafo único, do Código Penal expressamente dispõe que: *"extinta a punibilidade, não se impõe medida de segurança nem subsiste a que tenha sido imposta"*, deixando claro que elas também se sujeitam ao regime prescricional, quer em relação à pretensão punitiva, quer em relação à pretensão executória. Considerando, porém, que a medida de segurança é aplicada por prazo indeterminado, a interpretação é no sentido de que ambas (pretensão punitiva ou executória) devem tomar por base o montante máximo da pena em abstrato. Dessa forma, se o crime tem pena máxima de 6 anos, a prescrição da medida de segurança aplicada na sentença dar-se-á em 12 anos. Se ao término desse prazo ainda não tiver sido iniciado o cumprimento da medida, estará ela extinta, ainda que não haja prova da cessação da periculosidade do agente.

Já quanto à medida de segurança aplicada aos semi-imputáveis, não há dificuldade, porque, neste caso, o art. 98 do Código Penal estabelece que o juiz condena o réu, aplica pena privativa de liberdade (diminuída de 1/3 a 2/3 em razão da perturbação mental) e, em seguida, a substitui pela medida de segurança. Assim, é com base no montante de pena aplicado na sentença que é feito o cálculo (embora a medida de segurança seja aplicada sempre por tempo indeterminado, com prazo mínimo de 1 a 3 anos).

25.5.5. Decadência (art. 107, IV, 2ª figura, do CP)

A decadência pode se verificar na ação privada e na ação pública condicionada à representação.

Na ação *privada*, a decadência é a perda do direito de ingressar com a ação em face do decurso do prazo sem o oferecimento da queixa. Essa perda do direito de ação por parte do ofendido atinge também o *jus puniendi*, gerando a extinção da punibilidade do autor da infração.

Nos termos do art. 103 do Código Penal, salvo disposição em sentido contrário, o prazo decadencial é de 6 meses a contar do dia em que a vítima ou seu representante legal tomarem conhecimento da autoria da infração. Este é o prazo para que a queixa--crime seja protocolada em juízo.

Quando a vítima de um crime de ação privada é menor de idade, somente o representante legal pode oferecer a queixa-crime. Por isso, considerando que o prazo decadencial é de 6 meses a contar da data em que o titular do direito de ação descobre a autoria, podemos concluir que, se a vítima tem 16 anos e conta ao pai quem foi o autor do crime, o prazo se escoa totalmente para o representante legal após o prazo de 6 meses sem o oferecimento da queixa, havendo extinção da punibilidade do autor da infração. Dessa forma, quando o menor completar 18 anos não poderá, ele próprio, oferecer a queixa. Ao contrário, se o menor, vítima do crime aos 16 anos, nada contar a respeito do delito e sua autoria aos representantes legais, o prazo decadencial só passará a correr quando ele completar 18 anos, encerrando-se, portanto, quando ele completar 18 anos e 6 meses. Desde a data da prática do delito, contudo, corre normalmente o prazo prescricional, salvo se se tratar de crime sexual (ver comentários ao art. 111, V, do CP).

Saliente-se que o art. 5º do novo Código Civil, ao estabelecer a maioridade civil plena aos 18 anos, revogou o art. 34 do Código de Processo Penal. Com efeito, este dispositivo estabelecia que, sendo o ofendido maior de 18 e menor de 21 anos, o direito de queixa poderia ser exercido por ele próprio ou por seu representante legal. Atualmente, contudo, a pessoa maior de 18 anos não mais possui representante legal, de modo que apenas ela pode exercer o direito de queixa. Por consequência, a Súmula 594 do Supremo Tribunal Federal, publicada em razão do mencionado art. 34, perdeu sua aplicabilidade em tal caso. Esta súmula estabelecia que "os direitos de queixa e de representação podem ser exercidos, independentemente, pelo ofendido ou por seu representante legal", mas foi aprovada especificamente para regular a hipótese do ofendido com idade entre 18 e 21 anos e, por isso, perdeu a eficácia.

O prazo decadencial é peremptório, não se prorrogando ou suspendendo por qualquer razão. Por isso, o requerimento do ofendido para a instauração de inquérito policial em crime de ação privada ou o pedido de explicações em juízo nos crimes contra a honra (art. 144 do CP) não obstam sua fluência. Caso o último dia do prazo caia em feriado ou fim de semana, o prazo não se prorroga até o dia útil subsequente, devendo o interessado procurar o juiz de plantão caso queira evitar a decadência.

Na ação *pública condicionada à representação*, o prazo decadencial de 6 meses é para a vítima oferecer a representação, podendo o Ministério Público apresentar a denúncia após esse período. Se não oferecida a representação no prazo, estará extinta a punibilidade do autor da infração.

Havendo duas ou mais vítimas, se apenas uma delas representar, somente em relação a ela a denúncia poderá ser oferecida.

A decadência só é possível *antes* do início da ação penal.

Na hipótese de crime permanente, o prazo decadencial somente começa a fluir quando cessada a execução do delito, se a autoria já for conhecida. Se a vítima só descobrir quem é o autor do crime após cessada a permanência, o prazo correrá da data da descoberta.

No crime habitual, cuja existência pressupõe uma reiteração de atos, a decadência é contada a partir do último ato que se torne conhecido do ofendido.

No crime continuado, o prazo conta-se isoladamente em relação a cada um dos crimes nos termos do art. 119 do Código Penal, ou seja, conta-se a partir da data em que se descobre a autoria de cada um dos delitos.

O prazo decadencial é instituto de natureza híbrida, pois previsto e regulamentado tanto no Código de Processo Penal quanto no Código Penal. A doutrina, porém, acabou fixando entendimento de que deve ser adotada a interpretação mais benéfica ao réu, já que a decadência gera a extinção da punibilidade, e, assim, o prazo deve ser considerado de natureza penal, incluindo-se na contagem o dia em que o ofendido descobriu a autoria.

Em certas situações, a legislação processual penal prevê a necessidade de nomeação de curador especial, pessoa da confiança do juiz, para avaliar a conveniência da apresentação da queixa-crime ou da representação. Essa nomeação deve ocorrer quando a vítima for menor de idade ou doente mental e não tiver representante legal, ou quando houver colidência de interesses entre eles (art. 33 do CPP). Em tais casos, o prazo decadencial conta-se da data em que o curador especial tomar formalmente ciência da nomeação.

A decadência possui várias diferenças em relação à prescrição. Saliente-se, inicialmente, que a decadência só existe antes do início da ação penal, ao passo que a prescrição é possível a qualquer momento (antes e durante a ação penal e até mesmo após o trânsito em julgado da condenação). A decadência só existe nos crimes de ação privada e pública condicionada à representação, enquanto a prescrição alcança todas as infrações penais, salvo poucas exceções previstas na Carta Magna. O prazo decadencial é de 6 meses a contar da data em que se descobre a autoria, enquanto o prazo prescricional é variável de acordo com a gravidade do delito praticado.

Apesar de os prazos prescricionais serem maiores do que o decadencial, é possível, em crime de ação privada ou pública condicionada à representação, que a prescrição da pretensão punitiva ocorra antes, na medida em que o prazo decadencial pressupõe que a vítima ou seu representante legal tenham tomado ciência da autoria do crime e, muitas vezes, esta permanece ignorada por muito tempo.

25.5.5.1. Decadência e ação privada subsidiária da pública

Nos crimes de ação pública, se o Ministério Público não apresentar qualquer manifestação no prazo legal, surgirá a possibilidade de o ofendido ingressar com a ação privada subsidiária, nos 6 meses subsequentes ao término do prazo do Ministério Público. Findo o prazo sem a apresentação da queixa subsidiária, o ofendido decai do direito, porém o Ministério Público ainda pode oferecer a denúncia. Conclui-se, portanto, que, nesta modalidade de infração penal, a decadência do direito de queixa não gera a extinção da punibilidade.

25.5.6. Perempção (art. 107, IV, 3ª figura, do CP)

É uma sanção aplicada ao querelante, consistente na perda do direito de prosseguir na ação penal privada, em razão de sua inércia ou omissão no transcorrer da ação penal, que gera a extinção da punibilidade. Só é possível, portanto, após o início da ação.

Uma vez reconhecida situação de perempção, seus efeitos estendem-se a todos os querelados.

Cuida-se, outrossim, de instituto inaplicável quando proposta ação privada em crime de ação pública (ação privada subsidiária), pois, neste caso, se o querelante mostrar-se desidioso, o Ministério Público deve reassumir a titularidade da ação nos termos do art. 29 do Código de Processo Penal.

As hipóteses de perempção estão enumeradas no art. 60 do Código de Processo Penal.

a) *Quando iniciada a ação penal, o querelante deixar de promover o andamento do processo durante 30 dias seguidos* (art. 60, I, do CPP).

Essa hipótese só tem incidência quando existe algum ato processual que deva ter sido praticado pelo querelante e este se mantém inerte. Não existe a obrigação de comparecer mensalmente em juízo apenas para requerer o prosseguimento do feito.

Não se pode cogitar de inércia do querelante quando a impossibilidade em dar andamento ao feito decorre de força maior (greve de funcionários do Judiciário, por exemplo) ou quando a responsabilidade pelo atraso é da *defesa*.

Deve-se ressalvar, por fim, que, decorridos os 30 dias e declarada a perempção, a ação penal não poderá ser novamente proposta, já que estará extinta a punibilidade do querelado.

b) *Quando, falecendo o querelante, ou sobrevindo sua incapacidade, não comparecer em juízo, para prosseguir no processo, dentro do prazo de 60 dias, qualquer das pessoas a quem couber fazê-lo, ressalvado o disposto no art. 36* (art. 60, II, do CPP).

Nos termos do dispositivo, se o querelante falecer ou for declarado ausente, ou, ainda, se for interditado em razão de doença mental, após o início da ação, esta somente poderá prosseguir se, em um prazo de 60 dias, comparecer em juízo, para substituí-lo no polo ativo da ação o cônjuge (ou companheiro), algum dos ascendentes, descendentes ou irmãos. Sob o prisma da ação em andamento, a substituição pode ser classificada como condição de prosseguibilidade, pois, se não satisfeita a condição, a ação estará perempta.

A lei não prevê a necessidade de notificação das pessoas enumeradas na lei a fim de que se manifestem quanto à substituição. O prazo corre em cartório e não se interrompe.

De acordo com o art. 36 do Código de Processo Penal, se, após a substituição, houver a desistência por parte do novo querelante, os outros sucessores poderão prosseguir no feito.

O dispositivo em questão é inaplicável aos crimes de ação privada personalíssima, em que não é possível a substituição no polo ativo da ação penal. Nesta espécie de infração, a morte do querelante leva, inevitavelmente, à extinção da punibilidade pela perempção.

c) *Quando o querelante deixa de comparecer, sem motivo justificado, a qualquer ato do processo a que deva estar presente* (art. 60, III, 1ª parte).

Só se dá a perempção quando a presença física do querelante em juízo é indispensável à realização de algum ato processual e este, sem justa causa, deixa de comparecer. Exemplo: querelante notificado para prestar depoimento em juízo que falta à audiência. Em tal caso, a presença de seu advogado não supre sua ausência porque o depoimento é pessoal.

O não comparecimento do querelante à audiência de tentativa de reconciliação nos crimes contra a honra que se apuram mediante ação privada (art. 520 do CPP) não gera a perempção porque, em tal ocasião, não existe ainda ação penal em andamento – já que tal audiência é realizada antes do recebimento da queixa-crime pelo juiz. Assim, sua ausência deve ser meramente interpretada como desinteresse na conciliação, prosseguindo-se normalmente no feito, sem a decretação da perempção. Nesse sentido: STF, HC 71.219/PA, 1ª Turma, Rel. Min. Sydney Sanches, *DJU* 16-12-1994, p. 34.887.

d) *Quando o querelante deixar de formular o pedido de condenação nas alegações finais* (art. 60, III, 2ª parte).

A finalidade do dispositivo é deixar claro que, ao contrário do que ocorre nos crimes de ação pública em que o juiz pode condenar o réu mesmo que o Ministério Público tenha pedido a absolvição (art. 385 do CPP), nos delitos de ação privada a ausência de pedido de condenação impede até mesmo que o juiz profira sentença de mérito, devendo reconhecer a perempção e extinguir a punibilidade do querelado, que, portanto, não será condenado nem absolvido.

A não apresentação das alegações finais equivale à ausência do pedido de condenação e gera a perempção, salvo se houver justa causa para a omissão.

Em se tratando de concurso de crimes de ação privada, o pedido de condenação quanto a apenas um deles gera a perempção em relação ao outro.

e) *Quando, sendo o querelante pessoa jurídica, esta se extinguir sem deixar sucessor* (art. 60, IV, do CPP).

Lembre-se de que, se a empresa for incorporada por outra ou se for alterada apenas a razão social, poderá haver o prosseguimento da ação.

25.5.7. Renúncia (art. 107, V, 1ª figura, do CP)

É um ato pelo qual o ofendido abdica do direito de oferecer a queixa.

Caracteriza-se por ser ato *unilateral*, porque para produzir efeitos independe de aceitação do autor do delito, e *irretratável*.

Só é cabível, em regra, nos crimes de ação privada.

A renúncia só pode ocorrer antes do início da ação penal (antes do recebimento da queixa). Pode ser manifestada antes ou depois do oferecimento da queixa, mas sempre antes de seu recebimento. Na última hipótese – queixa já oferecida –, alguns a denominam *desistência* da ação, porém as regras a serem seguidas são as mesmas referentes à renúncia.

Apenas o titular do direito de queixa pode renunciar (o ofendido ou o representante legal caso aquele seja menor ou incapaz).

Havendo duas vítimas, a renúncia por parte de uma não atinge o direito de a outra oferecer queixa.

No texto do Código de Processo Penal, subsistem algumas regras que se referem à dupla titularidade do direito de ação quando a vítima tem idade entre 18 e 21 anos. Esses dispositivos, todavia, foram tacitamente revogados pela Lei n. 10.406/2002 (Código Civil), que reduziu a maioridade civil para 18 anos. Assim, não tem mais aplicação o art. 50, parágrafo único, do Código de Processo Penal, que diz que a renúncia de um dos titulares do direito de ação não afeta o direito do outro quando a vítima for maior de 18 e menor de 21 anos. Observação: Caso aprovado projeto de lei conferindo legitimidade concorrente quando a vítima tiver menos de 18 e mais de 16 anos, restará claro que a renúncia de um dos titulares não afeta o direito do outro.

A renúncia pode ser *expressa* ou *tácita*.

Renúncia expressa é aquela que consta de declaração escrita e assinada pelo ofendido, por seu representante ou por procurador com poderes especiais (art. 50 do CPP). Renúncia tácita decorre da prática de ato incompatível com a intenção de exercer o direito de queixa e admite qualquer meio de prova (art. 57 do CPP). Exemplo: casamento com o autor do crime de ação privada.

Nos termos do art. 49 do Código de Processo Penal, a renúncia em relação a um dos autores do crime a todos se estende.

O art. 104, parágrafo único, do Código Penal estipula que não implica renúncia tácita o fato de receber o ofendido a indenização devida em razão da prática delituosa. Essa regra, entretanto, não se aplica às infrações de menor potencial ofensivo, pois, nos termos do art. 74, parágrafo único, da Lei n. 9.099/95, nos crimes de ação privada e de ação pública condicionada, a composição em relação aos danos civis, homologada pelo juiz na audiência preliminar, implica automaticamente renúncia ao direito de queixa ou de representação (hipótese excepcional de renúncia em relação a crimes de ação pública condicionada). Em suma, nos crimes de ação privada e de ação pública condicionada à representação de menor potencial ofensivo, a reparação do dano gera a extinção da punibilidade. Caso, porém, não se trate de infração de menor potencial ofensivo, a reparação do dano não gera a renúncia.

25.5.8. Perdão do ofendido (art. 107, V, 2ª figura, do CP)

O perdão é um ato pelo qual o querelante (ofendido) desiste do prosseguimento da ação penal privada já em andamento, perdoando o ofensor. São dois, portanto, os requisitos: a) que já tenha havido recebimento da queixa; e b) que não haja sentença transitada em julgado da sentença.

Cuida-se, em verdade, de ato *bilateral*, uma vez que o próprio texto legal salienta que a extinção da punibilidade só pode ser decretada se o perdão for *aceito* pelo ofensor (querelado).

Trata-se, outrossim, de instituto exclusivo da ação penal privada, pois não existe regra similar em relação aos crimes de ação pública nos quais vigora o princípio da indisponibilidade da ação penal.

O perdão, se concedido a um dos querelados, a todos se estende, mas somente extingue a punibilidade daqueles que o aceitarem (art. 51 do CPP).

Havendo dois querelantes, o perdão oferecido por um deles não afeta o andamento da ação penal no que se refere ao outro.

O art. 52 do Código de Processo Penal diz que o perdão não gera efeito se concedido pela vítima com mais de 18 e menos de 21 anos, se houver discordância do representante legal e vice-versa. Tal dispositivo, contudo, está tacitamente revogado pela Lei n. 10.406/2002 (Código Civil), que reduziu a maioridade civil para 18 anos. Observação: Caso aprovado projeto de lei conferindo legitimidade concorrente quando a vítima tiver menos de 18 e mais de 16 anos, restará claro que a renúncia de um dos titulares não afeta o direito do outro.

O oferecimento do perdão pode ser feito pessoalmente ou por procurador com poderes especiais.

O perdão pode ser *processual* ou *extraprocessual*.

Processual é aquele concedido mediante declaração expressa nos autos. Nesse caso, dispõe o art. 58 do Código de Processo Penal que o querelado será notificado a dizer, dentro de 3 dias, se o aceita, devendo constar do mandado de intimação que o seu silêncio importará em aceitação. Assim, para não aceitar o perdão, o querelado deve comparecer em juízo e declará-lo expressamente.

O perdão extraprocessual, por sua vez, pode ser *expresso* ou *tácito*.

É expresso quando concedido fora dos autos por meio de declaração assinada pelo querelante ou por procurador com poderes especiais.

É tácito quando o querelante pratica ato incompatível com a intenção de prosseguir na ação.

Nos termos do art. 59 do Código de Processo Penal, a aceitação do perdão extraprocessual deverá constar de declaração assinada pelo querelado, seu representante legal ou procurador com poderes especiais.

Está revogada tacitamente pelo atual art. 5º do Código Civil a regra do art. 54 do Código de Processo Penal, que estabelece que, sendo o querelado maior de 18 e menor de 21 anos, a aceitação deve ser feita por ele e por seu representante legal.

A renúncia e o perdão do ofendido são causas extintivas da punibilidade que decorrem de uma manifestação de vontade da vítima. Diferenciam-se, todavia, porque a renúncia só é possível antes do início da ação e não precisa ser aceita pelo autor do delito (ato unilateral), ao passo que o perdão só pode ocorrer durante o tramitar da ação e depende de aceitação (ato bilateral).

25.5.9. Retratação do agente (art. 107, VI, do CP)

Extingue-se a punibilidade pela retratação do agente, nos casos expressamente previstos em lei.

Na retratação, o agente declara formalmente que agiu de forma equivocada. No Código Penal, a possibilidade da retratação geradora da extinção da punibilidade existe nos crimes de calúnia, difamação, falso testemunho e falsa perícia (arts. 143 e 342, § 2º). Além da retratação em si, o texto legal pode exigir outros requisitos para que ocorra a extinção da punibilidade, tal como ocorre, por exemplo, nos crimes contra a honra em que o art. 143 exige que a retratação seja cabal e ocorra antes da sentença de 1ª instância. A Lei n. 13.188/2015, ademais, acrescentou um parágrafo único no mencionado art. 143 do Código Penal, estabelecendo que, nos casos em que o querelado tenha praticado a calúnia ou a difamação utilizando-se de meios de comunicação, a retratação dar-se-á, se assim desejar o ofendido, pelos mesmos meios em que se praticou a ofensa. Se descumprida esta condição, o juiz não poderá declarar a extinção da punibilidade.

25.5.10. Casamento da vítima com o agente nos crimes sexuais (art. 107, VII, do CP)

O dispositivo em questão estabelecia a extinção da punibilidade do réu ou do condenado por crime de natureza sexual, inclusive o estupro simples, em decorrência do seu casamento com a vítima. O chamado *subsequens matrimonium* entre o criminoso e a vítima como hipótese de extinção da punibilidade foi expressamente revogado pela Lei n. 11.106/2005.

25.5.11. Casamento da vítima com terceiro nos crimes sexuais (art. 107, VIII, do CP)

Este inciso, também revogado pela Lei n. 11.106/2005, determinava a extinção da punibilidade em razão do casamento da vítima com terceiro, nos crimes sexuais praticados sem violência real ou grave ameaça, desde que a ofendida não requeresse o prosseguimento do inquérito ou da ação penal no prazo de 60 dias a contar da celebração.

25.5.12. Perdão judicial (art. 107, IX, do CP)

No dizer de Damásio de Jesus[86], *"perdão judicial é o instituto pelo qual o juiz, não obstante comprovada a prática da infração penal pelo sujeito culpado, deixa de aplicar a pena em face de justificadas circunstâncias".*

De acordo com o art. 107, IX, do Código Penal, o perdão judicial só é cabível nas hipóteses expressamente previstas em lei. Assim, em cada dispositivo que permite a concessão do perdão judicial, o legislador, concomitantemente, elenca os requisitos para o seu cabimento. Uma vez presentes esses requisitos, o juiz estará obrigado a concedê-lo, tratando-se, portanto, de direito subjetivo do réu, e não de mera faculdade do julgador.

O perdão judicial não necessita ser aceito pelo réu para gerar a extinção da punibilidade.

---

[86] Damásio de Jesus. *Direito penal*: Parte Geral. 27. ed. São Paulo: Saraiva, 2003, v. 1, p. 685.

Nos termos do art. 120 do Código Penal, o perdão judicial afasta os possíveis efeitos da reincidência. Por isso, se a pessoa beneficiada vier a cometer novo crime, ainda que no prazo de 5 anos a que se refere o art. 64, I, do Código Penal, será considerada primária.

O juiz só pode conceder o perdão na sentença após analisar a prova e concluir que o acusado é efetivamente responsável pelo crime narrado na denúncia ou queixa, pois, se as provas existentes forem insuficientes, a solução será a absolvição.

No Código Penal, o perdão judicial é cabível nos seguintes crimes, desde que preenchidos os demais requisitos legais: a) homicídio culposo e lesão corporal culposa (arts. 121, § 5º, e 129, § 8º, do CP); b) injúria simples (art. 140, § 1º, I e II, do CP); c) "outras fraudes" (*nonem juris* do crime descrito no art. 176 do CP); d) receptação culposa (art. 180, § 5º, 1ª parte, do CP); e) parto suposto e supressão ou alteração de direito inerente ao estado civil de recém-nascido (art. 242, parágrafo único, do CP); e f) subtração de incapazes (art. 249, § 2º, do CP).

Em leis especiais, podem ser apontadas as seguintes hipóteses em que o perdão judicial é admitido: a) erro de direito nas contravenções penais (art. 8º da LCP); b) réus colaboradores (art. 13 da Lei n. 9.807/99); c) delação premiada em investigação relacionada a organização criminosa (art. 4º da Lei n. 12.850/2013)

O perdão judicial, nas hipóteses cabíveis por circunstâncias pessoais, é incomunicável no caso de concurso de agentes.

25.5.12.1. Natureza jurídica da sentença concessiva do perdão judicial

Deve-se salientar, inicialmente, que o perdão judicial em si constitui causa extintiva da punibilidade nos exatos termos do art. 107, IX, do Código Penal. Acontece que, como o perdão é concedido na sentença, após o juiz analisar as provas e concluir que o acusado é realmente responsável pelo crime que a ele se imputa, surgiu controvérsia em torno da natureza dessa sentença na qual a causa extintiva é aplicada. Dependendo da orientação adotada, os efeitos podem ser de maior ou menor abrangência.

As correntes são as seguintes:

a) natureza *condenatória*, uma vez que o juiz analisa as provas e declara o réu culpado. Para os seguidores desta corrente, a concessão do perdão judicial afasta somente a pena principal, subsistindo os demais efeitos condenatórios. Para reforçar tal entendimento, salientam que o art. 120 do Código Penal expressamente dispõe que a sentença que concede o perdão judicial não é considerada para efeitos de reincidência, o que leva a crer que os demais efeitos secundários subsistem, como a obrigação de reparar os danos provenientes da infração, podendo a sentença criminal ser considerada título executivo. Para esta corrente, tal sentença possui duas fases. Na primeira, o juiz condena o réu e, na segunda, concede-lhe o perdão. Dentre outros, esta é a opinião de Damásio de Jesus[87] e Fernando Capez[88];

---

[87] Damásio de Jesus. *Direito penal*: Parte Geral. 27. ed. São Paulo: Saraiva, 2003, v. 1, p. 687.
[88] Fernando Capez. *Curso de direito penal*: Parte Geral. 15. ed. São Paulo: Saraiva, v. 1, p. 606.

b) natureza *absolutória*, pois não existe condenação sem aplicação de pena. É o entendimento de Basileu Garcia[89]; e

c) natureza *declaratória*, pois sendo o perdão uma causa extintiva da punibilidade, a sentença na qual ele é concedido nada mais é do que declaratória (da extinção da punibilidade). Esta é a corrente adotada pelo Superior Tribunal de Justiça por intermédio de sua Súmula 18: *"a sentença concessiva do perdão judicial é declaratória da extinção da punibilidade, não subsistindo qualquer efeito condenatório"*. De acordo com tal súmula, nem mesmo a obrigação de reparar o prejuízo subsiste. Assim, a pessoa prejudicada pela infração penal, ou os seus familiares, deverá ingressar com a devida ação na esfera cível para buscar a reparação dos prejuízos.

25.6. Autonomia das causas extintivas da punibilidade

O art. 108 do Código Penal estabelece que *"a extinção da punibilidade de crime que é pressuposto, elemento constitutivo ou circunstância agravante de outro não se estende a este. Nos crimes conexos, a extinção da punibilidade de um deles não impede, quanto aos outros, a agravação da pena resultante da conexão"*.

Esse dispositivo, em verdade, possui quatro regras:

a) *A extinção da punibilidade do crime pressuposto não se estende ao crime que dele depende.*

A lei refere-se aos crimes *acessórios*, cuja existência pressupõe a ocorrência de um crime anterior. É o caso, por exemplo, do crime de receptação. Se morre, por exemplo, o autor do furto, não se extingue a punibilidade do receptador.

Da mesma forma a prescrição, que deve ser contada da data da consumação de cada um dos delitos individualmente, de modo que a ocorrência de prescrição quanto ao crime antecedente não se estende automaticamente ao delito acessório.

b) *A extinção da punibilidade de elemento componente de um crime não se estende a este.*

O dispositivo cuida dos crimes *complexos*, na hipótese em que um crime funciona como elementar de outro. Exemplo: a extorsão mediante sequestro (art. 159), que surge da aglutinação dos crimes de sequestro (art. 148) e extorsão (art. 158). Assim, a prescrição do sequestro, por exemplo, não se estende à extorsão mediante sequestro. A existência desta regra é supérflua, pois o crime complexo é uma infração penal autônoma em relação aos crimes que a compõem, possuindo pena própria.

c) *A extinção da punibilidade de circunstância agravante não se estende ao crime agravado.*

O dispositivo diz respeito às qualificadoras que muitas vezes possuem também descrição como crime autônomo. O delito de furto, por exemplo, é qualificado quando ocorre destruição de obstáculo (art. 155, § 4º, I). A destruição de obstáculo, em tese, configuraria crime de dano (art. 163), mas fica este absorvido por constituir qualificadora do furto. Assim, o decurso do prazo prescricional em relação ao crime de dano (se o delito fosse autônomo) não afeta a aplicação da qualificadora do furto.

d) *Nos crimes conexos, a extinção da punibilidade em relação a um dos crimes não impede a exasperação da pena do outro em razão da conexão.*

---

[89] Basileu Garcia. *Instituições de direito penal*. 5. ed. São Paulo: Max Limonad, v. 1, p. 742-744.

Dessa forma, se uma pessoa for acusada de homicídio qualificado por ter matado a vítima para garantir a impunidade de um crime de estupro (em concurso material), a ocorrência de prescrição durante o tramitar da ação em relação ao crime sexual impedirá apenas a condenação por tal delito, porém, em relação ao homicídio, poderá ser reconhecida a qualificadora em face do dispositivo em análise (art. 121, § 2º, V, do CP).

Esta regra também tem aplicação em relação ao art. 61, II, *b*, do Código Penal, que prevê a aplicação de agravante genérica sempre que um crime for praticado para assegurar a execução, a ocultação, a impunidade ou a vantagem de outro crime. Tais agravantes podem ser aplicadas a todos os crimes – exceto para o homicídio em que a conexão é prevista como qualificadora – e, caso haja extinção da punibilidade em relação ao crime conexo, a agravante decorrente da conexão poderá ser reconhecida.

25.7. Causas extintivas da punibilidade e escusas absolutórias

As causas extintivas da punibilidade não se confundem com as escusas absolutórias. Naquelas, o direito de punir do Estado surge em um primeiro momento e, posteriormente, é fulminado pela causa extintiva. Já as escusas são, em verdade, excludentes de punibilidade, pois, nas hipóteses previstas em lei (normalmente decorrentes de parentesco entre autor do crime e vítima), nem sequer surge para o Estado o direito de punir, apesar de o fato ser típico e antijurídico. É o que ocorre, por exemplo, nas hipóteses do art. 181 do Código Penal, que preveem a completa isenção de pena se o crime contra o patrimônio for cometido contra o cônjuge na constância da sociedade conjugal ou contra ascendente ou descendente, desde que o delito não seja praticado com violência contra pessoa ou grave ameaça e que a vítima não seja maior de 60 anos.

As escusas, por serem de caráter pessoal, não se estendem aos coautores e partícipes.

REFERÊNCIAS

BARROS, Flávio Augusto Monteiro de. *Direito penal*. São Paulo: Saraiva, 1999. v. 1.

BITENCOURT, Cezar Roberto. *Tratado de direito penal*: Parte Geral. 17. ed. São Paulo: Saraiva, 2012.

BRUNO, Aníbal. *Direito penal*: Parte Geral. 3. ed. Rio de Janeiro: Forense. t. 1.

_____. *Direito penal*: Parte Geral. 3. ed. Rio de Janeiro: Forense, 1967. t. 2.

CAPEZ, Fernando. *Curso de direito penal*: Parte Geral. 23. ed. São Paulo: Saraiva, 2019. v. 1.

_____. *Curso de processo penal*. 12. ed. São Paulo: Saraiva, 2005.

CARRARA, Francesco. *Programa do curso de direito criminal*. São Paulo: Saraiva, 1956. v. I.

DAMÁSIO DE JESUS. *Comentários ao Código Penal*. 2. ed. São Paulo: Saraiva, 1986. v. 2.

DELMANTO, Celso; DELMANTO, Roberto e outros. *Código Penal comentado*. 8. ed. São Paulo: Saraiva, 2010.

ESTEFAM, André. *Direito penal*: Parte Geral. São Paulo: Saraiva, 2010.

FERNANDES, Newton; FERNANDES, Valter. *Criminologia integrada*. 2. ed. São Paulo: Revista dos Tribunais, 2002.

FRAGOSO, Heleno Cláudio. *Lições de direito penal*: Parte Geral. 17. ed. Rio de Janeiro: Forense, 2006.

FRANCO, Alberto Silva. *Código Penal e sua interpretação jurisprudencial*. 5. ed. São Paulo: Revista dos Tribunais, 1995.

_____. *Temas de direito penal*: breves anotações sobre a Lei n. 7.209/84. São Paulo: Saraiva, 1986.

GARCIA, Basileu. *Instituições de direito penal*. 5. ed. São Paulo: Max Limonad. v. 1.

GOMES, Luiz Flávio. *Penas e medidas alternativas à prisão*. São Paulo: Revista dos Tribunais, 1999.

_____. "Direito penal, ciência do direito penal e poder punitivo estatal". *Jus Navigandi*, Teresina, ano 11, n. 927, 16 jan. 2006.

GONÇALVES, Carlos Roberto. *Direito civil*: Parte Geral. 2. ed. São Paulo: Saraiva, 1998. v. 1 (Coleção Sinopses Jurídicas).

HUNGRIA, Nélson. *Comentários ao Código Penal*. 4. ed. Rio de Janeiro: Forense, 1958. v. 1, t. 1.

JAKOBS, Günther; MELIÁ, Manuel Cancio. *Derecho penal del enemigo*. Madrid: Civitas, 2003.

JESUS, Damásio de. *Direito penal*: Parte Geral. 27. ed. São Paulo: Saraiva, 2003. v. 1.

_____. *Direito penal*: Parte Geral. 33. ed. São Paulo: Saraiva, 2012. v. 1.
_____. *Código Penal anotado*. 15. ed. São Paulo: Saraiva, 2004.
_____. *Código de Processo Penal anotado*. 24. ed. São Paulo: Saraiva, 2010.
LYRA, Roberto. *Comentários ao Código Penal*. 2. ed. Rio de Janeiro: Forense, 1955. v. II.
MARQUES, José Frederico. *Tratado de direito penal*. 2. ed. São Paulo: Saraiva, 1964. v. 1.
_____. *Tratado de direito penal*. 2. ed. São Paulo: Saraiva, 1965. v. 2.
_____. *Elementos de direito processual penal*. 2. ed. Rio de Janeiro: Forense, 1965. v. I.
MIRABETE, Julio Fabbrini. *Código Penal interpretado*. São Paulo: Atlas, 1999.
NOGUEIRA, Carlos Frederico Coelho. *Comentários ao Código de Processo Penal*. Bauru: Edipro, 2002. v. 1.
NORONHA, E. Magalhães. *Direito penal*. 34. ed. São Paulo: Saraiva, 1999. v. 1.
_____. *Curso de direito processual penal*. 19. ed. São Paulo: Saraiva, 1989.
NUCCI, Guilherme de Sousa. *Manual de direito penal*. Parte Geral. Parte Especial. 6. ed. São Paulo: Revista dos Tribunais, 2009.
ROXIN, Claus. *Funcionalismo e imputação objetiva no direito penal*. Rio de Janeiro/São Paulo: Renovar, 2002.
TOLEDO, Francisco de Assis. *Princípios básicos de direito penal*. 5. ed. São Paulo: Saraiva, 1994.
TOURINHO FILHO, Fernando da Costa. *Processo penal*. 33. ed. São Paulo: Saraiva. 2011. v. 1.
ZAFFARONI, Eugenio Raúl; PIERANGELI, José Henrique. *Manual de direito penal brasileiro*: Parte Geral. 2. ed. São Paulo: Revista dos Tribunais, 1999.